DER BUCHENWALD-REPORT

DER BUCHENWALD-REPORT

Bericht über das Konzentrationslager Buchenwald bei Weimar

Herausgegeben von
David A. Hackett

VERLAG C.H.BECK MÜNCHEN

Titel der amerikanischen Originalausgabe
The Buchenwald Report

Mit 1 Karte und 2 Abbildungen

Die Deutsche Bibliothek – CIP-Einheitsaufnahme

Der Buchenwald-Report: Bericht über das Konzentrationslager Buchenwald bei Weimar/ hrsg. von David A. Hackett. – München: Beck, 1996
Einheitssacht.: The Buchenwald report ⟨dt.⟩
ISBN 3-406-41168-1
NE: Hackett, David A. [Hrsg.]; EST

ISBN 3 406 41168 1

Satz: Fotosatz Janß, Pfungstadt
Druck und Bindung: Ebner, Ulm
Gedruckt auf säurefreiem, alterungsbeständigem Papier
(hergestellt aus chlorfrei gebleichtem Zellstoff)
Printed in Germany

Inhalt

Kapitel II. Schlemmerleben und Korruption der SS

Kapitel III. Allgemeines Lagerleben

Kapitel IV. Die Arbeitskommandos

Kapitel V. Lagerstrafen

Kapitel VI. Sanitäre Fragen

Kapitel VII. Sonderaktionen und Sondereinrichtungen

Kapitel VIII. Antifaschistischer Kampf gegen die SS

Kapitel IX. Verhältnisse während des Krieges

Kapitel X. Die Befreiung des Lagers

Kapitel XI. Der Fall Koch

Kapitel XII. Berichte aus andern Lagern

Anhang

Vorwort

Dieses Buch ist eine der wichtigsten dokumentarischen Darstellungen des Lebens in Deutschland während des Zweiten Weltkriegs. Obwohl Teile des Buchenwaldberichts schon vorher in anderer Form erschienen sind, ist er mit dem Erscheinen der amerikanischen Ausgabe 1995 zum ersten Mal seit der Aufzeichnung der darin enthaltenen Informationen im Jahr 1945 vollständig veröffentlicht worden. Seine Existenz war den Historikern schon seit vielen Jahren bekannt, da auch Eugen Kogon ihn als die Hauptquelle seines klassischen Werks *Der SS-Staat* bezeichnet hatte, das 1946 in deutscher und 1950 in englischer Sprache zum ersten Mal veröffentlicht wurde. Aber der Bericht selbst ist bisher niemals im Druck erschienen, und viele Historiker glaubten, er sei verlorengegangen.

Eine Durchschrift des Originalberichts befand sich jedoch im Besitz von Albert G. Rosenberg, dem amerikanischen Offizier, der als Leiter eines Teams des amerikanischen Nachrichtendienstes für die Befragung von Gefangenen in Buchenwald verantwortlich war. 1983 hat er bei einem Essen im Gespräch mit dem Verleger Frederick A. Praeger den Bericht erwähnt. Praeger veranlaßte, daß Kopien dieses Berichts gemacht und an die Library of Congress, das Simon Wiesenthal Center in Los Angeles, das Leo Baeck Institute in New York, Yad Vashem in Israel sowie die Universität von Texas in El Paso gesandt wurden. 1987 bot Herr Rosenberg, der damals Professor für Sozialwissenschaften an der Universität von Texas in El Paso war, mir als Kollegen an der gleichen Universität und Spezialisten für deutsche Geschichte seine Kopie des Originalmanuskripts zur Veröffentlichung an.

Die Redaktion der amerikanischen Ausgabe war bis zum Sommer 1994 abgeschlossen. Die offizielle Veröffentlichung im April 1995 sollte zum 50. Jahrestag der Befreiung von Buchenwald im April 1945 erfolgen. Bei einer Feier in Washington zum Gedenken an die Befreiung wurde das Exemplar des Manuskriptes, das Albert G. Rosenberg gehörte, dem Forschungsinstitut des US Holocaust Memorial Museum übergeben, wo es heute Forschern und Historikern zur Verfügung steht.

In dieser deutschen Ausgabe erscheint der Text vollständig und ungekürzt. Er entspricht in jeder Hinsicht genau dem Originalmanuskript. Auch die Titel und Überschriften der einzelnen Abschnitte sind die gleichen wie im Original, nur daß die Abschnitte fortlaufend und nicht kapitelweise numeriert sind. Bei der Vorbereitung dieser Ausgabe erwies es sich als notwendig, noch einmal das deutschsprachige Originalmanuskript genau durchzusehen. Ich habe mich sehr darum bemüht, unleserliche oder unklare Wörter soweit wie möglich zu entziffern. Offenkundige Schreibfehler wurden stillschweigend korrigiert. Wo ein Satz im Original unvollständig oder grammatikalisch fehlerhaft ist, habe ich hingegen die entsprechende Stelle mit einer Ergänzung in eckigen Klammern [...] bzw. einem [sic] kenntlich gemacht. Abgesehen von diesen geringfügigen Eingriffen ist der Wortlaut des Textes mit jenem des Originals aus dem Jahr 1945 identisch. Die Schreibweise der Namen von Personen und Orten habe ich im übrigen mit der in anderen Veröffentlichungen, die nach dem Krieg über Buchenwald erschienen sind, sowie mit jener in den Akten der Kriegsverbrecherprozesse (National Archives Washington) verglichen.

Für die deutsche Ausgabe wurde der Anhang auf den neuesten Stand gebracht. Der Einführung habe ich einige Seiten hinzugefügt, einige kleine sachliche Irrtümer wurden korrigiert. Wichtige neue Publikationen wie den von Lutz Niethammer herausgegebenen Band mit Dokumenten *Der «gesäuberte» Antifaschismus. Die SED und die roten Kapos von Buchenwald* (1994) konnte ich nun ebenfalls berücksichtigen. Die vielleicht aufregendste Information dieses Buches ist, daß ein weiteres Exemplar des ersten Teils des Buchenwald-Reports bis zum Untergang des DDR-Regimes im Zentralarchiv der SED in Berlin aufbewahrt wurde. Ein Vergleich mit dem Auszug, der in dem von Niethammer herausgegebenen Band veröffentlicht wurde, zeigt, daß es sich um genau den gleichen Text handelt, der hier vorgelegt wird. (Siehe Erster Teil, Fußnote 46). Dieses Exemplar wurde 1992 dem Buchenwaldarchiv übergeben, wo es heute den Historikern zur Verfügung steht. Es hat den Anschein, daß es in deutschen Archiven kein Exemplar des zweiten Teils des Buchenwald-Reports gibt; wohl deshalb konnte bisher in Deutschland kein vollständiges Exemplar des ganzen Manuskripts gefunden werden.

Es ist mir bewußt, daß ich als Herausgeber vielen Institutionen und Persönlichkeiten meinen aufrichtigen Dank schulde. Besonders dankbar bin ich Albert G. Rosenberg dafür, daß er mir das Manuskript zur Verfügung gestellt hat, und für seine Unterstützung und sein Vertrauen während der langen Zeit, die ich für die Herausgabe des Manuskripts gebraucht habe. Ich danke Frederick A. Praeger, dem verstorbenen Verleger, und Peter W. Kracht, dem Cheflektor von Westview Press, für ihre andauernde Unterstützung, guten Ratschläge und hilfreiche Kritik. Bei der Redaktion der deutschen Ausgabe ist die Arbeit von Dr. Detlef Felken vom C. H. Beck Verlag besonders wertvoll gewesen. Seine sorgfältige und sachkundige Überprüfung des Manuskripts hat zahlreiche kleine Unstimmigkeiten sichtbar gemacht und damit zu einem korrekteren und besser lesbaren Manuskript geführt.

Im Rahmen meiner Forschungsarbeit für die Herstellung einer wissenschaftlichen Dokumentation habe ich zahlreiche Institutionen besucht. Mein besonderer Dank gilt den Archivaren der National Archives in Washington, D. C. und Suitland, Maryland für ihre Hilfe bei der Durchsicht ihrer Sammlungen. Auch die Archive der Gedenkstätte Buchenwald in

Weimar haben mich großzügig unterstützt. Insbesondere danke ich Sabine Stein, die mir erlaubt hat, von ihrer gründlichen Kenntnis des Materials über Buchenwald Gebrauch zu machen. Der Faculty Development Fund des College of Liberal Arts an der Universität von Texas in El Paso hat mich finanziell unterstützt und mich von der Verpflichtung befreit, zu viele Vorlesungen zu halten. Meine Reise nach Deutschland ist 1992 zum Teil von der deutschen Fulbright Commission in Bad Godesberg für die Teilhabe an ihrem Seminar für deutsche Studien finanziert worden.

Die Bibliothek der Universität von Texas in El Paso hat mir wertvolles Material aus ihrer S.L.A. Marshall Military Collection und Ravel Judaica Collection zur Verfügung gestellt. Ihre Abteilung für den Austausch von Bibliotheksliteratur hat mir geholfen, viele schwer zugängliche Quellen zu finden. Auch in der Bibliothek der Universität von New Mexico und in der Haydenbibliothek der Universität von Arizona habe ich zahlreiche für mich wichtige Texte gefunden. Wie jeder Autor verdanke ich den zahlreichen Historikern auf beiden Seiten des Atlantiks, die vor mir den gleichen Themenkreis behandelt haben, sehr viel und habe versucht, meine Dankbarkeit dadurch zum Ausdruck zu bringen, daß ich ihre Arbeit in meinen Anmerkungen und dem Literaturverzeichnis zum Ausdruck gebracht habe.

Ich fühle mich aber auch denen verpflichtet, die mich eher indirekt bei meiner Arbeit unterstützt haben. Die Freundschaften mit Überlebenden des Holocaust haben mir geholfen, diese Zeit besser zu verstehen. Zu diesen Freunden gehören Frank Oppenheimer, der verstorbene Dr. Frederick Bornstein, Al und Edith Eger und Henry Kellen. Zu den anderen Freunden und Kollegen, die ihr Wissen über diese Zeit mit mir geteilt haben, gehören Albert Schwartz, Z. Anthony Kruszewski und Ilse Irwin. Meine Professoren an der Universität von Wisconsin – T. S. Hamerow, Robert L. Koehl und George L. Mosse – haben mich während meiner ganzen beruflichen Laufbahn befähigt und inspiriert, diese Arbeit fortzuführen. Am Beginn meiner beruflichen Ausbildung habe ich ein Jahr als Fulbright-Student die Ludwig-Maximilians-Universität in München besucht, und in dieser Zeit ist in mir eine aufrichtige und dauernde Liebe zu Deutschland entstanden, die mir selbst meine Arbeit an diesem Buch nicht hat nehmen können.

Schließlich danke ich meiner Familie für ihre Geduld in den Monaten, in denen ich intensiv an diesem Manuskript gearbeitet habe. Meine Frau Anne Hackett hat die zahlreichen Krisen während dieser Zeit mit großer Langmut hingenommen und mir mit Rat und Tat zur Seite gestanden. Meine Kinder Mary Elizabeth, Michael und Caroline haben die Abwesenheit (im doppelten Sinne) ihres Vaters ohne zu murren ertragen. Vor allem ihnen – und allen jungen Menschen der nächsten Generation – widme ich dieses Buch in der Hoffnung, daß es einen Beitrag zur Verwirklichung einer humaneren Welt leisten wird.

David A. Hackett
El Paso, Texas

Karte von Buchenwald

A	Quarantänelager ("Kleines Lager")
B	Häftlingslager
C	Deutsche Ausrüstungswerke (DAW)
D	SS-Kommandanturbereich
E	SS-Standort
F	Bahnhof Buchenwald
G	Wihelm-Gustloff-Werk II
H	SS-Führersiedlung
I	SS-Truppengaragen
J	Bauhof

1	Wirtschaftshof [Geflügelhof]
2	[Schweinestall]
3	[Kaninchenställe]
4	[Pferdeställe]
5	Häftlingskrankenbau
6	Lagerbordell
7	Kino
8	Kläranlage
9	Kammergebäude (Magazine)
10	"Goethe-Eiche"
11	Wäscherei
12	Desinfektionsgebäude
13	Küche
14	Kartoffelkeller
15	Block 2 (Pathologie)
16	Werkstätten (zuvor Sonderlager Novemberpogrom 1938)
17	Häftlingskantine
18	Prügelbock
19	Arrestzellenbau
20	Lagertor und Rapportführerstube
21	Werkstätten (zuvor Sonderlager für polnische und jüdische Häftlinge 1939/1940)
22	Krematorium
23	Politische Abteilung (Dienststelle der Gestapo)
24	Lagerkommandantur
25	SS-Wirtschaftsgebäude
26	Sonderlager Fichtenhain
27	Isolierbaracke für prominente Häftlinge
28	Wasserturm
29	Löschteich

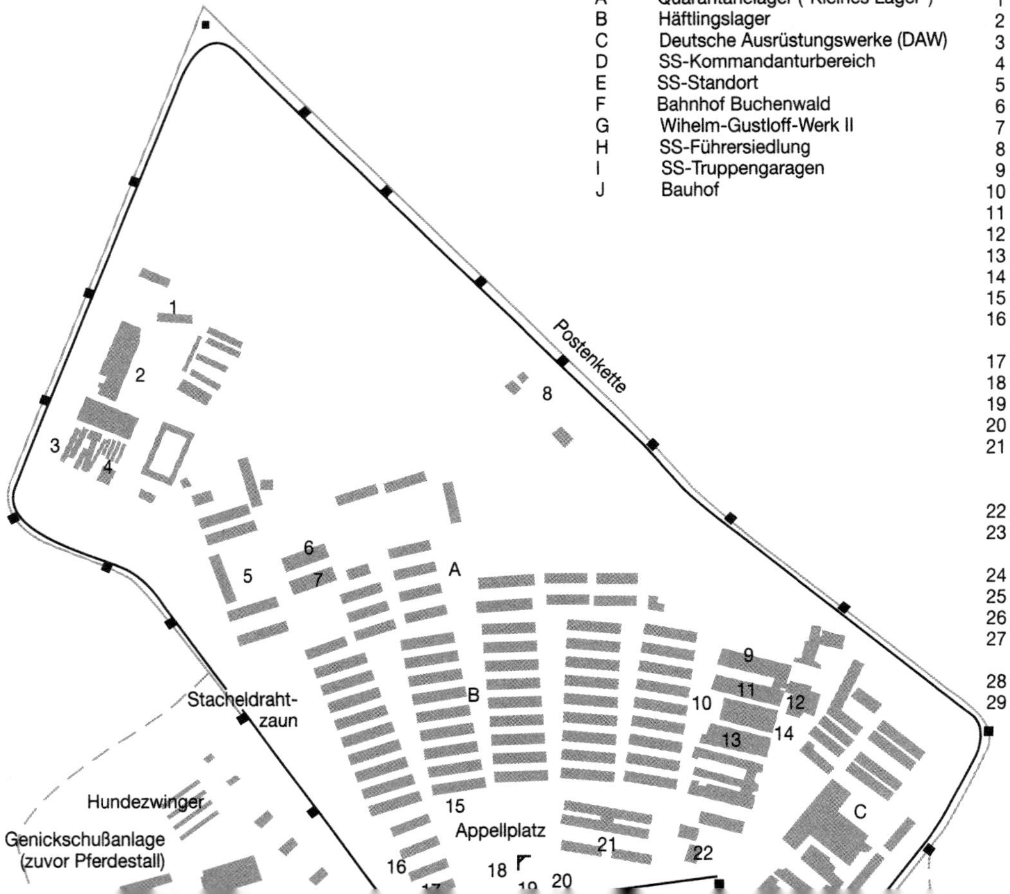

Postenkette
Straße nach Weimar
F
G
28
29
J
I
H
"Villa Koch"
SS-Falkenhof
D
24
Carachoweg
Garage
27
26
E
25
Waffenmeisterei
SS-Revier
Steinbruch
Postenkette
N
Postenkette mit 58 Posten
Wachttürme
Hochspannungszaun
KONZENTRATIONSLAGER BUCHENWALD

Einführung

Buchenwald ist das erste größere nationalsozialistische Konzentrationslager gewesen, das den Westalliierten in die Hände gefallen ist, solange es noch voll mit Gefangenen besetzt war. Gegen Ende des Jahres 1944 entdeckte die amerikanische Armee ein verlassenes nationalsozialistisches Konzentrationslager im französischen Natzweiler. Die Sowjets stießen im Juli 1944 auf das verlassene und zum Teil zerstörte Lager von Maidanek und im Januar 1945 auf das Lager Auschwitz in Polen. Am 5. April fand die amerikanische Armee neue Hinweise auf Greueltaten großen Ausmaßes, als sie die kürzlich verlassenen Konzentrationslager bei Ohrdruf und Nordhausen-Dora einnahm. Doch nach allem, was sie bisher gesehen hatten, konnten sich die alliierten Soldaten und ihre Offiziere nicht vorstellen, was in dem großen Konzentrationslager Buchenwald bei Weimar in Mitteldeutschland, das sie am 11. April 1945 erreichten, auf sie wartete.[1] Hier trafen sie auf einundzwanzigtausend verhungerte und zerlumpte Gefangene in einem mit Krematorien, Hinrichtungsstätten und einem für medizinische Experimente eingerichteten Lazarett ausgestatteten Lager.

Vier Tage später, am 15. April, kam die Britische Armee nach Bergen-Belsen bei Hannover. Hier lebten noch mehr Gefangene, die meisten standen kurz vor dem Hungertod und waren an Typhus und Paratyphus erkrankt. Amerikanische Truppen befreiten am 29. April die Insassen des Lagers Dachau bei München und am 6. Mai die Gefangenen im Lager Mauthausen bei Linz in Österreich. Die Sowjetarmee befreite am 22. April das Konzentrationslager Sachsenhausen, am 30. April Ravensbrück nördlich von Berlin und am 8. Mai Theresienstadt nördlich von Prag. Allmählich zeigte es sich, daß es sich bei den Greueltaten, von denen zu Beginn des Krieges berichtet worden war, nicht um vereinzelte Übergriffe oder um Übertreibungen zu Propagandazwecken handelte, wie dies im Ersten Weltkrieg geschehen war, sondern um unwiderrufliche Beweise für die Brutalität und Unmenschlichkeit des nationalsozialistischen Systems.

Der umfassende Bericht und die Sammlung der Aussagen von Gefangenen in Buchenwald wurden von einem Team der Abteilung für psychologische Kriegsführung der Amerikanischen Armee unmittelbar nach der Befreiung des Lagers zusammengetragen. Der Buchenwaldbericht ist ein einzigartiges Dokument, weil in keinem anderen Fall die Insassen eines nationalsozialistischen Konzentrationslagers unmittelbar nach ihrer Befreiung und noch im Lager systematisch befragt worden sind. Der Bericht war der Versuch, die Geschichte, die Organisation und das Leben im Lager in ihrer Gesamtheit zu dokumentieren. Er wurde in Zusammenarbeit mit einhundertvier Gefangenen zusammengestellt, die einhundertachtundsechzig Berichte dazu beigetragen haben, und ist daher als eine kollektive Leistung anzusehen. In diesem Bericht kommen die Auffassungen von Menschen der verschiedensten Nationalitäten zum Ausdruck, und er ist nicht die Aussage eines einzelnen, wie die meisten später erschienenen Memoiren oder mündlichen Überlieferungen. Leider ist dieser einzigartige Bericht bisher nicht in seiner ursprünglichen Form veröffentlicht worden, und man hat noch kürzlich an der Existenz des Originalmanuskripts gezweifelt.

Doch Gelehrte und Forscher, die den klassischen Bericht von Eugen Kogon über die nationalsozialistischen Konzentrationslager, *Der SS-Staat*, gelesen haben, wissen schon lange, daß ein solches Dokument existiert. In der Einführung zu der deutschen Ausgabe heißt es:

> Am 16. April 1945, fünf Tage nach der Ankunft der ersten amerikanischen Panzertruppen, traf im Konzentrationslager Buchenwald ein Intelligence Team der Psychological Warfare Division ein, um die Verhältnisse zu studieren und in einem umfassenden Bericht an das Hauptquartier der Alliierten Expeditionsstreitkräfte (SHAEF) zu zeigen, wie ein deutsches Konzentrationslager eingerichtet war, welche Rolle es im nationalsozialistischen Staat zu spielen hatte, und welches Schicksal über jene verhängt wurde, die von der Gestapo in die Lager eingewiesen und von der SS dort festgehalten wurden.

Kogon sagt über den Inhalt dieses Berichts das Folgende aus:

> [Der Bericht] umfaßte etwa 400 Schreibmaschinenseiten engzeilig: einen Hauptbericht von 125 Seiten, den ich selbst diktiert hatte, und annährend 150 Erlebnisberichte einzelner Kameraden, die gebeten worden waren, auf Grund ihrer Erfahrungen zu bestimmten Tatbeständen, Ereignissen, Personen oder Zusammenhängen Stellung zu nehmen.[2]

Das Originaldokument, auf das sich Kogon in seinem Buch stützt, galt lange Zeit als verschollen. Doch dann stellte sich heraus, daß mindestens eine Durchschrift des von Kogon verwendeten Originalberichts noch existierte.[3] Sie fand sich unter einer ganzen Reihe von Durchschriften, die der amerikanische Offizier, der die Untersuchung geleitet hatte, Second Lieutenant (später Captain) Albert G. Rosenberg, zu seinen Akten genommen hatte. Er hat mir dieses Exemplar zur Verfügung gestellt. Es wird zum ersten Mal vollständig in dieser Ausgabe veröffentlicht.

Ursprünglich sollte der Bericht schon 1945 erscheinen, damit sich die Weltöffentlichkeit ein Bild davon machen konnte, was in den nationalsozialistischen Konzentrationslagern geschehen war. Man hat jedoch die Absicht, den Bericht ins Englische zu übersetzen, zunächst aufgegeben, da es gegen Ende des Krieges sehr viel wichtigere Aufgaben zu erledigen gab. Statt dessen erschien das Dokument in einer ganz neuen Form, und zwar in einer deutschen Fassung, für die einer der Hauptverfasser des Berichts, Eugen Kogon, verantwortlich zeichnete. Sein Buch wurde Anfang 1946 in München als schmaler Band für eine deutsche Leserschaft veröffentlicht.[4]

Auf den folgenden Seiten berichten die in Buchenwald festgehaltenen Personen aus ihrer persönlichen Sicht über das Leiden der Menschen in diesem Konzentrationslager. Sie erzählen von Ereignissen, die nur kurze Zeit zurückliegen, so schmerzlich und so unvergeßlich sind, daß sie nur mit tiefer innerer Anteilnahme darüber sprechen können. Teile des Manuskripts behandeln Ereignisse in dem gemäßigten Ton des Gelehrten und Bürokraten, aber die Aussagen einzelner Gefangener im zweiten Teil des Berichts sind sehr viel stärker gefühlsbetont. Die ehemaligen Lagerinsassen sprechen anschaulich über die Leiden von Juden, politischen Gefangenen, Homosexuellen, Jehovas Zeugen, Geistlichen, Polen, russischen Kriegsgefangenen, Sklavenarbeitern, die außerhalb der Lager eingesetzt wurden, sowie Frauen und Kindern. Sie berichten nicht nur über Buchenwald selbst, sondern auch über das ganze Netz nationalsozialistischer Konzentrationslager, innerhalb dessen die Gefangenen immer wieder verlegt wurden. Die Aussagen enthalten gelegentliche innere Widersprüche, kleine Irrtümer, Vorurteile und eine ideologisch geprägte Ausdrucksweise, aber das Gesamtbild des Systems der nationalsozialistischen Konzentrationslager ist deutlich zu erkennen.

Die umfangreiche spätere Geschichtsschreibung hat die in diesem Bericht vom Mai 1945 zum ersten Mal aufgezeichneten erregenden Aussagen von Zeitzeugen bestätigt. Wenn der Buchenwaldbericht, wie zunächst beabsichtigt, schon 1945 veröffentlicht worden wäre, dann hätte man ihn vielleicht, wie Deborah Lipstadt sagt, für «unglaublich» gehalten. Nun, zwei Generationen später, haben wir aus den Zeugnissen vieler tausend Überlebender erfahren, daß alles, was hier geschildert wird, nur allzu wahr ist.

Die Befreiung und ihre Nachwirkungen

Der Ostersonntag, der 1. April 1945, war ein besonderer Tag für die Gefangenen des Konzentrationslagers Buchenwald.[5] Die Nachricht, daß amerikanische Panzer durch das Fuldaer Becken vorgedrungen waren und sich Eisenach (etwa 65 Kilometer von Weimar) näherten, war, wie die Gefangenen sagten, ein «Ostergeschenk». Es bedeutete, daß sie schon nach wenigen Tagen mit ihrer Befreiung rechnen konnten. Die Gefangenen beschlossen, ihren Widerstand gegen die Lagerverwaltung der SS zu verstärken und sich auf eine bewaffnete Auseinandersetzung mit der SS vorzubereiten, wenn sie versuchen sollte, das Lager vor ihrem Abzug zu zerstören (siehe Teil 1, XIII, und Teil 2, 10. Kapitel, Nr. 149).* Im Lager herrschte eine äußerst gespannte Stimmung, denn die Insassen wußten, daß die Nazis alle marschfähigen Gefangenen aus dem Lager Auschwitz evakuiert hatten, und sie glaubten, daß

---

* Hier werden Zitate aus dem Text des Buchenwaldberichts nach Teil, Kapitel und Abschnitt angegeben.

sie die kranken Gefangenen, die sie zurücklassen mußten, getötet und das Lager zerstört hätten. (In Wirklichkeit trafen die russischen Truppen früh genug ein, um die Kranken zu retten, und der größte Teil des Lagers Auschwitz wurde nicht zerstört.) Man fürchtete, daß sich in Buchenwald etwas Ähnliches ereignen könnte. Die Gefangenen hatten nach dem Fliegerangriff im August 1944 heimlich Waffen ins Lager geschmuggelt und militärische Verbände zusammengestellt. Sie wußten aber, daß diese leichtbewaffneten Verbände den sehr viel besser ausgerüsteten SS-Wachen unterlegen waren. Ein bewaffneter Widerstand der Gefangenen wäre also ein letzter Ausweg im äußersten Notfall gewesen.

Die schlimmsten Befürchtungen der Gefangenen schienen sich angesichts der Ereignisse in den nächsten Tagen zu bestätigen. Ein geheimes Arbeitskommando mußte tiefe Gräben ausheben, wahrscheinlich um sie als Massengräber zu benutzen. Sie wurden aber später wieder zugeschüttet. Am 4. April sollten alle Juden im Lager zu einem Zählappell antreten. Sie folgten aber nicht diesem Befehl, und in der Nacht tauchten viele Juden unter. Das heißt, sie nahmen neue Namen an, veränderten ihre Gefangenennummern und zogen in jeweils neue Blöcke. Am folgenden Tag verlautete gerüchtweise, daß die noch im Lager lebenden zwanzig Engländer und zwei Amerikaner erschossen werden sollten. Einige von ihnen tauchten unter und konnten so überleben. Am gleichen Tag wurde bekannt, daß sechsundvierzig führende Persönlichkeiten (unter ihnen Eugen Kogon) festgenommen werden sollten, auch sie tauchten unter. Die SS konnte keinen von ihnen finden. Schließlich entwickelten die führenden Männer im Lager einen kühnen Plan, um die von der SS schon anberaumte Evakuierung zu verhindern. Am 8. April wurde Kogon aus dem Lager geschmuggelt, um einen Brief an den Lagerkommandanten, SS-Oberführer Hermann Pister, auf die Post zu bringen. Der angebliche Absender war ein englischer Fallschirmoffizier, Major James McLeod, der in der Nähe von Weimar gelandet war. Darin wurde der Kommandant davor gewarnt, einen «Todesmarsch» mit den Gefangenen zu beginnen, wie das schon mit den Gefangenen in Ohrdruf geschehen war. Die Alliierten drohten in diesem Brief damit, gegen die Bevölkerung von Thüringen Vergeltungsmaßnahmen zu ergreifen, wenn Buchenwald evakuiert werden sollte (Teil 1, XIII).

Inzwischen hatten die Nazis trotz des passiven Widerstandes der Gefangenen, die sich nach dem 5. April geweigert hatten, weiter an Zählappellen teilzunehmen, mit den Evakuierungen begonnen. Am 6. April verließen dreitausend Juden zu Fuß das Lager Buchenwald. Am folgenden Tag sollten mehr als vierzehntausend abmarschieren, aber weniger als die Hälfte konnte auf die Beine gebracht werden. Das ganze Lager sollte bis zum 8. April geräumt werden, aber der Brief von McLeod ließ den Lagerkommandanten zögern. Am 9. April wurden viertausendachthundertachtzig Gefangene in Marsch gesetzt, einen Tag später waren es neuntausendzweihundertachtzig. Pfisters Vorgesetzter, der SS-General Prinz Josias zu Waldeck-Pyrmont, kam nach Weimar und befahl dem Lagerkommandanten wutschnaubend, das ganze Lager zu räumen. Aber inzwischen war es dafür schon zu spät. Die SS-Männer packten schon ihre Sachen, um zu fliehen.

Als sich die Front sehr rasch dem Lager auf dem Ettersberg näherte, unternahmen die Nazis einen letzten Versuch, alle Spuren ihrer Greueltaten zu verwischen. Die Gefangenen in den Arrestzellen des Lagers wurden in der Nacht zum 10. April ermordet, und ein Überlebender erhielt den Auftrag, die Blutspuren an den Wänden mit weißer Farbe zu übermalen. In der Eile gelang es den Nazis aber nicht, alle Spuren zu verwischen. Nach der Befreiung meldete ein amerikanischer Militärarzt, daß er in der Mauer vier Haken gesehen habe sowie die zum Teil verstopften Löcher für vierundvierzig weitere. Außerdem hatte er einen blutverschmierten Knüppel gefunden.[6]

Die lange erwartete Befreiung kam endlich am Mittwoch, dem 11. April (siehe Hauptbericht, Teil 2, 11. Kapitel, Nr. 151). Der Tag begann ganz ruhig, aber schon nach wenigen Stunden hörte man in der Ferne den Gefechtslärm. Um 10.15 Uhr ließ der Lagerkommandant Pister den ältesten Insassen des Lagers kommen und teilte ihm mit, daß er jetzt die Verantwortung für das Lager übernehmen müsse. Das beruhigte die Gefangenen einigermaßen, obwohl einige von ihnen wußten, daß der Kommandant von einem in der Nähe gelegenen Militärflughafen Sturzkampfbomber angefordert hatte, die das Lager zerstören sollten, doch der deutsche Kommandeur des Luftwaffenstützpunkts lehnte das offenbar ab. Um die Mittagszeit wurden die SS-Männer über Lautsprecher aufgefordert, sich außerhalb des Lagers an ihren Versammlungsplätzen zu melden, aber die Wachen hielten auch weiterhin die Wachtürme rings um das Lager besetzt. Um 14.10 rollten die ersten amerikanischen Panzer auf der außerhalb des Lagers gelegenen Straße vorbei. Die Panzer gehörten zur Aufklärungsabteilung der Sechsten Panzerdivision der Dritten Amerikanischen Armee unter General Patton. Gegen 15.00 Uhr verließen die ersten Wachen ihre Posten und liefen in die nahegelegenen Wälder. Wenige Minuten darauf übernahmen die Gefangenenmiliz und die Lagerpolizei, die sich bis dahin mit ihren Waffen versteckt hatten, die Wachtürme und das Haupttor. (Noch heute zeigen die Uhren im Lager zur Erinnerung an die Befreiung die Zeit von 15.15 Uhr an.) Nun durchkämmte die bewaffnete Gefangenenmiliz den Wald rings um das Lager auf der Suche nach geflohenen SS-Männern. Viele von ihnen hatten sich inzwischen Zivilkleidung besorgt. Bis zum Ende des Tages wurden siebenundsechzig ehemalige SS-Wachen gefangengenommen. Es herrschte allgemeine Verwirrung. Als der Weimarer Polizeipräsident um 18.00 Uhr im Lager anrief, um der SS zu befehlen, die im Lager verbliebenen Gefangenen zu erschießen, meldete sich ein Lagerinsasse am Telefon.[7]

Das mutige Verhalten der Gefangenenmiliz am Nachmittag des 11. April führte dazu, daß nach dem Kriege behauptet wurde, die Gefangenen in Buchenwald hätten sich selbst befreit. Das ist nicht ganz falsch, und das

Verhalten der Gefangenen wird durch zahlreiche Augenzeugenberichte dokumentiert. Aber später wurde die Rolle der Gefangenen bei der Befreiung des Lagers von der Literatur in Ostdeutschland als allein ausschlaggebend dargestellt, während man den Anteil des amerikanischen Militärs verschwieg oder behauptete, er sei unwesentlich gewesen. (Siehe den Abschnitt «Die Veröffentlichungen» weiter unten.)

Die beiden ersten Amerikaner, die am 11. April in das Lager Buchenwald kamen, waren wahrscheinlich Egon W. Fleck, ein Zivilist, und First Lieutenant Edward A. Tenenbaum, ein Nachrichtenoffizier bei der Abteilung für Öffentlichkeitsarbeit und psychologische Kriegsführung der 12. Amerikanischen Heeresgruppe (unter General Omar N. Bradley). In ihrem Bericht heißt es, daß das Lager schon befreit worden war, hätten sie daran erkannt, daß sie, als sie in ihrem Jeep ins Lager fuhren, einer Gruppe bewaffneter Gefangener, die noch ihre gestreifte Lagerkleidung trugen und auf sie zumarschierten, begegnet seien. In ihrer Meldung heißt es:

> (Wir) kamen um eine Ecke auf die Hauptstraße und sahen Tausende zerlumpter, verhungert aussehender Männer, die in geschlossenen Formationen in östlicher Richtung marschierten. Diese Männer waren bewaffnet, und neben ihnen marschierten ihre Führer. Einige Abteilungen trugen deutsche Gewehre. Andere hatten Panzerfäuste auf den Schultern. Einige trugen «Kartoffelstampfer»-Handgranaten. Sie lachten und winkten uns aufgeregt zu ... Es waren die Insassen des Lagers Buchenwald auf dem Marsch in den Krieg. Unsere Panzer fuhren mit einer Geschwindigkeit von vierzig Stundenkilometern an ihnen vorbei.[8]

Die Verbände, denen die beiden Amerikaner begegneten, waren die «Stoßtrupps» der Gefangenenmiliz, der besondere Stolz der Gefangenenführer in Buchenwald.

Gegen 17.30 Uhr fuhr der Jeep mit den beiden Amerikanern in das Lager ein. Sie meldeten, daß die einundzwanzigtausend Gefangenen «beim Anblick der amerikanischen Uniformen jubelten, auf uns zukamen, um uns die Hände zu schütteln und uns wertvolle Ferngläser aus den Werkstätten zuwarfen, in denen sie Sklavenarbeit hatten leisten müssen». Die amerikanischen Nachrichtenoffiziere wurden vom «Lagerkommandanten, einem deutschen Insassen», und später von der Lagerführung und dem Lagerrat (dem internationalen Lagerkomitee) begrüßt. Für die Nacht wurden sie in Block 50 untergebracht, in dem sich das Typhus-Versuchslabor befunden hatte.

Am nächsten Morgen, es war der 12. April, wurden sie «von einer Blaskapelle geweckt, die ihnen ein Ständchen brachte, bis sie an den Fenstern erschienen und von Tausenden Insassen jubelnd begrüßt wurden». Lieutenant Tenenbaum hielt eine kurze Ansprache, in, wie ein Gefangener es nannte, «amerikanischem Deutsch».[9] Die Offiziere blieben lange genug, um Material für einen achtzehn Seiten langen vorläufigen Bericht zusammenzustellen, der eine kurze Geschichte des Lagers und eine Analyse der Lagerorganisation enthielt. Dabei wurde insbesondere die Tatsache hervorgehoben, daß die Lagerführung von Kommunisten beherrscht wurde. Die Offiziere betonten besonders, daß es sie beeindruckt habe, «in Buchenwald nicht einen Haufen von Leichen oder eine Masse halbverhungerter, führerloser Männer, sondern eine disziplinierte und arbeitsfähige Organisation vorgefunden zu haben».[10]

Nachdem die amerikanischen Kampfverbände am Lager vorbei in südöstlicher Richtung vorgestoßen waren, blieb es am Donnerstag, dem 12. April, in Buchenwald einigermaßen ruhig. Die Dritte Armee des Generals George S. Patton ging über Weimar nach Südosten in Richtung auf die sächsische Stadt Zwickau vor, wendete sich dann nach Süden und überschritt die Grenze zur Tschechoslowakei. Das Ziel der Armee war es, das noch von den Deutschen gehaltene Bayern mit einer großen Umfassungsbewegung einzukreisen, wo sich die deutschen Truppen angeblich zu einem letzten verzweifelten Widerstand im Raum Berchtesgaden um die Bergbefestigung Hitlers bereitgestellt hatten. Etwa um die gleiche Zeit übernahm die amerikanische Erste Armee unter General Courtney H. Hodges offiziell die Verwaltung des von ihr eroberten Gebiets um Weimar.

Während dieser kurzen Ruhepause brachte ein zweiter Jeep eine Gruppe von Offizieren des amerikanischen Nachrichtendienstes ins Lager. Der Dienstälteste war Captain Peter de Wetter, ein deutschsprechender Offizier von der Abteilung G-2 (Gegenspionage) vom Stab der Ersten Armee des Generals Hodges.[11] Es herrschte eine unheimliche Ruhe. Es befanden sich weder deutsche noch amerikanische Soldaten im Lager, nur Tausende halbverhungerter und kranker Gefangener standen herum oder saßen schweigend in der Sonne. Einer von ihnen fiel de Wetter besonders auf. Er lag in einer Pfütze und murmelte unverständliches Zeug, ohne von seiner Umgebung Notiz zu nehmen – einer jener dem Tode nahen und vor Erschöpfung geistig verwirrten Halbirren, die von ihren Mitgefangenen als «Muselmänner» bezeichnet wurden. Man zeigte de Wetter auch das Krematorium, wo bis auf das Skelett abgemagerte Leichen aufgestapelt waren und eine schon halbverbrannte Leiche neben einem Haufen menschlicher Asche auf einem Eisenrost lag. Mit seiner Amateurkamera machte de Wetter mehrere Aufnahmen von den unglaublichen Szenen, die sich ihm hier boten, wahrscheinlich die ersten von vielen solcher Fotografien.

Für die Gefangenen sollte der folgende Tag, Freitag der 13., zu einem Glückstag werden; es war «ein Feiertag für die überlebenden Lagerinsassen».[12] Es war am gleichen Tage, als amerikanische Truppen die Verwaltung des Lagers übernahmen und Lebensmittel, Medikamente und andere dringend erforderliche Dinge mitbrachten. An diesem Tag besuchten auch hochrangige amerikanische Generäle das Lager Buchenwald, und zwar der Oberbefehlshaber der alliierten Streitkräfte in Europa, General Dwight D. Eisenhower, sowie die Generäle Bradley und Patton. Ihr Besuch löste eine über mehrere Wochen dauernde Pressekampagne aus, in der über die in Buchenwald verübten Greueltaten berichtet wurde.

Die dringendsten Aufgaben des neuen amerikanischen Kommandanten, Major L. C. Schmuhl, waren es, einige tausend halbverhungerte Gefangene zu ernähren, die Schwerkranken medizinisch zu versorgen, die Toten zu begraben und die sanitären Einrichtungen in Ordnung zu bringen. Letzteres war besonders problematisch, weil die SS vor ihrem Abzug die Pumpen zerstört hatte, über die das Lager mit Wasser versorgt wurde. Ohne Wasserdruck verstopften sich die Abflußrohre, und im Lager herrschte ein fürchterlicher Gestank, an den sich damalige Besucher noch jetzt erinnern können. Ein amerikanischer Sanitätsoffzier, der am 17. April ins Lager kam, Captain Robert Dinolt, berichtete: «Ich sah, wie die Menschen überall im Lager ihre Notdurft verrichteten, und auf den Fußböden und Kojen in den Baracken schwamm der Urin.»[13]

In allen Konzentrationslagern bestand ständig die Gefahr, daß es zum Ausbruch von Typhus- und Paratyphusepidemien kommen könnte. Die Sanitätstruppe der Amerikanischen Armee konnte das dadurch verhindern, daß sie sofort mit dem Einsatz von DDT eine Entseuchungskampagne begann. Bis dahin waren bereits zweiundsechzig Typhusfälle diagnostiziert worden, die jedoch auf einer Isolierstaion im Lagerlazarett untergebracht wurden.[14] Nachdem das Lager neun Tage ohne Wasser hatte auskommen müssen, gelang es amerikanischen Pionieren, die Wasserleitungen in Buchenwald bis zum 20. April zu reparieren. Die Abwasserleitungen waren allerdings immer noch verstopft. Deshalb stellte der amerikanische Kommandant ehemalige Nazis dazu an, die Exkremente aus den Latrinen mit Eimern hinauszutragen.

Zur Versorgung der Kranken und Sterbenden wurde das 120. Amerikanische Feldlazarett eingesetzt. Es stand unter dem Befehl von Colonel W. E. Williams und verfügte über einundzwanzig Sanitätsoffiziere, zweihundertsieben als Sanitäter ausgebildete Mannschaften und vierzig Krankenschwestern. Es traf am Abend des 15. April im Raum Buchenwald ein, konnte aber erst zwei Tage später mit seiner Arbeit beginnen, nachdem Captain Dinolt das Lager besichtigt und festgestellt hatte, welches die Hauptaufgaben dieses Feldlazaretts sein würden. Er schätzte, daß etwa die Hälfte der überlebenden Lagerinsassen (es waren 8000 bis 10000 Gefangene) ärztlich versorgt werden mußten, «und von dieser Gruppe war wenigstens die Hälfte in einem so schlechten Zustand, daß man kaum mit ihrem Überleben rechnen durfte, wenn sie nicht sofort ärztlich versorgt würden».[15] Die meisten dieser Gefangenen befanden sich im sogenannten kleinen Lager, wo die Zustände in den letzten Wochen am schlimmsten gewesen waren. Das amerikanische Feldlazarett blieb etwas mehr als eine Woche in diesem Teil des Lagers, und während dieser Zeit verringerte sich die Zahl der Toten von täglich einhundertfünfzig auf etwa zwanzig am Tage. Am 25. April hatte sich die Lage stabilisiert, und das Feldlazarett konnte abgezogen werden, um neue Aufgaben zu übernehmen.

Am Schluß war der Hunger das ernsteste Problem, mit dem die Lagerführung konfrontiert wurde. Anfang 1945 waren die schon damals unzureichenden Rationen weiter gekürzt worden. (Siehe Teil 2, 3. Kapitel, Nr. 25.) Man schätzte, daß die Gefangenen in den letzten Tagen im großen Lager sechshundert bis siebenhundert Kalorien täglich bekamen, während es im kleinen Lager nur fünfhundert waren.[16] Zur Zeit der Befreiung hatten viele tausend Gefangene so stark abgenommen, daß sie nur noch halb soviel wogen wie normal. Der Lagerinsasse, der den Brigadegeneral Eric F. Wood durch das Lager führte, der französische General René L'Hopital, wog nur fünfundneunzig Pfund, während sein Normalgewicht einhundertfünfundsiebzig Pfund betrug. Ein anderer amerikanischer Offizier ließ sich von einem Tschechen durch das Lager führen, dem ehemaligen Besitzer eines Hotels in Prag, der hundertzehn Pfund wog, während sein Normalgewicht einhundertfünfundachtzig Pfund betragen hatte.[17]

Diese Gefangenen sahen auch wirklich nicht mehr aus wie normale menschliche Wesen. Fleck und Tenenbaum berichteten von einem «alten Mann, schmutzig, bärtig, ein Auge blind, der auf uns zutorkelt und sich als französischer General vorstellt». Wahrscheinlich war es der schon oben erwähnte L'Hopital, aber die ersten amerikanischen Offiziere waren skeptisch. Über die Gefangenen im kleinen Lager berichteten sie später: «Sie sehen aus wie die Tiere und sind häßlich anzusehen. Man kann verstehen, daß die Nazis sie als Untermenschen bezeichnet haben, denn viele von ihnen haben in der Tat alles Menschliche eingebüßt.»[18]

Die Ernährung der Gefangenen wurde zur wichtigsten Aufgabe der amerikanischen Besatzungsstreitkräfte. Unmittelbar nach der Befreiung wurden den Lagerinsassen große Mengen von in dem benachbarten Weimar beschlagnahmten Lebensmitteln zur Verfügung gestellt. Aber die ausgehungerten Gefangenen vertrugen das reichliche Essen nicht, und viele von ihnen starben an Magen-Darmkrankheiten. Der für die öffentliche Gesundheitspflege verantwortliche amerikanische Generalmajor Warren F. Draper berichtete nach einem Besuch im Lager, daß die Ausgabe von Lebensmitteln an die Gefangenen eingeschränkt werden mußte. In den schlimmsten Fällen der Unterernährung wurden die Gefangenen zunächst im Lazarett intravenös ernährt oder erhielten eine Mischung aus verdünntem Haferbrei, Milch und Zucker, wobei die Portionen allmählich vergrößert wurden.[19]

Am 16. April 1945 ergab eine Zählung der Lagerinsassen, daß von den einundzwanzigtausend Gefangenen am Tag der Befreiung bereits eintausend fehlten. Eine von der Amerikanischen Armee durchgeführte Aufstellung der Überlebenden nach ihrer Nationalität ergab die folgenden Zahlen:[20]

Franzosen	2900
Polen	3800
Ungarn	1240
Jugoslawen	570
Russen	4380

Holländer	324
Belgier	622
Österreicher	550
Italiener	242
Tschechen	2105
Deutsche	1800
Holländer (Luxemburger?)	260
Spanische Gegner Francos und andere	1207
	20000

In dem Bericht hieß es weiter, daß zu den oben angegebenen Nationalitätengruppen viertausend Juden gehörten. Der gleiche Bericht schätzte die Zahl der Kinder im Lager auf etwa eintausend. Nach einer genaueren Erhebung wurde die Zahl der Kinder mit etwa achthundertfünfzig ermittelt.[21]

Die Kinder, es waren nur Knaben, waren zwischen dreieinhalb und siebzehn Jahre alt (Teil 2, 9. Kapitel, Nr. 118). Die meisten waren Juden, und sehr viele von ihnen waren Waisen. Viele von ihnen hatten zusehen müssen, wie ihre Eltern ermordet wurden. In einem nachrichtendienstlichen Bericht über die hoffnungslose Lage der Kinder hieß es: «Während der Jahre ihres Aufenthalts im Lager erhielten diese Kinder keinen Schulunterricht, konnten keine Kinder-Bücher lesen und haben keine Filme gesehen und konnten sich nicht sportlich betätigen.» Besonders die polnischen Kinder wollten nicht in ihre Heimat zurückkehren, weil «man befürchtet, daß der Antisemitismus in Polen weiter besteht». Weil man bei vielen von ihnen nicht wußte, ob sie noch Verwandte hatten, mußten sie nach Entlassung der anderen Gefangenen im Lager bleiben. Später besuchte eine Hilfsorganisation der Vereinten Nationen das Lager und sorgte dafür, daß die dort noch verbliebenen dreihundertfünfzig Kinder in die Schweiz gebracht wurden. Diese Verlegung war Ende Juni beendet.[22]

Eine Woche nach der Befreiung hatte sich das Leben im Lager allmählich normalisiert. Vom 16. April bis zum 16. Mai 1945 brachte das Informationsbüro im Lager eine Tageszeitung heraus, die im Lager ausgehängt wurde. Am Anfang trug sie die Überschrift *Lagerbericht* und später *Nachrichten.* Zunächst druckte diese Zeitung persönliche Erfahrungsberichte einzelner Gefangener ab, von denen einige in den Buchenwaldbericht übernommen wurden. Später wurde auch über Ereignisse außerhalb des Lagers berichtet.

Es gab aber auch noch andere Zeichen dafür, daß sich das Leben im Lager normalisiert hatte. Am 19. April wurde zum Gedächtnis an die einundfünfzigtausend Gefangenen, die in Buchenwald gestorben waren, und zu Ehren des am 12. April verstorbenen amerikanischen Präsidenten Franklin D. Roosevelt, den die ehemaligen Gefangenen als Befreier und großen Kämpfer gegen den Faschismus bewunderten, eine Trauerkundgebung abgehalten. Im Rahmen dieser Feier verpflichteten sich die ehemaligen Gefangenen, den Faschismus zu vernichten, ein Ereignis, das in der DDR später mythologisiert wurde. Am 20. April wurde in Buchenwald der erste jüdische Gottesdienst abgehalten. Einige hundert überlebende jüdische Gefangene nahmen an der Feier unter der Leitung des amerikanischen Heeresgeistlichen, Rabbi Herschel Schacter, teil.[23]

Wenige Tage darauf übernahm ein neuer amerikanischer Kommandant, Captain Peter Ball, die Leitung des Lagers. Am 24. April sagte Ball dem internationalen Lagerkomitee, seine Aufgabe sei es, auf die möglichst rasche Rückführung der Gefangenen in ihre Heimatländer hinzuarbeiten. In seinen Stab nahm er fünf Verbindungsoffiziere als Vertreter der Sowjetunion, Polens, der Tschechoslowakei, der Niederlande und Jugoslawiens auf. Die Westeuropäer sollten als erste repatriiert werden, da in Westeuropa normalere Zustände herrschten. Die Situation für die Osteuropäer konnte zunächst noch nicht geklärt werden. Die französische Regierung hatte sich bereit erklärt, ehemalige Gefangene, die nach Spanien und Italien repatriiert werden sollten, vorläufig bei sich aufzunehmen. Am 2. Mai wies Ball das internationale Lagerkomitee an, seine Tätigkeit zu beenden, erklärte, es habe seine Aufgabe erfüllt, und sprach ihm dafür seinen Dank aus.[24] Vielleicht war es kein Zufall, daß dies einen Tag nach der von der kommunistischen Lagerführung organisierten und im sozialistischen Sinne veranstalteten Maifeier geschah.

Anfang Mai begann sich das offiziell umbenannte *Buchenwald Displaced Persons Center* allmählich aufzulösen. Noch vor Ende April hatten die französischen, belgischen und luxemburgischen Kontingente das Lager schon verlassen. Am Tag des Sieges im Zweiten Weltkrieg, es war der 8. Mai 1945, verließen die Holländer und nach ihnen die Norweger und Tschechen das Lager. Ein amerikanischer Prüfungsausschuß stellte den Deutschen und Österreichern die Entlassungspapiere aus. Mitte Mai wurden auch sie so schnell wie möglich entlassen. Politische Probleme verzögerten die Entlassung von Polen und Russen, aber Anfang Juni wurden auch viele von ihnen repatriiert. Über die letzten Wochen, in denen die Amerikaner das Lager verwalteten, gibt es nur sehr spärliche Informationen, aber es scheint einigermaßen sicher zu sein, daß das Lager zu der Zeit, als die amerikanischen Streitkräfte es den Sowjets übergaben (am 4. Juli 1945), schon fast leer war.

Veröffentlichungen über Greueltaten

In den ersten drei Wochen nach der Entdeckung des Lagers Buchenwald durch die Westalliierten berichtete die Weltpresse ausführlich über die Geschehnisse dort. Vielleicht hat sich die Weltöffentlichkeit mehr für das Lager Buchenwald interessiert als für andere Konzentrationslager, weil es das erste war, das befreit wurde. Reporter und Fotografen führender amerikanischer und britischer Zeitschriften und Zeitungen besuchten die Baracken und interviewten die Gefangenen. Auch Abordnungen des amerikanischen Kongresses und des britischen Parlaments kamen nach Buchenwald, gefolgt von besonders eingeladenen Gruppen prominenter Zeitungsredakteure, Geistlicher und Gewerkschaftsführer. In den ersten Wochen besuchten auch zahlreiche britische und amerikanische Offiziere und Soldaten das Lager, und zwar sowohl in Ausübung ihres militärischen Dienstes wie auch als wißbegierige Beobachter. Wenigstens vier verschiedene amerikanische Truppenverbände haben zu verschiedenen Zeiten ihren Dienst in Buchenwald geleistet. Das Lager wurde zunächst von der Dritten Amerikanischen Armee eingenommen, und anschließend haben es Verbände der Ersten, der Neunten und schließlich der Siebenten Amerikanischen Armee übernommen.[25]

Die Entscheidung, Buchenwald in den Mittelpunkt der Öffentlichkeitsarbeit für die Dokumentierung deutscher Greueltaten zu stellen, wurde auf höchster Ebene der amerikanischen und der britischen Regierung getroffen, und zwar von dem Oberbefehlshaber der alliierten Streitkräfte in Europa, General Dwight D. Eisenhower, General George C. Marshall, dem Generalstabschef der Amerikanischen Armee, dem amerikanischen Präsidenten Harry S. Truman und dem britischen Premierminister Winston Churchill. Es steht jedoch fest, daß die Initiative für diese Pressekampagne von Eisenhower ausging. Berichte über deutsche Greueltaten und die Entdeckung von in Thüringen versteckten Kunstschätzen des Dritten Reiches veranlaßten Eisenhower, am 11. April sein Hauptquartier in Reims zu verlassen und General Hodges im Hauptquartier der Zwölften Heeresgruppe in Wiesbaden aufzusuchen. Am folgenden Tag besuchte Eisenhower in Begleitung der Generäle Patton und Bradley das Salzbergwerk von Merkers in Thüringen, wo die Regierung des Dritten Reichs große Mengen von Gold, Devisen und Kunstwerken gelagert hatte. Eisenhower und seine Begleiter besuchten auch das kleine Konzentrationslager Ohrdruf bei Gotha. Die deutschen Greueltaten beeindruckten ihn so sehr, daß er am 15. April von Reims aus an General Marshall schrieb:

> Aber der interessanteste – wenn auch grausige – Anblick auf dieser Reise bot sich mir in einem deutschen Internierungslager bei Gotha. Die Dinge, die ich dort sah, spotten jeder Beschreibung … Der Anblick und die Augenzeugenberichte über Hunger, Grausamkeit und Bestialität waren so überwältigend, daß mir übel wurde. George Patton weigerte sich, einen Raum zu betreten, wo zwanzig oder dreißig verhungerte nackte Männer aufgeschichtet worden waren. Er sagte, ihm würde übel werden, wenn er sich das ansehen müßte. Ich habe dieses Lager absichtlich besucht, um aus eigener Anschauung über diese Dinge berichten zu können für den Fall, daß später behauptet werden könnte, die Schilderungen solcher Zustände seien bloße «Propaganda».[26]

Am 13. April, weniger als achtundvierzig Stunden nach seiner Befreiung, besuchten Eisenhower, Bradley und Patton auch das Lager Buchenwald. Am gleichen Abend sprach er in Marburg mit Hodges und Bradley in Gegenwart seines Sohns, Captain John Eisenhower, über die Lager Ohrdruf, Buchenwald und Nordhausen-Dora. «Das einzige Fünkchen Optimismus, das ich sehen kann», sagte er, «ist, daß ich nicht glaube, daß die Mehrheit der Deutschen gewußt hat, was dort vorging.» Nachdem er erwähnt hatte, daß

Patton ihm berichtet habe, der Bürgermeister von Gotha und seine Frau hätten sich, nachdem sie das Lager Ohrdruf besucht hatten, das Leben genommen, fügte er hinzu, «vielleicht dürfen wir doch noch hoffen». Am folgenden Tag setzte sich Captain John Eisenhower in seinen Jeep, um nach Weimar zu fahren und das Lager Buchenwald zu besuchen.[27]

Eisenhower war von allem, was er gesehen hatte, so erschüttert, daß die nazistischen Greueltaten das Hauptgesprächsthema waren, als er nach einigen Tagen in London mit dem britischen Premierminister Churchill zusammentraf. Am Abend führte er ein langes Gespräch mit Churchill über die Kriegslage und suchte ihn am nächsten Morgen im Anbau seines Amtssitzes in der Downing Street (wo die Beratungsräume untergebracht waren) zu einem weiteren Gespräch auf. Eisenhower versprach, Churchill, der offenbar ebenso empört war wie er, Fotos von den Konzentrationslagern zu schicken. Er drängte Churchill, eine Gruppe von Parlamentariern und Journalisten zu einer Besichtigung in die Lager zu schicken. Eisenhower fürchtete, eine amerikanische Delegation «könnte zu spät kommen, um die dort herrschenden grausigen Zustände noch in ihrem ganzen Ausmaß zu sehen, während die englische Delegation die Lager noch rechtzeitig erreichen könne». Am 19. April schickte General Walter Bedell Smith Churchill durch Lord Ismay einen Bericht über «die deutschen Konzentrationslager, die kürzlich von den alliierten Armeen überrannt worden waren, und der noch unglaublichere entsetzliche Zustände schilderte, als General Eisenhower sie bei dem gestrigen Gespräch mit Ihnen erwähnt hat».[28]

Nachdem die neuesten Berichte über die britischen Feststellungen in Bergen-Belsen in der Presse erschienen waren, sprach ganz London von den deutschen Greueltaten. Churchills Privatsekretär, John Colville, schreibt in seinem Tagebuch: «Die Blätter sind voll von (Berichten), denen erschütternde Fotos beigefügt sind, die nach der Einnahme von Buchenwald und anderen deutschen Konzentrationslagern durch die alliierten Armeen aufgenommen worden sind. Damit läßt sich jetzt beweisen, daß die Nachrichten, die uns während der vergangenen zehn Jahre erreicht haben, nicht bloße Propaganda waren, wie viele Berichte über deutsche Greueltaten im Ersten Weltkrieg.»[29]

Einen Tag nach Eisenhowers Besuch, am 19. April, hielt Churchill auf die Anfrage eines Parlamentsmitglieds eine kurze, aber bewegende Ansprache. E. P. Smith hatte gefragt, ob irgendwelche Maßnahmen erfolgen würden, um «das befreite Gefangenenlager Buchenwald als Denkmal der deutschen Methoden» zu erhalten. Churchill wollte sich jedoch nicht festlegen, sagte aber:

> Mit Worten läßt sich das Entsetzen nicht zum Ausdruck bringen, mit dem die Regierung Seiner Majestät die grausigen Verbrechen zur Kenntnis genommen hat, die jetzt täglich erkennbar werden …
>
> Ich habe heute morgen eine inoffizielle Nachricht von General Eisenhower erhalten, in der es heißt, daß die neuen Entdeckungen, besonders in Weimar, bei weitem alles übertreffen, was bis dahin bekanntgeworden ist. Er fordert mich auf, sofort eine

Gruppe Parlamentsabgeordnete in sein Hauptquartier zu schicken, um ihnen die Gelegenheit zu geben, mit eigenen Augen und aus erster Hand die Folgen der deutschen Greueltaten zu sehen.[30]

Churchill hielt diese Maßnahme für dringend erforderlich und ließ eine aus zehn Parlamentsmitgliedern bestehende Gruppe zusammenstellen, die sich «dieser äußerst unerfreulichen, aber doch dringend notwendigen Pflicht» unterziehen müsse, die Zustände in dem Konzentrationslager zu überprüfen.

Die Delegation, deren Mitglieder nach Parteizugehörigkeit sorgfältig ausgewählt worden waren, bestand aus vier Konservativen, drei Mitgliedern der Labour-Partei, einem Liberalen, einem Nationalliberalen und einem Unabhängigen. Sie reiste schon nach vierundzwanzig Stunden aus London ab. Zu der Delegation gehörten auch eine Frau und ein jüdisches Mitglied. Zwei Angehörige der Delegation waren Mitglieder des Oberhauses. Sie traf am Abend des 20. April in Eisenhowers Stabsquartier des Oberbefehlshabers der Alliierten Streitkräfte in Europa in Reims ein. Am folgenden Morgen flog die Gruppe in DC-3 Militärflugzeugen vom Typ Dakota nach Weimar und kam am Samstag, dem 21. April, zehn Tage nach der Befreiung, um elf Uhr vormittags in Buchenwald an.[31] Der kurze und sehr sachliche Bericht des Ausschusses wurde im Mai 1945 von *His Majesty's Stationery Office* veröffentlicht und endete mit den Worten,

daß ein System des bewußten Aushungerns und der unmenschlichen Brutalität während einer langen Zeit in Buchenwald praktiziert wurde und daß Lager wie dieses den Tiefpunkt dessen bezeichnen, was menschenmöglich ist. Die Erinnerung daran, was wir in Buchenwald gesehen und gehört haben, wird uns unauslöschlich noch viele Jahre verfolgen.[32]

Eisenhower hatte inzwischen am 19. April auch bei Marshall in Washington telegrafisch den Besuch einer Delegation des Amerikanischen Kongresses angefordert. In seinem Telegramm heißt es:

Wir entdecken auch weiterhin deutsche Konzentrationslager für politische Gefangene, in denen unbeschreiblich grausige Zustände herrschen. Ich habe selbst eines dieser Lager besucht und versichere Ihnen, daß alles, was bis heute über diese Lager veröffentlicht worden ist, Untertreibungen sind. Wenn Sie es für richtig halten, ein Dutzend führende Kongreßabgeordnete und ein weiteres Dutzend angesehener Zeitungsredakteure zu einem kurzen Besuch in zwei Maschinen vom Typ C-54 auf den europäischen Kriegsschauplatz zu schicken, werde ich sie in eines dieser Lager führen lassen, wo die Beweise für die Bestialität und Grausamkeit so überwältigend sind, daß die Besucher nicht mehr daran zweifeln werden, welche Praktiken die Deutschen normalerweise in diesen Lagern anwendeten.[33]

Eisenhowers Telegramm wurde am nächsten Tag durch Offiziere des Stabes von Marshall an den Sprecher des Repräsentantenhauses und den Mehrheitsführer im Senat weitergegeben. Sofort wurde eine Delegation zusammengestellt, die am Sonntag, dem 22. April, abreisen sollte. Zu ihr gehörten sechs Senatoren und sechs Angehörige des Repräsentantenhauses, von denen jeweils die Hälfte Demokraten und Republikaner waren. Zu den angesehensten Mitgliedern der Delegation gehörten die Senatoren Alben W. Barkley (Demokrat, Kentucky) und Leverett Saltonstall (Republikaner, Massachusetts) sowie der Kongreßabgeordnete R. Ewing Thomason (Demokrat, Texas). Die Delegation traf am 23. April in Paris ein und reiste am folgenden Morgen nach Weimar ab. (Der Kongreß interessierte sich so sehr für diese Fragen, daß schon wenige Tage darauf eine zweite inoffizielle Gruppe nach Deutschland abreiste.) Die Delegation wurde begleitet von General John M. Weir, Colonel Robert H. Thompson, Colonel John A. Hall und einer Gruppe von Fotografen.[34] Der Kongreßausschuß besuchte auch das Lager Nordhausen-Dora und besichtigte am 2. Mai Dachau achtundvierzig Stunden nach seiner Befreiung. In ihrem sechzehn Seiten langen offiziellen Bericht erklärten die Ausschußmitglieder, sie glaubten,

> daß sich aus (dem Schrecken in den Lagern) Gerechtigkeit entwickeln und durch die Abscheu erregenden Bilder, die uns gezeigt haben, wie weit menschliche Wesen erniedrigt worden sind, schließlich die sichere Erkenntnis erwachsen wird, daß Menschen aller Nationen und Zungen dem Übergreifen jeder Theorie und jeder Ideologie, die das Menschliche entwürdigt, ihren Widerstand entgegensetzen müssen.[35]

Achtzehn angesehene amerikanische Zeitungsherausgeber und Redakteure kamen am 25. April in Buchenwald an und wurden später von Eisenhower in seinem Hauptquartier in Reims empfangen, um ihre Aufzeichnungen über ihre Besuche in den «Höllenlagern» mit den dortigen Erkenntnissen zu vergleichen. Wie berichtet wird, sagte Eisenhower, «er hoffe, jede amerikanische Zeitung werde in allen Einzelheiten über die deutsche Bestialität berichten».[36] Die führenden Männer dieser Journalistengruppe, Julius Ochs Adler, Malcolm Bingay und Stanley High, baten ihn, das folgende Telegramm an den Kriegsminister Henry L. Stimson zu schicken: «Es ist die einstimmige Überzeugung der Delegation der Herausgeber von Zeitschriften und Zeitungen, die hierher geschickt worden sind, um die Zustände in den deutschen Gefangenenlagern zu untersuchen, daß die Berichte über die gegen die Kriegsgefangenen, politischen Gefangenen und Zivilisten verübten Greueltaten nicht übertrieben waren.»[37]

In rascher Folge besichtigten eine Delegation aus sieben amerikanischen Gewerkschaftsführern und eine Gruppe amerikanischer Geistlicher das Lager.[38] Doch schließlich empfand sogar Eisenhower die häufigen Besuche prominenter Persönlichkeiten in den Lagern als lästig. Am 4. Mai 1945 telegrafierte er an General Marshall, daß sein Telegramm, in dem er sein Einverständnis mit dem Besuch von «Predigern» ausgesprochen hatte, verstümmelt worden sei. Er fügte hinzu,

> wenn das Kriegsministerium glaubt, daß weitere Gruppen kommen sollten, müßte ein solcher Besuch sehr bald in die Wege geleitet werden. Wir haben kürzlich ein weiteres Lager (Dachau) im Süden entdeckt. Ich selbst glaube, wenn Amerika noch

heute angesichts der Feststellungen objektiver Zeugen, die wir nach Deutschland gebracht haben, noch nicht von der Richtigkeit ihrer Berichte überzeugt ist, dann wird es auch kaum gelingen, es durch weitere Augenzeugen zu überzeugen.[39]

Britische und amerikanische Gruppen waren nicht die einzigen, die das Lager besuchten. Am 26. und 27. April kam auf Eisenhowers Einladung eine Gruppe des Untersuchungsausschusses der Vereinten Nationen für Kriegsverbrechen nach Buchenwald. Zu diesem aus dreizehn Mitgliedern bestehenden Ausschuß unter dem Vorsitz von Lord Wright aus Großbritannien gehörten Vertreter von zwölf verschiedenen Nationen: Australien, Belgien, Kanada, China, Tschechoslowakei, Frankreich, Griechenland, Indien, den Niederlanden, Polen, dem Vereinigten Königreich und den Vereinigten Staaten. Wenige Tage zuvor war schon eine besondere französische Mission unter General Paul Jean-Roger Kaeppelin in Buchenwald eingetroffen. Zu ihren Mitgliedern gehörten zwei ehemalige Insassen von Buchenwald: Oberst Henri Frédéric Manhes und Marcel Paul, ein prominenter führender französischer Kommunist.[40]

Schließlich veranlaßte General Bradley mit einem Telegramm an den Stab des Oberbefehlshabers der amerikanischen Truppen auf dem europäischen Kriegsschauplatz am 9. Mai, daß keine offiziellen Besuche mehr zugelassen wurden:

Das Konzentrationslager Buchenwald ist aufgeräumt worden, die Kranken wurden anderweitig untergebracht, und die Toten sind beerdigt worden, so daß sich kaum noch etwas von den hier verübten Verbrechen erkennen läßt.

Damit entfällt jeder erzieherische Wert eines Besuchs der verschiedensten Gruppen im Lager, die hier aus erster Hand Informationen über die deutschen Greueltaten sammeln wollen. Es ist sogar so, daß die seinerzeit hier herrschenden unbeschreiblichen Zustände von vielen bereits bezweifelt werden.

Deshalb schlage ich vor, keine weiteren Besuche in diesem Lager mehr zuzulassen.[41]

Um diese Zeit wurden kaum noch offizielle oder private Besuche in den Lagern zugelassen. Dachau wurde am 10. Mai 1945 wegen des Ausbruchs einer schweren Typhusepidemie unter Quarantäne gestellt, und nur wenige offizielle Besucher durften das Lager betreten. Am 14. Mai erließ der Stab der Zwölften Heeresgruppe einen Befehl, mit dem von allen weiteren Besuchen des Lagers, «besonders wenn es sich um angesehene Persönlichkeiten handelte», abgeraten wurde, weil das die Aufräumungsarbeiten behinderte. Nur Sanitätspersonal oder andere technische Fachleute wurden zugelassen.[42]

Außer den offiziellen Delegationen besuchten auch viele bekannte Kriegskorrespondenten und Fotografen das Lager nach seiner Befreiung. Percy Knauth und die Fotografin Margaret Bourke-White kamen am 15. April nach Buchenwald. Bourke-Whites berühmte Fotos von schockierenden Szenen im Lager erschienen in der Zeitschrift *Life* und in einem Buch über ihre Reisen durch ein vom Krieg zerstörtes Deutschland, *Dear Fatherland.* Die Rundfunkanstalt CBS sendete einen gefühlsbetonten Augenzeugenbericht über das Lager von Edward R. Murrow. Nach einer Schilderung des befreiten Lagers und der Wiedergabe der Berichte eines tschechischen Arztes und eines französischen Professors sagte Murrow: «Ich bitte Sie, mir zu glauben, was ich über Buchenwald gesagt habe. Ich habe berichtet, was ich gesehen und gehört habe, aber nur einen Teil davon. Für das meiste fehlen mir die Worte.»[43]

Meyer Levin, der damals eine kleine jüdische Presseagentur, das *Overseas News Service*, vertrat, gehörte auch zu den Besuchern von Buchenwald. In seinen nach dem Kriege erschienen Erinnerungen erzählt er in allen Einzelheiten die Geschichte eines polnischen Juden namens Mordechai Striegler, den er im Lager kennenlernte.[44] Das war höchstwahrscheinlich der Motek Strigler, der den Bericht über die Verbrennungen in Skarzisko Kamienna verfaßt hat (Teil 2, 12. Kapitel, Nr. 161). Als später eine Gruppe von Filmemachern der amerikanischen Nachrichtentruppe unter Billy Wilder ins Lager kam, um einen Dokumentarfilm aufzunehmen, waren die Zustände lange nicht mehr so schlimm wie zur Zeit der Befreiung.

Zur gleichen Zeit bemühten sich die Alliierten mit Hilfe der Abteilung für psychologische Kriegsführung (PWD) des Oberkommandos der Amerikanischen Streitkräfte in Europa darum, die deutsche Bevölkerung mit den Greueltaten der Nationalsozialisten bekannt zu machen. In den meisten Fällen gelang es den Alliierten nicht, die deutsche Bevölkerung zu beeindrukken. Als Fotos vom Konzentrationslager Buchenwald im Rathaus von Lippstadt ausgestellt wurden, reagierte die Bevölkerung kaum darauf. Ein Bericht des amerikanischen Militärischen Nachrichtendienstes beschreibt die Haltung der Besucher dieser Ausstellung: «Niemand schien an der Authentizität der hier dargestellten Szenen zu zweifeln, aber die Menschen machten den Eindruck, daß sie sich von diesen Ereignissen distanzieren, keine Verantwortung dafür übernehmen und nichts mit denen zu tun haben wollten, die diese Verbrechen begangen hatten.»[45]

Das britische *Office of War Information* druckte 50000 Exemplare einer Broschüre von der Größe einer Zeitschrift zur Verteilung in deutschen Städten und unter deutschen Soldaten in alliierten Kriegsgefangenenlagern. Es war eine Zusammenstellung großer Schwarz-weiß-Fotos von Buchenwald und Bergen-Belsen mit kurzen deutschen Texten, weckte aber kaum das Interesse der deutschen Leser. Ein Offizier des alliierten Nachrichtendienstes, der mit einer Gruppe deutscher Kriegsgefangener über die Broschüre sprach, stellte fest, daß die meisten «zumindest vorgaben, von den in den Pamphleten erwähnten Tatsachen entsetzt zu sein, obwohl ihre Äußerungen irgendwie oberflächlich und uninteressiert klangen». Die deutschen Kriegsgefangenen behaupteten, nichts über die Lager gewußt zu haben, obwohl der Offizier des Nachrichtendienstes feststellte, daß viele von ihnen sich dadurch verrieten, daß sie von den «berüchtigten» Lagern sprachen. Einige Gefangene kritisierten die Fotos von aufgeschichteten Leichen, weil sie nicht deutlich die Todesursache zeigten. Der Offizier berichtete, «als Folge der alliierten Luftangriffe hatten sich die meisten Deutschen an solche Anblicke gewöhnt». Sie neigten dazu, ihr eigenes Leid mit dem der Lagerinsassen zu vergleichen. Sie machten den Alliierten keine direkten Vorwürfe wegen ihrer Luftangriffe, sondern gaben den Nazis die Schuld sowohl für das Leiden der Bevölkerung als auch das der Lagerinsassen. Die Analyse schließt mit den Worten: «Die logische Schlußfolgerung ist, daß die Menschen in den Lagern und die große Masse der Deutschen beide in gleicher Weise unschuldige Opfer der nazistischen Aggression waren, und daß sie beide im gleichen Maß das Mitgefühl der Öffentlichkeit verdienen.»[46]

Der Offizier des Alliierten Nachrichtendienstes fand die Behauptungen der Deutschen, nichts von den Konzentrationslagern oder den nazistischen Greueltaten gewußt zu haben, unverständlich. In einem anderen Bericht der Abteilung für psychologische Kriegführung heißt es, daß «die meisten Deutschen natürlich behaupten, kaum etwas oder gar nichts darüber gewußt zu haben, was in Lagern wie Buchenwald, Ohrdruf oder Auschwitz vorging». Weiter heißt es in dem Bericht, daß kein Deutscher, der in der Nähe von Gotha oder Weimar lebte, «sich nicht ein einigermaßen klares Bild davon machen konnte, was in Buchenwald oder Ohrdruf geschah». Soweit die Wachen und die Gefangenen auf Arbeitskommandos außerhalb der Lager mit der Bevölkerung in Berührung kamen, waren die meisten Menschen über die Vorgänge in den Lagern gut unterrichtet. Ein Offizier des Alliierten Nachrichtendienstes erklärte, die Deutschen belögen sich selbst ebenso wie die alliierten Offiziere: «Das Geheimnis der seligen Unwissenheit liegt darin, daß die meisten Deutschen die Augen vor den Tatsachen verschlossen und sich weigerten, derartige Dinge zur Kenntnis zu nehmen. Aber sosehr der Einzelne auch ein solches Wissen zu verdrängen suchte, im Grunde wußte er doch, was dort geschah.»[47] Am Schluß dieser Analyse heißt es, die große Frage sei nicht, «daß man es den Deutschen sagen muß, sondern was man damit erreichen will, daß man es ihnen sagt».[48]

Während die Vorgänge in Buchenwald nur verhältnismäßig kurze Zeit Beachtung in der Weltpresse fanden, kamen bestimmte Gruppen des amerikanischen Nachrichtendienstes nach Deutschland, die eine langfristige Aufgabe übernehmen mußten. Zu ihnen gehörte eine besondere Gruppe von Übersetzern der Abteilung für psychologische Kriegsführung des Oberkommandos der Alliierten Streitkräfte in Europa unter der Führung von Lieutenant Rosenberg. Seinen Bericht haben wir in diesem Buch aufgenommen. Die Aufgabe dieser Gruppe war es, einen detaillierten Bericht zu erarbeiten, der den Bedürfnissen des Nachrichtendienstes entsprach und das System genauestens analysieren sollte, nach dem die Gefangenen in Buchenwald und darüber hinaus in allen nationalsozialistischen Konzentrationslagern behandelt wurden.

Eine andere Gruppe von Vernehmungsoffizieren unter Lieutenant Colonel Raymond C. Givens, der die Abteilung für die Untersuchung von Kriegsverbrechen der Dritten Amerikanischen Armee zugeteilt worden war, traf etwa um die gleiche Zeit in Deutschland ein.[49] Sie hatte eine enger begrenzte Aufgabe und sollte Beweise für nationalsozialistische Kriegsverbrechen sammeln, die gerichtlich verwertbar waren. Sie wurde im Hotel «Elefant» in der Stadtmitte von Weimar untergebracht und arbeitete unabhängig von dem Team der Abteilung für psychologische Kriegsführung. Im Verlauf ihrer Arbeit ließ sie sich von einhundertsiebenundsiebzig Gefangenen aus vierzehn Nationen eidesstattliche Erklärungen geben. Jeder Gefangene wurde vereidigt und unterzeichnete den, wenn notwendig in seiner Sprache, niedergeschriebenen Eidestext, um dann mit Hilfe eines Übersetzers mündlich vereidigt zu werden. Diese einzelnen Erklärungen wurden ins Englische übersetzt (Es handelt sich dabei nicht um die hier abgedruckten Einzelberichte.), und waren für den amerikanischen Staatsanwalt im Verfahren gegen die Lagerwachen von Buchenwald, das 1946 bis 1947 in Dachau durchgeführt wurde, die wichtigsten Beweise.

Es hat die verschiedensten, mehr oder weniger zwingenden Gründe dafür gegeben, daß Buchenwald von der Öffentlichkeit stärker beachtet worden ist als andere Konzentrationslager. Erstens war es das erste große Lager, das die alliierten Truppen entdeckten. Zweitens mußten die meisten Gefangenen auch noch drei Wochen vor dem offiziellen Kriegsende eine Zeitlang im Lager bleiben, bevor sie nach Hause entlassen werden konnten. Drittens waren die sanitären Verhältnisse in anderen großen Lagern wie Dachau und Bergen-Belsen noch sehr viel schlechter als in Buchenwald, und deshalb durften sie nur in dringendsten Fällen von offiziellen Abordnungen besucht werden. So kam es, daß Buchenwald als beispielhaft angesehen wurde, stellvertretend für die siebenundsiebzig Einrichtungen mit mehr als 335 000 überlebenden Gefangenen, die 1945 von den Alliierten befreit wurden.[50]

Die Quellen des Berichts

Wenige Tage nach Befreiung des Lagers, am 16. April 1945, traf ein Team von Spezialisten des Nachrichtendienstes der Abteilung für psychologische Kriegsführung des Alliierten Oberkommandos in Paris im Lager ein und begann, die Gefangenen zu interviewen. Diese Spezialisten waren dem amerikanischen Lieutenant Rosenberg unterstellt und erst zwei Wochen zuvor in ihre neuen Aufgaben eingewiesen worden.[51] Rosenberg wurde als Sohn einer wohlhabenden jüdischen Familie in Göttingen geboren und hatte die Universität Göttingen besucht, bevor er 1938 in die Vereinigten Staaten auswanderte. Außer Rosenberg gehörten dem Team vier deutschsprechende Männer an. Es waren Max M. Kimenthal, Alfred K. Sampson, Richard Akselrad und Ernest S. Biberfeld. Seine nachrichtendienstliche Arbeit hatte mit dem Verhör deutscher Kriegsgefangener im Raum um Frankfurt begonnen. Der größte Erfolg war die Vernehmung des Prinzen August Wilhelm von Preußen gewesen, des sogenannten «Auwi», eines Sohnes des letzten Kaisers und hochrangigen nationalsozialistischen Funktionärs. Wenige Tage darauf wurde das Team nach Weimar befohlen.

Das Team der Abteilung für psychologische Kriegsführung arbeitete unter erheblichem Druck und sollte baldmöglichst die Greueltaten der Nazis und die Schrecken der Lager dokumentieren. Dafür stand nur wenig Zeit zur Verfügung, weil die Gefangenen möglichst bald in ihre Heimatländer entlassen werden sollten und das Lager ebenso wie das Gebiet, in dem es lag, demnächst von den Sowjets übernommen werden würde.

Man weiß nur sehr wenig darüber, wie der Bericht zustande gekommen ist. Weniger als eine Woche nach dem Eintreffen des Teams der Abteilung für psychologische Kriegsführung wurde Kogon und neun anderen ehemaligen Gefangenen ein enger Raum in dem Verwaltungsgebäude vor dem Lagertor in Buchenwald zur Verfügung gestellt. Zu den ehemaligen Gefangenen gehörten vier Deutsche, zwei Österreicher und jeweils ein Franzose, ein Tscheche, ein Niederländer und ein Lette. Die letzten fünf dienten in erster Linie als Übersetzer. Außer Kogon gehörten die folgenden Personen zu diesem Team: Joseph Berman, Herbert Froebess, Valentin Gelber, Lionel Guierre, Stefan Heymann, Ernst Holzer, Jan Robert, Ferdinand Römhild und Karl Stockmar.[52]

Es war ein besonderer Glücksfall, daß Kogon mit der Leitung des Gefangenenteams betraut wurde. Seine scharfe Intelligenz, seine gründliche akademische Ausbildung, seine tiefgründigen intuitiven Einsichten und die zahlreichen Kontakte zu anderen Insassen des Lagers machten ihn zu dem für diese Aufgabe am besten geeigneten Mann. Zudem war er nicht durch so starke ideologische und nationalistische Vorurteile belastet wie viele andere führende Persönlichkeiten im Lager. Eine kurze Lebensbeschreibung wird einige dieser einzigartigen Qualitäten illustrieren.

Bei Kriegsende im Jahr 1945 war Kogon ein zweiundvierzigjähriger österreichischer Bürger, ehemaliger Journalist und Doktor der Wirtschaftswissenschaften.[53] Er wurde am 2. Februar 1903 in München geboren, wo sein Vater Beamter im Kaiserlich-Russischen Konsulat war. Kogon genoß seine Erziehung in Bayern in katholischen Schulen, deren Lehrer Benediktiner- und Dominikanermönche waren.[54] Nach dem Ersten Weltkrieg studierte er Soziologie und Wirtschaftswissenschaften an den Universitäten München und Florenz und legte sein Doktorexamen in Wirtschaftswissenschaft bei dem einflußreichen konservativen Wirtschaftswissenschaftler Othmar Spann in Wien ab.[55] Ende der 20er und Anfang der 30er Jahre arbeitete er als Stellvertreter des Chefredakteurs der führenden österreichischen katholischen Wochenschrift *Schönere Zukunft* und als Berater der christlichen Gewerkschaften in Österreich.

In den Jahren 1934 bis 1938 verwaltete er die Besitzungen des Fürsten Philipp Josias Kohary aus dem Hause Sachsen-Coburg-Gotha in Wien und Budapest. In dieser Stellung unternahm er zahlreiche Reisen in Europa und auch nach Deutschland, wo er schon 1937 zweimal von den Nazis verhaftet wurde. Seine Reisen versetzten ihn in die Lage, Vergleiche zwischen den einzelnen Ländern anzustellen, und «der konservative Katholik wurde zu einem unerbittlichen Gegner Hitlers».[56] Als Verfechter der österreichischen Unabhängigkeit und Gegner der österreichischen Nationalsozialisten stand er auf der ersten von der Gestapo aufgestellten schwarzen Liste. Am 12. März 1938, dem Tag, an dem die Deutschen Österreich besetzten, wurde er in Wien verhaftet. Nachdem er mehr als ein Jahr in verschiedenen Gefängnissen der Gestapo gesessen hatte, wurde er im September 1939 nach Buchenwald gebracht.[57]

Während der sieben Jahre, die er in diesem Lager zubrachte, durchlebte er, oder war zumindest deren Zeuge, die meisten im Buchenwaldbericht geschilderten Ereignisse. 1942 beteiligte er sich aktiv an der illegalen Opposition im Lager. Nach 1943 stand sein Name dreimal auf der Todesliste, aber jedesmal halfen ihm befreundete Mitgefangene, der Hinrichtung zu entgehen.[58] Während der letzten Jahre im Lager arbeitete Kogon als einer der privilegierten Gefangenen (der sogenannten Kommandierten) als Schreiber im Gefangenenlazarett. Im April 1943 wurde er Privatsekretär des Lagerarztes Dr. Erwin Ding-Schuler.[59] Auf diesem Posten erfuhr er Einzelheiten über die mit Gefangenen angestellten medizinischen Experimente. Da er zu den Gefangenen gehörte, die mehr als die meisten über die Organisation und die Vorgänge im Lager wußten, wurde er auf die Liste der sechsundvierzig «Antifaschisten» gesetzt, die im April 1945 vor Räumung des Lagers hingerichtet werden sollten.

Die Bedingungen, unter denen der Bericht geschrieben wurde, waren außerordentlich schwierig. Aber nachdem sie viele Jahre im Lager zugebracht hatten, empfanden die Männer, die dem Team angehörten, diese Belastungen kaum. In einer an Lieutenant Rosenberg gerichteten Notiz vom 24. April 1945 erbat Kogon Zigaretten und Lebensmittel, denn «wir sind neun kräftige Männer, die ernährt werden müssen». Darüber hinaus forderte er nur einige hundert Bogen Schreibmaschinenpapier an. Der Arbeitsraum war jedoch so eng, daß Kogon sich darüber beschwerte und sagte, sie träten einander auf die Zehen. Nach einiger Zeit wurde ihnen ein größerer und bequemerer Raum in einer Weimarer Villa zur Verfügung gestellt, die dem ehemaligen Führer der Hitlerjugend, Baldur von Schirach, gehört hatte, der später während des Krieges Oberbürgermeister von Wien war.

Außer den Schreibern und Übersetzern, die unter der Leitung von Kogon in der Villa von Schirach arbeiteten, gab es noch zahlreiche offizielle Informanten als Vertreter der führenden Lagerinsassen und Angehörige der von den verschiedenen Nationalitäten im Lager gebildeten Ausschüsse. (In einer Liste im Nachwort zum ersten Teil dieses Buches werden diese Namen genannt.) An Nationalkomitees gab es drei englische, fünf französische, drei holländische, ein tschechisches, zwei polnische, ein russisches und ein ukrainisches. Die Westeuropäer wie etwa der englische Offizier Captain Christopher Burney und Wing Commander Forest Yeo-Thomas und die prominenteren französischen Gefangenen dienten als Gegengewicht zum starken Einfluß der Kommunisten unter den übrigen zwölf Vertretern der deutschen und österreichischen Lagerführung. Mit der Hand geschriebene Anmerkungen neben diesen Namen zeigen, daß acht von ihnen Kommunisten waren. Zwei waren Sozialdemokraten, einer war Sozialist ohne Parteizugehörigkeit, und einer war Franziskanermönch.[60]

Im Vorwort zur ersten Auflage seines eigenen Buches (1946) beschreibt Kogon im einzelnen das Entstehen des Lagerberichts.[61] Danach hat Kogon den einhundertfünfundzwanzig Seiten umfassenden Hauptbericht (Teil 1) selbst diktiert. Seine engsten Mitarbeiter waren der sozialistische Verfasser Ferdinand Römhild, der Sozialdemokrat Heinz Baumeister aus Dortmund und der Journalist Stefan Heymann, ein «orthodoxer Kommunist». Kogon hat oft auch mit Dr. Werner Hilpert über den Text gesprochen. Hilpert war ein angesehener Rechtsanwalt aus Leipzig und ehemaliger Führer in der Zentrumspartei. An diesen Besprechungen nahm auch der nichtparteigebundene «linksradikale» Schriftsteller Franz Hackel aus Prag teil. Mit Ausnahme von Heymann hatten diese Männer schon lange mit Kogon im Lager gesessen und waren seit dieser Zeit mit ihm befreundet. In den vergangenen fünf Jahren waren sie unter den schwierigsten Voraussetzungen von ganz unten in führende Positionen aufgestiegen. Mit Heymann unterhielt Kogon gute persönliche Beziehungen, aber trotzdem bestand ein gewisses Mißtrauen zwischen den beiden, weil Kogon behauptete, Heymann sei ihm zunächst von den führenden Kommunisten im Lager zugeteilt worden, um ihn zu beobachten und im Sinne der KPD zu beeinflussen.

Kogon sagt, der erste Entwurf des gesamten Berichts sei Anfang Mai einem aus fünfzehn Mitgliedern bestehenden Gefangenenausschuß vorgelesen worden. Damals fehlten jedoch noch die beiden letzten Kapitel mit den Erfahrungsberichten einzelner Personen. Das waren die Kapitel 11 und 12. Der Ausschuß «stimmte dem Inhalt als zutreffend und objektiv zu». Bei einer Gelegenheit wurde ein Entwurf des Berichts auch den Vertretern westlicher Länder vorgelesen, und zwar den Engländern, Franzosen und Holländern. Das war jedoch wahrscheinlich nur der Hauptbericht von Kogon, nicht aber die Berichte einzelner Gefangener. Auch hier verbürgte sich der Ausschuß für die Richtigkeit des Inhalts.

Die führenden Kommunisten im Lager unternahmen einen zweiten Versuch, die Geschichte des Lagers zu dokumentieren. Dieser Versuch wurde organisiert von dem österreichischen kommunistischen Ingenieur Gustav Wegerer. Kogon bezeichnete ihn als «meinen guten Freund, dem ich, ebenso wie vielen anderen nichtkommunistischen Kameraden, viel verdanke.»[62] Wegerer war maßgeblich an der Führung einer «Lagerchronik» beteiligt, einer Arbeit, für die das Informationsbüro des Lagers die Verantwortung übernahm. Auch einzelne Personen wurden beauftragt, Berichte zu bestimmten Themen zu schreiben. Die vom Informationsbüro des Lagers in den Wochen nach der Befreiung herausgegebene Lagerzeitung forderte wiederholt erfahrene Journalisten auf, sich an diesem Projekt zu beteiligen. Das erste Exemplar erschien am 21. April.[63] Das Informationsbüro beteiligte sich auch an den Arbeiten des von Kogon geleiteten Teams. Mit Kogons Zustimmung gab Heymann dem Informationsbüro eine Kopie von jedem Bericht, den Heymann herausgegeben hatte. Einige dieser Berichte wie etwa der über die medizinischen Experimente in Dachau erschienen später im gleichen Wortlaut in ostdeutschen Veröffentlichungen. Es hat den Anschein, daß sehr viele Aufzeichnungen mehrfach herausgegeben worden sind. Von den etwa einhundertzwanzig Erlebnisberichten im Buchenwaldarchiv scheinen etwa siebzig Prozent im wesentlichen den gleichen Inhalt zu haben wie die in der von Kogons Team zusammengestellten Sammlung.[64]

Der gesamte Text des von Rosenberg und Kogon erarbeiteten Berichts wurde im Zeitraum von nur vier Wochen, vom 16. April bis zum 11. Mai, verfaßt. Zwar weiß man einiges über das Entstehen dieser Texte, über ihr späteres Schicksal ist jedoch kaum etwas bekannt. In einem Halbmonatsbericht der Abteilung für psychologische Kriegsführung vom 7. Juni 1945 wird als ein besonderes Projekt «die Übersetzung eines vierhundert Seiten umfassenden nachrichtendienstlichen Berichts über das Lager Buchenwald im Hinblick auf die Erfordernisse der für die Medien zuständigen Sektion dieser Abteilung» aufgeführt.[65] Wahrscheinlich ist es nicht gelungen, eine vollständige englische Übersetzung herzustellen, denn dieser Bericht fehlt in einer langen Liste von Beweismitteln der Anklagebehörde bei dem Prozeß gegen das Wachpersonal im Lager Buchenwald.[66]

Kogon behauptete, eine Kopie des vollständigen Berichts sei an die Abteilung für psychologische Kriegsführung des Amerikanischen Oberkommandos in Paris (das später nach Bad Homburg verlegt wurde) und eine zweite an den Stab der Zwölften Heeresgruppe in Bad Nauheim gegangen. Der Bericht wurde wahrscheinlich später an die *War Crimes Commission* in Wiesbaden weitergegeben. Offenbar diente er der Anklagebehörde des internationalen Militärtribunals in Nürnberg und bei dem amerikanischen Gerichtsverfahren gegen das Wachpersonal im Konzentrationslager Dachau als Beweismittel. Bei einigen dieser Prozesse richtete sich die Anklage gegen das Wachpersonal des Konzentrationslagers Buchenwald. Teile des Berichts sind wahrscheinlich auch bei diesem Verfahren als zusätzliche Beweismittel verwendet worden. In den Gerichtsakten der Prozesse gegen das Wachpersonal in Buchenwald im amerikanischen Staatsarchiv finden sich auch vier maschinengeschriebene Seiten mit einem zusammenfassenden deutschsprachigen Bericht über die Greueltaten in Buchenwald, der augenscheinlich dem 3. Kapitel des Buchenwaldberichts entnommen wurde.[67] Aber ohne einen sichtbaren Zusammenhang mit dem Gesamttext des Buchenwaldberichts hat das Militärgericht die Einzelaussagen augenscheinlich für anekdotisch und wenig überzeugend gehalten.

Schließlich war es Kogon, der die in diesem Bericht enthaltenen Informationen in erster Linie ausgewertet hat. Auf Anregung des britischen Zivilbeamten Richard Crossman bei der Abteilung für psychologische Kriegsführung (er hat sich später als Politiker der Labour-Partei einen Namen gemacht) wurde Kogon beauftragt, ein Buch in deutscher Sprache über die in diesem Bericht enthaltenen Informationen zu schreiben. Ein geheimes Telegramm der Abteilung für psychologische Kriegsführung zeigt, daß er am 15. Juni von Paris nach Frankfurt geflogen wurde, als der Stab der Abteilung für psychologische Kriegsführung nach Bad Homburg verlegt werden sollte.[68] Wenige Wochen später ließ sich Kogon in dem Frankfurter Vorort Oberursel nieder, wo er vom 15. Juni bis zum 15. Dezember 1945 das ganze Manuskript überarbeitete.

Das Ergebnis war, wie er bei seinem Erscheinen im Jahr 1946 behauptete, «ein neues Manuskript». Obwohl er gelegentlich sein «Originalmanuskript» verwendet hatte, «war der Stil vollständig verändert worden». Jetzt bemühte er sich um «ruhige Objektivität» und vermied jede «Polemik, so schwierig das manchmal auch war».[69] Kogon hat den Hauptbericht gründlich umgearbeitet und wesentliches Beweismaterial aus den Erfahrungsberichten einzelner Personen hinzugefügt, die er zum Teil wörtlich zitierte.

In den Jahren nach 1945 sind die offiziellen Originalmanuskripte verlorengegangen oder irgendwo in den Archiven der amerikanischen Regierung verschwunden. Ein vollständiges Original, das sich zunächst bei den Akten der Abteilung für psychologische Kriegsführung des Führungsstabes der Amerikanischen Armee in Bad Homburg und dann in dessen *War Crimes Center* in Wiesbaden befand, muß noch aufgefunden werden. In den 50er Jahren haben die angesehenen Historiker Daniel Lerner und Saul Padover, die beide der Abteilung für psychologische Kriegsführung angehört hatten, versucht, das Originalmanuskript aufzufinden. Zu jener Zeit waren die meisten Dokumente über diesen Fragenkomplex der Öffentlichkeit noch nicht zugänglich, und deshalb konnten Lerner und Padover das Manuskript nicht finden.[70] Vielleicht hat die Tatsache, daß dieses Dokument nicht ins Englische übersetzt worden ist, dazu geführt, daß sein Inhalt nicht in weiteren Kreisen bekanntgeworden ist.

Die durch den Kalten Krieg entstandenen Spannungen könnten auch dazu beigetragen haben, daß das Originalmanuskript im bürokratischen Dschungel verschwunden ist. In den Jahren 1946 und 1947 hat der Umstand, daß Kommunisten in der Lagerverwaltung eine führende Rolle gespielt hatten, die Aufmerksamkeit der amerikanischen Dienststellen erregt, die für die Untersuchung von Kriegsverbrechen verantwortlich waren und einige Kapos aus Buchenwald auf die Liste der Personen gesetzt haben, die festgenommen werden sollten. Zweifellos hat der kommunistische Einfluß in Buchenwald diese amerikanischen Stellen veranlaßt, an der Richtigkeit des Inhalts dieses Berichts zu zweifeln. Auf jeden Fall ist der Buchenwaldbericht bis zur gegenwärtigen Veröffentlichung nicht wieder aufgetaucht.

Die bisher erschienenen Veröffentlichungen zu diesem Thema

Inzwischen ist umfangreiches Material über das Dritte Reich, die SS, die Konzentrationslager und den Holocaust veröffentlicht worden. Es ist unmöglich, an dieser Stelle im einzelnen etwas über den Wert der zahlreichen Veröffentlichungen zu sagen, aber auf den folgenden Seiten werde ich kurz auf die wichtigsten Werke, die sich in erster Linie mit Buchenwald beschäftigen, eingehen. Dabei werde ich mich auf die früheren Aussagen über die Zustände im Lager konzentrieren, die größtenteils vor 1960 erschienen sind. (Zu weiteren Nachforschungen und schriftlichen Zeugnissen siehe das nicht ganz vollständige Literaturverzeichnis am Ende des Textes.)

Der erste historisch bedeutsame Bericht über die nationalsozialistischen Konzentrationslager war Kogons Version des oben erwähnten Buchenwaldberichts, die 1946 unter dem Titel *Der SS-Staat* erschienen ist. Die erste Auflage war ein auf Zeitungspapier gedrucktes Taschenbuch mit dreihundertneununddreißig Seiten, das in verhältnismäßig wenigen Exemplaren von einem kaum bekannten Münchner Verlag mit einer Lizenz der amerikanischen Militärregierung herausgebracht wurde. 1949 erschien bei einem größeren westdeutschen Verlag eine neu durchgesehene Auflage in einem Buch mit festen Einband. Die einzige redaktionelle Veränderung war ein neues letztes Kapitel über die Entstehung des Kalten Krieges und die daraus entstandene internationale Lage. Diese neu durchgesehene Version wurde 1950 von Heinz Norden ins Englische übersetzt und in Großbritannien und den Vereinigten Staaten mit dem Titel *The Theory and Practice of Hell* veröffentlicht. Sie wurde 1947 unter dem Titel *L'Enfer organisé* und 1965 mit dem Titel *Sociologia de los campos de concentraciòn* übersetzt.[71] Mehr als zwanzig Jahre nach Erscheinen des Buches gab Kogan 1974 eine ganz neu überarbeitete Auflage heraus. Dazu verwendete er zusätzliches Material aus dem 1945 verfaßten Originalbericht, in erster Linie Beispiele zur Erläuterung der für ihn wichtigsten Themen. Außerdem ersetzte er das letzte Kapitel durch einen von ihm 1946 verfaßten Aufsatz über die Frage nach der deutschen Schuld.[72]

Bei aufmerksamer Lektüre dieses Buches von Kogon bestätigt sich sein Bericht darüber, wie er das vorliegende Material verwendet hat. Obwohl in dieser Veröffentlichung abschnittsweise Auszüge aus dem ursprünglichen Bericht der Amerikanischen Armee erscheinen, besteht der größte Teil des Berichts aus Bearbeitungen vorhandener Texte, mit denen der Nachweis für die Richtigkeit theoretischer Erwägungen erbracht werden soll. So gründet sich zum Beispiel die Geschichte vom Schicksal eines Juden mit Namen Hamber auf den Bericht im 3. Kapitel, Nr. 39.[73] Die grausige Geschichte von Gefangenen, die lebendig begraben wurden, ist dem 4. Kapitel, Nr. 54 entnommen. Einige der längsten Auszüge kommen aus den Berichten über andere Konzentrationslager im 12. Kapitel. Kogon verwendet drei Abschnitte aus dem Bericht von Dr. Ludwig Fleck über das Lemberger Ghetto, aber der Originalbericht ist dreimal so lang (12. Kapitel, Nr. 162).[74] Der längste dieser Auszüge ist Wladimir Blumenfelds Bericht über den Aufstand im Warschauer Ghetto im 12. Kapitel, Nr. 164. Dies ist der einzige Fall, in dem praktisch der ganze Bericht zitiert wird.[75] Für die Methode Kogons ist es typisch, daß die längeren Auszüge aus Berichten über *andere* Lager und nicht über Buchenwald sind. Ich schätze, daß nicht mehr als zehn Prozent der Buchenwaldberichte veröffentlicht worden sind, auch nicht auszugsweise.

Kogon hat nicht nur als Verfasser eines Buches, das heute zur klassischen historischen und politischen Literatur gehört, einen enormen Erfolg gehabt, sondern es ist ihm auch gelungen, nach dem Kriege in vieler Hinsicht eine aktive Rolle im intellektuellen und politischen Leben Westdeutschlands zu spielen.[76] Von 1951 bis 1968 hat er aktiv am akademischen Leben teilgenommen und war Professor für politische Wissenschaften an der Technischen Universität Darmstadt. Von 1946 bis 1985 war er Mitherausgeber der Monatszeitschrift *Frankfurter Hefte*, die er mit seinem engen Freund Walter Dirks gegründet hat. Gemeinsam mit Dirks beteiligte er sich an der Gründung der Christlich-Demokratischen Union (CDU), die er 1950 wieder verließ, um politisch unabhängig zu werden. In seinen späteren Jahren wendete er sich immer mehr der Sozialdemokratischen Partei (SPD) zu. Er hat schon sehr früh den europäischen Föderalismus und damit die Gründung der Europäischen Union unterstützt. Später wurde er deren internationaler Präsident. Anfang der 60er Jahre unternahm Kogon einen kurzen Versuch, als Mitarbeiter einer beliebten Fernsehzeitschrift einen noch größeren Leserkreis für sich zu gewinnen.

In seinen letzten Lebensjahren genoß er schließlich den Ruf eines «zornigen alten Mannes» und hat als solcher zu vielen besonders umstrittenen Fragen in Deutschland sehr deutlich Stellung genommen. Um die gleiche Zeit wurde er mit zahlreichen Preisen und Ehrungen ausgezeichnet Das waren zum Beispiel die Verleihung des Buber-Rosenzweig-Preises für christlich-jüdische Zusammenarbeit im Jahr 1980, der J.-H.-Merck-Preis der Stadt Darmstadt und der Vorsitz in der Martin-Niemöller-Stiftung. Er starb am 24. Dezember 1987 im Alter von vierundachtzig Jahren in seinem Haus in Falkenstein im Taunus bei Frankfurt. Zur Zeit seines Todes waren allein in Deutschland weit mehr als dreihunderttausend Exemplare seines Buches *Der SS-Staat* verkauft worden. Übersetzungen des Buches sind überall in der Welt mit großem Interesse aufgenommen worden.

Dieses Buch ist eine wichtige Hinterlassenschaft und wird noch lange Zeit fortwirken. Als erste bedeutende Studie über dieses Thema hat es die gesamte spätere Literatur über den Nationalsozialismus, die SS, die Konzentrationslager und den Holocaust direkt und indirekt beeinflußt. Es ist bis heute eine der am häufigsten zitierten Arbeiten auf diesem Gebiet. Hannah Arendt stützt sich in ihrem einflußreichen Buch *The Origins of Totalitarianism* (1950, 1958) sehr stark auf die Veröffentlichungen von Kogon und andere Berichte über Buchenwald von Bruno Bettelheim und David Rousset.[77] In den 60er Jahren haben die deutschen Historiker Helmut Krausnick, Hans Buchheim, Martin Broszat und Hans-Adolf Jacobsen eine neue Studie mit dem Titel *Anatomie des SS-Staates* herausgebracht (1965). In diesem Werk spricht Broszat von Kogons «meisterhaftem Buch» und zitiert daraus in seinem Bericht. In jüngster Zeit erwähnt Konnilyn G. Feig, die Verfasserin des Buches *Hitler's Death Camps: The Sanity of Madness* (1981), den Bericht «eines militärischen Teams» und Kogons Rolle darin, sagt aber nicht, daß sie den Report in den Archiven über Buchenwald gefunden hat.[78]

Hätte Kogon sein Buch niemals veröffentlicht, dann wäre ein dokumentarischer Nachweis der Ereignisse in Buchenwald auch schon in den ersten Jahren nach dem Kriege durchaus möglich gewesen. Schon 1946 erschienen unabhängig von Kogons Bericht drei bekannte Darstellungen ehemaliger Lagerinsassen über das Leben in diesem Konzentrationslager. In seinem kurzen Buch *The Dungeon Democracy* schildert Christopher Burney die Organisation des Lagers, das tägliche Leben der Gefangenen und das Verhalten der Angehörigen der verschiedensten Nationalitäten im Lager. Das interessanteste Kapitel ist ein Bericht über die letzten Tage im Lager, der von Zuständen spricht, die den von Kogon geschilderten sehr ähnlich sind. (Burney nannte in seinem Buch die richtigen Namen der Nazis, schützte aber die Identität der Gegangenen, indem er ihnen fiktive Namen gab. Kogon, den Burney besonders schätzt, heißt hier Emil Kallmann, und Heinz Baumeister heißt Heinrich Bilder.)

Ein eher literarisches und philosophisches Werk ist *L'Univers concentrationnaire* von dem Franzosen David Rousset, das 1947 zunächst in englischer Sprache mit dem Titel *The Other Kingdom* erschienen ist. Rousset kam Ende des Krieges nach Buchenwald, nachdem er in anderen Lagern gewesen war. Roussets Bericht ist surrealistisch; für ihn war das Lager das Reich des Absurden. Er stellt das Lagerleben so dar, als folge es den Gesetzen einer Welt, die sich so sehr von der Wirklichkeit unterscheidet, daß es eine ganz andere Welt zu sein scheint. Die scharfe Ablehnung der von den Kommunisten beherrschten Führung der Lagerinsassen kommt in diesem Buch sehr deutlich zum Ausdruck. Das Buch des deutschen Schriftstellers Ernst Wiechert mit dem Titel *Totenwald* ist eine romanhafte Darstellung. Ebenso wie Elie Wiesel und Jorge Semprun verarbeitet Wiechert in seinem Roman eigene Erfahrungen. Obwohl Wiechert Buchenwald nicht namentlich erwähnt, kann man nicht nur aus dem Titel entnehmen, daß es sich um Buchenwald handelt, denn auch einer der brutalsten SS-Unteroffiziere dort wird mit seinem richtigen Namen genannt.

Wenigstens ein halbes Dutzend anderer Berichte über Buchenwald, die meisten davon in deutscher Sprache, sind in den ersten drei Jahren nach dem Krieg in Westeuropa erschienen. Die meisten davon wurden jedoch nur in kleinen Auflagen und von unbekannten Verlagen veröffentlicht; wenige wurden ins Englische übersetzt und haben kaum das Interesse der Öffentlichkeit geweckt. Da es die Erfahrungsberichte von Einzelpersönlichkeiten sind, fehlt ihnen die Breite der klassischen Werke Kogons oder anderer hier erwähnter Bücher.

Im gleichen Zeitraum erschienen auch in Ostdeutschland eine Reihe von Arbeiten zu demselben Thema. Die wichtigsten von ihnen wurden vom Internationalen Lagerkomitee herausgegeben. Das erste war ein 1946 in Erfurt erschienenes Taschenbuch mit dem Titel *KL Bu.* Wie schon oben erwähnt, deckten sich die persönlichen Erfahrungsberichte in diesen Arbeiten weitgehend mit dem von Kogons Team erarbeiteten Bericht. Eine ganz andere von einer Gruppe kommunistischer ehemaliger Lagerinsassen verfaßte Arbeit wurde 1945 in Leipzig unter dem Titel *Das war Buchenwald* veröffentlicht. Ein weiterer Bericht war der von Udo Dietmar verfaßte, mit dem Titel *Häftling X*, der im folgenden Jahr herauskam. Alle diese Arbeiten waren stark ideologisch geprägt. Die meisten von ihnen erwähnten die rassistischen und nationalistischen Aspekte der nationalsozialistischen Führungsmethoden in den Lagern entweder gar nicht oder nur nebenher. Die typische ostdeutsche Arbeit, die manchmal auch mit dem Internationalen Lagerkomitee in Verbindung gebracht wird, war das von Walter Bartel herausgegebene und 1960 erschienene Buch *Buchenwald: Mahnung und Verpflichtung*. Es stützte sich auf alle bisherigen ostdeutschen und auch auf einige westdeutsche Berichte sowie auf die Dokumente in den Archiven der ostdeutschen Regierung. Zwar war es eine solide wissenschaftliche Arbeit, behandelte die Ereignisse aber auch aus kommunistischer Sicht.

Schlußbemerkungen

Percy Knauth, einer der Korrespondenten, die Buchenwald im April 1945 besuchten, machte den Vorschlag, auf dem Ettersberg, wo der Bismarckturm stand, einen «Buchenwaldturm» zur Erinnerung an die Opfer des Konzentrationslagers zu errichten. Nach seinem Vorschlag sollte dieses Monument ein Ort sein,

> zu dem die Menschen kommen, um über die Konzentrationslager und ihre Bedeutung zu meditieren. Wenn wir das tun und dabei des berühmten Baums von Buchenwald ebenso gedenken wie des Todes von Christus, der am Kreuz gestorben ist, dann werden die einundfünfzigtausend Toten von Buchenwald einen stärkeren Einfluß auf ihre Mitmenschen gewinnen als diejenigen, die nicht daran glauben wollen, daß alle Menschen als gleichberechtigte Bewohner dieser Erde geschaffen wurden.[79]

Knauth war nicht der einzige, der die nationalsozialistische Praxis, Gefangene an Bäumen aufzuhängen, mit der Kreuzigung Christi verglichen hat. In seinem Roman *Nacht* weckt Elie Wiesel in uns die gleiche Vorstellung in einer bewegenden Szene, in der er davon berichtet, wie ein junger Bursche vor den Gefangenen im Lager erhängt wird.[80]

Die neue Regierung Ostdeutschlands hat diesen Turm an der vorgeschlagenen Stelle zehn Jahre später auch wirklich errichtet. Er wurde als Mahnmal bezeichnet. In dem Turm wurden steinerne Gedenktafeln für die Nationen angebracht, deren Gefangene in dem Lager festgehalten worden waren. Davor befand sich ein steinerner Kreis mit einer ewigen Flamme und der Statue einer Gruppe von Gefangenen, die gegen ihre Unterdrücker rebellieren und die Fäuste erheben.

Ende der 50er Jahre wurden das Mahnmal und das Museum im Lager Buchenwald regelmäßig von ostdeutschen Jugendgruppen und Schulklassen besucht. Was sie dort erfuhren, war eine stark verzerrte Darstellung der geschichtlichen Tatsachen. Man sagte ihnen, das Lager sei vor allem dazu verwendet worden, heldenhafte Antifaschisten, Sozialisten und Kommunisten einzusperren, die sich gegen den Faschismus und Kapitalismus gewehrt hatten. Der Rassismus und Nationalismus der Nationalsozialisten als Grundlage der Verfolgung wurden ignoriert, und das Schicksal der Juden blieb unerwähnt. Man sagte den Schülern und Studenten, die Sowjetunion habe ihr Volk von der Diktatur Hitlers befreit. Die Vereinigten Staaten spielten bei dieser geschichtlichen Darstellung keine Rolle. Zugleich wurde eine direkte Beziehung zwischen den Kommunisten, die im Internationalen Lagerkomitee aktiv mitgearbeitet hatten, und der Führung des ostdeutschen Regimes hergestellt.

Mit dem Zusammenbruch des Kommunismus und der Vereinigung Deutschlands endete die Rolle des Buchenwald-Monuments als einer historischen Basis für die Legitimität des Regimes in Ostdeutschland. Man stritt darum, welche Aspekte der Ereignisse in Buchenwald in dem Museum gezeigt werden sollten, und viele verlangten, daß in dem Museum auch der Gefangenen gedacht werden sollte, die in den Jahren 1945 bis 1950 von den Sowjets in dem sogenannten «Zweiten Lager» festgehalten wurden.

Vielleicht ist, wie Knauth gesagt hat, für uns alle die Zeit gekommen, «über die Konzentrationslager und ihre Bedeutung zu meditieren». Die Leser dieses Buchs und anderer Bücher über den Holocaust können kaum über die hier veröffentlichten Texte nachdenken, ohne gewisse schwierige und beunruhigende Fragen über die Menschheit im allgemeinen und über unsere kollektiven Erfahrungen im zwanzigsten Jahrhundert zu stellen. Wahrscheinlich ist es möglich, irgendwelche Lehren daraus zu ziehen, denen jeder zustimmen kann, aber weniger schwierig ist es, die Hauptprobleme zu nennen, um die es Meinungsverschiedenheiten gibt. Das vielleicht schmerzlichste Problem, das in diesem Buch behandelt wird, ist die Frage nach der Schuld der Deutschen und damit auch nach der deutschen Kollektivschuld. Der Leser dieser Seiten wird erkennen, wie sehr die Deutschen und besonders die Nationalsozialisten von den Gefangenen gehaßt und verachtet wurden. In Deutschland wurde allerdings die Ideologie geboren, die das schwere Leid der Gefangenen verursacht hatte, und die militärische Stärke Deutschlands verbreitete diese Ideologie in ganz Europa. Und doch fanden die Nazis überall in Europa willige Kollaborateure, die bereit waren, ihnen zu folgen. Es gab aber auch ein anderes Deutschland, das Deutschland jener berühmten ehemaligen Bürger von Weimar – Johann Wolfgang von Goethe und Friedrich Schiller. Ein anderes Deutschland war auch das der Vertreter der Weimarer Republik, besonders der Sozialdemokraten, Demokraten und der Angehörigen der Zentrumspartei, von denen viele in den Konzentrationslagern der Nazis umgekommen sind.

Gelegentlich sollten die Leser dieser Zeilen auch daran denken, daß es «gute» Deutsche gegeben hat, anständige Bürger wie den SS-Unteroffizier, der die Post von Gefangenen (und auch Kogon selbst in einer Kiste) aus dem Lager herausgeschmuggelt hat, und den SS-Arzt, der sich an die Ostfront versetzen ließ, weil er nicht Lagerarzt im Konzentrationslager sein wollte. Es hat einen deutschen Polizisten in Polen gegeben, der selbst jüdisches Blut hatte und Botschaften für jüdische Gefangene schmuggelte, die einem geheimen Arbeitskommando angehörten. Oft haben einzelne Deutsche, und zu ihnen gehörten auch SS-Leute, bestimmte Kategorien von Gefangenen gewarnt, wenn sie ausgesondert werden sollten, und so vielen das Leben gerettet. Schließlich gab es natürlich auch deutsche Lagerinsassen, die ihrem Gewissen folgend großen Mut bewiesen haben, wie zum Beispiel der Pastor Paul Schneider, zahlreiche ungenannte katholische Geistliche und die standhaften Zeugen Jehovas. Der Gedanke an diese und ähnliche Ereignisse hat Kogon, der so viel Schweres im Lager hatte erleiden müssen, vielleicht davon abgehalten, Deutschland in seinen Werken zu verurteilen. Er ist während seines ganzen Lebens ein Optimist gewesen und war davon überzeugt, daß Menschen aus Erfahrung lernen und wir dafür sorgen können, daß sich solche Verbrechen nicht wiederholen werden.

Wenn sich diese Schrecken mit der deutschen Kultur nicht vereinbaren lassen, wie läßt sich dann das Verhalten des Wachpersonals in den Lagern erklären? Zum Teil geht es bei diesem Phänomen darum, wie sehr eine Ideologie das menschliche Verhalten beeinflussen kann. Die umfangreiche Fachliteratur zeigt, daß die Rassendoktrin des Nationalsozialismus im Kern keine zweitrangige Frage oder ein Nebenprodukt der deutschen Außenpolitik gewesen ist. Schon lange vor 1939 benutzten die Nazis in ihrem Kampf gegen die Juden ein militärisches Vokabular, und nach den ersten Siegen der deutschen Armee im Osten wurde aus einem theoretischen ein ganz realer Krieg gegen die jüdische Bevölkerung in den von den Deutschen besetzten Gebieten. Nun wurde auch klar, daß die nationalsozialistische Propaganda mit großem Erfolg breite Schichten der eigenen Bevölkerung von der Richtigkeit der Rassenideologie überzeugen konnte. Die Propaganda war, wie ein Historiker schreibt, «der Krieg, den Hitler gewonnen hat».[81]

Die Männer, die die Konzentrationslager verwalteten, waren größtenteils wahrscheinlich keine psychopathischen Mörder. Aber wie Christopher Browning schreibt, «führen Krieg und besonders der Rassenkrieg zur Verrohung, die wiederum zu Greueltaten führt». [82] Das Wachpersonal in den

Lagern bestand wahrscheinlich aus ganz gewöhnlichen Männern, die unter dem Einfluß der nationalsozialistischen Ideologie und gemäß den ihnen von oben gegebenen Befehlen glaubten, ihre Pflicht zu tun, wenn sie die Gefangenen töteten. Für sie waren die Opfer schon lange keine menschlichen Wesen mehr, und das Töten war zur Routine geworden. Browning schreibt von einer anderen nationalsozialistischen Einheit: «Nachdem das Töten begonnen hatte ... wurden die Schrecken der ersten Begegnung mit dem Tode zur Routine, und das Töten wurde leichter. In diesem Sinne war die Verrohung nicht die Ursache, sondern die Auswirkung des Verhaltens dieser Männer.»[83]

So handelt der Buchenwaldbericht im weitesten Sinne vom Mißbrauch der Macht – der Macht, die eine Gruppe von Menschen gegenüber einer anderen und das Individuum gegenüber einem anderen Einzelwesen ausübt. Es handelt sich hier um zu viel Macht, die Gewalt über Leben und Tod, die nur allzu leicht anderen übertragen und von zu vielen einzelnen gewissenlos ausgeübt wurde. In Buchenwald erwies sich wieder einmal der Ausspruch des britischen Historikers Lord Acton aus dem 19. Jahrhundert als richtig: «Macht korrumpiert, und absolute Macht korrumpiert absolut.»[84] Die Versuchung, die Macht zu mißbrauchen, die menschlichen Wesen, die man als «die anderen» ansieht, als weniger menschlich und weniger lebenswert zu unterdrücken und zu versklaven, hat es überall und zu allen Zeiten gegeben, wie die Ereignisse in vielen Teilen der Welt heute zeigen. Wir dürfen daher nicht zulassen, daß das, was in Buchenwald und in anderen Konzentrationslagern geschehen ist, vergessen wird. Die einzige Waffe, die wir haben, ist die Waffe der Erinnerung. Wie Milan Kundera gesagt hat, «ist der Kampf des Menschen gegen die Macht der Kampf der Erinnerung gegen das Vergessen».[85]

ERSTER TEIL

Bericht über das Konzentrationslager Buchenwald bei Weimar

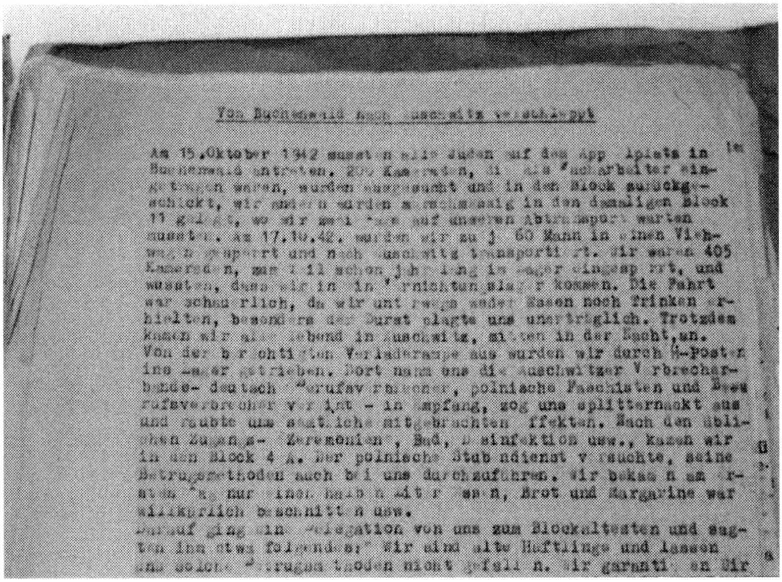

Von Buchenwald nach Auschwitz verschleppt

Am 15.Oktober 1942 mussten alle Juden auf dem Appellplatz in Buchenwald antreten. 200 Kameraden, die als Facharbeiter eingetragen waren, wurden ausgesucht und in den Block zurückgeschickt, wir andern wurden massenweise in den damaligen Block 11 gelegt, wo wir zwei Tage auf unseren Abtransport warten mussten. Am 17.10.42. wurden wir zu je 60 Mann in einen Viehwagen gesperrt und nach Auschwitz transportiert. Wir waren 405 Kameraden, man hatte uns schon jahrelang im Lager eingesperrt, und wussten, dass wir in ein Vernichtungslager kommen. Die Fahrt war schauerlich, da wir unterwegs weder Essen noch Trinken erhielten, besonders der Durst plagte uns unerträglich. Trotzdem kamen wir alle lebend in Auschwitz, mitten in der Nacht,an. Von der berüchtigten Verladerampe aus wurden wir durch SS-Posten ins Lager getrieben. Dort nahm uns die Auschwitzer Verbrecherbande- deutsche Berufsverbrecher, polnische Faschisten und Berufsverbrecher vereint – in Empfang, zog uns splitternackt aus und raubte uns sämtliche mitgebrachten Effekten. Nach den üblichen Zugangs- Zeremonien, Bad, Desinfektion usw., kamen wir in den Block 4 A. Der polnische Stubendienst versuchte, seine Betrugsmethoden auch bei uns durchzuführen. Wir bekamen am ersten Tag nur einen halben Liter Essen, Brot und Margarine war willkürlich beschnitten usw.
Darauf ging eine Delegation von uns zum Blockältesten und sagten ihm etwa folgendes:" Wir sind alte Häftlinge und lassen uns solche Betrugsmethoden nicht gefallen. Wir garantieren Dir

Das Manuskript des Berichts über das Konzentrationslager Buchenwald

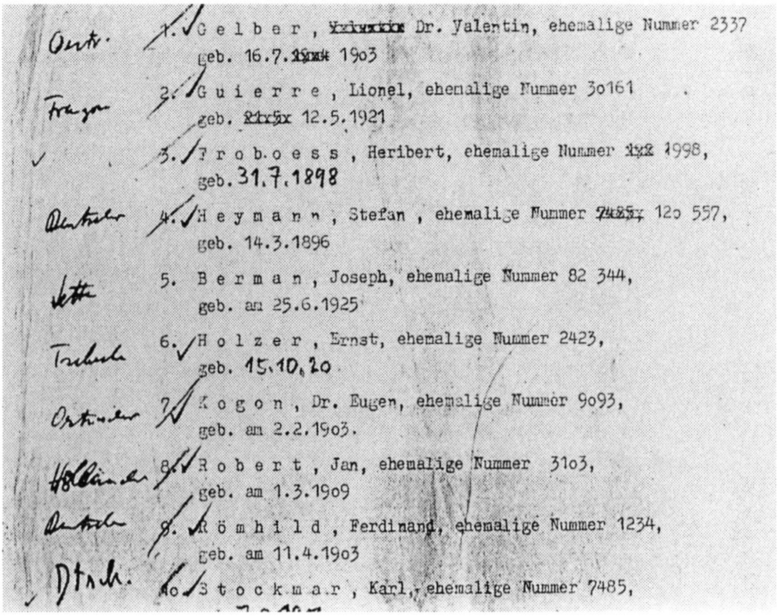

1. G e l b e r , Dr. Valentin, ehemalige Nummer 2337
geb. 16.7. 1903

2. G u i e r r e , Lionel, ehemalige Nummer 30161
geb. 12.5.1921

3. F r o b o e s s , Heribert, ehemalige Nummer 1998,
geb. 31.7.1898

4. H e y m a n n , Stefan , ehemalige Nummer 120 557,
geb. 14.3.1896

5. B e r m a n , Joseph, ehemalige Nummer 82 344,
geb. am 25.6.1925

6. H o l z e r , Ernst, ehemalige Nummer 2423,
geb. 15.10.20

7. K o g o n , Dr. Eugen, ehemalige Nummer 9093,
geb. am 2.2.1903.

8. R o b e r t , Jan, ehemalige Nummer 3103,
geb. am 1.3.1909

9. R ö m h i l d , Ferdinand, ehemalige Nummer 1234,
geb. am 11.4.1903

10. S t o c k m a r , Karl, ehemalige Nummer 7485,

I
Das Konzentrationslager Buchenwald

Im Folgenden wird der Versuch unternommen, einen objektiven und umfassenden Bericht über die Entstehung, die Bedeutung, die innere Organisation, die Entwicklung und das Ende des Konzentrationslagers Buchenwald bei Weimar in Thüringen zu geben. Das K.L. Buchenwald wird dabei als Teil der Einrichtungen gesehen, die von der SS zur Niederhaltung und Beseitigung jeder oppositionellen Regung geschaffen worden sind.

Der Bericht gründet sich auf dokumentarische Unterlagen, glaubwürdige Aussagen und Erlebnisberichte langjähriger Insassen, die durch ihre besondere Stellung und Arbeit, sowie durch ihre charakterlichen und geistigen Qualitäten imstande waren, sich ein klares Bild vom Lager und von seinen komplizierten Verhältnissen zu machen.

Da sich im K.L. Buchenwald bis weit in das Jahr 1939 hinein nur deutsche Schutzhäftlinge befanden, stammen die besten Informatoren gegebenermaßen aus ihren Reihen. Der vorliegende Bericht wurde jedoch im Einvernehmen mit zuverlässigen Vertretern aller anderen Nationen abgefaßt, so daß die Gefahr einer einseitigen Darstellung nach Möglichkeit ausgeschlossen erscheint.

Der Bericht kann unmöglich ein völlig erschöpfendes Bild der Wirklichkeit des Lagers bieten. Soviel auch an Schrecklichem aufgezeigt werden muß, er ist mehr als bloß eine Sammlung von Greueltaten der SS: – ein Nachweis der Systematik des faschistischen Terrors und seiner Methoden am Beispiel Buchenwald.[1] Besonders markante und typische Einzelfälle gelangen in einem Anhang [Einzelberichte] zu knapper Darstellung.[2]

II
SS und Konzentrationslager

Die SS ist von Heinrich Himmler als Orden zur Entwicklung und zum Schutze des deutsch-rassischen Herrschaftssystems gegründet worden. Alles, was dieser Idee im Wege stand oder möglicherweise in Wege stehen konnte, mußte bedingungslos unterdrückt werden. Die Mittel hierzu waren: Gestapo und Konzentrationslager, beide in den Händen der SS.

Oberster Grundsatz dieses Terrors war: Lieber zehn Unschuldige hinter Stacheldraht setzen, als einen einzigen wirklichen Gegner in Freiheit lassen!

Entfernt mußte werden, was dem nationalsozialistischen Herrschafts- und Staatsgedanken widerstrebte oder nicht entsprach, in erster Linie daher der politische Gegner, wozu ohneweiters die Juden zählten, ferner die kriminellen und die als asozial angesehenen Elemente, die Homosexuellen und die Zigeuner, außerdem die Bibelforscher wegen ihrer grundsätzlichen Ablehnung des Staats- und Wehrgedankens, sowie dem Nationalsozialismus bedenkliche oder gefährliche Persönlichkeiten der großen Glaubensbekenntnisse. Sie abzusondern, zu diffamieren, zu dezimieren und dadurch gleichzeitig auf die nationalsozialistische deutsche Volksgemeinschaft eine abschreckende Wirkung auszuüben, war Zweck und Praxis der Konzentrationslager. Daß man auf diese Weise auch noch billige SS-eigene Arbeitssklaven erhielt, die an entlegenen, unkontrollierbaren Stätten der schrankenlosen Willkür der neuen «Herrenschicht» unterworfen werden konnten, war ein ebenso angenehmes wie einträgliches Nebenergebnis.

III

Zahl und Art der Konzentrationslager in Deutschland

Die ersten nach der Machtübernahme geschaffenen Konzentrationslager stellten noch nicht den Typ dar, der sich später herausentwickelt hat. An zahlreichen Orten wurden sofort Lager eingerichtet, die noch der SA unterstanden. Die größten unter ihnen waren Dachau bei München und die Justiz-Moorlager im Emsland. Im Zuge der mit dem 30. Juni 1934 begonnenen Ausschaltung der SA wurden zahlreiche kleinere Lager wie Sachsenburg, Lichtenburg, Bad Sulza und viele andere allmählich aufgelöst, ihre Insassen in neugegründete große, ausschließlich der SS unterstehende Konzentrationslager überführt. Als solche sind bis in die jüngste Zeit vor allem zu nennen: Dachau, Sachsenhausen bei Berlin, Buchenwald bei Weimar, Flossenbürg bei Weiden in der bayrischen Oberpfalz, Mauthausen bei Linz in Oberösterreich, Neuengamme bei Hamburg, Ravensbrück in Mecklenburg als Frauen-KL.

Alle diese Lager schufen im Laufe der Zeit eine mehr oder minder große Zahl sogenannter Außenlager, so daß ganze Landesteile mit diesen Terroreinrichtungen der SS durchsetzt wurden. Die ab 1939 einsetzende Ausbreitung des Nationalsozialismus über Europa brachte dann einen wahren «KL-Gründer-Boom»:[3] die berüchtigten Lager Auschwitz, Lublin [Maidanek], Riga, Stutthof bei Danzig, Natzweiler in den Vogesen, Groß-Rosen in der Lausitz, Bergen-Belsen bei Hannover und eine lange Reihe von kleineren.

Die KL wurden ab 1940–41 von der SS in 3 Stufen eingeteilt: Stufe I (Arbeitslager) stellte die mildeste Form dar, Stufe II eine Verschärfung der Lebens- und Arbeitsverhältnisse, Stufe III die «Knochenmühlen.» Zu den letztgenannten zählten beispielsweise Auschwitz, Lublin, Groß-Rosen, Mauthausen, Natzweiler. Dachau war Stufe I (was bei jedem Kenner der Dachauer Verhältnisse eine Art gruselige Heiterkeit hervorruft), Buchenwald war erst Stufe II, in der letzten Zeit Stufe I.

Die nie voll verwirklichte Absicht war es, alle Kriminellen, Homosexuellen, Juden und besonders gefährlich erscheinende Politische, gleichgültig welcher Nation, auf Stufe III zu setzen.[4] Die Beurteilung der einzelnen Schutzhäftlinge durch die örtlichen Gestapoleitstellen war aber verschieden, die Lagerführungen gaben vielfach ihnen besonders wertvolle Arbeitskräfte nicht mehr ab, vereitelten auch Verfügungen, die ihnen nicht paßten, und schließlich erwies es sich als nützlich, die Häftlingskategorien in allen Lagern zu mischen, um nach dem Prinzip «Teile und herrsche!» den Politischen die Möglichkeit zu nehmen, die Verhältnisse in ihrem Sinne zu konsolidieren.

Die Bedeutung der einzelnen Häftlingskategorien in den Konzentrationslagern muß generell kurz gestreift werden: Während sich zwischen den Politischen und Kriminellen ein beständiger, teils offener, teils unterirdischer Machtkampf abspielte, der in den einzelnen Lagern zu sehr verschiedenen Ergebnissen geführt hat, haben die Asozialen und die Homosexuellen in dieser Hinsicht immer eine untergeordnete Rolle gespielt; da die Asozialen eine gewisse Neigung zu den Kriminellen zeigten, wurde ihnen gegenüber von seiten der Politischen starke Reserve an den Tag gelegt. Die Bibelforscher stellten in ihrer geduldigen Erwartung des Weltuntergangs treue und willige Arbeitskräfte sowohl bei der SS wie bei den Häftlingen, hauptsächlich als Spezialhandwerker, Pfleger und Kalfaktoren (eine Art Hausdiener); es war auch vom Standpunkt des Nationalsozialismus aus ein besonderer Skandal, ihre Familien zu zerreißen, ihnen die Kinder wegzunehmen und sie in Männer- und Frauen-KL überhaupt einzusperren.

Die Juden waren von vornherein das gegebene Objekt des Vernichtungswillens der SS. Sie haben zum Teil in den Lagern eine außerordentliche Bedeutung erlangt. Da sie aber dauernd einem mittelbaren oder unmittelbaren Liquidationsdruck ausgesetzt waren, mußten sie oft genug in untersten Positionen Unterschlupf suchen. Nicht selten bildeten sie den Blitzableiter für die grausamen Launen der SS, so daß die übrigen Lagerinsassen glimpflicher davonkamen. Auch dadurch entstanden besonders enge Wechselbeziehungen zwischen den jüdischen und nichtjüdischen Politischen, die in unzähligen Solidaritätsakten Ausdruck fanden. Dieser Solidarität und einem nahezu unwahrscheinlichen Glück ist es zu danken, daß von den Juden, die gleich in den ersten Jahren in die KL eingeliefert wurden, überhaupt noch eine Anzahl am Leben erhalten geblieben ist.

Noch ein grundsätzliches Wort zu den Politischen: Der rote Winkel war an sich noch keineswegs in allen Fällen ein sicheres Zeichen dafür, daß ein Träger der antifaschistischen Opposition angehörte.[5] Den Großteil stellten ohne Zweifel die Mitglieder der gegen den Nationalsozialismus gerichteten

Parteien und parteilose Persönlichkeiten gleicher Art. Daneben gab es unter den Roten aber auch immer eine gewisse Anzahl von Leuten, die der NSDAP angehört hatten und wegen irgendwelcher Parteivergehen eingeliefert worden waren; ferner Wehrmachtsangehörige, die entweder wegen Kameradschaftsdiebstahls und ähnlicher Dinge oder wegen besonders schwerer Dienstverweigerungen bzw. Desertionen in die KL kamen. Auch die zurückgekehrten oder zurückgebrachten Fremdenlegionäre wurden den Roten zugewiesen, ebenso gelegentlich Leute, die gegen die deutsche Devisengesetzgebung verstoßen hatten, Schwarzhörer, Meckerer und Personen, die auf rein persönliche Denunziationen hin unter die Räder der Gestapo geraten waren. Es ist klar, daß eine solche Zusammensetzung der Rot bewinkelten die an sich schon schwierigen Verhältnisse noch weiter komplizierte und die allgemeine Atmosphäre des Mißtrauens unter den Häftlingen bedeutend verschärfte.

Die nach Kriegsbeginn hinzugekommenen Nichtdeutschen wurden fast samt und sonders als Politische markiert. Nicht nur dieser Umstand, sondern auch die Sprach- und Nationalunterschiede, sowie die mangelnde Lagererfahrung der Ausländer haben viele und oft schmerzliche Schwierigkeiten hervorgerufen. Es war nicht immer möglich, sie befriedigend zu beheben.

Die äußere Bezeichnung der Häftlinge war folgende: Fortlaufende Numerierung und farbiger Dreieckswinkel an der linken Brustseite und am rechten Hosenbein. Rot für die Politischen, zweitmalig Eingelieferte, sogenannte Rückfällige, mit einem gleichfarbigen Querstreifen über dem Winkel; Grün für Kriminelle, Violett für Bibelforscher, Schwarz für die Asozialen, Rosa für die Homosexuellen, zeitweise Braun für die Zigeuner und in bestimmten Aktionen eingelieferte Asoziale.[6] Die Juden trugen unter ihrer roten, grünen, schwarzen, violetten oder sonstigen Markierung ein querstehendes gelbes Dreieck, so daß ein sechszackiger Stern entstand. Die sogenannten «Rassenschänder» (Übertretung des Nürnberger Blutschutzgesetzes) trugen über dem gelben bzw. grünen Dreieck einen querstehenden schwarzen Dreiecksrand.

Bei den Ausländern wurden die Anfangsbuchstaben ihrer Nationalitätsbezeichnung dem Winkel aufgedruckt, z. B. ein «T» für die Tschechen, ein «F» für die Franzosen usw. Deutsche politische Schutzhäftlinge, die zu Beginn des Krieges wegen angenommener Unzuverläßigkeit in die KL verbracht wurden, trugen als sogenannte Aktionshäftlinge die Nummer quer durch den Winkel, während sie sonst zwei Fingerbreit unterhalb angebracht wurde.

Gleichfalls ab Kriegsbeginn wurden als Kriegsverbrecher Häftlinge eingeliefert, denen auf dem Winkel ein «K» aufgedruckt wurde. Sie kamen sofort auf Dauer in die Strafkompanie, in der eine eigene Abteilung «K-Kompanie» gebildet wurde. Nur ganz wenige von ihnen sind am Leben geblieben. Die Anlässe zu ihrer Einlieferung waren oft nichtigster Art. Es ist auch vorgekommen, daß schon lange im Lager befindliche Gefangene der K-Kompanie zugewiesen wurden. Sogenannte Arbeitserziehungshäftlinge erhielten auf dem schwarzen Winkel ein «A»; sie waren meist nur wenige Wochen im Lager, und zwar zur Abschreckung, wenn sie von ihren Betriebsführern wegen irgendwelcher Arbeitsvergehen oder unzureichender Arbeitsleistung der Gestapo angezeigt worden waren. Angehörige der Strafkompanien hatten zwischen unterer Winkelspitze und Nummer einen schwarzen, talergroßen Punkt. Fluchtverdächtigen wurde auf Brust und Rücken eine Zielscheibe aufgenäht bzw. aufgemalt.

Im Gegensatz zu den grünbewinkelten BV-Häftlingen («Befristete Vorbeugungshäftlinge», woraus die allgemeine Titulatur «Berufsverbrecher» wurde), die wegen krimineller Taten Strafen verbüßt hatten und vorbeugungsweise vom Reichskriminalpolizeiamt über die Gestapo in die KL eingeliefert waren, wurden ab 1943 noch in Strafhaft befindliche Kriminelle, darunter zahlreiche lebenslänglich Verurteilte, in die KL verbracht; sie erhielten zur Unterscheidung auf dem grünen Winkel ein «S» (Abkürzung für «Sicherungsverwahrte»).

Aus der Fülle dieser Bezeichnungen entstanden gelegentlich die reinsten Regenbogenmarkierungen; so gab es z. B. einmal einen jüdischen Bibelforscher als Rassenschänder mit Fluchtpunkt und Strafkompaniemarkierung.

Das gegenseitige Zahlenverhältnis all dieser Kategorien wechselte, im ganzen gesehen, stark; es gab vorwiegend rote und vorwiegend grüne Lager, d. h. bis Kriegsausbruch, bevor die Einlieferung der Zehntausende politischer Ausländer den roten Winkel zur absolut beherrschenden Farbe machte. Dachau, Buchenwald und Sachsenhausen waren lange Zeit – die beiden erstgenannten bis zuletzt – vorwiegend rot-beherrschte Lager, Mauthausen, Flossenbürg, Groß-Rosen und Neuengamme grün-beherrschte.

Betont muß werden, daß die Markierung als solche keine absolute Garantie für Qualität und wirkliche Zugehörigkeit des Trägers gab. Es befand sich z. B. unter den Grünen immer wieder eine Anzahl brauchbarer Menschen, während so mancher Rote eigentlich einen grünen Winkel hätte tragen müssen. Auch Ummarkierungen sind in der Tat gelegentlich mehr oder weniger zu Recht vorgekommen.

Über die Gesamtzahl der in die Konzentrationslager eingelieferten Personen liegt bis jetzt zuverlässiges Material nicht vor. Eine auch nur annähernd präzise Erfassung wurde durch den dauernden starken Wechsel der Belegschaft außerordentlich erschwert. Ohne allen Zweifel sind Millionen im Laufe der zwölfjährigen Herrschaft des Nationalsozialismus durch die Konzentrationslager gegangen. Der statistisch durchschnittliche Stand, d. h. also die Zahl der Gefangenen, die in einem jeweils gegebenen Zeitpunkt in den Lagern einsaßen, überschritt wohl kaum jemals die Millionengrenze, da die großen Stammlager wie Dachau, Buchenwald, Sachsenhausen usw. mit ihren sämtlichen Außenlagern selten mehr als 100 000 Insassen, jedes für sich, hatten. Ein weiterer Anhaltspunkt in dieser Richtung ist eine Verfügung Himmlers an den Reichsarzt SS und Polizei von Anfang März 1945, die uns von SS-Sturmbannführer Dr. [Erwin Ding-] Schuler von Weimar-Buchenwald zur Kenntnis gegeben worden ist, wonach von den verbliebenen 600000 KL-Insassen die 120000 nicht mehr Arbeitseinsatzfähigen sofort auf einen besseren Gesundheitszustand zu bringen seien (worauf sich der Oberste Hygieniker der SS, SS-Oberführer Professor [Joachim] Mrugowsky – Berlin, in das berüchtigte Aufenthaltslager Bergen-Belsen bei Hannover begab, um dort achttägige Sanierungsmaßnahmen durchzuführen). In diesem Zeitpunkt waren die KL Auschwitz, Lublin, Riga, Stutthof, Gross-Rosen, Natzweiler und einige kleinere bereits befreit, bzw. evakuiert. Die Standzahl von einer Million dürfte daher wahrscheinlich nicht fehlgegriffen sein.

IV
Das Konzentrationslager Buchenwald

Das K.L. Buchenwald wurde von der SS am 19. 7. 1937 mit 149 Häftlingen aus dem KL Sachsenburg gegründet.[7] Die SS ließ sich zu diesem Zweck unter Umständen, die nicht näher bekannt sind, von der Fürstlich Thurn und Taxis'schen Domänenverwaltung auf dem etwa 8 km nördlich von Weimar gelegenen Ettersberg ein umfangreiches Waldterrain schenken.[8] Die Wahl des Ortes war in einem höheren Sinne symbolisch: Weimar – die deutsche National-Kulturstätte, ehemals die Stadt der deutschen Klassiker, die mit ihren Werken dem deutschen Gefühls- und Geistesleben höchsten Ausdruck gegeben haben; Buchenwald (wie es später genannt wurde, ursprünglich hieß es Ettersberg) – ein rauher Waldbereich als Stätte neudeutscher Gefühlsentfaltung. Eine sentimental gehütete Museumskultur und der hemmungslose brutale Machtwille schufen so die neue typische Verbindung Weimar – Buchenwald.

Auf der Spitze des 400 m hohen Berges wurden die ersten drei Baracken für die SS aufgestellt.[9] Aus den Lagern Lichtenburg und Sachsenburg kamen in weiteren drei Transporten von je etwa 600 Häftlingen Politische, Kriminelle und Bibelforscher, um auf dem nebelreichen Nordabhang in diesem Sommer die Rodungen vorzunehmen. In «pietätvoller» Weise wurde dabei die in der ganzen Gegend bekannte sogenannte Goethe-Eiche als Lagerzentrum bewahrt, während die nicht minder berühmte uralte Schottmannsche Linde der Axt zum Opfer fiel. Es wurden Holzbaracken in Fünferreihen errichtet und mit einem Stacheldraht umgeben. Die jeweils letzte Reihe, die außerhalb des Drahtes stand, bezogen die SS-Wachmannschaften. An ihrer Spitze standen die drei SS-Führer: SS-Sturmbannführer [Karl] Koch als Lagerkommandant, SS-Sturmbannführer und Blutordensträger [Artur]

Rödl als 1. Lagerführer, SS-Hauptsturmführer Weissenborn als 2. Lagerführer. Koch hatte seinerzeit als Hauptscharführer in den Moorlagern seine berüchtigt gewordene Laufbahn begonnen, desgleichen Weissenborn, der früher Gefängniswärter gewesen war und eine besondere Vorliebe für die Grünen besaß. Rödl hatte den Zug von Sachsenburg her mitgemacht. Weissenborn wird am besten charakterisiert durch den Spruch, den die SS selbst auf Schilderhäuser und Baracken schrieb: «Gott erschuf in seinem Zorn den Hauptsturmführer Weissenborn.»

Die Arbeits- und Lebensverhältnisse der Häftlinge waren die denkbar schwersten. Gearbeitet wurde vom ersten Tagesgrauen bis zum Einbruch der Nacht, zum Teil noch länger, mit einer einstündigen Unterbrechung mittags von 12 bis 1 Uhr, die vorwiegend durch 2 Appelle ausgefüllt wurde. Täglich fanden 4 Appelle statt, der erste morgens vor dem Ausrücken zur Arbeit, der zweite mittags beim Einrücken, der dritte mittags beim Ausrükken, der vierte nachts nach der Arbeit. Zum Essen und zur Körperpflege blieb nahezu keine Zeit. Die sanitären Verhältnisse waren unter jeder Kritik, insbesondere litt das Lager unter ständigem Wassermangel. Zwischen den Blocks liefen primitive Leitungsrohre, in die Löcher gebohrt waren, aus denen das Wasser heraustropfte und aufgefangen werden mußte. Die Aborte bestanden auf lange Zeit aus offenen Latrinen. Zum Barackenbau wurden die Materialien normiert von der SS besorgt. Die Arbeit wurde den Häftlingen teils durch erheblichen Mangel an Werkzeugen, teils durch bewußte Quälereien von seiten der SS erschwert. Zum Beispiel mußten nach Fällung der Bäume die tiefsitzenden, breiten Buchenwurzeln mit Hacke und Hand mühsam herausgeholt werden, während man die locker sitzenden Wurzeln der Kiefern sprengte. Schlagen und Schikanieren waren im intensivsten Maße an der Tagesordnung, auf das Abknallen von Häftlingen bei sogenannten Fluchtversuchen standen Prämien in Form von Sonderurlaub, Geldzuteilung und rascher Beförderung. Infolgedessen befleißigte sich die SS-Wachmannschaft, «Fluchtversuche» in folgender Weise zu provozieren: einem Häftlinge wurde die Mütze vom Kopfe gerissen, weil sie angeblich schmutzig war, und mit den Worten «Hole dir deinen Speckdeckel und zeige ihn morgen sauber vor!» hinter die Posten, die um das Arbeitskommando standen, geworfen; wenn er ahnungslos hinlief, um die Mütze zu holen, schoß man ihn wegen «Fluchtversuches» nieder.

Diese Aufbauzeit erstreckte sich bis in das Jahr 1939 hinein. Im Frühjahr 1938 umfaßte das Lager immer noch erst etwa 2500 Häftlinge, welche das immens wachsende Ausmaß von Arbeit zu leisten hatten: Rodung, Planierung, Straßenbau außerhalb des Lagers, Baracken- und Kasernenbau, Führerhäuser und Truppengarage, Betonstraße nach Weimar, Ausschachtungen für Kabellegungen, Steinbrüche, Wasserzuleitung, Kanalisation, Werkstätten usw. usw. In den ersten Monaten 1938 wurde das Lager, in dem bis dahin 34 Holzbaracken standen und der Bau der ersten Reihe von 5 Steinblocks, sowie der Küche und der Wäscherei eingeleitet war, mit einem elektrisch geladenen Stacheldraht umzäunt. Daß Häftlinge in den Draht gejagt wurden, kam selten vor, hingegen häufiger, daß sie aus Verzweiflung in Selbstmordabsicht hineinrannten und den Tod fanden.

Ende April 1938 begannen die Einlieferungen der sogenannten Asozialen zu Tausenden, unter ihnen wurden im Juni des gleichen Jahres auch die ersten 500 Juden gebracht. Sie wurden im sogenannten Schafstall zusammengepfercht; zwei Monate später waren 150 von ihnen tot. Der Rest wurde bald darauf infolge des englischen Radioberichtes eines entlassenen und emigrierten Juden auf einen Holzblock verlegt. Im September 1938 kamen aus Dachau rund 2000 überwiegend politische Juden, hauptsächlich aus Österreich, ferner rund 450 österreichische Schutzhäftlinge, unter denen sich zahlreiche prominente Persönlichkeiten befanden, z. B. der frühere österreichische Generalprokurator und Justizminister Freiherr [Robert] von Winterstein, weitere hohe Ministerialbeamte, Offiziere, Professoren und Schriftsteller. Der Gesamtbestand des Lagers umfaßte damals bereits zwischen 7000 und 8000 Mann.

Die Organisation des Lagers hatte folgendes Gefüge: Auf der Seite der SS: an der Spitze der Kommandant Koch mit seinem Adjutanten: unter ihm die Lagerführer mit den bereits genannten (Rödl und Weissenborn). Verwaltungsführer war SS-Hauptsturmführer Weichselsdörfer. Das wichtigste Verbindungsglied zum Lager stellte die Einrichtung der Stelle des Rapportführers dar, über den alle Angelegenheiten des Lagers abgewickelt wurden. Rapportführer war um diese Zeit SS-Hauptscharführer [Heinrich] Hackmann.[10] Er stammte aus Osnabrück, war an sich der Klügste unter den SS-Führern, aber grausam und von einem «zynischen Humor». Er trug im Lager allgemein den Spitznamen «Jonny». Er kam 1939 auf einige Monate zur Ausbildung weg und kehrte als SS-Obersturmführer und Adjutant Kochs zurück. Nachdem er 1940 als SS-Hauptsturmführer kurze Zeit die Funktion des 2. Lagerführers innegehabt hatte, wurde er 1941 nach Lublin versetzt und später im Rahmen des Prozesses Koch [XI, § 155] vom SS-Gericht verhaftet und zweimal zum Tode verurteilt. Im April 1945 war er noch am Leben und wurde von der Gestapo abtransportiert.

Die Vertretung der Gestapo im Lager hatte die Politische Abteilung, die von der Lagerführung unabhängig war [I, § 5]. Zwischen beiden bestand vielfach ein gespanntes Verhältnis, dessen Hauptursache darin lag, daß sich die Lagerführung als völlig exterritoriale Macht fühlte, die auch rein formal kein wie immer geartetes Hineinregieren dulden wollte, um der alleinige Nutznießer des Lagers zu sein und jede Gefahr einer aus Konkurrenzmotiven möglichen Kontrolle der ständigen ungeheuerlichen Korruption zu verhindern. Einlieferung und Entlassung von Häftlingen sowie der gesamte Aktenverkehr von und zu der Gestapo wickelte sich über die Politische Abteilung ab. Ihr Leiter war der SS-Obersturmführer Frerichs, der mehr eine formale Rolle spielte, während die eigentliche Arbeit Kriminalsekretär

[Hubert] Leclaire leistete. Leclaire hat trotz seines Namens eine sehr dunkle Rolle gespielt. Man darf sagen, daß viele Häftlinge einem Herzschlag nahe waren, wenn sie plötzlich durch den Lautsprecher zu Leclaire gerufen wurden. Zum Beispiel ist der österreichische Oberstleutnant [Franz] Heckenast eines Tages einem Herzschlag erlegen, da er den Aufregungen der x-maligen Aufrufe nicht mehr gewachsen war. Die Verhöre in der Politischen Abteilung waren nicht nur psychologisch äußerst quälend, da diese Gestapo-Institution von einem mysteriösen Schrecken umgeben war und oftmals Kameraden nicht mehr zurückkehrten und spurlos verschwunden blieben, sondern auch fast immer von schweren Mißhandlungen begleitet.[11] Leclaire hat sich selten die Gelegenheit entgehen lassen, die Häftlinge mit Faustschlägen selbst zu traktieren oder ausgesuchte Martereien zu veranlassen. 1939 wurde er zur Gestapo nach Weimar versetzt, sein Nachfolger war Kriminalsekretär [Walter] Serno, der die Leitung der Abteilung übernahm und sie bis zum Ende des Lagers innehatte. Serno hat, soweit bekannt, persönlich nicht mißhandelt, war außerordentlich dumm, aber gewissen menschlichen Erwägungen durchaus nicht unzugänglich; in der Hauptsache interessierte er sich für seine Liebschaften und für ein Leben in Fraß und Völlerei. Die Politische Abteilung als solche hat unter ihm natürlich nichts von dem lähmenden Schrecken verloren, der von ihr ausging.

Die SS-Kontrolle im Lager selbst übten die Blockführer aus – bis auf ganz wenige Ausnahmen, die sich selbst inmitten dieser Räuberbande unglücklich fühlten, ausgesuchte Terroristen und Sadisten. Jedem von ihnen war ein Block unterstellt, über den er unumschränkte Herrschaft ausüben konnte, obgleich sie der Lagerführung formell verantwortlich waren, wurden ihnen niemals irgendwelche Hemnisse in den Weg gelegt, ganz im Gegenteil erhielten sie dauernd Anweisungen, in der schärfsten Weise gegen die Häftlinge vorzugehen. Sie wohnten außerhalb des Lagers, konnten aber zu jeder Tages- und Nachtzeit in die Blocks kommen und hielten sich allein oder in Rudeln oft stundenlang zwischen den Häftlingen auf, die in ihrer Gegenwart kaum mehr zu atmen wagten. Die am allermeisten berüchtigten waren die Scharführer [Herbert] Abraham, Adam, [Otto] Kubitz, [Helmut] Roscher, [Herbert] Uhlemann, [Emil] Pleißner, Schmidt[12] und der unter dem Spitznamen «Tante Anna» bekannte Sadist [Ewald] Zöllner, der später wegen Päderastie unter Anklage stand und sich im Bunker erhängt hat. Aus ihren Reihen ist der «Henker von Buchenwald», der Scharführer [Martin] Sommer, hervorgegangen, der jahrelang den Arrest des Lagers unter sich hatte. Wenn er mit seinen schwarzen Handschuhen, die er prinzipiell trug, das Lager betrat, ging es wie ein Lähmungsalarm durch die Reihen der Häftlinge. Auch der Scharführer [Walter] Warnstädt, der spätere Henker im Krematorium, war damals Blockführer.

Ebenbürtig neben den Blockführern standen die SS-Kommandoführer, denen die Aufsicht über die Arbeitskommandos übertragen war. Auch sie hatten unbeschränkte Vollmacht über Leben und Tod.

Der gesamte Arbeitsbereich des Lagers, seine Lenkung und Organisation oblag dem Arbeitsdienstführer, dem durch die Kriegserfordernisse in einem viel späteren Zeitpunkt der Arbeitseinsatzführer übergeordnet wurde. Die negative Seite für die Häftlinge bestand darin, daß der Arbeitsdienstführer jeden Gefangenen, der ihm von den Kommando- bzw. Blockführern oder von irgendeiner anderen Seite genannt wurde, oder der ihm bei Kontrollgängen oft aus nichtigsten Anlässen auffiel, in Arbeitsbedingungen versetzen konnte, die unter Umständen Gesundheit und Leben kosteten. Ferner besorgte der Arbeitsdienstführer und später der Arbeitseinsatzführer die Zusammensetzung der Transporte, die zum Neuaufbau von Außenlagern oder für sonstige Arbeits-Außenkommandos bestimmt waren. Diese Transporte waren besonders gefürchtet; auf sie wird noch eingegangen werden. SS-Hauptsturmführer [Albert] Schwartz, der etwa ab 1941 den Arbeitseinsatz leitete, war ein fanatischer Judenhasser.[13]

Die SS war grundsätzlich eingeteilt in die Abteilung I: Kommandant und Adjutantur, Abteilung II: Kommandanturstab (Verwaltung), Abteilung III: Lagerführung. Der Abteilung III unterstanden die Blockführer und später auch die Kommandoführer, die ursprünglich aus dem Wachbataillon hervorgegangen waren. Ab 1939 war die am Standort Buchenwald stationierte Truppe der Waffen-SS vom Lager unabhängig; ihre Stärke stieg zeitweise, besonders während des Krieges bis auf 2 Standarten, d.h. 6000 Mann, an. Für sie wurden die Kasernen ebenfalls von den Häftlingen gebaut. Als die eigentliche KL-Stamm-Mannschaft nicht mehr ausreichte, wurde 1939 die sogenannte KL-Verstärkung mit 4 Hundertschaften (bis zu 500 Mann) nach Buchenwald gelegt, welche die Wachmannschaften für die Postenkette und die Besetzung der inzwischen um das Lager errichteten Wachttürme stellte. Die Türme waren mit Maschinengewehren und Scheinwerfern versehen. Die KL-Verstärkung wurde zu dem SS-Totenkopfsturmbann Buchenwald zusammengefaßt. Dieses Wachbataillon bestand zuerst nur aus Deutschen, im Laufe der Zeit aus allen möglichen Fremdnationalen, darunter besonders vielen Kroaten und Ukrainern. Im allgemeinen schossen sie nur auf Befehl und zeigten den Häftlingen gegenüber keine besonders feindselige Haltung. In dem Maße der zunehmenden Zersetzung der SS kam es bei ihnen zu zahlreichen Pflichtverletzungen zugunsten der Häftlinge, die das SS-Gericht in den letzten Jahren sehr stark beschäftigten. 1943 wurde eine eigene Hundestaffel dem Wachbataillon angegliedert, die auf Menschen in gestreifter Kleidung besonders dressierten Blut- und Wolfshunde, die außerhalb der Postenkette (z.B. beim Eisenbahnbau und dergleichen mehr) eingesetzt wurden, haben viel Unheil angerichtet.

Der erste Kommandant des SS-Sturmbann Buchenwald war SS-Obersturmführer Kröger. Er wie sein Nachfolger SS-Untersturmführer Büscher traten zu den Häftlingen nicht in besondere Beziehungen; ihr Hauptinteresse galt «Organisationsreisen» bis nach Holland und rein äußerem Klimbim. Unter Büscher erlangte vor allem der Musikzug des Sturmbanns Bedeutung, der dauernd auf der Lagerstraße üben mußte, um für Paraden und dergleichen gerüstet zu sein. Im Frühjahr 1942 übernahm SS-Hauptsturmführer [Otto] Förschner die Führung des Sturmbanns. Er hat sich jederzeit den Häftlingen gegenüber einwandfrei benommen. Auch als er später Kommandant des Lagers «Dora» bei Nordhausen wurde, hob er sich infolge seines Verständnisses für die Lage der Gefangenen höchst vorteilhaft von der übrigen SS-Führerschaft ab.[14] 1943 wurde er durch SS-Obersturmführer [Guido] Reimer abgelöst, mit dem sich die Lage grundsätzlich zum Schlechten wandelte.[15] Reimer kam aus dem Sudetengau als Sohn eines Lehrers in Trautenau, lenkte durch seine willfährige Brutalität gegenüber den Häftlingen als gewöhnlicher Scharführer sehr bald die Aufmerksamkeit auf sich und rückte durch eifriges «Radfahren» (kriecherisches Strebertum mit der Maxime: Nach oben buckeln, nach unten treten!) rasch die Stufenleiter der Beförderung sprunghaft hinauf. Eine seiner ersten Maßnahmen als Kommandant des Sturmbanns bestand in dem Erlaß an die Wachmannschaften, auf die Häftlinge schon zu schießen, wenn sie sich innerhalb der Postenkette ihnen bis auf 5 Schritte näherten, während es bis dahin so gehandhabt worden war, daß erst geschossen wurde, wenn der Häftling die Postenkette überschritten hatte (er mußte bei der nachfolgenden Feststellung mit dem Kopf in Fluchtrichtung liegen und den tödlichen Einschuß im Rücken haben). In täglichen Wachbelehrungen, die zweimal stattfanden, ließ er die Mannschaften ununterbrochen scharf gegen die Häftlinge aufhetzen. Reimer blieb Kommandant des Sturmbanns bis zur Übernahme des Wachbataillons durch frühere Wehrmachtsoffiziere im Herbst 1944. Er kam von Buchenwald nach dem Lager «Dora.»

Die innere Organisation von der Häftlingsseite aus hatte folgendes Gesicht: An der Spitze stand der Lagerälteste, der von der SS bestimmt wurde.[16] Es ist im Laufe der Zeit gelungen, für diese wichtige Funktion Vorschläge von Häftlingsseite zu lancieren und auch durchzusetzen. Während es anfangs nur 1 Lagerältesten gab, wurden es mit der Vergrößerung des Lagers bis zu 3 (Bezeichnung: LA I, LA II, LA III). Die Aufgabe des Lagerältesten bestand darin, verantwortlicher Vertreter des Lagers gegenüber der SS zu sein, an den sie sich jederzeit halten konnte, wenn sie irgendetwas zu verfügen hatte. Die Aufgabe war äußerst heikel und gefährlich, sie zu übernehmen erforderte Mut und Verantwortungsbewußtsein. Ein falscher Mann an dieser Stelle war für das Lager eine Katastrophe. Die SS legte besonders im Anfang größtes Gewicht darauf, als Lagerältesten jemanden zu haben, der ihr gefügig war und sich gegen das Lager verwenden ließ. Der erste dieser Art war bezeichnenderweise ein BVer namens Hubert Richter, der vor seiner Einlieferung in eines der Ems-Lager der SA angehört hatte. Er war ein bedenkenloses Werkzeug der SS und selbst von unglaublicher Brutalität. Auf ihn geht der Spruch zurück: «Wir sind nicht mehr im Lande der Dichter und Denker, sondern im Lande der Richter und Henker!» nach welcher Maxime er selbst nur allzu gründlich gehandelt hat. Wegen einer Fluchtaffäre zweier Grüner, die er aus Angst gedeckt hatte, wurde er Ende 1937 als Lagerältester abgelöst, erhielt eine Prügelstrafe, kam in den Bunker, wurde von dort entlassen, nach einem Zeitraum von etwa einem halben Jahr erneut Lagerältester für die inzwischen eingelieferten «Schwarzen», die er in nicht wiederzugebender Weise tyrannisiert hat, und fand im Frühjahr 1939, wegen einer Korruptionsgeschichte erneut eingebunkert, durch die SS selbst ein grauenvolles Ende. Nach Richter blieb die Funktion des Lagerältesten mit einer einzigen vorübergehenden, allerdings sehr bitteren Ausnahme, von der noch gesprochen werden wird, ein Vorrecht der Politischen, da sich für die SS-Lagerführung zeigte, daß sie bei einer anderen Regelung in Zustände hineingeraten mußte, die auch sie Kopf und Kragen kosten konnte.

Dem Rapportführer auf seiten der SS entsprach im Lager die Schreibstube. Sie stand nur zeitweilig unter Aufsicht eines SS-Mannes und wurde ausschließlich von Häftlingen geführt. Die gesamte innere Verwaltung des Lagers, Karteiführung, Blockeinweisung, Appellvorbereitung, Verpflegungszuteilung und dergleichen mehr wurde von ihr geregelt. Ihre Bedeutung für das Lager war enorm, ihre Leistung absolut positiv: es ist nicht übertrieben, wenn man feststellt, daß buchstäblich mehrere tausend Kameraden im Laufe der Jahre mit Hilfe der Schreibstube vor dem Tod gerettet, vor schweren Gesundheitsschädigungen bewahrt und in Positionen gebracht worden sind, wo sie wirklich zum Vorteil der Häftlinge wirken konnten.

Die Beziehungen zum Arbeitsdienst- und Arbeitseinsatzführer regelte für die Häftlinge die sogenannte Arbeitsstatistik. Sie erfaßte in Berufskarteien die Belegschaft des Lagers. Ihre Bedeutung wuchs im Laufe der Jahre gewaltig an, als der Arbeitseinsatzführer selbst nicht mehr imstande war, die Transporte für Außenkommandos zusammenzustellen. Wieder ist hier über eine zentrale Machtposition viel positiver und negativer Einfluß von seiten der Häftlinge ausgeübt worden. Hunderte wertvoller Menschen konnten nur mit Hilfe der Arbeitsstatistik gerettet werden, teils indem sie von Todestransportlisten heimlich gestrichen, teils indem sie wegen Lebensgefährdung im Lager in Außenkommandos geschmuggelt wurden. Viele Kameraden sind aber auch durch dunkle Machination und Intrigen an Orte in und außerhalb des Lagers gebracht worden, wo sie entweder schweren Schaden nahmen oder zugrunde gingen. Die Aufgabe, die von der Arbeitsstatistik bewältigt werden mußte – es kam vor, daß sie binnen zweier Stunden Tausende von Häftlingen bereitzustellen hatte –, war schwer und undankbar. Manche Kameraden in ihr haben sich enorme Verdienste erworben.

An der Spitze der einzelnen Wohnblocks standen von Häftlingsseite die Blockältesten, die vom Lagerältesten vorgeschlagen und von der Lagerführung bestätigt wurden. Sie waren dem Blockführer für alles, was im Block geschah, verantwortlich. Der Blockälteste wählte zu seiner Unterstützung für jeden Wohnflügel 2 bis 3 sogenannte Stubendienste, die vom Lagerältesten bestätigt werden mußten. Ihnen oblag die Aufrechterhaltung der Ordnung im Block, sowie die Versorgung der Blockinsassen mit den Essensportionen, die sie selbst verteilten. Unter den gegebenen Verhältnissen war diese Einrichtung notwendig und im großen gesehen auch nützlich. Es darf indes nicht verschwiegen werden, daß die Macht, die mit diesen Positionen verknüpft war, von charakterlich minderwertigen Elementen zum Teil auf das Allerschwerste mißbraucht worden ist. Zwar standen die Blockältesten und die Stubendienste vielfach unter einem beachtlichen Druck von seiten der SS, aber der Verlockung zur Korruption und zur Tyrannei gegenüber den Mithäftlingen war mancher nicht gewachsen, ob es sich nun um Rote, Grüne, Schwarze oder andere Farben handelte; selbst auf den Judenblocks waren derartige beklagenswerte Zustände gar nicht so selten. Psychologisch ist das für jedermann in irgendeiner Weise erklärlich, der die menschliche Natur kennt und weiß, was es heißt, Hunderte von Unterdrückten der verschiedensten Art und Qualität unter zum Teil kaum erträglichen Verhältnissen auf engstem Raume jahrelang zusammenzupferchen. Letzten Endes ist daher auch für die Mißstände, wie sie hier hervorgehoben werden, das nationalsozialistische System verantwortlich zu machen. Immerhin ist es den Ordnungskräften im Lager gelungen, im Laufe der Jahre einige der besonders ins Gewicht fallende Hauptübel auf diesem Gebiet abzustellen; z. B. zeichnete sich das Lager Buchenwald gegenüber anderen Lagern mehr und mehr durch eine gerechtere Verteilung der Essensportionen aus.

Ganz ähnlich lagen die Verhältnisse bei der Einrichtung der sogenannten Kapos, Häftlinge, die den Arbeitskommandos vorstanden und dem Kommandoführer verantwortlich waren, der sie durch den Arbeitsdienstführer einsetzen ließ. Die Kapos hatten Vorarbeiter zur Seite. Nur in unumgänglichen Fällen wurden die Kapostellen von der SS mit Fachkräften besetzt; meistens handelte es sich, besonders in den Anfangsjahren, um robuste Naturen – anfangs vor allem ehemalige SA-Leute, Fremdenlegionäre und BVer, die mit dem Prügel umzugehen verstanden, den sie durch die SS oft genug selbst zu spüren bekamen. Bei manchen Kommandos, vor allem den Bau-, Schacht- und Kanalisationskommandos, sowie in den Steinbrüchen gab es für den gewöhnlichen Häftling vielfach kein anderes Mittel, um am Leben zu bleiben bzw. einigermaßen erträgliche Bedingungen zu erhalten, als die Bestechung, die zeitweise unvorstellbare Ausmaße und Formen erreichte. Sie wurde würdig sekundiert von der Erpressung. Leuchtend hebt sich aus den Scharen verkommener Gestalten, die als Kapos fungiert haben, eine Reihe alter Häftlinge hervor, die, soweit sie am Leben geblieben sind, vom Anfang bis zum Ende des Lagers ein Beispiel der Sauberkeit, Menschlichkeit und des persönlichen Mutes gegeben haben. Es ist uns eine Pflicht, an dieser Stelle die Namen Robert Siewert aus Chemnitz und Baptist Feilen zu nennen.

Die Lagerältesten, die Blockältesten, die Kapos und die Vorarbeiter waren durch schwarze Binden mit weißer Aufschrift, die am linken Arm getragen wurden, von der Lagerführung gekennzeichnet.

V
Das Drohnendasein der SS

Die SS hat alles darangesetzt, um die vorhandenen Gratisarbeitskräfte in jedem nur möglichen Ausmaß für sich selbst und ihre egoistischen Herreninstinkte auszubeuten. Das ging so weit, daß besonders wertvolle Fachkräfte unter den fadenscheinigsten Vorwänden nicht freigelassen und die Verhaftung und Einlieferung anderer eigens veranlaßt wurde. In der letzten Zeit führte diese Tendenz teilweise zur ausgesprochenen Sabotage der deutschen Wehrkraft, indem größere Entlassungsaktionen immer wieder verzögert oder vereitelt wurden. Die mit dem Sadismus der SS gepaarte luxuriöse Weichlichkeit war zur Gewohnheit geworden.

Das Lager mußte eine Reihe von Betrieben für den Luxusbedarf der SS-Führung einrichten, andere Betriebe mußten dauernd Spezialarbeiten für den gleichen Zweck leisten. An Sondereinrichtungen dieser Art sind insbesondere zu nennen:

Die Bildhauerei. In ihr waren Architekten, Stein- und Holzbildhauer, Kunstschnitzer, Steinmetzen, Gold- und Silberschmiede, Kunstmaler, Kunsttöpfer und Graphiker ausschließlich für den Bedarf der SS tätig. Sie besorgten für die Wohnungen der SS-Führer die künstlerische Innenrichtung, verfertigten die unzähligen Geschenke, die sich die Clique gegenseitig spendete, und schufen die Prunkfassade des Lagers, hinter der sich das Elend ausbreitete. Für die Porzellanmaler wurde ein eigener, sehr kostspieliger Brennofen eingerichtet. Das Material und die Werkzeuge, die der Bildhauerei zur Verfügung gestellt wurden, waren von gediegenster Qualität. Die von ihr angefertigten Wikingerschiffe wurden in allen SS-Kreisen weit über Buchenwald hinaus eine gesuchte Spezialität. 1941 kamen die Kunsttöpfer zu den Deutschen Erd- und Steinwerken in Berlstedt bei Buchenwald, der Filiale eines Berliner SS-Betriebes, die Porzellanmaler in die SS-Porzellanmanufaktur Allach in Bayern.

Die Ahnenforschung. Die neuen Herren, deren Herkunft meist ziemlich dunkler Natur war, hatten fast alle den Ehrgeiz, zu langen Vorfahrenreihen und schimmernden Wappenschildern zu gelangen. Sie stellten daher einen Stab von hauptsächlich tschechischen früheren Beamten zusammen, denen die Aufgabe übertragen wurde, in Verbindung mit dem in Buchenwald geschaffenen Standesamt Ahnen- und Sippentafeln, Ahnenpässe und Familienchroniken zu fabrizieren.[17] Die Wappen der Himmlergarde wurden von Häftlingen entworfen und vom Sippenamt Berlin in die offizielle Wappenrolle eingetragen. Der 1940 als 2. Lagerführer eingesetzte SS-Sturmbannführer Max Schobert ließ sich eine mannsgroße Sippentafel malen, die er der Stadt Würzburg vermachte, wo sie im dortigen Heimatmuseum Aufstellung fand.[18] Das Ahnenforscherkommando stand oft vor beinahe unlösbaren

Aufgaben, da sich die Ahnenspuren häufig infolge zahlreicher unehelicher Vorfahren in den weiten Gefilden des slawischen Ostens verloren.

Die Photo-Abteilung. Eingerichtet für die Identifizierung der Häftlinge diente sie in der Hauptsache der Herstellung und Reproduktion von Amateurphotographien, sowie der Anlage prachtvoller Photoalben für die SS-Angehörigen, ihre Verwandten, Freunde und Bekannten. Dieses vom Kommandanten Koch eingerichtete und besonders geförderte Kommando war für die Häftlinge nicht ungefährlich, da die Lagerführung eine panische Angst davor hatte, daß irgendwelche Aufnahmen von ihren Greueltaten in die Außenwelt gelangen konnten. Als dies 1939 tatsächlich einmal der Fall war, wurde der damalige politische Kapo Alfred Opitz aus Leipzig in den Bunker geworfen und nach schweren Martern von Sommer erwürgt.

Die Buchbinderei. Ihr waren Steindruck und Buchdruckerei angegliedert. Angefertigt wurden vor allem Luxuseinbände, alle Arten von Gratulationskarten, Widmungen, die illustrierte Zeitung «Der Pelikan» für die Kameradschaftsabende, Spruchtafeln und Kunstschriften.

Der landwirtschaftliche Gutsbetrieb. Er umfaßte den Schweinestall, den Pferdestall einschließlich Reitpferden, den Schafstall, eine Geflügelfarm, eine Angorakaninchenzucht, die Gärtnerei und ausgedehnte Felder in der unmittelbaren Umgebung des Lagers. Der Schweinestall, der zuletzt 800 Alt- und Jungtiere besaß, die bei der Räumung des Lagers von der SS zum großen Teil noch mitabtransportiert wurden, ist stets in denkwürdiger Erinnerung der Häftlinge geblieben durch ein Ereignis, das schätzungsweise 250 Kameraden das Leben kostete: Am 16. November 1939 war ein Schwein gestohlen worden, von dem Koch vermutete, daß seine Bestandteile einstweilen vergraben worden seien. Er ließ zuerst das gesamte Lager bei schauerlichem Wetter zehn Stunden auf dem Appellplatz stehen und eine Reihe von Leuten verprügeln und verfügte sodann, daß bis zur Auffindung des Schweines kein Essen für die Häftlinge ausgegeben werden durfte. Die Suchaktion dauerte volle 3 Tage, bis sich herausstellte, daß das Schwein von SS-Leuten gestohlen und geschlachtet worden war. (Die vorhergehenden 5 Tage hatten bereits alle Juden des Lagers wegen des damals auf Hitler im Bürgerbräukeller zu München angeblich verübten Bombenanschlags kein Essen bekommen und in den versperrten und verdunkelten Blocks in qualvoller Ungewißheit zubringen müssen). Die Angorazuchtstation und die Geflügelfarm bildeten eine ständige gute Versorgungs- und Einnahmequelle der SS-Führerschaft. Die Gärtnerei war neben den Steinbrüchen das gefürchtetste Kommando. Sie stand unter der Leitung des SS-Obersturmführers [Karl] Dumböck, eines Salzburgers, der eigenhändig mindestens 40 politische Häftlinge umgebracht und besonders Österreicher mit Zähigkeit verfolgt hat. Die mit großen Kosten erbauten Treibhäuser der Buchenwalder Gärtnerei bildeten eine starke Konkurrenz für die Weimarer Betriebe. Blumen und gelegentlich Gemüse wurden zu Phantasiepreisen an die Häftlinge verkauft.

Ganze Partien der allgemeinen Betriebe und Arbeitsbereiche des Lagers wurden zeitweise, besonders in den Wochen vor Weihnachten und speziellen SS-Festen, für die privaten Interessen der SS-Führerschaft in Anspruch genommen. Bis zur Hälfte der Arbeitszeit der Häftlinge in diesen Betrieben, darunter auch in rein wehrwirtschaftlichen Werkstätten wie den «Deutschen Ausrüstungswerken (DAW)», war sogenannter «Pfusch», d. h. illegale Tätigkeit für die genannten Privatzwecke. Spezialhölzer, Kupfer und Bronze, Gold, Silber, alle Sorten von Schmiedeeisen und eine weitere Fülle kriegswichtigen Rohmaterials wurden in großen Mengen laufend dem Privatbereich der SS-Führer zugeleitet.

Vom Standpunkt der Häftlinge aus wurde diese Praxis mitgemacht, weil sie sich zwangsweise vollzog, zum andern aber auch gefördert, da sie die SS weiter korrumpierte und einen Sabotagebeitrag an der Kriegswirtschaft darstellte. Die mannigfachsten Luxusartikel, zum Teil von hohem künstlerischen Wert, ganze Wohnzimmereinrichtungen, Intarsienmöbel, kostbare Einzelstücke, Gemälde, metallgetriebene Gegenstände, Büsten und Plastiken, für die samt und sonders nichts bezahlt wurde als gelegentlich einige Zigaretten an den Ablieferer, wanderten nicht nur in den Standortbereich Buchenwald, sondern weit darüber hinaus zu allen möglichen Freunden und Bekannten der SS-Führerclique im Lande Thüringen, ja in ganz Deutschland und sogar in das europäische Ausland. Besonders kunstfertige Häftlinge wurden zuweilen auf Wochen nach Berlin oder an andere Orte und Lager «ausgeliehen», damit sie dort den Luxusbedarf der SS befriedigten.

Zu Weihnachten 1939 erhielt Heinrich Himmler eine Schreibzeuggarnitur aus grünem Marmor, angefertigt von der Häftlingsbildhauerei Buchenwald, im Werte von etwa 15–20 000 Mark. Für Hermann Göring wurde im Kommandanturgelände 1938 der Bau eines eigenen Falkenhofes begonnen, dessen Fertigstellung bis zum Sommer 1940 dauerte. Die reinen Materialkosten bezifferten sich auf rund 135 000 Mark. Der Falkenhof umfaßte ein Gelände, auf dem sich folgende Gebäude befanden: das eigentliche Falkenhaus in altgermanischem Stil aus massivem Eichenholz mit kunstvollen Schnitzereien, die Jagdhalle mit handgeschnitzten Eichenmöbeln, großen Kaminen und Jagdtrophäen, eine Rundbaulaube und das Falknerhaus, in dem später der französische Ministerpräsident Léon Blum und andere prominente Persönlichkeiten interniert waren.

Ein eigenes Edelwildgehege und Käfige mit Wildkatzen waren angegliedert. Die gesamte Anlage mußte von Kunstgärtnern ausgestaltet und gepflegt werden. Der Herr Reichsjägermeister hat diesen ihm geschenkten Falkenhof niemals betreten oder auch nur gesehen. Hingegen machte die SS mit eigenen Werbebroschüren in Weimar und Umgebung eine zügige Propaganda für diese Einrichtung und verlangte für die Besichtigung pro Person 1 Mark Eintrittsgeld.

Auf besonderen Wunsch von Frau [Ilse] Koch mußte im ersten Kriegsjahr eine eigene Reithalle errichtet werden.[19] Es entstand eine riesige wertvolle Holzkonstruktion in Rechteckform, etwa 40 mal 100 Meter, gut 20 Meter hoch, die innen eine Manege und Wandspiegelverkleidung erhielt. Der Bau mußte derartig beschleunigt werden, daß an die 30 Häftlinge bei der Arbeit tödlich verunglückten oder zu Tode getrieben wurden. Die Baukosten beliefen sich auf eine runde Viertelmillion Mark. Nach Fertigstellung hielt Frau Koch dort einige Male in der Woche ihre viertel- bis halbstündigen Morgenritte ab, wobei die Musikkappelle der SS auf eigenem Podium die Begleitmusik zu liefern hatte. Nach Einlieferung der Frau Koch in das Polizeigefängnis Weimar 1943 im Zuge des Prozesses Koch diente diese Reithalle als Gerümpelkammer und Magazin.

An der klimatisch milderen Südseite des Ettersberges mußte von den Lagerinsassen eine Asphaltstraße (Eicke-Straße) gebaut werden. Ihr entlang wurden von Anfang an die sogenannten Führerhäuser errichtet Zuletzt standen dort 10 Luxusvillen, die mit allem Komfort eingerichtet waren. Es waren stilvolle Holzvillen mit massiven Untergeschossen, eigenen Garagen und weiträumigen Terrassen, die den Ausblick in das thüringische Land boten. Die zur Einfassung verwendeten großen Quader mußten von den Häftlingen aus den Steinbrüchen in langen Kolonnen herangeschleppt werden. In den Führerhäusern wohnten der Lagerkommandant, die Lagerführer, die Truppenkommandanten und andere höhere SS-Führer mit ihren Familien und Dienstboten. Außerdem waren jedem Haus Häftlingskalfaktoren, vornehmlich männliche und weibliche Bibelforscher, zugeteilt. Die in jeder Villa eingerichtete eigene Zentralheizungs- und Warmwasseranlage wurde ebenfalls von Häftlingen bedient. In diese Führerhäuser flossen jahraus jahrein in schwer zu beschreibenden Mengen die Erträgnisse der Korruptionswirtschaft. Um einen annähernden Begriff zu geben, sei erwähnt, daß der Kommandant 1942 einmal 200 einkonservierte Enten, die zu verderben drohten, an einige Häftlinge verkauft hat.

Die Verpflegung der SS bestand ursprünglich aus 3 Kategorien: Mannschaftsessen, Kommandanturessen und Führeressen. Die oberen Führer haben sich stets vorbehalten, sich außerdem privat zu verpflegen. Zwischen den verschiedenen Arten bestanden quantitative und qualitative Abstufungen erheblichen Grades. Als im Jahre 1941 SS-Sturmbannführer [Otto] Barnewald den früheren Verwaltungsführer SS-Hauptsturmführer Weichseldörfer ablöste, wurden die Unterschiede formell aufgehoben.[20] Daraufhin schoß das «Privatorganisieren» der Führerschaft erst recht in die Blüte. Welchen Umfang das erreichte, mag daraus ersehen werden, daß z. B. schon ein Hauptscharführer namens Henschel, der jahrelang Kommandoführer der Häftlingsschneiderei war, sich für einen einzigen Winter 1000 Weißblechdosen Tomaten, Zuckererbsen und Bohnen einkonservieren ließ, für die den Kommandoführern der Gärtnerei, der DAW und der Häftlingsküche Dutzende von bestgeschneiderten Privatanzügen und Uniformen aus gestohlenen Stoffen in «Gegenzahlung» gegeben wurden. Jahre hindurch wurden die für kranke Häftlinge angeforderten Eier zu Tausenden von den SS-Führern unterschlagen.

Ein Korruptionsnest ohnegleichen war in dieser Hinsicht die von SS-Oberscharführer Hans Schmidt, einem ausgemästeten Schieber, geleitete SS-Kantinenverwaltung. Schmidt war ein beinahe pathologisch zu beurteilender Fall: er urinierte mit Vorliebe in Sektgläser und ließ sich in Gegenwart seiner Frau und seiner Tochter, die im Februar 1945 bei ihm zu Besuch waren, von seinem Häftlingsdiener das Glied waschen! Dieser Mann konnte von jedem beliebigen Telefon aus den 1. Lagerführer SS-Sturmbannführer Schobert mit den oft gehörten Worten anrufen: «Maxe, komm sofort hierher und hol' mich mit dem Wagen ab!», worauf der 1. Lagerführer jedesmal gehorsam der Weisung des Oberscharführers folgend vorfuhr.

Von Schmidt wurde die für die Truppe bestimmte Marketenderware nach Strich und Faden verschoben. Während z. B. für die gewöhnliche Mannschaft strenge Rauchwaren- und Weinzuteilung durchgeführt wurde (6 Mann 1 Flasche Wein!), floß der Champagner für die SS-Führerschaft buchstäblich in Strömen. Frau Koch nahm Bäder in Madeira, der in die Badewanne gegossen wurde. Zigaretten wurden den SS-Führern zu Hunderttausenden für sich und ihre Schieberzwecke zur Verfügung gestellt. Die unersättliche Gier scheute nicht einmal vor der Erpressung der kroatischen, ungarischen und siebenbürgischen sogenannten volksdeutschen Wachmannschaften zurück, die gegen Ablieferung von Speck, Fett und Würsten aus den ihnen von der bäuerlichen Heimat gesandten Paketen Sonderurlaub und Diensterleichterung bekamen. Der SS-Mann Ortner aus Rumänien, Angehöriger der 2. Kompanie, hat 2 Jahre lang nie Dienst gemacht, weil er seinen Vorgesetzten auf die geschilderte Weise dienlich war.

Ein besonderes Kapitel in diesem Zusammenhang waren die sogenannten Kameradschaftsabende, die ab 1938 mit einem pompösen Freilichtfest am Bismarckturm (einem weithin sichtbaren Aussichtsturm am Südhang des Etterberges) ihren Anfang nahmen und für den Kommandanturstab durchschnittlich jeden Monat einmal stattfanden. Es waren Freß- und Saufgelage, die fast immer mit wüsten Orgien endeten. Die finanzielle Grundlage dieser Veranstaltungen wurde dadurch geschaffen, daß man das gesamte Häftlingslager in regelmäßigen Abständen mit 24 Stunden Kostentzug «bestrafte», was dem Kommandanturstab einen Geldertrag von jedesmal 6000 bis 10 000 Mark einbrachte. Die Weimarer Profitzieher aus diesen Gelagen waren in erster Linie die Firma Daniel, feine Fleisch- und Wurstwaren, und die Firma Fischkettel, Marinaden.

Es ist nicht möglich, in diesem Rahmen ein auch nur annähernd vollständiges Bild von dem Umfang, der Intensität und den vielfachen Korruptionsverflechtungen des Drohnendaseins der SS-Führerschaft zu geben. Hunderte und Aberhunderte von Häftlingen waren ständig als Sklaven für diese Spitzenleistung der nationalsozialistischen Volksgemeinschaft tätig, Tausende mußten für sie hungern.

VI
Die Lebens- und Arbeitsverhältnisse der Häftlinge

In schärfstem Gegensatz zum Leben der SS stand das Leben der Lagerinsassen. Raumenge, Kälte, Hunger, Fronarbeit und beständige Angst beherrschten ihr Dasein.

Bereits die Einlieferung der Häftlinge in das Lager gab ihnen einen Vorgeschmack von dem, was sie erwartete. Nach oft tagelanger Eisenbahnfahrt, eingepfercht in Waggons, von den Begleitmannschaften (auch vielfach von der Polizei) beständig drangsaliert, kamen sie in Weimar an, um dann entweder im Laufschritt und mit hocherhobenen Armen unter Stockschlägen die 8 km lange Straße in das Lager getrieben oder, auf Lastwagen zusammengepreßt, unter Gewehr- und Pistolenbedrohung antransportiert zu werden. 233 866 Menschen sind diesen Weg gegangen – nicht gezählt die vielen Zehntausende, die von Außenlagern nach völligem Verschleiß ihrer körperlichen und seelischen Kräfte als Wracks in das Stammlager zurückgebracht worden sind!

Der Ankunft folgte die «Empfangszeremonie»: Meist stürzte sich sofort ein Rudel herumlungernder Scharführer lüstern auf die neue Beute, es regnete Schläge und Fußtritte, die «Neuen» wurden mit Steinen beworfen und mit kaltem Wasser begossen. Sie mußten dann stundenlang mit dem sogenannten «Sachsengruß»: die Arme hinter dem Kopf verschränkt, so daß Lähmungen eintraten, häufig auch noch in Kniebeuge, vor der Politischen Abteilung stehen.[21] Auf diese Weise vollends mürbe gemacht, wurden sie unter Ohrfeigen und weiteren Fußtritten den Scharführern der Politischen Abteilung zur ersten Aufnahme der Personalien vorgeführt. Das folgende Beispiel illustriert den Vorgang der Einvernahme: Ausfüllung der Rubrik «Eltern» – «Welche Hure hat dich zur Welt geschissen?» Es stellte sich heraus, daß der Befragte eines von sechs Geschwistern war, deren Mutter von Adolf Hitler das sogenannte Mutterkreuz in Gold zugeteilt erhalten hatte! Der Einvernahme folgte der Einmarsch in das eigentliche Lager durch das berühmte Tor mit der Aufschrift am Fries: «Recht oder Unrecht mein Vaterland» und den eisernen Lettern an dem Gittertor: «Jedem das Seine!»[22] Stundenlang standen nun die Neuankömmlinge mit dem Gesicht zur Bunkermauer, wieder mit dem Sachsengruß und abwechselnd in Kniebeuge. Zufällig vorübergehende Blockführer hatten das Recht, die Neueingelieferten wie Freiwild zu behandeln. Wenn es einem Spaß machte, jagte er die Leute, die zum Teil ihre Koffer bei sich hatten, bis zur völligen Erschöpfung auf dem Appellplatz herum oder zwang sie, sich in ihren Zivilkleidern im Dreck zu wälzen. Die anschließende «Belehrung» durch den Lagerführer oder Rapportführer, die eine erste grundsätzliche Einführung in die Lagerverhältnisse darstellen sollte, beschränkte sich auf die 20- bis 30-malige Androhung der Todesstrafe für eine Reihe sogenannter Vergehen. Solange ein Galgen auf dem Appellplatz errichtet war, erfolgte die «Belehrung» dort.

Nun ging es im Laufschritt zum Bad. Man entkleidete sich (wobei bereits ein Teil der Habseligkeiten, die man bei sich hatte, verschwand) und wurde zu den Friseuren gebracht, die einen von oben bis unten mit Haarschneidemaschinen nicht gerade erster Qualität abschoren. Es folgte ein entweder heißes oder nach Laune eiskaltes Brausebad, worauf man der Bekleidungskammer zur Einkleidung zugeführt wurde. Der Umweg dorthin ging nicht selten auch im Winter, über die Lagerstraßen und den Appellplatz, und zwar nackt, was Hunderte der Opfer entweder sofort oder durch nachfolgende Lungenentzündungen das Leben gekostet hat. Ab 1941 ging dem Bad die sogenannte Desinfektion voraus, und zwar in der Form, daß der brutal Geschorene in einen großen Kessel mit allmählich entsetzlich verschmutzender Desinfektionslösung springen mußte, die auf den verletzten Hautstellen schauerlich brannte. Zur «Kontrolle» mußte sich jeder Desinfizierte mit dem Rücken zu den Scharführern und gespreizten Beinen niederbeugen, was den Pervertierten einen absonderlichen Genuß bereitete, besonders wenn es sich um prominente Persönlichkeiten handelte.

Ohne Rücksicht auf Größe, Stärke und Eigenheiten erhielt der Zugang in der Bekleidungskammer seine gestreiften «Klamotten» zugeworfen. Sie bestanden aus einer Unterhose, einem Hemd, einer Hose, einer Jacke, einer Mütze und einem Paar Schuhen. Diese zivilisierten Begriffe geben jedoch keine Vorstellung von dem wirklichen Zustand der Bekleidungsgegenstände. Manche hatten ja Glück, wenn gerade neue Bestände eingetroffen waren; die meisten erhielten absolut zerschlissenes Zeug, daß sie erst im Laufe der Zeit durch mühseliges «Organisieren» einigermaßen verbessern konnten.[23] Im Herbst 1942 wurden aus Auschwitz von den dort Gemordeten einige hunderttausend Wäschestücke angeliefert, von Säuglingswäsche angefangen über Damenwäsche bis zu Herrenhemden; gut die Hälfte davon mußte ausgesondert werden, da sie voll von Einschußlöchern und großen Blutflecken war. Unter dem Rest befanden sich meist Nachthemden, sowie zahlreiche Chorhemden von Priestern. In dieser Wäsche liefen die Leute dann im Lager herum. Besonders katastrophal war das Schuhwerk, daß sehr viele Kameraden, besonders die, denen Holzschuhe zugewiesen würden, nach weniger Tagen kaum mehr gehen konnten. Wer sogenannte «Holländer-Holzschuhe» bekam, war am schlimmsten daran, da man in ihnen, wenn man sie nicht gewohnt war, und vor allem ohne Socken und Fußlappen, infolge ihrer inneren scharfen Kanten weder gehen noch geschweige denn laufen konnte. Die Zahl der dadurch entstandenen Fußverletzungen und Phlegmonen zwang schließlich die SS zu einer Zeit, als die Arbeitskraft kriegswirtschaftlich wichtig wurde, zu gestatten, daß sich die Häftlinge Schuhe von zuhause schicken lassen durften.

Die nächste Station auf diesem Leidensweg war die Effektenkammer. Dort wurden die noch übriggebliebenen mitgebrachten eigenen Habseligkeiten sortiert, aufgezeichnet und in einen Sack gegeben, in dem sie für die Lagerzeit verwahrt blieben. Mitgebrachtes Geld mußte abgegeben werden, ebenfalls jede Art von Wertsachen wie Eheringe, Uhren und dergleichen.

Die auf jeder dieser Stationen gegebene Möglichkeit zu gemeinem Diebstahl wurde sowohl von der SS als auch leider von manchem Mithäftling in der schändlichsten Weise ausgenützt. Umgekehrt haben andere Kameraden alles getan, was in ihrer Macht stand, um den Neuzugängen zu helfen, sie besserzustellen, und ihnen das Schwere dieses ersten Weges – z. B. durch oft sehr wertvolle, rasch zugeflüsterte Ratschläge – zu erleichtern.

Damit war zunächst und unmittelbar der Neuzugang den Fängen der SS entrückt. Es gab nicht sehr viele Persönlichkeiten, die diesen Prozeß der Willensbrechung und menschlichen Entwürdigung ohne inneren Schaden überstanden. Mancher konnte sich seinen inneren Wert nur dadurch bewahren, daß er gleichsam eine Bewußtseinsspaltung vornahm, indem er seinen Körper willenlos der Willkür preisgab und sein eigentliches Selbst psychologisch und objektiv beobachtend absentierte.

In der Häftlingsschreibstube wurde der Zugang noch am gleichen Tag normal in die dortige Kartei aufgenommen und einem bestimmten Block zugewiesen. Die gesundheitliche Untersuchung und die Ausfüllung eines großen Fragebogens für die Gesundheitskartei erfolgte einige Tage später.

Am Wohnblock stürzte auf jeden zuerst einmal eine Fülle verwirrender Eindrücke und Erlebnisse herein. Jeder Holzblock hatte zwei Flügel, jeder Steinblock war zweigeschossig und hatte vier Flügel, jeder Flügel bestand aus Tagesraum und Schlafraum, belegt mit 100 bis 200 Häftlingen. Die Betten im Schlafraum standen in 2 bis 3 Etagen übereinander. Sie enthielten Strohsäcke und waren bis Ende 1941 mit karierter Bettwäsche bezogen. Jedem Häftling standen ein bis zwei dünne Decken zur Verfügung. Eine besondere Schikane seitens der SS bestand im sogenannten «Bettenbau»: wulstige oder eingesunkene Strohsäcke mußten Tag für Tag bretteben sein, die karierte Wäsche nach der Musterung der Kapos lineal gerade ausgerichtet, die unförmigen Kopfpolster im rechten Winkel geschichtet, und was dergleichen Scherze preußischen Kasernendrills, verschärft durch SS-Praktiken, mehr sind. Eine einzige Falte in einem Bett konnte zur wüstesten Drangsalierung des ganzen Blocks führen. Die für den Bettenbau verantwortlichen Stubendienste entwickelten daher vielfach eine Härte und Unerbittlichkeit, die manchen Akt der Rohheit und des Unrechts auf anderen Gebieten, besonders unter Berücksichtigung der mangelnden Erfahrung, der Gleichgültigkeit oder Undiszipliniertheit vieler Häftlinge, erklärlich macht.

Die Tagesräume enthielten eine Reihe von Tischen mit Bänken und die sogenannten Spinde, in denen sich Fächer für das notwendige Geschirr des Einzelnen (Blechschüssel, Blechtopf und Löffel) befanden. Es war ein beständiger Kampf darum, dort wenigstens einige der Dinge, die man sich im Laufe der Zeit zulegen konnte, unterzubringen; oft genug wurden sie bei Kontrollen einfach herausgeworfen und beschlagnahmt. Der Blockführer

Uhlemann machte sich ein Vergnügen daraus, bei derartigen Gelegenheiten die gesamten Spinde einfach umzuschmeißen. Einen anderen Platz, seine armseligen Habseligkeiten unterzubringen, hatte der Häftling nicht.

In diesem Räumen spielte sich das Leben der Lagerinsassen außerhalb der Arbeitszeit ab. Zwischen je zwei Wohnflügeln lag ein Waschraum und eine Abortanlage mit offenen Klosetts. Dort wurde, wenn nur irgend möglich, heimlich geraucht, was auf den Blocks allerstrengstens verboten war. Die Waschraum- und Klosettanlagen wurden erst Mitte 1939 fertiggestellt.

Der Tagesablauf vollzog sich in folgender Weise: Bei Tagesgrauen durch Pfeifen im Lager geweckt. Innerhalb von 30 Minuten mußte man sich gewaschen, angekleidet, gefrühstückt und das Bett «gebaut» haben, eine manchmal fast unlösbare Leistung. In den Spätwintermonaten 1942 schaltete der Lagerführer SS-Untersturmführer [Wolfgang] Plaul, einer der schärfsten Schinder der Häftlinge, der im Herbst 1943 das Außenkommando «Laura» bei Saalfeld (mit höchster Totenzahl!) und anschließend das Außenkommando Hasag-Leipzig übernahm, eine halbe Stunde vor der normalen Weckenszeit den sogenannten Frühsport vor den Blocks ein, der infolge zahlreicher Lungenentzündungen und Todesfälle dann wieder eingestellt werden mußte. Das Frühstück der Häftlinge bestand aus einem Stück Brot von der Portion, die jeder für den Tag erhielt, und entweder einem halben Liter dünner Suppe oder einem halben Liter «Kaffee» ohne Milch und ohne Zucker.

Dann ging es zum Appell, der in der Regel eine Stunde, bis es hell genug war, dauerte. Wenn der Appell stimmte – und er wurde am Morgen wegen der Arbeit möglichst beschleunigt –, ertönte das Kommando: «Mützen ab!» für die Armee der kahlgeschorenen Köpfe und «Mützen auf!». Wenn die Kommandos nicht «zackig» genug ausgeführt wurden, mußten sie entsprechend oft wiederholt werden. Dann kam der gefürchtete Aufruf: «Die bestellten Häftlinge ans Tor!» Dieser Ruf betraf alle, die am Abend vorher über die Schreibstube einen Zettel zu einem der 6 Schilde erhalten hatten, die am linken Gebäudeflügel des Lagertores angebracht waren, wo die Bestellten auf den anonymen Schrecken zu warten hatten, für den sie bestimmt waren. Wenn sich allmählich herausgestellt hatte, welches Schild die Politische Abteilung betraf, welches Strafen oder mehr oder minder harmlose Dinge (Auskünfte, Unterschriften, notarielle Beglaubigungen und dergleichen), wurde die Reihenfolge plötzlich gewechselt.

Unmittelbar darauf folgte das Kommando: «Arbeitskommandos antreten!» Alles strömte nun in wildem Durcheinander so rasch wie möglich zu dem zugewiesenen Sammelplatz der Arbeitskommandos. Unter heiteren Weisen der Lagermusikkapelle, die im Winter mit klammen Fingern ihre Instrumente bediente, erfolgte der Ausmarsch in straff ausgerichteten Fünferreihen. Unter dem Tor mußten erneut die Mützen schlagartig vom Kopf genommen und die Hände an die Hosennaht gelegt werden. Dann ging es im Laufschritt, Lieder singend, zu den Arbeitsstellen. Es wurde entweder bis zum späten Nachmittag mit einer halbstündigen Mittagspause im Freien durchgearbeitet, wobei es lange Zeit verboten war, Brot bei sich zu tragen, oder die Kommandos rückten um 12 Uhr auf 30 bis 45 Minuten ins Lager ein, um das Mittagessen hinunterzuschlingen. Dieses einmalige warme Essen bestand in der Regel aus einem Liter mehr oder weniger dünnem, mehr oder weniger gehaltvollem Eintopf. Das schlechteste Essen gab es im ersten Kriegsjahr 1939/40, als Steckrüben, genannt «Deutsche Ananas», beinahe an der Tagesordnung waren. Ab 1938 fanden eigene Mittagsappelle nicht mehr statt, hingegen war das Ein- und Ausrücken in die Mittagspause mit eingerechnet.

Der Abendappell dauerte selten unter $1^1/_2$ Stunden, bei jeder Witterung. Besonders schlimm war es, wenn ein Häftling fehlte. Das gesamte Lager mußte auf dem Appellplatz stehen, bis der Betreffende gefunden war. Die Suchaktionen wurden von den Blockältesten und Stubendiensten durchgeführt. 1939 kam es einmal vor, daß das ganze Lager volle 19 Stunden, d. h. die Nacht über bis zum nächsten Vormittag um 11 Uhr stand! Zwei BVer hatten sich im Schweinestall verborgen gehalten.

Das Essen, das in den letzten Jahren bei durchgehender Arbeitszeit abends ausgegeben wurde, war nach langdauerndem Appell natürlich kalt. Im Block fand der Häftling seine Tagesportion vor, die der Stubendienst mittlerweile ausgeteilt hatte: das Brot, die Margarine und je nachdem ein Stückchen Wurst oder einen Löffel Quark. Die meisten gingen nach dem Essen sofort ins Bett. Beim Abpfeifen im Lager, je nach Jahreszeit zwischen 8 und 9 Uhr mußte alles in den Blocks sein, eine halbe Stunde später im Bett. Geschlafen durfte nur im Hemd werden, auch bei bitterster Kälte in den oft völlig durchkälteten Schlafsälen. Häufig ließen die Blockführer nachts plötzlich alle Blockinsassen im Hemd neben den Betten oder sogar vor den Blocks antreten, um die zu erwischen, die noch ein anderes Kleidungsstück anhatten. Wer z. B. in Unterhosen oder Socken angetroffen wurde, hatte mit den schwersten Strafen zu rechnen.

Was die Arbeit betrifft, so ist grundsätzlich zu unterscheiden zwischen den Kommandos, die innerhalb des Lagers, und solchen, die außerhalb des Lagers beschäftigt waren. Im allgemeinen waren die Lagerinnenkommandos die leichteren. Hiervon gab es allerdings schwerwiegende Ausnahmen: die Gärtnerei, die Steineklopfer auf den Lagerstraßen und die sogenannte «Kolonne 4711» (ein nach der berühmten Kölner Parfümmarke getauftes Judenkommando, das die Latrinengruben zu entleeren hatte); andere Innenkommandos wie der Häftlingskrankenbau trugen stets eine schwere Verantwortung. Bei den Steineklopfern, die allen Unbilden der Witterung ausgesetzt waren, sind viele Kameraden zugrundegegangen, diesem Kommando gehörten seinerzeit u. a. der österreichische Justizminister von Winterstein und der österreichische Staatsjugendführer Baron Duval an. Die wichtigsten Innenkommandos waren: Küche, Magazin, Wäscherei, Bad, Effektenkammer, Bekleidungs- und Gerätekammer, Schuhmacherei, Schneiderei, Strumpstopferei, Tischlerei, Schlosserei und eine Reihe weiterer Werkstätten, der Holzhof, der Schweinestall, die Gärtnerei, der Häftlingskrankenbau mit der eigenen Abteilung Pathologie und ab 1943 der «Abteilung für Fleckfieber- und Virusforschung», klinische Station (Block 46) und Fleckfieberimpfstofferzeugung (Block 50), die Häftlingsschreibstube, die Arbeitsstatistik, die Häftlingspoststelle, die Bücherei und das sogenannte Lagerkommando zur Instandhaltung.

1942 wurde die Lagerfeuerwehr ins Leben gerufen, 1943 der Lagerschutz; dieser hatte die Aufgabe, die Ordnung im Lager aufrechtzuerhalten, was alles andere als leicht war. Eine derartige Einrichtung gab es nur im Lager Buchenwald. Der Lagerschutz bildete ein straffes Exekutivorgan in der Hand der Häftlingsleitung. Er war der SS-Führung sozusagen abgelistet worden und von ihr lange Zeit für deutsche Häftlinge reserviert, weil sie sich sprachlich mit ihnen allein verständigen konnte und glaubte, sie leichter als Werkzeug handhaben zu können; im Laufe der Zeit, besonders seit dem Bombardement auf Buchenwald am 24.8.44, erweiterten die Deutschen die Institution mehr und mehr auf alle Ausländer und machten daraus einen Grundkader zur Selbstverteidigung, das für die letzten Monate des Lagers und die Häftlingsvorbereitungen für das Ende eine außerordentliche Bedeutung gewonnen hat. Die Aufgaben und Maßnahmen des Lagerschutzes wurden von tausenden Häftlingen, die keinen tieferen Einblick besaßen, nicht verstanden, umso weniger, als selbstverständlich in Ton und Handhabung auch Machtüberschreitungen vorkamen. In manche Innenkommandos wie Strumpfstopferei und Holzhof wurden vorwiegend invalide Kameraden gegeben. Mit den Blockdiensten und den «Deutschen Ausrüstungswerken» zusammen dürften schätzungsweise 2/5 der arbeitenden Häftlinge in den Lagerinnenkommandos beschäftigt gewesen sein.

Weitaus härter in allen Bedingungen waren die Lageraußenkommandos. Die Arbeit begann mit dem Kampf um die Werkzeuge, die nur in beschränkter Zahl und wechselnder Qualität vorhanden waren. Wer kein Werkzeug erwischte, war der dauernden, unmittelbaren Gefahr ausgesetzt, «aufzufallen», d. h. wegen mangelnder Arbeitsleistung gemeldet zu werden. Es herrschte strengste Aufsicht seitens der Kommandoführer und herumlungernder Scharführer, die ihrerseits ununterbrochen mit dem Knüppel «arbeiteten». Infolgedessen war es Hauptgrundsatz aller Häftlinge, vor allem «mit den Augen zu arbeiten»; ein eigenes Warnsystem war überall eingerichtet, das sofort mit dem weitergegebenen Stichwort «Achtzehn!» (Deckwort für «Achtung!») in Funktion trat, sobald der Sklaventreiber irgendwo auftauchte.

Da im Gegensatz zu den Moorlagern die Art der Arbeiten in Buchenwald eine Quantitätsnormierung im großen und ganzen nicht zuließ, wurde so wenig wie möglich geleistet. Das System war die reinste Erziehung zur Arbeitsscheu; einer der schlimmsten Schäden, den die SS den Häftlingen zugefügt hat, war, daß viele von ihnen auf solche Weise für Jahre, wenn nicht für Lebenszeit wirkliches Arbeiten verlernt haben. Wahrscheinlich hätte bei einem vernünftigen Arbeitssystem mit Interessenanreiz und auf einer menschlichen Grundlage das Doppelte und Dreifache an Arbeitsleistung mit einem Fünftel der Arbeitskräfte erzielt werden können. Aber es kam der SS überhaupt nicht auf Arbeitsleistung so sehr an, als vielmehr auf sinnlose Quälerei. Die Außenkommandos waren ja auch vielfach gern benutzte Gelegenheiten zu «Liquidationen». Schon die Auswahl der Arbeitskräfte erfolgte meist auf eine lebensgefährdende Weise: nach befohlenem Heraustritt der Fachkräfte, die in die Werkstätten kamen, wurde der ganze Rest ohne jede Rücksicht auf körperliche Beschaffenheit, Eignung und Vorkenntnisse unter Prügeln gerade den schwersten Kommandos wie Steinbruch und Schachtkommandos (Erdarbeiten) zugewiesen. Facharbeiter zu sein, war in jedem Falle eine Lebensversicherung; wer aber Mut und Geistesgegenwart genug besaß, sich einfach als irgendeine Fachkraft auszugeben, und die später auftauchenden Schwierigkeiten mit Erfindungsgabe und Frechheit durchstand, hatte ebenfalls eine Chance. Dagegen waren Angehörige der Intelligenzberufe, insbesondere Brillenträger, von vornherein auf die Bahn des Untergangs gestoßen. Eine furchtbare und groteske «Auslese der Tüchtigen!»

Die bedeutendsten Außenkommandos waren: die Steinbrüche, das wahre «Himmelfahrtskommando», wo durch Steinschlag, Stockhiebe, «Unfälle», bewußtes Hinabstoßen in den Abgrund, Erschießen und jede Art von Quälerei mehrere tausend Kameraden den Tod gefunden haben. Eine beliebte Art der Scharführer war es, Todeskandidaten, besonders Juden, leere oder sogar beladene Loren einen Steilhang hinaufschieben zu lassen, was für einen Mann oder auch für zwei Häftlinge zusammen gar nicht möglich war, so daß sie unter dem zurückfallenden Gewicht und den Prügeln erschlagen wurden. Im Steinbruch arbeitete vor allem die Strafkompanie, ferner jeder speziell dazu Verurteilte. Hier waren die Jagdgründe für die berüchtigten Hauptscharführer [Eduard] Hinkelmann und Blank (einem bayerischen Forstgehilfen und Wilddieb, der sich 1944 in der Affäre des Lagerarztes SS-Hauptsturmführer Dr. Hoven im Bunker erhängt hat) [XI, § 152]. Die Schachtkommandos waren beinahe ebenso berüchtigt. Unter dem Kapo Heusgen ist im Schachtkommando I im Jahre 1939 von dem Vorarbeiter Tennenbaum einmal ein Familienvater so lange in eine Wasserlache gedrückt worden, bis er erstickt war; ein anderer Vorarbeiter hat einen Häftling derart geprügelt, daß ein neuer Hakenstiel dabei zerbrach! Das waren nicht etwa Einzelfälle. Kapo Heusgen, der den roten Winkel trug, ist 1942 im Lager wegen seiner Schandtaten eines unnatürlichen Todes gestorben, während der Vorarbeiter Tennenbaum, gleichfalls ein «Politischer», vorher durch unvermutete «Entlassung» seinem verdienten Schicksal entging.

Ähnlich schlecht waren die Verhältnisse für die Erdarbeiter in den sogenannten Baukommandos (Truppengarage, SS-Unterkünfte), während für deren Facharbeiter die Lage erträglicher war. Sehr schlimm bestellt war es immer um das Steinträgerkommando. Es bestand überwiegend aus Juden;

sie sind dutzendweise in die Postenkette getrieben worden. Was sie sonst an entsetzlichen Quälereien (mit dem Gesicht in Dornen wälzen usw.) durchzustehen hatten, war ein Inferno. Für sie bedeutete es geradezu eine Erholung, wenn sie nur gezwungen wurden, Mauern aufzuschichten, die am nächsten Tag wieder abgetragen werden mußten, um dann neuerdings aufgebaut zu werden, und so fort.[24] Besser als alle anderen Kommandos hatten es die Häftlinge, die in den Kommandanturbetrieben arbeiteten. Sie hatten mannigfache Vorteile, insbesondere waren sie imstande, die SS um höchst angenehme Dinge zu erleichtern. Viele haben das nur zu ihrem eigenen Vorteil ausgenützt, andere haben für ihre Kameraden in das Lager geschmuggelt, was sie nur konnten; größtes Risiko war damit verbunden, mancher ist dafür über den «Bock» gegangen und abgelöst worden. Bei allen Kommandos war das Interesse der Häftlinge auf zwei Grunddinge gerichtet: unter Dach zu kommen und an eine Feuerstelle zu gelangen. Für die schlechte Jahreszeit, die in Buchenwald von Ende September bis Ende Mai dauert, ergab sich daraus ein enormer Ansturm auf bestimmte Kommandos, die diese Vorteile boten. Für Arbeitsplätze an Feuerstellen, selbst im Freien, wurden hohe Preise an bestechliche Kapos und Vorarbeiter bezahlt.

Wie die Arbeit mit dem Kampf um die Werkzeuge begann, so endete sie mit dem Kampf um die Steine, die jeder Angehörige der Außenkommandos nach Arbeitsschluß ins Lager zu schleppen hatte. Man mußte in den letzten Minuten vor Arbeitsschluß unter erheblicher Gefahr Ausschau nach einem Stein halten, der groß und schwer aussah, nicht zu kantig und einigermaßen sauber war, damit durch ihn nicht die Kleidung verschmutzt wurde. So beladen marschierten die Kolonnen der Arbeitssklaven bei einbrechender Dunkelheit «von des Tages Last und Mühen», die Toten und Zusammengebrochenen mit sich tragend, ins Lager zum stundenlangen Abendappell zurück.

Die Freizeit war kärglich, ausgefüllt mit dem notwendigen Reinigen der Kleidung, des Schuhwerks, der Spinde, und wurde von der SS noch bei jeder Gelegenheit beschnitten.

1938 und 1939 mußte das ganze Lager regelmäßig nach dem Abendessen erneut zur Arbeit bis tief in die Nacht hinein antreten; die Scheinwerfer überstrahlten das Lager, um die nötige Helle für Arbeit und Kontrolle zu schaffen. Ab 1939 war diese Nachtarbeit ein «Privilegium» der Juden, bis im Jahre 1942 die interne Häftlingslagerleitung durchdrückte, daß auch andere Häftlingskategorien zu diesen Arbeiten herangezogen wurden und die Juden sie nur mehr 2 bis 3 mal wöchentlich zu leisten hatten. Die Nachtarbeit dauerte oft bis 1 Uhr morgens, manchmal aber auch die ganze Nacht hindurch. Geleistet wurde natürlich nahezu nichts, aber die Qual war groß. Sonntagsarbeit mußte jahrelang mit verhältnismäßig kurzen Unterbrechungen bis mittags oder nachmittags getan werden. Die Spezialitäten waren an diesen Tagen für das ganze Lager Steinetragen und Baumstämmeschleppen.

Die zum Sonntagsdienst eingeteilten Blockführer rächten sich für den Verlust ihrer Freizeit durch Sondergrausamkeiten.

Unter Berücksichtigung dieser Lebens- und Arbeitsverhältnisse waren die Verpflegungsätze der Häftlinge absolut unzureichend. Bis zum März 1938 durften pro Kopf und Tag Nahrungsmittel im Werte von 55 Pfennigen verbraucht werden, ab April 1938 bis zum Kriegsausbruch um 5 Pfennige mehr![25] Während des Krieges wurde auch die Verpflegung der Häftlinge wie die der ganzen Bevölkerung rationiert, wodurch ab August 1940 sogar eine gewisse Besserung eintrat. Teilweise durch Bestechung der SS-Führung, die daran mitbeteiligt wurde, teilweise durch alle möglichen anderen Manöver wurde erreicht, daß eine Reihe von Kommandos Schwer- bzw. Langarbeiterszulage erhielt. In den letzten Wochen vor dem Ende des Lagers wurde die Verpflegung katastrophal, so daß viele Kameraden mit an Hunger zugrundegingen. Die Art der Ernährung – Mangel an Fett, Eiweiß und Vitaminen – war im Zusammenhang mit den allgemeinen Lebensbedingungen all die Jahre hindurch die grausige Grundlage für Seuchen und Krankheiten, in erster Linie für die schwer grassierende Tuberkulose.

Die Notwendigkeit, die gebotene unternormale Verpflegung in irgendeiner Form zu verbessern, bot der SS die Möglichkeit, ein einträgliches Geschäft zu machen: sie ermöglichte den Häftlingen den sogenannten Kantineneinkauf. Die Häftlingskantine von Buchenwald wurde wie die der anderen Lager bis gegen Ende 1942 zentral von Dachau aus beliefert. Die Preise wurden ziemlich willkürlich festgesetzt. Bis zum Kriegsausbruch gab es in der Kantine verhältnismäßig viel zu kaufen – wenigstens für den Teil der Häftlinge, der Geld hatte. Durchschnittlich war das höchstens ein Drittel der Belegschaft des KL, woraus sich ebenfalls ein Teil der fürchterlichen Korruption erklärt.

Grundsätzlich konnte jeder Häftling 30 Mark im Monat von zuhause geschickt bekommen. Sie wurden ihm auf einem Konto in der Häftlingsgeldverwaltung gutgeschrieben. Die Auszahlung erfolgte zwei- bis vierwöchentlich, oft nach Willkür. Die Häftlinge mußten unter allen möglichen Schikanen stundenlang um das Geld anstehen, besonders vor hohen Feiertagen wie Weihnachten, wo die Auszahlung zwei bis drei Tage Warten in der Kälte erforderte. Niederwerfen in den Dreck, halbstundenweise auf dem Bauch liegen, kehrtmachen, so daß die ersten Reihen, die bereits bis zu vier und fünf Stunden angestanden waren, die letzten wurden, das waren so die Begleitumstände der Geldauszahlung. Daß in der Schnelligkeit, mit der dem Häftling die Beträge am Schalter hingeworfen wurden, mancher Schein und manches Fünfmarkstück fehlte, verstand sich fast von selbst (bis die Häftlinge selbst die Abwicklung der Auszahlung in die Hand bekamen). SS-Obersturmführer Driemel, der die Geldverwaltung lange Zeit geleitet hat, verschmähte auch kleine Beträge nicht, von den größeren ganz zu schweigen. Ein beliebter «Scherz» von ihm war es, nach Abschluß der Auszahlung den Blockältesten der Judenblocks mitzuteilen, «ein Jude habe ihn um 10 Mark beschissen», worauf sämtliche Judenblocks sofort je 10 Mark an ihn abzuliefern hatten. Für das Geld hatte der Häftling nur zwei Verwendungsmöglichkeiten: Kantineneinkauf und Bestechung. Unter Anwendung der unwahrscheinlichsten Tricks haben sich Wohlhabende mehr Geld von zuhause schicken lassen und es der Geldverwaltung abgelistet – Driemel war nicht selten gewinnbeteiligt –, um Dutzende von Kameraden finanziell mitzuschleppen. Wer viel Geld gleich von Anfang in das Lager mitbrachte, war das Raubobjekt besonders der grünen Kapos. Manche von ihnen besaßen nicht nur hunderte, sondern tausende Mark. Sie haben mit dem Geld ein entsprechendes Leben geführt. Aufreizende Unterschiede bestanden in dieser Hinsicht, bis die Kantine schließlich außer Rauchwaren nichts mehr auszugeben hatte als «Wikinger-Salat»: ein vielfarbiges, undefinierbares Erzeugnis der deutschen chemischen Industrie.

Die im ganzen Lande streng verbotenen Koppelungsverkäufe wurden von der SS den Häftlingen gegenüber zur Spezialität entwickelt. Da meist außerordentliche Knappheit an Rauchwaren herrschte, wurden Tabak, Zigaretten oder Zigarettenpapier in spärlichen Mengen gekoppelt mit einem Paar Hosenträgern, mit einem Kilo nicht absetzbarer Muscheln, verdorbenen Heringen, roten Rüben oder dem unvermeidlichen Wikinger-Salat. Der größte Fachmann auf diesem Gebiet war SS-Hauptscharführer [Manfred] Michael, ein Neffe des Kommandanten Koch. Von ihm ging das Wort: «Jedem das Seine und mir das Meiste!» Er ließ einmal für einen Großeinkauf in Holland unter den Häftlingen werben, fuhr mit 15 000 Mark I. Klasse und im Schlafwagen hin und brachte nach 14 Tagen luxuriösen Lebens dort, als schon niemand mehr im Lager an seine Rückkehr glaubte, für je 6 bzw. 10 Mark einige Papierzigarren, ein paar Zigaretten schlechtester Sorte, eine Rippe Cremeschokolade und für je 3 Mann 1 Dose Kondensmilch mit. Gestolpert ist er über folgende Affäre: Obwohl Alkohol im Lager strengstens verboten war, brachte er 1942 3000 Liter Apfelwein in die Kantine, die dort auf 9000 Liter «verbessert» wurden, zum Einkaufspreis von 35 Pfennigen je Liter und Verkaufspreis von 1,20 Mark. Neidische SS-Kumpane haben ihn deshalb angezeigt.

Der Kantineneinkauf für die Häftlinge war Sache eigener Blockeinkäufer. Über die Doppelseitigkeit dieser Funktion braucht kein weiteres Wort verloren zu werden. 1942 wurde im Lager ein eigener Kantinenbau eröffnet. Die pompöse Verkaufshalle haben die allerwenigsten Häftlinge jemals von innen gesehen. Die Häftlingskantinenverwaltung hat sich dadurch verdient gemacht, daß sie durch weitreichende Kanäle große Mengen von Lebensmitteln organisierte, mit denen sie die einzelnen Kommandos in Form von nahrhaften Suppen und dergleichen nebenher versorgte. Diese Sonderzuteilungen kamen in den einzelnen Kommandos auch den Mittellosen zugute. Ab 1944 gelangte auf Initiative des Kantinenkapos, der das zuwege brachte, ziemlich regelmäßig Leichtbier zum Verkauf.

Paketempfang von zuhause war den Häftlingen verboten. Eine einmalige Ausnahme wurde im Winter 1939 zur Beschaffung warmer eigener Kleidung gemacht, von der natürlich viel abhanden gekommen ist. Der damalige 2. Lagerführer SS-Hauptsturmführer [Hermann] Florstedt beschlagnahmte z. B. in den Judenblocks säckeweise und verteilte die Gegenstände an die SS.[26] Ab Herbst 1941 wurde das Verbot des Paketempfangs aufgehoben. Formell durfte von da ab so viel empfangen werden, als der Häftling in einem Tag aufessen konnte, der Rest wurde von den SS-Leuten der Paketausgabe beschlagnahmt. Welches Leben diese Paketräuber führen konnten, läßt sich vorstellen. Begreiflicherweise haben alle Angehörigen der Häftlinge geschickt, was sie nur konnten, oft genug rührende vom Munde abgesparte Rationen, aus bäuerlichen Gegenden oder in Solidaraktionen, vor allem aus Böhmen und Mähren für die Tschechen kamen beträchtliche Mengen. Die rigorose Handhabung der Kontrolle war infolgedessen auf die Dauer nicht mehr aufrechtzuerhalten. Ein Teil des Lagers hat dadurch die Mittel erhalten, wirklich bis zum Ende durchzuhalten. Harte Gegensätze, Feindschaften und nationalen Haßpsychosen waren allerdings ebenfalls eine Folge dieser Entwicklung, da ja eine generelle Verteilung nicht möglich war und nur individuelle Hilfsaktionen – in immerhin beachtlichen Umfang – in Frage kamen.

Der Aufruf von Adolf Hitler zur Wollsammlung des deutschen Volkes im Winter 1941–42 wurde auch auf die aus der Volksgemeinschaft ausgeschlossenen Insassen der KL gütigerweise ausgedehnt. Die Aufforderung zur Abgabe in den Blocks wurde durch die Blockältesten in folgender Weise weitergegeben: «Wir müssen freiwillig zur Wollsachenspende beitragen. Wer etwas gibt, bekommt einen positiven Aktenvermerk. Wer nichts gibt, geht über den Bock. Macht, was ihr wollt!» Mancher Kamerad hat daraufhin ein halbwegs entbehrliches Stück einem noch Hilfsbedürftigeren im Lager abgegeben mit den Worten: «Das ist meine Wollspende. Die anderen können mich am Arsche lecken!» Trotzdem kam von den damals rund 12 000 Häftlingen ein ganz schöner Haufen zusammen, der in der *Thüringer Gauzeitung* als «SS-Spende der Kommandantur Buchenwald» rühmend hervorgehoben wurde. Offen und geschlossen verweigerten jede Abgabe der Block der Holländer und der Block der Bibelforscher. Während die SS gegen die Holländer deshalb nicht vorzugehen wagte, wurden die Bibelforscher damit bestraft, daß sie den Neujahrstag über in der Kälte am Appellplatz stehen, strafexerzieren und bis tief in die Nacht hinein arbeiten mußten; sie wurden aus allen bevorzugten Kommandos entfernt, was freilich schon wenige Tage später widerrufen werden mußte, weil man sie brauchte.

An seine unmittelbaren Angehörigen konnte der Häftling abwechselnd alle 14 Tage einen Brief und eine Karte mit vorgeschriebener Zeilenzahl schreiben. Die Juden durften oft monatelang überhaupt nicht schreiben, die Angehörigen der Strafkompanie alle Vierteljahre. Über das gesamte Lager wurde von Zeit zu Zeit aus irgendwelchen Anlässen Briefsperre verhängt. Von der ankommenden Post erhielt der Häftling häufig nur das leere Kuvert.

Der Wiener Ministerialsekretär Dr. Franz von Nagy wurde zu Weihnachten 1939 ans Tor gerufen, um nach zweitägigem Warten in eisiger Kälte ein Telegramm überreicht zu bekommen, das ihm den Tod seines Vaters mitteilte. Der Rapportführer Hackmann gab einmal einem Häftling den Tod eines Bruders bekannt, auf die Frage, welcher Bruder gestorben sei, da er mehrere habe, wurde dem Häftling geantwortet: «Den kannst du dir aussuchen!» Der Blockführer [Otto] Kubitz kam zuweilen mit der gesamten Post für den Block 36 an, zeigte den Stoß her, verlas die einzelnen Namen und steckte das ganze Paket mit den Worten: «So, ihr Schweine, nun wißt ihr, daß ihr Post bekommen habt!» in den Ofen.

Die Zensur war der Laune der dafür bestimmten SS-Leute überlassen, die zum Teil beinahe Analphabeten waren. Jeder Brief und jede Karte, die im geringsten beanstandet wurden, gingen nicht etwa zurück, sondern wurden einfach zerrissen, so daß der Häftling, der mühsam einen geeigneten Text mit möglichst gedrängten Mitteilungen formuliert hatte, nicht einmal wußte, ob er nun Kontakt mit seiner Familie erhalten hatte oder nicht. Wochen entsetzlich bangen Wartens, ausgefüllt mit quälenden Zweifeln über das Schicksal der Angehörigen, über die Treue der Frauen, die nicht selten von der Gestapo unter den unverschämstesten Lügen zur Ehescheidung animiert wurden, sowie über den Werdegang der Kinder, von denen man ja keinen lebendigen Eindruck mehr hatte, verstrichen dann. Dieser schreckliche Nervenkrieg stellte eine der zermürbendsten Belastungen des Lagers dar. Kein Wunder, daß viele unter Lebensgefahr immer wieder versucht haben, illegal Post aus dem Lager zu schmuggeln. Ein SS-Angehöriger, der auf diesem Gebiet für eine große Zahl von Kameraden Außerordentliches geleistet hat (und der auch sonst in jeder Beziehung nicht nur einwandfrei, sondern überaus hilfsbereit war), war der nicht zum KL gehörige, dem Block 50 als Kurier zugeteilte SS-Unterscharführer August Feld aus Lummerschied bei Saarbrücken.

Auch Besuche für die Lagerinsassen waren grundsätzlich nicht gestattet. Sehr seltene Ausnahmen wurden gemacht, wenn es sich um ausländische Interventionen handelte, die nicht umgangen werden konnten, um Spezialerlaubnisse der Berliner Gestapozentrale und in den letzten Jahren des Krieges um besonders ausgezeichnete Frontsoldaten, die Angehörige in den KL hatten.

Noch seltener als Besuche waren Beurlaubungen aus den KL. Während der gesamten Zeit des Bestehens des KL Buchenwald haben vielleicht 2 Dutzend Kameraden die Möglichkeit erhalten, vorübergehend ihre Angehörigen zu besuchen. Anlässe hierzu waren schwere Krankheiten, Todesfälle und besondere Geschäftsabwicklungen. Diese Aufzählung der Anlässe gibt an sich einen falschen Begriff, da die Urlaubsbewilligung in Wahrheit vom Glück einer guten Beziehung entweder zur Lagerführung oder zu einem Gestapobeamten abhing; geschäftliche Transaktionen, von denen sich eine der bewilligenden Instanzen einen Vorteil versprechen konnte, standen im Rang unter Umständen viel höher als der Tod einer Mutter oder eines Vaters.

Die meisten Häftlinge kamen ins Lager mit der ihnen von der Gestapo oder der Polizei vorgespiegelten Illusion, sie würden hier nur eine befristete Zeit, etwa 3 oder 6 Monate «je nach Führung» zu verbleiben haben. Nichts war falscher als das. Die Entlassung aus dem KL war, wenn sie überhaupt jemals in Frage kam (Himmler hat um 1936 einmal öffentlich erklärt, daß er Tausende von Politischen auf Lebenszeit hinter Stacheldraht halten werde), eine pure Angelegenheit der Willkür, ja sogar des Zufalls. Formell wurden von der Lagerführung durch die Gestapoleitstellen in Zeitabständen von einem Viertel- oder einem Halbjahr sogenannte Führungsberichte über die einzelnen KL-Insassen angefordert. Diese Berichte sind eines der tollsten Kapitel. Die Lagerführung hat in Tausenden von Fällen, ohne den Häftling und seinen Fall überhaupt zu kennen, die Auskunft gegeben, der Betreffende sei besonders widerspenstig, unverbesserlich und für die Entlassung absolut nicht geeignet.

Die Folgen waren vielfach briefliche Beschwörungen, Klagen und Vorwürfe von Angehörigen, besonders von Müttern, sowie zahlreiche Ehescheidungen, ohne daß der Häftling die geringste Möglichkeit besaß, in seinen Antworten auch nur mit einem Wort darauf einzugehen, was die Situation unfaßbar verschärfte.

Welche Rolle der Zufall spielte, zeigt, daß derartige «Führungsberichte» erteilt wurden und zugleich der Lagerinsasse gleichwohl wenige Wochen später zur Entlassung kam. Wurde aber ein Häftling wirklich zur «Befragung» von einem der Lagerführer angefordert, was in Buchenwald immerhin bis zum Jahre 1942 nach Laune praktiziert wurde, so war das Ergebnis trotzdem unmaßgeblich. Die Auskunft der Lagerführung wurde gegeben, wie es ihr paßte. Abgesehen davon, waren die «Befragungen» mit Prügeln, Beschimpfungen und regelmäßigem Verlust eines besseren Arbeitskommandos verbunden. Welche Gefühle den Häftling beseelten, der am Abend seinen Zettel zum «Befragungschild» für den nächsten Morgen bekam, dürfte klar sein. Aus dem Geschilderten ergibt sich deutlich, welcher Wert den Interventionen der Angehörigen des Häftlings bei der Gestapo im Allgemeinen beizumessen war.

Die größte Entlassungsaktion, die im KL Buchenwald jemals stattfand, erfolgte zum 50. Geburtstag Adolf Hitlers 1939, als etwa 2300 Häftlinge, vorwiegend Asoziale, in ihre Heimat zurückgeschickt wurden. Zwischen Februar und August 1939 kamen nach und nach an die 2000 Juden zur Entlassung, die ihre Auswanderungspapiere bereits in der Hand hatten, – eine Maßnahme, die von der SS später bitter bereut wurde.[27] Jeder Häftling, der das Lager verließ, mußte in der Politischen Abteilung eine Erklärung unterschreiben, die in 9 Punkten sein späteres Verhalten festlegte. Hervorgehoben seien 3 Punkte: vollständiges Stillschweigen über die gesamten Lagerverhältnisse, keine Verbindung mit ehemaligen Mithäftlingen und die

Pflicht zur Denunziation. Jedes Zuwiderhandeln gegen einen der neun Punkte wurde mit der Androhung entsprechender (!) Repressalien belegt. Es ist nur zu begreiflich, daß fast jeder Entlassene unter dem Eindruck des Erlebten und unter der beständigen Drohung, der er unterstand (den meisten wurde auch noch regelmäßige Meldepflicht bei der Polizei auferlegt), nur mehr als gebrochener Mensch weiterlebte.

VII
Strafen

«Es gibt einen Weg zur Freiheit. Seine Meilensteine heißen: Gehorsam, Fleiß, Ehrlichkeit, Ordnung, Disziplin, Sauberkeit, Nüchternheit, Opfersinn und Liebe zum Vaterland.»

Große Tafeln mit dieser Aufschrift, die auf den Konzentrationär nur lächerlich wirken konnten, waren auf Anordnung Himmlers überall im Lager aufgestellt. Die Meilensteine des wirklichen Weges, nämlich zum Krematorium, waren: Der Bock und der Bunker, Erhängen, Erschießen, Erfrieren, Verhungern, Erschlagen und Foltern jeglicher Art.

Die SS hat jede, aber auch jede Gelegenheit wahrgenommen, um das wahre Ziel des Konzentrationslagers zu erreichen: den Ausgestoßenen seelisch und körperlich «fertig zu machen.» Ein Hauptmittel dazu waren die Strafen.

Als Strafanlässe wurden von ihr benutzt: Hände in den Hosentaschen bei Kälte, hochgeschlagener Kragen bei Regen und Wind, die geringfügigsten Kleidungsmängel wie Schmutzflecke, fehlender Knopf und kleinste Risse, nicht gründlich gesäuberte Schuhe bei fußhohem Schlamm, zu blank geputzte Schuhe (sonntags fanden für diesen Zweck Jahre hindurch während der Freizeit gefürchtete eigene Kleiderappelle statt), Verletzungen der Grußpflicht, wozu auch sogenannte schlechte Haltung gerechnet wurde, Betreten des Blocks während der Arbeitszeit – und wenn es nur zur Benutzung des Klosetts war –, zu langes Austreten beim Arbeitskommando, wo es zeitweilig überhaupt verboten war, vor 10 Uhr vormittags (nach dem dünnen Morgenkaffee!) die Latrinen aufzusuchen, auch nur einmaliges Aufrichten derer, die in gebückter Haltung arbeiteten, Essen während der Arbeitszeit, Rauchen außerhalb der Freizeit oder im Block, «Kippenstechen» (das Aufheben von Zigarettenstummeln), was mancher Asoziale mit dem Tode gebüßt hat, das sogenannte «Abkochen», worunter der Versuch verstanden wurde, sich außer der zugeteilten Verpflegung und anderweitig Nahrungsmittel zu erbetteln, und jede Form von «Organisieren».

Wegen sogenannter Faulheit bei der Arbeit, was man so freizügig wie nur möglich auslegen konnte, erstattete die SS oder ein mißgünstiger Kapo oder Vorarbeiter, häufig auch ein Zivilangestellter in den Rüstungsbetrieben, mit

Vergnügen eine Meldung. Nummernverwechselungen waren dabei nicht selten, so daß doppelt Unschuldige zur Bestrafung kamen. Rechtfertigungen irgendwelcher Art waren völlig ausgeschlossen, weil es in solchen versuchten Fällen sofort hieß, der Häftling zeihe einen SS-Mann der Lüge. Einmal erhielt ein Neuzugang die Nummer eines Entlassenen, gegen den eine Meldung lief; an dessen Stelle bezog er 25 Stockhiebe! Was unter Sabotage verstanden wurde, auf die selbstverständlich fürchterliche Strafen standen, mag folgendes Beispiel zeigen: Der Bauzement wurde in großen Papiersäcken geliefert, die auf den Bauplätzen herumlagen. Wer ein Stück von diesem Papier zum Schutz der Kleidung als Unterlage beim Steintragen oder unter der dünnen Häftlingsjacke als Regenschutz benutzte, wurde sofort gemeldet oder an Ort und Stelle zusammengehauen. Wirkliche Sabotage, von der noch die Rede sein wird [IX, § 137–139], haben die Hohlköpfe des SS-Totenkopfverbandes nie ausfindig gemacht. Der Bettenbau in den Blocks gab ihnen hundertfach Veranlassung, Strafverfügungen gegen einzelne oder Kollektive zu verhängen.

Daß die Blockordnung ein beinahe unerschöpfliches Gebiet für jede Art von Strafanlässen war, versteht sich nach dem Gesagten von selbst. Manche Blockführer visitierten sogar das Ofeninnere auf Papierreste oder Abfälle (so daß die Stubendienste dazu übergingen, die Ofentüren mit Draht zu verschließen), oder stiegen auf die Tische, um mit dem Finger nachzuprüfen, ob im Gebälk Staub lag. Ein wahres Schreckgespenst für die Häftlinge war auch im Hinblick auf Strafmöglichkeiten jeder Appell. Wenn das Durchzählen der ersten Blockreihe nicht rasch genug erfolgte oder dabei ein Sprachfehler unterlief – gerade auch zum Schutze der Ausländer mußten daher deutsche Häftlinge die gefürchtete erste Reihe übernehmen! – hagelte es Ohrfeigen, Fußtritte und Kommandos zum Auf und Nieder. Lächerliche Fehler in der Ausrichtung der Reihen oder in der Größenordnung der Häftlinge, geringste Bewegungen, Niesen, Husten usw. reizten die SS zu wilden Exzessen. Ereigneten sich nicht wirkliche Diebstähle, die zu bestrafen waren, so wurden sie von der SS erfunden. Die meisten tatsächlichen Diebstähle hatten wirklichen Hunger zur Ursache. Kameradschaftsdiebstahl unter den Häftlingen selbst wurde in Eigenregie gründlich und radikal geahndet. Ein Brotdieb z. B. war, sobald er erwischt wurde, verloren, da er im Lager einfach nicht geduldet werden konnte, selbst wenn er aus Hunger gehandelt hatte, weil sonst die übrigen Kameraden, die auch nur das Notwendigste hatten, in weitere Schwierigkeiten gekommen wären; außerdem hat mancher nicht aus Hunger gestohlen, sondern um mit Brot Priemtabak oder Zigaretten einzuhandeln.

Es gab natürlich Dinge, deretwegen die SS von ihrem Standpunkt aus durchgreifende Strafen verhängen mußte, so z. B. politische Propaganda, Abhören ausländischer Sender, illegale Verbindung mit der Außenwelt, Zersetzung ihrer eigenen Leute, Sabotage, Veranstaltung antifaschistischer Zusammenkünfte, jede Art politischer Arbeit im Lager, Briefschmuggel und

Fluchtversuche. Die Flucht von Häftlingen hatte für das gesamte Lager, besonders in den ersten Jahren, jedesmal schreckliche Folgen. Sie wurde daher von den Politischen als reine Individualaktionen, weil zwecklos und enorm nachteilig für die Gesamtheit, bis zum Zeitpunkt abgelehnt, als sie sich in ganz wenigen Fällen wegen Annäherung der Fronten für bestimmte Personen, die im Einvernehmen mit der illegalen Lagerleitung handelten, als notwendig erwies. Häftlinge, die ihre Kameraden mißhandelten oder sogar zu Tode prügelten, wurden bezeichnenderweise von der SS nie bestraft und mußten daher von der Häftlingsjustiz zur Strecke gebracht werden. Das war oft sehr schwierig und erforderte manchmal erhebliche Zeit, da diese Gestalten im Blickfeld der SS standen und ihren besonderen Schutz genossen. Viele Kameraden, die keinen tieferen Einblick in das Lagergetriebe hatten, konnten es dann gar nicht verstehen, daß man solche Totschläger «weitergewähren» ließ.

Selbst alterfahrene Konzentrationäre müssen sich immer wieder wundern, daß es überhaupt möglich war, den Dschungel von Strafen im KL lebend zu durchqueren. Zu verdanken ist dieser Erfolg zweifellos in erster Linie der Solidarität der Häftlinge und der Dummheit der SS, die sich an Kleinigkeiten und Äußerlichkeiten halten mußte, weil ihr jede tiefere Einsicht fehlte.

Die Strafarten, die sie verhängte, bestanden in Essenentzug, Stehen auf dem Appellplatz, Strafarbeit, Strafexerzieren, Versetzung in die Strafkompanie, Kommandoverschlechterung, Stock- und Peitschenhiebe, Hängen an einem Pfosten oder Baum mit hinten hochgezogenen Armen, Arrest, Erschlagen, Erhängen, Erschießen und in einer Fülle ausgesuchter Quälereien.

Für die Prügelstrafe bestand eine zentrale Anweisung des SS-Wirtschaftsverwaltungshauptamtes, dem die KL unterstellt waren. Sie wurde auf dem sogenannten Bock vollzogen, einem besonders konstruierten Holztisch, auf dem der Delinquent, auf dem Bauche liegend, den Kopf tiefer, das Gesäß hoch herausgespannt und die Beine unten nach vorne gezogen, festgeschnallt wurde. Verabreicht wurden 5 bis 25 Hiebe mit Stock oder Peitsche, in einem Zeitabstand von je 14 Tagen bis zu viermal wiederholbar.

Am 4. 4. 1942 traf beim Lagerkommandanten vom Chef des Zentralamtes der Amtsgruppe D – Konzentrationslager – SS-Obersturmbannführer [Arthur] Liebehenschel,[28] ein Rundschreiben folgenden Wortlautes ein: «Der Reichsführer SS und Chef der deutschen Polizei hat angeordnet, daß bei seinen Verfügungen von Prügelstrafen (sowohl bei männlichen als auch bei weiblichen Schutz- und Vorbeugungshäftlingen), wenn das Wort «verschärft» hinzugesetzt ist, der Strafvollzug auf das unbekleidete Gesäß zu erfolgen hat. In allen anderen Fällen bleibt es bei dem bisherigen vom Reichsführer angeordneten Vollzug.»

An sich mußte die Lagerführung bei Verhängung der Prügelstrafe erst in Berlin um die Bestätigung ansuchen. Bis zur Übernahme des KL. Buchenwald durch den Lagerkommandanten SS-Oberführer [Hermann] Pister[29] im Jahre 1942 war die Praxis jedoch so, daß der Häftling zuerst «über den Bock ging» und eine beliebige Anzahl von Hieben erhielt, worauf die Prozedur nach Eintreffen der Berliner Bestätigung noch einmal, und nun offiziell, vollzogen wurde. Die Scharführer wurden, soweit sie sich nicht mit Lust und Liebe freiwillig meldeten, zur Durchführung der Prügelstrafe kommandiert. Zeigte einer dabei Regungen von Mitleid oder nicht genügend Schwung, so sprang der Fachmann Sommer mit sachkundiger Hand, die besonders auf Nierenschläge gerichtet war, ein.

Der Lagerarzt wohnte dem Vorgang bei. Es sind nur 4 oder 5 Fälle bekannt, in denen die Lagerärzte zugunsten des Häftlings die Verabfolgung weiterer Schläge gestoppt haben, einmal SS-Hauptsturmführer Dr. Blies, als Sommer mit der Behauptung, der Delinquent (der die Stockhiebe laut mitzählen mußte) habe geschwindelt, die beinahe beendete Prügelei nochmals von vorne anfangen wollte. Zeitweise hat man die Häftlinge gezwungen, die Prügelstrafe selbst an ihren Kameraden zu vollziehen. Es gab einige, die nicht den Mut hatten, die Konsequenzen einer Weigerung auf sich zu nehmen, gelegentlich auch andere, die sich nicht ungern zur Verfügung stellten, Politische weigerten sich entweder überhaupt oder schlugen so, daß es der SS durchaus nicht paßte, sie wurden dann meist selbst zur gleichen Strafe verurteilt.

Wenn die SS-Führer sich ein Privatvergnügen aus der Prügelstrafe machten, indem sie in ihren «Arbeitsräumen» Häftlinge über Tisch und Stühle legten und sie mit Peitschen traktierten, war es natürlich nicht möglich, den Selbstschutz vorzubereiten, der sonst häufig rasch noch getroffen werden konnte: eine dicke Unterhose anzuziehen oder sich zwischen Unterhose und Hemd eine Einlage einzufügen. Wurde der Häftling dabei allerdings erwischt, bekam er die Hiebe auf das nackte Gesäß. Die Kameraden im Häftlingskrankenbau haben jedesmal alles getan, um die furchtbar zugerichteten Opfer wieder auf die Beine zu bringen und auszuheilen.

Noch gefürchteter als der Bock war das Baumhängen. Solange es im Lager einen gewissen Baumbestand gab, wurden die Verurteilten von einer halben Stunde bis zu drei Stunden und mehr dort an den Bäumen mit den Armen nach hinten so hochgezogen, daß die Fußspitzen nicht mehr den Boden berührten. Schauerlich hallten die Schreie durch das Lager, wenn Hackmann und Sommer mit Hundepeitschen herumgingen und die Bedauernswerten am ganzen Körper auch noch schlugen. Wenn die Kameraden nicht zugrunde gingen, haben sie fast immer einen schweren Schaden für Lebenszeit davongetragen.

Auch das Strafexerzieren, das jeweils ganze Kommandos und Blocks betraf, haben viele begreiflicherweise nicht durchgestanden. Es dauerte oft stundenlang auf dem unebenen, von Löchern übersäten, von Rinnsalen durchzogenen Appellplatz und stellte eine üble Kombination aus dem schon normalerweise stark sadistischen preußischen Kasernenhofdrill und den gebräuchlichen KL-Praktiken dar. Das Strafstehen auf dem Appellplatz hat die SS ebenfalls mit den bei ihr so beliebten «Abwechselungen» gewürzt.

Das Strafmaß, das für einzelne wirkliche oder vorgebliche Vergehen verhängt wurde, war, mit Ausnahme der bereits geschilderten Regelung der Prügelstrafe, in keiner Weise festgelegt, sondern blieb, auch bei Verfügungen gegen das gesamte Lager, ja in solchen Fällen ganz besonders, der Laune und Willkür der SS überlassen.

VIII
Die sanitären Verhältnisse

Im KL krank zu werden, war von vornherein eine Katastrophe. Und Tausende, aus den gewohnten Lebensverhältnissen gerissen, plötzlich in dieses Elendsmilieu mit all seinen schrecklichen Begleiterscheinungen versetzt, wurden krank. Nicht nur die schwierigen äußeren Umstände, sondern auch der seelische Faktor, nunmehr völlig überflüssig und wertlos geworden zu sein, spielte bei den Erkrankten eine erhebliche Rolle. Wußte man doch aus anderen Lagern und aus einer auch in Buchenwald vor Augen geführten Praxis, welches Schicksal dem kranken Häftling bevorstand bzw. zugedacht war; es konnte in jedem Augenblick das Todesurteil über ihn hereinbrechen, vor allem in Gestalt des Mannes, der in der ganzen übrigen Welt an das Krankenbett zur Heilung kommt: des Arztes!

Wenn der Häftling nicht eine gründliche Kenntnis der Einrichtung des Häftlingskrankenbaues (Revier) und gute persönliche Beziehungen dorthin hatte, was nur auf sehr wenige zutraf, hinderte ihn schon die allgemeine Scheu, mit ihm in Berührung zu kommen. Im Krankenbau gab es die ambulante Behandlung, die stationäre Behandlung, die Zahnstation und die sogenannte Schonung. Der Weg zur ambulanten Behandlung war Jahre hindurch eine Marter. Das Revier lag seit 1938 in dem im Lager verbliebenen Walde. Durch knietiefen Schlamm, über Baumstämme und Wurzelwerk schleppte sich der Kranke, falls es ihm gelungen war, von seinem Arbeitskommando zu diesem Zweck überhaupt loszukommen, und nachdem er selbst mit höchstem Fieber unbedingt noch am Appell hatte teilnehmen müssen, zu den Revierbaracken. Ein einziger, mit Kies bestreuter Weg, der dorthin führte, war für die Ärzte und das SS-Personal reserviert; jeder Häftling, der ihn benutzte, wurde mit Stockhieben vertrieben.

War der Kranke schließlich angelangt, so mußte er zuerst in einer langen Reihe im Freien bei jeder Witterung mit blankgewaschenen Schuhen anstehen. Da es einfach nicht möglich war, alle Kranken zu behandeln, und da sich außerdem immer wieder Häftlinge unter sie mischten, die nur das an sich begreifliche Bedürfnis hatten, sich vor der Arbeit zu drücken, nahm ein robuster Häftlingspförtner die erste radikale Krankenauslese vor. Erschien dann im Laufe des Vormittags gnädiger Weise der SS-Lagerarzt zu dem von ihm verachteten «dreckigen» Geschäft der Häftlingsbehandlung, so vollzog er die zweite Auslese, in dem er nach rechts und links Ohrfeigen und Fußtritte austeilte. Wer inzwischen noch nicht freiwillig geflüchtet oder davongejagt war, mußte ohne allen Zweifel als tatsächlich krank vorgelassen werden. Vor dem Betreten der Revierbaracke mußten nun die Schuhe ausgezogen werden (die häufig genug gestohlen wurden, was eine unvorstellbare Katastrophe bedeutete).

Ein Teil der Kranken wurde den Häftlingspflegern, der Rest von Spezialfällen dem SS-Arzt zur Untersuchung vorgeführt. Ausziehen mußte man sich auf dem zugigen Korridor, der selbstverständlich ungeheizt war, und dort nackt warten, bis man vorgelassen wurde. Man mußte schon sehr abgehärtet sein, um dieser Patienten-Vorbehandlung gewachsen zu sein; zu einer Phlegmone eine Lungenentzündung hinzuzubekommen, war hier wirklich nicht schwer. Die praktische Durchführung der Ambulanz wurde von Häftlingen besorgt. Im Rahmen der vorhandenen Mittel geschah, was möglich war – oft genug freilich nach dem bekannten Motto: über dem Nabel Aspirin, unter dem Nabel Rizinus. Eine rühmende Ausnahme machte die Wundbehandlung, der von den Häftlingen größte Sorgfalt gewidmet wurde.

Die Zahnbehandlung der Häftlinge erfolgte in einem sehr gut eingerichteten eigenen Raum, getrennt vom Revier, in Baracke 7. Die Zahnstation wurde von SS-Zahnärzten und Dentisten geleitet und von angelernten Häftlingsfachkräften bedient. Die Behandlung dort war im großen und ganzen gut. Negative Ausnahmen von Seiten der SS bestätigten da eher die Regel. Der SS-Zahnarzt bestimmte zwar, welcher Zahn gezogen und welcher plombiert werden mußte (es kam einige Male vor, daß sie gesunde Zähne oder solche mit Goldplomben herausholten, ohne daß es einen Widerspruch geben durfte), aber fachmännisch gearbeitet wurde einwandfrei und meistens sogar schonend. Es war eine glückliche Fügung, daß die in Buchenwald tätigen SS-Zahnärzte und -Dentisten dem Einfluß sehr tüchtiger Häftlinge zugängig waren, so daß hier Verhältnisse vermieden wurden, wie sie aus den anderen Lagern berichtet worden sind.

Auf Befehl des Reichsführers SS vom 23. 9. 1940 und vom 23. 12. 1942 mußten die SS-Zahnärzte toten Häftlingen die Goldzähne ausbrechen und bei Lebenden nicht mehr «reparaturfähiges» Zahngold entfernen. Nach den vorliegenden Monatsmeldungen des Lagerarztes wurden jeweils zwischen 182 und 504 g Gold auf diese Weise erbeutet Der Kommandant Koch hat sich aus diesem Gold unter anderem einen studentischen «Bierzipfel» für seine Uhrkette anfertigen lassen, auf dem sinnvollerweise die Geburtsdaten seiner Kinder eingraviert waren. Den so beraubten lebenden Häftlingen wurde ein lächerlicher Geldbetrag auf [ein] Konto gutgeschrieben. Die

Zahnbehandlung mit Ausnahme des Zahnziehens mußte bezahlt werden, so daß es für die meisten nur den Weg des Zahnziehens oder die illegale Behandlung gab, die von den Kameraden der Zahnstation auf eigenes schweres Risiko in einer Weise ausgebaut worden ist, von der man sich schwer eine Vorstellung machen kann.

Die stationäre Behandlung im Revier war eine jederzeit schwierige Frage. Bei der immer unzureichenden Zahl von Betten konnten nur die schlimmsten Fälle aufgenommen werden. Der Hauptmaßstab war die Fieberhöhe. Das Recht, jemanden in die stationäre Behandlung aufzunehmen, stand nur den Lagerärzten zu; da sie oft nicht kamen und auch keinen rechten Überblick hatten, ging es allmählich in die Hand des Revierkapos über. Das Recht war nicht nur für die Kranken von außerordentlicher Bedeutung, sondern bot auch die Möglichkeit, nunmehr Kameraden, die in Gefahr waren, liquidiert zu werden, plötzlich im Krankenbau untertauchen zu lassen, und sie dann durch Namens- und Nummernaustausch mit Verstorbenen oder auf andere Weise zu retten.[30]

Die Arbeit in der Revierstation war sehr schwer und verantwortungsvoll. Die Einrichtung war anfangs mehr als primitiv und noch jahrelang mangelhaft. Insbesondere fehlte es an zureichenden Medikamenten. Eine Operationsmöglichkeit gab es erst seit 1939, als der damalige Lagerarzt Dr. Ding (der später den Namen Schuler führte) einen aseptischen Operationssaal schuf. Im Winter 1939/40 wurde, was nachträglich kaum faßbar erscheint und doch für die Lagerverhältnisse äußerst bezeichnend ist, durch engste Zusammenarbeit einer Reihe von Arbeitskommandos illegal ein eigener Operationsbau errichtet, der durch den Lagerarzt Dr. Blies stillschweigend gebilligt wurde. Die Arbeitskräfte, die dabei Verwendung fanden, wurden mit Essen aus der Revierküche entgolten; die meisten Häftlinge, die solche Zusammenhänge nicht kannten, aber von der Essenbesserstellung ihrer Kameraden wußten, zeterten in solchen Fällen nur wieder «Korruption». In Wahrheit hat man monatelang die Todesfälle später gemeldet und für die Toten das Essen weiterbezogen.

Die SS-ärztliche Führung war in folgender Weise organisiert: An der Spitze fungierte der Standortarzt der Waffen-SS Weimar, ihm untergeordnet war der Lagerarzt. Die beiden Stellungen wurden 1942 vereinigt. Der Standortarzt war von der Lagerführung unabhängig (was unter Umständen Interventionen und Beeinflussungen von ungeheurer Tragweite, sowie ein Zusammenspiel der Häftlinge des SS-Reviers und des Häftlingskrankenbaus ermöglichte) und unterstand dem SS-Wirtschaftsverwaltungshauptamt Amtsgruppe D (Sanitätswesen der Waffen-SS, Abteilung III, SS-Standartenführer Dr. [Enno] Lolling, Oberster Arzt der KL). Dem Lagerarzt wurde, wenn für notwendig erachtet, ein 2. und 3. Lagerarzt beigeordnet, außerdem mehrere Sanitätsdienstgehilfen (SDG), deren bekanntester der beinahe 60 Jahre alte SS-Hauptscharführer [Friedrich] Wilhelm war,[31] dem unter anderem oblag, in Vertretung des Lagerarztes Dr. Hoven und später an Stelle des Lagerarztes Dr. Schiedlausky, die sich mit solchen Dingen in Buchenwald nicht nur befassen wollten, die Tötung von Häftlingen durch Giftinjektionen vorzunehmen.

Unter den Lagerärzten haben für die Häftlinge besondere Bedeutung erlangt: SS-Obersturmbannführer Dr. [Werner] Kirchert, SS-Sturmbannführer Dr. [Erwin] Ding (Schuler), SS-Hauptsturmführer Dr. Blies, SS-Untersturmführer Dr. [Erich] Wagner, SS-Obersturmführer Dr. [Hans] Eisele, SS-Hauptsturmführer Dr. [Waldemar] Hoven, SS-Hauptsturmführer Dr. [Heinrich] Plaza und zuletzt SS-Hauptsturmführer Dr. [Gerhard] Schiedlausky.[32] Die charakterliche und fachliche Qualität der Lagerärzte war äußerst verschieden. Unter ihnen hat es einige wenige gegeben, die entweder die Verhältnisse nicht ertrugen und sich sobald wie möglich vom Lager wegmeldeten, so insbesondere ein sehr anständiger SS-Hauptsturmführer Dr. [Peter] Hofer, dem schon die vertretungsweise Funktion als Lagerarzt genügte, um sich sofort an die Front zu melden. Von den genannten Lagerärzten des KL Buchenwald waren die schlimmsten Kirchert und Eisele. Unter Dr. Schuler haben sich die sanitären Verhältnisse erstmalig gebessert, Dr. Blies (SS-Reserve) stand den Bedürfnissen der Häftlinge verständnisvoll gegenüber; Dr. Hoven hatte sehr viele positive und mindestens ebenso viele negative Seiten. Dr. Schiedlausky brachte aus dem Frauen-KL Ravensbrück einen elenden Ruf mit; im Lager Buchenwald spielte er eine äußerlich korrekte, insgeheim merkwürdig dunkle Rolle.

Das Häftlingssanitätspersonal bestand in den ersten Jahren aus völlig ungelernten Kräften, hat sich aber allmählich eine große Erfahrung angeeignet. Der erste Revierkapo war seinem wirklichen Beruf nach Buchdrucker, sein Nachfolger Walter Krämer Eisendreher. Krämer war eine starke, mutige Persönlichkeit, ungeheuer fleißig und sehr organisationsbegabt; er wurde ein sehr vorzüglicher Wundbehandler und Operateur. Im November 1941 wurde er vom SS-Hauptscharführer Blank im Kommando Quedlinburg, wohin er mit seinem nächsten Mitarbeiter [Karl] Peix in Ketten abgeführt worden war, erschossen. Bald darauf wurde der Häftlingskrankenbau von dem früheren kommunistischen Reichstagsabgeordneten Ernst Busse geleitet, der sich auf die rein organisatorische und personelle Seite des mehr und mehr anwachsenden Revierbetriebes beschränkte. Er hat zusammen mit seinem Stellvertreter Otto Kipp aus Dresden viel zur weiteren Konsolidierung der Verhältnisse beigetragen.

Der – von den Häftlingen durchaus als wohltuend empfundene – Mangel an SS-Sanitätspersonal veranlaßte 1941/42 die Einstellung von Häftlingsärzten im Krankenbau, nachdem erstmalig bei der gegen die Juden 1938 verfügten Sonderaktion jüdische Ärzte Verwendung gefunden hatten. Unter einem gesamten Pflegepersonal von zuletzt 280 Personen befanden sich 1945 rund 70 Häftlingsärzte aller Nationen. Ab Ende 1944 gab es in Buchenwald durch geschickte Organisation der internen Lagerleitung eingesetzt sogar in jedem Block eigene Blockärzte.

Das Revier war nicht nur die Stätte, wo die Kranken gepflegt und wieder gesund gemacht werden sollten, sondern auch ein Experimentierfeld für die SS-Ärzte. In dieser Hinsicht übertraf der Lagerarzt Eisele vom Spätherbst 1940 bis zum Spätsommer 1941 wohl jede andere Gemeinheit. Zu seiner persönlichen «fachlichen» Weiterbildung nahm er Vivisektionen an Menschen vor. Ein überlebender Zeuge ist der von den holländischen Juden im KL Buchenwald einzig übriggebliebene Meyer Nebig. Der Lagerarzt Dr. [Heinz] Neumann tat es Eisele zwar nicht quantitativ, aber qualitativ insofern gleich, als er versuchsweise Leberresektionen vornahm, um die Wirkung einer solchen Operation am gesunden Menschen zu «studieren». SS-Untersturmführer Dr. Wagner hat eine Doktorarbeit über «Tätowierungen» geschrieben, das ganze Lager nach solchen Leuten durchforscht und sie photographieren lassen; die Häftlinge wurden dann von Kommandant Koch zu einem späteren Zeitpunkt ans Tor gerufen, nach der Pracht ihrer tätowierten Haut ausgesucht und ins Revier geschickt. Bald darauf erschienen die besten Hautexemplare in der Abteilung Pathologie, wo sie präpariert und jahrelang SS-Besuchern als besondere Kostbarkeiten gezeigt wurden. Koch hat sich selbst eine Tischlampe aus Menschenknochen, mit Menschenhaut bespannt, «kunstvoll» anfertigen lassen. Hunderte von präparierten Menschenhäuten sind auf Anforderung des Obersten Arztes der KL SS-Standartenführer Dr. Lolling nach Berlin gesandt worden.

Die Statistik des Krankenbaus ist bis Dezember 1939 nur unvollständig. Etwa 2065 Todesfälle sind bis dahin erfaßt. Von da ab liegt die Zahl der gestorbenen Häftlinge Monat für Monat vor, die Zahl der stationär oder ambulant behandelten Gefangenen von April 1941 an. Mit den wechselnden Verhältnissen stiegen und sanken natürlich auch diese Zahlen. Der Monatsdurchschnitt an Toten schwankte zwischen 0,5 % und 8 % der Belegschaft, der Monatsdurchschnitt der ambulant Behandelten zwischen 2,5 % und 14 %, der stationär Behandelten zwischen 1,5 % und 8 %. Vom Beginn des KL Buchenwald bis zu seinem Ende sind insgesamt 32 887 Häftlinge gestorben, nicht gerechnet die Exekutierten, die auf Todestransporte Geschickten, sowie alle, die oft in elendestem Zustand in andere Lager überstellt wurden. Die Gesamtzahl der Toten des KL Buchenwald dürfte mit 55 000 in 7½ Jahren, also durchschnittlich 7300 jährlich, nicht zu hoch begriffen sein [I, § 2]. Damit ist Jahr für Jahr beinahe der ganze jeweilige Lagerbestand, der sich erst ab 1943 über 10 000 erhoben hat, ausgestorben; ohne dauernde Neueinlieferungen durch die SS wäre das Lager immer schon nach 6 bis 8 Monaten statistisch gesehen ein einziger Leichenhaufen gewesen!

Als die Belegschaft ab Herbst 1943 gewaltig anschwoll – mit den Außenkommandos bis zu 86 000 Häftlinge – hielten die an sich grausigen Todeszahlen natürlich nicht mehr Schritt mit der Zahl der Neuzugänge; die absoluten Zahlen wurden höher, die Verhältniszahlen geringer. Würde man das KL Buchenwald isoliert betrachten, so wäre es ungerecht, den dortigen sanitären Einrichtungen und den SS-Lagerärzten allein die Schuld an den hohen Totenzahlen zu geben, da ja Transporte ankamen, deren Häftlinge durch die vorangegangenen Strapazen bereits derartig geschwächt waren, daß sie Tag für Tag nach dem Eintreffen beinahe so wie die Fliegen wegstarben. Die SS pflegte von den anderen Lagerleitungen in solchen Fällen zu sagen: «Sie haben uns den ganzen Schrott geschickt!» Die Verhältnisse waren aber in allen KL gleich oder ähnlich, so daß eine Solidarschuld der Lagerleitung und der Obersten SS-Führung vorlag, von der der einzelne Lagerarzt, selbst wenn er einmal besseren Willens war, nicht loskommen konnte.

War ein Häftling von einer Krankheit genesen, aber noch nicht arbeitsfähig, oder arbeitsunfähig und in ambulanter Behandlung bzw. nicht so krank, daß er stationär aufgenommen werden mußte, so konnte er einen Zettel für die sogenannte Schonung bekommen – eine Einrichtung, derzufolge sich der Häftling für einige Tage entweder im Block oder in einem Raum des Häftlingskrankenbaus aufhalten konnte. Die «Erholung» bestand in den ersten Jahren darin, daß die Schonungsleute bei jeder Witterung im Freien Holz tragen durften. Im Januar 1942 waren von 7964 Lagerinsassen 82 in Schonung, im März 1945, als sich von insgesamt rund 82400 Gefangenen des KL Buchenwald etwa 30000 im Stammlager befanden, 1542 in Schonung. Die Lagerärzte, die Lagerleitung und die Kommandoführer haben immer wieder versucht, eine scharfe Kontrolle der Schonung auszuüben; das wurde ihnen durch die Häftlinge allmählich unmöglich gemacht, so daß vielen Kameraden auch auf diesem Wege geholfen werden konnte.

An weiteren sanitären Einrichtungen bestand im Lager das Bad und die Desinfektion. Das Bad war eine gut eingerichtete Brauseanlage, gebaut im Herbst des Jahres 1938, die zwar für das Lager eine segensreiche Anstalt bedeutete, die aber durch den chronischen Wassermangel, unter dem Buchenwald litt, oft monatelang nicht gebrauchsfähig war. Die allgemeinen hygienischen Verhältnisse sind gerade durch den chronischen Wassermangel sehr verschlimmert worden. Die Kläranlage für die Abwässer des Lagers war für 20000 Personen berechnet; infolge des stoßweisen Anfalls zu bestimmten Tagesstunden war sie meist überbelastet, so daß sich sehr schwierige Umstände ergaben, wenn auch noch das Wasser fehlte.

Von verseuchten anderen Lagern kamen verdreckte und verlauste Transporte an. Eine gründliche Desinfektion wurde daher zur eisernen Notwendigkeit. Nicht durch die SS, wohl aber durch die Initiative der Häftlinge selbst ist sie unter mühseliger Beischaffung der Desinfektionsmittel allmählich so eingerichtet worden, daß größeres Unheil verhütet wurde. Die strenge, zweimal wöchentlich erfolgende Läusekontrolle in den Blocks durch eigene Hygiene-Warte hat ebenfalls viel dazu beigetragen, das Lager Buchenwald verhältnismäßig seuchenfrei zu halten. Seit 1939 wurden alle Insassen des Lagers gegen Bauchtyphus und Ruhr, seit 1943 die Franzosen bestimmter Jahrgänge gegen Scharlach, für den sie besonders anfällig waren, ab 1944 das gesamte sogenannte Funktionspersonal mit dem auf Block 50 erzeugten Fleckfieberimpfstoff schutzgeimpft. Einige der Lagerärzte standen diesen Maßnahmen einigermaßen fördernd zur Seite. Die SS mußte ja befürchten, daß ausbrechende Infektionskrankheiten leicht in ihre Reihen übertragen werden konnten.

Jeder Häftling, der verstarb, mußte auf Befehl des Reichsführers-SS verbrannt werden. Oft war die Zahl der Toten so groß, daß Schwierigkeiten in der Aufbewahrung entstanden. Bis zu dem Zeitpunkt, in dem eigene Leichenkeller eingerichtet wurden, lagen die Körper der Verstorbenen in Haufen in verschiedenen Räumen des Lagers, zum Teil in Klosetts, darunter anfänglich nicht selten Leute, die noch gar nicht endgültig tot waren. Abtransportiert wurden sie durch ein Leichenträgerkommando, das früher aus Juden, später aus Polen bestand. Daß von irgendeiner pietätvollen Behandlung nicht die Rede war, versteht sich beinahe von selbst. Zu jeder Tagesstunde konnte man im Lager über den Lautsprecher den Ruf vernehmen: «Leichenträger ans Tor!»

Bis 1940 wurden die Leichen der Häftlinge in den Krematorien von Weimar und Jena verbrannt. An sich sollten die Leichname ein Totenhemd mit Name und Nummer tragen und in einem Sarg liegen. Man hat sie vielfach einfach nackt in die primitiven Längskisten geworfen, wenn sie mager genug waren, zu zweit. Der Leichentransportwagen des KL Buchenwald verlor einmal auf dem Weg zum Krematorium mitten in Weimar vor einem Kaffeehaus einen Sarg, der aufsprang, so daß 2 ausgemergelte Häftlingsleichen herausfielen. Im Winter 1940/41 wurde für das Lager ein fahrbares Krematorium angeschafft, das irgendwo ausgeliehen wurde. Der Anfall an Leichen war so groß und der Fassungsraum so klein, daß die Körper förmlich hineingestopft wurden; zuweilen kamen dabei Gliedmaßen nicht zur Verbrennung und gingen auf dem Appellplatz verloren, eine grausige Angelegenheit. Das eigene feste Krematorium Buchenwalds war im gleichen Zeitraum im Bau, es wurde 1941 fertiggestellt. Die Anlage bestand aus einer großen Leichenkammer, einem Sektionsraum, zwei Verbrennungskammern mit einem mächtigen Kamin und einigen Wohnräumen für das Bedienungspersonal. Das Ganze war in einem geräumigen Hof und von einer hohen Umfassungsmauer umgeben.

Seziert mußte offiziell jede Leiche werden, über den Befund ein Protokoll abgefaßt. Die Häftlinge, denen diese Aufgabe oblag, jahrelang zuerst ein ehemaliger Bäcker und Zuhälter, dann ein früherer Zimmermann, wären natürlich gar nicht in der Lage gewesen, selbst wenn sie Lust und Verantwortung genug gehabt hätten, dieser enormen Mühe nachzukommen. Die Sektionsprotokolle wurden einfach fabriziert. Wenn es nottat, wurde dabei die SS reichlich hinter das Licht geführt. Wirklich seziert wurde nur in Fällen spezieller Anforderung, oder wenn die Abteilung Pathologie bzw. eine Berliner Stelle Präparate anforderte.

Die Abteilung Pathologie wurde 1940 ins Leben gerufen. Ihr war der Sektionsraum im Krematorium unterstellt. Sie fertigte alle Arten pathologischer Präparate an, die entweder nach Berlin bzw. an die SS-Ärztliche Akademie in Prag zu Lehrzwecken gesandt oder in einem eigenen Ausstellungsraum der Abteilung selbst zu Schauzwecken ausgestellt wurden. Die Buchenwalder Sammlung wurde allmählich sehr reichhaltig. Wissenschaftlich hat die Abteilung insofern Bedeutung gewonnen, als die dort beschäftigten Fachleute für einen Kreis interessierter Kameraden immer wieder Lehrkurse in Medizin, Physiologie und Biologie veranstalteten. Die Medizinstudenten unter den im Jahre 1944 gebrachten Norwegern haben dort eine systematische Fortsetzung ihrer Ausbildung erfahren.

Das letzte Jahr bis zum Herbst 1944 unterstand die Leitung des Sektionsraumes einem tschechischen Prämonstratensermönch, der immer wieder vor Transporten nach Dachau wegen seiner außerordentlichen menschlichen Qualitäten und wegen seines strahlenden kameradschaftlichen Gemütes bewahrt worden war.[33] Er hat wiederholt, besonders an hohen katholischen Festtagen, in einem Holzverschlag über dem Leichenkeller für einige Getreue Messen zelebriert, was für sämtliche Beteiligte mit Todesgefahr verbunden war.

Es erscheint nicht unrichtig, an dieser Stelle ein Wort über den vollständigen Mangel an Seelsorge im Konzentrationslager zu sagen. Die SS ließ natürlich nichts dergleichen zu. Auf Grund wiederholter Anschauungen, die in sehr alten, tief wurzelnden Auffassungen begründet waren, hätten auch sonst ausgezeichnete Kameraden der Linken Seelsorge als lächerlich und reaktionär empfunden. Einige von ihnen haben allerdings in den letzten Jahren großes Verständnis an den Tag gelegt und in maßgebender Position immer wieder mitgeholfen, einige Priester im Lager zurückzubehalten, d. h. sie vor Transporten zu bewahren. Deren Einfluß war aber nur geheim und daher begrenzt.

Es steht außer Zweifel, daß eine auch nur halbwegs mögliche Seelsorge, besonders bei den Polen, viel Verwahrlosungen, viel Gemeinheiten, viel Trauriges verhindert, Tausende aufgerichtet, Hunderte in den letzten Minuten gestärkt und unzähligen Kranken und Siechen neue innere Kraft auch zum körperlichen Genesungsprozeß gegeben hätte. Statt dessen blieb dieser Segen auf einen verschwindend kleinen Kreis besonders mutiger und ohnehin starker Menschen sowie auf einige orthodoxe Juden beschränkt. Nur innerhalb der französischen Reihen war in letzter Zeit «ecclesia abscondita», eine unterirdische Seelsorge möglich, so daß noch für die Sterbenden ein Lichtstrahl über ihren Weg zum Krematorium fiel.

Der Verbrennungsraum wurde immer von BVern bedient. Wenn die Verbrennungen nicht täglich stattfanden, sondern, wie vorgesehen, nur zweimal wöchentlich, sammelten sich manchmal gewaltige Leichenberge an. Geheizt wurde das Krematorium mit Koks. Manchmal schlug die «unheilige» Flamme von Buchenwald Tag und Nacht bis zu einem Meter hoch aus dem Kamin. Die Häftlinge standen diesem Schauspiel mit Grausen und Abgestumpftheit zugleich gegenüber. Was wurden auf dem Appellplatz für Witze über das Krematorium gemacht! Je nach der Kontur der Rauchfahne wurde auf die Häftlingskategorie geschlossen, die eben verbrannt wurde. «Du gehst über den Rost!» oder «durch den Kamin» war eine ständige Redensart im Lager. Oftmals rief während des Appells der Rapportführer die BVer, die im Verbrennungsraum tätig waren und beim Appell nicht teilnahmen, durch den Lautsprecher: «Die Vögel vom Krematorium mal' rausgucken!», worauf die Kerle Leichen packten und zum Fenster hinaushielten. Die Gemütsverfassung, in der der letzte Trauerakt für Tausende sich abspielte, wird dadurch gut charakterisiert.

Nicht pietätvoller vollzog sich der von den Angehörigen der Toten zuweilen erbetene Versand der Asche. Einer der BVer langte sich eine Handvoll Asche aus dem großen Haufen, warf sie in eine Schachtel und schickte sie zur Postversandstelle. Die Politische Abteilung wurde verständigt, die vom Revier (Lagerarzt) ausgestellte Einäscherungsurkunde mitgegeben, das Standesamt stellte einen Totenschein aus, falls es sich nicht um einen Russen, Polen oder nichtdeutschen Juden handelte, und irgend ein SS-Angehöriger der Politischen Abteilung ließ den immer gleichlautenden «Beileidbrief» schreiben:

> Werte Frau N.! Ihr Ehemann N.N. ist ... im hiesigen Krankenbau verstorben. Ich spreche Ihnen zu diesem Verlust mein innigstes Beileid aus. N.N. wurde am .... mit schweren Erschöpfungserscheinungen in den Krankenbau eingeliefert und klagte über Atembeschwerden und Schmerzen in der Brust. Trotz Verabreichung bester Medikamente und aufopfernder ärztlicher Behandlung war es leider nicht möglich, den Patienten am Leben zu erhalten. Irgendwelche letzten Wünsche hat der Verstorbene nicht geäußert. Der Lagerkommandant.

Als in den letzten Monaten die Zahl der Leichen zu groß wurde, ein außerordentlicher Kohlenmangel eintrat und die Ratten, die an den Leichnamen fraßen, Leichengift im Lager zu verbreiten drohten, ging die SS auf Grund einer Genehmigung Himmlers zu Notbeerdigungen in Massengräbern am Bismarckturm über. In sehr mäßigem Umfange wurde noch weiter verbrannt, meist nur Reichsdeutsche, da man, wie sich der Scharführer des Krematoriums rücksichtsvoll ausdrückte, diesen doch nicht zumuten könne, mit Juden zusammen in einem Grab zu liegen.

In den letzten Jahren hat das Krematorium auch als Hinrichtungsstätte gedient. Immer und immer wieder wurden Leute von außerhalb des Lagers gebracht oder Häftlinge aus dem Lager ans Tor gerufen, geraden Weges in das Krematorium geführt und dort stets in Gegenwart eines Lagerarztes und eines Vertreters der Lagerleitung an in die Wand eingelassenen Haken mit Stricken erwürgt.

IX
Sondereinrichtungen[34]

Das Lager Buchenwald hatte eine Reihe von Einrichtungen, die einer Sonderdarstellung bedürfen.

1. Die Strafkompanie war ein Arbeitskommando, gegen dessen Angehörige in jeder Hinsicht verschärfte KL-Maßnahmen in Anwendung gebracht wurden. Sie waren in einem eigenen Block isoliert, so daß sie auch in ihrer spärlichen Freizeit keine Ausgehmöglichkeit hatten. [VII, § 81] Die Strafkompanie arbeitete hauptsächlich im Steinbruch, meistens viel länger als andere Arbeitskommandos, regelmäßig sonntags, mit verkürzter Mittagspause, so daß die Häftlinge kaum mehr zum Essen kamen, hatte häufigen Portionenentzug, anfangs immer am Sonntag, sie wurde zusätzlich zu jeder unangenehmen und beschwerlichen Arbeit herangezogen, durfte kein Geld empfangen, Briefe nur alle Vierteljahre einen oder überhaupt keinen schreiben und mußte häufig strafexerzieren.

Das Leben in ihr war eine reine Hölle. Den Strafkompanieleuten wurde von den Kameraden geholfen, wo man nur konnte, sonst hätte keiner diese Behandlung überlebt. Ihre Zusammensetzung tat ein übriges, um die Verhältnisse beinahe nicht mehr ertragbar zu machen. Lagerzugänge aller Farben, Bibelforscher, Homosexuelle und Spezialbestrafte bildeten ihre Mannschaft. Auch auf Grund besonderer Aktenvermerke, sei es der Gestapo – sei es der Lagerführung, wurden ihr Häftlinge zugeteilt. Die einen blieben in ihr auf Dauer, die anderen nur auf Zeit. Auch das war meist eine Frage der Willkür. Die Politischen spielten in ihr durchaus nicht die erste Rolle, was die Uneinheitlichkeit noch mehr zu Tage treten ließ. Anfang 1944 wurde sie auf Grund einer Berliner Verfügung aufgelöst.

2. Die Sonderabteilung gegen politisch Führende hat 1942 etwa 3 Monate von März bis Mai bestanden. Sie wurde im Zuge des im Lager damals tobenden Kampfes zwischen Roten und den Grünen geschaffen. Die BVer haben damals eine umfangreiche Denunzationsaktion gegen die Politischen gestartet und sich hinter den berüchtigten 2. Lagerführer Plaul gesteckt. Die Sonderabteilung, der etwa 100 Leute der deutschen Linken, vor allem Kommunisten, zugewiesen wurden, war den Bedingungen nach der Strafkompanie gleichgestellt, stand aber im besonderen Scheinwerferlicht der SS-Führung. Zweifellos bestand die Absicht, diese politisch führenden Kräfte des Lagers bei einer sich bietenden günstigen Gelegenheit zu liquidieren. Inzwischen hatten sich aber die BVer übernommen. Gewisse SS-Führer neigten mehr zu den Politischen, z. B. der Lagerarzt Dr. Hoven, der einen erheblichen Einfluß besaß, und von den maßgebenden Grünen wanderte einer nach dem anderen selbst in die Strafkompanie, wo ihrem raschen Untergang nachgeholfen wurde. Mit dem sich wieder verstärken-

den und schließlich obsiegenden Einfluß der Roten wurde die Sonderabteilung aufgelöst.

3. Der schwarze Bunker war eine schauerliche Erfindung des bereits erwähnten Lagerältesten Richter, der dann später selbst Gelegenheit hatte, darin seine Erfahrungen zu machen. [V, § 61] Die Einrichtung bestand vom Anfang des Jahres 1939 bis zum 20. April 1939. Ein Flügel des Blocks 3, der an den Appellplatz angrenzte, wurde vollständig verdunkelt und zugeschlossen, nicht geheizt und durch zahlreiche Besuche des Bunkerwärters Sommer ausgezeichnet Die häufige Prügelstrafe war dort insofern besonders arg, als sie wegen der geringsten Beanstandung immer kollektiv verhängt wurde. Die Essenszuteilung war auf das äußerste herabgesetzt. Die letzten Überlebenden kamen aus dem schwarzen Bunker wie leichenfarbene Skelette heraus.

4. Der reguläre Arrest lag in einem Flügel des Torgebäudes. Er setzte sich aus einer Reihe kleiner Betonzellen zusammen, mit Schlafstellen aus Stein und hochgelegenen Fensterluken. Obwohl eine Zentralheizung vorhanden war, wurde sie für die Zellen nicht benutzt. Die an sich harte Einrichtung bekam durch den dort wütenden SS-Hauptscharführer [Martin] Sommer und in den ersten Jahren durch den Bunkerkalfaktor Fischermann, der von der SS später aus dem Lager weggebracht wurde, einen schrecklichen und beinahe unerträglichen Charakter. [V, § 55] Wurde jemand in den Bunker eingeliefert, so buchte man ihn unter den Kameraden im Lager sofort ab. Viele haben den Martern nicht standgehalten und den Strick benutzt, den Sommer mit Vorliebe nach einiger Zeit in die Zellen brachte. Mit der Übernahme der Kommandantur durch SS-Oberführer Pister änderte sich das, die Leute wurden im Bunker zwar immer noch gequält, aber nicht mehr getötet.

5. Der Pferdestall bei der Reithalle, außerhalb des Lagerstacheldrahtes wurde nach Beginn des Krieges mit Sowjetrußland, als die ersten russischen Kriegsgefangenen im KL Buchenwald eintrafen, als Liquidationsstätte für Politruks, Offiziere, Komsomolzenführer und russische kommunistische Parteipersönlichkeiten, die in verschiedenen «Stalag» erkannt oder denunziert worden waren, benutzt. [VII, § 86] Ein Detailplan dieses Hinrichtungsplatzes liegt diesem Bericht als Anlage bei.[35] Bis auf ganz wenige Häftlinge wurden die Lagerinsassen vom Pferdestall ferngehalten. Irgendeine Rettungsmöglichkeit für die Opfer hatte das Lager nicht, da sie sofort bei der Einlieferung von der Politischen Abteilung der «Sonderbehandlung» zugeführt wurden, ohne daß sie mit dem Lager in Verbindung treten konnten. Die Erschießungen fanden bei Tag und bei Nacht statt. Die Gesamtzahl beträgt mindestens 7000, wahrscheinlich mehr. (Begründete Schätzungen gehen bis zu 9500.) Nach jeder Liquidation fuhren Lastwagen mit den Leichen vom Pferdestall zum Krematorium ins Lager, wo infolgedessen eine ungefähre Zählung immerhin möglich war. In den letzten 2 Jahren wurden auch zahlreiche deutsche und ausländische – nichtrussische – Zivilpersonen, Männer und Frauen, auf die gleiche Weise erschossen, und zwar durch eine

raffinierte Genickschußtechnik, die in einer Sonderdarstellung der Anlage geschildert wird. [VII, § 86]

6. Im Kommandanturbereich zwischen dem eigentlichen Lager und den Führerhäusern standen in einem Waldstück Internierungsbaracken mit 2 Abteilungen: das sogenannte Lager Fichtenhain und die I-Baracke. [VII, § 82] Im Lager Fichtenhain waren zwischen 150 und 200 Rumänen der Eisernen Garde, die ursprünglich in einem Isolierblock des Lagers untergebracht worden waren, interniert und mit feinmechanischen Arbeiten beschäftigt. Nach dem Bombardement auf Buchenwald, bei dem eine Reihe von ihnen getötet worden ist, kamen sie auf Befehl Himmlers in das Erholungsheim Hohenlychen. Die sogenannte I-Baracke die neben dem Fichtenhain lag, war von einer hohen, unübersteigbaren und unüberblickbaren Mauer umgeben, in ihr wohnten internierte Persönlichkeiten von Rang, sowohl des Inlands als auch des Auslands. Soweit ihre Namen bekannt sind, werden sie in einem Sonderbericht aufgeführt. [VII, § 100] Die Bedienung in der I-Baracke hatte eine Bibelforscherin. Im Kontakt mit den Insassen kamen gelegentlich nur Häftlingsfacharbeiter, die dort Reparaturen auszuführen hatten.

7. Eine der gefürchtetsten Sondereinrichtungen des Lagers war der mit doppeltem Stacheldracht umgebene Isolierblock 46. Er wurde im Spätherbst 1941 als Klinische Station der «Abteilung für Fleckfieber- und Virusforschung» am Hygiene-Institut der Waffen-SS Berlin eröffnet Die Gründung erfolgte nach Rücksprache und Genehmigung seitens des Deutschen Heeressanitätsinspekteurs, des Generaloberstabsarztes Prof. Dr. [Siegfried] Handloser, des Reichsgesundheitsführers, Staatssekretärs und SS-Gruppenführers Dr. [Leonardo] Conti, des Präsidenten des Reichsgesundheitsamtes Prof. Reiter, des Präsidenten des Robert-Koch-Instituts Berlin (Reichsanstalt zur Bekämpfung der ansteckenden Krankheiten) Prof. Gildemeister, durch SS-Oberführer Prof. Dr. med. Dr. rer.nat. Joachim Mrugowsky, den Leiter des Hygiene-Instituts der Waffen-SS Berlin und Obersten Hygieniker der SS.[36] Die Tagebucheintragung über die Gründung verzeichnet unter dem 29.12.1941 lapidar: «Da der Tierversuch keine ausreichende Wertung (von Fleckfieberimpfstoffen) zuläßt, müssen die Versuche am Menschen durchgeführt werden.» Mit der Durchführung wurde SS-Sturmbannführer Dr. Ding-Schuler beauftragt.

Bis Ausgang des Jahres 1944 wurden 24 Versuchsreihen mit einer wechselnden Personenzahl zwischen 4 und meist 40 bis 60, einmal 145 in einer Gruppe, durchgeführt. Sie betrafen die Wertung von Fleckfieberimpfstoffen verschiedenster Herkunft, von Akridin und Methylenblau der I.G. Farbenindustrie A.G., von Gelbfieberimpfstoff, von Impfstoffen gegen Pocken, Typhus, Paratyphus A und B, Cholera und Diphtherie, von Kampfgiftstoffen und verschiedenen anderen Giften, von Mitteln gegen Phosphor-Kautschuk-Brandbomben-Inhalt, sowie die Kontrolle von alten Blutserum-Konserven der Militärärztlichen Akademie Berlin und die Gewinnung von

Fleckfieber-Rekonvaleszenten-Serum für die SS. Die Chemisch-Pharmazeutische und die Sero-Bakteriologische Abteilung der I.G. Farben-Industrie A.G. in Frankfurt a. M./Höchst, die Behring-Werke in Dessau und eine Reihe von deutschen Wissenschaftlern sowie verschiedene Firmen, die etwas auszuprobieren hatten, haben über den Leiter des Hygiene-Instituts der Waffen-SS Berlin mit der Abteilung zusmmengearbeitet, zum Teil sogar die Anregungen gegeben und die Anträge gestellt. Offiziell wurde in den einzelnen Fällen bekanntgegeben, daß die Versuchspersonen vom Reichsführer SS eigens bestimmte Schwerverbrecher seien.

Die Praxis war so, daß 1$^{1}/_{2}$ Jahre hindurch die Versuchspersonen von der Lagerleitung KL Buchenwald nach «bewährten» Grundsätzen in den Block 46 geschickt wurden. Es waren vorwiegend BVer, Homosexuelle und ein Teil Politischer. Von Häftlingsseite wurde das dazu benutzt, um sich von Personen, die gegen das Lager mit der SS zusammenarbeiteten, zu befreien, ferner zur Rettung gefährdeter politischer Persönlichkeiten (berühmtester Fall: 3 Offiziere des Englischen Secret Service im Herbst 1944). Ab 1944, als die Lager-SS-Führung schon nicht mehr die volle Verantwortung für Block 46 tragen wollte, wurde die Bestimmung der Versuchspersonen dem Reichskriminalpolizeiamt Berlin und dem berüchtigten SS-Gruppenführer [Arthur] Nebe überlassen, der auch Zigeuner schicken wollte, die aber von Dr. Ding-Schuler auf Häftlingsveranlassung als ungeeignet abgelehnt wurden.

Wie in einem ausführlichen Sonderbericht dargelegt werden wird, besaßen die Versuche zu allem Überfluß beinahe keinen wissenschaftlichen Wert.[37] Insgesamt sind der Versuchsstation etwa 1000 Häftlinge zugeführt worden. Ein Teil von ihnen hatte das Glück, nur für Blutkonserven-Prüfungen oder für Versuche, die aus äußeren Gründen vor der Infektion abgebrochen werden mußten, verwendet zu werden. Der Rest umfaßte annähernd 450 Personen, von denen 158 gestorben sind – nicht gerechnet jene Fünferreihen, die Monat für Monat für sogenannte Passage-Zwecke in die Station eingeliefert wurden, d. h. zur Infektion mit hochwirksamem Fleckfieber-Krankenblut, damit die Fleckfieber-Erregerstämme erhalten blieben.

Diese Passage-Personen sind fast samt und sonders zugrundegegangen. Der gesamte Rest hat für Lebenszeit bleibende schwere gesundheitliche Schäden davongetragen, wie sie jeder Fachkenner des Fleckfiebers bestätigen kann; dauernde Herzschwäche, Verlust des Gedächtnisses, Lähmungen usw. Im Block 46, der übrigens ein Muster von äußerer Sauberkeit und gut eingerichtet war, wurden außerdem alle Fleckfieberkranken isoliert, die sich im Lager auf natürliche Weise angesteckt hatten oder mit Fleckfieber in das Lager eingeliefert wurden. Soweit sie die fürchterliche Krankheit überstanden, wurden sie dort gesund gepflegt. Die Leitung des Blocks hatte von Häftlingsseite Arthur Dietzsch, der sich medizinische Kenntnisse erst durch diese Praxis erworben hat. Dietzsch saß zuletzt bereits über 20 Jahre in Haft und war eine sehr abgehärtete Natur.[38]

8. Im August 1943 wurde der Klinischen Station (Block 46) eine von ihr sonst unabhängige Abteilung für Fleckfieber-Impfstofferzeugung (Block 50) angegliedert. Die besten verfügbaren Fachkräfte des Lagers, darunter Mediziner, Bakteriologen, Serologen, Chemiker, wurden für diese Aufgabe ausgewählt. Eine kluge Häftlingspolitik hat es dabei von vornherein darauf abgestellt, gefährdete Kameraden aller Stationen in dieses Kommando zu bringen, vor dem die SS einen ebensolchen Respekt hatte wie vor Block 46, da sie Ansteckung mit Fleckfieber fürchtete. Sowohl von SS-Sturmbannführer Dr. Ding-Schuler, dem beide Blocks unterstanden, als auch von Häftlingsseite wurde aus verschieden gelagerten Motiven diese Tabu-Angst der SS gefördert. Todeskandidaten wie der holländische Physikprofessor Van Lingen, der niederländische Reichskonsulent für Leibesübungen Jan Robert, der Architekt Harry Pieck und andere Niederländer, der österreichische Publizist Dr. Eugen Kogon, der Abteilungsleiter am Pasteur-Institut Paris, Prof. Dr. [Alfred] Balachowsky und 7 jüdische Kameraden fanden dort mit Wissen und Billigung von Dr. Ding-Schuler Unterschlupf und auf Grund entsprechender Eingaben Schulers (die von Kogon jeweils angeregt, abgefaßt und zur Unterschrift vorgelegt wurden) an das Reichssicherheitshauptamt Deckung gegen unmittelbare Aktionen, Todestransporte usw. «Ultimum refugium judaeorum» – »Letzte Zufluchtsstätte der Juden» nannte Dr. Schuler Block 50 einmal scherzhaft, aber nicht zu Unrecht.

Erzeugt wurde Impfstoff aus Mäuse- und Kaninchenlungen nach dem Verfahren von Prof. Giroud vom Pasteur-Institut Paris. Die wertvollen Instrumente, Apparate, Mikroskope und dergleichen waren meist aus Frankreich und entweder «Beutegut» oder französischen Firmen ohne nachfolgende Bezahlung «abgekauft». Die Anzüchtung der Fleckfiebererregerstämme (Rickettsia Prowazeki) erfolgte mit 2 ccm Fleckfieberkrankenblut von Block 46 auf Meerschweinchen. Es wurden offiziell 2 Sorten von Impfstoff hergestellt: normaler für die kämpfende Truppe der Waffen-SS und solcher, der ein etwas getrübtes Aussehen hatte, als sogenannter Rotpunkt-Impfstoff für die Häftlinge. In Wahrheit – und ohne Wissen Dr. Schulers – gab es eine Produktion erster Qualität in verhältnismäßig geringen Mengen, der nur für gefährdete Häftlingskameraden in entsprechend exponierten Stellungen verwendet wurde, und eine Erzeugung zweiter Qualität, die zwar nicht schadete, aber auch nicht nützte, in erheblichen Mengen für die SS.

9. Zwischen Block 46 und dem Revier stand der Sonderbau. [VII, § 84] Unter diesem reizenden Namen verbarg sich keusch das Lagerbordell. Auf Reichsanordnung Himmlers wurde es im Sommer 1943 errichtet Der Bau mußte so beschleunigt werden, daß das viel dringlichere Projekt einer Reviererweiterung zurückgestellt wurde. Aus dem Frauen-KL Ravensbrück wurden unter Führung zweier SS-Scharführerinnen, die sich wie Flintenweiber aufführten, 18 Mädchen nach Buchenwald gebracht. Sie hatten sich angeblich freiwillig für diesen Zweck gemeldet. Die mitgebrachten Krankenblätter wiesen immerhin überstandene Krankheiten von einer Art aus, die

nicht gerade einen übermäßig seriösen Lebenswandel ihrer Vor-KL-Zeit dokumentiert. Bis auf eine einzige Ausnahme, die bald darauf an einer Krankheit verstarb, haben sie sich in ihr Schicksal ziemlich hemmungslos gefügt. Gleich bei ihrer Ankunft animierten sie in völlig eindeutiger Weise.

Von seiten der SS war der Zweck der Übung, die politischen Häftlinge, die den Vortritt bekamen, zu korrumpieren, zu bespitzeln und sie von der Politik abzulenken. Im Lager war die interne Weisung durchgegeben worden, die Einrichtung nicht zu benützen, nicht nur aus den angeführten Gründen, sondern auch aus sozialen Uberlegungen: es war z. B. eine Schande sondergleichen, daß die Frauen und Mütter der Häftlinge von zuhause oft mühsam erspartes Geld ihren Männern und Söhnen in das KL sandten und davon die 2 Mark Eintrittsgeld für das Bordell bezahlt werden sollten. Aber gleich zu Beginn hat die Lagerleitung den damaligen Lagerältesten gezwungen, den Sonderbau zu benutzen. Hätte der LA I nicht nachgegeben, so wäre er unter Umständen zum mindesten entfernt worden, was schwerwiegende Folgen für das Lager heraufbeschworen hätte. Er hat sich daher nach zweitägiger Weigerung gefügt, ist aber dann nie mehr hingegangen.

Im großen Ganzen haben die Politischen die Linie eingehalten, so daß die Absicht der SS vereitelt wurde. Korruption aller Art bis zu Paketdiebstählen und dergleichen hat der Sonderbau genug in das Lager gebracht. Die Besuchszeit betrug für Leute ohne Beziehungen 20 Minuten nach vorheriger Untersuchung im Häftlingskrankenbau und anschließender Sanierung.

Die aus zahlreichen Publikationen zur Genüge bekannte «sexuelle Not» aller langjährig inhaftierten Männer hat der Sonderbau in Buchenwald aus den angegebenen Gründen, und weil die wertvollsten Menschen ihn natürlich nicht benutzten, keineswegs beseitigt. Haltlose Menschen, auch genug Politische, haben durch Päderastie zum Teil scheußliche Verhältnisse geschaffen. Eine erhebliche Anzahl junger Polen und Russen, die als 12- bis 15 jährige ins Lager kamen, sind durch Verlockung (gutes Essen!) und auch Zwang total verdorben worden. Die sogenannten «Puppenjungen» haben eine abscheuliche Rolle gespielt, besonders 1943 unter dem LA I Wolff, einem ehemaligen Rittmeister und Deutschnationalen, der seine Stellung schwer mißbraucht hat und vom Lager, als er mehr und mehr [zugunsten] der SS gegen seine Kameraden arbeitete, zu Fall gebracht worden ist. Umso rühmenswerter war das Beispiel jener Kameraden, die den Kindern und Jungen im Lager uneigennützig halfen, wo sie nur konnten, und sie vor dem Abrutschen in die Fangarme der Päderasten bewahrten. Daß die sexuelle Verdrängung die im Lager immerhin verbreitete und durch das Beispiel der SS angeregte Neigung zu sadistischer Grausamkeit noch verstärkt hat, versteht sich beinahe von selbst.

Die Einrichtung des Sonderbaus wurde auch von der SS-Führung zu wahren Orgien benutzt. Zwei der Insassinnen waren für die ukrainischen Wachmannschaften abgestellt.

10. Eine Unterhaltungsstätte anderer und besserer Art war das Kino. Es entstand im Mai 1941 auf Anregung des Kapos der Photo-Abteilung. Geboten wurden gegen ein Eintrittsgeld von zuerst 40 und dann 20 Pfennig wöchentlich oder zweiwöchentlich – mit längeren Unterbrechungen – Unterhaltungs- und Kulturfilme. Angesichts der entsetzlichen allgemeinen Verhältnisse im Lager brachte es mancher Kamerad niemals über sich, ins Kino zu gehen. Anderen, die sich aus ebenso berechtigten Gründen über diese psychologische Schwierigkeit hinwegzusetzen vermochten, haben die wenigen Stunden Illusion neue Kraft gegeben. Grausig war es allerdings, am Abend vor der flimmernden Leinwand zu sitzen und zu wissen, daß noch wenige Stunden vorher Kameraden an eben der gleichen Stelle in fürchterlichster Weise geschlagen oder gemartert worden waren. Denn die SS hat das Kino gleichzeitig als Strafstätte benutzt! Dort stand der Bock, der nur für besondere Schauprügeleien wie ein erhabener Thronsessel auf den Appellplatz getragen wurde, dort lag ein Galgen und lagen die Pfähle, die in eigene Löcher eingesetzt wurden, um die Häftlinge daran anzuhängen.

X
Sonderaktionen

Das KL Buchenwald hatte nicht nur Sondereinrichtungen, die den Rahmen des an sich schon anormalen Daseins sprengten, seine Geschichte ist leider auch reich an Sonderaktionen furchtbaren Ausmaßes.

In erster Linie sind hier die gegen die Juden unternommenen besonderen Aktionen der SS zu nennen. Im November 1938 wurden nach dem auf Gesandtschaftssekretär [Ernst vom] Rath in Paris[39] verübten Attentat mehr als 10 000 deutsche Juden in das KL Buchenwald eingeliefert.[VII, § 95] Was sich damals im Lager zutrug, läßt sich mit wenigen Worten nicht schildern. Erwähnt sei lediglich, daß 68 von ihnen wahnsinnig geworden und wie tolle Hunde totgeschlagen worden sind. In den berüchtigt gewordenen Blocks 1a bis 5a, die später abgerissen wurden, lagen je 2 000 Juden, während der normale Fassungsraum dieser primitiven Notbaracken nur für 400 bis höchstens 500 Leute berechnet war. Die sanitären Verhältnisse waren unvorstellbar. Hundertmarkscheine wurden als Klosettpapier benutzt (die Juden hatten sehr viel Geld mitgebracht, zum Teil Zehntausende von Mark). SS-Scharführer steckten Leuten die Köpfe in die überfüllten Latrinenfäßer, bis sie erstickt waren. In wenigen Wochen hatten diese Aktionsjuden Hunderte von Toten. Dann wurde der größte Teil aus nicht durchschaubaren Gründen, die bei den Reichsbehörden lagen, wieder entlassen, nachdem die SS und ein Teil der Häftlinge ihnen um die Wette alles Geld und die Schmucksachen mit den plumpsten und den raffiniertesten Methoden abgenommen hatten.[40]

Die nächste Großaktion gegen die Juden folgte im November 1939 nach dem Bürgerbräukeller-Attentat auf Hitler. Wahllos herausgegriffene Juden, von jedem der 7 Judenblocks je 3, wurden sofort erschossen, alle anderen in den verschlossenen und verdunkelten Blocks 3 Tage lang ohne Essen belassen, – in der dauernden zermürbenden Ungewißheit, was mit ihnen weiter geschehen werde; am 4. Tag wurden sie auf halbe Ration gesetzt. Die Aktion ging dann unter in den gegen das ganze Lager durchgeführten und bereits geschilderten Maßnahmen wegen des angeblichen Schweinediebstahls.

Im Oktober 1942 begann man, die Juden aus Buchenwald in Todeslager abzutransportieren. Das dauerte bis zum Sommer 1943 und hat einen Zustand der Aufregung geschaffen, dem selbst hartgeprüfte Leute schwer gewachsen waren. Einlangende Berichte und frühere Erfahrungen ließen keinen Zweifel über den Charakter dieser Transporte. Tatsächlich hat sie nur ein sehr geringer Prozentsatz überlebt, wobei es vielfach von einer außerordentlichen Gewitztheit, Geistesgegenwart, Schlagfertigkeit und Entschlossenheit abhing, ob sich der eine oder andere plötzlich eine Notleine schaffen konnte, mit deren Hilfe er den Weg zur rettenden Solidarität einiger seiner Mithäftlinge noch fand. Bis auf 200 Juden, die als Baufacharbeiter ausgegeben wurden und als solche von der Lagerleitung zurückbehalten wurden (darunter Rechtsanwälte, Schriftsteller, Ärzte und Künstler!), kamen damals alle weg.

Die Zahl der Juden erhöhte sich im Lager erst wieder gegen Mitte 1944, vor allem durch starke Zugänge aus Ungarn. Den verbliebenen wenigen Juden ging es halbwegs erträglich, obgleich sie noch einmal in das volle Scheinwerferlicht gerieten, als es 1943 dem 3. Lagerführer [Erich] Gust zusammen mit dem Arbeitsdienstführer gefiel, aus den Reihen der jüdischen Maurer jeweils 2 oder 3 herauszuholen und zum «Abspritzen», d. h. zur Tötung durch Injektion von Giften, ins Revier zu bringen. Normale Arbeitsvorgänge wurden zu kindischen Strafanlässen mit tödlicher Abfolge gemacht.

In welcher Atmosphäre sich die Dinge manchmal abspielten, mag aus folgendem Beispiel ersehen werden: 5 junge Juden, prachtvolle Menschen, darunter ein Medizinstudent, von denen sich nachher herausstellte, daß sie infolge Intervention des Lagerarztes Dr. Hoven die letzten dieser Vergnügungsaktion des Herrn Gust und seines Genossen waren, wurden ins Revier geführt. Unterwegs begegnete ihnen ein früherer Studienkollege. «Wo geht ihr denn hin?» – «Wir werden abgespritzt!» antwortete der Student heiter, und sie gingen aufrecht ihres Weges. Mehrere Tage lang zögerte bei ihnen SS-Hauptscharführer Wilhelm, dem das ewige Töten mit der Injektionsnadel schon über war; er wollte die Rückkehr des gerade abwesenden Lagerarztes abwarten. Genau einen Tag, bevor Hoven kam, killte er sie ab, weil er dem Drängen seiner Auftraggeber nicht länger standhalten konnte.

Viele, besonders ausländische Juden, haben im Lager unerkannt, d. h. von der SS nicht als Juden erkannt, gelebt. Wenn sie auch nicht direkt in der Schußlinie standen, so hatten sie doch kein leichtes Dasein, da sie der beständigen Gefahr ausgesetzt waren, entweder entdeckt oder von Mithäftlingen denunziert zu werden. Die SS hat ursprünglich weit über die Nürnberger Gesetze hinaus jeden als Juden markiert, der auch nur einen jüdischen Großelternteil hatte und dies wegen etwa bestehender Aktenvermerke nicht verbergen konnte. Bei manchen Aktionen war für die SS-Leute überhaupt nur die Nase maßgebend; wer ihnen nicht gefiel, war eben ein Jude. Die «Viertel-» und «Halbjuden» wurden später zum Teil «arisiert» und trugen dann keinen gelben Winkel mehr. Für die meisten war es um diese Zeit schon zu spät.

Von den etwa 600 holländischen Juden, die im Februar 1941 nach Buchenwald gekommen waren, wurden die Überlebenden im Sommer des gleichen Jahres nach Mauthausen geschickt, wo sie in einer Tragödie sondergleichen innerhalb weniger Tage zugrundegingen. [VII, § 97] Ein einziger von ihnen, an dem der Lagerarzt Eisele eine experimentelle Magenresektion vorgenommen hatte, blieb zurück und wurde über die Tbc-Station des Lagers trotz wiederholter Anforderungen von seiten der Politischen Abteilung gerettet.

Die zulässige Zahl der Tbc-Kranken scheint von einer Berliner Zentralstelle aus irgendwie begrenzt gewesen zu sein, wie im KL Auschwitz die Zahl der Revierkranken überhaupt, die dort 10 % des Lagerbestandes nicht überschreiten durfte, so daß alles, was darüberging, automatisch in die Gaskammern wanderte. Jedenfalls hat Eisele im Sommer 1941 plötzlich festgestellt, daß Buchenwald «genug Tbc-Kranke» besitze. Er ging dazu über, sie in ganzen Partien durch intravenöse Einspritzungen von Evipan-Natrium[41] oder durch Herzstich mit dem gleichen Mittel zu töten. Ein panischer Schrecken erfaßte alle Kranken, besonders als man dazu überging, Tuberkulöse im Lager einfach zusammenzufangen und der Vernichtung zuzuführen.

Was sich damals an Rettungsaktionen und Verschiebungen abgespielt hat, ist schwer begreiflich zu machen. Leute, die sich ahnungslos im Revier zur Behandlung meldeten (in diesem merkwürdigen Dorf mit seinen verschlungenen Pfaden, mit seinen trotz allem relativ abgeschlossenen Kasten und Kommandos und seinen Einzelgängern waren immer auch völlig Uninformierte zu finden), wurden von den Pflegern oft mit Gewalt abgewiesen, um sie zu retten. Da der Grund nicht angegeben werden konnte, führte diese «Barbarei» von seiten der Mithäftlinge zu den fürchterlichsten Mißverständnissen. Bei dieser Aktion wurden von Eisele mindestens 300 Menschen getötet Die Opfer, und zwar ganze Krankensäle, bekamen meist vor der tödlichen Spritze ein Schlafmittel. Der eine oder andere besonders herzstarke Patient überstand manchmal zwei Injektionen und erlag erst der dritten Spritze.

Der Sommer dieses Jahres 1941 war für das Lager in jeder Hinsicht schrecklich. Es wurden die ersten Vergasungstransporte zusammengestellt. Der Befehl kam von Berlin und betraf BVer, Sittlichkeitsverbrecher und für die SS anrüchige Politische. Die Transporte gingen mit unbekanntem Ziel ab; schon am nächsten Tag kamen die Habseligkeiten der Häftlinge einschließlich ihres Tascheninhalts, ihrer Gebisse usw. im Lager an. Durch einen Scharführer der Begleitmannschaft erfuhr man, daß sie nach Pirna und Hohenstein gekommen und dort zur Erprobung eines neuen Gases vernichtet worden waren. Das Mittel war vorher an Rindern versucht worden. Die Vergasung erfolgte unterirdisch, aber in einem Umkreis von 60 bis 80 Metern erstarb die gesamte Vegetation der Bodenoberfläche. In diese Transporte wurden sowohl von der Lagerleitung als auch von den Häftlingen aus gefährliche Personen miteingeschoben. Unter den ersten, die so vergast wurden, befand sich der österreichische Sicherheitsdirektor von Salzburg Dr. [Ludwig] Bechinie. Als bei der Zusammenstellung des 3. Transportes im Frühjahr 1942 die Lagerleitung den Fehler beging, beliebte und in wichtigen Positionen stehende Politische in die Listen mit aufzunehmen, gelang es den Häftlingen, den Lagerarzt Dr. Hoven so zu mobilisieren, daß dieser Transport nach monatelangem Tauziehen und Intrigieren abgesagt wurde.

Inzwischen waren im Winter 1941/42 die Juden auf Arbeitsfähigkeit gemustert worden. An Stelle des erwähnten Transportes gingen nun die invaliden Juden in 4 Gruppen von je 90 Mann denselben Weg, aber nach Bernburg bei Köthen, wo in der dortigen Heil- und Pflegeanstalt (!) ein Arzt namens Dr. [Irmfried] Eberl der SS als williges Werkzeug diente.[42] [VII, § 92] Die beiden ersten Transporte zur Vergasung hatten je etwas über 100 Mann umfaßt. Im Lager Buchenwald selbst haben Vergasungen nie stattgefunden. Wohl traf Ende 1943 der Befehl bei der Zentralbauleitung der Waffen-SS Weimar ein, eine eigene Vergasungsanlage zu bauen. Einflußreiche und mutige Kameraden haben, teilweise durch Vernichtung der Fernschreiben und andere Manöver, schon den Beginn der Planung derartig verzögert, daß erst recht die Ausführung des Bauvorhabens in der für die SS immer negativer werdenden Entwicklung der 2. Hälfte des Jahres 1944 unterging. Wäre es zur Errichtung der Anlage gekommen, so wäre von den Insassen des Lagers Buchenwald im März/April 1945 nicht ein einziger am Lager geblieben.

Die Aktion gegen die russischen Kriegsgefangenen ist bereits dargestellt worden. Sie begann im Spätsommer 1941 und endete, offenbar infolge internationaler Komplikationen allmählich gegen Ende 1943, Anfang 1944. Erschießungen einzelner Russen oder kleinerer Gruppen kamen allerdings auch noch in der Folgezeit vor. Wie aus Berichten von Transporthäftlingen bekannt wurde, war die Aktion nicht auf das KL Buchenwald beschränkt; zumindest sind auch in Dachau und in Sachsenhausen Erschießungen dieser Art in erheblichem Umfang durchgeführt worden.

Sonderaktionen wurden auch gegen die Polen verfügt. Sie wurden so wie die Russen als minderwertige Rasse behandelt. Außer der Großaktion nach

Beendigung des Polenfeldzuges, die noch in anderem Zusammenhang Erwähnung finden wird, sind über die Polen hauptsächlich 2 Maßnahmen verhängt worden. 1938/39 hat man die Juden, in erster Linie die aus Wien, gezwungen, auf ihren Haus- und Grundstückbesitz notariell zugunsten von Parteigenossen und deren Nutznießern zu verzichten; die Verkaufspreise betrugen von 10 Reichsmark aufwärts. Bei den Polen hat man es sich noch einfacher gemacht: man bezahlte ihnen überhaupt nichts. Die Leute wurden einfach gerufen und davon in Kenntnis gesetzt, daß ihre Angehörigen Haus und Hof hatten verlassen müssen. Die bestätigende Unterschrift zu dem erfolgten Besitzwechsel zu verweigern, war gleichbedeutend mit Selbstmord.

In Dutzenden von Briefen der vertriebenen Angehörigen erfuhren sie dann, daß die deutschen Eroberer und ihre Gefolgsleute zur Räumung nicht einmal eine einzige Stunde Zeit gelassen hatten, und daß nichts mitgenommen werden durfte als ein Handkoffer voll Habseligkeiten und 30 Mark je Person! Als die Zehntausende polnischer Arbeitssklaven, mit diffamierenden Abzeichen behaftet, ins Innere Deutschlands verschleppt wurden, kam es selbstverständlich vor, daß auf Bauernhöfen und in Städten polnische Männer mit deutschen Mädchen in Beziehungen traten. Einer Verfügung Himmlers gemäß wurden solche Polen gehängt (während die deutschen Mädchen in das Frauen-KL Ravensbrück eingeliefert wurden und dreimal hintereinander 25 Stockhiebe auf das nackte Gesäß bekamen, nachdem sie in zahlreichen Fällen unter Anleitung tüchtiger Parteigenossen von der Bevölkerung «spontan» angeprangert worden waren, indem man ihnen die Haare abschnitt und sie durch die Straßen der betreffenden Städte oder Ortschaften führte).

Plötzlich begann man im Jahre 1941 in Buchenwald, die Polen auf solche Möglichkeiten hin zu durchforschen, wobei Denunziationen von inner- und außerhalb eine große Rolle spielten. Junge Polen wurde dazu gepreßt, die Henkersarbeit an ihren Landsleuten zu verrichten. Diese «Polenhenker» wurden dann in einem großen Teil Thüringens vom Lager Buchenwald aus für die gleichen Zwecke verwendet. Mit einem zweiarmigen Galgen, an dem auf jeder Seite 3 Personen aufgehängt worden konnten, wanderten sie unter SS-Begleitung in die Städte und Dörfer des Landes, um zur Abschreckung der Ostarbeiter die Hinrichtungen öffentlich vorzunehmen. Ereignete sich von seiten der polnischen Arbeiter in der engeren oder weiteren Umgebung des Lagers irgendeine Gewalttat, so wurden gleich bis zu 30 Polen aus dem KL an den Ort des Vergehens gebracht und dort als «abschreckendes Beispiel» aufgehängt. Da die jungen polnischen Zwangshenker unter allerstrengster Schweigepflicht standen und außerdem die Bereiche außerhalb des KL nicht kannten, war es leider nicht möglich, zuverläßige Angaben über die Namen der Städte und Ortschaften zu erfahren, an denen sich diese Hinrichtungen vollzogen haben.

Einzelaktionen besonderer Art erfolgten ab 1944 gegen schwangere Frauen auf Grund allgemeiner, schon früher bestehender Verfügungen. Wenn sich in einem Frauen-Außenkommando des KL Buchenwald zeigte, daß ein weiblicher Häftling schwanger war, so wurden Jüdinnen nach Auschwitz, Nichtjüdinnen nach Ravensbrück überstellt. Sie erhielten den Bescheid, daß sich nur dort geeignete Entbindungsanstalten und Kindergärten befänden.

Welcher Art diese Kindergärten waren, zeigt folgendes Beispiel: Ein jüdischer holländischer Arzt hatte eine Nichtjüdin zur Frau, aus dieser Ehe ein fünfjähriges Mädchen. Aus dem Lager Vught bei Hertogenbosch sollte er nach Auschwitz überstellt werden. Ohne Ahnung davon, was das bedeutete, fragte er, ob Frau und Kind ihn begleiten könnten. Mit Vergnügen bejahte das die SS, der dortige Kindergarten wurde sofort rühmend hervorgehoben. Die Frau erklärte sich augenblicklich bereit, sie ging zusammen mit ihrem Kind mit dem ersten Transport noch vor ihrem Mann ab. Als der Arzt seinerseits in Auschwitz ankam, war sein Erstes, sich nach dem Frauenheim und dem Kindergarten zu erkundigen. Unter wieherndem Gelächter verwies ihn die SS auf die Vergasungskammer. Frau und Kind waren bereits tot, der Mann selbst ging nach wenigen Tagen zugrunde.

Als die Vergasungen in Auschwitz wegen der in Aussicht genommenen Evakuierung des Lagers eingestellt wurden, kamen schwangere jüdische Frauen und später auch alle anderen in das «Aufenthaltslager Bergen-Belsen», wo man sie verhungern ließ. Da derartige Dinge nicht völlig geheim bleiben konnten, wurden Schwangerschaften mehrfach mit allen Mitteln verborgen gehalten. Kam es zur Geburt, so wanderten Mutter und Kind den gleichen Weg.

Im Herbst 1944 erschien im KL Buchenwald der dänische SS-Sturmbannführer Dr. [Carl] Vaernet, der seinen Sitz in Prag hatte. Mit Genehmigung Himmlers und des Reichsarztes SS und Polizei, SS-Gruppenführer Dr. [Ernest-Robert] Grawitz, und SS-Oberführer [Helmut] Poppendick[43], Berlin (über Versuchsabteilung V Leipzig des Reichsführers SS), startete er eine Versuchsreihe zur Behebung der Homosexualität. Durch Einpflanzung synthetisch hergestellter Hormone in die rechte Leistenseite sollte eine Triebsumgestaltung erzielt werden. Die SS-Ärzte haben die Sache ungeheuer bewitzelt, die Häftlinge sprachen von «Feuersteinen», die den Bepflanzten wieder auf den rechten Weg helfen sollten. Auch an Kastraten hat sich Vaernet versucht. Insgesamt handelte es sich um 15 Leute, von denen 2 verstarben, einer zweifellos an den Folgen der vorgenommenen Operation, da sich eine mächtige Phlegmone bildete, der andere wenige Wochen später infolge allgemeiner Schwäche. Die menschlichen Versuchskaninchen dieser Sonderreihe wurden sonst nicht schlecht behandelt. Irgendein positiver Befund wurde allerdings auch nicht erzielt.

Ein rücksichtsloserer und gefährlicherer Herr war SS-Sturmbannführer Dr. Ellenbeck vom SS-Lazarett Berlin, Abteilung für Blutkonservierung, ein eingebildeter, eitler Tropf, der in Block 50 ein Gastlaboratorium hatte, das mit der Fleckfieberimpfstofferzeugung nichts zu tun hatte. Ellenbeck kam 1½ Jahre lang alle 3 Wochen auf mehrere Tage nach Buchenwald, um «Ernährungsphysiologie» zu betreiben. «Holen Sie mir einige Ihrer Kerle zum Blutabzapfen!» war eine seiner Redensarten. Die Leute kamen zum Teil sogar freiwillig, in der Hoffnung, irgendeine Zusatzernährung zu bekommen, oder um wenigstens arbeitsfrei zu sein. Sie mußten dann vor Herrn Ellenbeck, der sich ungeheuer wissenschaftlich garnierte, angestrengt turnen mit Kniebeuge usw., damit das zur Untersuchung kommende Blut in jedem Stadium der Entnahme einen anderen Sauerstoffgehalt hatte. Ohnmachtsanfälle oder Kollapsgefahr bei den unterernährten Gestalten interessierten Ellenbeck nicht. Mit Genehmigung des Lagerarztes Dr. Schiedlausky ließ er ferner durch 2 Sanitätsdienstgehilfen, die etwa alle 3 Wochen aus Berlin geschickt wurden, Hunderten von Häftlingen der Invalidenblocks des kleinen Lagers Blut für das SS-Lazarett abnehmen. Für 200 ccm Blut wurde ein Stück Brot und ein Stück Wurst geboten. Es wurden aber auch bis zu 400 ccm Blut auf einmal «abgezapft». Wenige Tage vor dem Ende des Lagers kamen die Herrschaften noch einmal zu einer derartigen Aktion, fanden aber niemanden mehr, der sich zur Verfügung stellte, und die SS hatte zu diesem Zeitpunkt nicht mehr die Macht, die Leute zusammenzutreiben.

Eine der aufregendsten Sonderaktionen der SS war die Exekution von 38 Angehörigen der alliierten Geheimdienste im Herbst 1944. [VII, § 89] Sie wurden, Engländer und Franzosen, fast durchwegs Offiziere, von der Gestapo aus Frankreich im August 1944 dem KL Buchenwald überstellt und, insgesamt 43 Mann, im Zugangsblock 17 untergebracht. In der ersten Hälfte des Monats September wurden plötzlich 16 von ihnen, ohne daß man im Voraus etwas gewußt hätte, zum Tor gerufen und sofort im Krematorium aufgehängt. Daraufhin wurde im Lager von mehreren Stellen versucht, aus der Reihe der übrigen so viele wie nur möglich zu retten. Der Häftlingskrankenbau konnte die Sache nicht übernehmen, weil der Lagerarzt Dr. Schiedlausky im Gegensatz zu seinem Vorgänger Dr. Hoven in keiner Weise mit Häftlingen zusammenarbeitete und diese Gruppe von Gefährdeten viel zu sehr im Scheinwerferlicht der SS stand. Einige, darunter der englische Oberstleutnant Southgate, wurden immerhin als Kranke aufgenommen, obgleich dies keine wirkliche Sicherheit bedeuten konnte.

Rettung war nur möglich, wenn die Bedrohten formell starben und nach Name und Nummer mit wirklich Verstorbenen ausgetauscht wurden. Einige mutige Kameraden von Block 50 erklärten sich zu der waghalsigen Transaktion über Block 46 bereit. Natürlich kam nur eine ganz begrenzte Anzahl in Betracht. Es war ein tragischer Moment, als der noch lebende Führer der Gruppe, Oberstleutnant Dodkin, die Auswahl in einer bestimmten Reihenfolge vornahm und von seinen Kameraden gedrängt wurde, wegen der Bedeutung seiner eigenen Person unbedingt an die Spitze der Liste zu treten. Diese Engländer und Franzosen haben einen prachtvollen Geist an den Tag gelegt. Gerettet konnten dann nur 3 von ihnen werden, außer Dodkin, dessen richtiger Name [Wing Commander Forest Frederick] Yeo-Thomas lautete, Captain [Harry] Pool, der Gestapo nur unter dem französischen Namen Peuleve bekannt, und Leutnant Stephane Hessel vom Geheimdienst General de Gaulles.

Der an dramatischen Höhepunkten reiche Ablauf der Rettung ist in einem Sonderbericht geschildert [VII, § 89, nur Listen]. Am 5. 10. 1944 wurden weitere 21 Mann, darunter Peuleve, gerufen und 20 von ihnen erschossen, während der Genannte auf die abenteuerlichste Weise entzogen wurde. Für ihn wurde ein Fernschreiben nach Berlin mit der Meldung der erfolgten Exekution dem Kommandanten des Lagers, ohne daß dieser die geringste Ahnung davon hatte, abgelistet. Der angebliche Tod von Dodkin und Hessel wurde über die Politische Abteilung gemeldet. Vierzehn Tage später wurde ein weiteres Mitglied dieser Gruppe, ein Franzose, Vater von 4 Kindern, für den ebenso wie für die anderen unter den obwaltenden Umständen einfach keine Rettungsmöglichkeit mehr gefunden werden konnte, besonders wenn man die bereits Vertauschten nicht wieder in Gefahr bringen wollte, zur Hinrichtung geführt. Die verbliebenen 3 Mann mußten Woche für Woche mit dem Eintreffen der Exekutionsordre aus Berlin, die in der Regel am Mittwoch kam und am Donnerstag ausgeführt wurde, rechnen. Sie traf jedoch glücklicherweise nicht ein.

Southgate ist auf diese Weise am Leben geblieben; die beiden Franzosen von den Überlebenden gingen auf Außenkommandos, einer von ihnen namens Guillot, flüchtete Anfang April 1945, wurde aber wieder eingefangen und in den Bunker gebracht. Er ist dort befreit worden. Am 5. 4. 45 kam aus Berlin plötzlich die Exekutionsordre gegen Dodkin (die Todesmeldung vom Oktober 1944 war also nicht an die zuständige Zentralstelle gelangt!) und gegen einen anderen Engländer im Lager namens [Martin] Perkins, einem sehr beliebten jungen englischen Offizier, der bereits 1½ Jahre in Buchenwald war.[44] Infolge einer verhängnisvollen Komplikation konnte der Hinrichtungsbefehl gegen Perkins 6 Tage vor der Befreiung des Lagers durch die amerikanischen Truppen durchgeführt werden. Um die nunmehr noch im Lager befindlichen insgesamt 4 englischen Offiziere, an ihrer Spitze Southgate und Captain [Christopher] Burney, vor der Gefahr einer Liquidation im letzten Moment zu bewahren, ließ man sie bis zur Befreiung des Lagers mit Hilfe ganz weniger Eingeweihter in einem unterirdischen Versteck verschwinden.[45] Im Wirrwarr der letzten Tage des Lagers kam es zu keiner isolierten Aktion mehr gegen die Engländer.

XI

Der permanente unterirdische Kampf zwischen SS und antifaschistischen Kräften im Lager[46]

Niemals hätte das KL Buchenwald soviel Positives in dieser Hölle der SS erlebt, niemals wäre es am Ende zu einem beachtlichen Teil noch gerettet worden, wenn es der zähen, todesverachtenden Arbeit politisch führender Menschen unter den Lagerinsassen nicht gelungen wäre, sich im Laufe der Jahre doch durchzusetzen.

Hauptgrundsatz dieser konsequenten, unerbittlichen Arbeit war es, gegen die SS eine undurchdringliche Mauer zu errichten, die nicht sichtbar war, aber überall dort in Wirksamkeit trat, wo ein SS-Angehöriger auftauchte. Die wenigen Männer der Lagerführung mit ihren etwa 120 Ausführungsorganen waren unmöglich in der Lage, Zehntausende von Unterjochten anders als rein äußerlich und sporadisch zu kontrollieren. Was hinter dem Stacheldraht wirklich vorging, blieb ihnen verborgen. Sie ahnten das, witterten es, fürchteten es in dunklen Stunden des allmählichen Abstiegs der letzten Jahre, aber sie konnten es nicht greifen, das Anonyme nicht packen. Sie suchten sich daher durch Spitzel Kenntnis von den internen Vorgängen im Lager, besonders von oppositioneller Gesinnung und Organisation, zu verschaffen. Leclaire und Driemel gingen zuweilen selbst in Häftlingskleidung ins Lager – eine kindische Methode, etwas in Erfahrung bringen zu wollen, da sie eine Fülle typischer Kleinigkeiten des Häftlingslebens nicht beherrschten, sofort erkannt und überwacht wurden.

Die Folge war nur verschärfte Aufmerksamkeit und weiter gesteigertes Mißtrauen. Auch die Einsetzung nationalsozialistischer Häftlingsspitzel hat sich für die Gestapo und die SS nicht bewährt. Ehe die Neuzugänge überhaupt das eigentliche Lager, also den Stacheldrahtbereich, betraten, war, wenn sie irgendwie nationalsozialistischen oder verwandten Kreisen angehörten, ihr Signalement der internen Lagerleitung und den maßgebenden Männern auf Häftlingsseite bereits zugeleitet. Zuverlässige Augen und Ohren waren stets vom ersten Moment an auf die «Neuen» gerichtet, die ja auch noch stunden- und tagelang Etappen durchlaufen mußten, in denen sie von Häftlingen auf Herz und Nieren geprüft werden konnten. N.S.-Leute blieben im Lager abgekapselt, bis sie entweder unschädlich gemacht werden konnten oder sich als einwandfrei ungefährlich erwiesen (welches Glück nur sehr wenige hatten).

Erfolg hatte die SS nur mit Spitzeln aus dem Lager selbst – BVern, Asozialen und auch Politischen. Die Zusammenarbeit mit der SS ergab sich für die «Zinker» entweder nach und nach von selbst, auf Grund gewisser Positionen, die sie innehatten und die sie in dauerndem Verkehr mit der SS hielten, oder aus persönlichen Rachemotiven oder aus Macht- und Geltungsbedürfnis. Einige sind von der Gestapo bzw. der Lagerführung zu Spitzeldiensten auch gepreßt worden.

Der berühmteste und berüchtigtste Fall freiwilliger Denunziationsarbeit ereignete sich 1940/41 im KL Buchenwald, als der weißrussische Emigrant Grigorij Kushni-Kuschnarew, angeblich früherer General, nachdem er sich monatelang systematisch in das Vertrauen weiter Kreise eingeschlichen hatte, damit begann, Kameraden jeder Art, besonders aber russische Kriegsgefangene der SS ans Messer zu liefern. [VII, § 86; VIII, § 113] Dieser elende Gestapo-Agent, der mehrere hundert Kameraden zu Tode gebracht hat, scheute auch nicht davor zurück, jedermann in der infamsten Weise zu denunzieren, der mit ihm irgend einmal in einen, wenn auch gänzlich nebensächlichen persönlichen Konflikt geraten war. Eine der Hauptaufgaben, die ihm von der SS übertragen wurden, war die Aussortierung der in das Lager verbrachten russischen Kriegsgefangenen nach geheimen Richtlinien, die vom Reichssicherheitshauptamt im Einvernehmen mit dem Oberkommando des Heeres aufgestellt worden waren. Er sah es den Leuten natürlich meist schon am Gesicht an, ob sie gefährlich waren oder nicht!

Die Geschichte des Falles Kuschni-Kuschnarew darzustellen, würde einen eigenen spannenden Kriminalroman ergeben. Es ist erst im Dezember 1941 gelungen, den Kerl mit einer tödlichen Spritze zur Strecke zu bringen, offiziell ist er an einer akuten Infektionskrankheit gestorben.

Die Gefahr, daß durch Spitzel und Denunzianten sich für das ganze Lager unübersehbare Folgen ergaben, war so groß, daß schon der Möglichkeit von Verrat vorgebeugt werden mußte. Mancher, der mit solchen Personen, ohne die Zusammenhänge zu kennen, in Berührung kam, geriet dadurch selbst in einen lebensgefährlichen Kreis; nur in den seltensten Fällen war ja von vornherein bekannt, welcher Art die Verbindung war und wohin sie, auch gegen den Willen des Betreffenden, führen konnte. Hier sind auch Mißgriffe vorgekommen, die, für sich betrachtet, niemals entschuldbar wären, die aber aus der Gesamtgefahrenlage begreiflich werden. Es bedurfte zuweilen mühseliger und belastender Interventionen, um einen wirklich Unschuldigen aus dem tödlichen Netz wieder zu befreien. Einige wenige sind zu «Zinkern» erst durch ungerechte Verfolgungen im Lager gemacht worden, aus denen sie in ihrer Verzweiflung und Unerfahrenheit keinen anderen Ausweg mehr sahen als den Weg – zur SS, die sie dann über kurz oder lang selbst fallen ließ.

Die elastische Trennungswand gegenüber der SS war nur aufrechtzuerhalten, wenn das Lager von Häftlingsseite straff organisiert und einheitlich geleitet war. Dann konnten auch jene Elemente, die außerhalb der Organisation standen, von ihr sogar nichts wußten, oder die undiszipliniert waren, einerseits im Zaum gehalten und anderseits selbst geschützt werden. Zur Erfüllung dieser Aufgabe brachten die deutschen Kommunisten die besten Voraussetzungen mit: im Gegensatz zu liberalen und demokratischen Auffassungen waren sie schon von früher her strikten Parteigehorsam gewohnt und daher den Mitteln und Methoden des Gegners fast allein gewachsen; außerdem besaßen sie die längste Lagererfahrung. Daß dabei, besonders in den Anfangszeiten, wertvolle antifaschistische Persönlichkeiten anderer Richtung vielfach ausgeschaltet blieben, war bedauerlich, manchmal sogar nachteilig, aber praktisch nicht zu ändern.

Der Kampf um die Selbsterhaltung der antifaschistischen Kräfte hatte zur Voraussetzung, daß die Macht im Lager unter allen Umständen eindeutig in den Händen der politischen Häftlinge lag. Das Prinzip der SS, die Kategorien zu mischen, natürliche Gegensätze wach zu halten und künstliche zu schaffen, mußte in beständigem Kampf durchbrochen und unschädlich gemacht werden. Aus keinen anderen Gruppen heraus ist jemals der Versuch unternommen worden, die interne Lagerleitung in die Hand zu bekommen, als aus den Reihen der Politischen und der BVer. Die Gründe hierfür waren bei den Roten klar, bei den Grünen alles andere als politisch: sie wollten freie Bahn für ihre gewohnten Praktiken haben – für Korruption, Erpressung, materielle Besserstellung.

Jede Kontrolle, besonders aber eine solche von innerhalb des Lagers war ihnen unerträglich; mit der SS konnten sie dann, ihrer Meinung nach, in dem Rahmen, der überhaupt möglich war, mindestens ebenso gut fertig werden wie die Politischen. Die für den Roten aus politischen Motiven unübersteigbare Schranke zum erklärten Feind und Unterdrücker bestand für viele der Grünen nicht. Wenn daher die Lagerführung bei einem SS-Häuptling lag, der für die BVer Vorliebe zeigte, ergab sich stets sofort die Gefahr eines internen Regimewechsels. Anfänglich war das KL Buchenwald, wie bereits hervorgehoben, überwiegend unter der Herrschaft von Grünen. Dadurch, daß der größte Teil von ihnen 1938/39 zum Neuaufbau des KL Flossenbürg abtransportiert wurde, wurde es allmählich besser. Mit Kriegsausbruch kamen jedoch Tausende von BVern im Zuge einer Riesenrazzia der deutschen Polizei erneut in das Lager. 1942 errangen sie unter dem LA I Ohles noch einmal die Oberhand. Die Folgen zeigten sich in der bereits geschilderten «Sonderabteilung» drastisch genug. Mit welchen Mitteln die Grünen dabei arbeiteten (Einrichtung eines durchorganisierten Spitzelwesens, geheimer Einbau einer Schwarzhörer-Radioanlage zur Kompromittierung der Politischen usw.), ist in einem eigenen Bericht dargestellt [VIII, § 101].

Ein aktiver Kampf gegen die SS war im Lager gänzlich unmöglich. Infolgedessen mußte sich das Hauptaugenmerk auf ihre Zersetzung, vor allem durch Korruption, richten, die den Häftlingen meist nicht nur materiell – allerdings mit einseitiger Risikoübernahme seitens der Gefangenen – zugute kam, sondern auch politisch, da sie bei den Geweckteren unter den SS-Leuten die Voraussetzungen dafür schuf, um sie in ihren eigenen Idealen, sofern sie solche überhaupt hatten, unsicher zu machen, oder sie, mit zunehmender Verschlechterung der Frontlage, ganz zu Fall zu bringen. Der wesentliche Zweck war der, sie so unter die Gewalt zu bekommen, daß sie schweigen bzw. bestimmte Aktionen der Häftlinge, vor allem Lebensrettungen, dulden mußten.

Die Grundneigung der SS zur Korruption wurde von den politischen Lagerinsassen mit aller Schlauheit gefördert und ausgenutzt. Mehr und mehr ist daher, mit vorwärtsgetrieben durch andere Umstände wie den Krieg und das Ausländerproblem, unter der Decke eines engen Netzes von Interessenverflechtung die eigentliche Macht über das Lager, d. h. die innere Gestaltung und ihr Getriebe, auf die Häftlingsseite übergegangen. Im letzten Jahr gab es im KL Buchenwald eine so durchgebildete Selbstverwaltung, daß die SS in die wichtigsten Angelegenheiten keinen Einblick mehr hatte. Müde geworden, war sie nun daran gewöhnt, daß die Dinge «von selbst liefen», und ließ, im großen gesehen, die Politischen gewähren. Die Früchte der langjährigen Kämpfe und Mühen waren gereift; es konnten die Vorbereitungen für das erwartete Ende mit einiger Sicherheit getroffen werden.

Es ist weder der SS noch der Gestapo jemals wieder gelungen, in Buchenwald Maßnahmen durchzusetzen, die alle politischen Nervenstränge durchschnitten hätten. Die Gestapo hat es noch einmal, sehr zum Mißvergnügen der Lagerführung, die sich getadelt, gestört und behindert fühlte, versucht. Im Sommer 1944 wurden auf Denunziation zweier Neuzugänge hin an die 30 politische Häftlinge, darunter bedeutende Leute der Linken, verhaftet und nach wochenlangem Aufenthalt im Bunker weggebracht. Die Untersuchung hat die Gestapo zu keinem brauchbaren Resultat geführt. Bis auf wenige, über deren Schicksal nichts mehr bekannt geworden ist, wurden die Kameraden nach und nach wieder frei gelassen. Allerdings lag während dieser Monate ein allgemeiner dumpfer Druck über dem Lager, und in den ersten Wochen war jede politische Tätigkeit beinahe unmöglich. Die führenden Kräfte zogen sich in neu organisierte Schneckengänge zurück.

Auf der Voraussetzung der internen Macht basierte im Lager die ganze politische Organisation und Schulung der antifaschistischen Kräfte.

Die in Deutschland weitverbreitete Meinung, die Insassen der Konzentrationslager bekämen nationalsozialistischen politischen Unterricht und würden dann als «gebesserte Menschen» in die Volksgemeinschaft entlassen, ist der pure Unsinn. Die SS hat in Buchenwald niemals irgendeine politische «Umschulung» oder etwas ähnliches auch nur eingeleitet, geschweige denn durchgeführt. Das Einzige, was vielleicht entfernt in diesem Sinne hätte gedeutet werden können, waren die Radioübertragungen des deutschen Rundfunks. In jedem Block und in vielen Kommandos befanden sich Lautsprecher, die nach Belieben der SS eingestellt wurden und das deutsche Programm wiedergaben. Die Reden Adolf Hitlers mußten anfangs von den Häftlingen stehend am Appellplatz angehört werden. Sie waren so endlos wie der Regen, der auf die kahlgeschorenen Köpfe strömte; ihre Wirkung war die gleiche: man schüttelte sie von sich ab. Als es dann später möglich wurde, während der sogenannten Führerreden in den Blocks zu sein, war Hitler bereits so niederlagengekrönt, daß er kurz und weniger oft sprach, was im Lager schmerzlich empfunden wurde, da die meisten während seiner Reden einen gesunden Erholungsschlaf taten oder sich vergnügten.

Die eigenen Unternehmungen und Maßnahmen zur Erhaltung der moralischen und politischen Widerstandskraft wurden mit viel Eifer und Hingabe vorbereitet und ausgeführt. Die Parteiorganisation war bei der linken, und zwar sowohl bei den Kommunisten wie bei den Sozialdemokraten, gut durchgebildet. Schulungsarbeit fand ziemlich regelmäßig, wenn auch in kleinsten Zellen statt. Nach Ausmerzung des Spitzelwesens und eindeutiger Klärung der Machtverhältnisse im Lager selbst wurde ungeheuer viel politisiert, ab 1944 eigentlich ganz offen und ungehemmt. Tageszeitungen standen zur Verfügung; man konnte die *Thüringer Gauzeitung* und den *Völkischen Beobachter* lesen oder sich ein Heimatblatt kommen lassen.

Im Lager bildete sich so etwas wie ein Propagandaministerium heraus, das auch geringfügige Informationen von Bedeutung, die Goebbels zuweilen nur in Grenzblättern veröffentlichen ließ, sammelte und weitergab. Scharfe politische Köpfe analysierten die Lage und schufen für die interessierten Kameraden Klarheit und Überblick, besonders zu Zeiten, wo es so aussah, als ob Hitlers Bäume in den Himmel wachsen sollten, und infolgedessen mancher Kamerad sehr deprimiert war. Paradoxerweise gab es wohl in ganz Deutschland keinen anderen Ort mehr, wo politisch so eindeutig – wenn auch illegal – gesprochen werden konnte wie im Konzentrationslager. Für die Auslandsnachrichten sorgte ein Abhördienst im Elektriker-Kommando, dessen Mitteilungen täglich zweimal an Vertrauenspersonen weitergeleitet wurden. Die Arbeit an dieser Stelle war allerdings mit dauernder Lebensgefahr verbunden; sind doch im KL Sachsenhausen im Herbst 1944 über 100 Kameraden wegen Abhörens ausländischer Sender verhaftet, mehr als 2 Dutzend von ihnen aufgehängt worden.

Auch von der Außenwelt und zur Außenwelt führten Dauerverbindungen, die sorgsam gepflegt wurden. Teils haben entlassene Schutzhäftlinge sie geschaffen, teils liefen sie über Außenkommandos und Zivilarbeiter. Auf diese Weise konnte das Bild, das von den Verhältnissen im Lande durch die Berichte der Neuzugänge entstand, dauernd korrigiert bzw. ergänzt werden. Wichtige politische Nachrichten aus dem Lager wurden nach außen lanciert.

Wiederholt sind im KL Buchenwald, unter Einhaltung der erforderlichen Sicherungsmaßregeln, antifaschistische Feiern abgehalten worden. Zu ihnen wurden naturgemäß nur absolut einwandfreie, langjährige Lagerinsassen eingeladen. Die Feiern bestanden in der Regel aus einem ernsten und einem heiteren Teil, bei welch letzteren gepfefferte politische Satire zum besten gegeben wurde. Auch antifaschistische literarische Vorlesungen fanden statt. Aus den Werken der Lagerbibliothek wurde sorgsam alles herausgesucht, was dafür brauchbar war, besonders aus den Werken deutscher Klassiker, und der Erfolg war jedesmal nachhaltig. Welche Wirkung erzielte allein die Vorlesung von Szenen aus Georg Büchners «Dantons Tod»! Da sich in der sogenannten Altmaterialverwertung immer wieder wertvolle Bücher aus beschlagnahmten Bibliotheken befanden (u. a., nebenbei erwähnt, einmal Justinians Pandekten und andere berühmte juristische Werke, ferner sehr häufig die Bibel in alten und neuen Ausgaben, die für Klosettpapier bestimmt waren), konnten die Programme außerordentlich bereichert werden. Heines revolutionär-satirische Gedichte sind auf solche Art in den Besitz der Häftlinge gelangt.

Soweit die Freizeit es nur zuließ, wurde für Unterhaltung von Häftlingsseite gesorgt. In den ersten Jahren wurden Musik- oder Kabarettabende in den Blocks gelegentlich, ganz nach Laune der SS, schwer bestraft. Später war es möglich, in der Kinohalle Konzerte und bunte Abende zu veranstalten, die sich größten Zuspruchs erfreuten und teilweise vorzügliche Programme boten, da sich ja unter den Häftlingen Kräfte von Rang und Namen und nicht wenige brauchbare Talente befanden. Auch der Sport hat in verhältnismäßig bescheidenem Rahmen immerhin gelegentlich eine Rolle gespielt und dazu beigetragen, daß die Kameraden von den Schrecken und Mühsalen des Alltags für die eine oder andere Stunde abgelenkt wurden.

Um alles durchführen und aufrechterhalten zu können, was illegal war, mußte ein wirksamer Häftlings-Selbstschutz ins Leben gerufen werden. Man beschloß, diesen Gedanken der SS selbst zu unterbreiten, und zwar in Form einer Ordnungstruppe, die so etwas wie der verlängerte Arm der SS im Lager sein sollte, in Wahrheit aber den wohlverstandenen Zielen der Gefangenen diente. Die Gefahr, daß die Organisation von der SS wirksam gegen die Häftlinge mißbraucht werden konnte, war zu dem Zeitpunkt, als der Lagerschutz ins Leben gerufen wurde, nicht mehr allzu groß. Die Spekulation erwies sich in der Tat als richtig.

Die Lagerführung hat sich im wesentlichen darauf beschränkt, ihn als eine Art Stellvertretung der SS-Macht im Lager zu betrachten, die ihr die Aufgabe der Kontrolle und Beherrschung des Lagers erleichterte. Wie bereits erwähnt wurde der Lagerschutz aber zur Kerntruppe der Häftlinge gegen die SS ausgestaltet. Das war selbstverständlich eine schwierige und außerdem nach außen hin eine undankbare Aufgabe. Hatte der Lagerschutz doch zum Beispiel die Neuzugänge, die Transporte, die Appellordnung, die Suchaktionen und dergleichen mehr zu übernehmen, wo es vielfach nicht ohne harten Zugriff abging.

Geschlagen wurde vom Lagerschutz des KL Buchenwald nur wenig, was von Neuzugängen, die aus anderen Lagern kamen, und die im ersten Augenblick erschraken, wenn sie von den Leuten des Buchenwalder Lagerschutzes in Empfang genommen wurden, immerhin als erleichternd empfunden wurde. Es hat natürlich dann und wann das eine oder andere Mitglied des Lagerschutzes gegeben, das man nach der angewandten Tonart als verhinderten SS-Mann hätte bezeichnen können. Aber das war nicht ausschlaggebend; denn, wie wäre es dem Lager als Ganzem und Tausenden von Einzelnen bei Einlieferungen, bei Abtransporten, bei Strafaktionen und last not least, in den letzten Tagen Buchenwalds vor der Befreiung ergangen, wenn der Lagerschutz nicht für eine tadellose Ordnungstarnwand gegenüber der SS gesorgt hätte! Dieses ungeheure Verdienst deckt manchen begangenen Fehler reichlich zu.

Im übrigen verlor auch der Ton manches von seiner Härte und Rauheit, als es gelang, den Lagerschutz zu internationalisieren. Gerade die deutschen Kameraden haben das durch Beschwätzung der SS zuwege gebracht, als die übrigen Voraussetzungen im Lager im Sinne einer Vereinheitlichung und gemeinsamen Ausrichtung für die Endmonate geschaffen waren. Aus allen möglichen Gründen und unter allen möglichen Vorwänden wurden immer neue Hilfsgruppen des Lagerschutzes bzw. Einrichtungen, die im Notfall Seite an Seite mit ihnen stehen konnten, geschaffen: außer der Feuerwehr, die schon bestand, die Brandwache, der Sanitätstrupp, der Bergungstrupp usw., bis weit über 1000 Mann zur Verfügung standen, die auf die Befehle der Häftlingslagerleitung harrten und straff diszipliniert waren.

Es ist der SS nie gelungen, dieses allmählich sich bildende Machtgefüge und seine wirkliche Bedeutung zu durchschauen. Man mag selbst ermessen, welches Maß von Mut, rücksichtslosem Verantwortungsbewußtsein gegenüber den eigenen Lagerkräften, Klugheit und Kleinarbeit dazu gehörte, im permanenten unterirdischen Kampf den antifaschistischen Kräften diesen wirksamen Schutz zu schaffen. Der Einfluß und die Vorbildhaftigkeit waren so groß, daß politische Kameraden aus anderen Lagern, in denen sie von den Grünen terrorisiert wurden, Nachricht um Hilfe schickten und mit abgehenden Transporten Ordnungskräfte des KL Buchenwald entsandt wurden, die zwar die Verhältnisse an ihrem Bestimmungsort nicht gleich grundsätzlich verändern, aber doch immerhin erleichtern konnten.

XII
Das Lager seit Kriegsausbruch

Die bisherige Darstellung des KL Buchenwald schilderte vor allem die typischen Verhältnisse, wie sie für ein deutsches Konzentrationslager überhaupt bezeichnend waren. Ohne die Kenntnis dieser Vorgänge und Einrichtungen wären die Veränderungen, die der Krieg in den KL hervorgerufen hat, nicht voll verständlich.

Ganz allgemein muß man sagen, daß der Krieg, entgegen den Erwartungen der meisten, die Lage in den KL nicht weiter verschlechtert hat, sondern daß sie sich in seinem Gefolge teilweise eher verbesserte. Das erscheint widerspruchsvoll, ist aber so. Eine Reihe von Umständen, besonders die zunehmenden Schwierigkeiten auf allen Gebieten, haben es mit sich gebracht, daß die SS auf beinahe keiner Linie mehr mit der Risikosität [sic] und Brutalität der ersten Jahre vorgehen konnte. Dadurch verminderte sich nicht nur der Druck, der auf den Häftlinge beständig lag und sie teilweise gefügig gemacht hatte, sondern es erhöhten sich auch die Möglichkeiten, schädliche Elemente in den eigenen Reihen auszuschalten und untragbare Zustände zu beseitigen oder zu mildern.

Ein erheblicher Teil der geschilderten Greuel ist, seit etwa 1940/41, nach und nach abgestellt worden. Es wurde nur mehr wenig geschlagen – abgesehen von der «offiziellen» Prügelstrafe – die Einlieferung der Neuzugänge geschah auf eine immerhin erträgliche Weise, das Bad, die Desinfektion, die Kammern funktionierten mehr oder minder «normal», d. h. sie blieben Stationen der menschlichen Entwürdigung, aber [ohne] jene besonderen Quälereien und Schamlosigkeiten, die lange Zeit für sie bezeichnend gewesen waren. In den Blocks wurde je ein Blockältesten-Stellvertreter aus den verschiedenen Nationen ernannt, die Blockführer kümmerten sich nunmehr wenig um die Dinge, die alten Kommandoführer kamen entweder weg oder waren relativ gezähmt. Besonders die beiden letzten Umstände haben dem Lager eine Fülle von Schrecken genommen.

Die Objektivität verlangt, daß diese Veränderungen hervorgehoben werden. Man soll aber deshalb nicht glauben, daß sich das KL etwa dadurch in ein Erholungsheim verwandelt hätte. Alles andere als das! Nur das Übermaß des Furchtbaren, das in den ersten Jahren kaum zu bewältigen war, verschwand mehr und mehr; zurückblieb die «normale» Härte des Daseins von 12 000 bis 35 000 Menschen auf einem Quadratkilometer unter Bedingungen, die unmenschlich blieben, auch wenn sie nicht mehr durch Teufelshirne weiter verschlimmert wurden. Vielleicht ist das eben Gesagte nur vom Standpunkt eines alten Konzentrationärs aus begreiflich, der sich im Laufe der abscheulichen Jahre naturgemäß einem untersten Niveau angepaßt hatte und alles, was diese Hölle nicht mehr schürte, als Erleichterung empfand; Ausländer und andere Neuzugänge waren auch über die veränderten Verhältnisse, deren Entstehung und Entwicklung sie nicht kannten, entsetzt.

Im übrigen vollzog sich die Wandlung nur ganz allmählich, auf den verschiedensten Gebieten ungleichmäßig, und zwar oft von schweren Rückschlägen begleitet Es kamen weniger Grausamkeitsexzesse gegen Einzelne vor, dafür häuften sich vielfach die Massenaktionen, die bereits dargestellt worden sind.

Nach dem Polenfeldzug bis in das Frühjahr 1940 hinein, sah es beinahe so aus, als ob die Kriegsverhältnisse die Vernichtung des Lagers bringen mußten. Noch am 21. August 1939 hatte das KL Buchenwald mit 5376 Häftlingen seinen tiefsten Stand erreicht. Ab 23. August 1939, also mit dem Abschluß des deutsch-russischen Freundschaftspaktes, wurden zahlreiche sogenannte Aktionshäftlinge eingeliefert, die der Nationalsozialismus nicht im Lande belassen wollte, weil sie seiner Meinung nach die Politik gegenüber Sowjetrußland torpediert hätten oder weil man von ihnen Schwierigkeiten in der Armee befürchtet hätte, wenn nun der lange vorbereitete Krieg beginnen sollte. Sie wurden «wehrunwürdig» erklärt. Das KL Dachau wurde vollständig geräumt, 2000 Kameraden kamen von dort nach Buchenwald. Ernährung und Kleidung waren elend, der Winter maßlos streng. Als an einem Tag bei 25 Grad Kälte die Arbeitskommandos zum Appell Dutzende von Erschlagenen und Erfrorenen mit ins Lager schleppten, wurde auf Veranlassung des Lagerarztes wenigstens verfügt, daß bei Kältegraden von mehr als minus 10 die Kommandos nicht mehr ausrücken mußten. Diese «Erleichterung» konnte den Ausbruch von Seuchen aber nicht mehr aufhalten, zudem der Ernährungszustand der Häftlinge bereits katastrophal geworden war. Die erste Typhusepidemie hatte Buchenwald im Winter-Frühjahr 1939 durchgemacht; nun brach die Ruhr aus, und zwar in einem Umfang, daß das Lager gesperrt werden mußte.

In dieses Milieu des Grauens, zusammengesetzt aus Hunger, Kälte, Seuchen und Elend aller Art, waren nach Beendigung des Polenfeldzuges bereits 181 Personen der polnischen Minderheiten aus Deutschland nach Buchenwald eingeliefert worden, am 15. 10. 1000 Polen, am 16. 10. [1939] weitere 1098, aus dem Wiener jüdischen Altersheim 200 Greise und etwa 2000 aus Polen seinerzeit nach Deutschland und Österreich eingewanderte Juden. Sie wurden an der Seite des Appellplatzes in großen offenen Zelten ohne Öfen, ohne Decken, mit halben Essensrationen und Brot nur ein Laib für 10 Mann untergebracht. Täglich zog die SS aus diesem «Kleinen Lager», das extra wieder mit Stacheldraht umgeben war, Leute heraus, die sie für sogenannte Heckenschützen hielt, also polnische Partisanen, und brachte sie in ein Stacheldraht-«Haus» am Rande des Kleinen Lagers, «Rosengarten» genannt. Stacheldraht, das war alles, woraus es bestand. Dort mußten die Opfer bei [minus] 30 Grad nächtlicher Kälte und minus 15 Grad am Tage den Hungertod sterben – im Angesicht ihrer Kameraden, die nicht wußten, wann sie selbst an die Reihe kamen. Einmal wurden alle Polen des Lagers, Mann für Mann, am Fenster des Rapportführers von einer deutschen Frau gemustert, die gekommen war, um den «Mörder ihres Mannes» zu finden. Es konnte nicht festgestellt werden, ob sich unter den Todeskandidaten, die an jenem Tage in den «Rosengarten» gestoßen wurden, ein Pole befand, dessen Gesichtszüge sie identifiziert zu haben glaubte. Insgesamt sind dort 123 Mann zu Tode gehungert worden, die Opfer des Kleinen Lagers selbst nicht gerechnet.

Mit der Eroberung eines europäischen Landes nach dem anderen trafen immer mehr Ausländertransporte in Buchenwald ein. Holländer, Franzosen und Belgier, Rotspanier, Ukrainer und Russen, Jugoslawen, Norweger und Dänen, schließlich auch Ungarn und Italiener und Angehörige zweier Dutzend weiterer Staaten. Wie die Leute manchmal angebracht wurden, war unbeschreiblich. Im Sommer 1943 wurden Hunderte von Franzosen, teils vollständig nackt, teils in dürftigster Unterkleidung mit ihren zahlreichen Toten aus den Waggons, in denen sie von Compiègne her eingepfercht gewesen waren, am Bahnhof Weimar ausgeladen und nach Buchenwald getrieben – hohe Staatsbeamte darunter, Professoren, Offiziere, besonders der französischen Polizei und Ingenieure.[47] Die ersten Russen hatten Hungermärsche bis zu 1000 km und mehr hinter sich; als sie durchs Lagertor wankten, glichen sie menschlichen Wracks, aus dem Bade gekommen, waren es wandelnde Skelette. Eine sofortige Brotsammlung unter den Kameraden zugunsten der Bedauernswerten wurde mit schweren Sanktionen gegenüber einigen Politischen, die das Hilfswerk organisiert hatten, geahndet. Das Lager wurde mit Essensentzug bestraft. «Wenn noch einmal einer von den Reichsdeutschen diesen Schweinehunden aus dem Osten –», so brüllte damals der 1. Schutzhaftlagerführer durch das Mikrophon; es geschah natürlich trotzdem, aber nunmehr geheim.

Auch Kinder wurden in wachsender Zahl in das Lager eingeliefert. Der jüngste «Partisane» war dreieinhalb Jahre alt. Man brachte sie in einem eigenen Holzblock unter, wo sie einigermaßen vernünftiger Häftlingsobhut anvertraut wurden. Im Laufe der Zeit erhielten sie tagsüber ein wenig Beschäftigung; so kamen sie allmählich in alle möglichen Kommandos, wo die Kameraden sie gut behandelten. Die rauhen Verhältnisse gingen natürlich nicht ohne sehr nachhaltige Einwirkungen an ihnen vorüber. Am Ende waren es 877 Knaben zwischen 3½ und 12 Jahren, die der Nationalsozialismus im KL Buchenwald als besondere Beispiele seiner Schutzhaft-Methoden zum Segen des deutschen Volkes verwahrt hielt. Auch hart gesottenen Männern ging es im Herbst 1944 an die Nieren, als die SS Judenkinder und alle Zigeunerjungen herausfischte, zusammentrieb und die schreienden, weinenden Kinder, von denen ein Teil um jeden Preis zu ihren zurückbleibenden Vätern oder Häftlingsbeschützern in den einzelnen Kommandos wollte, mit in Anschlag gebrachten Karabinern und Maschinenpistolen wegtrieb, um sie nach Auschwitz zur Vergasung abzutransportieren.

1945 zählte das Lager Angehörige von insgesamt 30 Nationen!

Ein Wort zum Verhalten der einzelnen großen Ausländernationen im Lager. Die Polen fügten sich in die Umstände verhältnismäßig gut. Es wurde ihnen nicht leicht gemacht, da ihnen auch im Lager nicht allzuviel Sympathie begegnete. Sie waren außerdem politisch sehr gespalten. Im Laufe der Kriegsjahre haben es einige von ihnen zu bedeutenden Funktionen auf Häftlingsseite gebracht. Sehr stark wurde ihre Stellung in den Stubendiensten und in einigen bevorzugten Kommandos, da ihre Gruppen systematische Personalpolitik trieben. Einen Rückschlag erfuhren sie, als 1942 unter dem LA 1 Wolff Polen aus Auschwitz kamen, die von dort her übel beleumundet waren und in Buchenwald sofort nach der internen Herrschaft strebten. Nach Beseitigung dieses sehr gefährlichen Versuches, die innere Entwicklung des Lagers in andere Bahnen zu drängen, brauchte es einige Zeit, um den Polen den Boden unter den Füßen wieder zu festigen.

Die Tschechen waren als sogenannte Protektoratshäftlinge mit Vorzugsrechten in das Lager gekommen. Sie bewohnten eigene Blocks, trugen langes Haar und brauchten monatelang nicht zu arbeiten. Das hat ihnen viel Neid und Mißgunst eingetragen, aber ihre hilfsbereite Art, besonders überflüssiges Essen herzuschenken und von Rauchwaren abzugeben, hat manchen

Gegensatz geglättet. Da nach und nach immer mehr von ihnen sich zum Arbeiten im Lager meldeten, ehe der Rest zwangsweise der Vorzugsrechte beraubt wurde, hatten sie die Möglichkeit, sich sehr gute Kommandos auszusuchen. Von den Tschechen war kaum einer auf Dauer an einer schweren Arbeitsstelle. Nach Überwindung ihrer eigenen parteipolitischen Gegensätze lebten sie mit den übrigen Nationen in teils freundschaftlichen, teils korrekten Beziehungen.

Die Russen zerfielen in zwei ziemlich scharf getrennte Gruppen: Die Kriegsgefangenen zusammen mit russischen Zivilarbeitern und die Ukrainer. Die Zweitgenannten stellten die überwiegende Masse dar. Während die Kriegsgefangenen, zuletzt etwa 800 Mann, eine wohldisziplinierte, prachtvolle Mannschaft bildeten, die zwar mit Recht und viel Geschick auf ihren Kollektivvorteil bedacht war, aber stets die Gesamtinteressen des Lagers klar vor Augen hatte, war die Masse der Ukrainer ein ziemlich unqualifizierbares Volk. Sie wurden anfangs von ihren deutschen Parteigenossen in einer Weise favorisiert, daß es beinahe unmöglich war, gegen einen «Russen» auch nur die kleinste Beschwerde vorzubringen. Die Frechheit, Faulheit und Unkameradschaftlichkeit vieler von ihnen hat dann allerdings einen raschen und gründlichen Wandel herbeigeführt, der es ihnen nicht mehr ermöglichte, in führende Positionen zu gelangen. Im letzten Jahr haben die russischen Kriegsgefangenen im Verein mit einigen hervorragenden Komsomolzen aus den Reihen der Ukrainer damit begonnen, wenigstens den brauchbaren Teil dieser zusammengewürfelten Gesellschaft, die überhaupt keine Hemmungen kannte, zu schulen und in das Ganze einzufügen. Die schwierige Aufgabe ist sogar einigermaßen gelungen.

Die Franzosen hatten gemäß ihrem Temperament und ihrer im allgemeinen wenig widerstandskräftigen Konstitution unter der Ungunst der Verhältnisse schwerer zu leiden als andere. Ihr ausgeprägter Individualismus und ihre in der Regel hohe Geistigkeit, aber auch die Tatsache, daß sich unter ihnen eine beachtliche Anzahl getarnter krimineller und sonstiger zweifelhafter Elemente befand, brachte sie in viele an sich vermeidbare Schwierigkeiten, für welche dann von anderer Seite oft wenig Verständnis bestand. Eine Anzahl französischer Persönlichkeiten gewann die allerbesten Beziehungen im Lager, im Großen gesehen waren sie aber schlecht daran und wenig beliebt. Ihre Reihen zu vereinheitlichen, um sie widerstandsfähiger und für die «Gemeinschaft der Unterdrückten» wertvoller zu machen, erwies sich als nicht durchführbar, da sie politisch unglaublich zersplittert waren. Nur die Minoritätsgruppe der französischen Kommunisten hat engen Anschluß an die interne Lagerleitung gehabt. Das Ergebnis war nicht nur Schutz für sie und die von ihr Empfohlenen, sondern auch reichlich viel Unrecht für die anderen, die überwiegende Majorität, die hilflos waren und in beständiger Angst nach allen Seiten hin lebten. Manches von dem, was sich selbst noch nach der Befreiung des Lagers abgespielt hat, wird daraus erklärlich.

Die Holländer haben sich sehr wacker gehalten. Ihre internen Gegensätze waren am Anfang scharf, wurden dann aber, besonders gegen Ende zu, wesentlich gemildert und überbrückt. Sie waren freiheitliche Menschen, die jede Form von Zwang, gleichgültig von welcher Seite sie kam, haßten. Aber ihre Tüchtigkeit hat sie die entstehenden Schwierigkeiten immer gut überwinden lassen. Zwischen ihnen und den übrigen Nationen im Lager herrschte nicht nur ein sauberes, sondern vielfach ein herzliches Verhältnis. Genau das gleiche kann von den rund 600 Jugoslawen gesagt werden, die im Lager sehr beliebt waren.

Die beinahe 2000 Dänen, meist Polizeibeamte, die 1944 nach Buchenwald kamen, bildeten eine geschlossene Einheit, die unter günstigeren Bedingungen und ziemlich zurückhaltend für sich lebte. Es hat mit ihnen niemals Konflikte gegeben. Im Lager haben sie aus ihren Mitteln, die relativ reichlich zur Verfügung standen, immer wieder in einem gewissen Umfang Hilfe geleistet. Mehr noch gilt das von den 350 norwegischen Studenten, prachtvollen Menschen, die einen sportiven Geist mitbrachten und gute Kameraden waren. Es wäre unrecht, an dieser Stelle die 167 angelsächsischen Piloten unerwähnt zu lassen, die sich mehrere Monate des Jahres 1944 im KL Buchenwald befanden, bis sie anderswohin abtransportiert wurden. Sie standen, straff militärisch organisiert, im engsten Kontakt mit führenden nichtkommunistischen Persönlichkeiten des Lagers, der deutschen KP-Führung in voller Loyalität gegenüber und in höchst nützlicher Tuchfühlung mit den russischen Kriegsgefangenen. Auf ihre Mithilfe für das Ende des Lagers, das immer – und mit Recht – als äußerst kritisch angesehen wurde, ist mancher treffliche Aktionsplan aufgebaut worden.

Außer gegen die russischen Kriegsgefangenen, haben sich zentrale SS-Anweisungen auch gegen die Niederländer und gegen Franzosen und Belgier gerichtet Sie betrafen die sogenannten NN-Transporte. Die SS hatte eine unbeschreibliche Art, den Tod, den sie über andere verhängte, romantisch zu etikettieren. «Meerschaumaktion» und «Aktion Frühlingswind» hießen die Treibjagden, die sie in Frankreich ansetzte, und deren Opfer sie in deutsche Konzentrationslager verschleppte. Ab Sommer 1943 tauchte von der Politischen Abteilung her das Stichwort «NN-Transporte» auf. Man konnte anfänglich glauben, das es sich um eine Spezialmaßnahme gegen die Niederländer handelte. Bald sickerte doch die wahre Bedeutung durch. Die «Nacht-und-Nebel-Transporte» erfaßten einige hundert Holländer, Franzosen und Belgier, die nach «rassenbiologischer Untersuchung» Sonderversuchen in anderen KL, besonders in dem berüchtigten Natzweiler, zugeführt wurden. Etwa 2 Dutzend Kameraden konnten immerhin durch geschickte Rettungsaktionen vor dem ihnen zugedachten Schicksal bewahrt werden, 7 von ihnen über Block 50.

Die Unterbringung der vielen Tausende von Ausländern im Lager Buchenwald war von Anfang an schwierig. Die SS verfügte daher 1942 den Bau eines eigenen sogenannten Kleinen Lagers, das sich mit nach und nach 17

Baracken an die letzte Reihe der Steinblocks anschloß. Bis zur jeweiligen Fertigstellung dieser primitiven Holzbaracken wurden die Neuzugänge in Zelten untergebracht. Es braucht nicht gesagt zu werden, was das für viele, ja für die meisten bedeutete! Aber auch im Kleinen Lager selbst waren die Verhältnisse derart, daß jeder, der nur konnte, alles daran setzte, um ihm zu entfliehen und in das Große Lager verlegt zu werden. In dicht übereinanderliegenden Kojen, rechts und links von einem Mittelgang, hausten je 6 bis 10 Mann, ohne rechtes Licht, ohne zureichende Lüftung, mit je einer Decke, wenn sie Glück hatten, Latrinen außerhalb – 1500, 2000 Leute in jedem Block, statt höchstens 500.

Hier haben sich Tragödien unvorstellbaren Ausmaßes abgespielt, je länger der Krieg dauerte, umsomehr. Am schlimmsten wurde es ab Herbst 1944. Die tägliche Totenzahl allein des Kleinen Lagers stieg gewaltig an, zeitweise bis zu 150 und 200 Mann. Die Leichen lagen zuweilen im Freien herum, weil sie nachts von den Lebenden, um Platz zu schaffen, einfach aus den Baracken herausgeworfen wurden, ohne daß man Zeit hatte, sie gleich wegzuschaffen. Die «Sanierung» seitens der SS bestand schließlich darin, daß sie den Block 61 einrichten ließ, wohin Tag für Tag an die 200 Leute des Kleinen Lagers gebracht wurden, um «abgespritzt» zu werden, damit freier Raum in den übrigen Baracken geschaffen wurde. In Anbetracht des Umfanges dieser Elendszustände, inmitten derer u. a. auch die alliierten Piloten und die Dänen leben mußten, wurde im Kleinen Lager eine eigene Revierbaracke eröffnet, die freilich wesentlich weniger zu tun bekam als Block 61. Die Ordnungskräfte innerhalb des Gesamtlagers waren diesem Massensterben gegenüber beinahe machtlos. Die Blockältesten, die eingesetzt wurden, hatten eine kaum zu bewältigende Aufgabe, da Hunger und Not die Gefangenen vielfach vertierten; um das tägliche bißchen Essen entstanden wilde Kämpfe bis zum Totschlag, deren Stubendienste kaum mehr Herr wurden.

Um einigermaßen Erleichterung zu schaffen, schickte man möglichst viele von den Neuangekommenen möglichst rasch wieder auf Transport in Außenlager. Das Stammlager Buchenwald hatte schon vor Jahren Außenlager. Ihre Zahl und Entfernung stieg mit der Dauer des Krieges an. Baubrigaden aus Buchenwald gingen bis zu den Kanalinseln, am Rhein standen Tausende von Kameraden beim Schanzen oder in Fabriken, im Norden erstreckten sich die Außenkommandos bis Magdeburg, im Osten bis hinter Leipzig. Die größte Zahl erforderte das sogenannte Sperrgebiet, ein Terrain mit mehreren hunderttausend Quadratmetern im Umkreis von Nordhausen, etwa 70 km nördlich von Buchenwald. Dort allein arbeiteten zusammen mit fremdländischen Kräften und deutschen Zivilangestellten annähernd 150000 Menschen an unterirdischen Verlagerungsstätten der Junkers-Werke Dessau unter unmenschlichen Bedingungen. Auch in andere industrielle Sperrgebiete, die der SS unterstanden, gingen Arbeitssklaven des KL Buchenwald.

Insgesamt besaß das Stammlager 70 Außenlager (50 für Männer, 20 für Frauen), ohne das Lager «Dora» bei Niedersachsenwerfen im Kreis Nordhausen, mitzurechnen, das im Oktober 1944 selbständig wurde und die Lager der sogenannten B-Vorhaben angegliedert erhielt. Das Lager «Dora» kam unter seinem Kommandanten Förschner, der selbst keine besondere Vorliebe für die Grünen hatte, allmählich unter BVer Herrschaft. Förschner gab den Befehl, daß Häftlinge ihre Kameraden, die zur Exekution bestimmt waren, selbst hängen mußten. Die Politischen weigerten sich geschlossen, worauf er sie aus den führenden Positionen entfernte und durch Grüne ersetzte.

Im Herbst 1944 wurden unter ihm, offenbar auf Veranlassung des SD, mehr als 100 Politische verhaftet, darunter Angehörige aller Nationen, auch Ärzte, und ein Teil von ihnen wegen Sabotage aufgehängt. Die Zustände in diesen Außenlagern waren natürlich in Buchenwald bekannt, obwohl niemand aus den Sperrgebieten jemals wieder zurückkehren durfte. Durch Häftlingspflegepersonal und gelegentlich auch durch SS-Leute gelang es aber, die Verfügung zu durchbrechen, so daß man in Buchenwald wenigstens über die wichtigsten Vorgänge Bescheid wußte.

«Auf Transport zu gehen», galt unter solchen Umständen selbstverständlich als furchtbar. Die Außenlager mußten samt und sonders neu aufgebaut werden, die sanitären Verhältnisse waren erschreckend, die Arbeitszeit lang, meist untertag, die Ernährung elend, die Leute kamen häufig bis zu 4 und 6 Wochen nicht aus den Kleidern, Wäsche zum Wechseln stand nicht zur Verfügung, Seuchen hielten reiche Ernte unter den Arbeitssklaven, Erleichterungen gab es nur in den seltensten Fällen. Gerade diese Transport-Gefahr hob manchen Vorteil auf, den das Stammlager Buchenwald sich verschafft hatte; denn jedermann, der nicht «unentbehrlich» war oder über beste Beziehungen verfügte, konnte plötzlich in einen solchen Transport geraten und aller besten Bedingungen mit einem Mal verlustig gehen.

Der Kriegsarbeitseinsatz der SS wurde, wie fast alles, was sie unternahm, mit großem Aufwand an Organisation in Szene gesetzt, Werksanlagen wurden überall gebaut, Maschinen aus ganz Europa herbeigeschafft, Direktoren und SS-Offiziere rannten herum, es wurde kommandiert, terminisiert, das Heer der Sklaven angetrieben, und heraus kam dabei verhältnismäßig wenig oder nichts. Hauptgrund hierfür war, daß die Häftlinge überall die Arbeitsmethoden des Lagers zur Anwendung brachten, verstärkt durch bewußte Sabotage, teilweise ganz bedeutenden Umfangs. So wurden beispielweise in den Gustloff-Werken statt monatlich 55 000 Karabinerschäften in 6 Monaten nur 33 000 hergestellt! Ein anderes treffendes Beispiel ist der Bau einer Eisenbahnverbindung zwischen Weimar und Buchenwald als Verkehrsader für die Gustloff-Werke, von denen eine Zweigstelle mit 13 großen Hallen am Rande des KL errichtet wurde. Himmler hatte persönlich die Fertigstellung bis Juni 1943 befohlen. Der Termin wurde auch eingehalten, aber es war eine Potemkin-Bahn: sie lief genau einen Tag lang, nämlich den der

Eröffnung, an dem bereits nach Passieren der Lokomotive die Unterbauten absackten. Die wirkliche Fertigstellung hat dann weitere 6 Monate Zeit erfordert.

Daß das Lager überhaupt so stark zum Kriegseinsatz herangezogen wurde, ging nicht nur auf zentrale Anordnung zurück, sondern auch auf das Bestreben der SS, den eigenen Machtbereich möglichst zu erweitern, um vor der Abkommandierung zur Front bewahrt zu bleiben. Die KL waren ab 1943 geradezu eine Drückebergerbasis der Elitetruppe Himmlers. Wo sie höherem Druck nicht mehr ausweichen konnte, bot sie schließlich Häftlinge als Frontmaterial an, aber auch das nur in bescheidenem Umfang. Ein gewisser Dirlewanger hatte sich in Dachau der SS zur Verfügung gestellt, um Insassen der KL auf Frontfreiwilligkeit umzuschulen. Der Mann wurde später mit dem Ritterkreuz bedacht und SS-Oberführer.

Rot bewinkelte Häftlinge hat er nur wenige für seine Aktion bekommen, hingegen in einigem Umfange Grüne und Schwarze. Der letzte Versuch der Dirlewanger-Aktion galt 1945 den Homosexuellen, die aber der ihnen zugedachten Ehre nicht mehr teilhaftig wurden. Soweit [sich] BVer zur Solidarität mit der Waffen-SS meldeten, in Buchenwald waren es immerhin 500, haben sie nicht wenig dazu beigetragen, den glorreichen Ruf der SS als Schlächter zu vermehren. Sie wurden für den Kampf gegen die Partisanen in den Ostgebieten verwendet. Wenn sie dabei nicht zugrunde gingen, wurden sie nach längerer Zeit solcher «Frontbewährung» gelegentlich in die KL zurückgebracht. Erheiternd für die Häftlinge und manchmal für die SS verbitternd, wirkte es, wenn so ein BVer, der eben noch von seinem Kommandoführer im Lager Prügel bezogen hatte oder «über den Bock» gegangen war, nun plötzlich eine Feldpostkarte an den gleichen Mann sandte, die mit «Kameradschaftlichen Gruß Dein ...» unterzeichnet war. Die Politischen bemerkten höhnend, daß die Dirlewanger-Leute am besten einen grünen Winkel auf der SS-Uniform als Kameradschaftsunterscheidungsmerkmal tragen sollten.

Als im Herbst 1944 sämtliche reichsdeutschen politischen Schutzhäftlinge des KL Buchenwald mit einem huldvollen Schreiben Himmlers animiert wurden, sich ebenfalls freiwillig zu melden, erschienen lediglich 100 Leute zur Musterung, fast alle ahnungslose Neuzugänge. Der Kommandant Pister hatte die freundliche Genehmigung Himmlers, nach 5 bis 10jähriger KL-Zeit für ihn und den Nationalsozialismus nunmehr zu kämpfen, nur schonend zur Kenntnis gebracht, da er die Unmöglichkeit des Falles selbst einsah und aus den bereits dargestellten Gründen nicht sehr interessiert war, reichsdeutsche Häftlinge zu verlieren. Sie waren es ja, mit deren Hilfe die SS glaubte, das für sie fast unlösbar gewordene Ausländerproblem des Lagers noch meistern zu können.

Im KL Buchenwald wurden 1942 auch russische Freiwillige ausgebildet, die sich in den Stalag der SS zum Kampf gegen die Partisanen zur Verfügung gestellt hatten.

Die «industrielle Aufbauleistung» der SS in Buchenwald wurde, als sie eben richtig zum Tragen kommen sollte, am 24. 8. 1944 durch ein wohlgezieltes Bombardement der alliierten Luftwaffe mit einem Schlag vollständig zunichte gemacht.[48] Im Lager entstanden lediglich 2 größere Brände (Stabbrandbomben). Da bis zu diesem Zeitpunkt bei Luftalarm die Häftlinge nicht in das Lager einrücken durften, gab es immerhin, besonders infolge einiger Bombentreffer in dem Steinbruch, die den SS-Kasernen zugedacht gewesen waren, 384 Tote und über 600 Verwundete (schwere Fälle) unter den Häftlingen, während auf Seiten der SS nur 80 Mann den Tod fanden.[49]

Das Bombardement hat auf die SS einen außerordentlich tiefen Eindruck gemacht. Sie war von dort ab ziemlich eingeschüchtert, flüchtete bei jedem geringsten Luftalarm in die Splittergräben und betrachtete das Lager als eine Art Zufluchtsstätte und Schutz für sich selbst. Bei den Häftlingen rief nun jeder alliierte Fliegerbesuch eine Stimmung von Zuversicht hervor, zumal er willkommene Freizeit während des Alarms brachte. Außerdem funktionierte nun plötzlich die Wasserzufuhr ins Lager besser als vorher, weil der Verbrauch der Rüstungsbetriebe in Wegfall gekommen war. Mit größtem Mißtrauen sah man nur deutschen Flugzeugen entgegen, die das Lager gelegentlich überflogen, da befürchtet werden mußte, daß Himmler eines Tages vielleicht den Befehl geben würde, das Lager und seine Insassen auf solche Weise, die sich auch in der Öffentlichkeit als Akt der Alliierten ausgeben ließ, zu liquidieren. [Ernst] Thälmann, der 1933 verhaftete Führer der deutschen KP, wurde von Goebbels in das Buchenwalder Bombardement hineingeschmuggelt, während man ihn um die gleiche Zeit erschossen hat.[50]

Einen schweren Verlust haben die Häftlinge von Buchenwald am 9. 2. 45 bei einem Luftangriff auf Weimar erlitten, als in den dortigen Gustloff-Werken von etwa 2000 beschäftigten Kameraden, die gezwungen worden waren, in den Werkshallen oder unmittelbar daneben zu schlafen, mehr als 300 getötet und Hunderte verwundet wurden. Das deutsche Rote Kreuz von Weimar hat damals die Aufnahme der verwundeten Buchenwälder in die Stadtlazarette verweigert, an erste Stelle das Sophienkrankenhaus, so daß sie zurücktransportiert werden mußten, wobei einige starben, und anderen nicht die erste Hilfe geleistet werden konnte.

Bei den Aufräumungsarbeiten in Weimar unter Anlegung von Massengräbern, die Häftlingen übertragen wurde, haben NSV-Schwestern[51] selbst Wasser und kleine Brotschnitten als bescheidene Darreichung der Häftlinge brüsk abgelehnt. Weimarer Privatleute hat es in einzelnen Fällen gegeben, die bereitwillig Speise und Trank zur Verfügung stellten.

Eine große Hilfe für das Lager in diesem Stadium der Entwicklung, als die Ernährung immer schlechter wurde, bedeuteten die damals einsetzenden umfangreichen Sendungen des Genfer Roten Kreuzes, hauptsächlich an die französischen Schutzhäftlinge. Zuerst riefen die Rote-Kreuz-Pakete mit ihrem prachtvollen Inhalt im Lager begreiflicherweise starke Gegensätze hervor. Als sich die französischen Kameraden bereit erklärten, einen erhebenden Teil der Sendungen an das ganze Lager, d.h. blockweise, abzugeben, wurde dieser Akt der Solidarität sehr dankbar empfunden. Die praktische Verteilung war allerdings wochenlang ein ziemlicher Skandal insofern, als zum Beispiel je 10 Franzosen im Kleinen Lager nur ein einziges Paket erhielten, während ihre mit der Verteilung betrauten Kompatrioten ganze Stapel für sich reservierten. Auch die SS-Führung hat sich selbstverständlich wacker an diesen Sendungen vergriffen. Amüsant war es, zu sehen, mit welchem Eifer die Lagerführer beim Näherrücken der Front ihre Räume von leeren Roten-Kreuz-Schachteln säuberten, damit sie den Amerikanern nicht aufschlußreich vor die Augen kommen sollten.

XIII
Das dramatische Ende des Lagers

Die maßgebenden Männer unter den Gefangenen haben sich schon frühzeitig auf die Möglichkeiten des Lagerendes vorbereitet Der durchschnittliche Häftling sah dem immer erwartenden Ereignis in einer erheblichen Angstpsychose entgegen. Ziemlich allgemein wurde angenommen, Himmler werde rechtzeitig einen zentralen Befehl zur Liquidation aller Insassen des Lagers geben. Vergiftung, Abtransport zur Vergasung, Niederschießung oder Bombardement durch deutsche Flugzeuge kamen in Betracht. Analysierte man diese Möglichkeiten, so stellte sich immer heraus, daß derartige Maßnahmen, wenn sie vollen Erfolg haben sollten, nicht gar so einfach durchzuführen waren. Eine allgemeine Vergiftung hätte das Lager ohne Zweifel verhüten können, ohne dann allerdings in der Lage zu sein, die weitere Ernährung des Lagers sicherzustellen. Der Versuch einer Massenniederschießung etwa durch Maschinengewehre von den Türmen aus und durch Flammenwerfer, hätte zum Aufstand geführt, der den elektrisch geladenen Stacheldraht sofort niedergelegt hätte; Hunderte, vielleicht Tausende wären gefallen, aber mehr doch entkommen. Ihr Individualschicksal im Lande war dann freilich sehr fraglicher Natur.

Gegen ein deutsches Bombardement gab es den allerwenigsten Schutz; allgemeine Erwägungen wie die Berücksichtigung der Stimmung bei der Bevölkerung, die Befehlsverhältnisse in der Luftwaffe und dergleichen mehr mäßigten die Befürchtungen, konnten sie aber nicht restlos beseitigen. Am wehrlosesten war das Lager gegen die Abtransportierung zur Vergasung. Kollektive und individuelle Flucht unterwegs, Widerstand unmittelbar vor den Gaskammern blieben die einzigen Abwehrmittel, deren Wert jedoch nur gering war.

Das Argument, das sich schließlich als das richtigste erwiesen hat, wirkte, nur von einigen ganz Wenigen vorgebracht, zu jenem Zeitpunkt am geringsten; daß irgendein zentraler Befehl überhaupt nicht in Betracht kommen werde, weil die KL in einem Stadium der allgemeinen Auflösung an den Rand der Aufmerksamkeit Himmlers und seiner Stäbe rücken und der Befehlsapparat nicht mehr voll funktionieren werde.

Wohl sah man ein, daß die Heimat-SS infolge ihrer mannigfachen Zersetzung kein schlagkräftiges Exekutivorgan gegen Massen mehr darstellte. Aber der Faktor war zu unsicher, als daß man sich auf ihn hätte verlassen dürfen. Es mußten klare, sichere Vorbereitungen für den negativen Eventualfall getroffen werden. Die Aufstellung der Selbstschutz-Mannschaften wurde bereits erwähnt. Sofort beim Bombardement vom 24. 8. 1944 ging man daran, sich auch die Waffen zu besorgen. Der allgemeine Wirrwarr wurde benutzt, um aus dem Divisionennachschublager der SS an Gewehren, Pistolen, Karabinern und Handgranaten wegzuschaffen, was nur möglich war. Die Bestände wurden sorgfältigst, nur ganz wenigen Vertrauensleuten bekannt, im Lager sichergestellt, zum Teil vergraben oder eingemauert.

Im Maße des Erreichbaren wurden sie ergänzt. Allein dieser Teil der Vorbereitungen wäre nicht durchführbar gewesen, wenn die innere Organisation nicht tadellos funktioniert hätte und das Lager nicht längst von allen wirklich zweifelhaften oder verräterischen Elementen systematisch in langwierigen Kämpfen gereinigt worden wäre.

Der Besitz von Waffen schuf ein erstes Sicherheitsbewußtsein. Man brauchte wenigstens nicht kampflos zu sterben, sich einfach abschlachten zu lassen. Mit diesem verstärkten Selbstbewußtsein konnte auf die Kameraden unter allen möglichen Argumenten beruhigend eingewirkt werden. Die enorme Schwierigkeit der Lage darf nicht verkannt werden: der Kampf war nicht bloß gegen die SS zu richten, sondern fast ebenso sehr, im entscheidenden Augenblick, gegen Schwache, Feige, und die unvermeidliche Panik.

Als die ersten großen Rückführungen aus evakuierten Lagern nach Buchenwald begannen, bildete sich ein merkwürdiger Zustand heraus: die SS hatte, das Ende von außen kommen sehend, Angst vor der anonymen Masse der Zehntausende von Häftlingen. Die Masse der Häftlinge hatte Angst vor der SS. Die Bevölkerung der Umgebung, besonders von Weimar, fürchtete das Lager für diese Tage wie den Teufel selbst. Alle drei hatten, jede Gruppe aus anderen Überlegungen und auf Grund andersgearteter Tatbestände, auch allen Grund zu ernstester Besorgnis.

Bei der SS und den Häftlingen liegt das in Anbetracht ihres Verhältnisses zueinander klar zutage. Die Bevölkerung hingegen hätte an sich ruhig bleiben können. Aber: Wenn sie auch unter dem Eindruck der fortwährenden Propaganda stand, daß die Häftlinge von Buchenwald alle Verbrecher seien, wenn sie auch den Zebra-Habitus mit seiner Zerschlissenheit und den bekannten Markierungen als äußere Bestätigung der Richtigkeit dieser Diskriminierung auffassen mochte, – es gab doch Leute, die mit den Insassen des Lagers bei Außenarbeiten in Kontakt gewesen waren und sie als Menschen mit ihren Schicksalen kennengelernt hatten. Einiges davon hatte sich herumgesprochen. Und ein Restbewußtsein von Humanität war vorhanden, gegen das man sich zwar verschloß, das aber doch eine gewisse Rolle spielte, so daß irgendein verborgenes, nur allzu gern unterdrücktes Schuldbewußtsein mitwirkte, wenn die Bevölkerung für den Fall einer deutschen Niederlage Angst vor dem Ende des KLs hatte.

Am größten war sie zweifellos bei den in den SS-Werken beschäftigten Zivilisten (die sich ja auch oft genug schändlich benommen hatten); sie fürchteten immer, einfach abgeschlachtet zu werden, wenn es einmal «so weit war.» So tief der Rachegedanke bei den Politischen, besonders gegenüber der Stadt Weimar war, die durch hundert Kanäle Geld und Vorteile aller Art aus der «Knochenmühle» gezogen und niemals auch nur Gefühle des Mitleids oder gar der Einsicht bekundet hatte, geschweige denn tätige Hilfe, die Ordnungskräfte im Lager waren an ihrem eigenen politischen Ruf interessiert und wollten kein Chaos von Buchenwald aus – um des Landes und um der Zukunft willen. Es wurde daher erst recht alles getan, um der heraufziehenden Dinge Herr zu werden.

Als die Situation immer reifer wurde, kam allmählich, schon Monate vor dem wirklichen Ende, die Frage zur Erörterung: Bewaffneter Aufstand oder weiteres Zuwarten? Nur mühselig einigte man sich auf der Grundlinie: Wir provozieren nicht, wir schaffen keinen Vorwand, wir setzen uns erst dann zur Wehr, wenn es ernst wird. Die Vorbereitungen wurden, unter dauernden Schwierigkeiten gegenüber der SS und gegenüber so vielen Mithäftlingen, noch intensiver betrieben. In jeden Block kamen Vertrauensleute der einzelnen Nationen, die Schutztruppe wurde weiter ausgebaut. Alles spitzte sich schließlich auf die Frage zu: Was wird Himmler befehlen? Denn daß die Lager-SS selbständig nichts mehr unternahm, dafür war längst gesorgt.

Unabhängig voneinander bereiteten zwei Gruppen einen klaren Plan für die Übernahme des Lagers nach der Niederlage der SS und dem Einrücken der Alliierten vor: die K.P. (Kommunistische Partei) und eine nichtkommunistische Gruppe unter Führung von Captain Burney. Die Pläne unterschieden sich, wie nach der Befreiung deutlich wurde, wenig voneinander, denn sie basierten beide auf der gleichen Lagererfahrung. Der Unterschied bestand in der Hauptsache darin, daß die K.P., vom Besitz der realen Macht im Lager ausgehend, aus verständlichen konspirativen Gründen und aus alter Gewohnheit fast nur ihre eigenen Leute für die Übernahme vorsah, während die andere Gruppe nach dem alleinigen Prinzip der persönlichen Tüchtigkeit vorging, ohne jede Berücksichtigung des Parteistandpunktes, wobei ein gutes Drittel der vorgesehenen neuen Funktionäre Kommunisten waren. Beide Parteien arbeiteten auf internationaler Grundlage.

Schon Mitte März 1945 war es völlig klar, daß die westlichen Alliierten nach Mitteldeutschland kommen würden. Die Hoffnung des Lagers richtete sich in erster Linie auf Hilfe aus der Luft, wenn es hart auf hart gehen würde. Für den Fall einer Luftlandeaktion in der Ebene nördlich von Buchenwald war beschlossen, aktiv vom Lager aus einzugreifen, so schwierig sich die

Dinge auch gestalten mochten. Jedermann erwartet aber, daß die SS vorher noch zur Evakuierung schreiten würde. Anfang April wurden die Vorbereitungen dazu getroffen, der SS-Divisionsnachschub geräumt. Das Lager war in vollständiger innerer Alarmbereitschaft, ohne daß die Situation bereits eine eindeutige Lösung zugelassen hätte. Man wußte, daß der Kommandant, SS-Oberführer Pister, eine Beamtennatur war, die aus eigener Initiative nichts unternahm, und daß er gern zögerte.

Man wußte, von SS-Sturmbannführer Dr. Schuler über seinen Häftlingssekretär, daß am 2. April in Ohrdruf (S III), einem berüchtigten Außenlager von Buchenwald, etwa 50 km südwestlich von Weimar, wo sich eines der vorgesehenen «Führer»-Hauptquartiere befand, auf Grund einer telephonischen Rücksprache, die der Weimarer Polizeipräsident SS-Standartenführer Schmidt auf Veranlassung des Ohrdrufer Lagerkommandanten SS-Hauptsturmführer Oldeburhuis mit Himmler erzielt hatte, «anheimgestellt» worden war, die BVer und «für besonders gefährlich erachtete Politische» zu beseitigen, daß den Juden aber nichts geschehen dürfe – ein Paradox, das sich nur aus kuriosen internationalen Erwartungen der Reichsführung erklären ließ –, der Rest des Lagers aber abtransportiert werden sollte. Der Todestransport von 12 000 Mann aus Ohrdruf nach Buchenwald hat sich dann auch abgespielt, wobei Tausende den Tod durch Erschießen fanden. Auf der Straße von Weimar nach Buchenwald allein, der letzten kurzen Wegstrecke, lagen am 5. April 74 Häftlinge in ihren Blutlachen, während vorher Hunderte durch aufgehetzte HJ, ja sogar durch Frauen niedergeknallt worden waren.

Die Zahl der Todesopfer in S III selbst belief sich über 1500. 47 700 Menschen waren nun hinter dem Stacheldraht von Buchenwald zusammengepfercht, die Ernährung in Frage gestellt, das Elend ungeheuerlich, während die amerikanischen Panzer westlich vor Erfurt, von wo der Geschützdonner herübertönte, warteten, um ihren Aufmarsch zu vollenden. Es waren Tage von äußerster Nervenanspannung.

Am 4. April 1945 nachmittags wurden plötzlich die Juden des Lagers aufgerufen. Niemand erschien auf dem Appellplatz! So etwas hatte sich in einem KL noch nicht ereignet. Unvorstellbar der Gedanke, daß die SS es nicht mehr wagte, sofort mit äußerster Gewalt vorzugehen, um ihre Befehle zu erzwingen. Eine wertvolle Nacht verging, in der hunderte jüdischer Kameraden der «alten KL-Garde» Gelegenheit bekamen, «unterzutauchen». Namen, Nummern, Markierungen, Kommandos wurden getauscht, Blocks gewechselt. Am nächsten Morgen ließ die SS die Insassen des Lagers blockweise antreten. «Juden heraus!» Ein Teil folgte dem Befehl, den Rest mußten sie sich «nach dem Gesicht» suchen, da sie seit dem Bombardement auf Buchenwald keine zureichenden Unterlagen mehr besaß.

Es kam zu tollen Szenen; die Scharführer des KL Buchenwald machten die Sache oberflächlich ab. Auschwitzer Schlächter, die mit anwesend waren, gingen im Kleinen Lager mit Knüppeln, Zigaretten rauchend, herum und holten sich heraus, was ihnen paßte. Aber der Lagerschutz der Häftlinge, ohne den sie nicht mehr arbeiten konnten, tat nichts, was ihren Praktiken Vorschub geleistet hätte, ja er ließ die Leute, soweit sie nur vif genug waren, selbst zu handeln, ohneweiters wieder in anderen, schon aussortierten Reihen verschwinden. Schließlich kamen von den etwa 6000 Juden des Lagers 1500 zusammen, deren Zahl am nächsten Tag durch die aus Ohrdruf eingetroffenen ungarischen Juden vermehrt wurde.

Am 5. April war eine Warnung von SS-Seite durchgekommen, daß beabsichtigt sei, die Engländer im Lager – mit 2 Amerikanern zusammen 20 – zu liquidieren. Rasch ließen einige Getreue die 4 Offiziere unter ihnen, an der Spitze Southgate und Burney, untertauchen, indem sie in einem 60 cm hohen Hohlraum unter Block 56 des Kleinen Lagers verborgen wurden. Als sie in den Hohlraum hinabstiegen, fanden sie unten einen Juden, der zufällig am Tage vorher unter einem Bett ein Loch dorthin gefunden hatte; nun ließen ihn die russischen Kriegsgefangenen, die das Versteck bewachten, nicht mehr heraus, weil sie befürchten mußten, daß der Platz dadurch bekannt würde. Der Arme blieb noch volle vier Tage in dieser schauerlichen Lage – ohne Licht, im nassen Dreck, bewegungslos, das Getrampel von 1500 Holzschuhen dauernd über sich, und wurde miternährt.

Um die auf das äußerste gespannte Lage zu erleichtern, hatte man schon am 3. April vier bedeutende Persönlichkeiten von den Ausländern im Lager, den belgischen Minister [Paul] Soudan, den französischen Unterstaatssekretär [André] Marie, den englischen Captain [Christopher] Burney und den holländischen Marineoffizier [Pieter] Cool, bewogen, ein Schreiben an den Kommandanten zu richten, worin ihm in geschickter Form loyale und korrekte Haltung bescheinigt wurde mit dem Ausdruck der Hoffnung, daß die Unterzeichner, in ihre Heimat zurückgekehrt, Gelegenheit finden würden, dies der öffentlichen Meinung ihrer Länder zur Kenntnis zu bringen. Der Friseur des Kommandanten überbrachte den Brief. Und er tat seine Wirkung: Pister betrachtete ihn als Dokument der Sicherheit für sich selbst und seine Familie.

«Zwischen einen Befehl und seine Ausführung kann man notfalls eine Zeitspanne legen!» meinte er, ohne daß die Dinge natürlich von beiden Seiten offen beim Namen genannt werden durften. Er zögerte, das war die Hauptsache. Man hörte den Kanonendonner, die amerikanischen Flieger kurvten über dem Land – Zeitgewinn war alles. Hätte man gewußt, daß die Befreiung noch weitere acht Tage dauern würde, die Taktik des Hinziehens wäre nicht durchzuhalten gewesen, zudem der Kommandant nicht etwa eine eindeutige Haltung zu Gunsten der Häftlinge einnahm, sondern ganz im Gegenteil auch nach der SS-Führungsseite hin schwankte, ja dorthin sogar bedeutend stärker.

Die entscheidende Belastungsprobe war der 5. April. Die SS-Führer hatten in den Tagen vorher die wichtigsten Papiere vernichtet. SS-Sturmbannführer Dr. Schuler kam noch einmal in das Lager zurück und teilte seinem

Häftlingssekretär mit, daß von der Gestapo Weimar der Befehl ergangen sei – er wisse es von Dr. Schiedlausky –, 46 Politische sofort umzulegen, ehe das Lager evakuiert würde. Die Parallele zu Ohrdruf! Schuler wußte nur 4 Namen: den Kapo des Reviers und seinen Stellvertreter, den Kapo von Block 46, den erwähnten Sekretär Schulers auf Block 50. Die Warnung war von unschätzbarem Wert, denn sie gewährte beinahe 8 Stunden Vorsprung.

Im Nu war der gesamte Apparat der internen Lagerleitung alarmiert. Es wurde der Beschluß gefaßt, Ernst zu machen, die Auslieferung der 46 Mann zu verweigern, und wenn es darüber zum offenen Kampf kommen sollte. Aber wer waren die 46 außer den bereits bekannten? Am Abend kam die Liste vom Rapportführer zur Schreibstube – «zum Tor» am nächsten Morgen [X, § 147]! Die Zusammensetzung der Liste war ziemlich ungleich, sie entsprach nicht in jeder Hinsicht der wirklichen Bedeutung der Leute; wichtige Namen fehlten, andere waren ohne Belang – eine echte Gestapo-Maßnahme, die ihren Untergrund sichtbar in einer dem Lager bekannten Denunziation hatte.

Monate vorher hatte ein gewisser Duda, der zu Dirlewanger gegangen war, «gezinkt». Nun zeigte sich, daß er alle Namen angegeben hatte, die er für bedeutend hielt, teils zu Recht, teils zu Unrecht. Wahrscheinlich hat der Lagerarzt Dr. Schiedlausky die Aufstellung ergänzt, denn er war zwei Tage vorher gesehen worden, wie er dem Leiter der Weimarer Gestapo einen handgeschriebenen Brief übergab, als dieser eben das Lager verließ; im übrigen ging auf ihn die Information Schulers zurück. Daß fast kein einziger Funktionär der illegalen Lagerleitung auf der Liste stand, beweist immerhin, welch gute konspirative Arbeit geleistet worden war.

Noch in der gleichen Nacht tauchten alle Bedrohten bis auf den französischen Fabrikanten [Pierre] Bloch, von dem kein Mensch wußte, wie er auf die Liste geraten war, in sicheren Verstecken unter.[52] Außer Bloch erschien, als am nächsten Morgen der Namensaufruf erfolgte, niemand am Tor. Bloch wurde nach einiger Zeit wieder weggeschickt, offenbar aus taktischen Erwägungen, um seine Mitopfer einzuschläfern. Der Kommandant ließ sich nach dieser zweiten Weigerung des Lagers, SS-Befehle zu befolgen, den LA I rufen und verlangte die Ausfindigmachung der Fehlenden durch den Lagerschutz. Dieser «suchte» hierauf volle 8 Stunden, ohne natürlich irgendeinen der Untergetauchten zu finden.

Nun bestand die Gefahr eines allgemeinen Zählappelles. Die interne Leitung beschloß, auch zu ihm nicht mehr zu erscheinen, wenn er anbefohlen würde. Das KL ohne Appell! Damit kam für die SS das wichtigste Kontrollinstrumente in Wegfall. Von da ab ging niemand mehr zum Tor, wenn irgendeine geschlossene Gruppe oder ein «Prominenter» des Lagers gerufen wurde und Gefahr vermutet werden mußte. Es war die offene Kriegserklärung. Als die Nacht kam, wagte sich die SS nur mehr mit schwerster Bewaffnung ins Lager; sie sah, daß die Politischen entschlossen waren, zu kämpfen.

Die Verantwortlichen im Lager waren sich über die Erfolgsaussichten einer bewaffneten Auseinandersetzung zwischen SS und Häftlingen durchaus im Klaren. Der Kampf mußte nach höchstens einigen Stunden zuungunsten des Lagers ausgehen. Aber man rechnete mit der beinahe stündlich erwarteten Ankunft der Befreiungstruppen. Um die Gefahr zu bannen, daß im letzten Moment noch evakuiert würde, beschloß man, einen Abgesandten aus dem Lager zu schmuggeln, der die alliierten Linien erreichen und gleichzeitig an den Kommandanten des KL Buchenwald ein Schreiben richten sollte.[53] 40 Fallschirmleute in Zivil, so hatte der Polizeifunk gemeldet (der gut funktionierende Nachrichtendienst des Lagers hatte es weitergegeben), waren in der Nacht vorher beiderseits der Reichsautobahn südlich Weimar abgesprungen, ohne gefaßt worden zu sein.

Von einem dieser Fallschirmspringer sollte der Brief stammen. Er hatte folgenden Wortlaut:[54]

Kommandant!

Transporte verlassen Buchenwald. Es sind Todestransporte – wie der von Ohrdruf!

Die grauenhafte Tragödie von Ohrdruf darf sich nicht wiederholen. Wir haben mit eigenen Augen die Opfer der Begleitmannschaften und einer aufgehetzten Bevölkerung festgestellt.

Wehe den Verantwortlichen, wehe Thüringen, wenn sich das wiederholt! Wir verstehen, daß Sie – wie das ganze Land – in Schwierigkeiten sind, deren Sie nur mehr dadurch Herr zu werden glauben, daß sie Tausende auf den Weg schicken, Schluß damit! Sofortigen Schluß!

Unsere Panzerkommandanten kommen jetzt, um Ihre Rechnung aufzumachen. Sie haben noch eine Chance!

James McLeod, Major
War Office, London

Am 6. April hatten mehr als 3000 Juden zu Fuß Buchenwald verlassen. Die Flucht des Lagerabgesandten konnte in diesem Zeitpunkt nur mehr auf einem einzigen Wege stattfinden, da außer Transporten niemand mehr aus dem Lager herauskam: über Block 50 und Dr. Schuler. Sein Sekretär [Eugen Kogon] tauchte aus der Versenkung auf, obwohl SS-Streifen das Lager absuchten, stellte sich Dr. Schuler, der durch Unterscharführer Feld, den in diesem Bericht bereits erwähnten Kurier, verständigt worden war, und vereinbarte mit ihm das waghalsige Unternehmen (wobei die Vereinbarung allein eine Waghalsigkeit sondergleichen war!). Am nächsten Tag, den 8. April, sollte ein Lastwagen der Polizei Weimar geschickt werden, um wertvolle Instrumente und Impfstoff für die Kampfgruppe des SS-Standartenführers Schmidt abzuholen; in einer dieser Kisten sollte der Abgesandte sitzen und in das Haus Schulers in Weimar gebracht werden.

Für den 7. April hatte der Kommandant 14000 Mann zum Abtransport aus Buchenwald angefordert. Man stellte der SS unter dauernden Verzögerungsschwierigkeiten 1500 und, als 200 schwerbewaffnete SS-Leute mit Maschinengewehren in das Lager einrückten, weitere 4500 Mann zur Verfügung, um den bevorstehenden Kampf im Lager zu erleichtern. Denn eine der größten Schwierigkeiten war die Ernährungslage und die Masse der Leute im Lager, BVer, Schwarze und andere, die den Kämpfenden in den Rücken fallen oder sie behindern konnten. Es blieb kein anderer Weg. Die beiden Transporte gingen ab, unbekannt, wohin.

Am Vormittag des 8. April wurde nach einem längeren Luftalarm das gesamte Lager zum Abmarsch für 12 Uhr aufgerufen. Der Lastwagen aus Weimar war noch nicht eingetroffen. Endlich, gegen 12:45 Uhr kam er mit 4 SS-Leuten, die keine Ahnung hatten, an. Die Verladung der Kisten ging unter Leitung von Feld glatt vonstatten. Vier Stunden später wurde der Brief an den Kommandanten in Weimar aufgegeben. Auch er tat seine Wirkung.[55] Pister schwankte noch mehr.

Erst am 10. April, nachdem inzwischen weitere 4880 Kameraden am 9. 4. und 9280 am Morgen des 10. 4., meist aus dem Kleinen Lager, sich entweder freiwillig zum Abtransport gemeldet hatten oder brutal zusammengetrieben und weggebracht worden waren, konnte der Kommandant umfassenden energischen Maßnahmen nicht länger widerstreben, als SS-Obergruppenführer und General der Waffen-SS Erbprinz [Josias] zu Waldeck-Pyrmont, der Höhere Polizeiführer des Wehrkreises IX, persönlich nach Buchenwald kam, um, wie er sich äußerte, «Pister auf Vordermann zu bringen».

Der Kommandant hatte immerhin, bei allem Doppelspiel, das er gemäß seiner Stellung trieb, bis dahin nur in Teilaktionen rücksichtlos vorgehen lassen, aber keine generellen Maßnahmen gegen das Lager zur Durchsetzung der gegebenen Befehle angeordnet Jetzt als Waldeck selbst eingriff, war es bereits zu spät, denn der 11. April brachte schon die Entscheidung.

Die Aktion gegen den Rest der Juden und die 46 Politischen war inzwischen in dem allgemeinen Wirrwarr untergegangen. Nur am Tor hätte man beim Abmarsch der Evakuierten die verbliebenen 45 Mann gefunden und niederschießen können, – wenn sie aufgetaucht wären! Sie waren aber entschlossen, mit den Kranken und dem Funktionspersonal, das bleiben sollte, ebenfalls das Lager nicht zu verlassen und sich gegen die Gefahr, am Ende niedergemacht zu werden (Waldeck hat tatsächlich die Absicht geäußert den Rest des Lagers in die Luft zu sprengen, wie es in Auschwitz mit den Kranken samt ihren Häftlingsärzten geschehen war),[56] in sicheren unterirdischen Verstecken zu schützen.

Am Mittwoch, 11. April, mittags befanden sich noch 21000 Häftlinge im Lager. Die Voraussetzung für eine wirksame Aktion mit den Waffen war gegeben. Aber die SS griff nicht mehr an. Um 10:30 Uhr vormittags erklärte der 1. Schutzhaftlagerführer dem LA I, daß das Lager übergeben werde. Die Erklärung besaß einigen Wert, man wußte bereits, daß auf der anderen Seite die SS vom nahegelegenen Flugplatz «Nohra» Tiefflieger zur Vernichtung des Lagers angefordert hatte. Folglich blieben alle Kräfte des Lagers in voller Alarmbereitschaft. Als etwa 1 1/2 Stunden später durch die Lautsprecher bekanntgegeben wurde, daß sämtliche SS-Angehörigen sofort zu ihren Dienststellen außerhalb des Lagers zu kommen hätten, stieg die kritische Erwartung auf das äußerste. Kurz darauf begann jedoch die SS abzuziehen.

Die Würfel waren gefallen. Zurück blieben die Posten auf den Wachttürmen, die sich beim näher und näher kommenden Schlachtenlärm knapp vor 15 Uhr in den umliegenden Wald zurückzogen, worauf die Kameraden des Lagerschutzes, die bewaffnet in Deckung lagen, sofort den Stacheldraht durchschnitten, die Türme ihrerseits besetzten, das Tor am Lagereingang nahmen und die weiße Fahne auf Turm 1 hißten. So fanden die ersten amerikanischen Panzer, die vom Nordwesten her anrollten, das befreite Buchenwald vor. Eine Hilfsaktion von Weimar aus war überflüssig geworden, Weimar wurde erst am gleichen Abend von den Amerikanern genommen.

Der Jubel der geretteten 21000 Mann war ungeheuer. Das von der K.P. vorbereitete Organisationsgefüge zur Übernahme des Lagers wurde sofort in Wirksamkeit gesetzt: ein internationales Lagerkomitee und Einzelkomitees für die verschiedenen Nationen. Ihnen oblag die Zusammenarbeit mit den eintreffenden amerikanischen Militärstellen, um denen nun endgültig die Freiheit wiederzugeben, die am 12. April 1945 zum ersten Mal nicht mehr als Unterjochte der SS zum Appell antraten, sondern freiwillig und endgültig als Menschen! Das KL Buchenwald hatte nach beinahe 8 Jahren eines blutigen Sklavendaseins von Hunderttausenden aufgehört zu existieren, und wurde in ein vorläufiges Displaced Persons Center umgewandelt, in dem alle jene verblieben, die nicht – wie viele Franzosen und andere Angehörige der Westnationen – sofort in ihre Heimat zurückkehren konnten.

Heute wehen über dem ehemaligen KL die Fahnen der Vereinigten Nationen – die Zeichen des Sieges über die gebrochene Naziherrschaft und ihre barbarischsten Terrorstätten; die Lager, für die Buchenwald nur eines unter zahlreichen Beispielen war.

XIV
Nachwort

Dieser Bericht wurde, wie bereits einleitend hervorgehoben, auf Grund von Informationen lagererfahrener Angehöriger aller Nationen, die in Buchenwald vertreten waren, abgefaßt. Die Nationalen Komitees haben eigene Beiträge geliefert.

Disposition und Text des Berichtes richteten sich nicht nach den Einzelaufzeichnungen, die in der Anlage beigefügt sind. Diese entstanden unabhängig vom Hauptbericht; sie dienen dem Zweck, diesen mit Tatsachen und Erfahrungen zu belegen, teilweise anschaulich zu machen. Die Einzelberichte der Anlage wurden belassen, wie sie gegeben wurden, damit ihre Ursprünglichkeit gewahrt blieb. Da die Verfasser die Dinge gelegentlich aus ihrer eigenen Perspektive sahen, kompliziertere Zusammenhänge nicht kannten oder das Ganze nicht zu überblicken vermochten, war es unvermeidlich, daß sich zwischen Hauptbericht und Anlagen da und dort einige Widersprüche ergaben. In solchen Fällen ist allein der offizielle Bericht maßgebend, da er in allen Einzelheiten überprüft und zuverläßig ist.

Von den Informatoren, die auf Grund ihrer Positionen und ihrer Bedeutung im Lager besonders qualifiziert erschienen, seien genannt:[57]

Dr. Eugen Kogon	Wien, Schriftsteller, 1. Arztschreiber von Block 50.
Dr. Werner Hilpert	Leipzig, Führer der ehem. sächsischen Zentrumspartei, Mitglied des Internationalen Komitees
Ferdinand Römhild	Frankfurt a. M., Schriftsteller, 1. Arztschreiber des Häftlingskrankenbaues.

Die drei Genannten standen in dauerndem freundschaftlichem Kontakt mit führenden Männern der ausländischen Gruppen, wie [Wing Commander Frederick] Yeo-Thomas, London; Captain Southgate, London; Captain [Christopher] Burney, Edinburgh; Unterstaatssekretär [André] Marie, Rouen; M. Julien Cain, Direktor der Pariser Nationalbibliothek; Prof. A[lfred] Balachowsky, Pasteur-Institut Paris; M. Maurice Suard, Mitglied der Medizinischen Fakultät Angers; Lt. Stephane Hessel, Kriegsministerium Paris; Jan Robert, Amsterdam, Reichskonsulent der niederländischen Sportverbände; Prof. Dr. Marius B. Telders, Universität Leyden, Führer der niederländischen Liberalen Partei; Lt. Pieter Cool, Kriegsministerium Den Haag; Dr. Miroslav Klinger, Prag, ehem. Führer der tschechischen Sokolverbände; Rechtsanwalt Dr. Polansky, Prag; Dr. Marian Ciepielowski, Krakau, Arzt; und vielen anderen.

Heinz Baumeister	Dortmund, langjähriges führendes Mitglied der Schreibstube Buchenwald, 2. Sekretär von Block 50.
Franz Hackel	Prag, Schriftsteller.
Walter Bartel	Berlin, Vorsitzender des Internationalen Lagerkomitees.
Hans Eiden	1. Lagerältester.
Ernst Busse	Solingen, ehem. Reichstagsabgeordneter, Kapo des Häftlingskrankenbaues
Otto Kipp	Dresden, Stellvertretender Kapo des Häftlings-Krankenbaus

Baptist Feilen	Aachen, Kapo der Wäscherei, Mitglied der illegalen internen Lagerleitung
Walter Wolf	Leiter des Lager-Informationsbüros
Ernst Thape	Leiter des Deutschen Komitees
Otto Horn	Wien, Leiter des Österreichischen Komitees
Stephan Heymann	Redakteur, Mannheim, Mitglied des Lager-Informationsbüros
Herbert Froebess	Fulda und Brasilien, Franziskanermönch, Bearbeiter von Geheimplänen der ehemaligen Kommandantur Buchenwald
[Nikolai] Kaltschin	russischer Kriegsgefangener, Offizier, Mitglied des Russischen Komitees
Boris Danilenko	ukrainischer Komsomolzenführer, Mitglied des Russischen Komitees

Weimar-Buchenwald, 10 Mai 1945. (signed)
PWD SHAEF ALBERT
G. ROSENBERG
2nd Lt. Inf.
C.O. Det «B» 4th MRB Co.
PWD SHAEF

ZWEITER TEIL
Einzelberichte

Kapitel I
Statistik und Allgemeines

1. Einige statistische Zahlen über Buchenwald

1. *Gesamtzahl aller Zugänge.* Aus der nachstehenden Tabelle ist die Zahl aller Häftlinge zu ersehen, die nach Buchenwald als Neuzugänge kamen. Die Totenzahlen geben nur die im Krankenbau registrierten Toten an; nicht enthalten sind darin die Zahlen der ermordeten russischen Kriegsgefangenen, der Exekutierten und der auf Todestransporte geschickten Häftlinge. Außerdem fehlen die Zahlen der Todesopfer, die auf dem Weg von und nach Weimar bei Transporten starben oder erschlagen wurden.

Jahr	Zugänge	Tote
1937	2 912	48
1938	20 122	771
1939	9 553	1 235
1940	2 525	1 772
1941	5 890	1 522
1942	14 111	2 898
1943	42 177	3 516
1944	97 867	8 644
1945 (3 Monate)	43 823	13 056
Insgesamt	238 980	33 462

Die höchste Belegstärke hatte Buchenwald am 6. 10. 44 mit insgesamt 89 134 Häftlingen.

2. *Welche Nationen waren im Lager vertreten?*

Deutsche	Österreicher	Franzosen
Spanier	Italiener	Schweizer
Tschechen	Jugoslawen	Kroaten
Albanier	Griechen	Bulgaren
Rumänen	Polen	Russen
Belgier	Holländer	Luxemburger
Letten	Litauer	Esten
Dänen	Norweger	Engländer
Amerikaner	Mexikaner	Brasilianer
Chinesen	Ägypter	Kanadier

Angehöriger einzelner afrikanischer Negerstämme.

3. *Kriegsgeschehen und Transporte.* Es ist außerordentlich interessant, die während der Kriegszeit eingetroffenen Transporte mit den Ereignissen des Krieges in Zusammenhang zu bringen. Die Art und das Herkunftsland der Transporte geben ein klares Bild von den ständig wechselnden Schwierigkeiten, mit denen das Nazideutschland während des Krieges zu kämpfen hatte. So sind die Transporte zugleich ein Spiegelbild der Entwicklung des Krieges. Die ersten ausgesprochenen Kriegstransporte kamen bereits kurz nach der Kriegserklärung in Buchenwald an; es waren Reichsdeutsche, überwiegend Angehörige ehemaliger Linksparteien, die als «Wehrunwürdige» bezeichnet wurden. Die Nazis hatten Angst vor der Propaganda gegen den Kriegswahnsinn im eigenen Volk und versuchten daher, die Leute einzusperren, bei denen sie eine solche Gefahr witterten.

Dasselbe galt für das Protektorat, in dem natürlich die Propaganda gegen den Krieg vom ersten Tag an einsetzte. Darum kamen unmittelbar nach Kriegsbeginn die tschechischen Geiseln und tschechische Juden nach Buchenwald. Bei den Geiseln waren sehr viele Beamte, die den Nazis keine Gewähr zu bieten schienen, daß sie die Kriegsaufgaben mitmachen würden.

Schließlich wurden alle aus Polen nach Deutschland eingewanderten Juden verhaftet und nach Buchenwald und anderen Lagern gebracht. Der Krieg gegen Polen bot einen guten Vorwand zu einer neuen Juden-Aktion.

Nach der Besetzung Polens kamen die ersten polnischen Gefangenen hierher. Insgesamt 4800 Polen wurden ins Lager geschleppt, darunter sogenannte Heckenschützen, 123 Einwohner aus Bromberg. Das Jahr 1940 stand im Zeichen großer kriegerischer Erfolge der Nazis, weshalb sie sich mit Aktionen gegen eventuelle Kriegsgegner nicht so sehr befaßten. Nur im Sommer kam ein Transport holländischer Geiseln, zum Teil hohe Staatsbeamte, ins Lager, die aber verhältnismäßig bald wieder entlassen, d. h. in ein holländisches Lager überstellt wurden.

Im Jahr 1941 gab es nur zwei größere Aktionen in Zusammenhang mit dem Krieg. Februar 1941 fand in Amsterdam und Rotterdam ein Generalstreik gegen die Nazis statt. Im Anschluß daran wurden 750 holländische jüdische Arbeiter nach Buchenwald gebracht. Nach dem Kriegsausbruch gegen die Sowjetunion wurden auch die ersten russischen Kriegsgefangenen im Widerspruch zu allen internationalen Vereinbarungen ins Konzentrationslager gesperrt.

Nach der Besetzung großer Teile der Sowjetunion begannen die Nazis viele Zivilarbeiter nach Deutschland zu verschleppen. Im Jahr 1942 trafen die ersten Transporte solcher Zivilarbeiter auch in Buchenwald ein, wobei es sich zumeist um solche Ausländer handelte, die entweder Arbeitssabotage getrieben (natürlich nur ganz harmloser Natur) oder zu fliehen versucht hatten. Auch viele Polen, die mit deutschen Frauen Beziehungen angeknüpft hatten, kamen ins Lager.

Außerdem wurde im Jahre 1942 eine besondere Aktion durchgeführt. Die Nazis versuchten bekanntlich schon vom ersten Tag ihres Überfalls auf die Sowjetunion an, diesen Staat von innen zu untergraben. Darum suchten sie sich aus den Kriegsgefangenenlagern Leute heraus, die in einem gewissen Gegensatz zu den Sowjets standen und die sie als Werkzeuge für sich benutzen zu können hofften. Es handelte sich dabei meist um Angehörige der früher herrschenden Schichten, Offiziere, Großgrundbesitzer, Intellektuelle, darunter auffallenderweise fast keine Russen, sondern Georgier, Tartaren, Ukrainer usw. Diese russischen Weißgardisten wurden im Lager Buchenwald militärisch weitergebildet und für ihre Aufgaben vorbereitet. Sie blieben etwa 9 Monate im Lager.

Mit dem Fall Stalingrads 1943 wurde das Problem der ausländischen Arbeitskräfte immer dringender. Unter Führung von [Gauleiter Fritz] Sauckel wurden Millionen ausländischer Arbeiter nach Deutschland zwangsverschickt. Daß diese Menschen natürlich jede Gelegenheit zur Sabotage und zur Flucht in ihre Heimat benutzten, ist klar. Darum kam von diesem Zeitpunkt an ein unaufhörlicher Strom ausländischer Arbeiter ins Lager. Auf dem Rückzug von Stalingrad nahmen die Deutschen noch an arbeitsfähigen Russen mit, was sie nur konnten. Da es aber meist «unzuverlässige» Elemente waren, wurden sie direkt ins Lager gesteckt, um als Häftlinge in die Kriegsproduktion gesteckt zu werden. Aus russische Städten kamen in diesem Jahr direkt 5394 Russen nach Buchenwald.

Gleichzeitig begannen die großen Aktionen in Frankreich, wo nach dem Fall von Stalingrad die Maquis-Bewegung immer größere Formen annahm. Unter den poetischen Namen «Meerschaum» und «Frühlingswind» wurden Tausende französischer Arbeiter hierher zwangsverschleppt. Aus Frankreich kamen in diesem Jahr und in den ersten Monaten 1944 insgesamt 21 851 Häftlinge nach Buchenwald!

Dazu kamen noch einige tausend Belgier und Holländer, die aus denselben Gründen nach Buchenwald verschleppt wurden. Ihre genaue Zahl ist schwer feststellbar, weil sie nicht in geschlossenen Transporten – mit zwei Ausnahmen (sogenannter «Nacht- und Nebel-Transporte») – hierher kamen, sondern meist mit sogenannten Tageszugängen.

Im Jahre 1944 brach die Naziherrschaft schon an allen Ecken und Enden auseinander. Umso verbrecherischer war es, die Opfer der Nazibarbarei aus ganz Europa noch in die Konzentrationslager zu verschleppen. Aber die deutsche Rüstungsindustrie brauchte billige Arbeitskräfte, und die konnte sie am besten bei der SS haben! Darum wurden von überallher kräftige Männer nach Buchenwald transportiert, wo sie bald als ausgehungerte Wracke im Krematorium landeten. Die ersten Transporte waren Judentransporte. Da in den Ostlagern keine Rüstungsindustrie mehr zu versorgen war, und da die Nazis in ihrer Zwangslage jüdische Arbeiter lieber bis zum letzten Blutstropfen bei der Arbeit auspreßten als sie vergasten, kamen polnische und ungarische Juden nicht mehr nach Auschwitz, sondern nach Buchenwald. Insgesamt waren es 5745 polnische Juden und 6115 ungarische Juden. Nach dem Warschauer Aufstand wurden 4560 Polen nach Buchenwald gebracht.

Auf den 20. Juli 44 folgte in Deutschland die sogenannte «Gitter»-Aktion, bei der ehemalige Funktionäre nazifeindlicher Parteien verhaftet und ins Lager gebracht wurden, insgesamt kamen nach Buchenwald etwa 750, die jedoch zum großen Teil nach kurzer Zeit, meist auf Grund von Reklamationen aus der Rüstungsindustrie, wieder entlassen wurden.

Die Antinazi-Bewegung bei den Studenten von Oslo führte zur Verschleppung von 349 norwegischen Studenten nach Buchenwald. Mitte März 1945 wurden sie ins Lager Neuengamme bei Hamburg verschickt. Und als es in Dänemark zu Unruhen kam, wurde bekanntlich die ganze dänische Polizei von der SS abgelöst; 1953 dänische Polizisten kamen aus Anlaß dieser Aktion nach Buchenwald, die letzten wurden erst wenige Tage vor der Befreiung aus dem Lager entlassen.

Handelte es sich bei all diesen Aktionen um Verhaftungen in fest besetzten Gebieten, die von Nazigegnern gesäubert werden sollten, so begannen Anfang 1945 die ersten Transporte eines neuen Charakters – die Evakuierungstransporte aus Lagern, die von alliierten Truppen (in diesem Fall russische Truppen) befreit worden waren. Zehntausende kamen in offenen Güterwagen oder zu Fuß, halbverhungert, halb erfroren, fast nackt ins Lager gewankt. In 3 Monaten kamen mehr Menschen aus evakuierten Lagern nach Buchenwald als im ganzen Jahr 1943! Das war das Ende! Wer diese Gestalten sah, der wußte genau, daß die Blutherrschaft der SS nur noch kurze Zeit dauern konnte.

Stefan Heymann, Mannheim

2. Die Toten von Buchenwald

1. *Gestorbene.* In dieser Zahl sind alle im Lager Gestorbenen, Erschlagenen, Erschossenen vom 1. 10. 37 bis 10. 4. 45 enthalten, dazu die Außenkommandos mit

Ausnahme der Frauen 34 566

Es starben	1945	Januar	2 039	
		Februar	5 661	
		März	5 588	
		1.–10. April	913	

2. *Liquidationen.* Zahl der im Pferdestall durch Genickschuß ermordeten russischen Kriegsgefangen

schätzungweise 7 200

Die Schätzung erfolgte auf Grund der in der Häftlingskammer abgelieferten Kleidung der Ermordeten

Zahl der Exekutionen schätzungsweise 1100

Genaue Zahlen sind erst ab Ende März 44 vorhanden, vorher bestand dazu keine Möglichkeit.

3. *Liquidationstransporte.*

Gastransport Sonneberg Juli 1940	100
Gastransport Juden Bernburg 1942	500
Gastransport Juden Bernburg 1942	200
Transport holländ. Juden Mauthausen 1941	341
Verschiedene Transporte nach Auschwitz im Jahre 1943	1 180
Transport von Kindern nach Auschwitz 1943	200
Transporte von Juden nach Auschwitz 1944	2 101
Tote in Dora, als Liquidierungstransport nach Auschwitz getarnt	3 000
Transporte nach Bergen-Belsen 1944	3 438
	11 060
[Gesamtzahl]	53 926

Diese Zahl ist als Mindestzahl für die Todesopfer nazistischer Barbarei in Buchenwald anzusehen. Nicht enthalten in diesen Zahlen sind die vielen Hunderte von Toten, die auf Transporten von und nach Buchenwald unterwegs erfroren oder verhungerten. Nicht enthalten sind die Zahlen der Toten aus Transporten nach Liquidationslagern, die nicht als reine Liquidationstransporte von Buchenwald weggingen. Auch das dürften viele hundert Opfer sein. Es ist daher sicherlich immer noch zu niedrig gegriffen, wenn man als Gesamtzahl aller unter unmittelbarem Einfluß von Buchenwald Gestorbenen und Ermordeten *55 000 Opfer* feststellt.[1]

3. Tabellarische Übersicht über die zahlenmäßige Entwicklung des Konzentrationslagers Buchenwald.

Monat	Zugänge	Abgänge				Lagerstärke am Ende d. M.
		ent.	überst.	verst.	insg.	
Juli 1937	930				1	929
Aug.	1 414			8	48	2 295
Sept.	180			7	55	2 420
Oktober	109			2	60	2 469
Nov.	133			9	75	2 527
Dez.	146			22	112	2 561
zus. 1937	2 912			48	351	

Monat	Zugänge	Abgänge				Lagerstärke am Ende d. M.
		ent.	überst.	verst.	insg.	
Jan. 1938	139				67	2 633
Febr.	140				45	2 728
März	138				60	2 806
April	236				42	3 000
Mai	1 785				54	4 731
Juni	3 103				111	7 723
Juli	463				258	7 928
August	348				485	7 791
Sept.	3 059				379	10 471
Okt.	428				711	10 188
Nov.	10 098				2 181	18 105
Dez.	185				7 262	11 028
zus. 1938	20 122			771	11 655	
Jan. 1939	184				1 727	9 485
Febr.	113				949	8 649
März	45				30	8 664
April	13				2 314	6 363
Mai	20				713	5 670
Juni	103				250	5 523
Juli	166				297	5 392
August	155				165	5 382
Sept.	3 334				62	8 634
Okt.	5 373				1 232	12 755
Nov.	50				448	12 377
Dez.	17				587	11 807
zus. 1939	9 553			1 235	8 774	
Jan. 1940	24				875	10 936
Febr.	21				654	10 323
März	14				1 518	8 819
April	67				900	7 986
Mai	19				372	7 633
Juni	26				321	7 338
Juli	250				318	7 270
August	1 168				239	8 199
Sept.	52				144	8 107
Okt.	196				502	7 801
Nov.	96				286	7 611
Dez.	592				763	7 440
zus. 1940	2 525			1 772	6 892	

Monat	Zugänge	Abgänge				Lager-stärke am Ende d. M.
		ent.	überst.	verst.	insg.	
Jan. 1941	50				128	7 362
Febr.	452				217	7 597
März	236				513	7 520
April	505				336	7 489
Mai	288				992	6 785
Juni	231				209	6 807
Juli	2 695				920	8 582
August	396				496	8 482
Sept.	251				363	8 370
Okt.	251				468	8 153
Nov.	277				520	7 910
Dez.	258				257	7 911
zus. 1941	5 890			1 522	5 419	
Jan. 1942	554				479	7 986
Febr.	480				349	8 117
März	2 843				2 154	8 806
April	521				673	8 654
Mai	452				1 505	7 601
Juni	1 019				620	8 000
Juli	1 996				1 147	8 849
August	1 715				678	9 886
Sept.	1 709				1 520	10 075
Okt.	984				2 228	8 831
Nov.	794				533	9 092
Dez.	1 044				619	9 517
zus. 1942	14 111			2 898	12 505	
Jan. 1943	2 500			111	742	11 275
Febr.	1 291	94	377	175	646	11 920
März	2 474	40	1 582	311	1 933	12 461
April	2 773	1 102	299	507	1 908	13 326
Mai	2 339	38	807	379	1 224	14 441
Juni	1 858	122	348	211	681	15 618
Juli	1 727	39	1 317	191	1 547	15 796
August	4 537	57	517	118	692	19 641
Sept.	5 444	41	233	123	397	24 688
Okt.	9 048	41	209	109	359	33 377
Nov.	4 454	27	2 378	314	2 719	35 112
Dez.	3 734	35	525	967	1 527	37 319
zus. 1943	42 177	1 636	8 592	3 516	14 375	

Monat	Zugänge	Abgänge				Lagerstärke am Ende d. M.
		ent.	überst.	verst.	insg.	
Jan. 1944	8 017	49	1 454	1 000	2 503	42 833
Febr.	1 979	44	2 648	880	3 572	41 240
März	5 065	96	1 527	1 311	2 934	43 371
April	4 788	120	1 649	560	2 329	45 830
Mai	9 655	133	675	390	1 198	54 287
Juni	9 986	464	2 193	460	3 117	61 156
Juli	7 398	311	1 287	347	1 945	66 609
August	17 170	217	429	742	1 388	82 391
Sept.	4 221	1 139	471	497	2 107	84 505
Okt.	6 728	981	34 047	732	35 760	55 473
Nov.	10 305	698	5 207	612	6 517	59 261
Dez.	12 555	2 076	5 579	1 113	8 768	63 048
zus. 1944	97 867	6 328	59 166	8 644	72 138	
Jan. 1945	24 197	190	4 756	2 002	6 948	80 297
Febr.	13 066	257	1 351	5 523	7 131	86 232
März	6 560	488	6 337	5 531	12 356	80 436
zus. 1945	43 823	935	12 444	13 056	26 435	
Insgesamt 1937 bis 31. 3. 1945	238 960			33 462	158 544	

4. Größenumfang Buchenwalds: Seine Wasserversorgung und Abwasserbeseitigung

Der Ettersberg ist als Siedlungsgelände der denkbar ungünstigste Platz, um Menschen unterzubringen. Er gehört zum mitteldeutschen Randgebirge und weist dieselben klimatischen Nachteile, relativ große Niederschlagsmengen, auf. Der höchste Punkt des Lagers ist 478 ü. M., der tiefste 375 ü. M. Diese Höhenlage läßt die häufig auftretenden Temperaturschwankungen unvermittelt wirksam werden.

Geplant waren ursprünglich die Kasernen für den Totenkopf-Verband, sowie Unterkünfte für etwa 5000 Häftlinge. Bei der Befreiung umfaßte das gesamte Lager mit dem Kommandanturbereich eine Fläche von 150 ha. Durch den elektrisch geladenen Zaun waren 40 ha eingezäunt, das Gelände der Deutschen Ausrüstungswerke umfaßte 4,5 ha, der Appellplatz war 1,5 ha groß; dieselbe Fläche bedeckten die Gustloffwerke. Die Gesamtfläche innerhalb der Postenkette betrug 2 Quadratkilometer, der elektrische Stacheldrahtzaun hat eine Länge von 3,5 Kilometern.

Besondere Schwierigkeiten bereiteten von Anbeginn an die Wasserversorgung und Abwässerbeseitigung. Ein Jahr behalf sich die SS mit Improvisationen, bevor sie an eine eigentliche Lösung des Problems heranging. Da in unmittelbarer Nähe des Berges keine nutzbaren Wasservorkommen sind, mußte das Wasser aus dem Buntsandsteingebiet südöstlich Bad Berka, dem sogenannten Tannrodaer Sattel, herangeholt werden.[2] Die Leitung ist etwa 20 Kilometer lang, aber ungenügend dimensioniert (Durchmesser 250 mm). Nahe bei Tonndorf wurden 2 Tiefbrunnen-Pumpwerke (Brunnentiefe 200 m) errichtet; das erpumpte Wasser wird mittels der genannten Leitung und einer bei Daasdorf errichteten Druckerhöhungsanlage in die Wasserhochbehälter des Kommandanturbereichs geleitet. Erst Ende 1942 war diese Anlage betriebsfertig. Aber durch die Errichtung des Gustloffswerkes und die Erweiterung des Lagers war inzwischen die Basis zu schmal geworden. Zwei weitere Pumpwerke mit den dazu gehörigen beiden Druckerhöhungs-Stationen sollten in die Gesamtlage eingeschaltet werden. Die Erweiterung ist aber bis heute noch nicht fertig.

Das gesamte in die Wasserversorgung investierte Kapital beträgt bei vorsichtiger Schätzung 3,5 Millionen Mark. Ohne die Reservemaschinen sind etwa 400 PS zum Betrieb der Anlage in ihrem bisherigen Umfang erforderlich. Nach der Erweiterung werden schätzungsweise 800 PS benötigt werden. Die Fördermenge ist bei kontinuierlichem Betrieb der Anlage 3400 bis 5000 cbm pro Tag. Die Gesamtlänge beträgt etwa 50 Kilometer.

Gleich schwierig gestaltete sich die Abwässerbeseitigung. Es fehlt vor allem an einem leistungsfähigen Vorfluter. Das erste Provisorium bestand etwa ein Jahr lang in Abortgruben. Inzwischen wurde eine etwa 4,5 km lange Abwasserleitung von 200 mm Durchmesser zur Vippach, einem Nebenfluß der Unstrut, gelegt. Das Abwasser wurde über ein Absatzbecken von 1000 cbm Fassungsvermögen einem etwa 10 ha großen Verregnungsgelände nahe bei dem Ort Berlstedt zugeführt. Die Nutznießer wurden in einem Bodenverband zusammengeschlossen. Da im Lager Seuchen aufgetreten waren, wurde eine vollwertige Kläranlage erforderlich. 1939 begonnen war sie Juni 1941 betriebsbereit. Sie war für 3000 cbm Tagesleistung angelegt entsprechend der Belegung des Lagers und Standortbereichs mit etwa 20000 Menschen. Die tatsächliche Kopfzahl betrug aber in den letzten Monaten 50000. Die Erweiterung war dringend erforderlich, ist aber nicht mehr in Angriff genommen worden.

Schmutz- und Regenwasser werden getrennt abgeführt. Die Gesamtleitungslänge des Abwassernetzes beträgt etwa 60 km, die Bausumme belief sich auf etwa 5 Millionen Mark.

Die Planung und Durchführung dieser Anlagen wurde im allgemeinen Privatfirmen übertragen. Die Unterlagen, die von diesen Firmen geliefert wurden, waren aber meist so skizzenhaft und unvollständig, daß fast immer von den Häftlingen völlig neue Unterlagen hergestellt werden mußten. Obwohl wir nur wenige Fachkräfte hatten, mußten wir dies durchführen, denn

Leben und Gesundheit von Tausenden hing von diesen Arbeiten ab. Technische Mängel waren daher nicht zu vermeiden, häufige Betriebsstörungen sind darauf zurückzuführen. Trotzdem sind diese Bauvorhaben das Resultat gemeinsamer, unter menschenunwürdigen Umständen geleisteter Arbeit.

Baubüro des K.L. Buchenwald

5. Die Politische Abteilung

Die Politische Abteilung sorgte für die genaue Erfassung und Evidenz aller im Lager einsitzenden, im Lager verstorbenen, aus dem Lager überstellten und entlassenen oder auf Transport geschickten Häftlinge. Vor allem war die richtige Aufnahme des Häftlings bei seiner Einlieferung ins Lager von großer Wichtigkeit. Von jedem Häftling wurde ein sogenannter Personalbogen ausgefüllt, wo außer den Personalangaben und dem Militärdienst auch die Personalbeschreibung, die einweisende Dienststelle, die evtl. Vorstrafen und die Häftlingsart eingetragen wurde. Der Häftling mußte mit seiner eigenen Unterschrift bestätigen, daß seine Angaben der Wahrheit entsprachen, sonst hatte er mit strengen Strafen zu rechnen. Die Aufnahme wurde bis Juni 1942 nur von SS-Angehörigen der Politischen Abteilung durchgeführt. Sie benutzten dazu nach Besetzung verschiedener europäischer Länder durch Deutschland entsprechende Dolmetscher, um sich mit den eingelieferten nichtdeutschen Häftlingen zu verständigen.

Seit Juni 1942, als die Einlieferungen zu steigen begannen, und die Scharführer nicht imstande waren, alles rechtzeitig zu erledigen, wurden zur Aufnahme auch Häftlinge zugelassen. Die ausgestellten Karten sowie die Personalbogen, wurden mit einem Photo des Häftlings versehen. Erst nach dem Fliegerangriff auf Buchenwald am 24. 8. 1944 wurde von dem Photographieren der Häftlinge abgesehen, weil großer Mangel an Material herrschte und außerdem die Zahl der eingelieferten Häftlinge riesig stieg. Zu dem Personalbogen wurden nachher die sogenannten Unterlagen (z. B. Haftbefehl, Schutzhaftbefehl, der den Grund der Schutzhaft enthielt, die Niederschrift der Vernehmung bei Gestapo und Dokumente) hinzugefügt und bildeten damit die sogenannten Häftlingsakten.

Außerdem wurden von den Standesämtern bzw. Pfarrämtern Geburts- und Heiratsurkunden aufgefordert, um zu überprüfen, ob der Häftling bei der Aufnahme richtige Angaben gemacht hatte. Dadurch hatte die Lagerführung ein klares Bild über die Vergangenheit des Häftlings. Die fertigen Häftlingsakten ließ sich der Lagerkommandant vorlegen, sonst lagen sie alphabetisch sortiert im Büro der Politischen Abteilung in Eisenschränken und standen jederzeit zur Verfügung. Aus den Häftlingspersonalkarten wurde die sogenannte Karteikartothek gebildet, die, ebenfalls alphabetisch sortiert, in jedem Augenblick ermöglichte, den Häftling und seine Personaldaten festzustellen. Die Personalakten der entlassenen und verstorbenen Häftlinge wurden gesondert im sogenannten Aktenzimmer aufbewahrt und dienten nur zu Archivzwecken.

Die alte Holzbaracke der Politischen Abteilung hatte folgende Einrichtung: 4 Vernehmungszimmer, 1 großer Büroraum, 1 Zimmer für den Leiter der Politischen Abteilung und 1 Aktenzimmer. Seitdem Häftlinge als Hilfskräfte zu Arbeiten der Politischen Abteilung zugezogen worden waren, wurden ihnen die ersten 2 Vernehmungszimmer zur Verfügung gestellt.

Im letzten halben Jahr des Bestehens des Lagers wurde die Totenabteilung der Politischen Abteilung stark mit Arbeit belastet, da die Zahl der gestorbenen Häftlinge von Tag zu Tag wuchs. Die Sterbeurkunden wurden nur für Reichsdeutsche und Protektoratsangehörige ausgestellt.

Einen höchst geringen Prozentsatz machten die entlassenen Häftlinge aus. Die Entlassung der Häftlinge erfolgte nach einer telegraphischen Verfügung aus Berlin. Der Lagerkommandant konnte jedoch die Entlassung auf Tage verschieben, wenn er mit der Führung und Arbeitsleistung des betreffenden Häftlings nicht zufrieden war. Der entlassene Häftling kam zur Politischen Abteilung, nachdem er in Zivilkleider umgekleidet war und bekam dort den sogenannten Entlassungsschein, worauf seine Personaldaten standen. Es wurde ihm ebenfalls bekannt gemacht, bei welcher Gestapo er sich zu melden hatte. War er mittellos, so bekam er einen Gutschein, auf Grund dessen er in Weimar eine Fahrkarte nach seinem Bestimmungsort erhielt. Vor der Entlassung mußte er noch eine Erklärung unterschreiben, die ihn schärfstens verwarnte, irgendwelches Wissen, das er durch seinen Aufenthalt im KL Buchenwald erlangt hatte, weiterzugeben.

Seit der zweiten Hälfte des Jahres 1943 mehrten sich Fluchtversuche der Häftlinge. Nicht aus dem Lager selbst, aber aus den verschiedenen Arbeitskommandos, deren Zahl mit der Entwicklung der deutschen Kriegsindustrie und der Kriegsbedürfnisse im ständigen Aufstieg war. Es kostete nicht so große Mühe, von einem Außenkommando zu flüchten, aber die Aussichten in Freiheit zu bleiben, waren für den flüchtigen Häftling sehr gering.

Die wieder ergriffenen Häftlinge wurden nach der Wiedereinlieferung ins Lager sofort im Bunker (Zellenbau) eingesperrt und nachher durch die Politische Abteilung vernommen. Viele von den Flüchtigen wurden auf Grund der Vernehmung im Keller des Lagerkrematoriums erhängt. Die übrigen wurden in der letzten Zeit dem Gärtnereikommando zugeteilt und sollten die schwersten Arbeiten verrichten. In dem letzten halben Jahr wurden unzählige flüchtige Häftlinge ins Lager gebracht und vernommen. Unter ihnen befanden sich meistens Russen, ferner Polen, sehr selten flüchteten Tschechen und Deutsche. Die Politische Abteilung war zu dieser Zeit kaum imstande, alles zu bearbeiten, da die flüchtigen Häftlinge oft ihre Namen änderten und auf diese Weise die Arbeit erschwerten.

Der letzte Leiter der Politischen Abteilung war Kriminal-Sekretär und Sturmscharführer Walter Serno, der liebte es, ab und zu die vernommenen Häftlinge mit einem Eisenlineal über die Backe zu schlagen. Dies war fast ausschließlich bei Russen und Polen der Fall. Deutsche, Tschechen, Holländer oder Franzosen wurden sehr selten mißhandelt.

Die SS-Leute der Politischen Abteilung in der letzten Zeit sind:

Krim. Sekr. u. Sturmscharführer Walter Serno (Leiter der Politischen Abteilung)

Krim. Oberassistent und SS-Hauptscharführer Noske (stellv. Leiter und Vernehmung)

SS-Unterscharführer Franz Hennemann (Leiter des Büros d. Polit. Abteilung und Schriftverkehr)

SS-Oberscharführer (ehem. Wehrmachtsangehöriger) Hebenseder (Privatangelegenheiten)

SS-Rottenführer Franz Heiling (Entlassungen)

SS-Unterscharführer Kuss (Schriftverkehr), SS-Rottenführer Gebauer (Post)

SS-Rottenführer Rottig (Leiter d. Totenabteilung)

SS-Rottenführer Hans Wiech (Totenabteilung)

SS-Oberscharführer Lemke (Totenabteilung)

SS-Oberscharführer (ehem. Wehrm. Angeh.) Hepp (Anfragen)

SS-Oberscharführer (ehem. Wehrm. Angeh.) Utz (Flüchtige)

SS-Sturmmann Ewert (Vernehmungen von Flüchtigen)

SS-Unterscharführer Harwart

SS-Unterscharführer Franz Hoffmann (Aufnahme)

Früher waren bei der Polit. Abteilung folgende SS-Angehörige beschäftigt:

SS-Untersturmführer Danel als (Leiter)

SS-Hauptscharführer Pfaff (Entlassungen)

SS-Hauptscharführer Höhring (Totenabteilung)

SS-Obersturmführer Stolberg (Büroleiter)

Der Anteil der Häftlinge an den Arbeiten der Politischen Abteilung begann im Juni 1942. Sie wurden mit Hilfsarbeiten vertraut (Aufnahmen, Feststellungen, Schreibmaschinenschreiben, Dolmetschen, Kartenziehen, Aktendeckel schreiben, Anforderungen von Geburts- und Heiratsurkunden u. a. mehr.) Sie sollten den SS-Angehörigen ihre Arbeit erleichtern. Anfänglich bestand das Kommando aus einem Kapo und 6 Häftlingen. Im Laufe der Zeit, als Tausende und Abertausende von Häftlingen ins Lager kamen, vergrößerte sich die Zahl der bei der Politischen Abteilung beschäftigten Häftlinge, so daß zuletzt 85 Häftlinge dort waren. Nach dem Fliegerangriff auf Buchenwald am 24. 8. 1944, wo fast sämtliche Akten der Abteilung verbrannten, mußte die ganze Karteikartothek abgeschrieben werden.

Das Kommando gliederte sich in zwei Tag- und Nachtschichten, die im Büro der Politischen Abteilung und Effektenkammer arbeiteten. Diese Häftlinge hielten es stets für ihre Pflicht, den anderen Häftlingen ihren Aufenthalt bei der Politischen Abteilung zu erleichtern und ihnen soweit wie möglich behilflich zu sein.

Bis zum Jahre 1944 waren die Besuche von Familienangehörigen der Häftlinge im Lager selten. Der Besucher wurde von einem SS-Angehörigen zur Politischen Abteilung begleitet, wo er sich mit einer Sprecherlaubnis vom Reichssicherheitshauptamt ausweisen mußte. Dann wurde der betreffende Häftling geholt und konnte sich im allgemeinen ungefähr eine Stunde unter Aufsicht meistens des Leiters der Politischen Abteilung nur in deutscher Sprache mit dem Besucher unterhalten. Es war lächerlich auffallend, wie höflich die Zivilpersonen von den SS-Angehörigen behandelt wurden. Beamte der Gestapo kamen selten zur Politischen Abteilung. Sie hatten fast immer ihre Dolmetscher mit, so daß man kaum etwas über die Verhandlungen sagen kann. Oft waren bei ihren Vernehmungen Schläge und Gebrüll zu hören.

Die Familienangehörigen von verschiedenen Häftlingen machten zu Hause Schritte, um ihre Lieben aus dem Lager herauszukriegen. Wenn die betreffende Gestapostelle daran etwas Interesse zeigen wollte, so verlangte sie von dem Lagerkommando einen sogenannten Führungsbericht. Der Lagerkommandant sollte zum Ausdruck bringen, wie er mit dem betreffenden Häftling zufrieden ist. In den meisten Fällen war der Führungsbericht ablehnend, d. h. negativ. Selbst bei den günstigsten Führungsberichten waren die Entlassungsaussichten gering, denn es fehlte immer wieder den anderen Stellen am guten Willen.

Es wurden oftmals auch Versuche gemacht, den Häftling zu Spitzelzwekken des Dritten Reiches zu erwerben. Einige sind diesen Versuchen erlegen und zu sogenannten Vertrauensmännern geworden. Sie sollten nach ihrer erfolgten Entlassung dem deutschen Geheimdienst zur Verfügung stehen und ihre unvorsichtigen Landsleute anzeigen.

Es ist Tatsache, daß im Lager Unzählige spurlos verschwunden sind. Ihre Akten übernahm die Adjutantur. Es verblieben nur ihre Personalkarten, ohne daß darauf die Todesursache stand. Nur mit der Bemerkung: «tot am ...» «siehe Akte» oder ... «siehe Adjutantur.» Mehr könnten uns sicher die Akten selber sagen. Sie bestehen leider nicht mehr, da sie vor der Flucht der SS den Flammen übergeben wurden. Nur die Kartothek wurde zurückgelassen. Diese kann uns wenigstens einen Überblick über die im Lager eingelieferten Häftlinge bieten.

Jan Sobottka, Prag, Kapo der Politischen Abteilung

Kapitel II
Schlemmerleben und Korruption der SS

6. Liste der SS-Angehörigen

[*Eine siebenseitige maschinengeschriebene Namenliste ist an dieser Stelle im Originalmanuskript eingefügt. Sie wird in dieser Ausgabe nicht abgedruckt.*]

7. Friseur beim Kommandanten

Ich war fast seit Beginn des Lagers ständig Friseur beim Kommandanten, zuerst bei Koch, dann bei Pister. In dieser Tätigkeit habe ich mehr zu sehen und zu hören bekommen, als anderen Häftlingen möglich war. Meine Erfahrungen und Kenntnisse habe ich stets den Häftlingen, die im antifaschistischen Kampf gegen die SS standen, zur Verfügung gestellt und dadurch manches geplante Verbrechen verhindert. Einige meiner Erlebnisse aus diese langen Schreckenszeit will ich hier schildern, betone aber zugleich, daß es sich nur um einen kleinen Ausschnitt aus dem handelt, was sich in meiner Buchenwalder Zeit ereignet hat.

Wie Koch bestochen wurde

Da der Kommandant Koch mit seinem hohen Gehalt niemals auskam, verschmähte er niemals riesige Bestechungsgelder. Hauptlieferant für Koch war der Kriminelle Meiners, der die Kantinenverwaltung der Häftlinge unter sich hatte. Durch unverschämte Preisaufschläge – einmal wurde z. B. Gemüsesalat an die Häftlinge für 2,60 Mark pro Pfund verkauft, der 80 Pfennig im Einkauf gekostest hatte – brachte er im Monat 50–60 000 Mark auf die Seite, die alle in die Tasche von Koch wanderten. Was Meiners sonst noch an Geschenken verteilte, betrug ebenfalls viele Tausende von Mark. So erhielt z. B. Frau Koch einmal von ihm einen Brillantring, der 8000 Mark gekostet hatte. Dem Lagerführer Hackmann kaufte er ein neues Auto, ja er stiftete sogar das Geld zum Neubau einer Villa am Edersee bei Bad Wildungen, die jedoch auf Einspruch des Obergruppenführers Erbprinz von Waldeck-Pyrmont nicht gebaut werden durfte. Auch ein Motorboot auf dem genannten See kaufte Koch sich [mit] ergaunerten Häftlingsgeldern. Meiners ist leider noch in Freiheit und fährt heute in Jena mit einem eleganten Auto, das er ebenfalls aus den seinen Mithäftlingen gestohlenen Geldern gekauft hat, spazieren.

Wie schon aus dem Gesagten hervorgeht, war Koch nicht beliebt, und man suchte ihm aus allen Dingen einen Strick zu drehen. So kamen einmal mehrere Lastautos voll Zitronen für die SS-Angehörigen nach Buchenwald. Koch beschlagnahmte den ganzen Vorrat, behielt das meiste für sich und gab nur an einige höhere Führer ein paar Zitronen aus. Damals entstand das Gerücht, Frau Koch ließe sich von mir den nackten Rücken mit Zitronen abreiben, was jedoch nicht der Fall war. Immerhin zeigt dieses Beispiel, wie «beliebt» der Kommandant bei seinen Leuten war.

50000 Flaschen Kognak für Göring

Während des Feldzuges in Frankreich ließ Göring 50000 Flaschen feinsten Kognaks – Marke Hennessy! – für sich stehlen. Diese riesige Beute stellte er in Weimar bei dem Gauleiter Sauckel unter. Etwa 10 Tage vor dem Einrücken der Amerikaner wurde dieser Raub mit Militärautos abgeholt und nach einem unbekannten Ziel abgefahren.

Bestechung zur Rettung von Kameraden

Alle SS-Leute von oben bis unten waren durch und durch korrupt. In einigen Fällen konnten wir das gut ausnutzen, um unseren Kameraden im Lager zu helfen. Wenn z. B. ein Kamerad Stockhiebe bekommen sollte, sagte er es uns einen Tag vorher. Darauf gingen wir zum damaligen Lagerführer Florstedt und brachten ihm eine Dose Kaviar oder eine andere Delikatesse, worauf die Strafe stets gestrichen wurde. Später stand Florstedt schon so unter unserem Druck, daß der Kellner des Führerheims ihm sagen konnte: «Sie bekommen heute kein Frühstück, bis die und die Strafe gestrichen ist!» Und er tat es jedes Mal. – Ähnlich ging es bei dem Stabsscharführer [Emil] Jackobs aus den Gustloffwerken. Dieser Sadist schlug die Häftlinge fürchterlich, scheute sich aber nicht, sich jede Woche mindestens einmal eine Schachtel Zigaretten in der Häftlingskantine zu schnorren. Da er mit Prügeln nicht aufhörte, verweigerte der Kamerad in der Kantine einfach eine weitere Herausgabe von Zigaretten. Jackobs versprach sich zu bessern, wenn er wieder Zigaretten erhielte, und er tat es wirklich.

Streit bei den SS-Führern

Unter den SS-Führern herrschte ständig Streit. Besonders der Erbprinz von Waldeck konnte den Kommandanten Koch nicht riechen, was ganz auf Gegenseitigkeit beruhte. Waldeck kam öfters nach Buchenwald, wobei er sich stets total besoff. Einmal nahm er in besoffenem Zustand etwa 30000 Zigaretten, die für die SS-Führer bestimmt waren, mit. Als Koch das erfuhr, machte er riesigen Krach und verbot, daß in Zukunft an keinen auswärtigen SS-Führer, ganz gleich wer es sei, etwas ausgegeben werden dürfe.

Der korrekte Pister

Während unter Koch eine richtige Willkürherrschaft herrschte, versuchte Pister den Naziterror mehr bürokratisch und korrekt zu organisieren. Er war zwar brutal und rücksichtslos, aber immer im Rahmen seiner Vorschriften, die er peinlich genau einhielt. Gegen Ende der Naziherrschaft in Buchenwald wurde Pister, der im Grunde genommen feige wie alle Nazis war, in seinen Maßnahmen schwankend. Er versuchte, sich eine Rückendeckung zu verschaffen in der Hoffnung, er könne gemeinsam mit den Häftlingen zu den Amerikanern gelangen. Ein Brief, der von Häftlingen, die in der Freiheit prominente Persönlichkeiten waren (der belgische Arbeitsminister, ein ehemaliger französischer Justizminister, ein holländischer und ein englischer Offizier), an ihn geschrieben wurde, machte Pister so durcheinander, daß er der Verschleppungstaktik der Häftlingsleitung keinen ernstlichen Widerstand entgegensetzte.

17 englische Offiziere erhängt

1944 wurden 37 englische und französische Offiziere nach Buchenwald gebracht, um sie hier zu ermorden. Als eines Tages 17 von ihnen zum Tor bestellt wurden, war es klar, daß dies ihr Todesurteil bedeute. Ich sprach mit den englischen Kameraden und zeigte ihnen, auf welche Weise sie ihre Mörder am Tor überfallen und wenigstens um ihr Leben kämpfen könnten. Sie antworteten mir darauf etwa folgendes: «Wir haben sowieso mit dem Leben abgeschlossen. Wenn wir jetzt eine Meuterei machen, besteht die Gefahr, daß das ganze Lager darunter leidet, was wir nicht wollen. Darum werden wir nicht kämpfen.» Als die Kameraden zum Krematorium geführt wurden, baten sie darum, wenigstens als ehrliche Soldaten erschossen zu werden. Trotzdem wurden sie von den Nazibestien gehenkt!

In einer Kiste zu Tode gehungert

Im Frühjahr 1938 machte ein Zigeuner einen Fluchtversuch, wurde jedoch bald wieder eingefangen. Als abschreckende Strafe dachte der Sadist Koch sich folgende Grausamkeit aus. Der Zigeuner wurde in eine Holzkiste gesteckt, deren eine Seite mit einem Maschendraht anstelle Holz versehen war. In dieser Kiste konnte das arme Opfer nur zusammengekrümmt sitzen. Außerdem waren in die Kiste von außen lange Nägel nach innen geschlagen, so daß bei der geringsten Bewegung die Nägel tief ins Fleisch eindrangen. In diesem Käfig wurde der Zigeuner auf dem Appellplatz zwei Tage und drei Nächte zur Schau gestellt. Sein entsetzliches Schreien hatte schon nichts Menschliches mehr. Endlich am Morgen des dritten Tages wurde er durch eine Spritze von seinem Jammerdasein erlöst.

Luetiker Koch

Koch war 1940 für kurze Zeit in Norwegen, aber immerhin lange genug, um sich dort mit Syphilis zu infizieren. Da er der Heilkunst der SS-Ärzte mit Recht nicht traute, ließ er sich von dem Häftlingspfleger Walter Krämer mit Salvarsan behandeln. Um seinen Namen nicht als Salvarsan-Bezieher bekannt werden zu lassen, wurde dies Medikament bei dem SS-Sanitätsdepot Berlin auf den Namen des Häftlings Rudi Hach bestellt. Als Koch gesund war und eine wiederholt vorgenommene Blutprobe die völlige Heilung zeigte, brachte er seinem Retter Krämer ein besonderes Dankgeschenk. Aus Angst, Krämer könne etwas über diese Kur aussagen, wurden Krämer und sein Kamerad Peix, den Koch als Mitwisser fürchtete, verhaftet und nach wenigen Tagen auf Befehl Kochs von dem Massenmörder Blank erschossen. Als Ausrede benutzte Koch angeblich im Revier geführte politische Gespräche.

Massenmörder als Erzieher

Einer der Hauptmörder der Buchenwalder SS war der Stabsscharführer [Wolfgang] Otto, von Beruf Lehrer.[1] Otto war an fast allen Exekutionen beteiligt, insbesondere spielte er bei der Ermordung russischer Kriegsgefangener eine Hauptrolle. Ausgerechnet dieser Massenmörder, der fast jeden Tag mehrere Menschen schlachtete, wurde von Koch als Lehrer für die Kinder der SS-Führer eingesetzt.

Ein anderes Erlebnis werde ich nie vergessen. Der Adjutant, Hauptsturmführer [Hans] Schmidt kam von einer Exekution, bei der er selbst 9 Häftlinge im Krematorium gehenkt hatte, nach Hause.[2] Vor der Haustür stand seine Frau mit den Kindern. Schmidt nahm sein jüngstes Kind auf den Arm und spielte mit ihm, obwohl er mit den selben Händen, die das Kind streichelten, vorher 9 Menschen erdrosselt hatte! Wenn im übrigen die Stricke im Krematorium nicht rasch genug zur Stelle waren, wurden die Todesopfer der Nazibanditen in die eisernen Haken gehenkt und tot geschlagen.

Zigeunerin erschossen

Ende Dezember 1944 sollte eine junge Zigeunerin gehenkt werden. Auf dem Weg zur Richtstätte warf sie sich auf den Boden und heulte und jammerte. Die SS-Leute brachten sie nicht auf die Beine. Da ging der Lagerführer Gust, der zufällig vorbeikam, hin und schoß der jungen Frau eine Revolverkugel in den Schädel!

«Sämtliche Juden zu Koch!»

Jeden Morgen, wenn ich ins Kommandantenhaus kam, sprang ich sofort ins Arbeitszimmer, weil dort meist irgendwelche Anordnungen oder Befehle lagen, die für uns Häftlinge wichtig waren. Ich konnte meist 4–5 Minuten dort ungestört sein, bis ich dem Kommandanten, der um diese Zeit im Badezimmer saß, gemeldet worden war. Diese Praxis übte ich bei beiden Kommandanten aus. Es würde zu weit führen, hier jedes wichtige Dokument aufzuzählen. Aber eines will ich doch erwähnen. Kurz nachdem der Kommandant Koch nach Lublin versetzt worden war, lag eines Morgens auf dem Tisch des neuen Kommandanten Pister eine Anweisung an alle Lagerkommandanten, die folgenden Wortlaut hatte: «Sämtliche Juden Europas zu Koch-Lublin. Himmler.»

Franz Eichhorn, Weimar, Meyerstr.

8. Als Masseur bei der SS

Im April 1942 wurde ich als Masseur im Häftlingskrankenbau Buchenwald eingesetzt. Obwohl ich nur für Häftlinge arbeiten sollte, brachte mich der Lagerarzt Dr. Hoven schon nach wenigen Tagen in die Häuser der SS-Führer, so daß ich von nun an fast nur SS-Leute massierte. Hoven tat dies, um sich eine gute Position zu verschaffen. Ich habe fast alle höheren SS-Führer massiert.

Meine schlimmsten Erfahrungen machte ich mit dem Adjutanten Hauptsturmführer Schmidt. Zwei Jahre lang mußte ich ihn jeden Morgen behandeln. Da er fast jeden Tag betrunken war und die Trinkgelage in seinem Zimmer stattfanden, war die Arbeit höchst unangenehm. Außerdem verleitete Schmidt mich im Auftrag Hovens dazu, ihm jeden Tag aus der Diätküche des Krankenbaus Eier, Butter, und Milch mitzubringen. Eines Tages sah dies der Kommandant, dem ich natürlich wahrheitsgemäß sagte, was ich tat bzw. zu tun gezwungen war. Der Adjutant bekam einen gewaltigen Rüffel und mir gab der Lagerarzt den Befehl, ich dürfe den Krankenbau nicht mehr verlassen. Schmidt hatte offensichtlich den Lagerarzt beauftragt, mich umzulegen. Denn als der Adjutant nach ungefähr 6 Wochen in den Krankenbau kam, war er ganz erstaunt, daß ich noch am Leben sei. Er befahl mir aber sofort, ihn wieder zu massieren.

Jetzt versuchte er, mich in allerhand Schiebergeschäfte hineinzuziehen. Ich sollte ihm Seife, Schmucksachen, ja sogar Eßwaren aus Rote-Kreuz-Paketen besorgen, was ich natürlich stets ablehnte. Als der Untergang Nazideutschlands immer klarer war, versuchte er sich eine Rückversicherung zu schaffen und bat mich, ob er mich nicht nach dem Krieg in Holland besuchen dürfe. Aber im Februar 1944 sagte er eines Tages in betrunkenem Zustand: «Ihr braucht Euch nicht einzubilden, daß ein Häftling hier lebend herauskommt, wenn wir besiegt werden. Wir haben schon alles vorbereitet, um das Lager in wenigen Stunden zu vernichten.»

Einen anderen Fall erlebte ich mit dem Hauptsturmführer Dr. [Konrad] Morgen, der als Untersuchungsgerichter für den Fall des früheren Kommandanten Koch nach Buchenwald gekommen war. Obwohl er nicht krank war, ließ er sich jeden Morgen ein elektrisches Schwitzbad mit Massage geben. Da der Heißluftkasten kaputt war und er trotz meiner Warnung immer an den Scharnieren herumspielte, hat er sich eines Morgens schrecklich verbrannt. Der Kasten klappte zusammen, und die 10 Glühbirnen brannten sich in seine Haut ein. Er verklagte mich wegen absichtlicher Mißhandlung eines SS-Führers. Das hätte meinen Tod unbedingt zur Folge gehabt, da aber Morgen bei allen SS-Führern, die vor ihm Angst hatten, sehr unbeliebt war, geschah mir nichts!

Trotz dieser Arbeit habe ich im Revier meinen Kameraden viel helfen können, besonders nach Mißhandlungen oder Prügelstrafen war die Massage oft von großem Wert. Dabei hatte ich, besonders in den ersten schweren Zeiten, eine gute Mitarbeit von vielen deutschen Pflegern.

Jan Robert, Amsterdam, Scheldestr. 88

9. Gespräche von SS-Führern

Als Friseur von SS-Führern hatte ich oft Gelegenheit, manches interessante Gespräch anzuhören. Als im Dezember 1944 die deutsche Ablenkungsoffensive im Westen begann, meinte der Lagerführer Schobert, jetzt könne man die Engländer und Amerikaner wieder ans Meer zurücktreiben. Dasselbe meinte Obersturmführer Kampen, der sich nur wegen der Russen Sorgen machte. Ihn beruhigte der Lagerführer [Erich] Gust mit den Worten: «Für die genügt die deutsche Feuerwehr.»

Als im Dezember im Kreis der Führer darüber gesprochen wurde, daß es keine Schuhe mehr für Häftlinge gebe, meinte Gust: «Wartet bis zum Frühling, dann haben wir gesiegt und können uns Stiefel im Ausland besorgen.»

Den «Arsch voll», d. h. 25 Prügelhiebe als Strafe bekamen die Häftlinge zumeist von den Rapportführern. Einmal fragte der Rapportführer [Otto] Werle seinen Spießgesellen [Hermann] Hofschulte, ob er Lust habe, 3 Häftlingen je 25 zu geben. Hofschulte antwortete: «Aber natürlich! Dazu habe ich immer Lust!» Zum Schlagen benutzte Hofschulte abwechselnd einen Stock und Ochsenziemer.

Einmal waren 15 Häftlinge zur Strafe bestellt. Ich sollte einen Rapportführer rasieren, und als ich hinkam, war die Strafe schon bei 13 Unglücklichen vollzogen. Hofschulte und ein anderer Oberscharführer waren trotz großer Kälte nur mit Hose und Hemd bekleidet und schwitzten sehr. «Die Hunde machen uns heiße Arbeit», meinte Hofschulte dabei.

Eines Tages im November 1944 kamen 400 jugoslawische Kriegsgefangene ins Lager. Da ich Jugoslawe bin, fragte mich der Kommandant, ob ich wisse, ob diese Leute stark seien. Das Lager brauche kräftige Leute. Drei Tage später wurden diese Kameraden in das berüchtigte Lager Ohrdruf geschickt.

Im Dezember 1944 traf ich beim Adjutanten zwei junge deutsche Fabrikanten. Einer verschwand mit dem Adjutanten in sein Zimmer, während ich den andern rasierte. Als der erste Fabrikant aus den Zimmer des Adjutanten zurückkam, sagte er zu seinem Begleiter: «Ich habe ein gutes Geschäft gemacht, jetzt bekomme ich Häftlinge zur Arbeit.»

Alois Saratchewich (3537), Jesenice, Branlice ul. 25

10. Schlemmerleben auf Kosten der Häftlinge

Ich kam am 25. August 1938 in das Konzentrationslager Buchenwald. Nach vorübergehender Verwendung im Straßenbau war mein nächstes Kommando in der Häftlingsküche, die dem Oberscharführer Schmidt, Leipzig, unterstand, der die den Häftlingen zustehenden Lebensmittel im großen verschob. Ich wurde dann im November 1938 Kellner im Führerheim der SS. Das Führerheim unterstand dem Sturmführer Jacobs, der dem Standartenführer Koch schätzungsweise eine Viertel Million Mark Gelder zuführte, die durch Überteuerung der Waren in der Häftlingskantine erzielt wurden.

Im SS-Führerheim fanden in Abständen von 14 Tagen bis zu vier Wochen Kameradschaftsabende statt. Bei jedem Gedeck standen mindestens 6 bis 8 Weingläser.

Nach Kriegsausbruch fuhren in regelmäßigen Abständen Wagen nach Frankreich und Holland und holten von dort zumeist alkoholische Getränke. Die Fahrten wurden von dem damaligen Fahrdienstleiter Hauptscharführer Rieger durchgeführt. Die besten Sachen gingen in das Haus Koch und dann nahm sich der SS-Führungsstab sein Teil; was übrig blieb, bekam die Kantine bzw. das Führerheim. Sachbearbeiter dieser ganzen Angelegenheit war Hauptscharführer Michael, der auf Grund seiner Verwandtschaft mit Koch über Tod und Leben von Häftlingen in einer ganzen Reihe von Kommandostellen entschied.

Koch richtete im Führerheim eine Küche ein, in welcher die Führer des KL Buchenwald verpflegt wurden. Jedes Diner erhielten diese Banditen für Mk. .75, wobei zu bemerken ist, daß oft allein der Salat teurer war, als das ganze Gedeck kostete. Weihnachten wurden größere Pakete kostenlos an den Führerstab abgegeben, die Kosten betrugen mehrere Mk. 100,00. Bei Besuchen von höheren SS-Dienststellen (Gruppenführer) wurden regelmäßig 6 «Frühstücke» eingenommen, die oft bis in die späte Nacht hineindauerten. Alle diese Dinge wurden vom Hauptsturmführer Florstedt mit Häftlingsgeldern gedeckt. Die Häftlinge der Führerküche wurden schikaniert und mit Pistole bedroht, wenn sie jemals wagen sollten, über die Dinge zu sprechen, die sie im Führerheim gehört oder gesehen hatten.

Später kam ich zur Häftlingskantine. Chef der Kantine war Oberscharführer Schmidt. Damit die SS-Führer in der SS-Kantine für die gekauften Waren wenig zu bezahlen hatten, mußte die Häftlingskantine um so mehr belastet werden. So gab es Preisaufschläge von 100–300%! Oberscharführer Schmidt hat sich durch diese und andere Manipulationen Mk. 60000–70000 ergaunert. In den letzten Wochen vor der Befreiung des Konzentrationslagers durch die Amerikaner war die SS-Kantine der Ort täglicher Orgien. Hieran beteiligten sich vor allem Sturmbannführer Schobert, Verwaltungsführer Barnewald, Unterscharführer Krone, Sturmmann Besier, ein Millionär aus Wiesbaden, und Unterscharführer Berger.

Barnewald stand in persönlicher Freundschaft zum Kantinenverwalter Schmidt und deckte jede Korruption. Barnewald erhielt im August 1944 zur Silbernen Hochzeit 18 Torten und eine ungeheure Menge von Teegebäck. Die Materialien zur Herstellung dieser leckeren Dinge waren aus den Beständen des Häftlings-Lebensmittelmagazins gestohlen. Vermittelt wurden diese Schiebungen durch den Verwalter des Magazins, SS-Hauptscharführer Pack, Leipzig. Als Mitwisser aller diese Dinge war ich auf die Liste der 46 Häftlinge gesetzt worden, die einige Tage vor der Befreiung liquidiert werden sollten.

Carl Gärtig[3], *Kretzschen über Zeitz*

11. Korruption bei der SS

Der Lagerführer SS-Obersturmführer Hackmann mußte für eine Reparatur an seinem Auto 186,00 RM bezahlen. Er ließ daher den damaligen Blockältesten eines Judenblocks, Wolf, rufen und verlangte von ihm innerhalb einer Stunde diesen Geldbetrag, sonst werde er ihm eine Meldung wegen disziplinwidrigen Verhaltens machen. Selbstverständlich erhielt H. das Geld. Der Vorfall spielte sich im Sommer 1939 ab.

Im Winter 1939 war auf dem Block 42 der Ofen durchgebrannt. Der Lagerführer Rödl gab jedem Block den Befehl, für die Reparatur dieses Ofens 50,00 RM zu bezahlen. Gleichzeitig teilte er aber dem Lagerältesten mit, daß der Block, der «nur» diese 50,00 RM bezahle, am folgenden Sonntag Strafexerzieren bekäme. Natürlich zahlten die meisten Blöcke Beträge bis zu 100,00 RM. Das Geld verschwand in den unergründlichen Taschen Rödls.

Im Sommer 1942 kaufte der SS-Hauptscharführer Pfaff bei der Firma Hille, Weimar, 200 Liter Benzin für sein Privat-Auto, die von der Firma Staupendahl in die Privatwohnung Pfaffs in Klein-Obringen gebracht wurden. Als die Rechnung für das Benzin der Kommandantur vorgelegt wurde, wußte natürlich niemand etwas von dieser Lieferung. Um trotzdem eine Bezahlung des Benzins durch die Kommandantur zu erreichen, überredete Pfaff den SS-Oberscharführer Halder, eine gefälschte Empfangsbescheinigung für das Benzin zu schreiben. Halder tat dies und erhielt als «Belohnung» drei Tage Sonderurlaub.

Bei einem Bombenangriff auf Düsseldorf Ende 1943 gingen sämtliche Fenster in der dortigen Wohnung des SS-Obergruppenführers Weitzel kaputt. Zur Erneuerung der Fensterrahmen erhielt die DAW Buchenwald besonders wertvolles Nutzholz geliefert. Anstatt aber die verlangten Fensterrahmen herzustellen, wurde dies Holz für ein Geschenk an Koch, ein luxuriöses Rauchzimmer verwendet. Da Koch schon ein Rauchzimmer besaß, schenkte er das neue Zimmer dem damaligen Polizeipräsidenten von Weimar, Hennicke. Aber auch Hennicke hatte schon ein Rauchzimmer und gab das Geschenk weiter an den verantwortlichen Leiter für die Lebensmittel Lieferungen (!) für Weimar, den Vorsitzenden des Raiffeisen-Verbandes Thüringen.

Josef Schappe, Düsseldorf

12. Wofür alles gesammelt wurde!

Um den Juden and reichen Ariern das Geld abzunehmen, erfanden die SS-Räuber die groteskesten Vorwände. So hatte sich im Winter 1939 ein Wolf aus dem großen zoologischen Garten des größenwahnsinnigen Standartenführers Koch an einer Kette den Hals wundgerieben und mußte getötet werden. Schuld daran hatten – natürlich – die Juden, da bei einer Schneeballschlacht zwischen Juden der Wolf angeblich von einem Schneeball getroffen worden war, worauf er sich loszureißen versuchte. Die darauf befohlene Sammlung zur Beschaffung eines neuen Wolfes ergab 5000 Mark. Einmal riß ein Bär aus dem ganz aus Beton gebauten Bärenzwinger aus – übrigens eine Gefahr für die ganze Bevölkerung der Umgebung – und mußte auf der Jagd erschossen werden; der «Jäger», Lagerführer Rödl, ließ sich stolz neben seinem Opfer photographieren. Selbstverständlich mußte auch der «Ersatzbär» von Juden bezahlt werden, was über 8000 Mark an Sammelgeldern einbrachte.

Andere Vorwände, die man zu größeren und kleineren Sammlungen fast ausschließlich bei Juden benutzte, waren eine zerbrochene Wagendeichsel bei der Fuhrkolonne, die Erneuerung des Anstrichs im Treppenhaus der Effektenkammer, Ersatz für angeblich aus der Gärtnerei gestohlene Blumen, Ersatz für einen angeblich in der SS-Unterkunft zerbrochenen Lampenschirm, Erneuerung einer frisch betonierten Platte, auf der Fußspuren waren – das sind so einige «Gründe», die von der SS zu Gelderpressungen benutzt wurden.

Am stärksten waren die Sammlungen zu der Zeit, als die Juden noch auswandern konnten und teilweise ihr ganzes Bargeld ins Lager geschickt erhielten, um nicht mittellos bei der eventuellen Entlassung dazustehen. Nur ein Beispiel für vieles aus dieser Zeit: im März 1939 behauptete Rödl, die Juden hätten Handtücher zerrissen und Schüsseln zerbrochen; jeder der 8 Judenblöcke mußte 500 Mark aufbringen – eine ganz schöne Nebeneinnahme für diese SS-Räuber!

Gustav Herzog, Wien, Platz der Sudetendeutschen 10

13. Nazistische Kriegsgewinnler

Die Blutbestien der SS, die das Wort «Vaterlandsliebe» bei jeder Gelegenheit im Maul hatten, haben dies nur für die andern gemeint. Sie selbst betrogen und begaunerten ihr Vaterland in der unverschämtesten Weise.

Das geschah vor allem in den «normalen» Lagerbetrieben. Was in diesen Betrieben an kriegswichtigen Rohstoffen für den Privatbedarf der SS-Banditen verbraucht wurde, geht in die Millionen, ganz abgesehen von den Zehntausenden an Arbeitskräften, die bewußt der Kriegsindustrie entzogen wurden. Was die SS zur Erhaltung ihres privaten Luxuslebens hier trieb, war Sabotage größten Stils. Aber nicht nur lebenswichtige Rohstoffe (Eisen, Kupfer, Messing, Edelholz u. a.) wurden für die eleganten Wohnungen der SS-Mörder verwandt, dasselbe gilt auch für die unsinnige Verschwendung und Hamsterung an Lebensmitteln durch SS-Leute. Während von der gewöhnlichen Bevölkerung für jedes gehamsterte Pfund Butter lange Strafen, manchmal sogar Todesstrafe verhängt wurde, waren die Keller und Kammern dieser Verbrecher mit dem Hakenkreuz voll von Fett, Wurst, Schinken, Eiern, Konserven usw. – die unzähligen Flaschen Schnaps nicht zu vergessen!

Aber auch sonst waren die SS-Banditen Kriegsgewinnler größten Stils. Unter SS-Führung waren die sogenannten «Deutschen Ausrüstungswerke» (DAW) gegründet worden. Durch gute Beziehungen zum Rüstungsamt konnten diese Werke riesige Aufträge erhalten, die phantastische Gewinne abwarfen, da die Preise normal berechnet wurden, wobei die Arbeitskräfte für die Werke fast gratis gestellt wurden. Außerdem waren die SS-Führer persönlich an großen Gewinnen interessiert; der Lagerkommandant Pister war z. B. zugleich Direktor der DAW Buchenwald mit großem Gehalt und entsprechenden Tantiemen.

Und schließlich war der Sklavenhandel der SS ein einträgliches Geschäft für beide Seiten – für die SS und die Rüstungsindustriellen. Die Fabrikdirektoren wußten natürlich genau, daß die Arbeit von Häftlingen nur unzureichend ist, daß nur schlechte Munition und Waffen aus Händen von Häftlingen kommen. Aber das kümmerte diese Patrioten nicht. Sie bekamen vom Staat ihre hohen Preise bezahlt, während die SS ihnen billige Arbeitssklaven lieferte; der Extraprofit war in keinem Fall zu verachten. Was die SS an dem Sklavenhandel verdiente, ist daraus zu ersehen, daß die Einnahmen aus Häftlings-«Löhnen» für die Verwaltung pro Monat im Jahre 1944 zwischen 1,5 und 2 Millionen Mark betrugen.

Besondere Produktionszweige wurden direkt für die SS reserviert, so z. B. die Herstellung der V-Waffen, da eine Geheimhaltung nirgends so gut gewährleistet schien wie bei Häftlingen, die nicht aus dem Stacheldraht herauskommen konnten.

Das ist das wahre Gesicht der SS, deren «oberstes Gebot Treue» hieß, aber in Wirklichkeit schmutziger Profit auf Kosten des eigenen Landes war.

Willi Seifert, Plauen i. V.

14. Der Falkenhof

Zur Unterhaltung und Zerstreuung der Naziverbrecher wurde auf Befehl des Reichsführers-SS Himmler der Falkenhof gebaut. Es ist eine Gruppe von Bollwerkhäusern, in denen Adler, Falken, Habichte und andere Raubvögel untergebracht waren, die zum Teil auch zu Jagdzwecken benutzt werden sollten.

Nach Fertigstellung war im Falkenhof ein ständiges Arbeitskommando in Stärke von sechs bis zehn Häftlingen zum Füttern and Reinigen eingesetzt. Verwundungen durch Bisse und Festkrallen der Raubvögel, die fast immer Blutvergiftungen zur Folge hatten, waren die Belohnung für anstrengende Arbeit, bei der die SS mit Schlägen nie gespart hat.

Zum Falkenhof gehörte weiter ein Tiergehege, in dem Hirsche, Damhirsche, Rehe und Wildschweine, ein Mufflon[4], Füchse, Fasanen, Pfaue, Hühner, Kaninchen, Eichhörnchen und andere Tiere gehalten wurden. Außerhalb des Falkenhofes, im sogenannten Zoologischen Garten, waren in Käfigen 5 Affen und 4 Bären untergebracht. Früher war sogar ein Nashorn da.

Noch im Jahre 1944, als im Lager große Hungersnot herrschte, bekamen die Raubvögel, Bären und Affen täglich Fleisch, das selbstverständlich aus der Häftlingsküche genommen und so der Verpflegung der Häftlinge entzogen wurde. Die Bären bekamen außerdem Honig und Marmelade, die Affen Kartoffelbrei mit Milch, Haferflocken, Zwieback, weißes Brot usw. Solche Nährmittel waren den Häftlingen im Lager schon jahrelang nicht mehr auf den Tisch gekommen. Selbst in der Zeit der schlimmsten Not im Lager wurde der Falkenhof im vollen Umfange erhalten, obzwar die Häftlinge nur ein Sechstel Brot pro Tag und zum Mittagessen gekochte Rüben erhielten. Der ganze Falkenhof war ein vollständig unproduktives Unternehmen, und seine Regie konnte nur durch Raub und Mord gedeckt werden.

Leopold Reitter, Brünn

15. Foto-Abteilung und Kino

In der Hauptsache war die Bildstelle für den privaten Bedarf der SS aufgezogen und betrieben, nebenbei hatte sie die amtliche Funktion des Erkennungsdienstes. Aus kleinsten, primitivsten Anfängen wurde sie zu einer modernen Abteilung aufgebaut bis zu einer Kommandostärke von 13 Mann, die dadurch der Kriegsproduktion entzogen waren. Im August 1944 ging durch Bombardement die ganze Foto-Abteilung in Flammen auf, wobei leider viele wertvolle Aufnahmen verloren gingen, z. B. Bilder von Selbstmördern, Unfällen, Hinrichtungen von Polen in den Dörfern, Festgelage der SS usw.

Dem Kommando unterstand auch die Einrichtung und der Betrieb des Lagerkinos, übrigens des ersten Kinos in einem deutschen Konzentrationslager. Es wurde unter großen Schwierigkeiten gegen den Willen des Verwaltungsführers Weichselsdörfer in einer Halle eingebaut. Hierbei haben sich vor allem die Kameraden der Lagerelektriker und der Lagertischlerei ausgezeichnet, ebenso darf in der Geschichte der Buchenwald-Lichtspiele der Name des Kameraden Helmut Wagner nicht verschwiegen werden. Die Duldung des Lagerkinobetriebes war nur dadurch zu erlangen, daß man die Sache so schmackhaft wie möglich machte. Bei einem Eintrittspreis von 30 pf. pro Kopf und einem Unkostenbetrag von RM 0,35 war die Reineinnahme so hoch, daß es sich bezahlt machte, den Häftlingen ein Vergnügen zu gestatten. Gleich im ersten halben Jahr konnten RM 23 000,00 an die Kommandanturkasse zum Versaufen und Verjubeln abgeliefert werden. Auch die spätere Herabsetzung des Eintrittspreis auf 20 Pf. machte das Geschäft noch rentabel, da mit dem Anwachsen der Lagerbelegschaft auch die Besucherzahl stieg. Die Beschaffung der Filme von der UFA-Handelsgesellschaft, Berlin, war auch nicht immer einfach. Es mußten SS-Männer korrumpiert und allerhand diplomatische Kniffe angewandt werden, um immer wieder einen Kurier nach Berlin schicken zu können.

Am 26. 4. 45 lief der erste amerikanische Film im Lagerkino.

Eberhard Leitner, Neckarwestheim

16. Erbprinz von Waldeck-Pyrmont

Als in Kassel die Polizeiführung ausgebombt worden war, erhielten wir den Auftrag, Baracken zur Unterbringung der höheren Polizei- und SS-Führung aufzubauen. Diese Baracken, die natürlich mit allem Luxus ausgestattet wurden, enthielten Wohn- und Arbeitsräume für den SD, für den SS-Stab und die höheren Polizeiführer, die natürlich samt und sonders SS-Leute waren. Außerdem war ein ganzer Harem von hübschen Weibern dort untergebracht, angeblich als Stenotypistinnen, in Wirklichkeit aber nur zur Befriedigung sexueller Gelüste, da praktisch vielleicht am Tag 2–3 Stunden «Arbeit» für solch [ein]geschminktes und gepudertes Weibchen vorhanden war. Offiziell trug dieses Büro den Titel «Büro zur Eindeutschung von Ostvölkern» und stand unter dem Befehl des Chef des Wehrkreises 9. Dieser Wehrkreischef war aber niemand anders als der SS-Gruppenführer Erbprinz [Josias zu] Waldeck-Pyrmont, der unter dieser angenommenen Firma seine ganzen SS-Sauf- und Mordkumpane um sich versammelte.

Schon der Baubeginn machte Schwierigkeiten. Das vom Erbprinz ausgesuchte Gelände stand nämlich unter deutschem «Kulturschutz» und durfte auf Befehl der Reichsregierung nicht verändert oder bebaut werden. Diesen Standpunkt vertrat der Baurat der Stadt Kassel mit Nachdruck, wie es ja auch seine Pflicht war. Aber was ein SS-Führer ist, der weiß sich zu helfen.

Zwei Tage später erhielt der Baurat einen Gestellungsbefehl zum Militär, und zwar zur – Waffen-SS! Daß ihm dadurch der Mund gestopft war, ist klar. Und so wurde deutsches Kulturgelände mit Baracken für Sauf- und Liebesorgien bebaut!

Da zur Zeit des Baues (Sommer 1944) schon große Materialknappheit herrschte, ließ der Herr Erbprinz das gesamte Installationsmaterial z. B. aus ausgebombten Häusern stehlen! Häftlingskolonnen mußten unter Führung von SS-Banditen in die Häuser ausgebombter Bürger einbrechen und dort die Wasserleitungen usw. abmontieren und stehlen. Selbstverständlich alles mit Hilfe eines erbprinzlichen Ausweises!

Fast täglich fanden große Saufgelage statt. Wir sahen davon allerdings nur die Überreste: zerbrochene Gläser und Teller, beschmutzte Tischdecken und Teppiche, zerschlagene Stühle, Spiegel und andere Einrichtungsgegenstände – kurz es sah jedesmal wie nach einem Fliegerangriff aus. Der Erbprinz zitterte nämlich ständig vor Angst, er war feige und nervös und konnte sich nur aufrecht erhalten, wenn er besoffen war. Dann allerdings markierte er den Mutigen, um schon in der nächsten Minute, wenn nur irgendwo ein Autoreifen platzte, ängstlich zusammenzusinken!

Ein Meisterstück leistete sich dieser degenerierte Verbrecher während und nach dem großen Bombardement auf Kassel vom 22. 10. 43. Bei diesem Angriff wurden infolge ungenügender Warnung und Schutzmaßnahmen besonders viele Kinder getötet, was zu einer Untersuchung von Seiten vorgesetzter Dienststellen führte. Die beiden Verantwortlichen für Kassel, der Gauleiter Weinrich und der oberste SS-Führer Erbprinz von Waldeck-Pyrmont waren aber in jener Nacht gar nicht in Kassel gewesen. Weinrich befand sich auf einer seiner Sauftouren in Bad Wildungen, wo er die ganze Nacht mit vier Weibern durchsoff und durchhurte. Ja, dieses Schwein scheute sich nicht, am nächsten Morgen, noch in total besoffenem Zustand, verwundete Bürger zu besuchen! Und der Erbprinz war beim Herannahen britischer Flieger in sein Auto gestiegen und mit 100-Kilometertempo ausgerissen. Um dieses feige und verbrecherische Verhalten zu vertuschen, machte der Herr Erbprinz den SS-Brigadeführer Harnes für die Fehler der verhängnisvollen Nacht verantwortlich. Harnes wurde auch prompt eingesperrt, lange Monate in Buchenwald in der I-Baracke gefangen gehalten und schließlich von der SS erschossen. Aber sein Mörder lebt noch weiter!

Gegenüber Häftlingen zeigte der Erbprinz ein doppeltes Gesicht. Wenn ein Häftling zu seiner persönlichen Bequemlichkeit angestellt war, sei es als Kalfaktor[5], Kellner oder um als Handwerker sein Heim auszuschmücken oder in Stand zu halten, dann war der SS-Gruppenführer außerordentlich freundlich. Handelte es sich aber um die Allgemeinheit der Häftlinge, von der dieser feige Bandit keinen persönlichen Vorteil hatte, dann war er für restlose Austilgung. So versuchte er noch am Tag vor dem Eintreffen der amerikanischen Truppen in besoffenem Zustand – das war ja sein Normalzustand – den Kommandant von Buchenwald, Pister, zu schärferem Vorgehen gegen die Häftlinge aufzuputschen. Dieses Verbrechen scheiterte nur an der eisernen und geschickten Taktik der Häftlingsführung.

Josef Mildenberger, Saarbrücken

17. SS-Hauptscharführer Bayer, Verwalter der Gerätekammer

Die SS-Verwalter der Kammern waren durchweg ausgesuchte korrumpierte Banditen, verweichlicht und persönlich feige. Ein Musterbeispiel hierfür ist der Verwalter der Gerätekammer Buchenwald, SS-Hauptscharführer [Paul] Bayer, der trotz völliger Gesundheit es verstand, sich bis zuletzt vom Kriegsdienst zu drücken. Dieser Feigling scheute aber natürlich nicht davor zurück, wehrlose Menschen abzuschlachten. Er war bei den Erschießungen russischer Kriegsgefangener im Pferdestall beteiligt, wofür er das «Kriegsverdienstkreuz» erhielt. Wenn nach den Erschießungen die Habseligkeiten der Opfer zur Desinfektion kamen, wühlte er stets in den Sachen herum, ob nicht doch noch ein «Wertobjekt» zu finden sei. Daß dieses feige Mordschwein auch korrumpiert bis auf die Knochen war, dafür einige Beispiele:

Bei der Rath-Aktion wurden 12 500 Juden in Notbaracken untergebracht. Hier ließ Bayer eine Blechschüssel und einen Blechlöffel für Mk. 5,00 verkaufen. Unter dem Vorwand, nicht wechseln zu können, hat er häufig 20- und 50-Markscheine eingesteckt. Immerhin war er so schlau, einen Teil des ergaunerten Geldes mit dem damaligen Kommandanten Koch zu teilen, um sich vor etwaigen Zinkereien aus SS-Kreisen zu sichern.

Ein beliebter Sport war es für Bayer, beim Tausch schmutziger Handtücher durch die Blöcke in der Gerätekammer Handtücher als «unbrauchbar» gemacht auszusortieren und sich, vor allem in den Judenblöcken, bezahlen zu lassen. Einmal kassierte er für das «Streichen des Treppenhauses in der Effektenkammer» Mk. 750,– bei den Judenblöcken ein. Dem Kommandanten meldete er allerdings nur den Eingang von Mk. 600,–, die selbstverständlich «redlich» unter beiden Räubern geteilt wurden.

Von den Judenblöcken ließ er sich für eine Desinfektion des Blocks Mk. 500,– bezahlen, obwohl diese Mittel von der Verwaltung geliefert waren. Die Desinfektion wurde auf Anordnung Bayers zu einer Menschenquälerei, weil die Vergasung mit Super-Tox über das vorgeschriebene Maß hinaus erfolgte, während die jüdischen Häftlinge in ihren Betten bleiben mußten.

Was sonst an kleineren Beträgen in Bayers Taschen floß, dürfte im Verlaufe der Jahre zu einer sehr stattlichen Summe angewachsen sein. Mindestens dreimal mußte das ganze Ein- und Ausgangsbuch neu geschrieben werden. Jedesmal vernichtete Bayer eine größere Zahl von Belegen und steckte das Geld in seine eigene Tasche.

Walter Wolf,
zuletzt Kapo der Gerätekammer,
Gotha, Kaiserstr. 68

18. Hoher Besuch im Lager

Das Konzentrationslager Buchenwald galt in SS-Kreisen als Musterlager, das man mit Stolz gerne fremden Besuchern zeigte. Allerdings bekamen die Besucher nie zu sehen, wie die Häftlinge mißhandelt und geprügelt wurden – es wurden im Gegenteil alle Gegenstände und Einrichtungen, die auf diese Martern hindeuten konnten, vorher versteckt. So kam z. B. der berüchtigte Bock, der ständig auf dem Appellplatz stand, damit er sofort zur Hand war, immer in einen Block, bis der Besuch vorbei war. Einmal allerdings wurde das vergessen. Auf die Frage eines Besuchers, was das für ein Instrument sei, erwiderte der Lagerführer (ich weiß heute nicht mehr genau, ob es Florstedt oder Schobert war), das sei ein Tisch der Modelltischlerei zur Herstellung besonderer Formen. Auch Galgen und Pfähle zum Aufhängen wurden stets versteckt. Die Besucher wurden in den «Musterbetrieben» herumgeführt: Revier, Schweinestall, Kino, Kammern, Wäscherei, Küche, Bücherei. Wenn die Besucher wirklich mal in einen Block geführt wurden, dann immer nur in den Block der sogenannten «Kommandierten», in dem die SS-Friseure und SS-Kalfaktoren sowie besonders privilegierte Häftlinge lagen, und der deshalb auch nie stark belegt und immer sauber war. In der Gärtnerei – zeitweise auch in der Bildhauerei – erhielten die Besucher Geschenke zum «Andenken» an Buchenwald.

Es gab Massen- und Einzelbesuche. Die Einzelbesuche waren besonders häufig zur Urlaubzeit, wenn die SS-Führer ihren Bekannten und Verwandten das Lager zeigten; meist waren es SS- oder SA-Führer, gelegentlich auch Wehrmachts- oder Polizeioffiziere. Die Massenbesuche waren ganz verschiedener Art. Sehr häufig kamen irgendwelche Lehrgänge von Polizisten oder Gendarmen aus der nahegelegenen Polizeischule oder Lehrgänge von SS-Fahnenjunkern. Nach Kriegsbeginn waren die Besuche von Wehrmachtsoffizieren sehr zahlreich, besonders vom Generalstab in Weimar oder von Fliegeroffizieren von dem Flugplatz Nohra. Gelegentlich kamen auch Zivilisten zu Besuch; an den Verbrechergesichtern konnte man leicht merken, daß es sich um Gestapo- oder Kriminalbeamte handelte. Ein besonderer Clou war einmal der Besuch von Jugendabordnungen faschistischer Länder, die zu einer «Kulturtagung» (!) in Weimar zusammen gekommen waren, und sich in Buchenwald neudeutsche Kultur besahen. Gauleiter Sauckel, der Polizeipräsident von Weimar, Hennicke, Erbprinz von Waldeck, Graf Ciano, manchmal auch Himmler waren Gäste der Lagerführung. Sie alle bekamen nur das zu sehen, was von Häftlingen in vorbildlicher Weise geschaffen worden war – hinter diesen Potemkinschen Wänden war Elend und Hunger.

Natürlich konnte trotz aller guten Regie niemals alles versteckt werden, was die blutige Fratze des SS-Terrors kennzeichnete. Verhungerte und im Winter halb erfrorene Gestalten wankten oft genug an den Besuchern vorbei. Was den Herrschaften dann vorgelogen wurde, wissen wir nicht. Aber die Lagerführung suchte den schlechten Eindruck, den solche Elendsgestalten zweifellos erwecken mußten, dadurch zu beseitigen, daß sie ein fröhliches Leben der Häftlinge vortäuschte. So suchte sie die Besucher meist zum Abendappell dazubehalten, wobei die Herrschaften auf den Hauptturm beim Appellplatz geführt wurden. Von hier hatten sie einen Überblick über das ganze Lager. Nach dem Appell mußte dann gesungen werden, was den guten Eindruck erhöhen sollte. Auch der Abmarsch mußte besonders stramm erfolgen. Wenn ein Block dabei auffiel, bekam er oder in manchen Fällen das ganze Lager unweigerlich am nächsten Tage Strafexerzieren. Darum riß sich jeder zusammen, wenn wir auch wußten, daß alles nur Theater war.

Besonders beliebt war es, den Besuchern das sogenannte Judenlied vorsingen zu lassen, eine Schmutz- und Schimpfkanonade übelster Sorte, das von den Juden selbst gesungen werden mußte. Mit grinsenden Gesichtern hörten sich die Offiziere auf dem Turm an, wie die Juden sich selbst beschimpfen mußten.

Streng wurde darauf geachtet, daß kein Besucher mit einem Häftling sprechen konnte. Als im Jahre 1938 einmal einige Schweizer Journalisten das Lager besuchten, wurden ihnen einzelne Häftlinge, die vorher genau instruiert waren, vorgestellt. Die Wahrheit über Buchenwald hat natürlich keiner von ihnen auf diese Weise erhalten. Einmal besuchten zwei Reichswehroffiziere ohne SS-Begleitung das Lager. Als der Lagerführer dies erfuhr, tobte er furchtbar und ließ den Blockführer der SS, der gerade Tordienst hatte, sofort ablösen und einsperren, weil er Offiziere ohne Begleitung und ohne Genehmigung der Lagerführung ins Lager gelassen hatte. Wenn also die SS-Banditen auch alles taten, um die Wahrheit über Buchenwald nicht ins Volk dringen zu lassen, so mußten die Besucher doch erkennen, welch System von Hunger und Barbarei hier herrschte.

Stefan Heymann, Mannheim

Kapitel III
Allgemeines Lagerleben

19. Zählappell im KL Buchenwald

Die täglich stattfindenden Zählappelle waren, besonders in der ersten Zeit, bei allen Häftlingen gefürchtet. Denn oft mußte man stundenlang nach harter Arbeit in eisiger Kälte und bei stürmischem Wetter stehen. Aber die SS wollte jeden Tag genau ihre Arbeitssklaven zählen, weil natürlich viele sich mit Fluchtgedanken trugen und auch oft genug zu entfliehen versuchten, was aber immer mit Repressalien gegen das Lager verbunden war.

Die technischen Vorbereitungen zum Appell mußten natürlich von Häftlingen gemacht werden, denn diese peinlich genaue rechnerische Zusammenstellung hätte kein SS-Mann fertiggebracht. Wir waren stets bestrebt, jeden Fehler in den Aufstellungen zu vermeiden – besonders bei den zahlreichen kommandierten Häftlingen, die wegen ihrer Arbeit nicht beim Appell antreten mußten – weil das Aufsuchen von Fehlern den Appell noch einmal unnötig verlängert und die ermüdeten Kameraden um ihre Freizeit gebracht hätte.

Es ist klar, daß bei einer Lagerbelegschaft von 5–7000 ein Fehlender sehr rasch bemerkt wird. Anders ist es bei 35 000, wo durch die Überbelegung der Blöcke eine genaue Kontrolle fast unmöglich war. Dazu kam, daß vor allem viele ausländische Häftlinge den Zählappell als einen preußischen Drill empfanden, vor dem man sich drücken müsse. Daß sie damit die Freizeit von Zehntausenden gefährdeten, bedachten sie leider nicht. Denn wenn einer fehlte, mußten oft 800 Nummern und Namen, meist noch mit Dolmetschern, vorgelesen werden, und jeder kann sich vorstellen, wie lange das dauert, noch dazu wenn wildgewordene SS-Leute dazwischen schlugen und brüllten. So kam es, daß in den letzten Jahren die Appelle niemals unter 1½ Stunden beendigt waren.

Der Appellplatz hat viele schreckliche Tragödien gesehen. Wie oft mußte das ganze Lager stehen bleiben, wenn ein Häftling geflohen war. Zweimal, 1938 und 1939, stand das Lager 18 bzw. 19 Stunden hintereinander, was vielen Menschen das Leben kostete. Oftmals wurden wir alle auf dem Appellplatz «gefilzt», d. h. alle Taschen mußten leer gemacht werden, der Inhalt wurde von der SS untersucht, wobei viel Geld und Rauchwaren verschwanden. Einmal mußten wir uns sogar nackt ausziehen und 2 Stunden eine Filzung über uns ergehen lassen. Alle Exekutionen wurden bis Ende 1942 auf dem Appellplatz vollzogen, insbesondere der «Bock» war fast bei jedem Appell in Tätigkeit.

Gleichzeitig erfüllte der Appell seine Aufgabe in dem Vernichtungsplan der Nazis gegen die Antifaschisten. Nach schwerer Arbeit, halb verhungert, trotzdem in kaltem Ostwind auf dem Platz stundenlang stehen, hat vielen den Tod gebracht. Im Hungerwinter 1939, als durch die Ruhr- und Typhusepidemie, verbunden mit dem entsetzlichen Fraß, Hunderte buchstäblich umfielen, lag der Appellplatz bei jedem Appell voll mit Toten und Sterbenden. Wer tagsüber im Block oder Kommando gestorben war, mußte auf den Appellplatz geschleift werden – bei manchen Blöcken lagen 60–70 Tote und Sterbende. Besonders die Zigeuner fielen in diesem Winter um wie die Fliegen. Nur wenige von vielen hundert waren im Sommer noch am Leben. Aber auch in «normalen» Zeiten lagen bei allen Blöcken die erschlagenen oder gestorbenen Kameraden zum letzten Appell. Denn die SS hielt auf «Ordnung» bis zum letzten Atemzug. Erst nach dem Appell durften die Sterbenden zum Krankenbau, die Ermordeten in den Leichenkeller gebracht werden.

Als die großen Evakuierungstransporte aus dem Osten kamen, war ein geregelter Appell nicht mehr möglich. Die durch das Tor hereinwankenden halbverhungerten Gestalten wurden von der SS-Torwache nur flüchtig gezählt, so daß eine genaue Feststellung der im Lager befindlichen Häftlinge undurchführbar war. Außerdem gab es selbstverständlich keine Transportlisten, die übrigens sowieso hinfällig gewesen wären, da bei jedem Transport viele Kameraden flüchteten und noch mehr unterwegs starben und aus dem Zug geworfen wurden. Das Durcheinander bei den Zählappellen war so groß, daß z. B. an einem Abend buchmäßig 3 Häftlinge fehlten, am nächsten Abend 17 zu viel waren, obwohl kein neuer Transport eingetroffen war. Die Appelle hatten somit auch für die SS jeden Sinn verloren.

Darum wurde auch ab 3.4.45 kein Appell unter SS-Kommando mehr abgehalten. Damals waren im ganzen Lagerbereich 80900 Häftlingen, davon 45000 in Außenkommandos und etwa 36000 im eigentlichen Lager. Durch ständige Zugänge aus den Außenlagern stieg die Zahl in Buchenwald selbst sehr rasch auf 48000. Dann begann die Evakuierung des Lagers, die bis auf 21400 Kameraden durchgeführt wurde. Diese Kameraden konnten dann den ersten Freiheitsappell am 12. April 1945 mitmachen.

Max Mayr[1]

20. Lagerälteste und Lagerführung

Das Konzentrationslager Buchenwald wurde, wie alle derartigen Lager, nach dem Prinzip der Selbstverwaltung geleitet. Die SS hatte die Disziplinargewalt, während die innere technische Verwaltung den Häftlingen überlassen blieb. Mit der Zeit konnten die Häftlinge unter zielbewußter Führung der Antifaschisten ihre Positionen so ausbauen, daß die SS praktisch in Lagerangelegenheiten nichts mehr zu sagen hatte.

Da die SS-Führung von Anfang an eine solche Entwicklung für möglich hielt, suchte sie sich nach Möglichkeit davor zu schützen, d. h. sie stellte solche Häftlinge als Lagerälteste auf, von denen sie eine Unterstützung ihrer verbrecherischen Tätigkeit erwarten konnte. Darum waren die ersten Lagerältesten Kriminelle. Erster Lagerältester überhaupt war Hubert Richter, früher Mitglied des berüchtigten Berliner SA-Mordsturms 33. Er hat sich im Lager als Henker und Mörder für die SS betätigt, wurde aber als unbequemer Zeuge von seinen Auftraggebern selbst umgebracht.

Sein Nachfolger war wieder ein Krimineller, Paul Henning, der sich von Richter nicht wesentlich unterschied. Er kam nach seiner Ablösung nach Mauthausen; über sein weiteres Schicksal ist nichts bekannt.

Der erste politische Häftling, der Lagerältester in Buchenwald wurde, war Paul Mohr aus Wiesbaden, der zwar den Verbrecherkurs der BVer zu ändern versuchte, aber selbst zu eng mit den Kriminellen verstrickt war, als daß er energisch genug hatte auftreten können. Im Verlaufe einer Korruptionsaffaire wurde Mohr von der SS erschlagen.

Nach ihm wurde Fritz Männchen aus Dresden Lagerältester, der nunmehr einen energischen antifaschistischen Kurs einschlug. Er wurde abgesetzt, weil er einen betrunkenen Häftling nicht bei der Lagerführung denunziert hatte.

Sein Nachfolger, Artur Wischka, Beuthen, führte das Lager in vorbildlicher Weise. Er verstand es ausgezeichnet, das immer wieder hervorbrechende Mißtrauen der SS zu beseitigen und einen klaren antifaschistischen Kurs durchzudrücken.

Nach seiner Entlassung und nach einer kurzen Tätigkeit des Antifaschisten Karl Bartel aus Dresden, wurde Ernst Fromhold aus Erfurt Lagerältester. Er war sicher der aktivste und energischste Lagerälteste, den das Lager bis einige Monate vor seinem Ende hatte. Er organisierte die Antifaschisten des Lagers im Kampf gegen die Verbrecher. Am 20. April 1939 wurde er entlassen.

Nach einer erneuten kurzen Amtstätigkeit von Karl Bartel und anschließend von Hans Becher wurde Ernst Busse aus Köln Lagerältester. Er blieb es bis zu dem Augenblick, als mit Hilfe des damaligen Lagerführers Plaul die Kriminellen einen Vorstoß auf die Lagerpositionen unternahmen. Durch seine korrekte Amtsführung hatte er sich ein solches Vertrauen erworben, daß er sofort zum Kapo des Häftlingskrankenbaus ernannt wurde, wo er bis zur Befreiung durch die amerikanische Armee blieb.

Dann folgte das kurze, aber traurige Zwischenspiel der kriminellen Vorherrschaft unter dem Lagerältesten Ohles. Der wurde nach seiner Ablösung in der Strafkompanie erschlagen.

Ihm folgte der frühere Oberleutnant Wolff aus Ratibor. Da Wolff versuchte, mit Hilfe faschistischer Polen einen Kampf gegen die Antifaschisten im Lager zu führen, wurde er gestürzt, was auf Grund seiner homosexuellen Veranlagung nicht schwer fiel. Er kam in ein Außenlager, wo er bald darauf gestorben ist.

Sein Nachfolger wurde der schon lange im Amt befindliche Lagerälteste 2, Erich Reschke aus Hamburg. Durch einen Spitzel wegen seiner antifaschistischen Tätigkeit denunziert, wurde er am 30.10,44 von der Gestapo Weimar verhaftet und bei Ankunft der Amerikaner nach einem unbekannten Ort verschleppt.

Der letzte Lagerälteste des Lagers, der ebenfalls vorher schon lange LA 2 gewesen war, wurde Hans Eiden aus Trier. Er hatte die verantwortungsvolle und schwere Aufgabe, in einer Zeit, in der das Mißtrauen der SS gegen die Häftlinge ungeheuer angewachsen war, dieses Mißtrauen zu beseitigen und trotzdem die Durchführung aller antifaschistischen Vorbereitungen für die Befreiung des Lagers zu decken und zu sichern. Bei der Durchführung der Sabotage der von der SS befohlenen Evakuation hat Hans Eiden eine wichtige und oft entscheidende Rolle gespielt; er hat durch sein mutiges und geschicktes Auftreten viele Schwierigkeiten für das Lager beseitigt und die Durchführung unserer antifaschistischen Aufgaben sehr erleichtert. Er selbst konnte seine Aufgabe nur erfüllen, weil er 2 zuverlässige antifaschistische Kameraden an seiner Seite hatte: LA 2 Karl Pankow aus Berlin, LA 3 Paul Schreck aus Mannheim.

Walter Bartel

21. Das Buchenwald-Lied

Wenn der Tag erwacht,
eh die Sonne lacht,
die Kolonnen ziehn
zu des Tages Mühn
hinein in den grauenden Morgen.
Und der Wald ist schwarz und der Himmel rot
Und wir tragen im Brotsack ein Stückchen Brot
Und im Herzen, im Herzen die Sorgen.

O Buchenwald ich kann Dich nicht vergessen
weil Du mein Schicksal bist.
Wer Dich verließ, der kann es erst ermessen,
wie wundervoll die Freiheit ist!
O Buchenwald wir jammern nicht und klagen,
Und was auch unser Schicksal sei,
wir wollen trotzdem Ja zum Leben sagen,
denn einmal kommt der Tag, dann sind wir frei!
Wir wollen Ja! zum Leben sagen,
denn einmal kommt der Tag: dann sind wir frei!

Und die Nacht ist heiß und Mädel fern,
und der Wind singt leis, und ich hab sie so gern,

wenn treu sie, ja treu sie nur bliebe!
Und die Steine sind hart, aber fest unser Schritt
Und wir tragen die Pickel und Spaten mit
und im Herzen, im Herzen die Liebe.

O Buchenwald, ich kann Dich nicht vergessen usw.

Und der Tag ist kurz und die Nacht so lang,
Doch ein Lied erklingt, daß die Heimat sang:
wir lassen den Mut uns nicht rauben!
Halte Schritt, Kamerad und verlier nicht den Mut,
denn wir tragen den Willen zum Leben im Blut
und im Herzen, im Herzen den Glauben.

O Buchenwald ich kann usw.

Dieses Buchenwald-Lied erklingt heute in aller Welt, so wie es mit den andern Liedern aus Konzentrationslagern gegangen ist.[2] Aber wenige wissen, wie es entstanden ist, und noch wenigere gibt es, die das «Einstudieren» dieses Liedes im Lager mitgemacht haben. Darüber sei hier berichtet:

Ende 1938 erklärte der damalige Lagerführer Rödl: «Alle andern Lager haben ein Lied, wir müssen auch ein Buchenwald Lied bekommen. Wer eines macht, bekommt 10 Mark.»[3]

Es wurden nun viele Entwürfe gemacht, von «Dichtern», Komponisten und drgl. mehr, aber sie taugten alle nichts oder fanden bei der SS-Führung keinen Beifall. Nur das obenstehende Lied, das dann ja auch zur offiziellen «Buchenwald-Hymne» erklärt wurde, setzte sich durch, weil der damalige Kapo der Poststelle, ein BVer und von Beruf Conferencier, über die nötigen Verbindungen bei der SS verfügte. Der genannte Kapo bezeichnete sich als Verfasser von Wort und Melodie des Liedes. In Wahrheit ist das Lied von zwei österreichischen Juden gemacht: der Text von [Fritz] Löhner-Beda, dem Librettisten [Franz] Lehars, die Musik von [Hermann] Leopoldi, einem Wiener Kabarettsänger. Löhner-Beda ist leider in einem Nebenlager von Auschwitz gestorben, Leopoldi konnte noch rechtzeitig nach den Vereinigten Staaten von Amerika auswandern.[4] Selbstverständlich erfuhr die Lagerleitung nicht, wer die wirklichen Verfasser des Liedes waren.

Text und Melodie des Liedes mußten auf den Blocks in der Freizeit eingeübt werden, bis es eines Tages nach dem Abendappell – es war Ende Dezember 1938, bitterkalt und alles tief verschneit – hieß: «Das Buchenwald-Lied singen.»

Selbstverständlich konnte das beim ersten Mal (7000 Menschen standen auf dem Appellplatz) nicht klappen. Wütend lies Rödl, der stinkbesoffen war, aufhören und gab den Befehl, daß jeder Block auf dem Appellplatz solange für sich zu üben habe, bis das Lied klappe. Man kann sich denken, welch infernalisches Konzert auf dem Platz losging. Als Rödl merkte, daß es auf diese Weise nicht ging, ließ er Strophe für Strophe gemeinsam singen und immer wieder wiederholen. Erst nachdem das ganze Lager auf diese Weise 4 Stunden in bitterster Kälte gestanden hatte, gab er den Befehl zum Abmarsch. Aber während sonst jeder Block einfach kehrtmachte und ins Lager zurückging, war es diesmal anders. In Zehnerreihen ausgerichtet, mußte jeder am Tor bei Rödl und anderen besoffenen SS-Führern stramm vorbei marschieren und dabei das Buchenwald-Lied singen. Wehe dem Block, der nicht genau ausgerichtet vorbeikam, oder bei dem das Singen noch nicht ganz nach Rödls Wunsch klappte! Er mußte unbarmherzig zurück und nochmals vorbeimarschieren. Endlich gegen 10 Uhr abends kamen wir ausgehungert und steif gefroren auf unsere Blöcke.

Diese Szene im tiefstem Winter, als die hungernden und frierenden Menschen im grellen Licht der Scheinwerfer im tiefen grellweißen Schnee auf dem Appellplatz singend standen, hat sich jedem Teilnehmer unauslöschlich ins Gedächtnis gegraben.

Stefan Heymann, Mannheim

22. Die Block-Kontrollen

Zum Dienst der Blockführer gehörte auch Kontrolle der Häftlingsunterkünfte auf Sauberkeit und Ordnung, in Wirklichkeit diente sie lediglich der Anwendung neuer Schikanen und Drangsalierungen der Häftlinge. Die Kontrollen, die täglich durchgeführt wurden, waren so gefürchtet, daß bei einer Annäherung einer SS-Kontrolle nur das notwendigste Personal am Block verblieb, die anderen flüchteten. Vorraum, Waschraum, Klosett, Tag- und Schlafräume wurden bis in die letzten Ecken nach irgendeiner Spur von Staub oder Schmutz untersucht. Wehe wenn auf einer Holzleiste ein Stäubchen gefunden wurde – wobei natürlich die bloße Behauptung des Blockführers genügte. Oder wenn der Ofen nicht wie ausgeleckt war, wenn in einem Häftlingsspind ein Krümchen Brot, ein Fleck auf einer Schüssel oder auf dem Messer war. Die Spinde wurden umgeworfen. Eimerweise mußte der Stubendienst Wasser holen und über alles ausgießen. Dabei gab es natürlich Prügel und Fußtritte.

Ein spezielles Kapitel war der Bettenbau. Der Strohsack mußte viereckig wie eine Zigarrenkiste gebaut werden, die Quadrate der darüber gelegten Decken- und Kissenbezüge mußten sich rechtwinklig deckend verlaufen. Nicht nur, daß die Blockführer verschiedene, angeblich schlecht gebaute Betten einrissen, manchmal veranstalteten sie Bettenstürze, indem sie die Strohsäcke, Kissen und Decken durcheinander warfen und selbst die Bettgestelle umwarfen. Am Abend, vor der Essenausgabe mußte der Schlafsaal von der Belegschaft wieder in Ordnung gebracht werden, und überdies wurde der ganze Block gemeldet, was wieder zu Kollektivstrafen wie Strafexerzieren oder Strafstehen mit Essenentzug führte. Unzählig sind die Beispiele der Mißhandlungen von Stubendiensten und Blockältesten durch die Blockkontrollen, die damit die Häftlingsfunktionäre gegen die Belegschaft aufhetzen und zu schärferem Vorgehen gegen die eigenen Kameraden zwingen wollten.

Auch in den Nachtstunden waren zahlreiche Kontrollen. SS-Leute stürzten mit Knüppel und Peitschen bewaffnet zur Nachtzeit in die Schlafsäle, weckten die Belegschaft und kontrollierten, ob nicht einer das Verbrechen begangen hatte, im ungeheizten Schlafsaal mit Unterhose oder gar mit Sokken zu schlafen. Daraufhin wurde der ganze Block und zwar auch im tiefsten Winter barfüßig und im Hemd eine halbe oder ganze Stunde um den Block gejagt.

gez. Gustav Herzog, Wien. IX

23. Aus der Aufbauzeit des Lagers

Der Aufbau des Lagers Buchenwald wurde nur von reichsdeutschen Häftlingen vollzogen. Sämtliche Lagerfunktionen waren bis Ende 1938 mit wenigen Ausnahmen von BVern oder deren Freunden unter den Roten (Zuhälter, Fremdenlegionäre, frühere Nazimitglieder usw.) besetzt. Diese Banditen bestahlen ihre Kameraden, wo sie nur konnten, die Portionen wurden nur teilweise ausgeteilt, das meiste wanderte in die Taschen der Stubendienste. Die Sterblichkeit infolge Unterernährung war in diesen ersten Zeiten außerordentlich hoch. Die BVer und ihre Freunde waren durch Korruptionsbande eng mit der SS verfilzt. Erst als diese engen Beziehungen zwischen SS und Häftlingen dahin führten, daß die meisten korrumpierten SS-Leute gegenüber den Häftlingen nicht mehr richtig aufzutreten wagen konnten, zog die SS-Führung die Konsequenzen und änderte die Häftlingslagerleitung, indem sie die BVer durch Politische ersetzte. Damit hörten die Korruptionsverbindungen zwischen SS und Häftlingsfunktionären wenigstens teilweise auf, zugleich wurde auch die innere Lagerführung sauberer und gerechter.

Die Arbeitszeit ging von 6 Uhr (im Sommer von 5 Uhr) bis 8 oder 9 Uhr abends. Beim Bau der Wasserleitung wurde sogar regelmäßig bis 10 oder 11 Uhr nachts bei Schweinwerferlicht gearbeitet, in manchen Fällen bis 2 und 3 Uhr nachts. Das Lagerkommando hatte der berüchtigte BVer Noack, der viele Kameraden tot prügelte.

Fast jeden Sonntag gab es «strafweise» kein Essen, dazu kamen die Fasttage zur Bezahlung der Kameradschaftsabende. Das Stehen auf dem Appellplatz war eine ständige Quälerei der Häftlinge durch die SS. Eines Sonntags im Februar 1938 mußten die Häftlinge einmal 3 Stunden nackt auf dem Appellplatz stehen, während die Kleider durch SS-Leute durchsucht wurden. In dieser Zeit kam die Frau des Massenmörders Koch mit 4 andern

Weibern von SS-Führern an den Drahtzaun und geilte sich an dem Anblick der nackten Häftlinge auf.

Neben den allgemeinen Strafeinrichtungen wurde auf Vorschlag des damaligen Lagerältesten, des BVers Richter, der sogenannte «schwarze Bunker» eingerichtet Der Schlafraum des Blocks 3 A-Flügel wurde vollständig ausgeräumt, die Fenster zugenagelt und verdunkelt. Hier mußten die eingesperrten Häftlinge Tag und Nacht stehen, nur mit Drillichzeug bekleidet, ohne Decken und ohne Heizung, obwohl damals (Januar 1939) oft 10–12 Grad Kälte waren. Jeden Tag erhielten die Eingesperrten 25 Stockschläge, Tag und Nacht kamen Blockführer in den Raum und quälten die Häftlinge. 6 Kameraden starben direkt im Bunker, von den etwa 30 darin Eingesperrten kamen die andern nur noch als Skelette heraus und sind auch bald darauf eingegangen.

Fritz Männchen, Dresden

24. Streiflichter aus der ersten Zeit

Ich gebe im folgenden eigene Beobachtungen, die sich über die Zeit von September 1938 bis Mitte 1939 erstrecken und die eine schwache Vorstellung von den Lagerverhältnissen in der ersten Zeit des Lagers geben können.

Empfang auf der Politischen Abteilung

Unter Stock- und Kolbenschlägen hatte man uns aus dem Lastwagen, der uns von Weimar nach Buchenwald brachte, getrieben, und führte uns dann zur Politischen Abteilung. Mit Fußtritten und Faustschlägen empfingen uns die im Gang stehenden SS-Leute. Lieblingsbeschäftigung der SS-Männer war, die Ankömmlinge nach dem Grund ihrer Einlieferung zu fragen und sie dementsprechend zu mißhandeln. Ich erinnere mich eines Sittlichkeitsverbrechers aus meiner Gruppe, dem man sogleich 50 Stockhiebe zudiktierte; am folgenden Tage war er an den Folgen der Mißhandlung gestorben.

Die Geldverwaltung

Hier arbeiteten der Kapo Edmund Röttgen und drei weitere dort beschäftigte Häftlinge (Kriminelle) eng mit dem leitenden Sturmführer Driemel und Scharführer Döring zusammen. Wöchentlich wurden maximal Mk. 10,– ausgezahlt, wofür zwei bis drei Zahlabende angesetzt waren. Driemel zahlte aus und vergaß bei Juden regelmäßig ein paar Mark. Wenn ihm das Gedränge der wartenden Häftlinge zu groß wurde, griff er nach dem neben ihm liegenden Revolver und schoß aus dem Fenster.

Die jüdischen Häftlinge waren wegen des dauernden Kostentzuges besonders dringend auf den Kantineneinkauf angewiesen. Röttgen machte aus seinem Mitgefühl für die Juden eine gute Einnahmequelle, indem er gegen 50% Beteiligung reichen Häftlingen eine höhere Auszahlung ermöglichte.

Als eines Tages eine Schreibmaschine benötigt wurde, rief man 6 Juden, teilte ihnen mit, daß sie je Mk. 100,– für eine Maschine stiften müssen und ließ sie quittieren. Die von Scharführer Döring gekaufte Maschine hatte einen Wert von Mk. 350,–.

SS-Hauptscharführer Michael, Schwager des Kommandanten Koch, hat mit gutem Gewinn Pullover und Wäsche an die Häftlinge verkauft. Der Rest der nicht absetzbaren Waren wurde an BV-Häftlinge verschenkt. Um sich auch hierfür schadlos zu halten, ließ Michael sämtliche Juden auf die Geldverwaltung bestellen und ihnen kurzerhand ein Drittel ihres Kontos abziehen. Weitere Einnahmequellen für die BV-Häftlinge der Geldverwaltung stellten die Zuweisungen für bedürftige Häftlinge dar. Mit Einverständnis des Scharführers wurden auf übliche Weise Juden Beträge von Mk.5,– abgezogen.

Bei der Entlassung der 10000 Juden aus der Rath-Aktion wurden von den ausgezahlten Beträgen durch den Häftling Katz horrende Beträge abgezogen. Diese Gelder waren angeblich für minderbemittelte Juden bestimmt, flossen aber meist in die Tasche des bei den Auszahlungen anwesenden Lagerführers Hackmann, der daher Katz zu kräftigen Abzügen aufmunterte.

Der Appell der 75 Toten

Beim Abendappell des 14. Dezember 1938 fehlten zwei BV-Häftlinge. Trotz der Kälte von 15 Grad und der ungenügenden Kleidung der Häftlinge mußten wir 5 Stunden auf dem Appellplatz stehen. Ich habe noch das Bild eines vor Entkräftung schon besinnungslos gewordenen alten Mannes vor Augen, den einige jüngere Kameraden unter die Arme gefaßt hatten und hinter unserem Block auf und ab schleiften, um sein Erfrieren zu verhindern. Noch am selben Abend erfroren 25 Häftlinge, bis zum folgenden Morgen erhöhte sich die Zahl auf 75.

Weihnachten 1938

Zum Weihnachtsabend 1938 hatte uns die SS eine besondere Überraschung bereitet. Auf dem schneebedeckten Appellplatz war ein Galgen errichtet worden. Nach dem Zählappell teilte uns der Kommandant am Mikrophon mit, daß auf Befehl des Reichsführers-SS Himmler der politische Häftling Forster erhängt würde. Forster war im Mai 1938 nach Niederschlagen eines SS-Mannes mit einem anderen Häftling in die Tschecho-Slowakei geflohen, aber ausgeliefert worden. Und vor unseren Augen wurde Forster auf den Galgen geführt und gehängt.

Henker Osterloh

Bis Anfang 1939 waren mit Ausnahme der politischen Blocks alle Blockältesten- und Stubendienstposten mit BV-Häftlingen besetzt, die alle Freiheit hatten, ihren verbrecherischen Trieben freien Lauf zu lassen. So wurde auf einem Block eines Morgens ein Häftling erhängt aufgefunden. Durch einen Regiefehler erhielt die Staatsanwaltschaft Weimar hiervon Kenntnis. Die Untersuchung ergab, daß der «Erhängte» durch unmenschliche Schläge und Tritte, mehrere Rippen waren zerbrochen, getötet und dann vom Stubendienst unter Leitung des Blockältesten Osterloh aufgehängt worden war, um einen Selbstmord vorzutäuschen. Der Gemordete hatte gegen das Verschieben von Brot durch den Stubendienst protestiert. Durch Einwirkung der Lagerleitung wurde die Angelegenheit niedergeschlagen und der Mörder wieder in sein Amt eingesetzt.

Fritz Männchen, Dresden

25. Die Verpflegung des Konzentrationslagers Weimar-Buchenwald von 1937 bis 1945

Bis Kriegsbeginn wurde für die Verpflegung der Häftlinge ein Pauschalbetrag zur Verfügung gestellt; vom 15. 7. 37 bis einschließlich 28. Februar 1938 durften pro Häftling nur Mk. 0,55 pro Tag verbraucht werden. Da sich dieser Geldsatz selbst für die SS-Verwaltung als zu niedrig erwies, durften ab 1. April 1938 bis zum 16. des gleichen Monats Mk. 0,65 verausgabt werden. Ab 17. April standen täglich Mk. 0,60 zu. Dieser Satz ist bis zum Ausbruch des Krieges durch die Verwaltung beibehalten worden.

Mit dem Ausbruch des Krieges 1939 wurden die wichtigsten Lebensmittel rationiert. Die Verpflegung wurde schlechter. Erst ab 1. August 1940 standen den Lagerinsassen feste, nachstehend aufgeführte Verpflegungssätze zu:

Wochensätze:

a)	Fleisch oder Fleischwaren		400 g
b)	Fette insgesamt		200 g
	davon: Margarine oder Kunstspeisefette	150 g	
	Schmalz, oder Speck, oder Talg	50 g	
c)	Quark		100 g
	oder Magerkäse	50 g	
d)	Brot		2740 g
e)	Zucker		80 g
f)	Marmelade		100 g
g)	Nährmittel		150 g
h)	Mehle oder Mehlgemische		225 g

i) Kaffee-Ersatz-Mischung oder Kaffee-Zusatzmittel 84 g
j) Im Durchschnitt Kartoffeln bis zu 3500 g
k) Frischgemüse (Rüben etc.) 2800 g

Schwerarbeiterzulage

Für eine beschränkte Anzahl Gefangene, die als Schwerarbeiter beschäftigt waren, konnte je Kopf und Woche zusätzlich verausgabt werden:
a) Fleisch oder Fleischwaren bis zu 400 g
b) Fette insgesamt 100 g
davon: Margarine, Speisefett oder Öl 75 g
Schmalz, Speck oder Talg 25 g
c) Brot bis zu 1400 g

Ab 1. Oktober 1941 wurden die Rationen herabgesetzt. Es waren pro Woche und Häftling zuständig:
a) Fleischwaren oder Fleisch 320 g
b) Kaffee-Ersatz 63 g

Schwerarbeiterzulage

a) Fleisch oder Fleischwaren 320 g
Alle übrigen Verpflegungssätze blieben unverändert.

Ab 1. Januar 1942 wurde der Fleischsatz auf 280 g ermäßigt, sowohl für Normalverpflegte, als auch für Schwerarbeiter.

Am 15. Mai 1942 trat eine neue Verschlechterung ein. Die Verpflegung sah nun so aus:
a) Fleisch oder Fleischwaren 280 g
(Freibank-oder Pferdefleisch)
b) Fette insgesamt 170 g
davon: Margarine 130 g
Schweineschlachtfette 40 g
c) Quark 100 g
oder Magerkäse 50 g
d) Brot 2450 g
e) Zucker 80 g
f) Marmelade 100 g
g) Nährmittel 150 g
davon: Teigwaren 50 g, andere Nährm. 100 g.
h) Roggenmehl 75 g
i) Brotmehl 50 g
k) Kaffee-Ersatz oder Kaffee-Zusatzmittel 63 g
Falls anstelle von Kaffee-Ersatz «Deutscher Tee» verausgabt wurde, betrug der Portionssatz pro Tag 4 g unter Einsparung von 9 g Kaffee-Ersatz

l) Kartoffeln		5000 g
m) Frischgemüse		2600–3000 g

Schwerarbeiterzulage (nur beschränkte Anzahl zugelassen)

a) Fleisch oder Fleischwaren (mögl. Freibank- oder Pferdefleisch)		280 g
b) Fette insgesamt		100 g
davon: Margarine	75 g	
Schmalz	25 g	
c) Brot bis zu		1400 g

Ab 31. 5. 1943 ist der Fleischsatz für Normalverpflegung wöchentlich 280 g auf 200 g herabgesetzt worden. Als Ausgleich gab es 75 g Brot und 12,5 g Fett wöchentlich.

Häftlinge, die auf Transport gingen, erhielten täglich 500 g Brot, 50 g Wurst und 60 g Margarine. (Diese Sätze machten eine volle Tagesverpflegung aus.)

Mit dem 28. April 1944, als das KL Buchenwald auf Stufe I (Arbeitslager) kam, wurden der Lagerverpflegung folgende Wochensätze zugrunde gelegt:

a) Fleisch und Fleischwaren nach Möglichkeit Freibank oder Pferdefleisch zum einfachen Satz	200 g
b) Margarine	182,5 g
c) Quark (oder Sauermilchkäse 50 g)	100 g
d) Roggenbrot	2600 g
e) Roggenmehl	125 g
f) Zucker	80 g
g) Marmelade	100 g
h) Nährmittel	150 g
i) Kaffee-Ersatz u. Zusatzmittel	62,5 g
j) Magermilch	0,25 l
k) Kartoffeln	2800 g
l) Frischgemüse	2000 g
Steckrüben	2000 g
m) Nährmittel	105 g
n) Reis oder Hülsenfrüchte	175 g

Damit wurde die Lagerverpflegung etwa der einfachen Verpflegung der Zivilbevölkerung gleichgestellt. Im allgemeinen blieb die Verpflegung der Lagerinsassen bis zum Februar 1945 konstant.

Mit dem Zurückfluten der Ostarmeen und der Evakuierung der östlichen Lager und der Zivilbevölkerung wurden auch die Verpflegungssätze der Lagerinsassen radikal herabgemindert.

Ab 1. März 1945 erhielten sämtliche Häftlinge folgende Zuteilungen:

Wöchentlich

250 g	Freibank oder Pferdefleisch
83,33 g	Fett
1366,67 g	Roggenmehl (oder dafür Brot im Verhältnis 3:4)
250 g	Marmelade oder 125 g Zucker
41,66 g	Quark
20,83 g	Sauermilchkäse
33,33 g	Kaffee-Ersatz
125 g	Frischgemüse
250 g	Kohlrüben
0,25 g	entr. Frischmilch
3500 g	Kartoffeln

Den Häftlingen, die nicht im Arbeitseinsatz standen, es waren ca. $^{2}/_{3}$ der Lagerinsassen, standen nur *80 %* vorgenannter Verpflegungssätze zu.

Für Schwerarbeiter (äußerst geringe Anzahl) gab es folgende Zulagen:

350 g	Fleisch
56,66 g	Margarine
1100 g	Brot

gez. Erich Loch

26. Tiere leben besser als Menschen

Zur Herstellung das Häftlingsessens wurde in geringem Umfange auch Fleisch verwendet; in einem Kessel mit 1000 Liter Inhalt kamen zwei- bis dreimal wöchentlich 12 bis 15 kg Fleisch (nach der Befreiung das Lagers 100 kg). Die Häftlingsküche erhielt nur das Fleisch von kranken Tieren, sogenanntes Freibankfleisch, das sehr schnell verdirbt und in spätestens 2–3 Tagen konsumiert sein muß. Aber in Buchenwald wurde das Fleisch manchmal erst nach einer Woche der Küche zugeteilt, so daß es bereits in einem derartigen Fäulniszustand war, daß es selbst an Tiere nicht mehr hätte gegeben werden können.

Beim Lager befanden sich zwei Hundezwinger der SS, die zur Hundezucht und zur Pflege von etwa 120 bis 150 Schutzhunden bestimmt waren. Die Hunde wurden ausschließlich auf «Angreifen der Häftlinge» dressiert. Diese gut abgerichteten Bestien, die manchen Häftling zerfleischt haben, waren ausgezeichnet untergebracht, hatten für jeden einen eigenen Stall mit «Tagesraum, Schlafraum» und «Auslauf.» Betreut wurden die Hunde von SS-Leuten, Häftlingen war der Zutritt streng verboten. Erst später, als der Hundezwinger von Angehörigen der Wehrmacht übernommen wurde, mußten Häftlinge Gartenarbeiten, Holzhacken usw. verrichten. Das Futter der Hunde bestand aus Haferflocken, Kartoffeln und Fleisch, kranke Tiere erhielten eine besondere Milchdiät. Kein Wunder, daß die hungernden Häftlinge mit großer Freude jede Gelegenheit ausnützten, um in der Hundeküche etwas Hundefutter zu erwischen. Allerdings von den frischen Eiern und dem Rotwein, was für die Hunde der SS-Führer bestimmt war, erhielt kein Häftling etwas. Bei der Befreiung lag im Hundezwinger noch etwa ein Waggon sogenannter Hundekuchen. Ganze Haufen hungriger Häftlinge stürzten sich darauf, um sich zu sättigen.

Im Schweinestall wurden zur Zucht und zum Verkauf etwa 700–800 Schweine gehalten. Die Abfälle der Häftlingsküche wurden hierhin geschafft. Aber, besonders solange noch Koch Kommandant war, wurde oft das Essen eines Blocks, der Judenblöcke oder sogar des ganzen Lagers beschlagnahmt und wanderte zu den Schweinen der SS. Die Schweinezucht wurde nicht fachmännisch geführt, so daß eine chronische Schweinepest herrschte. Die schlachtreifen Tiere wurden natürlich ausschließlich von der SS verzehrt.

Dr. Jan Pospisil, Boudnice, Tierarzt

27. SS-Leute als Posträuber

Ich war in der Poststelle vom Januar 1943 bis zum Herbst 1944 tätig. Bei meinem Eintritt wurden Briefe und Pakete noch gemeinsam in der Blockführerstube bearbeitet, erst später wurde, auf Anordnung des Kommandanten, die Paketausgabe abgetrennt und kam auf Block 12, später auf Block 2. Mit der Briefpost der Häftlinge wurde ganz leichtfertig umgegangen. Je nach Laune und Willkür wurden Briefe und Karten nicht weitergegeben, zerrissen oder zerschnitten. Häufig machten die SS-Leute blöde Glossen über den Briefinhalt; Ernst und Sachlichkeit fehlten völlig.

In der Paketpoststelle waren die für die Häftlinge bestimmten Pakete Freigut für die SS-Räuber. Systematisch wurden die Pakete ausgeplündert, was die SS-Leute gerade gebrauchen konnten, nahmen sie sich aus den Paketen heraus. Das Diebesgut schickten die SS-Banditen nach Hause, die Lebensmittel aßen sie selbst oder verwerteten das gestohlene Gut als Tauschmittel.

Bei diesen Posträubereien haben sich folgende Banditen besonders hervorgetan:

Hauptscharführer Dottermusch aus Sachsen
Oberscharführer Ebeling aus Berlin
Oberscharführer Bielek aus Wien
Unterscharführer Rabe aus Halle, der zugleich Mitglieder der berüchtigten Genickschuß-Kolonne 99 war.

Die Oberleitung der Räuberbande hatte Unterscharführer Klett, der selbst wahllos alles stahl. Der Oberscharführer Marks spielte den korrekten

Mann, ließ aber mit Vorliebe Pakete, die hätten weitergeleitet werden sollen, liegen; «die sollen verschimmeln», war sein Lieblingsausdruck.

Die sogenannte Prüf- und Abwehrstelle unterstand dem Unterscharführer [Emil] Bretschneider aus dem Sudetengau, auch einem Mitglied der Kolonne 99. Hier wurden die Pakete aus dem Ausland durchwühlt, in denen natürlich Lebensmittel, besonders in letzter Zeit, geschickt wurden, die es in Deutschland nicht mehr gab. Hier ging die Beraubung in ganz großem Stil vor sich.

Alfons Marincovich, Innsbruck

28. Ehescheidung von Häftlingen

Nach dem neuen nationalsozialistischen Ehescheidungsrecht bestand die Möglichkeit, daß eine Ehe geschieden werden konnte, wenn das eheliche Zusammenleben als zerrüttet angesprochen [werden] mußte. Das Gesetz stellte als besonderen Beweis für die Tatsache, daß eine Ehe zerrüttet sei, neben anderen Maßtäben auch den Grundsatz auf, daß eine Ehe dann als zerrüttet gilt, wenn die Ehegatten länger als 3 Jahre getrennt voneinander leben.

In den Jahren 1940 und 1941 machte sich sehr stark eine Praxis der einzelnen Gestapo-Stellen dahin bemerkbar, auf Ehefrauen politischer Konzentrations-Häftlinge einzuwirken, sich von ihrem als staatsfeindlich inhaftierten Mann scheiden zu lassen, obwohl an sich nach dem Sinn des Gesetzes die durch die Inhaftierung herbeigeführte Trennung nicht als Tatbestand angesehen werden kann, der die Ehescheidung rechtfertigt, haben sich unter dem Druck der Gestapo – oft hing die Weitergewährung der Fürsorgeunterstützung davon ab – die Frauen politischer Häftlinge gefügt und Ehescheidungsklage erhoben. Der Häftling hatte keine Möglichkeit, sich ordnungsgemäß vertreten zu lassen.

Der Unterzeichnete hat, entgegen dem Verbot der SS, zahlreiche Kameraden beraten. Dabei hat sich ergeben, daß in klarer Verletzung des Gesetzes insbesondere die erstinstanzlichen Gerichte die Ehescheidung ausgesprochen und sogar den Ehegatten als den schuldigen Teil erklärt haben. Nur in 2 Fällen von den etwa 20, die der Unterzeichnete bearbeitet hat, ist es auf dem Wege der Berufung gelungen, die Urteile aufheben zu lassen.

Dr. Werner Hilpert, Leipzig

29. Leichenreste in der Kanalisation

Ich kam am 26. 9. 1939 in das Konzentrationslager Buchenwald und wurde beim Kommando Häftlingsunterkunft in der Gärtnerei mit Nivellierarbeiten beschäftigt. Am 16. September 1941 wurden nach dem Abendappell mehrere kriegsgefangene russische Offiziere ins Lager gebracht. Auch einige verdeckte Lastwagen fuhren in der Richtung zum Krematorium. Am 18. September, also zwei Tage später, war in dem Gelände, in dem wir arbeiteten, ein Rohr der Kläranlage verstopft. Obwohl ich mit der Kläranlage nichts zu tun hatte, machte mir der Unterscharführer [Adolf] Döring Vorwürfe, daß die Anlage nicht funktionierte. Mit einem holländischen Kameraden machte ich mich an die Beseitigung der Verstopfung, und wir stellten fest, daß es eine Unmenge menschlicher Knochen, zum Teil noch mit unverbrannten Fleischteilen, waren, die den Schaden verursachten.

Unterscharführer Döring befahl uns, die Aschen- und Fleischreste auf dem Gelände zu zerstreuen und bei der Nivellierung zu vergraben. Ich sagte zu meinem Kameraden: «Wir machen eine Grube und werden alles ordentlich begraben.» Entgegen der Anordnung des Unterscharführers Döring führten wir unser Vorhaben auch aus und bestatteten die Gebeine in möglichst ordentlicher Weise. Die Stelle ist mir noch genau in der Erinnerung.

Von anderer Seite weiß ich, daß Sachverständige der Bremer Klärgesellschaft gleichfalls feststellten, daß die Ursache der Verstopfung halbverbrannte menschliche Leichenteile und Knochen waren.

Anton Janacek[5], *Brünn*

30. Nazibestien von Buchenwald!

Im April 1938 kam ich nach Berlin zur Gestapo. Hier wurde ich mit vielen Verhören bis Mitte September festgehalten und schließlich in das K.L. Buchenwald geschickt.

Als ich in Buchenwald eingeliefert wurde, befand sich das Lager noch im Aufbau. Mit etwa 50 Mann wurde ich bei der politischen Abteilung abgeliefert. Wir wurden mit Prügel und Beschimpfungen empfangen und mußten mit dem Sachsengruß stehenbleiben, bis wir zur Aufnahme unserer Personalien aufgerufen wurden. Bei der Personalaufnahme wurde man wieder geprügelt und mit Füßen getreten, dann ging es im Laufschritt zum Lager. Am Tor mußten wir etwa 3 Stunden mit dem Sachsengruß stehen, bevor wir zur Umkleidung in die Effektenkammer kamen. Auch hier wurde der größte Teil der Eingelieferten von Scharführern mißhandelt.

Am nächsten Tage wurde ich als Maurer, die damals dringend gebraucht wurden, dem Kommando «Truppengarage» zugeteilt. Gleich am ersten Tage wurde ich Augen- und Ohrenzeuge einer nie zu vergessenden Bestialitat der SS. Ich arbeitete an einem der ersten massiven Blocks; von der Rüstung konnte ich alles übersehen. Mein Kollege machte mich auf einen Trupp von Häftlingen aufmerksam, die von den SS-Scharführern [Martin] Sommer und [Anton] Bergmeier in den Wald geführt wurden.[6] Ich konnte nun zusehen, wie den Häftlingen die Hände auf dem Rücken zusammengebunden wurden, und wie einer nach dem anderen mit den zusammengebundenen Händen an einen Baum gehängt wurde. Sie wurden so hoch gehängt, daß die

Füße einen halben Meter vom Erdboden entfernt waren. Diese Leute blieben eine halbe bis drei Stunden am Baum. Das Schreien, Jammern, Bitten und Flehen nahm kein Ende, bis die Opfer wieder vom Baum abgehängt wurden.

Der SS-Scharführer [Herbert] Abraham war eine ganz gemeine Bestie. Er hat in Buchenwald viele Menschen totgequält, erschlagen und ersäuft. Besonders hatte er es auf die Juden abgesehen. Aus der Fülle seiner Verbrechen nur einige Tatsachen. Es war im November 1938, überall lag tiefster Schlamm. Wenn man zum Austreten gehen mußte, blieb nichts anderes übrig, als durch den tiefsten Schlamm und Dreck zu waten. Es gab nur wenige Latrinen im Lager, sie waren deshalb immer besetzt.

Die SS-Scharführer machten sich einen Sport daraus, die Häftlinge von den Latrinen zu verjagen, noch bevor sie mit der Verrrichtung ihrer Notdurft fertig waren. Die Schlimmsten waren Abraham und Zöllner. Ich sah, wie beide sich mit Knüppel bewaffneten und auf eine Latrine losstürmten, die von etwa 20 Häftlingen besetzt war. Sie schlugen die Häftlinge mit den Knüppeln über die Köpfe, sodaß der größte Teil in die Latrine fiel. Die Latrinen waren voller Jauche und Kot. Wenn einer der Häftlinge den Versuch machte, herauszukommen, schlugen Abraham und Zöllner immer wieder mit den Knüppeln auf sie ein. Ein großer Teil der Häftlinge ist bei dieser Gelegenheit in der Jauchegrube ersoffen.

Bei einer anderen Gelegenheit 1939 sah ich, wie Abraham vier jüdische Häftlinge in ein tiefes Wasserloch hineintrieb und sie immer wieder mit Prügeln daran hinderte herauszukommen. In diesem Fall ist einer dieser Häftlinge ums Leben gekommen. Die anderen 3 konnten ihr Leben retten, weil der Schreiber dieser Zeilen mit einigen anderen Häftlingen auf die Hilferufe herzueilten, und Abraham es vorzog, seines Weges zu gehen. Eine Meldung gegen Abraham beim Rapportführer [Arnold] Strippel hatte nicht nur keinen Erfolg, sondern ich wurde sogar zurechtgewiesen und mit Strafe bedroht.

Wieder bei einer anderen Gelegenheit schlug Abraham mit dem Knüppel einen Häftling nieder. Als der Häftling seiner Aufforderung aufzustehen, nicht nachkam, legte Abraham dem Häftling den Knüppel über den Hals und trampelte so lange mit beiden Füßen darauf rum, bis der Häftling tot war.

Eine andere Bestie war der SS-Scharführer Schmidt (Thüring.). Schmidt hat in den Jahren 1942–1943 am Bau der Gustloff-Werke Buchenwald unzählige Häftlinge so schwer mißhandelt, daß viele an den Folgen gestorben sind. Schon am frühen Morgen hat er mit Knüppeln, Spaten und Hacken wie ein Tobsüchtiger auf die Häftlinge eingeschlagen. Besonders gemein benahm er sich gegenüber russischen, polnischen und jüdischen Häftlingen. Wiederholt ist der Versuch gemacht worden, dem Schmidt das Handwerk zu legen. Alle Meldungen blieben jedoch erfolglos.

Der Häftling Schreiber, der zu meinem Kommando gehörte als Lehrling, war ein Lieblingsopfer von Schmidt. Fast jeden Tag wurde er von Schmidt mißhandelt, er mußte sich nackend ausziehen, auf einen Baum klettern und von oben rufen: «Ich bin eine dreckige Judensau!» Schreiber, der oft zu schlapp war, um schnell auf den Baum zu kommen, wurde von Schmidt so lange geprügelt, bis er oben war. Als ich dies dem Kommandanten Pister vortrug, bezweifelte Pister die Richtigkeit, sagte aber doch zu, dem SS-Oberscharführer Schmidt diese Mißhandlungen zu untersagen. Aber Schmidt trieb sein Handwerk weiter.

Ein anderer Schweinehund war der SS-Oscha [Gustav] Greuel. Diese Bestie konnte überhaupt nur leben, wenn sie schon am frühen Morgen eine große Anzahl von Häftlingen verprügelt hatte. Ich habe selbst erlebt, wie Greuel an einem Tage etwa 50 Häftlinge – Juden und Russen – solange mit dem Knüppel prügelte, bis sie zusammenbrachen. Nach vielen Versuchen, Greuel das Handwerk zu legen, gelang dies schließlich dadurch, daß er wegen seiner Diebstähle von der Bauleitung versetzt wurde.

Eine weitere Blüte im Kranz von Schweinehunden war der SS-Scharf. Klinger (in der Nähe von Wurzen zu Hause). Auch er hat es speziell auf Juden und Russen abgesehen. Mit 2 anderen SS-Banditen zusammen fing er sich seine Opfer ein, führte sie in einem geschlossenen Raum, um sie dort viehisch zu mißhandeln. So wurde ich eines Tages von meinen Lehrlingen gerufen als Zeuge folgender Szene:

Klinger und seine beiden Helfer hatten 2 Russen vor. Zunächst wurden sie mit Knüppeln zusammengeschlagen und mit Füßen getreten, bis ihnen das Blut aus Mund und Nase lief. Dann mußten sie die Finger zusammenhalten und die Hände vorstrecken; und dann schlugen die 3 Banditen solange auf die Fingerspitzen, bis sie bluteten. Die Mißhandelten brüllten vor Schmerz und riefen um Hilfe. Ich riß die Türe auf und schrie mit voller Lungenkraft hinein: «Was geht hier vor sich?» Sofort stellten die Banditen die Mißhandlungen ein. Von mir zur Rede gestellt sagte Klinger, die beiden Russen hätten ihn bedroht und wollten ihn überfallen, er könnte sie sofort über den Haufen schießen. Durch einen Dolmetscher konnte ich dann feststellen, daß die Behauptung von Klinger erfunden war. Auch in diesem Fall war ich beim Kommandanten vorstellig, er sagte zu, derartige Mißhandlung zu verbieten, aber es blieb alles beim alten.

Robert Siewert, Berlin

31. SS-Sadisten

Mai 1938, Kommandos treten auf dem Appellplatz an. Eine Stunde stehen. Während dieser Zeit gehe ich zum Austreten zum Block, da ich krank bin. SS-Hauptscharführer Bräuning macht mir eine Meldung. Ich werde bestraft mit einer halben Stunde «Baumhängen.» Das Hängen geht folgendermaßen vor sich: Die Hände werden mit einem Strick auf den Rücken eng zusammen gebunden, dann wird der Körper hochgehoben, und die Fesseln werden an einen großen Nagel gehängt, welcher in 2 m Höhe eingeschlagen ist, so daß die Füße frei in der Luft hängen. Das ganze Körpergewicht hängt also an den nach hinten gebogenen Gelenken. Ausrenkung der Schultergelenke unter furchtbaren Schmerzen ist die Folge. Mit mir hingen 30–40 Kameraden, ich nur eine halbe Stunde. Viele bis zu 3 Stunden und einige sogar 4–5 Stunden bis zur Bewußtlosigkeit, ja, bis zum Tod. Jammern, Schreien und Wehklagen erfüllt den Wald. Der SS-Scharführer Sommer schlägt die hilflos Jammernden mit einem Knüppel auf Füße, Gesicht und Geschlechtsteile. Die bis zum Wahnsinn Gemarterten schreien nach Wasser, nach Frau und Kindern, nach Erschießen, damit die Qual ein Ende habe. Das Schreien geht über den Zaun des Lagers zum deutschen Volke. Das deutsche Volk hat auf diese Rufe nicht reagiert. Die Welt aber hat sie gehört und endlich der faschistischen Pest das Handwerk gelegt.

Oktober 1937. Es gibt noch keine Klosettanlagen im Lager und keine Waschräume. Es werden große Abortgruben ausgehoben, etwa 8 m lang, 4 m breit und 4 m tief. 2 Querstangen werden darüber genagelt und das Klosett ist fertig. Auf einer dieser Stangen sitzen 10–15 Mann. Von hinten kommen die SS-Scharführer Abraham und Zöllner, beide mit großen Knüppeln, sie schlagen die Häftlinge mit diesen Knüppeln, daß diese in die Gruben fallen. 10 Häftlinge ertrinken im Kot. Wehe dem, der es wagen sollte, den Hilferufenden zu helfen. Er lief Gefahr, selbst erschlagen zu werden.

Winter 1943. Kommando *Laura*, Lagerführer Plaul. Ein Häftling unterhält sich mit einer Frau, die sich der SS-Scharführer Heinrich als Liebste erwählt hat. Heinrich ärgert sich darüber, zwingt den Häftling, sich seiner Kleidung zu entledigen und bei 10 Grad Kälte ins Wasser zu steigen; dann muß er, damit er wieder warm wird, Dauerlauf machen. Nach einigen Runden gebietet Heinrich halt und fordert den Häftling auf zu onanieren. Der Häftling weigert sich, wird von Heinrich erneut geschlagen und wieder zum Dauerlauf gezwungen. Dies wiederholt Heinrich solange, bis der Häftling halb von Sinnen den Versuch macht zu onanieren. Diesem Vorfall wohnten eine Anzahl SS-Männer als Zeugen bei, ohne auch nur den leisesten Versuch zu machen, Heinrich von seinen Mißhandlungen abzuhalten.

Willy Apel (Nr. 582)

32. Eine Handvoll Pferdefutter!

Nach der Besetzung Polens durch die deutsche Wehrmacht wurde ich als 63 jähriger Mann von der Gestapo verhaftet und mit vielen Landsleuten nach Buchenwald geschafft. Aus den langen Schreckensjahren möchte ich nur ein Erlebnis hervorheben:

Am 2. Mai 1943 kam ich in das Außenkommando *Goslar*. Die Arbeit war schwer, die Verpflegung völlig ungenügend und schlecht. Natürlich litten wir Hunger, unsere Kräfte waren vollkommen erschöpft. Eines Tages – es war im Juli 1943– arbeitete ich im Pferdestall des dortigen Lagers. Einer der SS-Männer, von Mitleid bewogen, erlaubte mir, eine Handvoll Pferdefutter zu nehmen, das Futter bestand aus Zuckerrübenschnitzeln, Hafer, Gerste und Erbsen. Erfreut schlich ich mich in eine Ecke, um das Korn mit Steinen zu zerstampfen und dann zu verzehren. Hierbei erwischte mich der Kommandoführer, Hauptscharführer Höber. Mit unheimlicher Wucht fiel er über mich her. Schläge und Fausthiebe prasselten auf mich nieder. Als ich zur Erde fiel, bearbeitete er mich mit Fußtritten so schwer, daß ich noch Wochen hindurch Schmerzen im Rücken und in den Rippen hatte. Die nächsten Tage nach dem Vorfall beaufsichtigte mich der SS-Hauptscharführer persönlich, trotz großer Schmerzen mußte ich unter seiner Aufsicht die schwersten Arbeiten verrichten.

Als ich im November 1943 vom Kommando Goslar nach Buchenwald zurückkehrte, lag hier gegen mich eine Meldung wegen «Diebstahl» an Staatseigentum vor. Ich erhielt 10 Tage Bunker, die ich abgesessen habe.

gez. Karl Peterek, Nr. 374

33. Prügel gehören zum Tagesablauf

Ich gehörte zur sogenannten Aktion der polnischen Volksgruppe in Deutschland, die im Lager als polnische Minderheit geführt wurde. Wir wurden am 15. 10. 39 mit 181 Häftlingen in Buchenwald abends eingeliefert. Aus diesem Grunde kamen wir nicht sogleich ins Lager, sondern in den Bunkerbau am Tor des Lagers. Zu je 10–12 Mann wurden wir in diese Bunkerzellen, die 120 cm breit und 2 m lang sind, hineingepfercht. Mit Fußtritten und Knüppelschlägen erreichte Scharführer Sommer es schließlich, daß die Türen zugemacht werden konnten. Die Fenster waren dicht verschlossen und mit Blenden versehen. Die Heizung war voll aufgedreht und konnte von den Zellen aus nicht abgedreht werden. In diesen furchtbaren überheizten Zellen, in denen stärkster Mangel an Sauerstoff herrschte, waren wir schon nach 1–2 Stunden mehr oder weniger ohnmächtig. Endlich nach dem Morgenappell wurden die Türen aufgerissen und der stark ramponierte Haufen konnte den Marsch ins kleine Lager antreten. Wir wurden zum Steinetragen in den Steinbruch beordert. Am Tag mußten bis zu 17 Fuhren bewältigt werden. Oberscharführer [Heinrich] Emde ließ nicht nur auf dem Weg zum Steinbruch im Laufschritt jagen, er versuchte es bei voller Last bergauf in der gleichen Weise. Auf dem Weg vom Steinbruch zu den Türmen und zurück mußten wir durch eine Serie berüchtigter SS-Leute Spalier laufen, darunter die Scharführer Jänisch, Kostial, Chemnitz, Kubitz, Waletzko, Henschel, Hüttig, Blank und Hinkelmann. Am zweiten Tage konnten 16 Mann wegen Erschöpfung nicht mehr stehen; am dritten Tage waren es schon 30; am vierten Tage wurde die Hälfte des verbliebenen Restes von

Mithäftlingen auf Tragen ins Lager geschafft. 10 Tage währte dieses unvorstellbare Dasein, dann wurden wir dem Block 34 des großen Lagers zugeteilt. Ich kam zum Tragen von Stämmen. Wir wateten im tiefsten Schlamm. Vom Wald bis zum DAW-Gelände (Sägewerk) mußten die Stämme durch den Morast ausschließlich durch Menschenkraft geschleppt werden. Das Tempo wurde durch Knüppelschläge von SS-Angehörigen forciert.

War der Tag zu Ende und der Lagerappell hinter uns, begann eine andere Seite des Lagerlebens. Irgendein Scharführer betrat den Block, und noch in der Tür stehend brüllte er uns an: «Seid ihr noch nicht alle unter dem Tisch!» Bänke flogen heran, Schüsseln polterten, und immer blieben einige übrig, die unter den Tischen beim besten Willen keinen Platz finden konnten. Diese Unglücklichen waren dann im besonderen Maße die Prügelknaben. Diese Spiele wurden variiert. Blockführer Roscher ließ den Block räumen und befahl uns, mit dem Kopf im Schnee zu stehen. Von alten Leuten, die nur mühsam einen Fuß vor den anderen zu setzen vermochten, wurde der Kopfstand im Schnee so selbstverständlich erwartet, wie von einem Jüngeren der Dauerlauf.

Vor der Rapportführerstube lag einmal ein Ohnmächtiger. Untersturmführer Driemel kommt hinzu und tritt ihm auf die Hände. Der Ohnmächtige rührt sich nicht. Nun tritt er ihn auf seinem Kopf. Schließlich stöhnt er und beginnt sich zu rühren, nachdem ihm Driemel mit den Stiefeln in die Seiten trat. Um ihn aber noch lebendiger zu machen, wird ein Eimer Wasser geholt, und ihm das Wasser über den Leib gegossen. Es sind nur Streiflichter, die hier geschildert werden können. – Die SS-Angehörigen Stoll und Gründel werfen einen Juden in einen Wassergraben. Er versucht davonzukommen. Beide springen hinzu, werfen ihn erneut in den Graben und bringen es fertig, sich nun noch auf den Häftling zu stellen, um ihn zu ersticken.

SS-Mann [Hubert] Krautwurst ist erbost, daß eine größere Anzahl Häftlinge am Sonntag nachmittag im Walde in der Sonne liegen.[7] Dies war in keiner Weise verboten, trotzdem; es werden 70 Kameraden zur Meldung gebracht, die nun an mehreren Sonntagen hintereinander unter ständigen Quälereien von SS-Scharführer [Adolf] Döring II Scheiße tragen mußten. Prügel gehörte zum ständigen Tagesablauf.

Am 8. 4. 45 erschienen die Scharführer auf Bl. 33, um den Block von Häftlingen zu räumen. Sie taten dies so, daß die Häftlinge mit dem ganzen Fensterrahmen auf die Straße flogen. Ich wurde Augenzeuge, wie der Hauptscharführer Rackers mit einem Kantholz, das völlig mit Blut verunreinigt war, in den Häftlingshaufen hineinschlug.

Theodor Gadczinski, Gelsenkirchen

34. Kaltblütiger Doppelmord

An einem kalten Novembertag des Jahres 1937 kamen wir wie immer todmüde und hungrig von der Arbeit ins Lager und traten zum Zählappell an. Dabei stellte sich heraus, daß zwei Häftlinge – «grüne» Kriminelle – fehlten. Zur Strafe ordnete der Kommandant Koch an, das gesamte Lager müsse solange auf dem Appellplatz stehenbleiben, bis die beiden Ausreißer tot oder lebend gefunden worden seien. Wir standen die ganze Nacht im Stillgestanden; wer sich rührte, bekam 25 Stockhiebe.

Am Vormittag – wir standen immer noch auf demselben Platz – wurden gegen 9 Uhr die politischen Häftlinge Oskar Fischer und Brehm ans Tor gerufen. Der Kommandant, der Lagerführer Rödl und einige SS-Leute verschwanden mit ihnen im Wald. Wenige Minuten später krachten dort einige Schüsse, und als wir am andern Morgen zur Arbeit ausrückten, sahen wir an der Stelle zwei große Blutlachen. Gegen 12 Uhr wurden die beiden Geflüchteten erwischt und erschossen. Die Leichen wurden in eine Holzkiste gelegt und als abschreckendes Beispiel von Block zu Block getragen. Erst gegen zwei Uhr mittags, nachdem wir 18 Stunden gestanden hatten, ließ Koch abrücken. Todmüde fielen wir sofort in einen bleiernen Schlaf – aber die beiden Kameraden weckte niemand mehr auf. Etwa ein halbes Jahr später zeigte mir der Kalfaktor des 2. Lagerführers Weissenborn auf dessen Schreibtisch einen Totenschädel. Es war der unseres Kameraden Fischer, was ich sofort an den etwas großen vorstehenden Vorderzähnen erkannte. Es war die Siegestrophäe eines Kopfjägers!

Max Girndt, Oppeln O/S

35. Foltermethoden und Grausamkeiten der SS

Im Sommer 1939 schickte der damalige Lagerführer Rödl einen Häftling ohne Ausweis in seine Wohnung. Als der Häftling ihn darauf aufmerksam machte, daß es verboten sei, ohne Ausweis dorthin zu gehen, zwang er ihn trotzdem dazu. Da der Häftling nach Ansicht Rödls nicht rasch genug ging, zog dieser Mörder seinen Revolver und schoß dem Häftling nach. Das faßten die an der Lagerstraße aufgestellten Posten als Zeichen zum Schießen auf, so daß der Kamerad an der damaligen Poststelle ermordet wurde.

Beim Bau der Wasserleitung von Wasserhochbehältern zum Lager im Sommer 1940 saßen eines Tages die Hauptscharführer [Erich] Becker und [Karl] Weyrauch und die Oberscharführer Müller und Halder in der Materialannahme dieses Kommandos und veranstalteten in besoffenem Zustand Scheibenschießen. Als ihnen dieses zu langweilig wurde, holten sie sich einen willkürlich aus dem Kommando herausgegriffenen Häftling in die Bude, gaben ihm 25 Stockhiebe auf den Hintern und befahlen ihm dann, in die Postenkette zu laufen. Als der Häftling darauf erwiderte, er sei doch nicht verrückt geworden, erhielt er noch einmal 25 Stockhiebe. Als er dann noch nicht bereit war, dem Mordbefehl Folge zu leisten, wurde er von allen 4 SS-Banditen zugleich verprügelt. Dann ließen sie den Häftling 10 Minuten um einen Baum rennen, bis er ganz schwindlig war. Darauf trieben sie ihn an die Postenkette. Gerade als der Kamerad über die Kette laufen wollte, kam ein anderer Häftling hinzu und riß ihn zurück. Darauf holten sich die 4 Sadisten beide Häftlinge zurück in die Bude und prügelten ständig auf sie ein, mit der Erklärung, das Kommando werde erst dann ins Lager einrücken, bis einer von ihnen über die Postenkette gelaufen sei. Der zuletzt gekommene Kamerad beschloß, sich zu opfern, er steckte sich eine Zigarette an und ging ganz langsam über die Postenkette. Beim Überschreiten sagte er zu dem Posten, er solle ihn wenigstens in den Kopf schießen, damit er sofort tot sei. Der sadistische Posten schoß aber den tapferen Kameraden in den Bauch, der unter furchtbaren Schmerzen mit entsetzlichem Schreien 10 Minuten am Boden lag. Dann kam der Kommandoführer und gab mit einem Revolver dem Kameraden den «Gnadenschuß» in den Kopf.

Der Fuhrunternehmer Riedel aus Weimar war Zeuge dieses Mordes und erklärte: «Wenn ich Posten wäre, würde ich täglich 20 abknallen!» Der damalige Lagerarzt Hoven schrieb in die Totenbescheinigung, der Häftling sei aus einer Entfernung von 20 m erschossen worden, obwohl der Kamerad knapp 3 m von seinen Mörder entfernt war.

Im Sommer 1940 wurden regelmäßig beim Steineträger-Kommando der Juden 6 bis 8 jüdische Kameraden über die Postenkette getrieben und erschossen. Der Hauptmörder war der SS-Posten Zepp, der für jeden abgeschossenen Häftling 3 Tage Sonderurlaub erhielt. Zepp hatte mit einigen verbrecherischen Kapos, die ihm die bedauernswerten Opfer zutreiben mußten, einen regelrechten «Vertrag» geschlossen.

Die Zutreiber waren die Kapos Vogel (politisch), Herzog (Fremdenlegionär), Strenzel (Fremdenlegionär) und Groß (jüdischer BVer). Von diesen lebt heute nur noch Strenzel. Vogel und Groß wurden im Lager von ihren Mithäftlingen gerichtet, Herzog wurde nach seiner Entlassung aus dem Lager von einem anderen Häftling, der ihn erkannt hatte, getötet. Diese 4 Kapos erhielten für jedes Opfer, das sie dem Mörder Zepp zutrieben, ein Paket Tabak.

In den Jahren 1940–41 waren unter den Blockführern als besondere Sadisten die Unterscharführer Roscher und Kubitz berüchtigt. Roscher, der bald befördert und Rapportführer wurde, ließ Häftlinge lebendig eingraben und ermordete sie dann mit Spatenschlägen auf den aus der Erde herausragenden Kopf. Außerdem pflegte er bei seinen Gängen durchs Lager sich willkürlich Opfer herauszugreifen, die unglücklichen Häftlinge in den nächsten Waschraum eines Blocks zu bringen und ihnen dort solange den Kopf unter Wasser zu drücken, bis die Häftlinge erstickt waren. Roscher hat auf diese Weise etwa 35 bis 40 Kameraden umgebracht.

Kubitz hat die Gewohnheit, einem Häftling, der ihm auf der Straße begegnete, den Befehl zu geben, sich zu bücken. Darauf schlug K. dem Häftling mit einem Prügel solange ins Genick, bis das Genick gebrochen war. So ermordete er 20 bis 25 Kameraden.

Dem Lagerführer Rödl wurde im Sommer 1940 ein politischer deutscher Häftling wegen Beanstandung eines Briefes vorgeführt. Auf die Frage, von wem der Brief sei, antwortete der Kamerad: «Von meiner Mutter.» Rödl sagte darauf zynisch: «Die alte Sau braucht nicht zu schreiben.» Als der Häftling sich über diese Bemerkung natürlich erregte, zog Rödl seinen Revolver, drängte den Kameraden in eine Zimmerecke und ließ ihn dort von den anwesenden Rapportführern wegen angeblichen «Widerstandes» erschießen.

Im Sommer 1941 wurden 2 Pfarrer aus Maria-Laach in der Eifel nach Buchenwald gebracht, weil sie den Hitlergruß verweigert hatten. Ihre «Bestrafung» sah so aus: Vor dem Bunker wurde auf den Appellplatz ein Stuhl gestellt und auf diesen eine SS-Mütze gelegt. Von morgens früh bis in die Nacht mußten die beiden Pfarrer ständig vor dem Stuhl hin und her gehen und jedesmal beim Vorbeigehen mit dem Hitlergruß grüßen. Für die Blockführer war dies eine besondere Belustigung.

Ein asozialer Häftling aus Berlin wurde März 1942 strafweise zur Gärtnerei versetzt, weil er beim Rauchen während der Arbeitszeit erwischt worden war. Hier mußte er im Laufschritt Erde und Mist tragen, so daß er nach 5 bis 6 Tagen zusammenbrach, vor allem, weil er Holzschuhe und infolgedessen ganz wunde Füße hatte. Der in der Gärtnerei stationierte Rottenführer [Hubert] Krautwurst warf den Zusammengebrochenen in die Kläranlage, die voll von Scheiße war.

Der Häftling wurde wieder herausgezogen und aus einem Gartenschlauch mit kaltem Wasser abgespritzt. Anschließend mußte er wieder im Laufschritt arbeiten, bis er nachmittags gegen 4 Uhr endgültig zusammenbrach. Der Rottenführer stellte seinen Fuß solange auf den Kehlkopf des Zusammengebrochenen, bis der Ärmste erstickt war.

Bekannt war der homosexuelle Sadist Oberscharführer Zöllner unter dem Spitznamen «Tante Anna.» Junge hübsche Häftlinge waren die Opfer seiner Perversitäten. Im Sommer 1942 schloß er sich eines Tages mit einem jungen Asozialen in den Waschraum des Blocks 13 ein. Einige Tage später äußerte dieser Häftling im Gespräch zu einem Kameraden, der Zöllner könne ihm jetzt nichts mehr tun, er brauche sich nur mit ihm in den nächsten Waschraum einzuschließen. Dieses Gespräch wurde von dem SS-Oberscharführer Beyerlein belauscht. Der junge Asoziale wurde schon am nächsten Tage dem Kommando Daasdorf zugeteilt. Am Abend kam er als Leiche zurück: «Auf der Flucht erschossen.»

Ein ebenso homosexueller Sadist war der Kommandoführer Hauptscharführer Greuel; Greuel holte sich gleich morgens nach dem Ausrücken einen Häftling in seine Bude, schenkte ihm 25 Stockhiebe auf den Hintern und sagte dann: «Jetzt schmeckt mir mein Kaffee besser.» Am 22. 8. 42 prügelte er eigenhändig einen Häftling seines Kommandos in die Postenkette. Der Posten Nief erschoß diesen Kameraden noch 3 Meter vor der Postenkette.

Im Februar 1943 kam ein Frauentransport ins Lager. Unter ihnen befand sich eine Ukrainerin, die im siebten Monat schwanger war. Das Gesäß dieser Frau war völlig aufgeschlagen und blutunterlaufen. Nach ihrer Aussage war sie auf dem Transport mißhandelt worden.

Eine besondere Vernichtungsaktion gegen Juden wurde in den Monaten von Mai und Juni 1945 durchgeführt. 15 jüdische Häftlinge, meist ganz junge Menschen, wurden von dem SDG-Hauptscharführer Wilhelm zur «Strafe» abgespritzt, weil sie wegen angeblicher Faulheit bei der Arbeit eine Meldung von ihrem Kommandoführer erhalten hatten. Am meisten war dabei der schon erwähnte Greuel beteiligt.

Beim Abladen von Kies von einem Wagen des Fuhrunternehmers Klawitter, Weimar, klemmte sich sich ein Häftling im Sommer 1943 einen Finger. Als der Fahrer dem Häftling Leukoplast zum Verbinden gab, forderten der Oberscharführer Halder aus Füssen im Allgäu und der Unterscharführer Thamke aus Grünberg i. Schles. den Fahrer Kl. auf, den Häftling lieber vor den Bauch zu treten, anstatt ihm zu helfen. Klawitter gab den SS-Leuten aber die Antwort: «Dafür seid Ihr da, ich bin kein SS-Mann.» Klawitter erhielt deshalb ein 8tägiges Verbot, den Kommandanturbereich wieder zu betreten. Nur weil kein anderer Fuhrunternehmer aufzutreiben war, wurde ihm die Erlaubnis zum Betreten des Kommandanturbereichs wieder erteilt.

Mitte Februar 1945 wurden 5 polnische Kameraden aus dem Bl. 37, in dem damals ich Blockältester war, zur Politischen Abteilung bestellt. Sie kamen niemals mehr ins Lager zurück, sondern wurden, wie ich später feststellte, gehängt. Am nächsten Tag wurde wiederum ein polnischer Kamerad bestellt, dem es ebenso erging.

Als dann einen Tag später ein russischer Kamerad zu demselben Zweck ans Tor bestellt war, ging dieser zum Revier. Dort wurde er unter dem Namen eines soeben verstorbenen russischen Häftlings aufgenommen, während der Name des [an das] Schild bestellten Häftlings als tot gemeldet wurde. Als ich diese Meldung dem Rapportführer Hofschulte machte, sagte der nur: «Da haben wir wieder eine Arbeit gespart!»

Josef Schappe, Düsseldorf

36. Geschichte der Juden in Buchenwald

Die ersten Juden kamen im Frühjahr 1938 nach Buchenwald, zu einer Zeit, als sich das Lager noch wesentlich in den Händen krimineller Häftlinge befand, die sich bedingungslos zu Kreaturen der SS und ihrer Methoden hergaben. Die verhafteten Juden setzten sich nach Alter und sozialer Herkunft aus den verschiedensten Gruppen zusammen und konnten somit den Verfolgungen gegenüber niemals als eine homogene Einheit auftreten. Sie mußten ohne jedes Mobiliar in einem Viehstall kampieren, wo sie von 300 Gramm Brot und 3/4 Liter Wassersuppe täglich zu leben hatten, wobei sie von ihren kriminellen Häftlingsvorgesetzten noch weitgehend betrogen wurden. Ihre Arbeitszeit betrug etwa 14–15 Stunden täglich, an Schlafen war durch die Lebensbedingungen und durch die Schikanen nur an etwa 5 Stunden täglich zu denken. Infolge systematischer Schikanen und Prügeleien, vor allem im Steinbruch, wurden täglich planmäßig 3–4 von ihnen dazu veranlaßt, durch die Postenkette zu laufen, wobei man sie «auf der Flucht» erschoß. Ungerechnet einer geringen Anzahl von ihnen, die entlassen wurden, sind alle bis auf einen Rest von 20, die sich heute noch in Buchenwald befinden, ermordet worden.

Am 23. und 24. September 1938 kamen je 1000 weitere Juden aus dem KL Dachau nach Buchenwald. Unter diesen beiden Transporten war die überwiegende Mehrzahl «aktionsmäßig» nach dem Einmarsch in Wien verhaftet worden. Darüber hinaus befanden sich aber unter ihnen eine ganze Anzahl zum Teil langjähriger Häftlinge, die ihrer antifaschistischen Überzeugung wegen gefangen waren. Da gleichzeitig in den folgenden Wochen und Monaten der planmäßige Kampf der inhaftierten deutschen Antifaschisten seinem ersten Höhenpunkt zutrieb, der um die Jahreswende mit einer Säuberung der Positionen von kriminellen Elementen seinen Abschluß fand, befanden sie sich in einer wesentlich günstigeren Position, die am 30. Januar 1939 dazu führte, daß auf Betreiben der reichsdeutschen Antifaschisten der Kommandant verordnete, daß in Zukunft aus den Reihen der Juden selbst ihre Häftlingsvorgesetzten zu nehmen seien. Auch unter diesen erwiesen sich späterhin eine Reihe als negative und gefährliche Elemente, doch waren sie wesentlich leichter zu eliminieren, als wenn es sich um sogenannte Arier gehandelt hätte.

Am 9. November 1938 wurden durch die sogenannte Rath-Aktion über 12000 Juden ins Lager eingeliefert, bei deren Einmarsch die SS mit Knüppeln und Peitschen bewaffnet in der Straße von Weimar Spalier stand, so daß nur ganz wenige unverletzt das Lager überhaupt erreichten. Durch die Unterbringung dieser Tausenden in 5 Notbaracken, ohne Latrinen, ohne sanitäre Einrichtungen, ohne Strohsäcke und Decken, zu vieren übereinanderliegend, entstand in der ersten Nacht infolge der Mißhandlungen durch die SS, die mit Peitschen und Pistolen die Menschen durcheinander jagte, ein solches Chaos, daß man daraus willkommener Weise eine Meuterei konstruieren konnte. Von einer großen Anzahl, die man an den Händen kreisförmig aneinander fesselte, um dann die Hunde auf sie zu hetzen, wurden 70 in dieser Nacht wahnsinnig. Man warf sie vorläufig in den Holzverschlag, von wo sie nach einiger Zeit gruppenweise in den Arrest überführt wurden, um dort von SS-Oberscharführer Sommer persönlich erschlagen zu werden. Da sich unter diesen 12000 eine verhältnismäßig große Anzahl wohlhabender Geschäftsleute befand, nützte die SS diese Aktion nicht nur zur Befriedigung ihrer Mordlust, sondern auch zur persönlichen Bereicherung bis hinunter zum kleinsten SS-Mann in beinahe unvorstellbarer Weise aus. Durch Lautsprecher wurde verkündet, daß diejenigen bevorzugt entlassen würden, die ihre Autos oder Häuser der Lagerleitung zur Verfügung stellten. Goldsachen und Banknoten kursierten dauernd im Kreise der SS und ihrer kriminellen Helfershelfer. Jeden Tag mußten unter anderen Vorwänden für Zerstörungen, Entschädigungen oder Entlassungsspesen Tausende von Mark gesammelt werden. Als nach einigen Wochen die Aktion durch Massenentlassungen beendet wurde – sie hatte Hunderte von Toten gekostet –, waren Millionenwerte durchs Lager gegangen. Die durch diese Korruption herbeigeführte Zersetzung der SS und ihre engen Geschäftsverbindungen mit den kriminellen Häftlingen trug wesentlich dazu bei, daß der Kommandant Koch in den sauren Apfel biß, die Positionen mit politischen Häftlingen zu besetzen, um auf diese Weise seinen Kommandanturstab wieder in die Hände zu bekommen.

Der Kriegsbeginn 1939 September brachte das Verbot des Kommandanten, in Zukunft noch Juden die Krankenbehandlung zu gewähren, das von den Kameraden des Reviers stillschweigend ignoriert wurde. Als nächste große Massenaktion wurden ca. 2500 meist staatenlose Juden aus Wien und den besetzten Ostgebieten eingeliefert. Sie wurden auf dem Appellplatz hinter Stacheldraht in 5 großen Zelten untergebracht. Alle die Methoden ihrer Behandlung und Verpflegung, die Übernahme dieses Sonderlagers durch die berüchtigten SS-Scharführer Blank und Hinkelmann, sowie häufige Erklärungen von SS-Angehörigen bewiesen, daß sie bis zum letzten Mann liquidiert werden sollten. Es befanden sich unter ihnen ganze Altersheime und Schülerinternate, von denen der Lagerführer Hüttig in meiner Gegenwart kopfschüttelnd erklärte: «Es ist unglaublich, daß man so etwas bis jetzt frei hat herumlaufen lassen.» Anfangs versuchte man die Liquidierungen mit den üblichen Arbeitsmethoden, mit Erschießungen auf der Flucht. Dann ging man dazu über, dieses Sonderlager nicht mehr aus dem Stacheldraht herauszulassen, man gab ihnen nur halbe Essenrationen und ließ sie ohne Unterwäsche und Mäntel solange im Winterwetter auf dem Appellplatz stehen, bis das Tagespensum von 60 Toten erreicht war. Darüber hinaus beschäftigten sich die Scharführer Blank, Hinkelmann und Sommer mit Sondervergnügungen. Unter anderem wurden mehrfach Kessel mit vergiftetem Essen ausgegeben. Von Anfang an führten wir auch hier einen Kampf um die Beendigung dieser Dinge, einen Kampf, der sich naturgemäß auf Grund der Machtverhältnisse nur indirekt gegen die SS, unmittelbar sich aber gegen ihre Häftlingskreaturen richten mußte. Es gelang, den Vorarbeiter der Kolonne, die das Essen zum Sonderlager zu tragen hatten, zu stürzen und an seine Stelle den Kameraden Curt Posener zu setzen, der unter Lebensgefahr wenigstens für einige Kameraden zusätzliche Lebensmittel ins Sonderlager schmuggeln konnte. Die beiden übelsten Kreaturen (Wolff und Rosenbaum) verblieben zwar in ihren Positionen, doch konnten wir den polnischen Kameraden Vulkan als Schreiber einsetzen, der durch seine Aufopferung vielen Menschen das Leben rettete. Im Frühjahr 1940 erreichte der deutsche Antifaschist Walter Krämer (im November 1940 ermordet) als Kapo des Häftlingsreviers durch dauernde Bearbeitung des Standortarztes die Auflösung dieser Mordhöhle mit der Begründung, daß von dort Seuchen ins Lager, in die SS und in die umliegenden Dörfer geschleppt würden. 500, kaum noch lebensfähige Skelette, brachte diese Rettungsaktion ins große Lager.

Inzwischen hatte sich dort nach Kriegsbeginn folgendes ereignet: Am 9. November 1939, dem Tag nach dem Bürgerbräukeller-Attentat wurden sämtliche Juden in ihre verdunkelten Baracken eingeschlossen. Eine Gruppe von SS-Angehörigen, darunter die Scharführer Blank und Jänisch, wählten 21 junge kräftige Männer aus und führten sie in den Steinbruch, wo sie auf der «Flucht» erschossen wurden. Fünf Tage lang verblieben die Übrigen ohne Nahrung in Ungewißheit über ihr weiteres Schicksal in den Blöcken eingeschlossen. Da anschließend das gesamte Lager – weil angeblich ein Schwein gestohlen war – 3 Tage keine Nahrung bekam, hatten diese Maßnahmen besonders schwerwiegende Folgen.

Die Insassen des erwähnten kleinen Lagers wurden geschlossen dem Arbeitskommando Steinbruch bzw. Steineträger überwiesen. (Kommandoführer wieder Blank und Hinkelmann), in denen mit den üblichen Prügeleien und Erschießungen die Blutarbeit zu Ende geführt wurde, was auch zum größten Teil gelang. Die in andauernden Kämpfen erfolgte Ausmerzung einer Reihe von SS-Kreaturen unter den Funktionären des kleinen Lagers bzw. Steinbruchs, führte dazu, daß der damalige Blockälteste von 22, der Berliner jüdische Antifaschist [Rudi] Arndt auf eine Denunziation hin abgelöst und im Steinbruch am 3. Mai 1940 ermordet wurde. Er war neben dem entlassenen Lagerältesten, dem Thüringer Kameraden Ernst Fromhold, der Hauptträger des organisierten Kampfes gegen die SS-Methoden, gewesen. Vierzehn Tage später wurde der oben erwähnte Kamerad Max Vulkan auf dieselbe Weise umgebracht. Ich selbst war vorher Zeuge davon, daß Wolff ihm drohte: «Wenn Du noch einmal etwas über die Vorgänge im kleinen Lager erzählst, sorge ich dafür, daß Du nicht lebendig des Lager verläßt.»

Im Sommer 1940 besuchten der Kommandant Koch, die Lagerführer Schobert und Florstedt, der Lagerarzt und einige andere Angehörige des Kommandanturstabes das Invalidenkommando Strumpfstopferei und jagten sämtliche jüdischen Arbeitsbehinderten in den Steinbruch. Unter den Erschossenen des ersten Arbeitstages befand sich unser österreichischer Kamerad Hans Kunke.

Es muß bemerkt werden, daß neben diesen Spezialaktionen gegen jüdische Gruppen oder Einzelpersonen das Massensterben durch schlechte Behandlung, Hunger, Giftmordversuche der Standortärzte usw. selbstverständlich ganz besonders die Juden traf, da sie unter dem Druck der SS trotz allem Widerstand der antifaschistischen Gruppen immer die schlechtest gestellte Schicht des Lagers waren.

Im Februar 1941 wurden 400 junge niederländische Juden nach Buchenwald gebracht; da die hier erkämpften Lagerverhältnisse ihre Liquidierung nicht in dem von der SS erwünschten Maße zuließen, wurden sie nach kurzer Zeit ins Lager Gusen bei Mauthausen überwiesen und in 3 Wochen bis zum letzten Mann ermordet.

In demselben Jahr ereignet sich der erste Fall des offenen Widerstandsversuchs gegen die SS-Morde. Der Oberscharführer Abraham ertränkte den jüdischen Häftling Hamber in einer Wasserpfütze. Dessen Bruder gab – als Augenzeuge nach der Todesursache befragt – die Wahrheit an. Darauf wurde das gesamte Kommando ans Tor gerufen, doch wagte verständlicher Weise keiner der Übrigen zu sagen, daß er etwas gesehen hätte. Alle Namen wurden notiert. Anschließend wurden alle in ihre Blöcke geschickt. Der Bruder des Ermordeten erklärte mir: «Ich weiß, daß ich für meine Angaben sterben muß, aber vielleicht werden sich diese Verbrecher in Zukunft etwas zurückhalten, wenn sie eine Anzeige befürchten müssen und dann bin ich nicht umsonst gestorben.» Etwa gegen 9 Uhr abends wurde er erneut ans Tor gerufen und kam nach ca. einer halben Stunde zu unserer Überraschung zu uns zurück. Der Kommandant Koch, der Adjutant, die Lagerführer, der Lagerarzt, Rapportführer usw. hatten ihn vernommen; der Kommandant hatte ihm folgendes erklärt: Wir wollen von ihnen die volle Wahrheit wissen. Ich gebe Ihnen mein Ehrenwort, daß Ihnen nichts geschehen wird. Er wiederholte seine bisherigen Angaben nochmals. Gegen 11 Uhr 30 nachts wurde er erneut aus dem Block gerufen, kam in den Arrest und war nach 4 Tagen tot. (Es ist einzuschalten, daß mindestens bis zum Jahre 1942 kein Jude lebendig den Arrestbau verließ, ganz gleich aus welchem Grunde er ihn betreten hatte.) Die 29 listenmäßig erfaßten Juden dieses Arbeitskommandos wurden einer nach dem anderen in den Arrest gebracht, wo sie jeweils nach einigen Tagen starben. Ein einziger, ein ca. 40jähriger Schuster, Löwitus, wurde entlassen, da er als Angehöriger eines der Balkanstaaten nach der SU auswandern konnte, bevor die Reihe an ihn kam.

Für die Vorgänge im Arrest folgende Einzelbeispiele:

Der jüdische Antifaschist Jochen Pickard aus dem Rheinland, der von Dachau wegen politischer Straftaten ins Zuchthaus kam, wurde nach seiner Strafverbüßung ins KL Buchenwald überstellt. Die SS hatte ihm nicht vergessen, daß er jahrelang im KZ alle ihm zur Last gelegten Beschuldigungen abgestritten hatte. Einige Tage nach seiner Ankunft in Buchenwald kam er in den Arrest, den er nicht lebend verließ.

Der sozialdemokratische Präsident des preußischen Landtages, Ernst Heilmann, wurde 1940 ohne Begründung in den Arrest gebracht und war nach kurzer Zeit tot.

Kurt Eisner, der Sohn des gleichnamigen bayrischen Ministerpräsidenten, der schon mehrere Mordversuche durch außerordentliche Kaltblütigkeit glücklich überstanden hatte, wurde als Zeuge in einer nichtpolitischen Bagatellsache eines anderen Häftlings vernommen. Er erklärte dem Lagerführer: «Ich bin seit 10 Jahren Häftling. Sie werden von mir nicht erwarten, daß ich einen anderen Kameraden denunziere.» Er kam im Arrest um.

Im Winter des Jahres 1941 begannen die berüchtigten Versuche auf der Fleckfieberstation. Als erste Opfer wurden 10 Juden ausgesucht. Unter der nächsten Gruppe befanden sich 50 Juden. Dann verhinderte der Rasse-Aberglaube der Nazis die weitere Verwendung von Juden, da deren Blutserum Ariern nicht eingeimpft werden durfte.[8]

Im Frühjahr 1942 wurden ungefähr 400 vom Lagerarzt Dr. Hoven als arbeitsunfähig erklärte jüdische Häftlinge auf einen sogenannten Invalidentransport mit getarntem Ziel geschickt – es war eine Giftgasversuchsanstalt [Bernburg]; über ein Jahr später wurde die Häftlingsschreibstube angewiesen, diese Transporte von jetzt ab als tot zu führen. Hoven erklärte dem Kameraden Weingärtner (Karlsruhe), dem damaligen Kapo des Häftlingskrankenbaus: «Wenns einmal anders herum geht, werden wir beiden dafür gehenkt.» Er wußte nicht, daß dieser, sein scheinbarer Komplize, in Wirklichkeit durch Listenfälschung eine ganze Reihe von Kameraden gerettet hatte. Unsere Hauptaufgabe sahen wir überhaupt darin, soweit wir derartige Dinge nicht verhindern konnten, wenigstens die charakterfesten, sauberen und eventuell widerstandsgewillten Kameraden zu schützen, eine Zielsetzung, die am 11. April 1945 durch den Erfolg ihre Rechtfertigung fand. Der oben erwähnte Transport selbst ging in der Weise vor sich, daß 4 Tage lang, jeden Morgen beim Zählappell drei Lastautos vorfuhren, in die je 30 namentlich verlesene Juden verladen wurden. Am letzten Tag fuhr ein Lastwagen zum Krankenbau, wo die vorgesehenen Kranken, im Hemd und ohne Decken, hinaufgeworfen und weggefahren wurden.

Am 17. Oktober 1942 wurden aus allen Lagern, Zuchthäusern, und Gefängnissen die jüdischen Häftlinge ins Liquidierungslager Auschwitz überführt. Von hier gingen 405 Juden weg. Wir blieben mit 200, als Facharbeiter für Rüstungsbauten reklamierten Kameraden zurück.

Unsere Lage im Lager war jetzt, vorläufig wenigstens, wesentlich verbessert. Einmal hatte der systematische Kampf der illegal organisierten Antifaschisten zur praktisch vollständigen Ausrottung des Antisemitismus geführt und das Gros des Lagers gegen diesen Pestbazillus immun gemacht, zum Zweiten glaubte die SS uns als qualifizierte Arbeiter zu benötigen und mäßigte darum die Verfolgung.

Im Sommer 1943 standen wir vor einer neuen Krise. Die Scharführer Schmidt und Greuel, der Arbeitsdienstführer Simons, der Rapportführer Hofschulte im Zusammenwirken mit Lagerführer Gust, dem Lagerarzt Hoven und dem SDG Wilhelm begannen eine neue Liquidierungs-Aktion. Die beiden Erstgenannten meldeten wahllos eine Reihe von jüdischen Kameraden wegen angeblicher Faulheit bei der Arbeit; Simon und Hofschulte veranlaßten die Auspeitschung bzw. führten diese durch, Gust überführte das Opfer in den Arrest und überwies ihn am nächsten Tag dem Krankenbau, wo die Giftspritze der dort Verantwortlichen den Rest besorgte. Der aufopfernden Arbeit unserer Kameraden im Krankenbau gelang es, einige Opfer zu retten und die Aktion schließlich abzustoppen. Bestechung der zuständigen SS-Banditen spielte hier, wie so häufig, eine Rolle. Aber 15 Kameraden, darunter der tschechische Antifaschist Max Galandauer, haben den Tod gefunden. Die Spannung der damaligen Krise stellte uns zum ersten Male vor die Frage des gewaltsamen Widerstandes, wobei wir uns mit den verantwortlichen Kameraden im Lager darüber klar waren, daß ein allgemeiner Aufstandversuch aussichtlos gewesen wäre und daher nur als Provokation gewirkt hätte. Wir waren aber als die Verantwortlichen der jüdischen Gruppe entschlossen, falls der Versuch, diese Mordserie auf dem im Lager üblichen Wege abzustoppen, gescheitert wäre, lieber in aussichtlosem Kampf zu fallen, als uns wie Schafe Stück um Stück wehrlos abschlachten zu lassen. Damals zeigte sich zum ersten Male die Auswirkung unserer bisherigen Arbeit. Der größte Teil der Buchenwalder Juden hätte diesen Weg mit uns beschritten im Gegensatz zu all den Millionen, die sich kampflos haben abschlachten lassen. Das Warschauer Ghetto bildet bis heute leider immer nur noch eine Ausnahme.

In dieselbe Zeit fiel der ständige, angeblich strafweise Essenentzug für den Judenblock. Die dabei erübrigten Lebensmittel wurden als Zulage an eine Reihe von Kommandos vergeben. Auch hier zeigte sich die Solidarität des Lagers dadurch, daß eine ganze Reihe von Kommandos beschlossen, uns dieses Essen wieder zuzustellen, obwohl sie mit einer Bestrafung zu rechnen hatten, falls dies ruchbar wurde. Vor allem sind hier die Kammern, Lagerschutz und Feuerwehr zu erwähnen, während andere Kommandos, deren Mitgliederbestand nicht so sorgsam im antifaschistischen Sinne hatte aussortiert werden können, wegen der Gefahr des Verrates uns nur durch Einzelaktionen der anständigen Kameraden unterstützen konnten. Zu den erstgenannten Kommandos sind noch Schreibstube, Arbeitsstatistik, Lagerälteste und Kontrolleure hinzuzufügen. Es versteht sich aus dem Vorhergegangenen von selbst, daß alle diese Vorgänge streng geheim bleiben mußten und dadurch dem Gros der Insassen des Kl. Bu. nicht bekannt waren.

Das Jahr 1944 brachte eine Veränderung der Situation durch ankommende Massentransporte von Juden aus dem Osten. Zuerst kamen mit der restlosen Versklavung Ungarns die in Auschwitz als arbeitsfähig ausgewählten männlichen jüdischen Ungarn in Transporten von jeweils 1000 bis 1500 Mann. Außerdem trafen mit dem Vormarsch der Roten Armee mehr und mehr Evakuierungstransporte aus den polnischen Lägern hier ein. Unterbringungsmöglichkeiten waren praktisch für sie ebensowenig vorhanden, wie für Tausende und Abertausende von Nichtjuden, die auf dieselbe Weise geschleppt wurden. Der Lagerführer stellte sich auf dem Standpunkt: «Solange das Tor noch zugeht, ist das Lager nicht überfüllt.» Der rastlosen aufopfernden Arbeit der Häftlingsleitung, vor allem dem Kameraden Hans Eiden, gelang es, Notunterkünfte zuerst in Zelten, später in Notbaracken zu beschaffen, durch mehr oder weniger offenen Diebstahl von SS-Eigentum.

Die ankommenden Massentransporte waren restlos zur Weiterleitung auf Außenkommandos bestimmt, wo sie unter zum Teil grauenhaften Arbeitsbedingungen zu einem mehr oder weniger langsamen Dahinsiechen verurteilt waren, zumal sie keine Führung besaßen, die das Schlimmste hätte abstellen können. Den Kameraden von der Arbeitsstatistik ist es in erster Linie zu verdanken, wenn wir nicht nur die aktiv brauchbarsten Elemente herausziehen, sondern auch noch Hunderte von Kindern und Jugendliche retten konnten, die sonst dem sicheren Tod anheim gefallen wären. Den ungarischen und polnischen Kameraden vor allem, die neben unseren langjährigen Häftlingen freiwillig in den Stubendienst in dem sogenannten Zeltlager gingen, verdanken wir die Möglichkeit, in der kurzen, jeweils zur Verfügung stehenden Zeit – manchmal war ein Transport von 1000 bis 1500 Menschen nur 3–4 Tage im Lager – die Transporte soweit zu sortieren, daß wir sie von den gefährlichsten Nazispitzeln zu befreien und ihnen manchmal sogar eine eigene Führung mitzugeben versuchten.

Eine erfreuliche Ausnahme, die gerade uns mit Stolz erfüllte, war der Evakuierungstransport aus Auschwitz-Monowitz. Hier bestand eine saubere, klar ausgerichtete antifaschistische Häftlingsführung – es waren unsere Buchenwalder Kameraden, die vor 2½ Jahren dorthin verschleppt worden waren. Einer unserer Besten, der österreichische Antifaschist Erich Eisler war allerdings in Auschwitz im Arrest ermordet worden.

Im Herbst 1944 bereits hatten die aus diesen Transporten gespeisten Außenkommandos derart viel arbeitsfähige Männer zu Krüppeln gemacht, daß die sogenannten Invalidentransporte hierher zurückzuströmen begannen, um in Liquidierungslager weitergeleitet zu werden. Die Außenkommandos Magdeburg und Zeiß schickten einmal allein 1500 Todeskandidaten zurück.

Den Bemühungen unserer Kameraden in Revier gelang es, ca. 500 von ihnen von der Liste abzusetzen. Durch die ziemlich offene Sabotage der Arbeitsstatistik und Schreibstube wurden dann noch sogar eine Anzahl hierbehalten, die von der SS listenmäßig zum Transport bestimmt worden waren. Über 900 aber mußten nach Auschwitz in den Tod fahren, unmittelbar bevor die Rote Armee dem Treiben der SS dort ein Ende setzte. Anschließend verlangte der Arbeitseinsatzführer eine Liste der Kinder, um sie in das berüchtigte Lager Bergen-Belsen zu schicken. Wieder gelang es der Arbeitsstatistik die Zahl der Opfer auf 21 zu beschränken, obwohl es sich um mehrere Hunderte handelte. Auch hierbei hatte das Häftlingsrevier, das überhaupt den größten Anteil an allem in Buchenwald Erreichten für sich zu buchen hat, mitgewirkt.

Durch die ständig zunehmende Überfüllung des Lagers hatte die Kontrolle durch die SS nicht mehr die Intensität wie früher. Die Trennung zwischen Juden und Nichtjuden brauchte deswegen im Laufe der Jahre immer weniger durchgeführt zu werden. Im Laufe des Jahres 1944 schlossen sich demgemäß die jüdischen Kameraden mehr oder weniger an ihre zuständigen nationalen Gruppen an.

Die ständigen Niederlagen der Nazis, das Heranrücken der alliierten Befreiungsarmeen ließen eine Sonderaktion der SS gegen die jüdischen Häftlinge nicht mehr erwarten. Da kam am Abend des 4. April 1945 überfallartig der Befehl: «Alle Juden sofort auf Appellplatz antreten.» Keiner von uns zweifelte an dem Sinn dieser Maßnahme. Eine kurze unvorbereitete Besprechung ergab folgendes Bild: Offene Meuterei des gesamten Lagers wäre im Hinblick auf die militärische Situation zweckloser Selbstmord. Durchführung der Befehle aber – was wir einige Wochen vorher nicht hätten umgehen können – wäre im Hinblick auf eben diese Situation Feigheit. Wir gingen daher zur offenen Sabotage über. Es wurde nicht angetreten, auf Anstiften der aktiven Elemente flüchteten Hunderte, wenn nicht Tausende in fremde Baracken zu ihren nichtjüdischen Kameraden, die karteimäßigen Unterlagen in den Blöcken wurden verbrannt, die Schreibstube erklärte es für unmöglich, in kurzer Zeit eine genaue Liste der vorhandenen Juden aufzustellen, der Lagerschutz behauptete, die Juden nicht herausfinden zu können, ganz abgesehen davon, daß er mit hundert Mann nicht 8000 zusammentreiben könne! Die SS schwankte und verschob den Appell zum nächsten Vormittag.

Er endete durch die offene Meuterei der aktiven Elemente unter den Juden und die passive Resistenz der nichtjüdischen Kameraden planmäßig mit einem Fiasko der Absichten der Nazis. Ungefähr die Hälfte, ca. 3000, waren erneut geflüchtet und hatten sich zwischen den anderen versteckt, naturgemäß die Aktivsten und zum Widerstand Entschlossensten. Der ausgegebenen Losung gemäß, sich nicht wehrlos zu ergeben, griff unser Kamerad Kurt Baum aus Herne, ein seit 1935 eingekerkerter Antifaschist, den Scharführer, der ihn in seinem Versteck aufstöberte, mit dem Spaten an und fiel als erstes

Opfer. Aber die Blockführer wurden stutzig. Die Suchaktion wurde nicht fortgesetzt. 3000 jüdische Häftlinge befanden sich illegal im Lager, jeder Überblick durch die SS war damit verloren gegangen. Am nächsten Tag bereits zeigten sich die günstigen Auswirkungen dieser Entwicklung. Das Verstecken der 46 Kameraden, die liquidiert werden sollten, und zu denen die Lagerleitung mich wegen der Sabotage des Judentransportes hinzugesetzt hatte, war wesentlich erleichtert. Die Entwicklung der folgenden Woche gehört nicht hierher, sie betrifft das gesamte Lager. Mit dem Nachmittag des 11. April 1945 schließt dieses Kapitel.

Vorliegender Bericht kann und will selbstverständlich nur den Rahmen für die Entwicklung der Geschichte der Juden in Buchenwald geben. Es können Einzelheiten nur dort angeführt werden, soweit sie besonders charakteristisch sind. Auf der anderen Seite sind die Dinge in ihrer ganzen Bedeutung nur verständlich in dem Zusammenhang der Gesamtgeschichte Buchenwalds. Bei allen angeführten Tatsachen war ich entweder selbst beteiligt oder habe sie von den Beteiligten unmittelbar erfahren.

Die Entwicklung unserer Arbeit und unseres Kampfes hat uns gelehrt, daß es unmöglich gewesen wäre, die in der Freiheit bekannten und anerkannten Gesichtspunkte jüdischen Lebens als Richtlinie des Handelns anzunehmen. Der Kampf gegen die SS für unsere Erhaltung konnte nicht orthodox oder liberal, zionistisch oder sozialistisch geführt werden, es ergab sich von selbst nur eine Möglichkeit: Zusammenschluß aller Widerstandswilligen auf dem Boden des Antifaschismus.

Emil Carlebach, Frankfurt/Main

37. Erinnerungen eines jungen Juden

Sachsenhausen. Mit 17 Jahren kam ich in dieses Lager. Der 7. Januar 1940, ein kalter Wintertag, wird mir aber immer in Erinnerung bleiben. Wir mußten, da nicht für alle Häftlinge Arbeit vorhanden war, in Reih und Glied im Block stehen. Auf einmal kommen 5 Blockführer hereingestürmt: «Was, da rührt sich noch so ein Schwein?» brüllen sie, und schon fliegt ein Schemel nach dem andern um unsere Köpfe. Die vollen Wasserkannen folgen. Da die Türen von SS-Leuten besetzt sind, springt alles voll Angst aus den Fenstern. Draußen stehen weitere Truppen von Blockführern, mit Prügeln bewaffnet, die auf alle einschlagen. Viele liegen schon erschlagen am Boden, man stolpert über die Liegenden, bekommt Prügel, aber schließlich ist doch alles aus dem Block. Dann werden wir im Laufschritt ständig um die Baracken gejagt. Die SS-Leute stellen uns ein Bein, daß wir hinstürzen, schlagen mit Gummiknüppeln und Eisenstangen.

Nach 2 Stunden heißt es auf einmal «Halt!». Trotz der grimmigen Kälte sind wir in Schweiß gebadet Dann müssen wir noch stundenlang in Kniebeuge und mit dem Sachsengruß sitzen. Wehe dem, der umfällt! An diesem Tage hatte unser Block 37 Tote! Diese Aktionen gingen den ganzen Winter hindurch, besonders die Osterfeiertage waren Anlaß zu brutalsten Mißhandlungen.

Dachau. Wegen großer Körperschwäche wurde ich hierher im Jahre 1941 überstellt. Ich arbeitete in der Plantage, um Brachland umzustechen. Unser Vorarbeiter ging die Reihen hinauf und hinunter, um jeden mit einem Schaufelstiel auf den Rücken zu schlagen. Viele laufen, weil sie das Martyrium nicht mehr aushalten, in die Postenkette. Die Toten, zu Boden Geschlagenen und Verwundeten müssen wir abends auf Schubkarren zum Lager bringen.

Buchenwald. Nach verhältnismäßig kurzem Aufenthalt in Dachau ging es hierher. Nur eine Erinnerung will ich darstellen, unsere Quälerei mit dem «Judenlied», das folgendermaßen lautete:[9]

Jahrhunderte haben wir das Volk betrogen,
kein Schwindel war uns je zu groß und stark.
Wir haben geschoben nur, gelogen und betrogen,
sei es mit der Krone oder mit Mark.

Jetzt hat das Paradies ein jähes Ende,
vorbei ist Schmutz und alle Gaunerei
Jetzt müssen unsere verkrümmten Maklerhände
zur ersten echten Arbeit auch herbei.

Wir sind die Kohns, die Isaks und Wolfensteiner,
durch unsere Fratzen allgemein bekannt.
Gibt's eine Rasse, die noch viel gemeiner,
so ist sie sicherlich mit uns verwandt.

Jetzt endlich hat der Deutsche uns durchschauet
und hinter sichern Stacheldraht gebracht.
Uns Volksbetrügern hat es längst davor gegrauet,
was wahr geworden plötzlich über Nacht.
Nun trauern unsere krummen Judennasen,
umsonst ist Haß und Zwietracht ausgesät.
Jetzt gibts kein Stehlen mehr, kein Schlemmen und kein Prassen
Es ist zu spät – – für immer ist es zu spät.

Dieses Lied wurde von einem deutschen Asozialen «verfertigt.» Selbst dem damaligen Lagerführer Rödl war es zu dumm, so daß er es nur zweimal singen ließ und dann verbot. Erst die Lagerführer Florstedt und Plaul holten das Lied aus der Versenkung, und nun hieß es regelmäßig am Schluß des Abendappells «Juden stehenbleiben!» Wenn das übrige Lager abgerückt war, mußten wir noch stundenlang – manchmal bis tief in die Nacht hinein – auf dem Appellplatz stehen und ununterbrochen das Judenlied singen. Wenn ein auswärtiger Besuch zufällig während des Abendappells anwesend war, ließ Florstedt nach dem Appell dem Besuch von «seinen» Juden das Lied vorsingen, wobei er besonders darauf stolz war, daß das KL Buchenwald sein eigenes Judenlied hatte. Daß mancher Sonntagnachmittag, der an sich arbeitsfrei war, mit dem Singen dieses Erzeugnisses deutscher Kultur verbracht werden mußte, versteht sich von selbst. Dieses alles, das vor allem in den Jahren 1941–42 vor sich ging, hörte dann 1943, als man Arbeitskräfte und keine Sänger nötig hatte, wieder auf.

Manfred Langer, Gelsenkirchen.

38. Ermordung Ernst Heilmanns in Buchenwald

Am 25. 9. 1938 wurde Ernst Heilmann, Vorsitzender der preußischem Landtagsfraktion der SPD von Dachau nach Buchenwald überstellt.[10] Er war zuerst in einem Transportkommando, später auf Veranlassung der Lagerführung im Stubendienst tätig.

Von Häftlingsseite wurde gegen Heilmann die Anklage erhoben, er habe durch seinen Antrag im Reichstag die Konzentrationslager in Deutschland veranlaßt. H. erklärte hierzu, er habe im Landtag lediglich die Möglichkeit erörtert, unverbesserliche Berufsverbrecher auf unbestimmte Zeit zu isolieren. Da er auch sonst sich im Block unkameradschaftlich benahm, war er unter den Häftlingen nicht beliebt. Trotzdem ging eine allgemeine Empörung durch die Reihen, als er am 31. März 1940 zum Tor gerufen wurde. Denn jeder wußte, daß dies das Todesurteil bedeutete.

Er kam sofort in den Bunker. Die SS ließ dann im Lager das Gerücht verbreiten, Heilmann habe es gut, er bekomme im Bunker alle möglichen Vorteile. Aber am 4. April wurde er als Leiche zum Krematorium gebracht; Sommer hatte ihn mit Chloralhydrat vergiftet.

Als einziger Jude Buchenwalds wurde Heilmann von der SS aufgebahrt, und die Angehörigen erhielten die Erlaubnis, die Leiche vor der Verbrennung noch einmal zu sehen. Der Lagerführer Rödl, der diesen Mord mit veranlaßt hatte, drückte Frau Heilmann und ihrer Tochter mit den Worten sein Beileid aus, daß der Fall besonders traurig sei, weil H. kurz vor seiner Entlassung gestanden habe.

Gustav Herzog, Wien

39. Die Ermordung der Gebrüder Hamber

Im Frühjahr 1941 ereignete sich der für damalige Verhältnisse alltägliche Fall, daß im Arbeitskommando Truppengarage (Judenkommando) ein Jude, und zwar der Wiener [Philipp] Hamber, von dem Oberscharführer Abraham, einem der schlimmsten Sadisten Buchenwalds, zu Tode mißhandelt wurde. Abraham schlug den Kameraden nieder und warf ihn dann in ein Wasserloch. Hier trat er ihn so lange mit den Füßen auf den Kopf, bis der Kamerad elend ertrunken war. Wie gesagt, das war ein alltäglicher Vorfall; nicht alltäglich allerdings war das Nachspiel.

Der Bruder Hambers nämlich beschwerte sich beim Lagerführer über den Mörder seines Bruders. Darauf wurde der noch überlebende Jude [Eduard] Hamber in den Bunker gesperrt; nach 3 Tagen war auch er tot – von Sommer erschlagen.[11]

Nachdem dieser Zeuge beseitigt war, wollte die SS-Mörderbande ganz sicher gehen. Das gesamte Kommando – 35 Juden – wurde zum Tor gerufen und dort vom Lagerführer Rödl, Rapportführer Strippel und Lagerarzt Eisele zu dem Mordfall vernommen. Die SS-Leute versicherten den Häftlingen, es werde ihnen nichts geschehen. Sie sollten nur die reine Wahrheit sagen. Aber die Häftlinge kannten die Praxis der SS und erklärten samt und sonders, von keinem Mord etwas zu wissen. Trotzdem wurden 3 Tage später 5 Kameraden des Kommandos zum Tor gerufen und kamen in den Bunker. Innerhalb 6 Tagen lebte keiner von ihnen mehr. Schon am übernächsten Tage gingen die nächsten 5 Todesopfer denselben Weg.

Nie werde ich die Blicke der Todeskandidaten vergessen, die auf dem Aufruf zum Tor warteten, und die genau wußten, daß ihr Schicksal unvermeidlich war. Hatte ich doch selbst einen Vetter, Jakob Pelz aus Emden, unter ihnen, auch er wurde eines Tages gerufen und kam nur als Leiche aus dem Arrest. Innerhalb von 3 Wochen war das ganze Kommando von 35 unbequemen Zeugen auf diese fürchterliche Weise liquidiert. Aber wir Überlebenden können für diese entsetzlichen Verbrechen zeugen.

Herbert Mindus, Hamburg

40. Die Situation der Homosexuellen im Konzentrationslager Buchenwald

Die in der Geschichte oft erprobte und auf kurze Sicht auch erfolgreiche Methode, in kritischen Zeiten innere Spannungen durch Unterdrückung politisch ohnmächtiger Minderheiten abzulenken, wurde von dem nationalsozialistischen System in einer ähnlichen Art angewandt, wie Kriminelle sich eines Tricks, mit dem sie einmal Erfolg hatten, immer wieder bedienen. Am fürchterlichsten kam dies zweifellos in der «Lösung der Judenfrage» zum Ausdruck. In kleineren und die Öffentlichkeit weniger berührendem Maße ging man aber genau so barbarisch und zweckbewußt gegen die Homosexuellen vor.

Es war in diesem Falle noch leichter, bestehende und verständliche Vorurteile auszunutzen. Schon das Herausziehen dieser Menschen aus ihrer durch die gesellschaftliche Verfemung bedingten Tarnung bedeutete eine

Diffamierung, wieviel mehr noch die sichtbare Brandmarkung als besonders Gezeichnete in den Konzentrationslagern, wo sie das gegebene Objekt zur Ausbeutung, Beleidigung und Mißhandlung waren.

Die sehr verschiedenrangige Zusammensetzung dieser Kategorie, in der sich neben wertvollen Menschen eine große Menge ausgesprochen krimineller Erpresserexistenzen befanden, machte ihre Lage noch schwieriger. Sich durch persönliche Beziehungen oft zweifelhafter Art Erleichterungen zu verschaffen, war nur den durch Bedenken weniger Gehemmten unter ihnen gegeben, die wertvolleren dagegen gingen fast alle zugrunde.

Auf Grund der allgemeinen Einstellung war es der Gestapo natürlich ein Leichtes, Politische, denen nicht anders beizukommen war – z. B. auch katholische Geistliche – mit diesen Brandmal zu versehen und unmöglich zu machen. Wie es bei den als Juden im KL bezeichneten Häftlingen sehr oft vorkam, daß ein jüdischer Großelternteil genügte, einen vom Gesetz als Mischling 2. Grades anerkannten Menschen zum Volljuden zu stempeln und ihn so allen Gefahren auszusetzen, so genügte schon der Verdacht der Homosexualität, einen Gefangenen im Lager als Homosexuellen zu deklarieren und ihn so der Verunglimpfung, dem allgemeinen Mißtrauen und der größten Lebensgefahr preiszugeben.

Bemerkt muß werden, daß bei den im Lager bekannt gewordenen Fällen von Homosexualität die als homosexuell Erklärten aus begreiflichen Gründen eine verhältnismäßig geringe Rolle spielten. Die Tatsache, daß sie bei dem kleinsten derartigen Vergehen mit einer gefährlichen Verschärfung zu rechnen hatten, zwang sie zur Zurückhaltung, außerdem kamen sie als offen Gezeichnete nicht in Frage für Verhältnisse, die noch viel mehr als außerhalb des Lagers der Tarnung bedurften, da eine Entdeckung zeitweise den sicheren Tod bedeutete. Ein weiterer Grund war auch ihre Isolierung in einem mit Stacheldraht umzäunten Block und in geschlossenem Arbeitskommando. Jedoch bot gerade diese Isolierung gewissenlosen Kreaturen, die über sie eine Macht ausüben konnten, die Gelegenheit zu schamloser Erpressung, Mißhandlung und Vergewaltigung.

Bis zum Herbst 1938 waren die Homosexuellen auf die politischen Blocks aufgeteilt, wo sie ein ziemlich unbeachtetes Leben führten. Im Oktober 1938 kamen sie geschlossen in die Strafkompanie und mußten im Steinbruch arbeiten, während ihnen vorher alle anderen Kommandos offen standen. Während bis auf wenige aktenmäßig Zugeteilte jeder Angehörige der Strafkompanie die Aussicht hatte, nach einer gewissen Zeit in einen normalen Block verlegt und dadurch in bedeutend bessere Lebens- und Arbeitsbedingungen versetzt zu werden, bestand für die Homosexuellen diese Möglichkeit nie. Sie waren somit gerade in den schwersten Jahren die niedrigste Kaste des Lagers. Bei Transporten in ausgesprochene Vernichtungslager wie Mauthausen, Natzweiler und Groß-Rosen stellten sie im Verhältnis zu ihrer Anzahl den höchsten Prozentsatz, da das Lager immer die verständliche Tendenz hatte, weniger wichtige und wertvolle oder als nicht wertvoll angesehene

Teile abzuschieben. Zwar brachte der verstärkte Arbeitseinsatz in der Kriegsindustrie auch dieser Häftlingsart eine Erleichterung, da der Mangel an Arbeitskräften zwang, auch aus den Reihen dieser Menschen Fachkräfte heranzuziehen, aber noch im Januar 1944 kamen die Homosexuellen bis auf ganz wenige Ausnahmen in das Mordlager «Dora», wo viele von ihnen den Tod fangen.

Einige markante Schicksale von Homosexuellen im KL Buchenwald mögen einen gewissen Einblick in die Verhältnisse gewähren.

L. Adloff, Bibliothekar an der Staatsbibliothek in Berlin, Mitarbeiter der linksgerichteten Zeitschrift *«Die Weltbühne»*, wurde im Jahre 1938 als politisch verdächtig verhaftet, außerdem stand er unter dem Verdacht der Homosexualität. Im Sommer 1938 wurde er als Politischer in das KL Buchenwald eingeliefert. Als im Oktober 1938 alle Homosexuellen und auch die, welche unter Verdacht standen, in die Strafkompanie kamen, wurde er mit dem Zeichen der Homosexuellen, einem rosa Winkel versehen und mußte im Steinbruch arbeiten. Im Januar 1939 kam er in das KL Mauthausen, wo fürchterliche Zustände herrschten, erlitt im dortigen Steinbruch eine Beinverletzung, die sich zu einer riesigen Phlegmone entwickelte, und wurde noch im gleichen Jahr als Invalide nach dem KL Dachau abgeschoben. Nach schweren Mißhandlungen durch den Dachauer Revierkapo, den sogenannten «Heiden-Sepp», kam er im Jahre 1940 als Invalide nach KL Buchenwald, ging von hier wieder als Invalide zurück nach Dachau, um dann im Herbst 1941 wieder nach Buchenwald zu kommen, um hier endgültig zu bleiben und zu sterben. Diese dauernden Verschiebungen abgewrackter Menschen hatten das Ergebnis, daß sie bei jeder Überstellung in andere Verhältnisse wie die Fliegen wegstarben. Von Dachau brachte er 1941 eine Strafe für irgendein nichtiges Vorkommnis mit und erhielt in Buchenwald, trotzdem er in Dachau schon bestraft worden war, noch zweimal 25 Peitschenhiebe und einige Wochen Arrest. Der Bunker war damals eine absolut tödliche Angelegenheit; er war im Block schon längst als tot abgeschrieben worden, seine Rückkehr war das reine Wunder. Inzwischen hatte sich die Phlegmone am Bein, die nie ausgeheilt war, derart entwickelt, daß eine schwere Schädigung des Herzens entstand. Da er von Natur ein kräftiger Mensch war und über eine enorme Willenskraft verfügte, schleppte er sich noch monatelang dahin, bis im April 1943 eine hinzutretende Rippenfellentzündung seinem Leben ein Ende bereitete.

Ein Berliner Schriftsteller Dähnke kam im Frühjahr 1942 als Homosexueller in das Lager. Der Hauptgrund seiner Einlieferung waren aber politische Äußerungen, durch die er die Aufmerksamkeit der Gestapo auf sich gezogen hatte. Nachdem er einige Monate im Steinbruch gearbeitet hatte, wurde er eines Morgens von einem Stubendienst in das Revier gebracht und dem Lagerarzt als Tbc-Kranker vorgestellt. Tatsächlich litt er unter Brustbeschwerden. Der Lagerarzt wollte ihn zunächst in die Tbc-Abteilung zur Behandlung aufnehmen, als aber D. in Unkenntnis der Lager davon sprach, er sei eigentlich aus politischen Gründen hier, wurde der Arzt aufmerksam, merkte, daß er einen Homosexuellen vor sich hatte und ließ ihn in den Saal aufnehmen, der für Todeskandidaten reserviert war. Zwei Tage später erhielt er die tödliche Spritze.

H. D., kaufmännischer Angestellter, geboren 1915, wurde am 20.4. 1938 wegen illegaler Ausreise nach Prag verhaftet Er hatte versucht, sich in Prag mit dem russischen Konsulat in Verbindung zu setzen, um aus Deutschland wegzukommen; die Gestapo vermutete in ihm einen illegalen kommunistischen Kurier. Gleichzeitig verhaftete man seinen Freund, mit dem er in vertrautem Verkehr gestanden hatte, und preßte diesen zu Geständnissen. Die Anklage wegen Hochverrats mußte fallen gelassen werden, da man D. nichts nachweisen konnte und nichts aus ihm herausbrachte. So erhielt er nur wegen widernatürlicher Unzucht 3½ Jahre Zuchthaus. Im November 1941 kam er nach verbüßter Strafe nach Buchenwald.

Der erste Eindruck, den er hatte, waren die Leichen verschiedener Verstorbener der Strafkompanie, die man wie Mehlsäcke vor die Tür warf. Außerdem hatte sich an dem gleichen Abend ein junger Homosexueller erhängt, alles aß ruhig weiter, kein Mensch kehrte sich daran. Noch am gleichen Abend klärte ihn ein schon längere Zeit Einsitzender auf, er müsse im Steinbruch arbeiten, der Kapo sei ein fürchterlicher Mensch, vor allem Leute mit § 176 (Verkehr mit Minderjährigen) seien absolut verloren, er solle vorsichtig sein, es habe aber auch keinen Zweck, etwas zu verschweigen. Nach einer qualvollen schlaflosen Nacht beschloß D., allen Eventualitäten zuvorzukommen, sprach den Kapo an, es sei ihm das und das erzählt worden, er wolle sich nicht aufhängen und bäte ihn um Rat, was er machen solle. Er erreichte damit das pure Gegenteil von dem, was er hatte erreichen wollen. Der Kapo namens Herzog war ein früherer Fremdenlegionär, äußerst brutal, anscheinend homosexuell sadistisch und hatte eine unheimliche Neigung zu Blutrausch; wenn ein Mann von ihm blutig geschlagen wurde, war er verloren. Herzog wollte mit aller Gewalt wissen, wer ihm das erzählt habe, und bedrohte ihn schwer. Da D. aber merkte, daß sein Leidensgenosse dann verloren gewesen wäre, gab er den Namen seines Warners nicht preis. Am anderen Tag kam er im Steinbruch an die Lore, eine anstrengende und gefährliche Arbeit. Wer nicht mehr konnte, wurde kurzerhand in die Lore geworfen und auf einem Steinhaufen herausgekippt. Entweder trat sie Herzog gleich tot, oder er goß ihnen solange Wasser in den Hals, bis sie erstickten. Erholte sich einer bei der Prozedur, galt er als Simulant und wurde aus diesem Grund von Herzog zusammengetreten. Trotzdem D. jung und kräftig war, strengte ihn die Arbeit so an, daß ihn nur der Arbeitschluß vor dem Zusammenbrechen rettete. Am anderen Morgen nahm ihn der Freund, der ihn gewarnt hatte, aus Dankbarkeit für sein Schweigen in einen anderen Teil des Steinbruchs mit, wo die Arbeit etwas leichter war und wo er für die nächsten Wochen aus dem Blickfeld des Kapos gerückt war. Nach etwa 3 Wochen erinnerte sich jedoch Herzog seiner wieder, forderte von ihm erneut dem Namen und stellte ihm ein Ultimatum: zu einer bestimmten Stunde wolle er ihn über die Kette der wachhabenden Posten jagen. D. wußte, daß dies blutiger Ernst war und war auf alles gefaßt. Seine Rettung war das reine Wunder, eine Stunde vor der festgesetzten Zeit wurde Herzog zum Tor gerufen und ganz unvermutet aus dem Lager entlassen. (Es wurde später im Lager erzählt, er sei in seiner Heimat erstochen worden.)

Am 4. 1. 42 kam D. in die Fleckfieberversuchsstation, wo junge Homosexuelle mit Vorliebe als Versuchstiere verwandt wurden. Er überstand die Krankheit gut, hatte allerdings in der Folge ein Herzbeschwerden zu leiden. Am 15. 7. 42 kam er aus der Station wieder heraus mit der Bestimmung, im Steinbruch leichte Arbeit zu leisten, im Block waren inzwischen wüste Verhältnisse eingerissen, durch die Abgeschlossenheit vom anderen Lager begünstigt und vor der SS eher unterstützt als kontrolliert, terrorisierten einige Banditen die Belegschaft aufs äußerste, bestahlen die Leute um die Pakete, die sie ab Winter 1941 auch erhalten durften und feierten wahre Orgien an Rohheit und schamlosestem Sadismus. Sexueller Mißbrauch und grausamster Totschlag waren an der Tagesordnung. Der immer noch tobende Kampf zwischen den Politischen und den Grünen, die sich der Herrschaft bemächtigen wollten, band den Roten vorläufig noch die Hände. Und erst nach Monaten gelang es, den Augiasstall auszumisten, was dadurch erleichtert wurde, daß sich die Burschen zum Teil gegenseitig ins Jenseits beförderten. Ein Ereignis, das D. schildert, beleuchtet die Verhältnisse. Die Strafkompanie durfte nicht rauchen. Die Leute in der Fleckfieberstation hatten aber Einkauf wie alle anderen, also auch Einkauf von Rauchwaren. Da sie in der Fleckfieberstation auch nicht hatten rauchen dürfen, besaß natürlich jeder einen kleinen Vorrat an Tabak und Zigaretten. Das erste, was der Blockälteste, ein früherer SS-Mann, tat, war daß er die Zurückkehrenden aufforderte, ihre Rauchwaren an ihn abzuliefern. Als sie einen Augenblick zögerten, griff er sich einen heraus, zog ihn über einen Tisch und zählte ihm 25 auf, worauf Tabak und Zigaretten sehr schnell in seine Tasche wanderten.

Die Methoden der Liquidierung hatten sich inzwischen etwas geändert. Bis Anfang 1942 war zweifellos in der Politischen Abteilung eine Sortierung der Neuzugänge vorgenommen worden. Die Leute, vor allem Homosexuelle mit § 176, wurden wenige Tage nach ihrer Ankunft zum Tor bestellt und wanderten in den Bunker. Einige Tage später kam die Todesmeldung. Seit Frühjahr 1942 hörten die Morde im Bunker auf. Dafür bediente sich der 2. Lagerführer Gust des nunmehrigen willfährigen Steinbruchskapos Müller, allgemein genannt der «Waldmüller», besuchte ihn fast täglich, gab ihm die Hand, regalierte ihn mit Zigaretten und gab ihm zweifellos Anweisungen. Die Zahl der «auf der Flucht Erschossenen» war während des Sommers 1942 erschreckend. Pro forma sah man sich genötigt, vertrauenswürdige Häftlinge des Steinbruchs als Posten aufzustellen, um die Leute zurückzuhalten. D., der sich durch seine menschlichen Qualitäten von anderen abhob, wurde mit zum Posten bestimmt und erlebte hierbei greuliche Szenen.

Müller war ein Mensch, der durch seine Machtposition völlig verdorben worden war, und hatte sich, ein haltloser Charakter, der er war, zum schamlosesten Sadisten entwickelt. Er entging bei der späteren, bereits erwähnten Säuberung der Strafkompanie gerade noch seinem Schicksal und ging mit mehreren seiner Kumpane dann in ein Außenkommando im Rheinland, wo er von seinen eigenen Spießgesellen aufgehängt wurde. Alte, Schwache, Leute mit Verbänden und strafweise ihm Zugewiesene trieb er über die Kette oder brachte sie selbst auf die bestialischste Weise um. D. stand unglücklicherweise an einer Stelle, die Müller mit Vorliebe zu seinen Maßnahmen benutzte. D. wurde von ihm strengsten zum Schweigen verpflichtet, ein Wort hätte damals seinen sicheren Tod bedeutet. Die Posten waren meistens sogenannte Volksdeutsche (Kroaten, Rumänen), aber auch viele Ukrainer. Zwischen dem Kapo und den Posten bestanden feste Vereinbarungen; gegen Tabak und Priem (Kautabak) lieferte Müller die nötigen Opfer. Tag für Tag ging mindestens 1 Häftling über die Kette, manchmal sogar 2. D. zählte innerhalb kurzer Zeit 30 Opfer. Der Wechsel der Posten war morgens um 9 Uhr. So wurde denn vereinbart, daß 1 Häftling vor 9 Uhr und 1 Häftling nach 9 Uhr geliefert wurde, die Posten entschieden dann untereinander, wer zum Schuß und damit zu Urlaub und Prämie kommen dürfe.

Die Methode war verschieden. Entweder folterte Müller das Opfer derart, daß es freiwillig durch die Kette lief, oder er schickte den Häftling zum Reisig suchen hinüber, oder er brachte einen müde getriebenen Menschen, sagte ihm, er könne sich dort drüben zum Schlafen hinlegen, bat den Posten, ihn passieren zu lassen, und schickte den Ahnungslosen hinüber. Nach einigen Schritten schoß ihn dann der Posten zusammen. Nach der Erschießung kam eine SS-Kommission, sie bestand aus dem Adjutanten oder seinem Vertreter, einem Lagerarzt und einem Dritten. Sie stellten die Tatsache fest, daß wieder einer im Schweinsgalopp habe davonlaufen wollen, und D. mußte als Zeuge dienen.

Einmal ereignete es sich, daß, während noch die Kommission da war, sich schon wieder ein Häftling näherte und zögernd hinter einem Busch stehen blieb. Einer der SS-Leute ging auf ihn zu und fragte, was er wolle. Als der Häftling antwortete, er wolle sich erschießen lassen, sagte der SS-Mann: «Warte noch ein paar Minuten!» Die Kommission fuhr dann auf ihrem Motorrad ein Stückchen weg, der Häftling wurde erschossen, die Kommission fuhr wieder zurück und stellte den neuen Fluchtversuch sachlich und klar fest.

Man kann in diesem Falle der SS den praktischen Sinn nicht absprechen. Der damalige Kommandoführer des Steinbruchs war ein Scharführer Höber, der natürlich gegen diese Praktiken gar nichts einzuwenden hatte. Einen besonders schrecklichen Mord sah D. an der gleichen Stelle. Ein jüdischer Neuzugang, ein wohlgenährter Mann, der aus guten Kreisen zu stammen schien, wurde von Höber dem Kapo überantwortet Müller machte es scheinbar Spaß, einmal ein gutgenährtes Opfer aus einer höheren Gesellschaftsklasse zu haben. Nach schrecklichen Quälereien vor den Augen des D. zwang Müller den Mann, sich an seinem eigenen Hosenträger aufzuhängen. Als der Hosenträger riß, brachte er den inzwischen besinnunglos Gewordenen wieder zum Bewußtsein, zwang ihn, den Hosenträger zusammenzuknüpfen und sich erneut aufzuhängen. Nachdem der Tod endlich eingetreten war, öffnete Müller dem Toten die Hose, um die letzte Erektion festzustellen, und zeigte das Kuriosum unter schmutzigen Reden den neugierig herzudrängenden Posten.

Die widerlichen Einzelheiten all dieser Greueltaten werden mit Absicht in diesem Falle so ausführlich geschildert, nicht um die Sensationslust zu befriedigen, sondern um zu zeigen, in welchem Maße es dem nationalsozialistischen System gelungen ist, Menschen zu einer Bestialität zu erziehen, die nur noch als pathologisch gewertet werden kann und in normalen Verhältnissen unvorstellbar ist. Drei Fähigkeiten waren für einen Menschen, der in diese Hölle kam, Grundvoraussetzung, um einigermaßen heil das Konzentrationslager zu überstehen: eine eiserne Gesundheit, ein klares Hirn und ein fester Charakter. Viele sind dieser körperlichen und seelischen Vergiftung zum Opfer gefallen, wenige haben diese Feuerprobe völlig intakt überstanden. Aber selbst in solchen Fällen, wo Menschen auf eine Stufe sanken, die man nicht tierisch nennen darf, um das Tier nicht zu beleidigen, muß man sagen: auch sie waren Opfer eines Systems, das zugunsten einer schmarotzenden Schicht hinter der Maske einer alten Kultur eine Schule der Verderbnis darstellte, die in der Geschichte ihresgleichen sucht.

Im Herbst 1942 hörten diese Erschießungen im Steinbruch auf. Der erhöhte Arbeitseinsatz von Häftlingen zwang die SS, ein wenig sparsamer mit ihrem «Menschenmaterial» umzugehen, außerdem war es den Ordnungskräften im Lager endlich gelungen, der SS ihre Mordwerkzeuge aus der Hand zu schlagen. Es gelang D. später, als die Verhältnisse sich etwas lokkerten, in ein besonderes Kommando zu kommen, durch sein einwandfreies Verhalten sich im Lager zu halten und das Lager zu überstehen, so daß er als einer der wenigen überlebenden Kronzeugen erhalten geblieben ist.

Ferdinand Römhild, Waldecker-Oberroden

41. Leiden der Bibelforscher

Nach der Machtübernahme durch den Nationalsozialismus erfolgte bald das Verbot der Internationalen Bibelforscher Vereinigung.

Die größte Verhaftungswelle begann im Frühjahr 1936, nachdem bereits im Herbst 1934 die Leiter in Magdeburg verhaftet worden waren. Auf Grund einer Verordnung des Innenministeriums v. Juni 1937 wurden alle Bibelforscher in die verschiedenen Lager überführt. Bis zum Herbst 1937 war die Zahl der Bibelforscher in Buchenwald auf ca. 270 gestiegen, während im Herbst 1938 der Höchststand von 450 erreicht wurde.[12]

Unmenschliche und schimpfliche Behandlung ist das Los dieser Menschen gewesen; die härtesten Arbeiten wurden ihnen aufgehalst. Im August 1937 wurde die Strafkompanie zusammengestellt, die erst im Jahre 1944 aufgelöst wurde; sämtliche Bibelforscher außer einigen Spezialarbeitern wurden in sie eingereiht.

Am 6. 9. 1938 bot sich den Bibelforschern die Gelegenheit, durch Unterschrift ihre Freiheit zu erkaufen, wenn sie den Staat anerkennen und von ihrem Glauben ablassen wollten. Mit Ausnahme einiger weniger wurde dieser Antrag des Lagerführers abgelehnt. Jetzt setzte erst recht die Mißhandlung und der Druck ein, um uns mürbe zu machen.

Von Anfang März bis Dezember 1938 wurde Briefpost- und Einkaufssperre über uns verhängt. Nach Ablauf dieser Zeit wurde nur gestattet, monatlich einen Brief mit 25 Worten Inhalt an die Angehörigen zu senden.

Am ersten Ostertag 1939 wurde ein weiterer Versuch von Seiten des Rapportführers gemacht, uns zu überreden, Staat und Führer anzuerkennen. Schmeichelnamen wie «Himmelskomiker», «Bibelwürmer» waren an der Tagesordnung. Der Erfolg war gleich Null. Pfingsten 1939 mußte der gesamte Bibelforscher-Block auf dem Appellplatz antreten. Nach einer Ansprache von Untersturmführer Hackmann begann ein furchtbares Exerzieren in zwei Abteilungen. Es gab ein Rollen, Hüpfen, Kriechen, Laufen; eine Stunde und 15 Minuten hielt diese Prozedur an, während die Blockführer mit Stiefelabsätzen und Stöcken nachhalfen. – Nach Ausbruch des Weltkrieges wurden sämtliche Bibelforscher am 6. 9. 39 ans Tor gerufen. Der 1. Lagerführer Rödl erkärte: «Ihr wißt, der Krieg ist ausgebrochen, das deutsche Volk ist in Gefahr. Neue Gesetze treten in Kraft. Wenn ihr euch weigert, gegen Frankreich oder England zu kämpfen, dann müßt ihr sterben!» Zwei Kompanien Wachtruppen in voller Ausrüstung standen am Tor. Es gab auch nicht einen, der auf die Anfrage des Lagerführers sich bereit erklärte, für Deutschland zu kämpfen. Nach einer Weile Schweigen kam plötzlich der Befehl: «Hände hoch! Taschen ausleeren!» Dann fielen diese Weltbeglücker und Vertreter des Reiches der Gerechtigkeit und Friedens über uns her und nahmen uns den letzten Pfennig weg.

Bei einer Inspektion der Innenkommandos durch den Lagerführer wurden sämtliche Bibelforscher herangezogen und in den Steinbruch geschickt, trotzdem sie zu 90 % Kriegsbeschädigte waren. Es gab während dieser Zeit keine Revierbehandlung für Bibelforscher. Nur der Glaube an die gerechte göttliche Vergeltung hat uns getragen und erhalten.

Bibelforscher wurden 1940 zu Kalfaktorposten herangezogen. Zwei Bibelforscher wurden Mitte Oktober 1941 in den Bunker gesperrt; man klagte sie an, Greuelmärchen im Lager verbreitet zu haben. Elf Wochen saßen sie schuldlos im Bunker. Es bestand die Absicht, die beiden zu beseitigen, weil sie etwas von der «schwarzen Kasse» wußten, aus welcher der damalige Kommandant Koch seine Ausgaben bestritt.

Am 11.1.42 wurden wiederum alle Bibelforscher ans Tor gerufen, weil sie sich einmütig geweigert hatten, sich an der Wollspende für die deutschen Truppen an der Ostfront zu beteiligen. Das Urteil des Rapportführers lautete wie folgt: «Ihr Staatsverbrecher, ihr Himmelshunde, heute werdet ihr unter freiem Himmel (es waren 20 Grad Kälte) bis Einbruch der Dunkelheit arbeiten. Sämtliche Unterkleidung wird sofort ausgezogen!» Was dann auch geschah. Als der Block am Abend einrückte, mußten sämtliche Lederschuhe abgegeben und dafür Holzschuhe eingetauscht werden.

Am 15. Februar wurde der gesamte Block wiederum ans Tor gerufen, wo der Rapportführer eine regelrechte Anklageschrift vorlas: «20 Bibelforscher werden der Rebellion angeklagt wegen Nichtbeachtung der Lagerordnung, Bestechung des Blockältesten, Ausschalten des Radios bei Ansprachen des Vertreters der Reichsregierung.» In 20 cm hohem Pulverschnee begann jetzt der Wintersport, der erst endete, nachdem alle dampften und total ermattet waren.

Während dieser Zeit wurden die Gustloff-Werke eröffnet. Es folgten furchtbare Torturen für Bibelforscher, die sich weigerten, in irgendeiner Form den Kampf der Achsenmächte zu unterstützen. Weil einige aus Angst vor Schlägen oder dem Tod unter Druck derartige Arbeiten verrichteten, wurden sie kurzerhand aus unserer Gemeinschaft ausgeschlossen.

Als mit Beginn des Jahres 1943 überall in Deutschland eine erneute Aktivität der Bibelforscher einsetzte, wurden Tausende in Essen, Berlin, München vor den Volksgerichtshof gestellt. Dies wirkte sich für die Bibelforscher in den einzelnen Lagern dahin aus, daß sie als geschlossener Block Mitte November 1943 aufgelöst und auf alle Blöcke verteilt wurden. – Mitte April 1944 wurden einige Bibelforscher in den Bunker gesperrt und die Anklage erhoben, im Lager Gruppenbildungen durchgeführt zu haben. Der Anschlag wurde vereitelt.

Mit dem Mai 1944 kamen Vertreter der Gestapo nach Buchenwald. Sämtliche Bibelforscher wurden auf dem Appellplatz einer gründlichen Leibesvisitation nach staatsfeindlichen Schriften unterzogen, desgleichen durchstöberte man ihre Arbeitsplätze. Der Besuch war ohne Erfolg.

Die angekündigten göttlichen Gerichte vollziehen sich jetzt an der Organisation der nazi-faschistischen Greuel.

[ohne Unterschrift]

42. Wie Bibelforscher behandelt wurden

Ich kam am 12. Januar 1939 ohne Gerichtsverhandlung nach Buchenwald. Bei der Einlieferung legte mir der Scharführer Jung in der Politischen Abteilung die Frage vor, ob ich noch an Gott Jehovah glaube. Als ich bejahte, wurde ich von ihm verprügelt und getreten, so daß ich mich kaum noch aufrecht halten konnte. Drei Zähne wurden mir zertrümmert und das linke

Trommelfell zerschlagen. Ich wurde sofort auf drei Monate in die Strafkompanie gesteckt, wo der damalige Blockälteste Paul Weitz wie ein Berserker wütete. Ich hatte jedoch das Glück, von seinen Wutanfällen verschont zu bleiben. Die Arbeit war entsetzlich schwer. Mit Tragen, die oft mit mehr wie $1^1/_2$ Zentner beladen waren, mußten wir Laufschritt machen und wurden dabei noch mit Knüppeln angetrieben. Wir arbeiteten so von früh bis abends, auch an Sonntagen. Wenn für die andern Häftlinge Sonntag mittags Arbeitsschluß war, mußte die Strafkompanie bis abends 7 oder 8 Uhr auf dem Appellplatz stehen und bekam nichts zu essen.

Nach Ablauf von drei Monaten kam ich in die Malerwerkstatt und wurde aus der Strafkompanie entlassen. Seit dieser Zeit habe ich persönlich nichts mehr erlitten.

Karl Siebeneichler, Leipzig

Kapitel IV
Die Arbeitskommandos

43. Die Gerätekammer

Für die Einrichtungen der Häftlings- und SS-Unterkünfte, ihre Versorgung mit Heizmaterial und sonstigen Bedarfsartikeln zur Sauberhaltung usw., war die Gerätekammer zuständig. Erwähnt sei, daß die SS-Führer und -Unterführer samt und sonders alles, was auf der Gerätekammer war, direkt oder durch Tauschhandel zur persönlichen Bereicherung für geeignet hielten und benutzten. In der im Aufbau befindlichen Verwaltung, also auch in der Gerätekammer, führte die Ausnützung der Positionen durch BVer zu dunklen Geschäften übelster Art zu ihrer baldigen Ablösung und Ersetzung durch politische Häftlinge. Die im Jahre 1938 erfolgte Maßenverschleppung von Juden nach Buchenwald (Rath-Aktion) wurde von dem damaligen Kommandoführer der Gerätekammer [Paul] Bayer ausgenutzt, indem er die Juden zwang, Eßnäpfe, Trinkbecher, Löffel usw. zu teuren Preisen zu kaufen. Immerhin führte dies zu der Möglichkeit, daß durch Häftlinge der Gerätekammer die Geräte auch ohne Geld unter die Häftlinge gebracht werden konnten.

Die Verschleppung mehrerer tausend Polen im Herbst 1939 nach Buchenwald, ihre grausame Behandlung, Hunger und Kälte, ihre Unterbringung in Zelten und ungeheizten Baracken, brachten sie dazu, daß sie eine große Anzahl Decken zerrissen und notdürftig zu Jacken und Westen umarbeiteten. Das mußte, wenigstens teilweise, verschleiert werden; was nicht zu verbergen war, konnte bei der SS mit Geld abgegolten werden. Nicht immer wurde das von den Betroffenen richtig verstanden.

In Herbst 1941 kamen die ersten 2000 Sowjet-Kriegsgefangenen nach Buchenwald. Abgesehen davon, daß das ganze Lager einen Tag nichts zu essen bekam, weil wir sie als unsere Freunde empfingen, entstand daraus für uns eine neue Aufgabe. Diese Kriegsgefangenen wurden in wenige Baracken gepfercht, zu deren Einrichtung nur das schlechteste Zeug und in ganz ungenügender Weise freigegeben wurde. Daß wir es uns als selbstverständliche Pflicht ansahen, diese Baracken so auszustatten wie alle anderen, ist klar. Ebenso klar ist auch, daß das nicht möglich war ohne List und Tücke gegenüber der SS. Ähnlich lagen die Dinge bei der Einrichtung des sogenannten kleinen Lagers, wo die «Bevölkerungsdichte» nie gekannte Zahlen erreichte. Es wurde zu weit führen, hier mit Zahlen zu operieren, aber was hier von Häftlingen geleistet wurde gegenüber der SS durch Abschreibungen, durch Unterschiebung falscher Zahlen usw., davon hatte die Masse der Häftlinge keine Kenntnis.

Welche Schwierigkeiten jene Häftlinge von der Gerätekammer hatten, deren Arbeitsgebiet die Unterkünfte der SS waren, die dauernd den Prellbock machen mußten zwischen den maßlosen Ansprüchen der unteren und den bremsenden Anweisungen der oberen Herren der SS-Verwaltung, davon wissen einige ein Liedchen zu singen. Wir werden z. B. nie vergessen, daß zur selben Zeit, da Häftlinge auf einem mit 7 kg Holzwolle gefüllten Strohsack schlafen mußten, für den Gauleiter Sauckel eine erstklassige Roßhaarmatratze für seinen Hund hergestellt wurde, dasselbe geschah auch für den Leiter der Verwaltung, Sturmbannführer Barnewald. Gegen diese Gaunereien waren wir Häftlinge so gut wie machtlos, aber wir antworteten darauf in der vorhin aufgezeigten Art, und die Masse der Häftlinge hatte, das ist das Entscheidende, den Vorteil davon.

Nur so war es möglich, daß ein erheblicher Teil der Häftlinge in den letzten Jahren statt der von der SS zugebilligten einen Decke wenigstens zwei oder im Krankenheitsfalle sogar mehr hatte. Nur so war es möglich, insbesondere die Häftlings-Krankenstationen, illegal mit Decken, Handtüchern, Möbeln, Betten, Eßnäpfen, Kernseife und vielen anderen Sachen zu versorgen. Nur so war es möglich, daß allein im Laufe des letzten Jahres 9000 Decken, 8000 Handtücher, 5000 Eßnäpfe, 30000 Löffel der SS entzogen und den Häftlingen ohne Genehmigung der SS zur Verfügung gestellt werden konnten. Kernseife – das ist ein roter Faden, der sich seit Kriegsbeginn durch die ganze Geschichte Buchenwalds zieht. Zu Überbeständen, d. h. zu Beständen, die in den Büchern nicht mehr vorhanden sind, gemacht mit Hilfe der SS, die dabei nur ihre persönlichen Schiebungen im Auge hatte, ist sie doch zum größten Teil dorthin gekommen, wohin sie gehörte, nämlich zu den Häftlingen, besonders zu denen, die sie aus sanitären Gründen brauchten. Die Bewirtschaftung hat so gut geklappt, daß am Tage vor der Befreiung die letzten 60 Zentner an Häftlinge ausgegeben wurden.

Alles in allem: was getan werden konnte, ist getan worden, und kleine Fehler bestätigen nur die Richtigkeit des Satzes, daß nur dort keine Fehler gemacht werden, wo nichts getan wird.

Richard Georgi, Leipzig

44. Die Wäscherei des KL Buchenwald

Am 9. September 1938 trat zum ersten Mal ein Kommando von 17 Häftlingen an, um die neuerbaute Wäscherei in Betrieb zu nehmen. Leiter der Wäscherei war der SS-Scharführer [Waldemar] Kindervater; die geringste von ihm beobachtete Unachtsamkeit bei der Arbeit genügte, daß er den betreffenden Häftling stundenlang mit dem Gesicht eng an die Wand oder an einen Mauerpfeiler gedrückt stehen oder ihn 50 bis 100 Kniebeugen machen ließ. Wenn er Langeweile hatte, ging er vor die Wäscherei und suchte sich irgendeinen «Herumtreiber», holte ihn in die Wäscherei, legte ihn über den Tisch und verabreichte ihm 25 Stockschläge über den Hintern.

Nach kurzer Zeit wuchs das Kommando auf ca. 65 Häftlinge. Gearbeitet wurde in der von der Lagerführung festgesetzten Zeit. An Wäsche bekam jeder Häftling in der Woche ein Hemd, ein Paar Strümpfe, ein Handtuch, ein Wischtuch, alle 14 Tage eine Unterhose und alle vier Wochen saubere Bettwäsche. Die Belieferung der Häftlinge mit sauberer Wäsche war ausreichend und zufriedenstellend.

Anders wurde das, als die großen Massen von Zugängen kamen. Es war dann nicht mehr möglich, die Häftlinge in der alten Art zu beliefern.

Im Jahre 1939–1940 wurde, woran später nicht mehr zu denken war, im Frühjahr die Winterkleidung eingezogen und Sommerkleidung ausgegeben. Die Winterkleidung wurde gewaschen und für die Ausgabe im nächsten Herbst wieder zurechtgemacht; die Sommerkleidung bestand in diesen Jahren nur aus «Zebra-Drill». Damit die Häftlinge sauber gekleidet waren, haben die Arbeiter im Kommando Wäscherei, da die Möglichkeit eines Tausches für das gesamte Lager nicht bestand, sich bereit erklärt, ihren freien Sonntagnachmittag zu opfern und freiwillige Arbeit für die anderen Kameraden zu leisten.

Als die SS sah, daß in der Häftlingswäscherei einwandfrei gearbeitet wurde, verfügte der damalige Kommandant Koch, daß die gesamte Wäsche der SS-Angehörigen auch hier gewaschen wurde. Der Scharführer Kindervater hatte die Aufgabe, die Gelder für die Wäsche von der SS zu holen. Nach 5 oder 6 Monaten wanderte Kindervater in den Bunker, weil er sämtliche kassierten Gelder unterschlagen, verhurt und versoffen hatte; das Waschen der Wäsche der SS-Angehörigen geschah von da ab kostenlos.

Damals wurde von der Lagerführung die Erlaubnis erwirkt, für die Häftlinge des Lagers Privatwäsche waschen zu dürfen.

1941 bekam Buchenwald von den Konzentrationslagern Auschwitz und Lublin die den dort umgebrachten Häftlingen abgenommenen Kleider und Wäschestücke. Bei der Wäsche handelte es sich um über 1/2 Million Hemden und 280000 Unterhosen. Durch die viele Arbeit war eine Vergrößerung des Kommandos notwendig geworden. Die Stärke betrug 85 Mann. 1939–1940 mußte das Kommando während der Winterzeit regelmäßig in der Woche viermal bis 12 Uhr nachts arbeiten. Das Kommando durch Hereinnahne neuer Häftlinge zu vergrößern und dadurch den anderen Kameraden eine Erleichterung zu verschaffen, scheiterte an der rücksichtslosen Haltung der SS-Männer. Erst 1943 gelang es, die Stärke des Kommandos auf 120 Mann zu treiben und bis zum Schluß auf 185 Mann zu steigern. Im letzten Halbjahr wurde fast ununterbrochen Tag und Nacht gearbeitet.

Zu erwähnen ist als besonders brutaler Geselle der Scharführer Hoppe. Auch der mehrere Jahre als Wäschereileiter tätig gewesene Thierbach unterschied sich in seiner rücksichtslosen Haltung nicht von den anderen. Einmal verlangte er von einem Kameraden, daß er aus einem Strick eine Peitsche flechte, mit der er die Juden verprügeln wollte. Als dieser sich weigerte, drohten beide dem Häftling, ihn windelweich zu schlagen. Ein besonderes Kapitel ist das der Spitzelei. Sämtliche Scharführer und hierbei vor allem der Hauptscharführer Schäfer versuchten immer wieder aus den ihnen gefügig erscheinenden Häftlingen Näheres über eventuelle politische Arbeit zu erfahren und die Häftlinge gegeneinander auszuspielen und aufzuhetzen. Für die Moral des Kommandos ist bezeichnend, daß es ihnen niemals gelungen ist.

Als in das Lager Buchenwald Kameraden aus allen europäischen Nationen kamen, wurde auch versucht, Ausländer in das Kommando zu bekommen. So gelang es mit der Zeit, neben den deutschen Häftlingen Kameraden aus fast allen Nationen hier arbeiten zu lassen.

In den Jahren 1942–1945 wurden im Monatsdurchschnitt in der Wäscherei über 300000 Wäsche- und Bekleidungsstücke gewaschen, in einzelnen Monaten aber bis zu 650000 Stück.

Baptist Feilen, Oberhausen-Alskaden

45. Der Steinbruch

In aller Zukunft wird uns das Wort Steinbruch mit Schauer und Ekel erfüllen. Steinbruch – einer der blutigsten Begriffe, der aus dem Gesamtbild des Lagers nicht wegzudenken ist. Allein das Nennen dieses Kommandos Steinbruch genügte schon, um die stärksten Männer mit größter Angst zu erfüllen.

[Steinbruch!] Das war gleichbedeutend mit Tod, Totschlag und sadistischen Quälereien.

Ach wären die harten Steine nicht stumm, sie könnten uns eines der schaurigsten Dramen des K.L. Buchenwald erzählen. Sie würden erzählen, wie man Kinder und Greise unter Mißhandlungen, die für normale Menschen gar nicht vorstellbar sind, Steine zu tragen zwang, die um vieles schwerer waren als die Träger selbst.

Der Häftling Erwin Kohn wurde gezwungen, einen so großen Stein zu tragen, daß er unter der Last zusammenbrach. Man schlug ihn mit Knüppeln bis zur Bewußtlosigkeit. Der damalige Kapo Vogel begoß ihn mit Wasser und mißhandelte ihn weiter, bis er starb. Die Totenmeldung lautete: Auf der Flucht erschossen!

«Auf der Flucht erschossen» – dies war die legale Formulierung für die illegalen Massenmorde.

Der junge Wiener Bergmann wurde im Oktober 1939 unter furchtbaren Mißhandlungen in die Postenkette gejagt und ebenfalls «Auf der Flucht erschossen!» Koppen, Riebenberger, Keraner, Rappaport, Katz, sie und viele andere wurden in den ersten Apriltagen des Jahres 1940 unter den schlimmsten Quälereien und Mißhandlungen in die Postenkette getrieben und in manchen Fällen sogar in die Kette getreten. Wenn in künftigen Zeiten Mütter ihren Kindern drohen, dann werden sie nicht von Drachen und Teufeln sprechen, sondern von dem «Satan» des K.L. Buchenwald.

SS-Hauptscharführer [Johann] Blank [war] einer der größten Massenmörder. Auf Grund seines Befehls und mit seiner aktiven Mithilfe wurden folgende Leute auf der Flucht erschossen:

Der ehemalige österreichische Justizminister [Robert von] Winterstein, als ihn Blank aufforderte, in die Postenkette zu gehen, zündete sich Winterstein eine Zigarette an und ist rauchend in die Postenkette, also in den Tod gegangen.

Mit dem ehemaligen kommunistischen Reichstagsabgeordneten Werner Scholem ging Blank spazieren und unterhielt sich zehn Minuten freundschaftlich mit ihm, dann schoß er ihn von der Seite mit dem Revolver nieder.

Der ehemalige österreichische Hauptmann [Friedrich] Stahl wurde auf Grund eines besondern Befehls Blanks ebenfalls in die Postenkette gejagt, wobei ihm mit einem «Dumdum»-Geschoß die Schädeldecke zertrümmert wurde.

Der politische Häftling Rudi Arndt, welcher 12 Jahre Gefängnis und K.L. hinter sich hatte, wurde auf Grund einer Denunziation schwer vorbestrafter krimineller Juden, ebenfalls im Steinbruch auf Initiative Blanks erschossen.

Weiter war Hauptscharführer [Eduard] Hinkelmann eine wichtige Figur in diesem blutigem Schauspiel. Er lief dauernd besoffen herum und machte die übelsten Geschäfte und Schiebereien mit Häftlingen. Auf sein Konto ist der Tod vieler hunderter Menschen, welche den ganzen Tag hindurch Steine im Laufschritt tragen mußten, zurückzuführen. Einer seiner beliebtesten Aussprüche war: den Abgehetzten, blutig Geschlagenen höhnisch grinsend zu sagen, «Lauft doch schneller, dann seid ihr schneller am Ziel!» Er, der sich immer im besoffenen Zustand befand, war geradezu genial im Erfinden von Quälereien.

Hinkelmann zwang alte Leute, auf einen Tannenbaum zu steigen, dann ließ er diesen solange schütteln, bis der arme Teufel, von Hinkelmanns satanischem Gelächter begleitet, herunterfiel und sich meist das Genick brach oder zumindest schwer verletzt in den Krankenbau eingeliefert wurde, wo er nach einiger Zeit einging.

Unter Hinkelmanns Leitung mußten Steinträgerkolonnen drei Wochen hindurch im Laufschritt Steine vom Steinbruch zum Pferdestall tragen.

Der Bau dieser kurzen, 3–400 m langen Straße kostete 23 Tote.

Ein anderer Kommandoführer, SS-Unterscharführer Springer, zwang mit Vorliebe Häftlinge unter Todesandrohungen, sich gegenseitig solange zu schlagen, bis einer liegenblieb. Unter andern mißhandelte er den Häftling Weißmann aus Hannover so stark, daß dieser an den Folgen starb. Der über sechzigjahrige Häftling Lindenbaum wurde von ihm mit dem Kopf unter Wasser gehalten, bis er bewußtlos wurde.

Dies waren kleine Einzelheiten, von SS-Leuten begangen, welche sich schon automatisch durch den Beitritt zu dieser organisierten Mörderbande außerhalb der zivilisierten Gesellschaft gestellt haben. Leider gab es auch Häftlinge, die sich als gefügige Werkzeuge der Mordbanditen mißbrauchen ließen und sie manchmal sogar noch übertrafen.

Eine dieser Gestalten war der Kapo Vogel, ein sadistischer Homosexueller, der in der Mißhandlung von Menschen eine sexuelle Befriedigung fand. Er verurteilte und richtete in einer Person. 1940 äußerte sich der Häftling Bernstein abfällig über die Methoden des Kapos Vogel. Er wurde von diesem in den Steinbruch geholt, in die Postenkette getrieben und so: «Auf der Flucht erschossen.» Einmal inspizierte der damalige Lagerführer Rödl den Steinbruch. Ein Mann, der ein wenig zurückblieb, weil er den Laufschritt mit den übrigen nicht mehr mitmachen konnte und nicht mehr in der Lage war, den furchtbar großen Stein zu schleppen, fiel dem Lagerführer auf. Er fragte Vogel, was mit dem Häftling los sei und warum er nicht schneller liefe. Dies genügte, daß der arme Teufel von Vogel persönlich an Ort und Stelle gesteinigt wurde. Es war der 24 Jahre alte Podvysoka.

Eine besondere Aufgabe Vogels war es, politische Häftlinge, welche der SS gefährlich erschienen und in den Steinbruch geschickt wurden, zu liquidieren. Im Laufe weniger Monate waren es 50 Mann, welche von den Rapportführern [Rudolf] Kenn, [Heinz] Petrick und [Arnold] Strippel ihm zu diesem Zweck übergeben wurden. Als typisch kann der Fall [Walter] Gerdes, des Schwagers des ehemaligen Bundespräsidenten [Wilhelm] Miklas, bezeichnet werden. Vogel denunzierte ihn bei seinem Chef, dem Hauptscharführer Blank, als politischen Gegner der Nazi! Dann versuchte Vogel von Gerdes Geld zu erpressen – 300 Mark –; als Gerdes nicht rasch genug dieser Aufforderung nachkam, ließ Vogel ihm von seinem Vorarbeiter Wittvogel in die Postenkette jagen und: «Auf der Flucht erschießen!»

Auch der junge Wiener Hans Kunke war eins seiner Opfer.

Karl Müller, Häftling Nr. 4549, der von Jänner 1940 bis März 1941 im Kommando Steinbruch als Schreiber tätig war, teilt folgendes mit:

> In meiner Eigenschaft als Kommandoschreiber mußte ich alle Totenmeldungen ausfertigen. Sie waren alle nach einem Schema. Auf der Flucht erschossen! Im Durchschnitt waren es acht Stück täglich, Sonntage und Feiertage gab es nicht. In 15 Monaten wurden 3600 Menschen abgebucht.

In aller Ewigkeit sollen die blutgetränkten Steine Buchenwald daran erinnern!

[ohne Unterschrift]

46. Mordarbeit in Buchenwald

Ich kam am 24. April 1942 nach Buchenwald und im Mai in den berüchtigten Steinbruch. Die Arbeit war sehr schwer, besonders das Ziehen der Loren. Jeden Abend wurden die Toten, Schwerverletzten und Invaliden auf Karren ins Lager geschafft. Es waren fast jeden Tag etwa 30 Mann. Unbeschreiblich waren die Mißhandlungen durch die Vorgesetzten, die ausnahmslos Grüne, also Berufsverbrecher, waren. Ich habe gesehen, wie der Kapo Kameraden, die sich hinlegen mußten, zusammentrat, bis sie kein Lebenszeichen mehr von sich gaben. Oder er jagte die Häftlinge in die Postenkette, wo sie von den Posten erschossen wurden. Häftlinge, die im Lager beim Brotdiebstahl an den Kameraden erwischt und strafweise dem Kommando Steinbruch zugewiesen wurden, waren nach wenigen Stunden erledigt. Zu einem Juden sagte der Kapo: «Jetzt ist es 12 Uhr, um 12:05 Uhr wirst Du bei Jehovah sein.» Der Kapo rief seine Vorarbeiter herbei und trieb den Juden mit Schlägen und Tritten in die Kugeln der Posten. Der Familienname des Kapos ist mir nicht bekannt, mit Vornamen hieß er Alfred. Er ging später nach Köln und soll sich dort erhängt haben.

Später hatten wir in einer Sandgrube der SS-Siedlung Klein-Obringen zu arbeiten. Des Morgens wurden wir dort von der Hitler-Jugend mit Steinwürfen empfangen. Das wurde von Tag zu Tag schlimmer, so daß sich einige Häftlinge das Leben nahmen.

Ein anderer Vorfall ist mir noch gut in der Erinnerung. Am 1. Mai wurde ich in den Deutschen Ausrüstungswerken beim Rauchen erwischt. Ich erhielt als Strafe für 5 Tage Brotabzug und 5 Sonntage Strafarbeit. Nachmittags 2 Uhr war für die Strafkolonne Antreten auf dem Appellplatz und dann ging es im Laufschritt über den Caracho-Weg[1] zu einem Sandhaufen, der mittels Tragen etwa 800 Meter weit transportiert werden mußte. Die Arbeit hatte im Laufschritt zu erfolgen. Auf der Strecke standen 4 SS-Männer mit Hundepeitschen und Knüppeln, womit sie die Häftlinge unbarmherzig antrieben, so daß es nicht möglich war, nur zwei oder drei Schritte in normalem Schritt zu gehen. Die Antreiber schwitzten so, daß sie sich nach kurzer Zeit ausruhen mußten. Nach einer halben Stunde lagen Tote, Verwundete und Sterbende auf der Strecke. Sie wurden beiseite geräumt, und dann ging es von neuem los. Diese Qual dauerte vier Stunden. Das Ergebnis waren am Abend 7 Tote, fast 50 Schwerverletzte und etwa 100 Leichtverletzte.

Galt van Ramshorst, Driebergen, Holland

47. Der 1. Mai 1943

Sergeij Nikolajew aus Woronesch und Fredja Fedorkim aus Stalingrad waren Freunde; sie kamen zusammen nach Buchenwald und wurden beide der Strafkompanie zugeteilt. Jeden Sonntag nach Schluß der allgemeinen Arbeitszeit wurden sie in die «Gärtnerei» gejagt oder aber den Steinbruch.

Der 1. Mai 1943 wird ewig im Gedächtnis der Gefangenen haften bleiben. Wie immer traten die Gefangenen zur Strafarbeit an. Zur Aufsicht und Bewachung erschien eine Abteilung betrunkener SS-Schergen, begleitet von Hunden. Einige dieser Besoffenen konnten kaum auf den Beinen stehen.

«Los» kommandierte ein SS-Mann, und unter Stockhieben und Hundegebell ging es zur berüchtigten Kläranlage in die Gärtnerei. Und nun beginnt ein furchtbares Schauspiel, wie es selbst mancher der älteren Häftlinge nicht erlebt hatte. Im Laufschritt mußten die Häftlinge in schweren Kisten Scheiße abtragen. Auf die Erschöpften, die zusammenbrachen, hetzte die SS ihre Hunde, die den Armen die Kleider in Fetzen rissen.

Sergeij und Fedja tragen zusammen einen Kasten. Sie verausgabten ihre Kräfte, um nicht aufzufallen, doch sie entgingen ihrem tragischen Schicksal nicht. Der vollkommen ermattete Fedja strauchelte und fiel hin. Dabei kippte die «Trage» mit dem scheußlichen Inhalt um und bespritzte den in der Nähe stehenden SS-Rottenführer Fritz Schulz. Sofort legte dieser an und erschoß den auf dem Boden liegenden Fedja, während über den fassungslosen Sergeij die Hunde herfielen und ihn zu Boden rissen. Jetzt kam noch obendrein der wildgewordene SS-Mann hinzu, der Sergeij mit den Stiefeln bearbeitete. Zertrampelt und von den Bestien zerfleischt, lag Sergeij im Schmutze und mußte, ohne daß Hilfe gebracht werden durfte, verbluten.

In unmittelbarer Nähe spielte sich eine andere blutige Szene ab. Wladislaw Schezmit, ein Pole, war einer Gruppe von Steineträgern zugeteilt worden, die aus der Gärtnerei die Steine im Laufschritt heranschleppen mußten. Ein Posten befahl Wladislaw, einen besonders großen Stein, der 80–90 kg wog, hinwegzuschaffen, diese Arbeit überstieg die Kräfte des Gefangenen, er konnte den Riesenstein nicht einmal vom Flecke rühren. «Los!» brüllte der SS-Mann und warf einen Ziegelstein nach dem Kopf des Wladislaw, der daraufhin blutüberströmt zusammenbrach. «Nimm den Stein! Du polnischer Hund, nimm den Stein auf!» schrie der Posten. Wladislaw konnte sich nicht mehr erheben; um von neuem dieses grausige Spiel zu beginnen, schlug man ihn mit Stöcken ohnmächtig, brachte ihn dann zur Besinnung. Dann lehnte man ihn gegen einen Baum und schoß auf ihn, wie nach einer Zielscheibe, bis er von Kugeln durchsiebt war. Volle zwei Stunden dauerte diese Orgie. Sechs Häftlinge wurden erschlagen, und drei weitere starben in derselben Nacht an den Folgen der Schläge und Hundebisse in der Baracke.

Ähnliches spielte sich auch im Steinbruch ab, wohin ebenfalls eine Gruppe von Strafarbeitern dirigiert wurde. Hier hatten die SS-Henker eine besondere «Belustigung» erdacht. Sie gingen untereinander Wetten ein (6 Zigaretten oder zwei Gläser Bier war der Einsatz), wer einen Häftling durch von oben geworfene Steine töten könne; zuweilen schoß ein Bewachungsposten einfach auf den Gefangenen, wenn er daneben geworfen hatte. Dieser «Spaß» kostete ca. 17 Opfer, Verwundete und Tote.

Der 1. Mai 1943 ist mit Blut eingetragen in die Geschichte Buchenwalds.

[ohne Unterschrift]

48. Die Fuhrkolonne

Eine der «segensreichen» Einrichtungen[2] des K.L. Buchenwald, die aus dem Gesamtbild des Lagers nicht wegzudenken ist, war die Fuhrkolonne. Dieses Kommando bestand aus 130 Juden, welche in 5 Wagenkolonnen eingeteilt waren und sich bedeutend rationeller als Pferde erwiesen.[3] $^1/_5$ Brot, 1 Liter Wassersuppe, eine dünne Scheibe Wurst oder Käse, war das nicht eine konkurrenzlose Arbeitskraft?

Um ein wahrheitsgetreues Bild über das Leben und Leiden dieses Kommandos zu geben, folgen einige ungeschminkte Berichte von Kameraden, die jahrelang bei dieser Kolonne arbeiten mußten.

Leo Margulies Nr. 4573: Im Sommer 1942 führen wir des öfteren Split aus dem Steinbruch. Diesen konnten nur immer vier Mann aufladen, was wir abwechselnd machten. Die Anderen konnten sich indessen ausruhen. Das war dem SS-Scharführer Greuel ein Dorn im Auge. Während vier von uns im schnellsten Tempo aufladen, zwang er die anderen, große Steine im Laufschritt aus dem Steinbruch zu holen.

Julius Kodicek Nr. 6452: 1940 hatten wir bei der Fuhrkolonne folgende Arbeitszeit: Mit Ausnahme einer halben Stunde Mittagspause arbeiteten wir von 6 Uhr früh bis 14:30 Uhr, dann gab es Appell, und von 16 Uhr bis zum Einbruch der Dunkelheit ging es weiter. Sehr oft kam es vor, daß wir während der Fahrt unter dem Befehl des Scharführers [Arno] Chemnitz Sport machen mußten, auf den Boden legen und schnell aufspringen und weiterlaufen! Es gab dabei meist eine Reihe Verletzter.

Max Feingold Nr. 8448: Eine Spezialität des Kapos Ganzer war es, uns Sand und Split, da immer nur vier Mann schaufeln konnten, mit bloßen Händen laden zu lassen. Selbstverständlich gab es nachher blutige, aufgeschundene Finger. Zu unserer Arbeit gehörte es auch, den zerlegten Galgen aus dem Schuppen der Gärtnerei in den Hundezwinger zu führen. Dieses sollte in einer Art geschehen, daß die übrigen Häftlinge nichts davon bemerkten. Zu dieser Zeit – es war im Jahre 1942– wurden Hunderte Polen wegen des Verkehrs mit deutschen Mädels aufgehangen.

Moses Einziger Nr. 6933: Am 9. April 1942 gab es trotz der späten Jahreszeit einen furchtbaren Schneesturm und eine Kälte von –12° C. Obwohl es dauernd schneite, mußten wir Schnee wegführen. Eine vollkommen sinnlose Arbeit, da ja immer neuer Schnee fiel. Die Bilanz des Tages: Ein junger Wiener Fränkel buchstäblich erfroren, weitere vier Kameraden mit schweren Erfrierungen ins Revier eingeliefert.

Franz Steiner Nr. 3949: Im April 1942 mußten wir drei Sonntage hindurch in der SS-Siedlung Klein-Obringen arbeiten. Der Adjutant des damaligen Lagerkommandanten befahl, daß wir den ganzen Tag Laufschritt machen mußten, und dies geschah unter dauernden Prügeleien durch die uns bewachenden SS-Posten. Die Bewohner der Siedlung nahmen des öfteren gegen uns Stellung: z. B. selbst von den Kindern wurden wir mit Steinen beworfen.

Hermann Einziger Nr. 6932: Im April 1942 mußten wir in schnellstem Tempo schwere Stämme ins Lager führen. Wir wurden von den SS-Scharführern Deuringer und Chemnitz gejagt und mißhandelt. Da alle Kameraden schon ziemlich nervös waren und der Kapo Jacob Ganzer uns zu immer schnellerem Tempo antrieb, wurden die Stämme nicht sachgemäß geschichtet, so daß einer zurückschnellte und den Kameraden Friedmann aus Mannheim tödlich verletzte. Sowohl die Wirbelsäule als auch der Brustkasten waren gebrochen. Weitere acht Kameraden wurden in den Krankenbau eingeliefert.

Max Filgur Nr. 120569: Der Kapo Hill gab im März 1940 meinem Onkel Tischler einen solch furchtbaren Tritt in die Hoden, daß er schwerverletzt in den Krankenbau eingeliefert wurde. Mein Arbeitskamerad Drucker kam im Winter 1941 dank der dauernden Hetzjagd unter einen Baumstamm und brach sich dabei einen Fuß. Durch diese Verletzung ist er jetzt noch beim Gehen behindert.

[ohne Unterschrift]

49. Sklavenhandel der SS

Am 1. 2. 1944 wurde ich beauftragt, die Häftlingskartei beim Arbeitseinsatzführer, Hauptsturmführer Schwartz, zu führen; ab 1. 9. 44 hatte ich teilweise dieselbe Aufgabe bei der Nummernkartei des Rapportführers. Die Kartei des Arbeitseinsatzführers war identisch mit der der Politischen Abteilung, enthielt aber nur die im Lager selbst befindlichen oder die dem Lager direkt unterstellten Häftlinge in Außenkommandos. Allerdings war die Kartei nie in Ordnung, namentlich in der letzten Zeit konnte die Politische Abteilung bei den zahlreichen Zugängen mit der Ausstellung der Grundkartei nicht nachkommen; zuletzt fehlten mehr als 20000 Karteikarten.

Der gesamte Arbeitseinsatz wurde durch das SS-Wirtschaftsverwaltungs-Hauptamt in Oranienburg, Amtsgruppe D geleitet, die von dort kommenden Befehle waren mit [Gerhard] Maurer unterzeichnet. Wenn ein Betrieb – sei es privat oder staatlich – Häftlinge als Arbeitskraft haben wollte, mußte er einen Antrag in Oranienburg stellen. War der Antrag grundsätzlich genehmigt, dann erhielt der Arbeitseinsatzführer Buchenwald den Auftrag, Einsatzmöglichkeit und Einsatzverhältnisse an Ort und Stelle zu prüfen. Diese Prüfungen, deren Ergebnis sofort nach Oranienburg mitgeteilt werden mußte, wurden von Hauptsturmführer Schwartz, von seinem Vertreter Hauptsturmführer Nebel oder dem Führer des Musikzuges der SS, Hauptsturmführer Schenk, durchgeführt. Auf Grund dieses Berichtes wurde dann von Oranienburg der Antrag genehmigt oder verworfen. Wenn besondere Facharbeiter verlangt wurden, kamen die Ingenieure der Werke selbst nach Buchenwald und suchten sich entsprechende Häftlinge aus.

Die Firmen mußten für jeden Häftling 4 Mark für einen Hilfsarbeiter und 6 bis 8 Mark für einen Facharbeiter pro Tag an das Lager Buchenwald bezahlen. In diesen Beträgen waren alle sozialen Abgaben bereits eingeschlossen, so daß also das Lager z. B. verpflichtet war, die Invalidenmarken für die Häftlinge weiter kleben zu lassen. Wenn eine Firma nicht in der Lage war, selbst für die Unterkünfte der angeforderten Häftlinge zu sorgen, wurde ein sogenanntes Vorkommando hingeschickt, das erst nach Fertigstellung der Unterkünfte auf die genehmigte Zahl aufgefüllt wurde.

Die Auswahl der Häftlinge wurde von der Arbeitsstatistik auf Grund der Befehle des Arbeitseinsatzführers getroffen. In bestimmten Fällen wurden Häftlinge auf Befehl der Politischen Abteilung oder anderer Lagerstellen strafweise auf besonders schlechte Außenkommandos geschickt. Bestimmte Kommandos wurden nur aus Juden gebildet, andere nur aus Asozialen und Berufsverbrechern, usw.

Die Funktionskräfte für die Außenlager (Lagerältester, Blockälteste, Küchenpersonal, Schreibstube usw.) wurden vom Lagerältesten Buchenwald vorgeschlagen und vom Lager- bzw. dem Arbeitseinsatzführer genehmigt oder abgelehnt. Jeder Kommandoführer mußte täglich Bericht über den geleisteten Arbeitseinsatz geben. Diese Berichte, die bei der Arbeitsstatistik zusammenliefen, dienten als Grundlage für die monatlichen Geldforderungen als Entgelt für die geleistete Sklavenarbeit der Häftlinge. Privatfirmen mußten die Gelder auf ein Bankkonto einzahlen, bei staatlichen Betrieben erfolgte die Verrechnung auf dem Buchungswege.

Das K.L. Buchenwald hatte etwa 100 Außenkommandos mit rund 51 000 Häftlingen. Die Verrechnungssumme über die von diesen Häftlingen herausgepreßten Gelder betrug 1,5–2 Millionen Mark im Monat! Das war der einträgliche Sklavenhandel, den die SS mit Häftlingen trieb.

Emil Holub, Brünn

50. Tongrube Berlstedt

Wenn ein Häftling in Buchenwald zu besonderes schwerer Arbeit verurteilt wurde, kam er meist in das Außenkommando Berlstedt (etwa 7 km entfernt). Es war eine Ziegelei mit dem offiziellen Namen «Deutsche Erd- und Steinwerke, Betrieb der Reichsführung SS». Sämtliche Arbeiten, die dort von Häftlingen geleistet werden mußten, waren schwer, brachten aber der SS viel Geld ein.

Vorschrift war, daß jeden Tag aus der Tongrube 150 Loren Material geliefert werden mußten. Die Häftlinge waren in Gruppen von je drei Mann eingeteilt, jede Gruppe mußte am Tag 30 Loren Material loshacken und auf Faustgröße zerkleinern. Bei Regen und Wind, bei Eis und Schnee mußte diese Arbeit, oft knietief im Wasser stehend, geleistet werden.

Andere Gruppen mußten die beiden Loren einen steilen Hang zu den Öfen hinaufziehen. Wehe, wenn eine Lore auf der Drehscheibe abrutschte oder entgleiste. Der Kapo Johann Küppers schlug unbarmherzig auf die armen Häftlinge ein. In den letzten Jahren, besonders nachdem sein Freund, der Zinker Stelzmann erschlagen worden war, wurde Küppers etwas vorsichtiger.

Die meisten Häftlinge kamen strafweise nach Berlstedt – das bedeutete immer, daß sie nicht mehr ins Lager Buchenwald zurückkommen sollten. Aber nur sehr selten wurde ein Häftling in Berlstedt erschlagen, die Arbeit in der Tongrube genügte, um einen Menschen in kurzer Zeit zu erledigen. Zumeist wurde er auch so spät zum Krankenbau in Buchenwald gebracht, daß er dort nicht mehr zu retten war.

Außer der Tongrube gab es natürlich noch andere Betriebe in Berlstedt. Wenn diese auch nicht so mörderisch wie die Arbeit im Freien waren, so hatten auch sie schwer zu schuften. Besonders gilt dies für die Häftlinge in der Ziegelbrennerei, die besonders unter Schwefelgasen zu leiden hatten.

Angegliedert war eine besondere Töpferei-Abteilung mit eigenem Brennofen, in der Luxus- und Gebrauchsgegenstände für die SS-Banditen hergestellt wurden.

Der Kommandant von Buchenwald war zugleich Direktor dieses Betriebes und bezog ein entsprechend schönes Gehalt. Diese Tatsache wurde vom Kapo Küppers immer als Drohung gegen Häftlinge ausgenutzt, die aus irgend einem Grunde aus Berlstedt zum Lager Buchenwald zurückversetzt wurden. Küppers erklärte dann stets, der Häftling solle nur nichts über Berlstedt im großen Lager erzählen, sonst würde er zum Direktor des Werkes, d. h. dem Kommandanten gehen und den Häftling wieder zurückholen.

Kurt Leeser, Aachen

51. Die Hölle von Ohrdruf

Wir kamen im September 1944 mit 1000 Mann in Ohrdruf an. Bereits am nächsten Morgen ging es mit «caracho» an die Arbeit. Es wurden Stollen in die Berge getrieben. Gearbeitet wurde in 3 Schichten. Das Tempo bei der Arbeit war ungeheuer, und von den Aufsichtspersonen wie SS, Teno (Techn. Nothilfe) sowie Zivilpersonen wurde viel geschlagen. Diese Arbeitszeit wurde auch im Winter durchgehalten, ohne Rücksicht auf die ungenügende Kleidung, den weiten Anmarschweg usw. Der Verschleiß an Arbeitskleidung, besonders an Schuhwerk, war bei der Arbeit enorm groß, trotzdem wurden Ersatzstücke nur unzureichend herangeschafft. In den 5 Monaten meines Aufenthaltes in Ohrdruf wurde nur ein einziges Mal gebadet und entlaust, und dieses auch nur, weil in einem Nebenlager Typhus ausgebrochen war.

Später kamen noch 500 Zugänge aus Flossenbürg, die körperlich in schlechter Verfassung waren. Diese sind durch schwere Arbeit und die mangelhafte Bekleidung bis auf wenige gestorben. Von unserem Transport sind nicht mehr als 200 übriggeblieben, d. h. also in 5 Monaten nur noch $^1/_5$.

Später wurden noch Kampfstände und Stollen in der Nähe des Truppenübungsplatzes gebaut, die als Führerhauptquartier vorgesehen waren. Da aber die Arbeitsstellen zu weit vom Lager Ohrdruf entfernt waren (wir fuhren zuerst täglich 12 km mit Omnibussen), wurden aus Mangel an Benzin 2 neue Nebenlager Crawinkel und das sogenannte Zeltlager errichtet. Dort waren die allgemeinen Verhältnisse noch ungünstiger. Die Verpflegung war knapp, und die Menschen hungerten bei der verlangten schweren Arbeit. Es gab viele Kranke, die nach Ohrdruf in den Krankenbau verlegt wurden, wo die Hölle war. Es fehlte im Krankenbau an ärztlicher Hilfe, an Medikamenten, an Heizmaterial und mehr. Von diesem Krankenbau gingen von Zeit zu Zeit Transporte nach Belsen, die sogenannten «Invalidentransporte».

Besonders gemein benahmen sich der stellvertretende Lagerführer Stiwitz und der Unterscharführer Müller, die aus geringsten Anlässen heraus den Häftlingen 25 oder mehr Stockhiebe verabreichten.

In Crawinkel gab es einen besonderen Bunker Z. II, der dem SD für festgenommene flüchtig gewesene Häftlinge unterstand. Dort gab es nur alle 3 Tage eine halbe Portion Essen! Licht und Luft waren nicht vorhanden. Ich erinnere mich eines Falles, wo an einem Abend 5 Kameraden wegen Flucht gehängt wurden; darunter befand sich auch ein 15 jähriger polnischer Kamerad, der verzweifelt schrie: «Mutter, Mutter, ich bin noch so jung, ich will noch nicht sterben!»

Am 4. 4. 45 kam der Evakuierungsbefehl, und wir gingen 70 km auf Umwegen nach Buchenwald. Die letzten 1000 Häftlinge bekamen keine Verpflegung mehr. Wir waren 3 volle Tage unterwegs und kamen kaputt und zermürbt an. Kranke und Schwache, die unterwegs nicht mehr mit konnten, wurden durch Genickschuß liquidiert. Erwähnenswert ist noch, daß bereits unterwegs einige Angehörige der SS dieses Abzeichen abnahmen, um gegebenenfalls als Wehrmachtsangehörige zu gelten.

Rolf Baumann, Berlin

52. Martyrium von Frauen in Altenburg

Ich kam mit dem Evakuierungstransport Auschwitz-Monowitz am 26. 1. 45 nach dem KL Buchenwald und wurde von dort am 12. 2. 45 auf das Außenkommando Altenburg geschickt. Hier befand sich ein Rüstungsbetrieb, in welchem 2500 Häftlingsfrauen, z. großen Teil polnische Frauen und ungarische Jüdinnen mit schwersten Arbeiten beschäftigt waren.

Eine Fabrikhalle wurde als Häftlingslager benutzt. Das Essen war bei der schweren Arbeit gering. Arbeitsbedingungen sehr schwer, die sanitären Bedingungen waren unzureichend, was gerade die Frauen am meisten spüren mußten. Die Aufsicht führten für die Frauen SS-Aufseherinnen und für uns Männer der Kommandoführer. Unter den Aufseherinnen fiel besonders eine Frau Ruprecht (früher Bl. 10 in Auschwitz) auf, die bis zum letzten Tage die Frauen mit der Peitsche oder einem Stock über den Kopf und Rücken schlug. Bei kleinsten Vorgehungen wurden den Frauen die Haare kahlgeschoren; das Sprechen mit Männern war natürlich strengstens verboten! Lagerführer war SS-Oberscharführer Fretsch (früher Blockführer in Buchenwald), der auch die Frauen oft schlug.

Am 12. April 1945 wurde mit der Evakuierung des Lagers begonnen. Zuerst begann der Abmarsch der Frauen (ohne Verpflegung und zum größten Teil in Holzpantinen, ohne Strümpfe!). Anschließend kamen die Männer, jedoch blieben 10 Häftlinge zurück, zu denen auch ich gehörte. Wir sollten angeblich das Essen den anderen nachbringen. Dies war aber nur ein vorgeschobener Grund, denn auf unserem Auto befand sich neben etwas Brot für die Häftlinge zumeist Gepäck und massenweise gehamsterte Lebensmittel der SS. (Es ist anzunehmen, daß ein großer Teil des Transportes von den Amerikanern befreit wurde; aus Presse und Radio ging hervor, daß 800 Frauen und 200 Männer gerettet wurden.)

Der Häftling Ihr und ich, sowie eine frühere SS-Aufseherin sprangen von dem Auto ab und unternahmen die Flucht, da wir erfuhren, daß unsere Fahrt zur Dresdener Gestapo gehen sollte. Es wurde nach uns vergeblich geschossen. Wir schlugen uns an der Frontlinie zwischen Chemnitz und Frankenberg durch und kamen dann zu amerikanischen Offizieren, die uns nach Buchenwald und die Aufseherin ins Kriegsgefangenenlager brachten.

Walter Strasz, Brücken/Pfalz

53. Arbeitskommando «Polizei Weimar»

1940 wurde ich mit 7 anderen Kameraden zum Arbeitskommando «Polizei Weimar» abgestellt. Wir wurden als Facharbeiter, Schuhmacher und Automechaniker beschäftigt.

Mein Aufenthalt dort gestattete mir, manchen Einblick in die Verhältnisse des Polizeiapparates zu gewinnen. Ich will hier nur über die Haltung uns Häftlingen gegenüber berichten.

Durch den Krieg und die damit verbundenen Besatzungsaufgaben waren die größten Teile des sogenannten aktiven Polizeiapparates abgezogen und durch Reservisten ersetzt worden. Die längere Dauer unseres Arbeitsverhältnisses brachte es für einen Teil der Häftlinge mit sich, daß die Bewachung gelockert wurde und dadurch eine gewisse Fühlungsnahme mit der Zivilbevölkerung eintreten konnte. Obwohl wir von Seiten der SS sowie manchen höheren Polizeioffizieren, als die größten Verbrecher hingestellt wurden, gelang es uns bald, durch unsere Haltung alle mit uns in Berührung kommenden Menschen vom Gegenteil zu überzeugen. Anfangs fanden wir oft Zweifel, wenn wir etwas von den schrecklichen Dingen, die sich im Lager ereigneten, erzählten, aber einige von unseren Posten wurden selbst Augenzeugen von Greueltaten. Sie hatten den größten Abscheu und eine merkliche Distanzierung zur SS.

Die letzten Jahre brachten durch den verstärkten Arbeitseinsatz viele Häftlinge nach Weimar und Umgebung. So wurde der Bevölkerung vieles näher gebracht, das sie vorher nie glaubte. Sie verhielt sich im allgemeinen distanziert. Den Vorwurf, den wir ihnen machen können, sie hätten nichts dagegen getan, beantworteten sie uns immer mit dem großen Terror, unter dem sie standen. Ich möchte hinzufügen, daß wir Jahre hindurch Unterstützung bei Pol. Insp. Heer und Oblt. Hebestreit fanden.

August Bergmann, Leipzig

54. Lebendig begraben

Im Frühjahr 1944 war unsere Kolonne – Polen und Juden – mit Erdarbeiten an der Häftlingskantine beschäftigt. Der SS-Bauführer beaufsichtigte uns persönlich. Schon für kräftige Menschen war die Arbeit sehr schwer, wir abgemagerten und ausgehungerten Menschen konnten kaum Pickel und Schaufel heben. Jedes Hacken in den schweren steinigen Boden kostet eine ungeheure Anstrengung. Man möchte so gerne einen Moment ausruhen ... aber die ständigen Schläge und Fußtritte, die unaufhörlichen Schreie zwingen unsere ermüdeten Arme immer wieder zum Weiterschaufeln.

Da erspäht der Blick des Bauführers zwei Juden, deren Kraft schon schwindet. Er erteilt dem Polen Strzaska den Befehl, die beiden, die sich kaum auf den Beinen halten können, einzugraben. Strzaska erstarrt vor Schreck und weigert sich. Der Bauführer nimmt einen Schaufelstiel, prügelt ihn und befiehlt ihm: «Sofort in die Grube legen!» Hierauf zwingt er die beiden Juden, den Daliegenden mit Erde zu überschütten, was diese in Todesangst auch tun, weil sie hoffen, selbst dem grausigen Schicksal dadurch entrinnen zu können. Als von Strzaska nur noch der Kopf heraussieht, ruft der Bauführer «Halt!» und läßt ihn wieder herausziehen.

Nun müssen sich die beiden Juden in die Grube legen, und der Bauführer gibt erneut an Strzaska den Befehl, beide mit Erde zuzuwerfen. Langsam füllt sich die Grube mit Erde, eine Schaufel nach der andern wird hineingeschüttet. Das Gesicht des polnischen Kameraden ist vor Schreck verzerrt, von seiner Stirne fallen Schweißtropfen. Aber ständig steht der Bauführer neben ihm mit dem Blick eines wilden Tieres, das sein Opfer hypnotisiert. Die Grube ist nun vollends zugedeckt. Der unmenschliche SS-Henker trampelt selbst die Erde glatt und lacht dabei. Wir andern müssen ununterbrochen weiterarbeiten.

Es verstreichen etwa 15 Minuten, dann ruft der Bauführer zwei andere Kameraden und befiehlt ihnen, die Eingegrabenen sofort wieder freizulegen. Natürlich fliegen die Schaufeln nur so, denn vielleicht sind sie doch noch zu retten. Einem der beiden wird in der Hast das ganze Gesicht durch eine Schaufel aufgerissen – aber er ist schon tot. Der andere gibt noch schwache Lebenszeichen von sich. Dann befiehlt der Bauführer, beide (!) Kameraden zum Krematorium zu bringen.

Z. Maszudro (Nr. 40991)

Kapitel V
Lagerstrafen

55. Erlebnisse im Bunker Buchenwald

Am 15. 10. 39 wurde ich in das Konzentrationslager Buchenwald eingeliefert. Auf dem Appellplatz hatte man Zelte aufgestellt und ein sogenanntes «kleines Lager» improvisiert, in dem ich unsägliche Martern zu erdulden hatte. Schon am 27. 10. 39 kam ich in den Bunker, weil ich beschuldigt worden war, mehrere deutsche Wachtmeister erschossen zu haben. Um ein Geständnis von mir zu erpressen, wurde ich in einer Weise gefoltert, wie dies ein normaler Mensch sich überhaupt nicht vorstellen kann. Im Lauf von 4 Wochen bekam ich im Abstand von etwa 10–14 Tagen insgesamt 175 Schläge auf den Hintern. Etwa zehnmal wurde ich in derselben Zeit für je 25 Minuten an den Handgelenken aufgehängt. 4 Monate sollte ich bei grimmiger Kälte nur mit Hemd und Unterhose bekleidet bei offenem Fenster auf dem Betonboden schlafen. Die Zelle teilte ich mit einem deutschen Kommunisten Jakob Boulanger aus Köln, der mir aus Mitleid seinen Anzug gab, obwohl dies streng verboten war und er wußte, daß er damit sein Leben aufs Spiel setzte. Ich war oft verzweifelnd und wollte mich erhängen, unterließ es nur, weil Boulanger mir sagte, ich solle nicht feige sein. Im September 1941 starb meine Mutter. Diese Nachricht wurde mir mit den Worten «Hier hast Du Deinen Brief, Deine Sauhure ist kaputt!» mitgeteilt. Da meine Sache unter eine Amnestie fiel, wurde ich im Frühjahr 1942 aus dem Bunker entlassen.

Zu meinem großen Erschrecken wurde ich im Januar 1944 als Kalfaktor im Bunker eingesetzt, wo ich bis November 1944 blieb. Abgelöst wurde ich, weil ich einigen Gefangenen Zigaretten eingeschmuggelt hatte. Ich erhielt 25 Hiebe mit einem Ochsenziemer und wurde auch an andern Körperteilen getreten und geschlagen. An den Mißhandlungen beteiligten sich der 2. Lagerführer [Erich] Gust, der Rapportführer [Hermann] Hofschulte und der Blockführer Heinrich. Bevor ich den Bunker verließ, wurde mir mitten über den Kopf ein Streifen aus den Haaren herausgeschnitten.

Die Kameraden im Krankenbau behandelten mich illegal und gegen den Willen der SS, doch bin ich durch die Mißhandlungen und die ständige Nervenanspannung mit meiner Gesundheit fast am Ende. Durch meinen stets unfreiwilligen langen Aufenthalt im Bunker habe ich in diese mittelalterliche Folterkammer des 20. Jahrhunderte Einblick bekommen. Der Tag begann schon um 5 Uhr mit Schikanen, besonders wenn der berüchtigte Massenmörder Sommer Dienst hatte. Da man in Kleidern schlief, mußte man sich blitzschnell ausziehen. Wehe demjenigen, der nicht nach Öffnung der Zelle sofort nackt zur Wasserleitung lief. Wehe auch demjenigen, der nicht in einer halben Minute wieder in seiner Zelle zurück war! Wenn ein Arrestant in dieser halben Minute nur drei fürchterliche Hiebe mit einer Reitpeitsche bekommen hatte, konnte er von Glück sagen.

Einmal wurden in einer Zelle – jede Zelle war 1 m breit und 2 m lang – 15 Häftlinge zusammengepreßt. Man gab ihnen nur einen Kindernachttopf, der etwa 10 Tage nicht entleert werden durfte. Der Boden schwamm in Kot. Schließlich ermordete Sommer alle 15 unglücklichen Opfer.

Die Bunkerzellen 1–13 waren mit Häftlingen belegt, auf der andern Gangseite waren Arrestanten der SS untergebracht. Ein besonderes Vergnügen für Sommer bestand darin, alle Häftlinge auf den etwa 1,20 m breiten Gang hinauszutreiben, sie Kniebeugen machen und hüpfen zu lassen, bis sie vor Erschöpfung liegen blieben. Dann trat er den am Boden Liegenden solange mit den Stiefelabsätzen auf den Kopf, bis Blut aus Nasen und Ohren floß. Erst dann hatte diese Bestie Ruhe.

Aus dem Zellenfenster zu schauen, bedeutete den sicheren Tod. Wen Sommer dabei erwischte, den erschlug er oder spritzte ihn ab. Diesselbe Strafe drohte dem, den er beim Lesen eines kleinen Stücks Zeitung, das als Klosettpapier ausgegeben war, antraf. So erging es z.B. einem Häftling Fischer, der ein altes, auf dem Klosett gefundenes Heft las.

Die Todesspritzen im Bunker wurden durch den SS-Arzt Hoven verabfolgt, im Sommer 1941 durchschnittlich 10 am Tag.

Es war verboten, in der Zelle hin- und herzugehen, man mußte in strammer Haltung von 5 Uhr früh bis 10 Uhr nachts auf die Tür schauen. Das Guckloch in der Tür enthielt ein Vergrößerungsglas, durch das jede Bewegung beobachtet werden konnte. Wer erwischt wurde, bekam 25 Stockhiebe. Wenn es Essen gab, dann meist nur die halbe Ration. Im Winter war es üblich, einen Häftling mit kaltem Wasser zu überschütten. Die Kleidung sollte am Leib «trocknen», während der Häftling am Zementboden schlief.

In einer Zelle lagen 7 Juden. Eines Tages erschien Sommer mit einer Blechkanne in der Zelle, erschlug mit ihr 2 Häftlinge, dann riß er ein Eisenstück aus dem Heizkörper und erschlug mit ihm die anderen. Von mindestens 100 Juden, die damals durch den Bunker gingen, hat ihn keiner verlassen.

Üblich war es auch, den Arrestanten Abführmittel ins Essen zu geben, nach deren Genuß sie an blutigem Stuhlgang erkrankten. Stopfmittel gab es natürlich nicht. Es gab 2 Klosetts im Bunker, einen für die Häftlinge und einen für die SS. Wenn ein Häftling 25 Stockhiebe bekam, mußte er sich bücken und den Kopf in das kotgefüllte SS-Klosett stecken. Nach vollzogener Prügelstrafe durfte er den Kot nicht abwaschen. In der halben Minute «Morgenwäsche» ging es auch kaum, so daß er oft wochenlang kotbeschmutzt herumlaufen mußte.

Zu meiner Zeit waren auch noch andere Häftlinge als Kalfaktoren tätig und zwar Roman Hedelmaier aus Wien. Er war Beamter im Presseministerium, saß 4 Jahre im Bunker, davon 2 Jahre als Kalfaktor. Im allgemeinen half er den Häftlingen, soviel er konnte, doch mußte er oft auf Befehl Sommers schlagen. Wenn er einen Häftling geschlagen hatte, brachte er ihm oft heimlich ein Brot, wobei er sich selbst der größten Lebensgefahr aussetzte. Als er sich weigerte, einen Häftling zu schlagen, sagte Sommer zu ihm: «Wenn Du nicht schlagen willst, dann schlage Dich tot!» Hedelmaier, der viele Sachen aus dem Bunker weiß, wurde entlassen und kam als Funker zum Militär. Das Gegenstück war der Kalfaktor Fischermann, ein früherer SA-Mann. Er benahm sich im Bunker genau wie die SS-Mörder. Auch er wurde entlassen.

Genauso war der Kalfaktor Horesi, der von der SS als Zinker benutzt wurde. Er kam zu seinem eigenen Schutz gegenüber den Häftlingen in den Bunker, wo er die eingesperrten Kameraden an Sommer verriet und viele dem Tod auslieferte. Da er auch von den Schweinereien der SS zuviel wußte, wurde er später im Steinbruch erschossen.

Im Büro Sommers, des berüchtigten Arrestaufsehers, stand ein ständig von innen erleuchteter Totenkopf. Um Aussagen zu erpressen, benutzte Sommer die ausgeklügeltsten Torturen. Außer den schon geschilderten Methoden wählte er oft den Hungertod. Da er selbst das Essen ausgab, entzog er einem Eingesperrten solange das Essen, bis er tot war. Außer den Lagerärzten hat er selbst viele Häftlinge abgespritzt. Sein Stellvertreter war Scharführer [Anton] Bergmeier, der zwar entsetzliche Prügel austeilte, aber meines Wissens niemals einen Häftling direkt ermordet hat.

Die Ursachen, weshalb einer in den Bunker kam, waren fast immer ganz nichtig. Ein Jude z. B. kam wegen Rauchens während der Arbeitszeit in den Bunker, ein anderer wegen angeblicher Faulheit. An einem kalten Wintertag trugen 3 Häftlinge Koks in den Heizungskeller. Um sich aufzuwärmen, blieben sie dort ein paar Minuten, wobei sie von Sommer überrascht wurden. Er nahm sie in den Bunker und ermordete sie durch Spritzen. Wenn ein Häftling beim Vorbeireiten der Frau des Massenmörders Koch hinschaute, schrieb sie seine Nummer auf, und der Unglückliche kam meistens in den Bunker. Und das hieß in den meisten Fällen Krematorium.

Schreckliche Folterungen kamen besonders 1940–41 vor. So wurden einmal 7 junge polnische Häftlinge mit Ketten in ihrer Zelle an der Pritsche aufgehängt. Sie bekamen nur Salzgurken und Salzwasser und ihre Qualen, die sie zum Wahnsinn trieben, waren unerträglich; alle starben auf diese gemeine Weise. Noch immer klingen mir die Schmerzenrufe und Schmerzenschreie nach «Vater und Mutter» in den Ohren.

Ein tschechischer Kommunist auf Zelle 11 bekam 7 Tage lang nichts zu essen. Dann ging Sommer in seine Zelle und sagte ihm: «In 3 Tagen bist Du erlöst!» Als der Kamerad auf die Frage nach der Zahl seiner Kinder antwortete: «sieben», sagte Sommer: «Das sind genau solche Verbrecher wie Du!» Der Kamerad wurde nach 2 Tagen von seinem Leiden befreit.

Eines Morgens stand im Waschraum unter dem Waschbecken eine mit einem weißen Laken bedeckte Kiste. Als ich das Laken hochhob, sah ich eine männliche Leiche, deren Arme und Beine vom Rumpf getrennt waren.

Einmal mußte ich auf den Boden des Bunkers (Raum unter dem Dach), die Kleider der Ermordeten sortieren. Es waren Kleidungsstücke von etwa 800 Häftlingen, vorwiegend Juden. Im Sommer 1941 wurde der Reichsdeutsche Bergel von Dr. Hoven durch Abspritzen ermordet Auf dieselbe Weise wurde im Januar 1941 der Pole Wicziak aus Mieszlowitz erledigt, ebenso im Juli 1941 der polnische Sergeant Karl Zajac, nachdem er 7 Tage lang nichts zu essen bekommen hatte. Ein polnischer Militärgeistlicher Galczynski aus Krakau erlitt im Mai 1941 dasselbe Schicksal, desgleichen ein Prälat aus Bromberg, dessen Namen ich nicht mehr weiß. Ihm legte man zur Last, er habe zur Ermordung an Deutschen in Bromberg aufgefordert, er sagte mir aber, dieses habe er nie getan, dagegen habe die SS nach ihrem Einmarsch deutsche antifaschistische Arbeiter in Massen erschossen, um diesen Mord den Polen in die Schuhe zu schieben. Während der Zeit meiner Bunkerhaft wurden mindestens 300–400 Häftlinge ermordet, erst ab 1944 änderten sich die Methoden. Die Todeskandidaten wurden nicht mehr im Bunker erschlagen, sondern ins Krematorium geführt, dort erhängt und verbrannt. Dadurch hatten die SS-Mörder weniger Mitwisser und konnten ihre Mordtaten besser verschleiern. Zwei besondere Fälle will ich noch am Schluß anführen: Wegen einer politischen Trauerkundgebung in der Effektenkammer wurden zahlreiche Kameraden eingesperrt. Diese wurden vor allem bei der Gestapo in Weimar schrecklich mißhandelt. Sie kamen vorübergehend in den Bunker, wobei mir z. B. der Kamerad Willi Bleichert Brandwunden am ganzen Körper zeigte, die ihm mit glühenden Zigarren beigebracht worden waren.

Im August 1944 wurden englische Fallschirmjäger eingeliefert. Sie wurden alle nach und nach abends in den Bunker eingesperrt. Morgens wurden sie zum Krematorium gebracht und dort erhängt. Der Kapo vom Krematorium hat an diesen Verbrechen mitgewirkt und muß die genaue Zahl kennen.

Richard Gritz[1], *Antonienhütte*

56. «Vernehmung bis zur Aussage!»

In dem sogenannten Bunker, der offiziell «Zellenbau» genannt wurde, waren als SS-Personal Oberscharführer Sommer und Oberscharführer Bergmeier und als Kalfaktor ein Häftling aus Düsseldorf.

Wurde ein Häftling eingeliefert, so mußte er sich nackend ausziehen, und seine Kleider wurden peinlichst genau durchsucht. Während der Durchsuchung der Kleider wurde der Häftling abwechselnd von dem SS-Mann oder von dem Kalfaktor mißhandelt.

Dann wurde der Eingelieferte in eine verdunkelte Zelle gebracht, mit einer Handschelle an der Heizung angeschlossen und konnte sich demzufolge nicht bewegen. Nachts machte der Kalfaktor auf Filzpantoffeln unhörbar seine Rundgänge. Fand er einen Häftling schlafend, so schlug er mit einem Gummiknüppel auf den Häftling ein. Schrie der Häftling vor Schmerz auf, so kam Sommer mit dem Ochsenziemer und schlug den Häftling solange, bis er bewußtlos war. Oft mitten in der Nacht kam der Kriminal-Assistent Leclaire und ließ den Häftling vorführen. Zur Auffrischung des Gedächtnisses gab er ihm erst ein paar Schläge mit dem Ochsenziemer über den Kopf, dann sagte er die schönen Worte: «Daß Du nie mehr lebend herauskommst, bist Du Dir doch klar. Und wenn Du lügst, bekommst Du Hiebe, bis Du lachst!» Sagte der Häftling nicht genug darüber aus oder schwieg, so wurde bei dem damaligen Kommandanten Koch der berühmte Zettel geholt: «Vernehmung bis zur Aussage.»

War dieser Zettel da, dann kam Sommer mit einem Strick, band die Hände des Häftlings auf dem Rücken zusammen, zog den Strick durch die im Mittelgang befindlichen Ringe mit dem Erfolg, daß der Häftling ca. 30–50 cm schwebend über dem Boden hing. Diese Prozedur war grausam und sehr schmerzhaft. Sommer und Leclaire legten noch einen Strick um den Hals des Häftlings und zogen ihm die Luft weg und hingen sich eventuell noch an den Beinen des Aufgehängten. Nach meistens 20 Minuten war der zu Vernehmende bewußtlos; unter diesen Folterqualen sind manchmal Geständnisse erpreßt worden, die unter normalen Umständen nie ein Mensch ausgesagt haben würde. Aber es hat auch Häftlinge gegeben, die trotz dieser Folterei nichts ausgesagt haben. Nutzte diese «Baumelei» nichts, dann bekam der Häftling nichts zu essen und zu trinken und wurde jeden Tag vernommen. Aufgehängt wurde ein zu Vernehmender bis zu dreimal, und das Fasten wurde bis auf zehn Tage ausgedehnt. Hatte ein Häftling bis zum zehnten Tage nichts gesagt, dann kam die letzte Prüfung: Baumeln mit dem Kopf nach unten. Ich selbst habe das nur ungefähr 15 Minuten ausgehalten. Hatte dann alles noch nicht zu einem befriedigenden Resultat geführt und die Politische Abteilung meinte, daß der Häftling ein schwieriger Fall sei, dann bekam er eines Abends eine Tasse Tee, unter dessen Einwirkung schlief er dann ein und Sommer gab eine Injektion. Am anderen Morgen klang es durch das Radio: «Leichenträger sofort zum Tor!» Der Lagerarzt schrieb auf den Totenzettel: «Tod durch Kreislaufstörung.» Trank der Häftling den Tee nicht, so kam alle paar Minuten Sommer oder der Kalfaktor an das Zellenfensterchen nachsehen, ob der Mann nicht schlief. Dann wurde am anderen Tage warmes Essen in die Zelle gebracht, das vergiftet war. Wurde damit auch kein Erfolg erzielt, dann bekam Sommer eine sonderbare Anwandlung, aber nur dann, wenn der Häftling keinen anderen belastet hatte, und beantragte die Entlassung des Bunkerinsassen, die fast immer stattfand. Bei seiner Entlassung gab Sommer dem zu Entlassenden meist Rauchwaren.

Kurt Leeser, Aachen

57. Das Martyrium des Pfarrers Schneider

Im September 1937 wurde der Pfarrer der evangelischen Bekenntniskirche [Paul] Schneider nach Buchenwald gebracht.[2] Als er bei der sogenannten Flaggenparade, dem täglichen Hissen der Nazifahne, nicht die Mütze abnahm, erhielt er sofort 25 Stockhiebe auf den Hintern und wurde in den Bunker gesperrt. Im Bunker blieb Pfarrer Schneider über 18 Monate, bis er nach qualvollen Leiden endlich ermordet wurde.

Fritz Männchen, der eine Zeitlang mit Schneider zusammen in einer Zelle saß, berichtet, daß bei jedem Öffnen der Zelle Schneider von dem berüchtigten Bunkerscharführer Sommer mit einem Ochsenziemer geschlagen wurde. Die Zelle Schneiders war ständig verdunkelt, auf dem Boden stand das Wasser 5 cm hoch, die Wände waren völlig naß. Schneider durfte sich während seiner ganzen Haftzeit niemals waschen, er wurde auch niemals zum Baden geführt, wie es bei andern Arrestanten der Fall war. Dadurch waren seine Kleider völlig verlaust, am ganzen Körper hatte er oft faustgroße Löcher von den Schlägen, die ständig eiterten, da er selbstverständlich niemals Verbandszeug oder etwas Ähnliches zum Behandeln der Wunden erhielt. Es ist unfaßbar, daß ein Mensch ein solches Martyrium derart lange aushalten kann, wie Schneider es tat. Gerade dies reizte die SS-Mörder besonders, weil es ihnen nicht gelang, Schneider zu Tode zu quälen. Selbstverständlich erhielt er auch nur in ganz unregelmäßigen Zeitabständen etwas zu essen, so daß er völlig zum Skelett abgemagert war.

Als es der SS zu lange dauerte, bis ihr unglückliches Opfer starb, gab Sommer eines Tages ein Herzlähmungsmittel ins Essen. Da Schneider aber stets nur wenig aß, wirkte das Mittel nicht. Infolgedessen ließ Sommer ihm vom Lagerarzt eiskalte Wickel geben, die so lange erneuert wurden, bis Schneider einen Herzkollaps bekam und starb. Noch am Tage vor seinem Tod wurde Schneider ans Tor gerufen und dort von Sommer mit dem Ochsenziemer geprügelt.

Die Frau und Kinder Schneiders baten die Kommandantur, ihren toten Mann und Vater noch einmal sehen zu dürfen, was von Koch aus Propagandagründen genehmigt wurde. Um die entsetzliche Entstellung der Leiche infolge der Schläge usw. zu verdecken, wurde der tote Kamerad von einem SS-Friseur geschminkt (!) und bekam eine Perücke aufgesetzt! Dann wurde er unter Blumenschmuck feierlich in der Garage aufgebahrt. Nachdem die Familie unter Tränen von ihrem ermordeten Vater und Mann Abschied genommen hatte, wurden die Angehörigen von dem Sadisten Koch, der den Mord ja befohlen hatte, ans Tor gebracht. Bei der Verabschiedung sagte Koch unter Tränen (!) zu Frau Schneider: «Ihr Mann war mein bester Häftling. Gerade als ich ihm seine Entlassung mitteilen wollte, starb er an Herzschlag!»

Fritz Männchen, Dresden
Josef Schappe, Düsseldorf

58. Die letzten Tage im Bunker

Auf Veranlassung der Direktion der Gustloffwerke, der Faschisten Tänzer, Siedeck, Saupe wurde ich am 1.4.45 am Ostersonntag wegen angeblicher Sabotage verhaftet, von Sturmscharführer Jackobs zum Tor gebracht und in den Bunker gesperrt. In der Zelle 2, in die ich eingeliefert wurde, befanden sich bereits ein Pole und 2 Letten. Die Zelle war 1 m breit und 2 m lang. Zwei von uns schliefen auf einer Holzpritsche, die beiden andern auf dem Betonboden. Ein verrosteter Marmelade-Eimer war zum Verrichten der Notdurft in die Zelle gestellt. Außerdem hatten wir 2 total zerlumpte und verlauste Decken sowie einen Strohsack ohne Stroh.

Um 5 Uhr war Wecken. Das Waschen, Kübelleeren und Auskehren durfte höchstens 2–3 Minuten dauern, sonst gab es Schläge. Suppe gab es um 17 Uhr, anschließend Brot, gelegentlich einmal Marmelade und sehr selten Margarine. Oft aßen die SS-Räuber unsere Marmelade auf, und mit unserer Margarine brieten sie sich Bratkartoffeln.

Nach 6 Tagen wurde ich in die Zelle 3 verlegt und gezwungen, Kalfaktordienst zu tun. Dabei konnte ich feststellen, wer in den verschiedenen Zellen saß.

In der Zelle 1 war eine Russin, die an einem der letzten Tage vom Oberscharführer des Bunkers erwürgt wurde. Das Schreien und schließlich das Röcheln hörte ich deutlich. In der Zelle 4 lagen 4 holländische Kameraden, in der Zelle 5 waren 4 Russen, ebenso waren in der Zelle 6 fünf russische Kameraden, die zum Skelett abgemagert waren. In Zelle 7 befanden sich 5 Kameraden aus verschiedenen Nationen. Die Zelle, in der 2 Kameraden saßen, wurde niemals geöffnet Das war die eine Seite des Ganges.

Die gegenüberliegenden Zellen waren meist mit SS-Leuten belegt; so saßen in der 1. Zelle 2 ukrainische SS-Leute, in der 2. Zelle 3 italienische. Daneben war wieder ein Kamerad in strenger Isolierung, den ich nur einmal durch die Türklappe sah. In der Nacht von Montag auf Dienstag wurden alle Häftlinge auf dieser Seite, sowie die Kameraden aus den Zellen 5–8 von den SS-Bestien ermordet.

Obwohl ich selbstverständlich die Morde nicht mit eigenen Augen sah, gibt es dafür genügend Beweise. Schon in der Nacht hörte ich deutlich ersticktes Schreien und Röcheln auf dem Gang. Am Morgen waren die genannten Zellen alle leer. Am Boden beim Eingangsgitter und an den Wänden waren überall frische Blutspuren, die ich abwaschen mußte. Stark verblutete Handschellen, an denen noch Fleischfetzen hingen, lagen im Spülbecken des Waschraumes, blutgetränkte Stricke hingen in der Gerätekammer. Zwei mit frischem Blut getränkte Drillichanzüge der SS-Mörder mußte ich auswaschen und in die zweite und dritte Zelle der rechten Gangseite zum Trocknen aufhängen. Die Kragen dieser Drillichröcke, die von den SS-Mördern beim Begehen ihrer Schandtaten angezogen wurden, waren völlig zerfetzt.

Die Leibwäsche der SS-Mörder war ebenfalls blutdurchgetränkt und lag noch am Tag unserer Befreiung im Waschraum. 4 Paar völlig blutdurchtränkte Socken mußte ich gleichfalls auswaschen.

Am Mittwoch, dem Tag unserer Befreiung, wurden schon in aller Frühe sämtliche Folterwerkzeuge in einen offenen Korb verpackt und weggebracht.

Am Abend vorher (Dienstag) fragte ich den Hauptscharführer des Bunkers, was mit mir werden solle, worauf er mir antwortete: «Das weiß ich nicht, ich habe noch keine Befehle!» Der erste Befehl, der am Mittwoch an die Mordbanditen kam, hieß: «Bereit halten!» Darauf packten die Mörder überstürzt ihre Sachen ein. Schon 2 Stunden, bevor das Sirenensignal für das Herannahen feindlicher Panzer ertönte, war der Oberscharführer verschwunden. Die beiden andern SS-Mörder des Bunkers standen vor der Tür und warteten auf Befehle. Als dann das Warnsignal für herannahende Panzer ertönte, rannten die feigen Mörder schleunigst davon. Noch während sie am Rennen waren, klingelte das Telefon etwa 20–25mal, aber die Ausreißer hörten gar nicht mehr hin. So konnte der letzte Mordbefehl, der wohl noch als telefonische Anweisung durchgegeben werden sollte, nicht mehr ausgeführt werden. Nur diesem Umstand verdanke ich mein Leben.

Als dann unsere Kameraden nach der Flucht der SS das Tor und die Türme erstürmten, wurde der Bunker mit Hacken gesprengt, und wir wurden auf diese Weise befreit.

Bruno Falkenberg[3], *Kapo im Gustloff-Werk*

59. SS-Hauptscharführer Sommer

Ein Name, der jahrelang in Buchenwald Angst und Schrecken verbreitete. Als im Verlauf des Prozesses gegen den früheren Lagerkommandanten Koch auch er verhaftet wurde, mußte er die Ausführung von 150 Morden in einem halben Jahr gestehen, die heute noch dokumentarisch belegbar sind.

Ein Hauptspaß war es für Sommer, wenn er die Delinquenten eigenhändig erwürgen konnte. In anderen Fällen wieder begnügte er sich mit der Methode der Injektion: Luft, Chloralhydrat oder Evipan waren seine liebsten Mittel.

Sommer pflegte sich seine Opfer am Abend in sein Zimmer zu holen, wo er sie dann «erledigte». Die Leichen legte er unter sein Bett, auf dem er anschließend wohlbefriedigt über sein gelungenes Tagewerk den Schlaf des Gerechten schlummerte. Am Morgen wurden die Leichenträger beauftragt, die Leichen abzuholen, und fanden sie unter dem Bett des Herrn Hauptscharführers.[4]

Kurt Leeser, Aachen

60. Mordmethoden Sommers

Während meiner im Bunker Buchenwald zugebrachten Zeit mußte ich eine Reihe von Mordmethoden des Bunkeraufsehers Sommer kennenlernen, die in ihrer ganzen Brutalität für spätere Zeiten festgehalten seien:

Um von einem Häftling ein Geständnis zu erpressen, machte dieses Vieh in Menschengestalt folgendes: Der Häftling mußte zuerst seinen Hodensack in eine Schüssel mit eiskaltem Wasser legen, darauf in eine solche mit fast kochendem Wasser. Diese Prozedur wiederholte sich mehrmals, bis die Haut ganz entzündet und verbrüht war. Darauf pinselte Sommer den Hodensack mit Jod (!) ein, was zu wahnsinnigen Schmerzen führte.

Der Gang des Bunkers zwischen den Zellenreihen war mit eine Gittertür abgeschlossen. Zwischen die Wand und Gittertür steckte Sommer den Kopf eines Häftlings, dann schlug er die Tür mit aller Kraft zu, so daß der Kopf abgequetscht wurde.

In vielen Fällen hängte Sommer die Häftlinge an den nach rückwärts gebogenen Armen mit Ketten am Fenstergitter auf. In dieser qualvollen Stellung ließ er die unglücklichen Opfer oft 3–4 Tage hängen. Dann warf er ihnen eine Decke über den Kopf und erwürgte sie.

Die «einfachste» Todesart für Sommer war die, daß er einem Todeskandidaten einen Strick um den Hals legte und den Häftling eigenhändig am Heizkörper oder Fensterkreuz aufhing. Viele Häftlinge wurden aber von Sommer auch einfach mit einem Dreikanteisen erschlagen. Von einem Fall ist mir bekannt, daß Sommer eine eiserne Klemme an beiden Schläfen ansetzte und solange zuschraubte, bis die Hirnschale durch den Druck zerquetscht wurde.

Wenn auch das «Abspritzen» der Häftlinge ein Vorrecht des SS-Arztes war, so betätigte sich doch auch Sommer auf diesem Spezialgebiet der SS-Medizin.

Fritz Männchen, Dresden

61. Im schwarzen Bunker

Ich bin Bibelforscher. Am 10. Februar 1938 wurde ich ins KL Buchenwald eingeliefert. Nach der Aufnahme kamen wir wie alle Bibelforscher in die Strafkompanie, wo ein ganz besonderer Wind wehte.

Das Glück schien mir hold zu sein; ich war Schneider, und solche wurden dringend benötigt. So kam ich nach einigen Wochen in die SS-Schneiderei. Aber das Kommando wurde für mich zu einem Verhängnis. Die Einrichtung war primitiv, und es fehlte an den nötigsten Werkzeugen und Arbeitsmaterialien. Der Meister war ein Zivilist, der immer wieder nach einem Schneiderfachbuch verlangte. Ich erwähnte, ein solches zu besitzen. Auf Anraten des Zivilisten ließ ich mir dieses Fachbuch schicken. Empfänger war der Zivilist. Im Verlauf von Differenzen, die der Zivilist mit SS-Angehörigen bekam, wurde ermittelt, auf welche Art und Weise das Fachbuch herangeschafft worden war, und dieser harmlose Verstoß gegen ungeschriebene Gesetze der Lagerordnung wurde mir zu einem schlimmen Verhängnis.

Am Abend des 23. Februar 1939 ging dafür das gesamte Kommando – es waren 34 Mann – über den Bock. Die Betroffenen erhielten zwischen 10 und 25 furchtbare Stockhiebe.

Zum Abendappell des 24. Februar überreichte mir der Blockälteste einen Zettel: «An Schild 2 antreten.» Nach Beendigung des Appells erscholl der Ruf: «Die bestellten Häftlinge im Laufschritt ans Tor.» Der Bock stand schon wieder bereit. Wir erhielten je 25 Stockhiebe. Anschließend ging es in den berühmten «schwarzen Bunker.» Dies war der Schlafsaal der Baracke 3, der vollständig verdunkelt war. Jede Fuge und jede Ritze war mit Papier überklebt. Man konnte nichts sehen. Heizung gab es nicht. An den Wänden setzte sich durch die hermetische Abschließung viel Feuchtigkeit ab, lief an den Wänden herunter und bildete feuchte Lachen auf den Dielen. Nach diesen Stellen tastete ich, um mich hineinzusetzen und die furchtbare Hitze im Gesäß und die unerträgliche Spannung der Haut etwas zu mildern.

Eines Nachts waren drei unserer Kameraden ausgebrochen, um sich mit Lebensmitteln zu versehen. Sie wurden ertappt und wieder eingeliefert. Durch tägliche Neueinlieferung war die Belegschaft des «schwarzen Bunkers» inzwischen erheblich angewachsen. Unter den mit dem schwarzen Bunker Bestraften befanden sich Kameraden, die unglaublich geringfügige Vergehen begangen hatten. Für den Ausbruch der drei Kameraden ging die gesamte Belegschaft über den Bock.

Waschen konnten wir uns nur alle zwei bis drei Tage, rasieren nur alle 14 Tage. Alles selbstverständlich im Eiltempo. Wir magerten furchtbar ab. Der Raum war vollständig kahl, es gab keine Decken, kein Stroh, kein Licht, kein Wasser. In einer Ecke standen zwei Kübel für die Notdurft. Wir mußten uns dorthin tasten. Die Fäkalien entwickelten in dem hermetisch abgeschlossenen Raum eine stickige, unerträgliche Luft. Geschlafen wurde Körper an Körper unmittelbar auf der harten Diele. Die Schuhe, von der Mütze bedeckt, dienten als Kopfkissen, die Jacke mußte die Decke ersetzen. Wir wärmten uns durch unseren eigenen Hauch. In langen Reihen lagen wir aneinander geschmiegt, um nicht zu erfrieren. Keiner durfte seine Lage verändern. Alles ging nach Kommando. Zwei oder drei Stunden hielten wir es so aus, dann waren wir vollständig durchgefroren. Nun wurde wieder im Kreise marschiert, bis wir ein wenig warm wurden. Machte einer schlapp, wurde er in die Ecke gelegt. Lag er dort zwei Tage, wurde er weggeholt; die meisten gingen dann ein. So vergingen Tage und Wochen. Tote und Halbtote wurden hinausgeworfen. Eine Strafdauer gab es ebensowenig wie bei der ganzen Schutzhaft. 50 Tage brachte ich so zu, war aber dann am Ende meiner Kraft.

Am 14. April 1939 wurde die Tür aufgerissen, SS erschien mit dem Ruf: «Alles raus!» Vollständig verdreckt standen wir auf dem Appellplatz hinter den zum Appell angetretenen Kameraden des Lagers. Das Tageslicht blendete uns und schmerzte. SS-Standartenführer Koch inspizierte. Keiner wagte sich zu rühren. Der Kommandant nahm jeden «Sünder» des «schwarzen Bunkers» vor. Wir wurden neu sortiert, und ich hatte das Glück, den wenigen Kameraden zuzugehören, die an diesem Abend den «schwarzen Bunker» verlassen durften. Das Lager mit allen seine Gefahren mutete uns an wie die goldene Freiheit.

Am 20. April, zum Geburtstag Hitlers, wurde dann der «schwarze Bunker» endgültig aufgelöst.

Otto Leischnig (Nr. 2678), Pockau/Erzgebirge

62. Geschichten vom Bock

Wenn ich auch selbst in meiner langen Haftzeit das unwahrscheinlichste Glück hatte, daß ich nie «über den Bock ging», mit Ausnahme bei Gestapo und Polizei in Breslau, so habe ich doch als gezwungener Zuschauer und Teilnehmer vieler hundert Exekutionen viele Erlebnisse gesammelt. Ich will hier nur drei Fälle schildern, die besonders charakteristisch dafür sind, welche Zufälle und Sinnlosigkeiten oft zu schwerer körperlicher Züchtigung von Häftlingen führten.

Der damalige Lagerführer Rödl hielt eines Tages den Wagen einer Fuhrkolonne, der seiner Ansicht nach zu langsam fuhr, an und brachte den Vorarbeiter, den Dessauer Juden Leo Moses, zum Tor, um ihm dort 20 Stockhiebe geben zu lassen. Moses ging zu Rödl und erklärte ihm, er sei schon über 5 Jahre im Lager, noch nicht bestraft usw. Darauf sagte Rödl in seinem unverfälschten bayrischen Dialekt: «Da krieag halt bloß zehn auf den Arsch!» Nochmals ging Moses zu Rödl und erinnerte ihn daran, daß sie zusammen in Sachsenburg gewesen seien, was Rödl zu folgendem Entscheid veranlaßte: «Aba fünfa kriagst!» Und dabei blieb es.

Der Kapo des Holzhofes hatte gegen das Verbot des Kommandanten der Frau des damaligen Lagerarztes Ding einen Korb Brennholz gebracht. Da zwischen Frau Ding und Frau Koch Feindschaft herrschte, meldete die Frau Koch die Sache ihrem Mann, der darauf dem Holzhof-Kapo 25 Stockhiebe verabfolgen ließ. Einige Tage später schickte Frau Koch in den Holzhof um einen Sack Brennholz. Der Kapo verweigerte dies unter dem ausdrücklichem Hinweis auf seine soeben erst erhaltene Strafe. Darauf ließ ihn Koch am Abend nochmals auspeitschen, weil er sich geweigert hatte, den Befehl der Kommandeuse auszuführen!

Eine lange Zeit 1939/40 war es üblich, daß jede Auspeitschung vor dem ganzen Lager durchgeführt wurde. Die zum Auspeitschen bestimmten Häftlinge kamen nach dem Abendappell ans Tor, während alle anderen

Häftlinge auf dem Appellplatz stehenbleiben mußten. Am Mikrophon wurde jeder einzelne Häftling mit Name, Strafgrund und Strafhöhe verlesen, worauf das Opfer auf den Bock geschnallt und vor versammelter Mannschaft geprügelt wurde. Das Jammern und Schreien der Unglückseligen gellte uns schauerlich in den Ohren. Um das etwas zu vertuschen, erfand Rödl folgende Methode: Der Rapportführer las 3–4 Fälle am Mikrophon vor, dann muß die Lagerkapelle einen Marsch spielen, und die Kameraden wurden zur Musikbegleitung mißhandelt! Solche SS-Kulturdarbietungen dauerten manchmal 2 Stunden und mehr!

Stefan Heymann, Mannheim

63. «Auf der Flucht erschossen!»

Einige Einzelheiten aus den geheimen Sektionsprotokollen des Jahres 1940 im Konzentrationslager Buchenwald. Untersturmführer Dr. Gutacker war damals Leiter der Pathologie, der die Sektionen durchführte. Untersturmführer Dr. Hübner vom Pathologischen Institut der Universität Jena wurde als 1. Oberarzt zugezogen, und ein SS-Führer des Lagers war als Zeuge anwesend. Es wurde also alles mit echt nationalsozialistischer Ordnung und Gründlichkeit betrieben – nämlich die Tarnung der tatsächlichen Verhältnisse.

Im Juni 1940 scheint eine Fluchtepidemie im Lager geherrscht zu haben, denn vom 14. 6. bis 14. 7. gab es nicht weniger als 34 Erschießungen! Sieht man allerdings näher zu, so erkennt man mit Staunen, daß nicht etwa die Stärksten und Kräftigsten des Lagers Fluchtpläne hegten, sondern offenbar gerade die Schwachen.

Von den 34 Protokollen zeigen 28, d. s. 82 % als Einleitung des Sektionsprotokolles den Vermerk «herabgesetzter» oder «schlechter» Ernährungs- und Kräftezustand. Wir greifen willkürlich einen Fall heraus: Nr. 622/40, Personalien: Sally Cohen, ehemaliger Rechtsanwalt, das Sektionsprotokoll beginnt mit der äußeren Besichtigung: «Leiche eines 61 jährigen Mannes in herabgesetztem Ernährungs- und Kräftezustand.» Ein entkräfteter Greis, der fliehen wollte und daher erschossen wurde!

Insgesamt wurden in den 6 Monaten vom 14. Juni bis 14. Dezember 78 Häftlinge «auf der Flucht erschossen.» 9 weitere Häftlinge begingen Selbstmord durch Erhängen – die meisten dürften noch kurz vorher nichts davon gewußt haben. Ein typischer Fall war die «Flucht» des Häftlings Steidle, des einstmaligen Landesdirektors von Tirol, Mitglieds der österreichischen Bundesregierung und Heimwehrführers. Ihm wurde erklärt, daß er am Abend nicht mehr ins Lager zurückgehen dürfe, er solle also freiwillig durch die Postenkette gehen. Das lehnt er ab. Aber am Nachmittag hatte die SS ihn doch so weit, daß er mit erhobenen Armen und einem Lächeln auf den Lippen, ruhig und gelassen auf den Posten zuging, der ihn – wohl ebenso ruhig und gelassen – niederschoß.

Da war der Fall Gerdes, der Schwiegersohn des letzten österreichischen Bundespräsidenten Miklas und nur aus diesem Grunde in Schutzhaft. Eines Tages wurde er in den Steinbruch geschickt. Aber er hatte «Glück», er wurde nämlich so schwer verprügelt, daß er in den Häftlingskrankenbau geschickt werden mußte und dort Schonung bekam. Das mißfiel jedoch einem SS-Helden, dem Unterscharführer Kubitz. So ging er eines Morgens hin und holte sich zu seinem Privatvergnügen den Häftling Gerdes aus der Schonung in den Steinbruch; dort hat er ihn dann auch eigenhändig «umgelegt».

Major Höffner war in das Konzentrationslager gekommen, weil seine Frau eine Jüdin und er ein Österreichischer war. Man sagte ihm: «Du mußt Dich scheiden lassen.» Er lehnte das ab und weigerte sich auch noch, als man ihm drohte. So kam, was kommen mußte. Höffner wurde «auf der Flucht erschossen.»

Einen ganzen Tag lang war der Häftling Humer im Konzentrationslager. Er war früher einmal Polizeidirektor von München gewesen und als Demokrat bekannt. Kaum aufgenommen wurde er dem Kommando Steinbruch zugeteilt und «auf der Flucht erschossen.»

Gustav Wegerer, Wien

64. Strafexerzieren!

In der Sprache des Konzentrationärs bedeutet der Ausdruck «Erdkunde» ungefähr das, was man als Strafexerzieren bezeichnet Man hat eben die Erde untersucht. Unzählige Male mußte das ganze Lager nach dem Abendappell aus den nichtigsten Gründen schweren Sport machen. Entweder waren manche Blocks angeblich nicht genau ausgerichtet auf Vordermann, Seitenrichtung aufmarschiert, oder es war Lärm auf dem Appellplatz gewesen, oder es standen Blocks nicht wie hingegossen. Hände stramm angelegt. Ein anderes Mal hatte irgend einer der Zehntausend ausgespuckt, oder das Kommando «Mützen ab, Mützen auf» hatte nicht einheitlich genug geklappt. Für solche Vergehen gab es Kollektivstrafen. Oft und oft wurde in Zehnerreihen unter der Aufsicht von mit Peitschen und Knüppeln bewaffneten SS-Leuten Laufschritt gemacht, mit kurzen Pausen stundenlang. Hinlegen, auf Marsch, Marsch-Hüpfen, springen, rollen allein und zu zweit, den abschüssigen Appellplatz herunter und hinauf. Blockführer schlugen über Köpfe und Arme, liefen über die am Boden liegenden Menschen mit den schweren Stiefeln und traten manchem die Zähne ein oder brachen ihm einige Rippen. Besonders auf Schwache hatten es die Blockführer abgesehen, und wer den Laufschritt nicht aushalten konnte, torkelte oder gar hinfiel, wurde durch Tritte und Schläge zu Tode gemartert.

Wie viele Male meldeten Blockführer, daß sie bei ihren täglichen Kontrollen nicht genügend vierkantig gebaute Betten oder nicht einwandfrei eingerichtete Spinde festgestellt hatten und sämtliche Insassen des betreffenden Blocks mußten schweren Sport machen.

«Erzieht euch eure Leute selbst!» hieß es dann. Das war die Aufforderung, den Häftling, der aufgefallen war und für den der ganze Block zum Strafsport bestimmt worden war, «fertig zu machen.» Rechts vom Appellplatz lag viele Jahre hindurch ein hoher und langer Berg von Straßensplit. Besonders im Winter wurde er gern als geeigneter Platz zum Strafexerzieren ausgesucht. Im tiefen Schnee mußte man hinaufwaten, oben kam man mit pochendem Herzen und schlagenden Lungen an, und dann hieß es «Hinlegen» und man sauste den steileren Abhang der Gegenseite über den vereisten Schotter hinunter, wobei Hände und Gesichter blutig aufrissen. Im Sommer war wieder die andere Seite des Appellplatzes beliebt, wo sich durch Ausheben von Fundamenten für spätere Bauten tiefe Gruben befanden, die voll Wasser blieben. Da war es nur ein «Scherz» für manchen Blockführer, durch einen Faustschlag oder Tritt einen Häftling hinunterzuschleudern, und wenn er mit Wasser und Schlamm bedeckt wieder heraufkletterte, das Spiel zu wiederholen. Es gab Monate, wo kein Tag verging, an dem nicht Arbeitskolonnen von SS-Männern aufgehalten wurden. Entweder waren sie angeblich zu langsam oder hatten zu kleine Steine, zu wenig Bretter oder dergleichen getragen. Und sofort an Ort und Stelle wurde Strafsport gemacht. Daß dadurch wieder Arbeit verzögert wurde, darauf kam es ja nicht an, es galt ja den Häftling mürbe zu machen.

Gustav Herzog, Wien

Kapitel VI
Sanitäre Fragen

65. Geschichte des Krankenbaus Buchenwald[1]

Als das Lager im Juli 1937 eröffnet wurde, gab es noch keinen Krankenbau. Die ersten Kranken wurden im Block 1 untergebracht. Durch das mörderische Arbeitssystem stieg die Zahl der Kranken sehr rasch, so daß bald der ganze Block 2 für Revierzwecke eingerichtet werden mußte. Erst im Sommer 1938 wurde mit dem Bau von 2 Krankenbaracken im jetzigen Gelände des Krankenbaus begonnen. Die erste Baracke enthielt die Verwaltungsräume, außerdem die innere und äußere Ambulanz, die Apotheke, die Diätküche, einen kleinen Operationssaal, einen Bestrahlungsraum und einen kleinen Krankensaal. Diese Einrichtungen waren alle sehr primitiv. In der zweiten Baracke waren die Krankensäle untergebracht.

Die damals im Krankenbau beschäftigten Häftlinge waren überwiegend BVer und Asoziale, dementsprechend waren auch die Zustände im Krankenbau. Vom Essen wurde Fett und Fleisch abgeschöpft und verschoben, die Behandlung der Kranken richtete sich darnach, ob einer etwas zahlen konnte oder nicht. Wer nichts hatte, kam um. Den Verstorbenen wurde das Zahngold ausgebrochen, daraus Schmucksachen verfertigt, die weiter verkauft wurden. Außerdem machten sich die BVer bei der SS beliebt, weil sie fast keine Medikamente für die Kranken verbrauchten. Häftlingsärzte durften im Krankenbau nicht arbeiten.

Der damalige Lagerarzt war Dr. Ding (Schuler), ein Nichtskönner in medizinischen Dingen. Zur Ausführung der Mordbefehle der SS reichten seine Kenntnisse allerdings aus.

Alle arbeitsunfähigen Kranken, die aber im Krankenbau nicht aufgenommen werden konnten, erhielten Schonung. Trotz ihres oft schweren Krankheitszustandes wurden sie im Holzhof mit Sägen und anderen Arbeiten beschäftigt. Die Arztvormelder und Schonungskranken mußten jeden Morgen am Tor antreten, wo der Lagerführer sie auf ihre Krankheit hin prüfte. Wenn es den Lagerführern so paßte, wurde ein Häftling als gesund erklärt, bekam Prügel und Fußtritte und wurde sofort zur Arbeit in den Steinbruch geschickt, von wo er abends meist als Toter ins Lager zurückkam. Besonders der Kommandant Koch entzog bei jeder Visitation willkürlich die Schonung und lieferte die Betreffenden dem Tod aus. Manchmal schickte er auch zu diesem Zweck ein Rudel Blockführer ins Lager, die alle Schonungskranken zum Tor und in den Steinbruch prügelten.

Anläßlich des Attentats auf den Nazi von Rath wurden etwa 12 500 Juden in Buchenwald eingeliefert, die, wenn man sie nicht totschlug, von SS und BVern gemeinsam in der schamlosesten Weise ausgeplündert wurden. Auch die im Krankenbau beschäftigten Kriminellen beteiligten sich an diesen Erpressungen und zogen den Sanitätsgehilfen (SDG) der SS in ihre schmutzigen Geschäfte hinein. Das führte schließlich zur Verhaftung des SDG, der sich im Winter 1939 im Bunker erhängte.

Die antifaschistischen Häftlinge nutzten diesen Skandal aus, um die kriminellen Pfleger des Krankenbaus durch Antifaschisten zu ersetzen. Insbesondere durch die Initiative des kommunistischen Landtagsabgeordneten Walter Krämer änderten sich die Verhältnisse im Krankenbau grundlegend. Von diesem Zeitpunkt ab wurde der Krankenbau zu einem Hauptstützpunkt des Lagers im Kampfe gegen die SS sowie zu einer Oase zur Sicherheit der gefährdeten Häftlinge. Unverzüglich wurde der Kampf für bessere Belieferung mit Medikamenten begonnen und auch nach zähem Ringen mit den SS-Ärzten gewonnen. Weiter wurden viele Medikamente im SS-Revier gestohlen und schließlich durch Bestechung von SS-Leuten Heilmittel mit Häftlingsgeldern von draußen beschafft. Aus dem Personalbestand wurden alle korrupten Elemente entfernt.

In diese Aufbauarbeit fiel der Kampf gegen die erste große Epidemie in Buchenwald, eine Ruhr- und Bauchtyphus-Epidemie Anfang 1939, die Hunderte von Toten forderte, darunter den bekannten kommunistischen Reichstagsabgeordneten Walter Stöcker. Im Sommer wurden deshalb auf Druck der Häftlingspfleger Schutzimpfungen bei allen Häftlingen durchgeführt, die ersten, die es in einem Konzentrationslager überhaupt gab.

Im Oktober und November 1939 erneuerte sich die Tragödie vom Vorjahre durch die Polen- und Juden-Transporte ins sogenannte «Kleine Lager». Infolge der unerträglichen sanitären Verhältnisse kam es zu einer neuen Ruhrepidemie, die fast die doppelte Zahl an Opfern wie die vorhergegangene forderte. Erst nach wochenlangen Kämpfen und nur unter dem Hinweis auf die Gefährdung des ganzen Lagers, ja sogar der SS setzten die deutschen Antifaschisten im Krankenbau die Genehmigung zur Pflege der überlebenden Opfer aus dieser Hölle durch. In jener Zeit erfand die SS ein neues Verbrechen, das der «Polenfreundlichkeit»; jede menschliche oder kameradschaftliche Handlung einem Polen gegenüber wurde grausam bestraft.

1940 wurde eine weitere Krankenbaracke errichtet. Um den erbärmlichen Zuständen in der chirurgischen Abteilung abzuhelfen, bauten die Häftlinge 1940/41 den Operationssaal II mit Röntgenraum. Für diesen Neubau bewilligte die SS keinen einzigen Ziegelstein (der Bau ist niemals in einen Plan eingetragen worden!), jedes einzelne Stück mußte unter Lebensgefahr in den Arbeitskommandos gestohlen werden. Auch die Inneneinrichtung und alle Instrumente wurden – zumeist aus dem SS-Revier – gestohlen; darunter befand sich eine ganze, für das K.L. Mauthausen bestimmte Operationssaal-Einrichtung mit Instrumenten, die erst 1944 (!) von dem SS-Wirtschaftsverwaltungshauptamt reklamiert wurde.

Das Jahr 1939 brachte einen Wechsel des Lagerarztes; es erschienen die Untersturmführer [Erich] Wagner und [Waldemar] Hoven, beide noch ohne Doktorwürde. Ihre Doktorarbeiten ließen sie sich von Häftlingen schreiben, Wagner von dem Häftling [Paul] Grünewald, Hoven von den Häftlingen [Gustav] Wegerer und [Kurt] Sitte.

Wagner gelangte schnell zu trauriger Berühmtheit, denn er begann in Buchenwald mit der Massenliquidierung durch Injektionen; seine Opfer waren hauptsächlich Zigeuner aus dem Burgenland.[2] Der zugleich eingetroffene Dr. [Heinz] Neumann vom Hygiene-Institut der SS in Berlin betrieb Vivisektionen an Häftlingen; er schnitt ihnen bei lebendigem Leibe Stücke aus der Leber heraus, so daß alle seine Opfer unter kläglichen Qualen starben.

Damals wurde die Baracke 4 gebaut und eingerichtet. Zur selben Zeit kam der Massenmörder Dr. Eisele nach Buchenwald. Er holte sich wahllos seine Opfer von der Straße weg, führte sie in die Ambulanz, um ihnen Apomorphinspritzen zu geben und sich an den Auswirkungen (Brechen) zu ergötzen. Ohne jede Notwendigkeit nahm er Operationen und Amputationen vor, wobei er seine Versuchsobjekte anschließend ermordete. Im Lager lebt jetzt noch der holländische Jude Max Nebig, der als einer der Wenigen gerettet werden konnte. Eisele operierte grundlos den Magen Nebigs; nach der Operation sollte Nebig abgespritzt werden, doch gelang es, dadurch sein Leben zu retten, daß man ihn Eisele gegenüber als gestorben erklärte und zugleich in die Tbc-Station verlegte, die Eisele niemals betrat!

Diese ganzen schrecklichen Ereignisse veranlaßten die deutschen antifaschistischen Pfleger zu einer grundsätzlichen Stellungnahme. Die vorgebrachte Ansicht, aus dem Kommando auszuscheiden und dadurch das Feld wieder kriminellen Elementen zu überlassen, wurde als verantwortungsscheu und lagergefährdend abgelehnt. Es wurde im Gegenteil verbindlich festgelegt, die bittere Zeugenschaft auf sich zu nehmen, um bei jeder Gelegenheit zu retten, was nur irgend möglich sei. Diese Haltung war unsere Richtschnur bis zum Tage der Befreiung durch die amerikanische Armee.

Die hartnäckige antifaschistische Arbeit im Krankenbau konnte auf die Dauer der SS nicht verborgen bleiben. Im Oktober 1941 wurden die beiden verantwortlichen Kameraden des Reviers, Krämer und Peix, auf Befehl des Kommandanten zum Tor gerufen und in den Bunker gesperrt. Nach 6 Tagen wurden beide zum Außenkommando Goslar überführt und dort nach ein paar Tagen durch Genickschüsse von dem berüchtigten Massenmörder Blank ermordet Wenn der Kommandant glaubte, daß der antifaschistische Widerstand damit gebrochen sei, so täuschte er sich, denn an die Stelle der Gefallenen traten Männer derselben Gesinnung, insbesondere der langjährige letzte Revierkapo Ernst Busse. Aber bis zuletzt ist die SS das Mißtrauen gegen den Krankenbau nicht losgeworden, darum standen auch die beiden führenden Kameraden des Krankenbaus, Busse und Kipp, auf der letzten Mordliste der Befreiungswoche.

In die Ära Hoven fallen auch die ersten Vergasungstransporte nach Bernburg unter dem Aktenzeichen 14 f 13.[3] Zumeist waren es Juden, doch befanden sich auch einige bekannte politische Häftlinge darunter.

Hoven betätigte sich mit dem später gekommenen Obersturmführer Dr. [Heinrich] Plaza und dem langjährigen SDG des Krankenbaus, Hauptscharführer [Friedrich] Wilhelm, in hemmungsloser Weise mit der Abspritzung solcher Häftlinge, die der SS als arbeitsunfähig erschienen. Insgesamt konnten diese planmäßigen Morde nicht verhindert werden, doch gelang es, viele zu retten. Lebende Zeugen hierfür sind u. a. Paul Heller, Prag, Alfred Cahn, Köln, Max Umschweif, Wien, Hans Lackner, Salzburg.

Seit der Übernahme des Krankenbaus durch die Antifaschisten dienten die Krankensäle auch zur Aufnahme gesunder Häftlinge, die aber mit Todestransporten oder Todesurteilen bedroht waren. In besonderen Fällen, wenn es keine andere Möglichkeit gab, ließ man die Gefährdeten sterben und unter dem Namen wirklich Gestorbener weiterleben. So geschah es z. B. bei 3 Belgiern, 26 russischen Kriegsgefangenen, einem Deutschen und mehreren ausländischen Juden. Die Kameraden Eugen Kogon, Wien, Georg Kraus, Berlin und Leopold Hartmüller, Wien, die nach Auschwitz zur Liquidation gehen sollten, wurden als Tbc-krank und nicht transportfähig erklärt. Der Kamerad Uitz aus Wien wurde zum Schutz vor einem Transport zur Wiener Gestapo, die sein Todesurteil bedeutet hätte, sogar am Blinddarm operiert. Auf ähnliche Weise wurden u. a. der französische Kamerad Povez sowie die luxemburgischen Kameraden Nikolaus Simon und Dr. med. Kongs gerettet. Sehr vielen Kameraden, die für die berüchtigten Nacht- und Nebeltransporte nach Natzweiler (härteste Lagerstrafe) bestimmt waren, wurde der Krankenbau zum Schutz; von ihnen seien nur Dr. med. Elmelick, Paris, Kunstmaler Harry Pieck, Den Haag, Prof. van Lingen, Amsterdam genannt. In einer besonders gefahrvollen Situation – im Kampf gegen den damaligen Lagerältesten und Denunzianten Wolff – rettete das Revier buchstäblich in letzter Minute die polnischen Kameraden Dr. med. Ciepielowski und Josef Duda.

Im Frühjahr 1943 wurden viele Juden aus den Gustloffwerken wegen der geringfügigsten Vergehen in den Krankenbau geschickt und bespritzt. Die Meldung kam vom Kommandoführer, Oberscharführer Schmidt; der Lagerführer Schobert überantwortete die Gemeldeten dem Mörderarzt Hoven, der getreulich jeden Mordbefehl ausführte. Leider konnten nicht alle zum Tode Verurteilten gerettet werden. Das gelang jedoch bei 3 Russen, die wegen Diebstahls eines Treibriemens dasselbe Schicksal erleiden sollten. Die Liste der auf diese und andere Weise geretteten Kameraden enthält viele hundert Namen, die natürlich nicht alle angeführt werden können.

Maßgeblich beteiligt war der Krankenbau an zwei durch die Häftlings-Lagerleitung im Jahre 1943 geschafften Tatsachen: einmal wurde Schonung gegen den Willen der SS von uns gegeben, sowie die auf Transport bestimmten Häftlinge durch uns untersucht. Und außerdem datiert von derselben

Zeit die Erweiterung der deutschen antifaschistischen Organisation auf internationalen Maßstab. In kameradschaftlicher, vertrauensvoller Zusammenarbeit mit den Obleuten aller Nationen wurden alle Arbeiten und Aufgaben des Krankenbaus gelöst. Insbesondere wurde auf Vorschlag der Nationen großzügig Schonung gegeben – gegen den vergeblichen Protest des SS-Arztes – es wurde auch dadurch Arbeitssabotage getrieben, daß gesunde Spezialarbeiter von Rüstungsbetrieben auf dem Papier krank geschrieben wurden.

Im Zusammenhang mit dem Prozeß gegen den Massenmörder Koch wurde im September 1943 Dr. Hoven verhaftet und unter Anklage wegen Tötung von Häftlingen gestellt. Sein Nachfolger wurde Hauptsturmführer Dr. Gerhard Schiedlausky aus Lebus a. d. Oder, der nacheinander mehrere Mitarbeiter hatte, Dr. Roege, Berlin, Dr. [August] Bender, Düren, Dr. [Werner] Greunus, der zuletzt Lagerarzt in S III (Ohrdruf) war.

Das letzte Jahr Buchenwalds ist gebrandmarkt durch die Todestransporte aus dem Osten, aus Ohrdruf, aus den Kommandos Wille [Berga/Elster], Schwalbe [Tröglitz] usw. Dem Ansturm der meist Halbtoten waren weder Lager noch Krankenbau gewachsen. Die Lösung der katastrophalen Raumfrage fand der Lagerarzt in der altbewährten Praxis. Am Bahnhof, im Bad, in den Zelten und im Vorraum des Todesblocks 61 fanden Hunderte und Aberhunderte von Häftlingen unter der Hand seines Werkzeugs, des Hauptscharführers Wilhelm, den Tod. Wie blutiger Hohn mutet ein Schreiben des SS-Führungsamtes an, das im letzten Monat der SS-Herrlichkeit eintraf und bessere Behandlung der Häftlinge forderte. Immerhin hatte das Schreiben die Wirkung, daß die verbrecherische Praxis im Lager aufhörte.

Zum Schluß sei auf die besondere Rolle von Dr. Hoven hingewiesen. Trotzdem er hemmunglos alle Mordbefehle von oben befolgte, war es doch mit der Zeit gelungen, Einfluß auf ihn zu gewinnen. Hoven unterstützte z. B. im Jahre 1942 aktiv die Politischen im Kampf gegen die Grünen, die durch elende Zinkereien die Macht an sich zu reißen suchten; er hat auch manchen politischen Häftling vor dem Vergasungstod gerettet. Aber er tat es nur gegen Beschaffung von allen möglichen Dingen für seine Privatinteressen.

Und noch ein Wort zu Dr. Ding (Schuler). Er war s. Zt. von der Rettung dreier englischer Offiziere vor dem Tod informiert und mit der Tat einverstanden. Schuler sah voraus, daß der Krieg für Deutschland verloren war, und versuchte sich auf diese Weise eine Rückendeckung zu verschaffen.

Dieser Bericht kann naturgemäß nur ein schwaches Abbild aus der Fülle der Erlebnisse der Buchenwalder Hölle sein. Ein ausführlicher Bericht würde Bände füllen und muß daher einer späteren Zeit vorbehalten bleiben.

Otto Kipp, Dresden

66. Das Judenrevier

Als durch die sogenannte Rath-Aktion die Zahl der Juden in Buchenwald stark zugenommen hatte und demzufolge auch die Zahl der erkrankten Juden immer weiter stieg, wurde der Block 2, der bisher schon als Revierblock gedient hatte, zum ausschließlichen Revier für Juden gemacht. Selbstverständlich wurden dem Judenrevier noch weniger Medikamente zugeteilt, als es sonst im normalen Revier der Fall war. Besonders unangenehm war die Situation für die jüdischen Kameraden, die operiert werden mußten und zu diesem Zweck bei jedem Wetter vom Hauptrevier ins Judenrevier gebracht wurden. Viele haben sich auf diese Weise Lungenentzündung und so weiter zugezogen.

Die Pflege der Kranken war bis auf die Anfangszeit ausschließlich jüdischen Pflegern und jüdischen Häftlingsärzten überlassen worden. Während im Hauptrevier keine Häftlingsärzte zugelassen waren, wurden im Judenrevier jüdische Häftlingsärzte deswegen beschäftigt, weil SS-Ärzte sich natürlich nicht um Juden kümmerten. Die Pflege und Behandlung war angesichts der spärlich zur Verfügung stehenden Mittel sehr gut, besonders ist hier der Kamerad Rudi Arndt zu nennen, unter dessen Leitung das Judenrevier ausgebaut und neu organisiert wurde. Seiner tatkräftigen Initiative verdanken viele Leben und Gesundheit.

Selbstverständlich war das Judenrevier der Lagerführung ein Dorn im Auge. Sie hätte am liebsten alle kranken Juden sofort liquidiert nach dem Motto von Koch: «In seinem Lager gibt es keine Kranken, hier gibts nur Gesunde oder Tote!» Darum wurden auch häufiger Haussuchungen im Judenrevier durchgeführt. Bei einer solchen Haussuchung fand der Lagerführer Rödl im Spind der Pfleger eine normale Portion Butter, die ihm aber zu groß erschien. Aus diesem Grunde ließ er die ganzen Pfleger des Judenreviers am Tor antreten und jedem von ihnen 25 Stockhiebe auf den Hintern geben. Es muß dabei festgestellt werden, daß die Essen- und Portionenausgabe gerade im Judenrevier immer vorbildlich korrekt war.

Als durch die Auswanderungsentlassungen die Zahl der Juden in Buchenwald stark abgenommen hatte, wurde das Judenrevier aufgelöst und aus dem Bau ein «normaler» Revierblock gemacht, in dem Häftlinge aller Kategorien aufgenommen wurden.

Zu erwähnen ist noch, daß die Leichen auch nur in unregelmäßigen Zeiträumen abtransportiert wurden, so daß sie oft tagelang im Klosett oder Waschraum herumlagen und manchmal wie ein Holzstapel geschichtet werden mußten.

Stefan Heymann, Mannheim

67. Krankenbau-Saal 7

Ich hatte als Pfleger im Saal 7 des Krankenbaus die Obhut über alle jene Kameraden, die von der SS zur Liquidierung bestimmt waren. Im Saal waren 10 Betten, und kaum ein Kranker wußte, welches Schicksal ihm bevorstand. Da das Zimmer vergitterte Fenster hatte, glaubten die Kranken, es handle sich um eine Art Arrest. Ich wußte selbst anfangs nicht, um was es sich handelte. Erst als ich den Auftrag bekam, einen Kranken zu «verlegen», und ich ihn zu diesem Zweck in den Operationssaal II zum SDG Wilhelm bringen mußte, war mir die Sache klar. Die «Verlegten» landeten alle im Leichenkeller. Wirklich unheilbare Kranke waren nur in den seltensten Fällen unter den Opfern. Später beteiligten sich auch die SS-Ärzte Hoven und Plaza an diesen Abspritzungen.

Die Leichen wurden in den Vorraum des Op II geschafft und erst bei Dunkelheit abtransportiert. Der Saal 7 wurde oft drei- bis viermal wöchentlich auf diese Weise «geräumt» und wieder neu belegt.

Später wurde ich Leichenträger. Aus dieser Zeit entsinne ich mich besonders jener Leichen, die ich aus dem Arrest zum Sezierraum tragen mußte, und die infolge von Gasvergiftungen ganz entstellt waren. Der Massenmörder Sommer hatte in die Zelle seines Opfers einen Eimer mit Chlorkalk gestellt, diesen mit Wasser übergossen und die Zelle fest verschlossen. Das entweichende Gas führte dann nach stundenlanger Qual den Erstickungstod herbei. Andere Arrestanten wurden mit Handtüchern erdrosselt, auch Ermordung durch Abspritzen war häufig. Alle Leichen aus dem Bunker trugen die Spuren von Mißhandlungen.

Ludwig Scheinbrunn, Wien

68. Die Tbc-Station im Krankenbau

Im März 1943 kam ich als Pfleger auf die Tbc-Station des Häftlingskrankenbaues, in der damals etwa 50 Kranke lagen. Auf Befehl des Lagerarztes Hoven mußten die Kranken Kohlenstaub inhalieren. Der SDG, Hauptscharführer Wilhelm, machte wöchentlich einmal eine Visite auf dem Saal und suchte die Schwächsten zur «Verlegung» heraus. Die «Verlegung» sah so aus, daß die armen Opfer aus dem Saal in einen andern Raum gebracht wurden, wo sie von Wilhelm abgespritzt wurden. Wir waren natürlich bestrebt, von allen Kranken ein möglichst gutes Krankheitsbild zu geben, um sie vor der Vernichtung zu retten.

Folgender Vorfall ist bezeichnend: Ein Hilfspfleger führte einen Kranken zum Bad, wobei ihnen Wilhelm begegnete. Wilhelm schrie den Hilfspfleger an: «Was fällt Dir ein, so ein Wrack zu baden! Aus dem machen wir Seife!» Dann schrieb er die Nummer des Kranken auf, der am Abend prompt «verlegt» wurde. Als im Juli die Zahl der Zugänge stieg, wuchs auch die Zahl der Tbc-Kranken, besonders unter den Franzosen, rapide an. Auf Anordnung des Lagerarztes Schiedlausky wurden in den überfüllten Saal weitere 20 Betten gestellt. In dieser Zeit lagen auf der Station meist leichtere Fälle, vorwiegend einseitige Prozesse, die mit Pneumothorax behandelt wurden. Medikamente, vor allem Kodein, fehlten fast vollkommen. Da die Tuberkulose immer weiter um sich griff, wurde im sogenannten «Kleinen Lager» ein weiterer Raum für 110 Tbc-Kranke eingerichtet Auf verschiedenen Sälen der inneren Station des Krankenbaues lagen außerdem noch mindestens weitere 100 Tbc-Kranke. Weitere 120 Fälle von offener Tuberkulose waren noch im Lager, weil sie aus Platzmangel nicht aufgenommen werden konnten.

Aber nicht nur für Kranke diente unsere Station zur Heilung. Viele Kameraden, die von der SS oder Gestapo gesucht wurden, um sie auf einen Vernichtungstransport zu schicken, wurden auf der Tbc-Station verborgen und als «nicht transportfähig» erklärt bzw. erhielten die Namen gestorbener Häftlinge. Es seien nur folgende Kameraden genannt: der holländische Jude Meyer Nebig, die Holländer Jan Schalker und Fred Drießen, der Luxemburger Nickel Henkes. Diesen und vielen anderen Kameraden wurde auf diese Weise das Leben gerettet.

Alfred Knieper (Nr. 6194), Höhr-Gunzhausen

69. Zahnbehandlung bei SS und Häftlingen

Eine geordnete zahnärztliche Versorgung der Häftlinge bestand bis Mitte 1939 nicht. Das Pflegerpersonal des Krankenbaues, dem jede zahnärztliche Kenntnis fehlte, behandelte die Kameraden nach Gutdünken. Schmerzende Zähne wurden in der Regel gezogen, soweit ihn der betreffende SS-Mann überhaupt fand. Nicht selten wurden gesunde Zähne gezogen. Injektionen zur Schmerztäubung gab es überhaupt nicht. Und da dem Sanitätspersonal jede fachliche Eignung fehlte, wurden die meisten Zähne nicht gezogen, sondern abgebrochen, so daß vielfach Zahnreste später entfernt werden mußten.

Erst im Juni 1939 wurde eine ganz moderne Zahnstation für Häftlinge im Block 7 eröffnet, allerdings ohne fachlich geschultes Personal. Der erste SS-«Zahnarzt» war der Oberscharführer Coldewey, der noch nie praktisch gearbeitet hatte und seine ersten Experimente bei Häftlingen machte. Seiner Unfähigkeit entsprachen seine sadistischen Neigungen. Vor jeder Behandlung mußte jeder Häftling Strafexerzieren, erhielt Fußtritte oder Schläge. Selbstverständlich zog er Zähne nur ohne Betäubung. Fast keiner seiner Extraktionsversuche gelang, so daß später Komplikationen eintraten und größere Operationen notwendig wurden. Dieser unfähige Sadist war zuletzt im SS-Führungshauptamt. Juden erfreuten sich seiner besonderen Beliebtheit. Sie wurden nur auf eigene Kosten und zu besonders hohen Tarifsätzen, die er willkürlich festsetzte, behandelt. Wenn er einen Goldzahn entdeckte, zog er ihn sofort mit dem Bemerken, der betreffende Zahn sei nicht mehr zu erhalten.

Nach Coldewey kamen die genauso unfähigen Zahnärzte bzw. Dentisten Bublitz und Schwarzkopf.

Später wurde bei allen im Lager Verstorbenen auf Befehl Himmlers vor ihrer Verbrennung das im Mund befindliche Zahngold herausgebrochen und der SS-Kommandantur zugeführt. Von dort wurde es, mit genauen Belegen über Herkunft – Namen und Nummern der verstorbenen Häftlinge waren auf Quittungen vermerkt – und Gewichtsmenge versehen, zum SS-Führungshauptamt gesandt und dort in frisches Zahngold umgeschmolzen. Diese Leichenfledderei wurde außerordentlich «korrekt» und bürokratisch betrieben. Im Laufe der Jahre kamen viele Kilo Gold zusammen.

Die Behandlung durch Häftlings-Zahnärzte war natürlich ganz anders. Die Häftlingspfleger in der Zahnstation, die im Frühjahr 1941 in den jetzigen Krankenbau verlegt wurden, haben viele kranke Zähne erhalten, haben illegal Gebisse hergestellt und die Zahnschmerzen, oft mit gestohlenen Medikamenten, zu beseitigen gesucht. In der letzten Zeit wurden Häftlinge überhaupt nicht mehr von SS-Leuten behandelt.

Für die SS wurden bereits 1938 Zahnstationen eingerichtet, und zwar eine für Kommandantur und Totenkopf-Sturmbann, die andere für die SS-Panzer-Division und Familien-Angehörige. Beide Stationen waren ganz modern eingerichtet; das technische und Hilfspersonal bestand aus Häftlingen. Zwischen der Behandlung von Führern und Mannschaften bestand ein großer Unterschied. Während dem einfachen Mann jeder kranke Zahn einfach gezogen wurde, versuchte man, ihn dem SS-Führer zu erhalten. Jeder Zahnersatz bei Führern wurde in Gold ausgeführt, das aus dem Mund verstorbener oder erschlagener Häftlinge stammte. Auch bei der Anfertigung von Zahnprothesen wurde zwischen Mannschaften und Führern ein Unterschied gemacht. Sogenannte Brücken wurden nur für SS-Offiziere hergestellt. Natürlich blühte in der SS-Zahnstation die Korruption in weitestem Umfang.

So behandelte z. B. der Unterscharführer Roman Schulz aus Ulm den Oberscharführer Schmidt von der Häftlingskantine und fertigte für ihn nicht weniger als drei vollwertige Zahnprothesen an; erst die letzte gefiel Schmidt, der dafür reichlich Tabak und Zigaretten aus Beständen der Häftlingskantine lieferte. Auch die Behandlung des Oberscharführers Schmidt von der Häftlingsküche wurde von der Lieferung von Fleisch- und Wurstwaren abhängig gemacht.

Ein besonderes Kapitel war die Behandlung von weiblichen SS-Angehörigen. Alle «Bräute» der SS-Leute – und mancher hatte drei oder vier zugleich – bekamen kostenlose, aber umso kostspieligere Zahnbehandlung. Ja, die Scharführer Schulz und Robert Kus aus Görlitz fuhren Sonnabend und

Sonntag in die Umgebung, um Privatpatienten mit Material der SS-Zahnstation zu behandeln, natürlich nur gegen Lebensmittel und Rauchwaren! Auch der Oberscharführer Lothar Lenz beteiligte sich gelegentlich an solchen Reisen.

In den letzten Monaten wurde in der SS-Zahnstation überhaupt ausschließlich nur der behandelt, der eine entsprechende Gegenleistung liefern konnte. Der Leiter der Zahnstation, Obersturmführer Karl Abraham aus Langensalza wußte genau darüber Bescheid und beteiligte sich sogar offen an dieser Korruption. U.a. ließ er für seine Privatpraxis in Langensalza Arbeiten in der SS-Zahnstation herstellen.

Rudi Glaß, Berlin-Köpenick

70. Das Schonungskommando

Ich war Kapo des sogenannten Schonungskommandos. Ihm waren einmal die Schonungskranken und die Verwundeten mit Schonung zugeteilt, also Häftlinge, deren Leiden nicht schwer genug waren, daß sie in den Häftlingskrankenbau aufgenommen hatten werden müssen, und ferner waren ihm Rekonvaleszenten zugeteilt, die mit zeitlich begrenzter Schonung aus dem Häftlingskrankenbau entlassen worden waren.

Das Schonungskommando galt als leichtes Arbeitskommando. Im Frühjahr 1941 war es 100 bis 120 Mann stark, eine größere Zahl war von der Lagerleitung nicht zugelassen. Bis zum Sommer 1942 wurde das Schonungskommando zum Tragen von Steinen herangezogen, zum Tragen der Kleider für die Häftlingsbekleidungskammer und von Erde für die Gärtnerei.

Im Sommer 1943 war die Zahl der Kommandos auf 700 gestiegen. Um diese Zeit kam der Hauptsturmführer Schiedlausky. Er versuchte immer wieder, die Zahl der Schonungskranken herunterzudrücken. Zu diesem Zweck machte er selbst mehrfach Kontrollen und schickte viele, die seiner Meinung nach gesund waren, zur regulären Arbeit. Das Bestreben von uns ging immer wieder dahin, soviel Kameraden wie möglich Schonung zu verschaffen. Dabei verschafften wir auch Kameraden Schonung, die nicht direkt krank waren, z.B. hatten die Russen täglich 6–7 Fälle von Schonungsverlängerung und etwa 4 Fälle neuer Schonung. Meiner Schätzung nach wurde ungefähr einem Viertel der Häftlinge durch diese Methode geholfen.

Die große Gefahr war immer die Kontrolle. Als z.B. eines Tages scharfe Kontrolle war, zogen wir die Gesunden, die nur Scheinschonung hatten, heraus und ersetzten sie durch invalide Häftlinge vom Invalidenblock. Dadurch wurde die Gefahr einer Aufdeckung der Scheinschonung abgebogen. Die Höchstzahl von Schonungskranken, die wir bei Schiedlausky durchsetzen konnten, betrug ungefähr 1 500. Das war angesichts des zuletzt sehr hohen Lagerbestandes und der schlechten Gesundheitsverhältnisse nicht viel.

Pieter Cool, Den Haag, Holland

71. Massenmörder Dr. Plaza

Alte Schächte und Stollen eines Salzbergwerkes bei Nordhausen sollten die Grundlage zum Ausbau eines neuen großen Rüstungswerkes sein, in dem wesentliche Bestandteile der deutschen V-Waffen erzeugt werden sollten. Da die Schächte an Größe und Zahl natürlich unzulänglich waren, mußten zunächst die billigsten Arbeitskräfte des Herrn Sauckel, die Häftlinge des Konzentrationslager Buchenwald, mit ihrer Erweiterung beauftragt werden. Aber diese Arbeit mußte im «Caracho» geschehen, sonst hätte der Kommandant SS-Obersturmbannführer Förschner seinen Orden nicht bekommen. Also wurden aus dem Lager Buchenwald in den Monaten September bis Oktober 1942 etwa 15 000 Häftlinge überstellt. Außerdem übernahm auch der damalige I. Lagerarzt von Buchenwald SS-Hauptsturmführer Dr. [Heinrich] Plaza die ärztliche «Betreuung» des Lagers «Dora.»

Die Früchte seiner Tätigkeit waren in Buchenwald nur allzugut ersichtlich, wurden doch die Leichen von Dora noch viele Monate lang, ehe dort ein eigenes Krematorium eingerichtet war, auf Lastwagen nach Buchenwald geschickt. Durchschnittlich jeden zweiten Tag kam ein Auto mit mindestens 100 Leichen. Aber was für Leichen! Über alle Maßen verdreckt, verlaust und verkommen, ihr Durchschnittsgewicht ungefähr 40 kg (und kurz vorher waren es kräftige Männer gewesen), in Klumpen zusammengeballt kaum mehr zu trennen.

Dr. Plaza unternahm nichts, um den Gesundheitszustand seiner Pflegebefohlenen zu bessern; er hat ihn wahrscheinlich nicht einmal gesehen. Er kümmerte sich auch weder darum, den Leuten die Möglichkeit zum Waschen zu geben, noch etwa um die Desinfektion der Verlausten.

In den Monaten Dezember bis Mai betrug die Sterblichkeit nie weniger als 1500 Personen im Monat, manchmal aber auch bis 2000.

Die Sektionen (sie wurden grundsätzlich für alle Leichen verlangt, konnten aber aus praktischen Gründen nur in sehr vereinfachter Form durchgeführt werden), ergaben ausnahmslos derartige Grade von Auszehrung, daß jeder Schnupfen genügen mußte, um den Mann umzuschmeißen.

Nach einem kurzen Gastspiel in Natzweiler erhielt Dr. Plaza den Auftrag, etwas ähnliches in Ohrdruf einzurichten (Kommando S. III). Das Ergebnis war ähnlich. Auch von Ohrdruf kamen zweimal in der Woche Leichentransporte nach Buchenwald.

Hätten wir nicht an der Unterschrift auf den Begleitpapieren gesehen, daß Dr. Plaza wieder an der Arbeit ist, so hätten wir es an dem Zustand der Leichen erkennen müssen. Nur sahen die um Grade schlimmer aus als die von Dora. Über die Toten von S. III sind leider keine gesicherten Gesamtangaben vorhanden, doch dürften die Zahlen von Dora mindestens erreicht worden sein. Als Massenmörder hat also Dr. Plaza auch einen Oberscharführer Sommer noch weit übertroffen.

[ohne Unterschrift]

72. Der Gesundschreibe-Doktor

Im letzten Jahr des Bestehens der Hölle von Buchenwald wurden die Anforderungen der deutschen Rüstungsindustrie an Arbeitskräften immer größer. Die SS-Sklavenhändler versuchten mit allen Mitteln, neue Häftlinge einzufangen, um das einträgliche Geschäft des Menschenhandels nicht einzubüßen. Kein Wunder, daß auch die Ärzte, die jeden Häftling vor dem Transport auf Transportfähigkeit untersuchen mußten, in immer steigendem Maße zu Gesundschreibe-Maschinen wurden, die jeden Häftling in die Außenkommandos schickten, wenn er nicht gerade seinen Kopf unter dem Arm trug.

Für die Aussortierung der Transportfähigen, was zumeist gleich bei der Zugangsuntersuchung erfolgte, war ein besonderer Arzt in Buchenwald angestellt, da diese Tätigkeit sehr umfassend war. In welcher Weise die Transport-Untersuchungen vor sich gingen, wird am besten dadurch illustriert, daß der Transportarzt Dr. Bender einmal in zwei Stunden 1100 Häftlinge «untersuchte.» Trotz der chronischen Unterernährung, unter der fast alle Häftlinge litten, erklärte Bender nur 26 von diesen 1100 als nicht transportfähig.

Einen gewissen Ausgleich gegen diese Mordmethoden der SS-Ärzte, die wir ja nicht ändern konnten, konnten wir dadurch schaffen, daß nachträglich zahlreiche Häftlinge von den Transportlisten doch abgesetzt wurden. Von den einzelnen nationalen Komitees wurden bei allen Transporten bestimmte Kameraden reklamiert, die in oft stundenlanger Arbeit herausgesucht und vom Transport zurückgestellt wurden. Ja, es kam sogar vor, daß einzelne Kameraden auf diese Art noch vom Transport gestrichen wurden, wenn der Transport schon in der Kinohalle, wohin alle Transporte vor dem Ausmarsch eingesperrt wurden, aufgestellt war. In vereinzelten Fällen sind Kameraden noch auf dem Appellplatz aus den Transporten herausgeholt worden. Die Schliche, mit denen Kameraden gegen den Willen der SS vor Transporten auf schlechte Außenkommandos bewahrt wurden, sind unzählige.

Jiri Zak, Pilsen

73. Hauptsturmführer Dr. Hofer

Nach der Verhaftung des Lagerarztes Hoven, der in den Prozeß gegen den früheren Kommandanten Koch verwickelt war, wurde Dr. [Peter] Hofer aus Salzburg vertretungsweise Lagerarzt.

Dieser Arzt war der einzige, der den Häftlingen gegenüber anständig auftrat und wirklich versuchte, das Los der unglücklichen Opfer der Nazis zu erleichtern. Trotzdem begegneten die Häftlinge ihm, da er die verhaßte Totenkopfuniform trug, mit größtem Mißtrauen, weil sie mit den bisherigen

Lagerärzten immer nur die denkbar schlechtesten Erfahrungen gemacht hatten.

Nach wenigen Tagen seines Hierseins erschien der Chef des Amtes D III, SS-Standartenführer Lolling, und hatte mit Hofer eine Aussprache im SS-Revier. Dabei sagte Hofer voll Stolz: «Ich bin bereit, das Lager als 1. Lagerarzt zu betreuen, und versichere Ihnen, daß die Zahl der Toten auf ein Minimum sinken wird, was bereits jetzt eingetreten ist.»

Die Antwort Lollings lautete: «Darum werden Sie auch nicht 1. Lagerarzt!»

Dr. Hofer sagte daraufhin nur: «Ich bitte mich zur Feldeinheit zu versetzen.»

Und so geschah es auch nur nach wenigen Tagen. Nie hat ein Arzt soviel Verständnis für die Häftlinge gezeigt, er war ein weißer Rabe unter den schwarzen Mördern im Ärztekittel.

Kurt Leeser, Aachen

74. Das Krematorium

Ich war seit Dezember 1941 im Krematorium des KL Buchenwald beschäftigt. Nach meiner Erinnerung wurden russische Offiziere und Mannschaften bereits seit Anfang November 1941 zur Verbrennung im Krematorium eingeliefert. Ursprünglich wurden sie im DAW-Gelände in langsam steigender Zahl erschossen; Offiziere, sogenannte Kommissare, Parteiangehörige und Juden. Diese Aufzählung über die Erschossenen stammt von beteiligt gewesenen Angehörigen der SS. Papiere wurden bei den Toten nur selten gefunden.

Ab Dezember 1942 gingen die Erschießungen im Pferdestall vor sich. Nach meiner vorsichtigen Schätzung sind im Pferdestall kaum weniger als 7500 russische Kriegsgefangene erschossen worden. Es kam häufig vor, daß die füsilierten Kriegsgefangenen bei der Einlieferung ins Krematorium noch lebten, ja sich sogar von der Bahre erhoben und uns ansprachen. Einmal sprach mich ein Kriegsgefangener, der mit einer Fuhre Leichen eingebracht wurde, mit den Worten an: «Kamerad gib mir die Hand.» Er war wie alle erschossenen Kriegsgefangenen nackt und blutig und hatte auf einem Haufen nackter Leichen gesessen. In solchen Fällen sprangen die bereitstehenden SS-Bestien hinzu und töteten das Opfer mit Prügeln oder einem Revolverschuß. Wir wußten jeweils 2–3 Stunden vorher durch die Politische Abteilung, daß Erschießungen bevorstanden, jedoch kannten wir die Zahl nicht.

Das Krematorium unterstand zuerst dem Oberscharführer Kott, ab Februar 1942 wurde auch der Hauptscharführer [Emil] Pleißner dem Krematorium zugewiesen. Pfingsten 1942 ging Oberscharführer Kott nach Ravensbrück und wurde durch Scharführer [Hermann] Helbig ersetzt; im Frühjahr

1942 wurde Hauptscharführer Pleißner gegen Oberscharführer [Walter] Warnstädt ausgetauscht.

Ab Februar 1943 wurden die Kriegsgefangenen nicht mehr füsiliert, sondern im Krematorium aufgehangen. Sie wurden im SS-Wagen in den Hof des Krematoriums gefahren und dann in den Keller geführt, wo Haken zum Aufhängen im Mauerwerk angebracht waren. Es waren 48 solcher Haken vorhanden. Die zur Richtstätte geführten Kriegsgefangen haben sich nur ganz vereinzelt zur Wehr gesetzt, in der Regel waren sie durch Schreck gelähmt.

Es sind in Buchenwald auch Frauen erhängt worden. Unter diesen Frauen befanden sich Polinnen, Russinnen und einmal 7 Deutsche.

Es wurden auch Häftlinge erhängt, darunter Engländer, Kanadier, Italiener und aus fast allen europäischen Nationen.

Häufig wurden auch Leichen aus Weimar durch die Gestapo ins Lager gefahren. Die Leichen waren in Strohsäcken eingepackt. Ich erinnere mich, daß im Herbst 1943 2 ältere Leute (Mann und Frau) eingeliefert und verbrannt wurden, deren Bekleidungsstücke mit «Hirschmann, Arnstadt» gezeichnet waren.

Zbigniew Fuks[4], *Krakau*

75. Leichenträger in Buchenwald

Ich war vom 21. 9. 1939 ab, während ungefähr $2^1/_2$ Jahren, Leichenträger. Während des Winters 1939 war neben dem jetzigen Krematorium ein Zeltlager errichtet, wo täglich 40 bis 50 Häftlinge durch Erfrieren oder vor Hunger gestorben sind. Außerdem wurden viele vom Hauptscharführer Blank und Hauptscharführer Hinkelmann vergiftet.

Der Lagerarzt, Hauptsturmführer Dr. Wagner, schickte oft jüdische Häftlinge, die in der Revierbaracke 2 lagen und deren Heilung zu lange dauerte, ins Hauptrevier, wo die Betreffenden abgespritzt wurden.

Der Untersturmführer Dr. Eisele hat vielen Häftlingen, die ins Revier zur Behandlung von kleinen Wunden kamen, ohne Weiteres das ganze Glied abgeschnitten oder derartig «behandelt», daß der Betreffende sofort gestorben ist. Außerdem hat er während ungefähr 4 bis 5 Wochen Häftlinge abgespritzt, nur um sie los zu sein. Ich mußte die Leichen der getöteten Häftlinge wegschaffen. Als ich um die Erlaubnis bat, von diesem Posten enthoben zu werden, hat er mir gedroht.

Fast täglich wurden 2–3 Personen, Häftlinge und auch Zivilpersonen aus dem Bunker geholt, die dort gehängt oder abgespritzt waren. Ebenfalls wurden viele ausländische Zivilarbeiter, meist Polen, gehängt. Die Leichen mußten wir nachts außerhalb des Lagers holen. Diese letzten Mordtaten wurden alle verübt vom Hauptscharführer Sommer. Täglich wurden 2–3 Häftlinge aus dem Steinbruch geholt, die von SS-Leuten durch die Postenkette gejagt und erschossen wurden. Für dieses Erschießen erhielt der betreffende SS-Mann Urlaub.

Ludwig Scheinbrunn[5], *Wien*

76. Die Pathologie

Ich wurde am 7. 9. 39 ins Lager eingeliefert und einen Monat später als Hilfskraft im Feldlaboratorium der SS, das zur Ruhr-Bekämpfung nach Buchenwald gekommen war, beschäftigt. Im damaligen «Kleinen Lager», das unter der Führung der Hauptscharführer Blank und Hinkelmann und des späteren Lagerältesten Wolff stand, war eine Ruhrepidemie ausgebrochen, die sich nachher auf das ganze Lager ausbreitete. Es trat eine allgemeine Lagersperre ein, Entlassungen wurden nicht durchgeführt, auch zur Arbeit wurde mehrere Wochen lang nicht ausgerückt. Nach Beendigung meiner Tätigkeit im Feldlaboratorium wurde ich zum Kapo der neu zu errichtenden Pathologischen Abteilung bestimmt. Leiter dieser Abteilung war Hauptsturmführer Neumann, der wenig später auf Befehl der Reichsregierung nach Schanghai ging. Sein Nachfolger war Hauptsturmführer Gutacker, der nach Einrichtung der Räumlichkeit für die Pathologie die ersten Sektionen an gestorbenen Häftlingen durchführte.

Die Pathologische Abteilung war eigens geschaffen worden, um «ordnungsgemäß» Sektionsdiagnosen und Totenprotokolle zu verfertigen, die in achtfacher Ausfertigung angelegt wurden. Die wirklichen Todesursachen, die zumeist in allgemeiner Erschöpfung, Aushungerung, Kollaps, Pneumonie und ähnlichem bestanden, durften natürlich in den Protokollen und Diagnosen nicht erscheinen. Statt dessen wurden Todesursachen wie Herz- und Kreislaufschwäche, Tuberkulose, Sepsis usw. angeführt. Auch alle Erschossenen wurden seziert, wobei stets, trotz sehr häufiger Mißhandlungs-Merkmale, im Protokoll die allgemeine Floskel angeführt werden mußte: «Eine andere als die oben angeführte Gewalteinwirkung ist nicht festzustellen.» Die «Gewalteinwirkung» war in den meisten Fällen eine Einschußöffnung von einem in nächster Nähe abgefeuerten Infanteriegeschoß.

Nächster Leiter der Pathologie wurde Untersturmführer Lewe, der zwar pathologisch geschult war, jedoch ein großer Säufer, der keine Arbeit anfaßte. Für ihn machte das übel berüchtigte Subjekt Stöckel alle Arbeiten im Sezierraum, der vor allem die Linie der Angabe falscher Todesursachen genau einhielt. Stöckel war ein kriminell vorbestrafter Homosexueller, der wegen Verführung eines Sohnes des Autofabrikanten Opel saß. Er war vor seiner Tätigkeit in der Pathologie als rechte Hand des Massenmörders Blank im «Kleinen Lager» tätig gewesen und hatte dort vielen Häftlingen zu tödlichen Erkrankungen dadurch verholfen, daß er sie bei strenger Kälte im Freien in einem Zuber mit Karbolsäurelösung, angeblich zur Desinfektion, baden ließ. Er wurde später von Häftlingen gerichtet.

Seit Herbst 1940 war Hauptsturmführer Müller in der Pathologie tätig, der dann auf den Obersalzberg berufen wurde. Auf Anordnung von Berlin gab Müller den Auftrag, tätowierte Haut von Körpern verstorbener oder getöteter Häftlinge abzulösen, zu gerben und Lampenschirme daraus herzustellen. Wie viele Lampenschirme aus Menschenhaut hergestellt wurden, kann ich heute nicht mehr genau sagen. Aber wiederholt wurden mehrere hundert Stücke tätowierter Menschenhaut, auf verschiedenste Art gegerbt, an den Chef des Amtes D III beim Wirtschafts-Verwaltungshauptamt der SS, Oranienburg, den Standartenführer Lolling, eingesandt.

Lolling war bis zuletzt leitender Arzt aller Konzentrationslager in Deutschland. Müller gab außerdem an Stöckel und Werner Bach den Auftrag, Taschenmesser-Etuis und andere Gegenstände aus gegerbter Menschenhaut herzustellen.

Lolling verlangte außerdem eine schriftliche Anweisung zur Präparierung von Schrumpfköpfen, das sind auf Faustgröße zusammengeschrumpfte Menschenköpfe, wie sie von den Menschenfressern der Südsee hergestellt werden. Über die Methoden der Südsee-Insulaner gab es Berichte der Informationsabteilung der amerikanischen Armee, die ich an Lolling einschickte. Außerdem wurden nach diesen Methoden hier von den SS-Ärzten selbst eine größere Zahl von Köpfen «präpariert». Vom ersten Tag an bis etwa September 1943 kamen jeden Tag Leichen, die mit Einspritzmerkmalen in einer Armvene versehen waren. Bei der Sektion der Leichen war die Art der Ermordung leicht festzustellen. Häufig wurde mit Luft gespritzt, wodurch Luftembolie eintrat, mit Karbolsäure, deren typischer Geruch bei der Leichenöffnung leicht festzustellen war, mit Evipan, auch Strychnin, Morphium und andere Alkaloide kamen zur Anwendung. Chloralhydrat wurde ebenfalls zur Ermordung verwendet. Manchmal kamen an einem Tag mehr als 30 solcher Toter. Häufig kamen auch aus dem Bunker die Leichen von erwürgten oder erdrosselten Häftlingen; in keinem Fall wurde die wahre Todesursache angegeben.

Der Lagerarzt Dr. Wagner machte eine Dissertationsarbeit über Tätowierungen, wobei auffällig war, daß alle zu ihm bestellten Häftlinge, die tätowiert waren, am nächsten Tag im Krankenbau starben; die Tätowierung wurde abgelöst und gegerbt. Alle diese Opfer Wagners waren abgespritzt worden. Einige hundert Originalprotokolle über liquidierte Häftlinge konnten in der Pathologie sichergestellt und der amerikanischen Armee übergeben werden.

Nach der Berufung Müllers ins Hauptquartier von Hitler wurde Hauptsturmführer Plaza Leiter der Pathologie. Plaza war in medizinischer Hinsicht völlig unfähig, in moralischer Beziehung verkommen. Nach etwa einjähriger Tätigkeit in der Pathologie, die nur in der Fabrizierung gefälschter Totenprotokolle bestand, wurde er Lagerarzt im Kommando Dora. Er trägt die Hauptschuld daran, daß in ganz kurzer Zeit dort 3000 Häftlinge infolge der furchtbaren hygienischen Verhältnisse oder an Hunger elend starben.

Da zu jener Zeit die Leichen aus Dora noch in Buchenwald seziert und verbrannt wurden, konnten wir feststellen, daß alle Toten schwer unterernährt waren und an Darmkrankheiten oder allgemeiner Erschöpfung gestorben waren.

Der letzte Lagerarzt Schiedlausky machte im Sommer 1944 bei etwa 10 Häftlingen Versuche mit vergifteter Munition. Die Opfer erhielten durch Schüsse mit einer mir nicht näher bekannten Munition leichte Fleischwunden und starben unter furchtbaren Qualen meist nach kurzer Zeit; der längste Todeskampf dauerte 7 Stunden.

Gustav Wegerer[6], *Wien*

77. Hungertod in Buchenwald

Daß von den «normal» im Lager Buchenwald Gestorbenen ein großer Teil dem Hunger erlag, wußte jeder Häftling. Aber es gibt auch einen unbestechlichen Zeugen hierfür; die von den SS-Ärzten angefertigten Sektionsprotokolle des Hungerwinters 1940. Wenn auch nicht jeder Tote seziert wurde, wenn auch die Auswahl der Sektionen zufällig erfolgte, so gibt das Gesamtresultat doch einen einigermaßen richtigen Mittelwert, der sich höchstens noch nach unten verschieben könnte. Die Zahlen besagen im einzelnen:

90 Sektionen vom 13. Februar bis 30 April 1940:

63 Fälle schlecht oder sehr schlecht ernährt	70 %
14 Fälle mäßig oder ausreichend	15,5 %
13 Fälle gut ernährt	14,5 %

Zu berücksichtigen ist dabei, daß schon sehr viel dazu gehörte, bis ein SS-Arzt – damals Dr. Gutacker – einen Häftling als schlecht ernährt bezeichnete.

Anfang Mai wurde die Ernährung etwas besser, was sich in einer leichten Verschiebung dieser Zahlen ausdrückt. Von Ende Mai bis Anfang September 1940 wurden 75 Sektionen durchgeführt mit folgendem Ergebnis:

44 Fälle schlecht oder sehr schlecht ernährt	59 %
15 Fälle mäßig oder ausreichend	20 %
16 Fälle gut ernährt	21 %

Da der Körperverfall der Häftlinge nun immer stärker wurde, verfälschten die SS-Ärzte auch in dieser Frage die Protokolle, indem sie selbst bei ganz ausgemergelten Gestalten den Ernährungszustand als «gut» bezeichneten. Nur wenn auf Grund der angegebenen Krankheit (Tbc, Durchfall usw.) ein reduzierter Körperzustand angenommen werden mußte, wurde einigermaßen der Wahrheit entsprechend das Protokoll geführt. Eine statistische Zusammenstellung nach dieser Zeit ist aber aus den angeführten Gründen zwecklos.

Wie stark aber der Hungertod in den deutschen Konzentrationslagern, nicht nur in Buchenwald wütete, ergibt sich aus dem beiliegenden Schreiben des SS-Wirtschafts-Verwaltungshauptamtes vom 28. Dezember 1942, in dem die hohe Totenziffer bei den Häftlingen beanstandet wird. Wenn ein SS-Führer, für den die Konzentrationslager nur Vernichtungsstätten darstellten, der Vernichtung Einhalt gebieten muß (ganz gleichgültig, aus welchen Gründen dies auch immer geschehen sein mag), so charakterisiert nichts besser dieses Hungerdasein in den Konzentrationslagern.

Bis in die letzte Zeit, ja seit 1945 besonders stark, wütete der Hungertod. Auch hierzu wieder ein dokumentarischer Beweis: das Schreiben des Lagerarztes vom 17. 3. 45.

Stefan Heymann, Mannheim

SS-Wirtschaftsverwaltungshauptamt — Oranienburg, den 28.Dezember 1942
Amtsgruppe D Konzentrationslager
D III/Az. 14 h(KL) 82.42. Lg/Wy — abgez. Pister Schobert
Geh.Tgb.-Nr. 66/42.2 1. Ausfertigung

Betreff: Ärztliche Tätigkeit in den Konz.-Lagern
Bezug: ohne
Anlagen: 1

An die
Lagerärzte der Konz.-Lager
Da.Sh.Bu.Neu.Bu.Rav.Flo., Lu., Stu., Gr.-Ro., Nied., Natz., Hinz.,
Mor., Herzog., Mau.
Abdruck an die Lagerkommandanten.

In der Anlage wird eine Aufstellung über die laufenden Zu- und Abgänge in sämtlichen Konz.-Lagern zur Kenntnisnahme übersandt. Aus derselben geht hervor, daß von 136000 Zugängen rd. 70000 durch Tod ausgefallen sind. Mit einer derartig hohen Todesziffer kann niemals die Zahl der Häftlinge auf die Höhe gebracht werden, wie es der Reichsführer SS befohlen hat. Die 1. Lagerärzte haben sich mit allen ihnen zur Verfügung stehenden Mitteln dafür einzusetzen, daß die Sterblichkeitsziffern in den einzelnen Lagern wesentlich herabgehen. Nicht derjenige ist der beste Arzt in einem Konz.-Lager, der glaubt, daß er durch unangebrachte Härte auffallen muß, sondern derjenige, der die Arbeitsfähigkeit durch Überwachung und Austausch an den einzelnen Arbeitsstellen möglichst hoch hält.

Die Lagerärzte haben mehr als bisher die Ernährung der Häftlinge zu überwachen und in Übereinstimmung mit den Verwaltungen dem Lagerkommandanten Verbesserungsvorschläge einzureichen. Diese dürfen jedoch nicht nur auf dem Papier stehen, sondern sind von den Lagerärzten regelmäßig nachzukontrollieren. Ferner haben sich die Lagerärzte darum zu kümmern, daß die Arbeitsbedingungen auf den einzelnen Arbeitsplätzen nach Möglichkeit verbessert werden. Zu diesem Zweck ist es nötig, daß die Lagerärzte sich auf den Arbeitsplätzen an Ort und Stelle von den Arbeitsbedingungen persönlich überzeugen.

Der Reichsführer-SS hat befohlen, daß die Sterblichkeit unbedingt geringer werden muß. Aus diesem Grund wird Obiges befohlen, und es ist monatlich über das Veranlaßte an den Chef des Amtes D III zu berichten. Erstmalig am 1. Februar 1943.

gez. Klüder[7] (?)
SS-Brigadeführer und
Generalmajor der Waffen SS

Übersicht über Monate Juni – November 1942

Monat	Zugang			Abgang				
	Einlfg.	überst.	Gesamt	Entl.	überstl.	Tod	E	Gesamt
Juni	10 322	2 575	12 897	673	2 903	4 080	243	6 899
Juli	25 716	6 254	31 970	907	4 340	8 536	477	14 260
August	25 407	2 742	28 149	581	2 950	12 733	99	16 363
September	16 763	6 438	23 201	652	6 805	22598	144	30 199
Oktober	13 873	5 345	19 218	1 089	6 334	11 858	5 954	25 235
November	17 780	4 565	22 345	809	5 514	10 805	2 350	19 478
insges.	109 861	26 919	136 780	4 711	27 846	70 610	9 267	112 434

Der Standortarzt der Waffen-SS
Weimar-Buchenwald

Weimar
den 17. März 1945

Betreff: Sektion von Leichen verstorbener Häftlinge im Außenkommando des KL Buchenwald Leau
Bezug: Unterredung von SS-Oberführer Pister mit SS-Standartenführer Dr. Lolling

An den
Chef des Amtes D III
Oranienburg

Über die Vorgänge, die zur Sektion verstorbener Häftlinge im Außenkommando Leau geführt haben, gebe ich folgenden Bericht:

Das Kommando Leau, das etwa seit September 1944 besteht, ist ein arbeitsmäßig sehr schweres Kommando, da teilweise Bauvorhaben unter Tag vorbereitet werden müssen. Die Anforderungen an die Häftlinge waren sehr hoch und die Zusammensetzung der für dieses Kommando ausgewählten Häftlinge insofern ungünstig, als es sich zum größten Teil um Warschauer Polen mittleren Alters sowie um Franzosen handelte. Sowohl die einen wie die andern waren meist städtische Bevölkerung mit Intelligenzberufen, die für solche Bauvorhaben körperlich nicht geeignet erscheinen. Kurz nach Anlaufen des Kommandos wurde eine Reihe von Ruhrverdachtsfällen gemeldet. Ein sofort nach dort überstellter SDG konnte jedoch im Verein mit dem Pflegepersonal in kurzer Zeit ein Umsichgreifen der Infektion verhindern. Tatsache blieb nur, daß eine Reihe von Todesfällen eintrat, insbesondere unter den Häftlingen, die unter Tag arbeiten und mitunter wochenlang nicht an das Tageslicht heraufkamen. Unter dem Eindruck der steigenden Ziffer von Todesfällen wurde ich anfangs Dezember 1944 von dem leitenden Arzt der OT-Oberbauleitung in Halberstadt angerufen, der seinerseits den Verdacht äußerte, daß es sich um eine nicht geklärte Endemie handle und den Vorschlag machte, einige dieser Verstorbenen sezieren zu lassen. Er äußerte dabei die Meinung, daß es sich um Fälle gehäuft auftretender Endarteritis obliterans handeln könne, also um Gefäßspasmen, die mit den Arbeitsbedingungen in einem Kalibergwerk vielleicht in Zusammenhang gebracht werden könnten. Es lag somit ein allgemeines Interesse vor, die Häftlinge gegebenenfalls vor weiteren Schädigungen zu schützen. Aus diesem Grund habe ich mein Einverständnis zur Vornahme der Sektion bei einigen besonders auffälligen Todesfällen von Häftlingen gegeben mit der Maßgabe, die Angelegenheit vertraulich zu behandeln, wie es ja bei diesem Vorhaben sowieso der Fall war. Von den Ergebnissen dieser Sektionen hörte ich lange Zeit nichts. Ich habe in der Zwischenzeit nur veranlassen können, daß die allgemeinen hygienischen Verhältnisse im Lager besser wurden, daß Bierhefe aus den benachbarten Brauereien zur Verteilung kam; außerdem wurde vorgeschlagen, daß die OT-Bauleitung einige Höhensonnen für die unter Tag arbeitenden Häftlinge beschaffen möge. Im Monatsbericht vom Januar 1945 wurde mir von SDG mitgeteilt, daß das Ergebnis der Sektionen von zwei Leichen negativ ausgefallen sei.

Erst vor wenigen Tagen, am 3. März 1945, erhielt ich ein Schreiben der OT-Bauleitung, in dem mir mitgeteilt wurde, daß man bei den Sektionen zum Ergebnis eines chronischen Hungerzustandes gekommen sei, den man sich jedoch nicht erklären könne, da die Häftlinge Schwerarbeiterzulagen erhielten. Es wurde weiterhin in dem Schreiben der Verdacht geäußert, daß irgendwelche Unterschleife in der Auslieferung der den Häftlingen zustehenden Nahrungsmittel möglich seien. Aus diesem Grunde habe ich dem Leiter der hiesigen Verwaltung – SS-Sturmbannführer Barnewald die Sachlage mitgeteilt, um diese Möglichkeit zu erörtern. Es wurde mir jedoch mitgeteilt, daß die OT-Bauleitung die Verpflegung der Häftlinge in eigener Regie übernommen habe, so daß also, falls überhaupt möglich, irgendwelche Veruntreuungen nicht bei uns zu suchen seien. Dies wurde dem leitenden Einsatzarzt der OT in einem Schreiben vom 10. März 1945 mitgeteilt mit der gleichzeitigen Bitte, seinerseits eine Überprüfung der Verhältnisse veranlassen zu wollen.

Soweit mir bekannt ist, sind also in dem besagten Kommando zwei Leichen seziert worden, bei denen ein höheres Interesse hierzu vorlag. Falls weitere Sektionen hinzugekommen sein sollten, bitte ich um entsprechende Benachrichtigung, um die Angelegenheit zu klären. Ich werde meinerseits den für die Betreuung des Kommandos zuständigen SDG auch schriftlich befragen, ob ihm mehr als diese bisherigen Fälle bekannt sind.

Der Standortarzt der Waffen-SS Weimar
gez. Schiedlausky
SS-Hauptsturmführer d. R.

78. Menschen als Versuchstiere für SS-Ärzte

Ich kam am 5. 10. 1939 nach Buchenwald und arbeitete zuerst als Sanitäter in der Krankenabteilung des sogenannten kleinen Lagers. Infolge Medikamentenmangel und Unterernährung starben täglich von etwa 80 Kranken 10. Als eines Tages etwa 20 Kranke Durchfall bekamen, wurde das Pflegepersonal zum Tor gerufen und jeder bekam «20 auf den Arsch.»

Später arbeitete ich im Häftlingskrankenbau und mußte dort mit eigenen Augen sehen, wie die SS-Ärzte Menschen umbrachten. Der SS-Arzt Neumann machte Leberstudien bei lebenden Menschen; mit einem besonders konstruierten Apparat nahm er Teile aus der Leber bei lebenden Menschen heraus, die an diesen Versuchen ausnahmslos zugrunde gingen.

Im Operationssaal II war ich Zeuge, wie der berüchtigte Mordarzt Eisele 5 jüdischen Häftlingen schnell Evipan-Natrium injizierte. Der erste war sofort tot und wurde auf einer Bahre hinausgetragen, dann kam der nächste, dem es ebenso erging. Eisele fuhr fort, bis auch der letzte ermordet war.

Eines Tages wurden 30 Kranke nach Block 4 gebracht, die nicht mehr laufen konnten. Eisele bereitete ihnen einen Tee mit einer starken Lösung Chloralhydrat; ein Teil, der ein schwacher Herz hatte, starb sofort, den Rest spritzte Eisele ab. Dieser Saal und seine Methoden übernahm dann Dr. Hoven, der wöchentlich in diesem Saal etwa 90–100 Häftlinge ermordete. Dies blutige Handwerk trieb der genannte SS-Mörder etwa 1½ Jahre lang.

Später kam ich auf den Block 46. Hier machte eines Tages der Kapo Artur Dietzsch dem SS-Arzt Ding (Schuler) den Vorschlag, Fleckfieberkranken Frischblut einzuimpfen, worauf der SS-Mann mit Freuden einging. Alle so geimpften 6 Kameraden starben kurze Zeit nach dieser Injektion. Neben diesen wurde auch andere Spritzversuche an Häftlingen vorgenommen, die zu 95 % tödlich verliefen. Solche Versuche wurden mit Luminal- und Pervitin-Injektionen gemacht.

Artur Gadzinski

79. Versuche im Block 46

Ich bin seit 31. März 1942 im KL Buchenwald und kam 1943 auf den Block 46, dem Isolierblock für Fleckfieberkranke. Der Block stand unter Leitung des Kapo Dietzsch, der nach dem Vorbild der SS sowohl das Pflegerpersonal wie auch die Kranken terrorisierte und schikanierte. Dem Pflegepersonal zustehende zusätzliche Lebensmittel wurden nicht ausgehändigt, sondern von Dietzsch in großen Mengen hinaus geschleppt, nicht zuletzt zu den weiblichen Insassen des «Sonderbaus.» Auf Vorhaltungen erklärte er: «Die Leute werden sonst zu fett.»

Vom Kapo Dietzsch wurden dem SS-Arzt Ding (Schuler) vorgeschlagen, Fleckfieberkranken Frischblut zu injizieren. Die Kranken verstarben alle nach der Injektion. Einmal wurden Versuche mit einem Gift, das für die Vergiftung von Geschossen Verwendung finden sollte, durchgeführt, dabei wurden 6 Menschen getötet. Obwohl in letzter Zeit im Lager genügend Fleckfieberkranke zur Verfügung standen, nahm man gesunde Menschen und führte die «Passagen», d. h. Impfungen mit Fleckfieberstoff, durch. Die Opfer waren ohne Ausnahme Todeskandidaten.

Jan Schalker (Holland)

80. Opfer des Blockes 46!

Am 16. August 1942 wurde ich von einem Häftling von meiner Arbeitsstelle geholt und zum Revier gebracht. Dort wurde ich oberflächlich gemustert und zum Block 46 gebracht.

Dort befanden sich schon ungefähr 60 bis 80 Häftlinge, meist Berufsverbrecher und Asoziale, außerdem einige politische und jüdische Häftlinge.

Die ersten zwei Monate wurde ich dort anständig verpflegt, denn bei meiner Einlieferung in Block 46 war ich körperlich in einem sehr schlechten Zustande.

Einige Male wurde mir Blut zur Untersuchung entnommen. Ungefähr Mitte Oktober 1942 wurde ich vom SS-Sturmbannführer Dr. Ding mit Flecktyphus gespritzt. Dabei war anwesend SS-Hauptsturmführer Dr. Hoven, der ebenfalls Häftlinge spritzte. Nach 4–7 Tagen erkrankte ich schwer. Meine Temperatur stieg bis 40°. Diese Erkrankung dauerte ungefähr 14 Tage. Verpflegt wurde ich von einem Häftlingspfleger mit Vornamen Kurt. Diese Verpflegung war gut. Der Verlauf der Krankheit wurde täglich eingetragen.

Während der Krankheit haben sich SS-Sturmbannführer Dr. Ding und SS-Hauptsturmführer Dr. Hoven nur einmal gezeigt. Sie untersuchten einige Kranke. Nachdem ich die Krankheit überstanden hatte, wurde mir 3 Mal in Abständen von 2 Tagen ungefähr 20 ccm Blut entnommen. Ungefähr 3 Tage nach dieser Blutentnahme wurden 30 Häftlinge aus dem Block 46 entlassen, 3 Mal je 10 Häftlinge. Zu den letzten 10 gehörte auch ich. Die in Block 46 zurückgebliebenen 90 Häftlinge wurden vom Kapo Dietzsch beruhigt; über das, was weiter mit ihnen geschah, ist mir nichts bekannt. Über das Verhalten des Kapos Dietzsch gegenüber den kranken Häftlingen möchte ich noch folgendes erklären:

Es war uns an bestimmten Stunden des Tages erlaubt zu rauchen. Der politische Häftling Habermann, der mal in verbotener Zeit geraucht hatte, wurde vom Kapo Dietzsch derartig mit einem Besenstiel geschlagen, daß er 10 bis 14 Tage mit verbundenem Kopf herumgelaufen ist.

Aus demselben Grund hat er 2 Mal einen ganzen Flügel mit kranken Häftlingen mit einem Tag Kostentzug bestraft. Bei der Entlassung aus Block 46 bekamen wir einen Monat Schonung. Außerdem wurde uns von Kapo Dietzsch gesagt, daß wir kein Wort von allem, was wir im Block 46 gesehen hatten, sprechen dürften, sonst würden wir vom SS-Hauptsturmführer Dr. Hoven auf Block 46 zurückgeholt werden.

Jan A. van Leeuwarden, Vlaardingen

Kapitel VII
Sonderaktionen und Sondereinrichtungen

81. Die Strafkompanie

Am 18. Oktober 1938 kam ich als Rassenschänder in die Strafkompanie, Block 11. Wir mußten 14 Stunden arbeiten, was als «Normalarbeitszeit» galt. Dabei hagelte es nur so Schläge und Fußtritte. Das Arbeitstempo war mörderisch, jeder Weg mußte im Laufschritt zurückgelegt werden, ganz gleichgültig wie schwer die Lasten waren, die wir zu tragen hatten. Zwei Häftlinge trugen gemeinsam eine Trage mit Erde oder Steinen. Einen Traggurt zu benutzen, war streng verboten und wurde sofort mit 25 Stockhieben bestraft. Nach der «normalen» Arbeitszeit gab es stets noch 2 Stunden «Strafarbeit»; wochenlang arbeiteten wir im Scheinwerferlicht auf dem Appellplatz. Wenn wir dann um 22 oder 23 Uhr in den Block kamen und glaubten Ruhe zu haben, ertönte es fast täglich im Mikrofon: «10, 20, 30 Häftlinge der Strafkompanie zum Tor.» Der damalige Blockälteste Paul Weitz (Zuhälter) und der Kapo v. Jäger (BVer) machten uns das Leben zur Hölle. Selbst in der Mittagspause mußten wir noch Strafexerzieren mit Kniebeuge, Laufschritt usw.

Jeden Sonntag mußte auf Befehl des Lagerführers, SS-Hauptsturmführer [Hans] Hüttig, die Strafkompanie von 10 Uhr vormittags bis 17 Uhr nachmittags am Tor stehen und wurde gleichzeitig mit Essenentzug bestraft. Wer sich im Glied nur etwas rührte, erhielt sofort 10 Stockhiebe, wozu der Bock stets bereit gestellt wurde. Verrichtung der Notdurft während des Strafstehens war streng verboten. Es ist unvorstellbar, welche Qualen dies mit sich brachte. Die deutschen politischen Kameraden sorgten aber, unter Gefährdung ihrer eigenen Person, dafür, daß jeder Kamerad der Strafkompanie heimlich abends im Waschraum wenigstens einen halben Liter Essen erhielt!

Nach Kriegsbeginn wurde der Kurs gegen die Strafkompanie noch mehr verschärft! Alle Arbeit im Laufschritt – Fußtritte, Schläge – etwa anderes gab es nicht für uns. Viele Kameraden wurden über die Postenkette gejagt und erschossen. In manchen Fällen erhielten die Todeskandidaten besonders schwere Steine, die von zwei Kameraden kaum gehoben werden konnten, aufgeladen und wurden solange damit herumgejagt, bis sie zusammenbrachen und von der SS erschlagen wurden.

Nach dem sogenannten Attentat im Bürgerbräukeller in München wurden auch von der Strafkompanie drei jüdische Kameraden durch die SS-Hauptscharführer Blank und Warnstädt zum Erschießen herausgeholt. Ich selbst entging diesem Schicksal nur auf folgende Weise: Blank rief mich vor die Front und fragte mich, woher ich sei. Auf meine Antwort: «Aus Berlin!», sagte er zynisch «Von dort haben wir schon genügend!» und ließ mich stehen. Diese Minuten der Todesdrohung werde ich nie vergessen.

Ein besonderes Kapitel bedeutete für uns unser Blockführer Schmidt, der die Gewohnheit hatte, in sadistischer Weise jedem Häftling, mit dem er sprach, zuerst einmal in den Bauch oder gegen die Hoden zu treten. Bei jeder Appell-Abnahme gabe es 3–4 Schwerverwundete, weil das Abzählen nicht rasch genug ging, usw.

Am 12. März 1942 wurde ich endlich mit andern Kameraden, die wie ich schon über 3 Jahre in der Strafkompanie waren, auf einen Freiblock verlegt.

Rolf Baumann, Berlin

82. Die I-Baracke

Tief im Wald versteckt, gegenüber den Führerhäusern liegt ein großes Blockhaus – die sogenannte Isolierbaracke, kurz I-Baracke genannt. Hier wurden besonders prominente Persönlichkeiten von der SS gefangengehalten, die sie aus irgendwelchen Gründen mit den andern Häftlingen nicht zusammenbringen wollte. 12 SS-Leute waren als besondere Wache für dieses Gebäude, das mit einer 3 Meter hohen Pallisadenwand umgeben war, eingesetzt.

Bis zum Bombardement Buchenwalds am 24. 8. 44 waren in dieser Baracke der frühere Sozialdemokrat Rudi Breitscheid und seine Frau, die Prinzessin Mafalda von Hessen, eine Tochter des italienischen Königs und deren Bedienerin, die Bibelforscherin Maria Ruhnau, eingesperrt. Durch Bombenvolltreffer wurde der Bau völlig zerstört, aber auch der Splitterschutzgraben, in den sich die Bewohner geflüchtet hatten, gewährte keinen Schutz. Aus den zusammengestürzten Erdmassen ragte nur der Kopf der Prinzessin Mafalda heraus, die jammernd um Hilfe rief. Über ihren Füssen lag, ganz mit Erde bedeckt, Frau Breitscheid. Beide lebten noch.

Frau Breitscheid hatte nur leichtere Quetschungen davongetragen und wurde nach dem Bombardement bald abtransportiert. Prinzessin Mafalda hatte eine furchtbare Wunde am Oberarm, der von dem Lagerarzt Schiedlausky amputiert wurde. An den Folgen des Blutverlustes und der – wie Ärzte festellten – unsachgemäß durchgeführten Operation ist Prinzessin Mafalda am nächsten Tag gestorben. Breitscheid selbst war etwa 40 cm hoch mit Erde bedeckt. Ob er erstickt ist oder an den Folgen eines Splitters, der ihn traf, starb, weiß ich nicht. Jedenfalls war er schon tot, als er ausgegraben wurde.

Wenn die Nazimörder behaupten, daß bei diesem Bombardement auch Ernst Thälmann, der Führer der KPD, getötet worden sei, so ist das eine freche Lüge. Thälmann war nie in Buchenwald und ist an einem andern Ort sicherlich von den SS-Verbrechern ermordet worden.

Die I-Baracke wurde wieder aufgebaut und war zuletzt mit 54 Personen belegt. Zuerst – allerdings nur vorübergehend – war dort der ehemalige Bundeskanzler von Österreich, Schuschnigg, mit seiner Frau, der ehemalige Wiener Bürgermeister Seitz mit seiner Frau und zwei weitere mir unbekannte Personen. Unter den später dort Inhaftierten, die bis wenige Tage vor der Befreiung durch amerikanische Truppen dort blieben, befanden sich:

Fritz Thyssen, der nach seinen Erklärungen bereits $4^1/_2$ Jahre in Haft war, zuerst in einer Irrenanstalt und dann in Oranienburg (Sachsenhausen), Röchling, 6 Angehörige der Familie Stauffenberg, ein General Falkenhausen oder Falkenberg, 5 Minister der ungarischen Dreitage-Regierung, die Frau des Botschafters Hassell, Frau Goerdeler mit ihren Kindern, Frau General Lindemann, einige Frauen ehemaliger Gewerkschaftsführer mit ihren Kindern usw., die ich aber alle mit Namen nicht kannte.

Ende 1944 machte folgendes Ereignis großes Aufsehen. Ein Fieseler-Storch umkreiste mehrmals die I-Baracke, wobei die Pilotin, die deutlich zu erkennen war, herauswinkte. Da im Lager das Gerücht umging, der Inspekteur der Luftwaffe [Adolf] Galland sei in der I-Baracke, fragte ich Thyssen, ob die Fliegerin vielleicht einen Gruß für Galland habe. Thyssen erklärte mir aber, die Pilotin, die Werkspilotin Millert aus Wien, sei eine Freundin eines der eingesperrten Grafen Stauffenberg [Clemens] und grüße auf diese Weise ihren Freund. Drei Tage lang kam die mutige Fliegerin, zog ihre Schleifen und flog dann wieder davon. Später war nie mehr etwas zu sehen.

Einige Tage vor dem Eintreffen der amerikanischen Truppen in Buchenwald wurden alle Insassen der Isolierbaracke mit Lastautos weggebracht, angeblich nach Bayern.

Armin Walther, Riesa/Elbe

83. Die K-Kompanie

Nach Ausbruch des Krieges wurde der Strafkompanie eine K-Kompanie angegliedert. K-Häftlinge waren alle diejenigen, die im Kriege sich irgendwie vergangen hatten, aber nicht verurteilt wurden konnten, da ihre «Straftat» zu geringfügig war.

Ich will jetzt versuchen, einen kleinen Ausschnitt aus meinen persönlichen Erlebnissen in der K.-K. zu schildern.

Die K-Kompanie war eine geschlossene Strafanstalt des Lagers. Die betreffenden Blocks waren doppelt mit Stacheldraht umzäunt und verschlossen. Wir durften, wenn wirklich mal die Arbeitszeit zu Ende ging, keinerlei Berührung mit den übrigen Häftlingen haben. Nach der langen und schweren Arbeitszeit fielen wir in den überfüllten Schlafsälen (3 Mann auf 2 Betten) bleiern auf unsere Strohsäcke. Und wie oft ertönte dann noch der Ruf:

«50 Häftlinge von der Straf- und K-Kompanie zum Materialabladen (oder Baumstämmetragen) sofort zum Tor!»

Die Straf- und K-Kompanie setzte sich nicht nur aus politischen Häftlingen zusammen, sondern es gab auch Vorbestrafte, teilweise auch Polen, deren einzige Schuld es war, daß sie sich mit einem deutschen Mädchen eingelassen hatten. Wenn es überhaupt noch eine Steigerung in der Schlechtigkeit der Behandlung gab, so waren unsere jüdischen Kameraden diesen Dingen ausgesetzt. Der ziemlich starke kriminelle Einschlag unter einem Teil der Belegschaft brachte es mit sich, daß auch das kameradschaftliche Zusammenleben schlecht war. Ein besonderes Kapitel waren einige Blockälteste und Stubendienste, so der Häftling Stelzmann, der später als Zinker entlarvt wurde, ebenso der Kapo Herzog, ein ehemaliger Fremdenlegionär.

Die minimalen Vergünstigungen, die die übrigen Häftlinge im Lager hatten, kamen für uns nicht in Frage. Wir durften nur einmal vierteljährlich einen Brief an unsere Angehörigen schreiben und auch nur einen von ihnen empfangen. Wir hatten keinen Kantineneinkauf, durften kein Geld haben und durften nicht rauchen. Wir mußten Sonntags arbeiten, oft mußten wir Strafexerzieren, wobei es jedesmal etliche Tote gab. Dazu betrog man uns um das uns zustehende Essen. Vom Aufstehen bis zum Bettgehen wurden wir geschlagen. Wir bekamen außer dem Essenentzug für das gesamte Lager oft extra 1–3 Tage kein Essen.

Alle Gefangenen der Straf- und K-Kompanie mußten grundsätzlich im Anfang schwere Transportarbeiten zum Kasernen- und Häuserbau leisten. Später kamen alle in den Steinbruch. Wir arbeiteten täglich 12 Stunden im Steinbruch und außerdem 3–4 Stunden im Gärtnereigelände. Im Steinbruch mußten wir Tag für Tag 52 bis 54 Loren, beladen mit 30 bis 35 Zentner Steinen, eine Steigung von ca. 25° 500 m im Laufschritt in Holzschuhen bergauf ziehen, herunter ging es im Eiltempo. Dadurch bekamen wir alle wunde Füße, die wir im Revier nicht behandeln lassen durften. Dazu ständige Prügel von den SS-Posten, Kapos und Vorarbeitern. Hier seien der Kapo Vogel, Herzog und Vorarbeiter Adams besonders genannt.

Die Pause für den ganzen Tag betrug eine halbe Stunde, allerdings ohne Essen und Trinken. Die Mehrzahl der Kameraden hatten Durchfall, durften aber nicht austreten, und die eigene Hose war Ersatz für das Klosett.

Oft warfen die uns beim Hochziehen der Loren begleitenden SS-Posten unsere Mützen 2–3 m von sich weg und befahlen, diese wieder zu holen. Dabei schossen sie viele nieder, um in den Genuß von Urlaub und Abschußprämie zu kommen.

Manche Posten haben 3 Häftlinge am Tage erschossen. Andere Liquidierungsmethoden war das «Fertigmachen», d. h. der Häftling wurde bis zum Wahnsinn gequält, worauf, um seine Qualen zu beenden, er durch die Postenkette lief. Diejenigen Häftlinge, die bei der Arbeit ohnmächtig wurden, begoß man mit Wasser, bis sie wieder zu sich kamen und weiterarbeiteten. Den Toten trampelte der Nazihandlanger Herzog auf dem Leibe herum. Auch über die Steilhänge des Steinbruches wurden Häftlinge geworfen.

Die Straf- und K-Kompanie mußte auch den größten Teil der Häftlinge stellen, die mit Fleckfieberbazillen infiziert wurden, um Serum aus ihrem Blut zu gewinnen, wobei die meisten starben.

Tag für Tag nach Arbeitschluß mußte jeder aus dem Steinbruch einen großen Stein ins Lager tragen, dies gab vielen den Rest.

Das war die Hölle vom Steinbruch im Konzentrationslager Buchenwald. Wenn ich aus ihr lebend herauskam, so verdanke ich das meinem beruflichen Können und besonders der Hilfe einiger antifaschistischen Kameraden, die mich durch geschicktes Auftreten aus der K-Kompanie befreiten.

Max Pabst, Neu Schmiedefeld, Kreis Saalfeld

84. Der Sonderbau

Im Sommer 1943 entstand auch in Buchenwald der sogenannte Sonderbau, d. h. das Bordell. Die SS versuchte mit diesem Mittel die Häftlinge zu korrumpieren, gegeneinander auszuspielen, indem sie weibliche Häftlinge zwang, ihren Körper im Dienste der Lagerordnung den Häftlingen preiszugeben. Ganz abgesehen von allen moralischen Fragen bedeutete der Besuch des Bordells eine Anerkennung dieser nazistischen Taktik und wurde auch von den Häftlingen entsprechend bewertet.

In der ersten Zeit bestand die Bewachung des Sonderbaus aus 2 SS-Aufseherinnen, die sich jedoch schlimmer wie Huren benahmen. Diese SS-Weiber hatten nicht nur ihre festen Verhältnisse mit SS-Leuten; wenn ein Häftling mit einem halben Pfund Butter oder irgend etwas anderem Eßbaren kam, legten sie sich mit Begeisterung auch mit ihm ins Bett. Ja, sie verkuppelten die Häftlingsfrauen des Bordells, indem sie unter der SS Propaganda für ihren Bau machten, obwohl natürlich der Besuch den SS-Leuten streng verboten war. Wenn sie unwohl waren, zwangen sie die Häftlingsfrauen, ihren SS-Freunden gefügig zu sein. Auch die SS-Führer lehnten den Besuch des Bordells nicht ab und waren häufig, natürlich erst in später Nachtstunde, dort zu finden.

Da die Häftlingsfrauen im Bordell natürlich genauso Hunger hatten wie die Häftlinge des Lagers, war es keine Seltenheit, daß Häftlinge, die genügend Eßwaren «organisieren» konnten, auch außerhalb der vorgeschriebenen Zeit zu ihrem Recht kamen. Das führte, besonders bei kriminell veranlagten Naturen, sogar zum Diebstahl von Eßwaren, insbesondere zum Paketdiebstahl, so daß die Häftlingsleitung oftmals energisch eingreifen mußte. Eines Nachts kam es sogar einmal zu einer großen Schlägerei zwischen dem Lagerschutz und Kriminellen, weil die Kriminellen nachts in das Bordell eingestiegen waren und in besoffenem Zustand die Frauen bedrohten. Der Lagerschutz säuberte aber rasch und gründlich den Saustall aus.

Die SS-Aufseherinnen waren mit der Zeit so korrumpiert und konnten überhaupt keinem Häftling gegenüber mehr auftreten, so daß sie von der Lagerführung abgelöst und durch SS-Männer ersetzt wurden. Aber bei denen war es bald genau so. Sie mißbrauchten die Häftlingsfrauen in jeder Art und Weise und hatten natürlich sehr bald jede Autorität verloren. Um den Betrieb einigermaßen aufrechterhalten zu können, mußte ein Lagerschutz gestellt werden, der darauf aufpaßte, daß der SS-Mann sich nicht mit Häftlingsfrauen einließ.

Der Sonderbau war eine Sumpfblüte schlimmster Korruption und anderer Laster, ein echt nationalsozialistischer Musterbetrieb.

Carl Gärtig, Kretzschen über Zeitz

85. Massenmorde an russischen Kriegsgefangenen

Die SS-Mörder haben auch in Buchenwald eines der schlimmsten Verbrechen auf sich geladen, das man einer sogenannten zivilisierten Nation vorwerfen kann: sie haben Kriegsgefangene, die durch militärische Operationen in die Hände der deutschen Wehrmacht gefallen waren, planmäßig ermordet, obwohl diese russischen Soldaten Angehörige einer regulären Armee waren. Aber der fanatische Haß gegen den Kommunismus ging so weit, daß die Himmlerbanditen nicht einmal vor diesem gemeinen Verbrechen zurückschreckten.

Die feigen Mörder wußten genau, daß sie ein Verbrechen begehen, das sie vor der ganzen Welt geheim halten mußten, und das sie daher mit allen Mitteln zu vertuschen suchten.[1] Sie haben im Pferdestall von Buchenwald eine ganz raffinierte Mordanlage eingebaut, in der sogar ein laut tönendes Radio angebracht war, damit man die Todesschreie, das Röcheln und Stöhnen der Opfer dieser kalten und feigen Mörder von außen nicht hören sollte! Es gibt kein Wort in der Sprache irgendeines Volkes, das ein solch niederträchtiges kaltblütiges Verbrechen richtig charakterisieren könnte.

Der beiliegende Plan des Pferdestalls zeigt alle Einzelheiten dieser Mordanlage, die nur dem Gehirn eines perversen Sadisten entsprungen sein kann.

Gleichzeitig ist als Anlage ein Schreiben der obersten SS-Führung angeheftet, aus dem eindeutig hervorgeht, daß diese Himmlergarde die Morde an wehrlosen Kriegsgefangenen angeordnet hat. Aber das genügte dieser Verbrecherbrut noch nicht: die Opfer sollten bis zur Vollstreckung der bereits ausgesprochenen Todesurteile für ihre Mörder arbeiten, bis ihre Körper so geschwächt waren, daß sie keinen Profit mehr darstellten; erst dann sollten die bereits beschlossenen Exekutionen stattfinden. Wenn man dies Schreiben nicht im Original schwarz auf weiß vor sich hätte, würde es kein normal denkender Mensch glauben, daß so etwas im 20. Jahrhundert noch möglich sei. Aber dies furchtbare Verbrechen an den etwa 7200 russischen Kriegsgefangenen, die in Buchenwald auf Befehl Himmlers feige und hinterrücks ermordet wurden, wird niemals vergessen werden!

Karl Feurer, München

Der Reichsführer SS Oranienburg,
Inspekteur der Konzentrationslager den 15. Nov. 1941

Pol. A.z. 14 fN14/L/Ot.
Geheim Tgb. Nr. 213/41

Betreff: Execution von russischen Kriegsgefangenen
Bezug: Ohne
Anlagen: Keine
Geheim!

An die
Lagerkommandanten der
Konzentrationslager
Da.Sch.Bu.Mau.Flo.Neu.Au.Gro.Ro ......
Abdr. an Lagerärzte, Schutzhaftlagerführer(&)Verwaltungen.

Der Reichsführer SS und Chef der Deutschen Polizei hat sich grundsätzlich damit einverstanden erklärt, daß von den in die Konzentrationslager zur Exekution überstellten russischen Kriegsgefangenen (insbesondere Kommissare) die auf Grund ihrer körperlichen Beschaffenheit zur Arbeit in einem Steinbruch eingesetzt werden können, die Exekution aufgeschoben wird. Zu dieser Maßnahme muß, vorher das Einverständnis des Chef der Sicherheitspolizei und des SD eingeholt werden.
Hierzu wird befohlen:

Beim Eintreffen von Exekutionstransporten in die Lager sind die körperlich kräftigen Russen, die sich für eine Arbeit in einem Steinbruch eignen, durch den Schutzhaftlagerführer (E) und den Lagerarzt herauszusuchen. Eine namentliche Liste der herausgesuchten Russen ist in Doppel ausgefertigt hier vorzulegen. Auf dieser Liste muß der Lagerarzt vermerken, daß gegen den Arbeitseinsatz der Betreffenden ärztlicherseits keine Bedenken bestehen. Nach Einverständniserklärung des Chefs der Sicherheitspolizei und des SD wird die Überstellung der betreffenden Russen in ein Steinbruchlager von hier befohlen.

gez. Klüder (?)
SS Brigadeführer und
Generalmajor der Waffen SS

86. Kommando 99 – Pferdestall

Die offizielle Mordstätte an russischen Kriegsgefangenen war der Pferdestall, das Kommando selbst hieß bei der SS Kommando 99. Beim Kommando wurde nur ein einziger Häftling beschäftigt, der russische weißgardistische Offizier Kushni-Kuschnarew, der auch im Lager als Denunziant tätig war und eines Tages an Typhus im Lager starb.

Wenn die ahnungslosen Opfer in den Stall kamen, sagte der leitende Offizier des Mordkommandos etwa folgendes: «Sie sind in einem Sammellager. Um eine Ansteckungsgefahr zu vermeiden, müssen Sie vorher desinfiziert, untersucht und gebadet werden. Beim Ausziehen zuerst den Rock, dann die Hose hinlegen, die Schuhe davor setzen und die Erkennungsmarke in die Schuhe legen, damit es keine Verwechselung gibt.»

Diese Ansprache wurde von Kushni-Kushnarew übersetzt, der während der ganzen Zeit bei den Zugängen herumging und sie auszuhorchen versuchte. Wenn er durch geschickte Fragestellung einen Kommissar oder ein Parteimitglied entdeckt hatte, meldete er das sofort dem SS-Offizier, was das unfehlbare Todesurteil bedeutete. Viele hundert Menschenleben hat dieser verbrecherische Denunziant auf dem Gewissen.

Danach begann die Befragung, wobei eine Reihe von Kriegsgefangenen ahnungslos ihren richtigen Titel und Namen angaben. Während der Befragung gingen SS-Mörder mit weißen Mänteln durch die Reihen und täuschten so eine ärztliche Untersuchung vor.

Wenn 6 Mann befragt waren, hieß es: «Die ersten 6 zum Baden.» Gleichzeitig wurde ein Lautsprecher auf eine ganz laute Musik eingeschaltet, während durch den andern verschiedene Namen und Nummern, ebenfalls ganz laut gerufen wurden. Zur selben Zeit spielte sich in den hinteren Räumen die blutige Tragödie ab.

Die zum «Baden» bestimmten Opfer gingen in einen kleinen Raum, der eine schalldichte Wand und Tür hatte. Der Raum war als Baderaum ausgestattet, mit Fließen am Boden und an den Wänden, mit 8 Duschen. In der Tür befand sich ein 30 cm breiter und 3 cm hoher Schlitz. Waren die Opfer der SS im Bad, dann schloß ein SS-Mann die Tür fest zu und schoß die Ahnungslosen mit einer automatischen Pistole zusammen.

Lagen alle am Boden, oftmals nicht tödlich getroffen, wurden sie auf ein Lastauto, das mit Zinkblech ausgeschlagen war, geworfen. Die Duschen wurden aufgedreht, das Blut weggespült – und die nächsten konnten zum «Baden» kommen. Auf diese Art wurden manchmal von 9 Uhr abends bis 5 Uhr morgens 500 Mann «gebadet»!

Im Anfang bedienten sich die SS-Mörder einer Maschine, die aber abgeschafft wurde, weil sie nicht rasch genug wirkte. Auf einem Holzpodium war eine Maßlatte (zum Messen der Körperlänge) angebracht mit einem Schlagbolzen in der Höhe des Genicks. Wenn sich jemand auf das Podium stellte, schnellte der Bolzen heraus und zertrümmerte Genick oder Hirnschale. Auch hierbei waren sehr viele nicht tödlich getroffen, wurden aber trotzdem auf dem Leichenwagen zum Krematorium gefahren. Dort erhielten die noch lebenden Opfer des sadistischen Blutrausches der SS den Gnadenschlag mit einer Eichenkeule, die sofort die Hirnschale zerschmetterte. Es kam auch vor, daß ein noch Lebender vom Leichenwagen heruntersprang und nackt in den Wald zu laufen versuchte. Dieser wurde dann von den aufgestellten Posten niedergeschossen.

Waren die Transporte zu groß, so mußten sich die Kriegsgefangenen vor dem Pferdestall im Freien ausziehen. Sie wurden dann in größeren Trupps in die Reithalle geführt, mußten sich dort in einer Reihe aufstellen und wurden mit einem Maschinengewehr niedergemäht. Dann wurde auf die blutigen Stellen frisches Sägemehl gestreut, und die nächsten Opfer mußten antreten. Selbstverständlich waren diese vertierten SS-Mörder während des Dramas ständig betrunken. Alkohol stand für sie in unbegrenzten Mengen zur Verfügung.

Nicht immer waren die Opfer völlig ahnungslos. Es kam vor, daß einer sein nahes Ende ahnte und nackt aus dem Stall hinauslief, allerdings direkt in die Postenkette, die um den Pferdestall gezogen war, hinein. In einem Fall hatten ukrainische SS-Leute nicht geschossen, von diesem Zeitpunkt an wurden nur reichsdeutsche SS-Leute als Posten aufgestellt.

Bei dem Mordkommando brach einmal eine Fleckfieberseuche aus, die sie sich bei ihre Blutarbeit geholt hatten. 22 Mörder sollen daran gestorben sein.

Auch Zivilisten wurden im Pferdestall liquidiert. Eines Tages fuhr ein Auto der Apoldaer Verkehrsgesellschaft mit gut angezogenen Zivilisten und einigen Offizieren vor. In heiter angeregtem Gespräch ging es in den Pferdestall, es war etwa 16 Uhr. Leise zog die Postenkette auf, und nach zwei Stunden bekam das Krematorium neue Opfer.

Für ihre Mordtaten erhielten alle Angehörigen des Kommandos 99 das Kriegsverdienstkreuz.

Kurt Leeser, Aachen

87. Lebende unter Leichen

Ich konnte in meiner Eigenschaft als Maurer bei der Erbauung des neuen Krematoriums Vorfälle beobachten, die noch nicht bekannt sein dürften.

Solange der neue Ofen nicht fertig war, wurde der alte noch benutzt. Zwischen dem alten und dem neuen Ofen war eine Bretterwand, die, nachdem der erste neue Ofen fertig war, zwischen diesen und den zweiten neu zu bauenden Ofen versetzt wurde.

Zu jener Zeit wurden viele russische Kriegsgefangene durch Genickschüsse gemordet. Wenn die Mörder ein Auto mit ihren Opfern brachten, dann wurden die Körper direkt vom Auto auf einer eingebauten Rutsche in den Keller befördert. Jedesmal, wenn die Nazis die Körper durch den Kellerschacht hinunterstürzten, erhob sich ein großes Jammern und Stöhnen – ein Beweis dafür, daß viele Opfer noch nicht völlig tot waren, die durch das Aufschlagen auf dem Zementboden des Kellers wieder zum Bewußtsein kamen. Ob diese noch lebenden unglücklichen Opfer der Mordbestien dann erschlagen wurden oder noch lebend in den Ofen kamen, weiß ich nicht.

Als wir den Schornstein des Krematoriums bauten, sah ich einmal drei und einmal zwei russische Soldaten lebend im Hof stehen. Sie wurden ins Krematorium geführt – und dann sah ich nichts mehr von ihnen.

Philipp Kohl[2], *Frankfurt/Bad Vilbel*

88. Exekutionen in Buchenwald

In den ersten Jahren des Bestehens von Buchenwald wurden zwar viele hundert Häftlinge von SS-Mördern erschossen oder auf andere Weise getötet, aber öffentliche Exekutionen wurden nur zwei durchgeführt. Zwei Häftlinge, die einen SS-Mann erschlagen hatten, wurden gehängt – gehängt vor den Augen aller Häftlinge.

Die nächsten Exekutionen führten die SS-Mörder teils heimlich im Raum des Hundezwingers durch. Fast durchweg handelte es sich um polnische Arbeiter, die nach Deutschland verschleppt hier ein Liebesverhältnis mit einer deutschen Frau eingegangen waren, wobei sehr häufig haltlose Denunziationen als vollendete Tatsachen angesehen wurden. Zu diesen Exekutionen kamen zahlreiche Exekutionen in der Umgebung von Weimar und Buchenwald. Wenn in irgend einem Nest oder größerem Ort ein Fall von angeblichen oder wirklichen Beziehungen zwischen einem Polen und einer Deutschen bekannt geworden war, fuhr die SS aus Buchenwald mit einem transportablen Galgen hin und hängte die Polen auf. Zwei polnische Häftlinge dienten dabei der SS als Henkersknechte. Die Zahl der auf diese Weise von der SS Ermordeten ist heute nicht mehr genau festzustellen, doch dürften es jedes Jahr mindestens 250–300 Menschen gewesen sein, die auf diese grauenhafte Art ihr Leben verloren.

Ab 1943 begann die SS eine Zeitlang Häftlinge, die geflüchtet waren oder auch nur einen Fluchtversuch unternommen hatten, auf dem Appellplatz zu hängen. Es geschah dies auf ausdrücklichen Befehl von Himmler, der auf diese Weise der um sich greifenden Flucht von Häftlingen Einhalt gebieten wollte. Aber auch alle öffentlichen Exekutionen nützten nichts, im Gegenteil wurde der Haß und der Trotz und Kampfwille gegen die Mörder immer stärker. Da die SS das merkte, wurden die öffentlichen Exekutionen eingestellt, dafür wurden die Opfer der nazistischen Schergen im Krematorium vom dortigen Kapo und dem Scharführer Hübner gehängt. Auch die Zahl dieser Opfer, die oft als «überstellt» gemeldet wurden, ist nicht mehr festzustellen, doch dürfte sie mindestens dieselbe Höhe wie in den Vorjahren erreicht haben.

Es ist den Häftlingen erst für das letzte Jahr 1944/45 gelungen, eine vollständige Liste aller Exekutierten zusammenzustellen, die diesem Bericht beiliegt. Danach sind in den letzten 12 Monaten vor der Befreiung Buchenwalds 287 Kameraden gehenkt worden. Selbst nach vorsichtiger Schätzung beträgt also die Zahl der Menschen, die von den SS-Schergen Himmlers gehenkt wurden, für Buchenwald mindestens 1100!

Häftlings-Schreibstube

89. Liste der Offiziere des Secret Service, die im KL Buchenwald ermordet wurden[3]

Es liegen zwei Originalzettel des Rapportführers des K.L. Buchenwald vor. Sie lauten:

9. Sept. 1944

Feststellen, wo folgende Häftlinge arbeiten

8 511	Allard, Elise Albert	geb. 14. 7. 16
13 092	Benoist, Robert	20. 3. 95
14 185	Geelen, Pierre Albert	24. 6. 16
15 374	Leczia, Marcel Rene	1. 1. 11
9 161	Mayer, James Andreas	19. 4. 20
8 945	Rechemann, Charles	24. 8. 12
12 463	Kane, Gerard	10. 8. 11
14 930	Hubble, Desmond	29. 1. 10
8 051	Garry, Emile	2. 4. 09
12 817	Debal, Julien	2. 5. 15
8 870	Defendini, Ange	4. 12. 09
8 738	Sabourin, Romeo Josef	1. 1. 23
9 992	Pickersgill, Frank Herbert	28. 5. 15
9 636	Macalister, John Kennedy	9. 7. 15
7 898	Steele, Arthur	6. 4. 21
7 864	Bougennec, Jean	25. 7. 12

Mit einer Klammer für alle Namen steht dahinter: Im Arrest

Rapportführer des
Schutzhaftlagers K.L.B.
W E R L E

3:30 Uhr an
Schild 3 bestellen

---

5. Okt. 1944

Feststellen, wo folgende Häftlinge beschäftigt sind:

Wilkinson	George Alfred	31. 8. 13	Baukommando III	7 740
Evesque	Jean	16. 12. 09	Baukommando III	7 795
Prager	Henri	3. 3. 97	Baukommando III	8 144
de Seguier	Jean Marie de	27. 3. 18	Baukommando III	11 491
Loison	Yves	14. 3. 21	Baukommando III	7 638
Gerard	Andre Leon Rene	22. 6. 11	Baukommando III	7 582
Peuleve	Thomas Henri	29. 1. 16	Baukommando III	12 332
Barret	Denis John	23. 11. 16	Baukommando III	10 449
Mulsant	Pierre	13. 7. 14	Baukommando III	13 474
Avallart	Jean	17. 12. 08	Baukommando III	7 859
Heusch	Henri	29. 11. 09	Baukommando III	10 381

Vellant	Paul	27. 12. 07	Baukommando III	10 253
Chaigneau	Jacques	18. 2. 23	Baukommando III	10 375
Keunen	Marcel	30. 5. 11	Baukommando III	10 062
Lavallee	Jean	11. 10. 13	Baukommando III	10 045

Obengenannte Hft. am 5. 10. 44 um 6.00 Uhr dem Rapportführer vorführen.

Hinter dem Namen Peuleve steht mit Bleistift:

Krankenbau

90. Liste der kanadischen Flieger

[*Namenliste, hier nicht mit abgedruckt. Die Liste enthält die Namen von 168 alliierten Fliegern, die im Herbst 1944 in Buchenwald gefangen gehalten wurden. Darunter waren 82 von der U.S.A.A.F., 50 von der R.A.F., 25 von der R.C.A.F., 9 aus Australien und 2 aus Neuseeland.*][4]

91. Erschießung eines englischen Fliegers in Arolsen

[*Das Dokument fehlt in der Sammlung.*]

92. Massenmorde in der Heilanstalt Bernburg

Da die Ausrottung der Häftlinge, insbesondere der Juden, den Mördern der SS nicht rasch genug ging, wurden seit 1941 sogenannte Todestransporte zusammengestellt. Die ersten Transporte gingen so vor sich, daß die zum Transport bestimmten Häftlinge morgens beim Appell verlesen und sofort in ein Lastauto verladen wurden; abends bzw. am nächsten Tag kamen die Kleidungs- und Wäschestücke der Ermordeten zurück. Sie waren in der Heil- und Pflegeanstalt Bernburg/Elbe unter Aufsicht des dortigen Oberarztes Dr. Irmfried Eberl vergast worden; die Mordaktion hatte bei der SS den Aktenvermerk 14 f 13 erhalten. Zur Charakteristik des Arztes Eberl sei aus einem Bericht des Standortarztes Dr. Hoven über das Außenlager Junkerswerke Schönebeck/Elbe folgender Abschnitt zitiert (Bericht vom 19.3.43):

«Die Verpflichtung von Vertragsärzten und Verhandlungen mit Friedhofsämtern haben oft zu unüberwindlichen Schwierigkeiten geführt ... Daher setzte ich mich sofort mit dem Chefarzt der Heil- und Pflegeanstalt in Bernburg/Saale Dr. Irmfried Eberl, Postschließfach 252, Tel. Nr. 3169 in Verbindung. Es ist derselbe Arzt, der 14 f 13 durchgeführt hat. Dr. Eberl zeigte ein außergewöhnliches Verständnis und Entgegenkommen. Sämtliche anfallenden Häftlingsleichen von Schönebeck und Wernigerode werden zu Dr. Eberl nach Bernburg transportiert und dort, auch ohne Totenschein, sofort verbrannt.»

Und solche verbrecherischen Massenmörder nannten sich Arzt an einer Heil(!)-Anstalt! Die Verschickung der Häftlinge zur Vergasung war für die SS-Banditen eine rein geschäftliche Angelegenheit. In der Anlage sind zwei Briefe aus diesem Briefwechsel wiedergegeben, der kalte kaufmännische Stil läßt nicht darauf schließen, daß es sich bei diesen Transporten darum handelte, Hunderte von unglücklichen Menschen in den grausigen Erstickungstod zu jagen.

Otto Kipp, Dresden

K.L. Buchenwald
Lagerarzt

Weimar/Buchenwald,
den 2. Februar 1942

Betreff: nicht arbeitsfähige Juden im K.L. Buchenwald
Bezug: persönliche Unterredung
Anlagen: 2

An die
Heil- und Pflegeanstalt
Bernburg a. d. Saale
Postschließfach 263

Unter Bezugnahme auf die persönliche Unterredung wird in der Anlage in doppelter Ausfertigung eine Zusammenstellung der im K.L. Buchenwald einsitzenden nichtarbeitsfähigen und kranken Juden zur weiteren Veranlassung überreicht.

Der Lagerarzt
K.L. Buchenwald
gez. Hoven
SS Obersturmführer d. Res.

Heil- und Pflegeanstalt
Bernburg

Bernburg,
den 5. März 1942

Gesch.Z.:Be Go/Pt.

An das
Konzentrationslager
Buchenwald b. Weimar
z. Hd. des Herrn Lagerkommandanten
Bezug: Unser Schreiben vom 3. 3. 1942
Betreff: 36 Häftlinge 12. Aufstellung vom 2. 2. 1942

Mit unserem Schreiben von 3. ds. Mts. baten wir Sie, die restlichen 36 Häftlinge uns anläßlich des letzten Transportes am 18. 3. 1942 zur Verfügung zu stellen.

Infolge Abwesenheit unseres Chefarzts, der bei diesen Häftlingen die ärztliche Begutachtung vorzunehmen hat, bitten wir dieselben nicht am 18. 3. 1942 sondern bereits beim Transport vom 11. 3. 1942 mitzugeben, und zwar mit ihren Akten, die am 11. 3. 42 wieder zurückgegeben werden.

Heil Hitler!
Godenschweig

93. Sonderaktionen im KL Buchenwald

Außer den normalen Zugängen nach Buchenwald, die fast tagtäglich entweder von einer Gestapo- oder einer Kriminalpolizeistelle hingeliefert wurden, gab es sogenannte Aktionen. Diese bestanden darin, daß auf Befehl Himmlers Menschen bestimmter Gruppen eingefangen und als geschlossene Aktion ins Lager gebracht wurden. Während im Anfang diese Aktionen nur in Deutschland durchgeführt wurden, erstreckten sie sich in der Folgezeit auf das europäische Ausland. Nachstehend geben wir eine Zusammenstellung der wichtigsten nach Buchenwald verschickten Aktionen:

Name der Aktion	Datum:		Anzahl:		Staatsangeh.:
Arbeitscheue	Mai	1938	4000	rd.	Reichsdeutsche
Juden	Juni	1938	500		Reichsdeutsche
Wiener-Polizei-Häft.	Sept.	1938	400		Oesterreich
Rath-Aktion Juden	Nov.	1938	9815		Reichsdeut. Juden
Wehrunwürdige	Sept.	1939	500	rd.	Reichsdeutsche
Geiseln	Sept.	1939	756		Tschechen
Protektorats-Juden	Sept.	1939	500	rd.	Tschechen
Polen	Okt.	1939	4098		Polen
Heckenschützen	Okt.	1939	123		Polen
Polnische Minderheit	Okt.	1939	181		Polen
Wiener Altersheim Juden	Okt.	1939	200	rd.	Österr. Juden
Aus Polen eingewanderte Juden	Okt.	1939	2000	rd.	Deutsch. u. Österr.
Geiseln	Okt.	1940	366		Holländer
Judenaktion in Amsterdam	Febr.	1941	730		Holländer
Kriegsgefangene	Okt.	1941	3000	rd.	Russen
Zivilarbeiter (Ukraine)	Herbst	1943	5394		Russen
«Meerschaum und Frühlingswind» aus Compiègne		1943/44	19234		Franzosen
Nacht- und Nebelaktion aus Brüssel	Mai	1944	2332		Belgier
Universität Oslo	Jan.	1944	349		Norweger
Warschauer Aufstand	Aug.	1944	4560		Polen
Budapester Juden	Sommer	1944	6115		Ungarn
Gitter-Aktion	Aug.	1944	750	rd.	Reichsdeutsche
Dänische Polizei	Sept.	1944	1953		Dänen
Polnische Juden	Jan.	1945	5745		Polen

Nachdem die Nazis eine Reihe von Konzentrationslagern infolge des Vormarsches der alliierten Armeen räumen mußten, kamen die Häftlinge aus diesen Lagern, durchweg unterernährt und völlig entkräftet, nach Buchenwald.

Diese letzte «Aktion» der zusammenbrechenden Naziherrschaft in Deutschland setzte sich aus folgenden Transporten zusammen:

Datum:	Anzahl:	Häftlingsart:	Herkunft:
24. 12. 44	916	Polnische Juden	Krakau
25. 12. 44	1913	Ungar. Juden	Budapest ü/Wien
17. 1. 45	263	Verschiedene	Köln und Aachen
17. 1. 45	2740	Polnische Juden	Tschenstochau
20. 1. 45	1446	Polnische Juden	Tschenstochau
22. 1. 45	2224	Juden versch. Nat.	Auschwitz
23. 1. 45	917	Juden versch. Nat.	Auschwitz
26. 1. 45	3987	Verschiedene	Monowitz
3. 2. 45	291	Verschiedene	Küstrin
5. 2. 45	285	Franz. u. Belgier Zucht.	Gr.-Strehlitz
7. 2. 45	250	Verschiedene	Küstrin
10. 2. 45	6805	Verschiedene	Groß-Rosen
24. 2. 45	464	Russen	Groß-Rosen
26. 2. 45	290	Verschiedene	Außenkom. Gr.-Rosen
5. 3. 45	580	Verschiedene	Groß-Rosen
7. 3. 45	905	meist Juden	Groß-Rosen
12. 3. 45	399	meist Polen	Groß-Rosen
30. 3. 45	280	verschied.	Außenk. v. Natzweiler

94. Der Schafstall

Am 15. Juni 1938 kamen 500 Juden, vorwiegend aus Berlin und Breslau nach Buchenwald und wurden dort, nach den üblichen Zugangsmartern, im sogenannten Schafstall, einem hölzernen Blockhaus, untergebracht. Es gab weder Tische noch Stühle, selbstverständlich auch keine Betten. Geschlafen wurde auf der blanken Erde, die notdürftig mit Tannenreisig bedeckt war. Da es trotz der warmen Jahreszeit kein Wasser gab, wurde für einen Schluck Wasser oft 1 Mark bezahlt.

Als Stubendienste waren BVer eingesetzt, die uns ständig schlugen. Für 5 Mann gab es ein Brot, dazu täglich einen halben Liter Essen. Der Stubendienst unterschlug den größten Teil der Portionen und verkaufte sie dann an Häftlinge. Um 3 Uhr war Wecken, um 5 Uhr Appell, der oft bis 7 Uhr dauerte. Infolge des schlechten Schuhwerks dauerte der Weg zum Appellplatz durch den Morast oft eine Stunde. Wir alle hatten wunde Füße. Bei jedem Wetter mußte im Freien gegessen werden. Um 5 Uhr rückten wir von der Arbeit ein, anschließend war Appell, und dann begann die gefürchtete Nachtarbeit, die bis zum Einbruch der Dunkelheit dauerte. Viele von uns arbeiteten aber auch beim Aufbau der Steinblöcke bei Scheinwerferlicht bis nachts um 23 Uhr. Schlagen und Treten gehörte zum täglichen Brot.

Ein großer Teil der Kameraden starben an Erschöpfung. Viele fielen beim Verrichten ihrer Notdurft in die offenen Latrinen und erstickten darin. Manche verzweifelten; sie liefen in die sogenannte «neutrale Zone» – ein 5 Meter breiter Geländestreifen vor dem Stacheldraht – wo sie sofort erschossen wurden, oder sie erhängten sich. Nach 2 Monaten waren bereits 150 Kameraden tot, und wir anderen fast alle arbeitsunfähig. Revier-Aufnahme oder -Behandlung war für uns verboten. Unter eigener Lebensgefahr behandelten uns die politischen reichsdeutschen Häftlingspfleger gegen das ausdrückliche Verbot der SS-Führung. Ja, es wurde sogar allen Häftlingen verboten, mit uns zu sprechen.

Der damalige 2. Lagerführer Hackmann, der in einer besonderen Judenhetze den Lagerinsassen angedroht hatte, «Wer vom Juden nimmt, stirbt daran!», forderte uns zwei Tage später auf, Geld zur Beschaffung von Büchern zu «spenden». Es kamen 8000 Mark zusammen, die in seinen unergründlichen Taschen verschwanden. 14 Tage später erfolgte eine neue Aufforderung zu «Spenden für Mittellose» mit demselben Ergebnis, das ebenfalls von den SS-Führern geschluckt wurde. 2 Monate waren wir in der Hölle des Schafstalles. Ende August erst wurden wir in einen Holzblock verlegt.

Willi Tichauer, Berlin

95. Die «Rath-Aktion» November 1938

Am 8. November 1938 wurde der deutsche Legationsrat von Rath in Paris, angeblich von einem Juden Grünspan [Hershel Grynszpan], erschossen. Dies benutzten die Nazis, um mit Hilfe von SS und Gestapo Judenpogrome zu inszenieren und Zehntausende Juden in die Konzentrationslager zu treiben. Daß eine solche Aktion schon lange vor dem «Mord» vorbereitet war, mag daraus zu ersehen sein, daß bereits Mitte Oktober 1938 in aller Eile 5 große Holzbaracken auf dem Appellplatz in Buchenwald errichtet werden mußten, die gerade «rechtzeitig» fertig wurden!

Zwei Tage nach dem Vorfall in Paris kamen die ersten Juden ins Lager. Die Transporte kamen immer in der Nacht an, hauptsächlich aus Schlesien, Berlin, Frankfurt/Main, vor allem natürlich aus Thüringen und den hessischen Provinzen. Neben Bankiers, Industriellen, Professoren, Ärzten, Künstlern waren Massen jüdischer Handwerker, Bergarbeiter aus Oberschlesien, hessischer Landbevölkerung usw. Schon der Weg vom Bahnhof zum Lager, der im Laufschritt unter ständigen Peitschenhieben und Stockschlägen zurückgelegt werden mußte, war eine Tortur ohnegleichen. Da die Verhaftungen ohne Rücksicht auf das Alter durchgeführt worden waren – neben 10jährigen Kindern sah man 70–80jährige Greise – wurden schon auf diesem Todesweg alle Zurückbleibenden abgeschossen und die noch Überlebenden gezwungen, die oft blutüberströmten Leichen ins Lager mitzuschleppen. Am Tor stauten sich die Massen – immer je 1000 kamen zugleich ins Lager –, weil von der SS nicht das große Gitter, sondern nur ein kleiner Durchgang für je einen Mann geöffnet wurde. Neben diesem Durchgang standen die Blockführer und schlugen mit eisernen Ruten, Peitschen usw. auf jeden ein, so daß buchstäblich jeder neuankommende Jude Löcher oder Striemen am Kopf hatte. In dem Gedränge wurden viele schwache Menschen totgetreten.

Die Szenen, die sich dann auf dem Appellplatz abspielten, zu schildern, ist jede Sprache zu arm. Die Niedergeschlagenen, Ermordeten oder Totgetrampelten wurden vor aller Augen von den SS-Leuten auf das schamloseste ausgeplündert, ihnen Uhren, Ringe, Geld und andere Wertgegenstände aus den Taschen gestohlen. Würdig beteiligten sich an diesem Geschäft die dafür ausgesuchten BVer. Hierbei kam es zu einer interessanten Szene, als ein Mann, der durch das Tor hereingetrieben war, unter Fußtritten zusammengebrochen war, aufsprang, seinen Mantel aufriß und auf den dort stehenden Lagerführer Rödl zulief mit den Worten: «Sie können mich erschießen, aber schlagen lasse ich mich nicht!» Zugleich zeigte er auf einen Orden, den er um den Hals trug, es war der «Pour le mérite». Nachdem er Rödl, der gar nicht wußte, was für eine Auszeichnung dies war, diese erklärt und sich als Weltkriegsflieger [Kurt] Wolff vorgestellt hatte, nahm Rödl ihn mit und entließ ihn bereits am nächsten Tag wieder.

Infolge der entsetzlichen Erlebnisse dieser ersten Nächte, die sich immer wiederholten, bis das Lager überfüllt war, wurden etwa 70 Juden wahnsinnig. Sie lagen gefesselt auf dem Betonboden einer Holzbaracke, die früher als Waschküche gedient hatte. Zu je vier wurden sie nach und nach in den Bunker geholt und dort von Sommer erschlagen.

In den behelfsmäßig aufgebauten 5 Notbaracken, durch deren Löcher und Fugen ein eisiger Wind pfiff, waren 12500 Menschen zusammengepfercht. Sie lagen auf vier Etagen hohen Holzpritschen ohne Strohsäcke und Decken. Nur auf der Schulter konnte man [schlafen], da der zur Verfügung stehende Raum kaum für ein Fünftel der Menschen ausreichte. Hygienische Anlagen wie Aborträume, Waschanlagen waren überhaupt nicht vorhanden. In aller Eile wurden in nächtlicher Arbeit zwei Latrinen ausgehoben, zu denen nach einigen Wochen noch eine dritte kam. Aus Raummangel konnten nicht mehr Latrinen angelegt werden. Als eines Tages nach Genuß von kalt gewordenem Walfischfleisch fast alle Insassen der «Baracke 1a bis 5a» an Durchfall erkrankten, bot das Barackenlager, das ja durch einen Drahtzaun vom übrigen Lager getrennt war, einen fürchterlichen Anblick. Selbst die neutrale Zone vor dem Stacheldraht, die bei Lebensgefahr nicht betreten werden durfte, war mit Kot bedeckt. Tatsächlich hatten die Turmposten auch in der Nacht mehrere Menschen erschossen. Selbst das Innere der Baracken war ganz mit Kot bedeckt. Manche stürzten in ihrer Schwäche in die offenen Latrinen, neben denen sich ganze Berge von Hüten, Kleidern und Unterwäsche, die voll von Kot waren, häuften.

Jeden Tag verübten einige Verzweifelte Selbstmord, indem sie in den elektrischen geladenen Draht rannten oder sich in die Latrinen stürzten, in denen sie elend erstickten. Als ein Frankfurter Jude sich die Pulsadern geöffnet hatte und ein jüdischer Arzt ihm die Wunde, wenn auch mit gewöhnlichem Garn, zunähen wollte, kam der 2. Rapportführer Petrick, der den bezeichnenden Spitznamen «Hexe» hatte, und verhinderte jede Hilfeleistung. Ein Breslauer namens Silbermann mußte zusehen, wie sein Bruder von dem Unterscharführer Hoppe grausam zu Tode gefoltert wurde. Hoppe trat den Bedauernswerten solange mit Füßen, bis er blutüberströmt zusammenbrach. Dann band er ihn mit Stricken an einen Pfahl, solange bis mit dem unaufhörlich aus vielen Wunden rinnenden Blut das Leben verströmt war. Der überlebende Bruder wurde beim Anblick dieses Martyriums wahnsinnig und verursachte in den Abendstunden durch sein Toben und Schreien, «die Baracke brenne», eine Panik. Hunderte stürzten aus den oberen Etagen auf die unteren, ganze Pritschen brachen zusammen, und obwohl SS-Leute in die Masse schossen, obwohl die grünen Helfershelfer der SS mit Knüppeln dreinschlugen, war es fast unmöglich, wieder Ruhe herzustellen. Aus diesem Vorfall konstruierte der Lagerführer Rödl eine «Meuterei». Er ließ aus der gefährdeten Baracke 7 Juden herausholen und mit Handschellen aneinanderfesseln. Dann hetzten drei vertierte Blockführer solange die dressierten Hunde auf die Unglücklichen, bis alle 7 völlig zerfleischt waren.

Da es kein Wasser gab und Kaffee absichtlich kaum ausgegeben wurde, war der Durst unerträglich und brachte manchen zum Wahnsinn. 29 Männer, die im Verlauf dieser Schreckenszeit ihren Verstand verloren, wurden von Sommer in den Bunker geholt und dort mit einem eisernen Dreikant erschlagen.

Die von der SS eingesetzte Häftlingsführung bestand zuerst nur aus BVern, die sich in der bereits geschilderten Weise «betätigten». Die Juden, denen die BVer alles geraubt hatten, wurden von diesen wirklichen Verbrechern in die Latrine geworfen oder in den Drahtzaun getrieben, um die Spuren der Verbrecher zu vertuschen. In einer Nacht starben so 31 Juden. Auch der entsetzliche Durst wurde von den BVern ausgenutzt, die oft für einen halbgefüllten Becher Kaffee 100 Mark verlangten. Die SS-Lagerführung hatte ein Rottenführer Jansen, der ständig einen Knüppel bei sich hatte, mit dem er wahllos drauflosschlug. Allerdings ließ er sich manchen Schlag gegen goldene Uhren und Ringe, Füllfederhalter, größere Geldbeträge usw. abkaufen. Neben ihm betätigten sich besonders die Unterscharführer Chemnitz und Uhlemann. Da die Korruptionsverfilzung zwischen SS und BVern zu einer Gefahr für die SS selbst wurde, löste sie die Grünen ab und ersetzte die Häftlingslagerführung durch österreichische Polizeihäftlinge. Damit besserten sich die Zustände, die Essenverteilung wurde gerecht durchgeführt, provisorische Krankenräume gebaut. Was hier die beiden Ärzte Dr. Margulies und Dr. Gerö geleistet haben, grenzt ans Unfaßliche. Durch tätige Mithilfe politischer Häftlinge aus dem Krankenbau wurden illegal Medikamente und Instrumente hereingeschmuggelt. Der Lagerarzt Dr. Ding (Schuler) zwang den jüdischen Arzt Dr. Kriß, ihm Material über Erbkrankheiten bei Juden zusammenzustellen, weshalb Hunderte Menschen qualvoll stundenlang in eisiger Kälte stehen mußten. Es konnte natürlich nicht verhindert werden, daß immer noch Nacht für Nacht SS-Banditen in die Baracken kamen und terroristische Akte verübten.

Als infolge der Überbelastung in einer eisigen Nacht zwei Baracken zusammenbrachen, wurde alles in die anderen drei Baracken hineingestopft. Häftlinge, die nicht rasch genug bei dem entsetzlichen Gedränge den Eingang finden konnten, wurden von den SS-Mördern niedergeknallt. Ich selbst wurde, weil ich von dem Vorfall keine Meldung gemacht hatte, von Jansen zusammengeschlagen.

Die Rath-Aktion wurde von den SS-Räubern zu schamlosen Erpressungen aller Art ausgenutzt. Eines Tages wurde z. B. am Lautsprecher durchgerufen: «Alle Millionäre ans Tor». Ihnen wurden Unterschriften für größere Geldspenden (insgesamt mehrere 100 000 Mark!) abgepreßt, ja, alle Juden durften plötzlich schreiben, allerdings nur, um sich Geld – angeblich zur Bezahlung der Heimreise bei ärmeren Kameraden – schikken zu lassen. Auch Auto- und Motorrad-Besitzer wurden gerufen, die ihre Fahrzeuge auf SS-Führer überschreiben lassen mußten. Aber auch die Weimarer Nazis wollten ihren Fischzug machen. Sie hatten dabei einen guten Vermittler in dem Oberscharführer Michael, der in den Weimarer Geschäften alle unbrauchbaren Ladenhüter (Nasenöl, alte Bücher, Hefte, Haarnadeln (!), Stecknadeln usw.) aufkaufte und sie in berüchtigt gewordenen Koppelungsverkäufen zusammen mit einigen Zigaretten oder etwas Eßwaren zu Phantasiepreisen an die Juden losschlug. Körbeweise hat Michael mit seinen Kumpanen das Geld aus dem Barackenlager herausgetragen!

Bereits nach etwa 3 Wochen begannen die ersten Entlassungen. Der Aufruf hierzu: «Baracken 1a bis 5a herhören! Folgende Juden sofort mit sämtlichen Effekten zum Tor!» ist weltberühmt geworden. Die Häftlingsleitung des Lagers stellte nun Listen von solchen Juden zusammen, die bevorzugt entlassen werden sollten. Dazu gehörten in erste Linie alle körperlich schwachen und alten Männer, anschließend folgten ehemalige Weltkriegsteilnehmer, die zur Überraschung der SS-Mörder zu vielen Hundert im Lager waren.

Entlassen wurde nur, wer das Reisegeld in seine Heimat hatte. Zu diesem Zweck wurde eine sogenannte «Reisekasse» geschaffen, aus der das Fahrgeld für unbemittelte Juden gegeben wurde. In die Kasse flossen Überschüsse aus Kantinenverkäufen sowie Spenden reicher Juden. Diese Kasse, in einem blauen Handkoffer untergebracht, mußte täglich zum Lagerführer Rödl und Rapportführer Strippel gebracht werden, was durch einen ebenfalls berühmt gewordenen Durchruf geschah: «Herzog mit dem Diamantenkoffer ans Tor!» Obwohl ich stets am Abend gegen Quittung die Beträge – oft mehrere 10 000 Mark – abgegeben hatte, war morgens der Koffer leer. Schließlich wurde er eines Nachts durch einen BVer, der dafür sogar eine Zuchthausstrafe erhielt, gestohlen.

Auch zur Entlassung kommende Juden wurden nochmals gründlich ausgesogen. Unter allerlei Vorwänden – zerbrochenes Geschirr, beschmutzte Handtücher (es waren nie welche ausgegeben worden), Schuhputzen usw. – wurden 20, 50 oder auch 100 Markscheine von den bei der Entlassung beschäftigten SS-Banditen eingesteckt.

Als das Lager am 13. Februar 1939 aufgelöst wurde und die noch nicht entlassenen etwa 250 Aktionsjuden ins große Lager kamen, waren bis dahin etwa 600 Menschen in den 5 Baracken ermordet worden. Eines der blutigsten und entsetzlichsten Kapitel der Geschichte Buchenwalds war beendet.

Gustav Herzog, Wien
Fritz Männchen, Dresden

96. Die Aktion der holländischen Juden

Nach dem Generalstreik gegen die deutschen Besatzungsmethoden in Holland wurden vor allem jüdische Arbeiter in Amsterdam und Rotterdam von Gestapo und SS eingefangen. 389 dieser holländischen Juden, Opfer schlimmsten faschistischen Terrors, kamen am 28.2.41 nach Buchenwald. Sie wurden sofort in die schwersten Arbeitskommandos eingesetzt, was sie, da meist an schwere körperliche Arbeit gewöhnt, anfangs ganz gut ertrugen. Aber bald machten sich die Folgen dieser schweren Arbeit bei ganz unzureichender Nahrung bemerkbar. Dazu kam das für Holländer ungewohnte rauhe Klima mit Kälte, Nebel und Regen, so daß bald eine allgemeine Erkrankung der Holländer an Lungenentzündungen und Durchfall, verbunden mit einem rapiden Kräfteverfall, einsetzte.

Da die holländischen Juden als Antifaschisten gekämpft hatten, wurden sie im gesamten Lager sehr gut unterstützt. Infolgedessen ging die Liquidierung dieses Transportes nicht so rasch vor sich, wie es wohl von der SS-Führung befohlen worden war. Darum wurde auf Anordnung des berüchtigten Arztes Dr. Eisele Reviersperre für die holländischen Juden verhängt. Die Kameraden des Transportes, die sich gerade im Krankenbau befanden, wurden auf die Straße gesetzt oder wenn dies aus gesundheitlichen Gründen nicht möglich war, von Eisele abgespritzt. Durch die Reviersperre enstanden bald unerträgliche Zustände, wenn auch illegal viele mit allerdings ganz primitiven und unzureichenden Mitteln behandelt werden konnten. Aber der Gestank der eitrigen, verfaulenden Wunden war bald nicht mehr zum Aushalten.

Der Blockälteste von Block 16, Herzog, ging daher zu Dr. Eisele und bat ihn, wenigstens die schlimmsten Fälle aufzunehmen. Eisele ließ sich zwei Fälle, darunter den Kamerad Amerongen aus Amsterdam mit einer ständig eiternden faustgroßen Wunde an der rechten Ferse, vorführen und befahl dann kurzerhand: «Zurück zum Arbeitskommando!» Die kranken Kameraden mußten daher stets unter erheblichen Gefahren verborgen werden. Viele starben unter großen Qualen, darunter auch Amerongen.

Da auch durch diese Maßnahme die vorgeschriebene schnelle Liquidierung nicht erreicht wurde, kamen alle noch lebenden holländischen Juden (341) nach Mauthausen, wo sie von den dort herrschenden BVern zusammen mit der SS in wenigen Tagen im Steinbruch ermordet wurden. Ein einziger Holländer aus diesem Transport hat die Vernichtungsaktion überlebt – Max Nebig, der unter Lebensgefahr von Kameraden des Krankenbaus auf der Tbc-Station versteckt und so gerettet wurde.

Max Nebig, Amsterdam

97. Die Ermordung der holländischen Juden in Mauthausen

Der Steinbruch Mauthausen, genannt «Wiener-Graben», war wegen Ersparnis von Posten nur auf 3 Seiten eingezäunt, auf der offenen Seite war ein Graben ca. 20–25 m tief. An der Umzäunung befand sich ein Tor, das sogenannte «Todestor». Hier wurden Häftlinge über die Postenkette gejagt und serienweise mit dem Maschinengewehr niedergemäht. Im Jahre 1941 kam ein Transport von ca. 400 holländischen jüdischen Häftlingen aus dem KL Buchenwald nach Mauthausen. Der Transport kam um Mitternacht an. Die Mauthausener Häftlinge durften die Baracken nicht verlassen; 50 der ankommenden Juden wurden vom Bad aus nackt in das Lager getrieben und in die elektrische Umzäunung gejagt. Alle übrigen kamen auf einen Block. Ein politischer Häftling, Georg Glas aus Landshut, war auf diesem Block als Blockschreiber; der 1. Schutzhaftlagerführer (er stammte aus Dingolfing in Niederbayern) und der 2. Schutzhaftlagerführer Ernstberger erklärten dem Häftlingsschreiber, der Block müsse längstens in 6 Wochen leer sein. Der Schreiber antwortete, daß er mit solchen Sachen nichts zu tun haben wolle und seinen Posten lieber abtrete, bevor er sich an Häftlingen in irgendeiner Weise vergreife. Er wurde sofort abgelöst, bekam 25, vielleicht auch 35 Stockhiebe über Gesäß und Rücken und wurde in das Strumpfstopfer-Kommando eingereiht, das hauptsächlich bestimmt war, bei «Bedarf» durch Spritzen liquidiert zu werden. Es gelang uns, den Kameraden durch Verschiebung in ein anderes Lager zu retten. Für Glas wurde ein «Grüner» (Berufsverbrecher) als Blockschreiber eingesetzt.

Am 2. Tag nach ihrer Ankunft wurden die Juden in den Steinbruch zur «Arbeit» gejagt. Sie durften nicht die 148 Stufen, die in die Tiefe des Steinbruches führten, hinuntergehen, sondern mußten auf der Seite an dem Steingeröll hinunterrutschen, was vielen schon den Tod oder sehr schwere Verwundungen einbrachte. Man legte ihnen dann die zum Tragen von Steinen bestimmten Bretter über die Schultern, und 2 Häftlinge wurden gezwungen, den Juden einen überschweren Stein auf das Schulterbrett zu heben. Dann ging es im «caracho» – Laufschritt die 148 Stufen aufwärts mit diesem schweren Stein auf dem Schulterbrett. Zum Teil fielen die Steine gleich nach hinten, so daß manchem Häftling die Füße abgeschlagen oder schwere Verwundungen zugefügt wurden. Der Jude, dem der Stein herunterfiel, wurde entsetzlich geschlagen und der Stein von neuem aufgeladen. Es waren Martern, Martern wie man sie nicht beschreiben kann. Viele Juden griffen aus Verzweiflung zum Selbstmord, indem sie sich schon am ersten Tag der «Arbeit» von oben herab die 25 m in die Tiefe stürzten, um dort zerschmettert liegen zu bleiben.

Am 3. Tag öffnete man das «Todestor», fing ein furchtbares Prügeln unter den jüdischen Häftlingen an und trieb sie über die Postenkette, wo sie dann von Turmposten mit dem Maschinengewehr haufenweise niedergeschossen wurden. Schon tags darauf sprang nicht mehr einer der Juden in die Tiefe, sondern sie gaben einander die Hand, und der erste zog so 9–12 Kameraden hinter sich her in den schrecklichen Tod. Es dauerte auch nicht vier, sondern knapp drei Wochen – und der Block war leer. Alle 600 Häftlinge haben durch Erschießen, Prügeln und andere Martern oder durch Selbstmord den Tod gefunden.

Erwähnt sei noch, daß Zivilangestellte des Mauthausener Steinbruchs baten, den Tod durch Herunterstürzen zu verhindern, weil die Gehirn- und Fleischfetzen, die auf den Felsen klebten, einen grausigen Anblick boten. Mit Wasserschläuchen wurde dann der Steinbruch «gereinigt», man stellte Häftlingsposten auf, die das Herunterstürzen verhinderten – und schlug die übriggebliebenen jüdischen Häftlinge über die Postenkette in den Tod. Wenn neue Transporte von jüdischen Häftlingen ankamen, spottete die SS, und es bürgerte sich unter ihnen der Ausdruck ein, daß neue «Fallschirmjägertruppe» angekommen seien.

Adam Kuszinsky, Pole
Ludwig Neumeier, Reichsdeutcher

98. Der 9. November 1939 und seine Folgen

In der Nacht vom 8. zum 9. November 1939 war auf Hitler angeblich ein Attentat im Bürgerbräukeller in München verübt worden. In den ersten Vormittagstunden des 9. November wurden plötzlich alle Juden aus den Kommandos herausgeholt und auf ihren Blöcken eingesperrt. Nach kurzer Zeit mußte Block für Block heraustreten, die Blockführer Blank, Jänisch und Warnstädt suchten wahllos 21 junge kräftige Juden aus, ausschließlich österreichische und deutsche Juden. Ein 17jähriger Junge, der gerade von der Poststelle kam, wurde ohne weitere Befragung mitgenommen. Alle 21 Kameraden wurden zum Tor hinausgeführt und auf dem Weg zum Steinbruch oder in diesem aus nächster Nähe erschossen.

Die nächsten 5 Tage wurde alle Juden in ihre Blöcke eingesperrt, die Fenster wurden verdunkelt, es gab keinen Bissen zu essen, keinen Schluck zu trinken. Die Solidarität der arischen Häftlinge war groß. Unter Lebensgefahr kamen sie in der Dämmerung oder bei Nacht und brachten uns ganze Kübel mit Essen und Trinken.

Das schrecklichste Gefühl während der nächsten Tage war für uns die Ungewißheit über unser Schicksal, jede Minute konnten die Mörder wieder kommen und die nächsten Opfer holen. Nach 3 vollkommenen Fasttagen erhielt jeder Jude für die nächsten beiden Tage halbe Kost. Gerade als die Strafmaßnahmen gegen die Juden beendet werden sollten, wurde der Diebstahl eines Schweines entdeckt. Wir mußten in unserem abgeschwächten Zustand bis nachts 10 Uhr auf dem Appellplatz stehen, bis der Sadist Koch erklärte: «Solange die Diebe nicht gefunden sind, bekommt das ganze Lager nichts zu essen!» Alles wurde unternommen, um die Diebe herauszufinden; es wurde ein Kleiderappell gemacht, um Blutspritzer zu entdecken, die Schuhe wurden auf Sägemehlspuren untersucht, endlose Verhöre fanden statt – alles umsonst. Denn das Schwein war von SS-Leuten selbst gestohlen worden, was sich aber erst nach einiger Zeit herausstellte. Vier Tage lang bekam das ganze Lager nichts zu essen, vier weitere Tage gab es wiederum nur halbe Rationen.

So hatten die Juden 7 volle Fasttage und 6 halbe Fasttage durchgemacht. Da gleichzeitig eine starke Kostverschlechterung für das ganze Lager einsetzte, konnten sich Hunderte von dieser Hungerkur nie wieder erholen. Mindestens 250–300 Kameraden sind unmittelbar an den Folgen dieser Tortur gestorben.

Stefan Heymann, Mannheim

99. Die Dänen-Aktion

Im Oktober 1944 kamen nach Buchenwald 1700 dänische Polizisten, alles Leute aus dem aktiven Dienst, also kräftige meist junge Leute in gutem Ernährungszustand und körperlich gut in Form. Innerhalb der rund 4 Monate ihres Aufenthaltes in Buchenwald starben davon 60 Mann, d. i. $3^1/_2$%, auf ein Jahr angerechnet, 10 % und das bei jungen, starken Menschen.

54 Sektionsprotokolle sind noch erhalten; wir entnehmen ihnen folgende Zahlen:

Innerhalb der ersten Wochen bis zum 20. November 1944 liegen Berichte über 9 Todesfälle vor. Die Protokolle zeigen:

in 6 Fällen – 67 % gut oder sehr gut ernährt
in 3 Fällen – 33 % mittlerer Zustand
in keinem Falle schlechter Zustand

In der Folgezeit ändert sich das Bild, so daß die späteren 45 Sektionen über den allgemeinen Zustand berichten:

in 8 Fällen = 18 % guter Zustand
in keinem Falle mittlerer Zustand
in 37 Fällen = 82 % schlechter oder sehr schlechter Zustand

So haben zwei bis drei Monate Buchenwald das Allgemeinbefinden der Häftlinge verändert.

Als Todesursachen finden wir 45 Fälle:

83 % aller Fälle septische Prozesse
(Phlegmone, Erysipel etc.)

Dies ein kleines Belegstück über die hygienischen Verhältnisse in Buchenwald (wo Luft und Erde mit Staphylokokken geradezu gesättigt ist). Kommentar ist hier überflüssig.

[ohne Unterschrift]

100. Prominente Persönlichkeiten in Buchenwald

Neben den «gewöhnlichen» Häftlingen war auch ständig eine größere oder kleinere Zahl bekannter politischer Persönlichkeiten oder Künstler in Buchenwald. In der nachstehenden Liste sind eine ganze Reihe solcher bekannter Persönlichkeiten genannt, die Liste kann jedoch keinen Anspruch auf Vollständigkeit erheben, weil ein Teil der prominenten Häftlinge ständig isoliert wurde und mit anderen Häftlingen nicht in Berührung kam.

Diese Liste enthält folgende Namen:

Deutschland

Rudolf Breitscheid	Abgeordneter d. SPD und Frau
Kurt Eisner	Sohn des früheren bayrischen Ministerpräsidenten
Frau Oberbürgermeister Dr. [Carl] Goerdeler[5]	
Generaloberst [Alexander von] Falkenhausen	
Frau Botschafter [Ulrich von] Hassell	
Ernst Heilmann	Vorsitzender d. preußischen Landtagsfraktion d. SPD
Frau General [Fritz] Lindemann	
Prinzessin Mafalda von Hessen	Tochter des italienischen Königs
Theo Neubauer	Abgeordneter d. KPD
Ernst Röchling	Großindustrieller
Werner Scholem	Reichstagsabgeordneter d. KPD
Familie des Oberst [Claus Schenk, Graf von] Stauffenberg	
Walter Stöcker	Reichstagsabgeordneter d. KPD
Fritz Thyssen	Großindustrieller
Herbert Volck	Völkischer Schriftsteller

Belgien

Paul Soudan	Arbeitsminister

Frankreich	
Balachowsky, Alfred	Professor am Pasteur-Institut
Pierre Bloch	früher Justizminister
Leon Blum	fr. Ministerpräsident und Frau
[André] Challe	General
Alfred Nakache	Weltmeister im Brustschwimmen
Marcel Paul	Abgeordneter
Paul Reynaud	fr. Ministerpräsident
Robert Waitz	Prof. d. Straßburger Universität
Österreich	
[Dr. Ludwig] Bechinie	Sicherheitsdirektor von Salzburg
[Dr. Walter] Gerdes	Schwiegersohn des Bundespräsident [Wilhelm] Miklas
Fritz Grünbaum	Kabarettist und Librettist
Höffern	Major
[Hermann] Leopoldi	Sänger
[Fritz] Löhner-Beda	Schriftsteller und Librettist
Paul Morgan	Kabarettist
[Dr. Kurt] Schuschnigg	fr. Bundeskanzler
[Karl] Seitz	fr. Oberbürgermeister v. Wien
[Richard] Steidle	Heimwehrführer
[Josef] Trummer	Gefängnisdirektor
[Dr. Robert von] Winterstein	früher Justizminister
Tschechoslovakei	
[Petr] Zenkel	Primator von Prag

Kapitel VIII
Antifaschistischer Kampf gegen die SS

101. Der endgültige Sieg über die Grünen

Während von Anfang an das Lager Buchenwald ganz von kriminellen Elementen – sogenannten «Grünen» – beherrscht wurde, änderte sich das im Dezember 1938. Die Grünen hatten durch gemeinsame Schiebergeschäfte die SS-Leute so korrumpiert, daß kein Blockführer mehr im Lager aufzutreten wagte. Darum mußte der Kommandant Koch wohl oder übel in den sauren Apfel beißen und Politische («Rote») als Lagerfunktionäre einsetzen. Aber die Grünen versuchten immer wieder, die Macht zurückzuerobern; endlich Anfang 1942 glaubten sie zum großen Schlag ausholen zu können.

Die Grünen hatten damals zwei Persönlichkeiten auf ihrer Seite, die zur Führung eines solchen Kampfes wohl geeignet waren. Der Lagerführer Plaul war ein fanatischer Hasser der Roten und durch seine unglaubliche Korruptheit zur Zusammenarbeit mit Verbrechern direkt prädestiniert. Die Grünen selbst hatten in der Person des Kapos vom Baubüro, [Josef] Ohles, einen Lumpen, der zur Erreichung seines Zieles vor nichts zurückschreckte. Ohles baute ein raffiniert ausgeklügeltes System mit 76 grünen Spitzeln auf, das folgendermaßen arbeitete:

In einem Kanalisationsschacht unter der Schreibstube war von den Grünen ein Geheimempfänger für Kurzwellen aufgestellt worden. Der Elektriker des Baubüros saß hier Nacht für Nacht und empfing ausländische Nachrichten. Am nächsten Morgen wurden diese an die grünen Lagerspitzel weitergegeben. Diese mußten feststellen, wenn irgendwo ein paar bekannte Rote zusammenstanden, und dann Meldung an Ohles machen zugleich mit der Mitteilung, daß diese Roten eine, nur den Grünen bekannte illegale Meldung besprochen hätten. So mußte der Anschein entstehen, daß die Roten schwarzhörten.

Als Ohles genug Meldungen zusammen hatte, ging er zu Plaul. Die Nachprüfung bei der Politischen Abteilung, die ja aus polizeilichen Gründen auch die Auslandsender abhörte, ergab eine völlige Übereinstimmung, so daß Plaul zuschlug und 50 der bekanntesten Politischen aus ihren Funktionen vertrieb, in die Strafkompanie steckte und mit Eifer auf ihre restlose Liquidierung hinarbeitete.

Inzwischen hatte aber ein politischer Kamerad beim Elektriker-Kommando dieses Schwarzhören entdeckt. Er teilte dies einigen zuverlässigen Leuten mit, und ich hatte Gelegenheit, die Sache in einem Gespräch mit dem Kommandanten Pister zu erwähnen. Ich tat es deshalb, weil die Absicht bestand, die Kameraden der Sonderabteilung der Strafkompanie am nächsten Tag in den Steinbruch zu schicken, offensichtlich um sie dort zu erschießen. Pister sagte mir eine Nachprüfung zu, die dann natürlich die Richtigkeit meiner Angaben bestätigte. Darauf wurde die Sonderabteilung aufgelöst, Plaul and sein Kumpan, der Rapportführer Petrick, wurden einige Zeit später auf Betreiben Pisters in andere Lager versetzt.

Das Nachspiel für die Grünen war bitter. Ohles, der inzwischen Lagerältester geworden war, hatte sich durch sein verbrecherisches Vorgehen überall Feinde gemacht, sogar in seinem eigenen Lager. Viele grüne Kameraden, die das Treiben nicht mitmachen wollten, waren auf Grund gemeiner Lügen und Denunziationen der Ohles-Bande in die Strafkompanie gekommen. Nun stürzte eine Säule dieser Verbrecherklique nach der andern zusammen. Ein Denunziant nach dem andern kam aus irgendwelchen Gründen in die Strafkompanie. Dort war sein Schicksal meist folgendes: Es wurde ihm ein Schild «Ich bin ein Spitzel» umgehängt, damit mußte er sich auf einen Stuhl stellen. Er bekam von allen Seiten Prügel und Tritte, und am Morgen wurde seine Leiche zum Krematorium gebracht. Ohles selbst wurde dadurch gestürzt, daß er auf einen Anschlag des Lagerführers, der für alle Blöcke abgeschrieben werden mußte, setzen ließ: «Für die Richtigkeit der Abschrift, Ohles.» Wegen dieser Kleinigkeit fing der Lagerführer Florstedt, der nur auf eine günstige Gelegenheit wartete, einen großen Krach an und löste Ohles ab. Wenige Tage später war er in der Strafkompanie. Am Tag nach seiner Einlieferung fragte mich der Kommandant, was Ohles mache, worauf ich sagte: «Er ist tot, er ist eine Treppe hinuntergefallen.» Pister lächelte nur dazu.

Der Elektriker des Baubüros, die wichtigste Stütze von Ohles, wurde dadurch erledigt, daß er eines Abends besoffen durchs Tor ins Lager kam und dem dort stehenden Arbeitsdienstführer [Helmuth] Bergt mit erhobener Hand zurief: «Heil Hitler, Kamerad Bergt!» Dafür kam er in die Strafkompanie und erlitt dort das Schicksal anderer Verbrecher.

Von dieser Zeit an war den Grünen in Buchenwald das Rückgrat endgültig gebrochen und die Bahn frei für eine antifaschischtische Entwicklung im Lager Buchenwald.

Franz Eichhorn, Weimar

102. Entstehung und Entwicklung des Lagerschutzes

Jeder Häftling litt in den vergangenen Jahren unter der Brutalität der SS. Nahezu jedermann wußte über die Schiebungen der SS-Verwalter mit Häftlingen und Lagereigentum Bescheid. Um die SS so wenig wie möglich im Lager zu haben, faßte die Häftlingslagerleitung im Juni 1942 den Entschluß, die SS-Lagerführung zur Bildung eines Lagerschutzes aus Häftlingen zu bewegen. Nach langem Hin und Her lag endlich die Genehmigung vor, eine

Erhöhung der ursprünglichen zwanzig Mann auf dreißig wurde bald durchgesetzt.

Der Lagerschutz hatte folgende Aufgaben: Ordnung und Disziplin mußten im Lager aufrechterhalten werden. Bei Nacht waren Lebensmittelmagazin, die verschiedenen Kammern und sonstige Objekte, an denen wir als Häftlinge interessiert waren, zu bewachen. Daß die SS-Streifen nachts nicht mehr durchs Lager gingen und die Mithäftlinge somit von ihrem Terror verschont blieben, war ebenfalls von großer Wichtigkeit. Eine weitere Verbesserung für die Lagerinsassen war die Fernhaltung der SS von den Neuzugängen im Lager. Nachdem der Lagerschutz die Aufgabe übernommen hatte, diese Häftlinge im Lager unterzubringen, blieben sie von den Schikanen der SS, die sie früher hatten erdulden müssen, verschont. Dem Lagerschutz gebührt auch das Verdienst, tatkräftig bei Tag und Nacht an der Seuchenbekämpfung mitgewirkt zu haben, indem durch erhöhte Aufmerksamkeit die Verunreinigung des kleinen Lagers verhindert und dessen Häftlinge strikte zum Waschen und zur persönlichen Sauberkeit angehalten wurden.

Hervorheben möchte ich, daß bei Diebstählen und Einbrüchen durch Häftlinge keine Meldung an die SS weitergegeben wurde, obwohl ich dazu von der SS verpflichtet war. Der Häftling, der sich etwas zu Schulden kommen ließ, wurde den Kameraden seiner Nation überstellt, die ihn zur Verantwortung zogen. Das war in verschiedenen Fällen nicht immer ganz einfach, da man damit rechnen mußte, daß die SS davon erfuhr. Es galt dann, den SS-Leuten klarzumachen, daß der Häftling überaus streng bestraft worden sei, was aber nie der Fall war. Wenn es auch da und dort zu Zwischenfällen kam, was sich in einem Lager mit 40–50 000 Insassen mit der verschiedensten Veranlagung nicht vermeiden läßt, so möchte ich doch feststellen, daß wir ohne die Methoden der SS (schlagen usw.) die Ordnung und Disziplin aufrechterhalten konnten. «Schlagen ist das primitivste Erziehungsmittel, und wir lehnen es deshalb ab.» Das war die Linie des Lagerschutzes.

Entsprechend der militärischen und politischen Entwicklung außerhalb des Zaunes ging auch die Entwicklung innerhalb desselben. Je mehr der Nazismus seinem Abgrund zusteuerte, umso mehr füllte sich das Lager mit neuen Häftlingen und stellte uns somit vor immer größere Aufgaben. Wir hatten schon längst den Wunsch, ausländische Kameraden in den Lagerschutz aufzunehmen. Die neue Situation ausnützend, wurde im August 1944 erneut der Versuch gemacht. Die SS-Lagerführung lehnte einige Male ab, wurde aber endlich von der Notwendigkeit wegen der Sprachschwierigkeiten überzeugt, da alle Nationen Europas im Lager vertreten waren. Franzosen, Deutsche, Belgier, Luxemburger, Russen, Polen, Tschechen, Jugoslawen und Italiener waren nun im Lagerschutz eingegliedert, und der Stand erhöhte sich auf rund 100 Mann.

Nachdem dieses geschaffen worden war, konnten wir die uns allen am Herzen liegende antifaschistische Arbeit verstärken. In schwierigen illegalen Verhältnissen unter besonderer Tarnung gegenüber der SS vollzog sich unsere Arbeit. Nach wie vor predigten wir Ordnung und Disziplin, hielten Reden in den Blöcken und schufen unsere Verbindungen. Wir hatten die Überzeugung, daß ohne eine straffe Ordnung und ohne die Fühlungnahme mit allen Häftlingen die von uns gestellte Hauptaufgabe, uns aus den Klauen der Nazibanditen zu befreien, nicht möglich ist.

Die Sicherung des Lagers wurde von uns übernommen, indem wir bei weiterer Zuspitzung der Lage alle wichtigen Punkte im Lager bei Tag und Nacht mit Posten besetzten, um jede Bewegung der SS beobachten und die leitenden Stellen der antifaschistischen Führung jeweils informieren zu können. So sind wir als Lagerschutz stolz darauf, mit bei denen gewesen zu sein, die die antifaschistische Front formiert haben und bei der Auslösung des Kampfes gegen die SS am 11. April beim Herannahen amerikanischer Panzer und der damit verbundenen Befreiung mit der Waffe in der Hand ihren Mann gestanden haben.

Karl Keim, Stuttgart, Lagerschutz-Kapo

103. Aufgaben und Tätigkeit des Sanitätstrupps

Im Rahmen der allgemeinen Lagertendenz, die illegalen Organisationen in bestehende Lagereinrichtungen einzubauen, wurde versucht, die SS selbst darauf zu bringen, neue Lagereinrichtungen zu schaffen. Als um die Lagerwende 1943/44 eine Intensivierung der alliierten Lufttätigkeit einsetzte, bekamen es die Herren von der SS mit der Angst zu tun. Sie äußerten die Absicht, einen Sanitätstrupp aufzustellen, gebildet aus langjährigen, politische Häftlingen, die mit Ausweisen zum Passieren der Postenkette versehen werden sollten. Um Fluchtabsichten zu unterbinden, wurde mit Repressalien gegen das Lager gedroht. Die Aufgabe dieser Truppe war, bei Voralarm aus dem Lager zu marschieren, sich außerhalb der Postenkette zu begeben, um bei Luftangriffen auf das Lagergebiet voll einsatzfähig zu bleiben. Es war uns klar, daß auch diese neue Lagereinrichtung zum Einbau einer illegalen Truppe mit speziellen Aufgaben werden mußte. Aus den Reihen der politischen Häftlinge wurden 16 einsatzbereite Antifaschisten ausgewählt, die nun als Spähtruppe der SS-Organisation das gesamte Gebiet des Ettersberges abgingen. Ausgerüstet wurde der Trupp mit Gasmasken und erbeuteten sowjetischen Stahlhelmen. Sie hatten Gelegenheit, unbeachtet sämtliche Veränderungen und Neuanlagen im Lagerbereich festzustellen und den zuständigen Stellen zu melden. (Anlegen von Munitionsdepots außerhalb des Lagers, Graben von Schützenlöchern als erweiterte Postenkette, Änderung an der Bewaffnung und Stärke der SS-Verbände.)

Seine tatsächliche Funktion als Sanitätstrupp erfüllte er zum ersten Mal nach dem Bombardement auf die Werkanlagen in Buchenwald am 24. 8. 44. Da zu dieser Zeit auch bei Fliegeralarm die Häftlinge auf den Arbeitsplätzen verbleiben mußten und außerdem ein Teil der Postenkette auf die Häftlinge schoß, kostete dieser Angriff 364 Kameraden das Leben. Der Sanitätstrupp selbst hatte zwei Todesopfer, den österreichischen Kameraden Roman Felleis und den deutschen Kameraden Otto Pohle. Außer dem Verbinden der Verwundeten und Bergen der Toten hatte der Sanitätstrupp auch Anteil an der Sicherstellung militärischen Materials für das Lager. Damals wurde auch damit begonnen, die russischen Stahlhelme gegen deutsche auszutauschen, damit man im Falle einer Aktion die SS leichter täuschen könnte. Die militärische Arbeit wurde immer mehr und mehr intensiviert.

Die nächste größere Einsatzperiode wurde ausgelöst durch die große sowjetische Offensive, die die Faschisten zwang, sämtliche Ostlager zu räumen. Da kamen sie zu Tausenden, nach tagelangen Fußmärschen in eisiger Winterkälte, ohne Verpflegung auf offenen Eisenbahnwaggons verladen, völlig erschöpft mit Hunderten von Erfrorenen und Verhungerten. Um zu verhindern, daß die SS-Bestien bemitleidenswerte Geschöpfe auch noch quälten oder sie nach der gewöhnten Weise mißhandelten, ging der Sanitätstrupp ins Revier, bei jedem Transport auf den Bahnhof war er den Geschwächten beim Aussteigen behilflich, sorgte für die Kranken und Verwundeten, transportierte sie ins Revier, verlud die Leichen auf Lastwagen, die dann ins Krematorium gebracht wurden.

Durch die weitere Entwicklung der Kriegslage wurde die illegale Arbeit immer mehr intensiviert. Um diese Zeit wurden der Hilfs-Sanitätstrupp und der Trägertrupp gebildet Diese Zusatzorganisationen bestanden aus antifaschistischen Aktivisten aller Nationen. An alle wurden Verbandsmaterial und Medikamente ausgegeben, außerdem Spezialtaschen für chirurgische Eingriffe; aus den Gasmaskentaschen wurden die Gasmasken entfernt und durch ein Sturmgepäck ersetzt, da der Sani-Trupp als Stoßtrupp keine Rucksäcke mitführen konnte.

In den letzten kritischen Tagen war der Sani-Trupp in ununterbrochener höchster Alarmbereitschaft. An der Aktion hatten die Gruppen an verschiedenen Einsatzorten aktiven Anteil. Nach Abgabe der Waffen an die USA-Armee hat der Sanitätstrupp seine Aufgabe als erfüllt betrachtet, und die einzelnen Mitglieder sind zu ihrer Pfleger-Tätigkeit zurückgekehrt.

Helmut Thiermann, Werdau/Sa.

104. Die Lagerfeuerwehr

Im Sommer 1942 wurden aus verschiedenen Lagerkommandos (Schneider, Schuhmacher, Häftlingskammer usw.) ca. 20 Kameraden als Freiwillige für eine Lagerfeuerwehr zusammengestellt. Der Grund dafür, daß Häftlinge für Feuerwehrdienst ausgebildet wurden, war, daß die bestehende SS-Feuerwehr anderweitige Verwendung finden sollte.

Die Ausbildung wurde in der ersten Zeit von einem SS-Mann vorgenommen, im Frühjahr 1943 wurde die Feuerwehr ausgebaut, als eine Zunahme der Luftangriffe auf Deutschland erfolgte. Es wurden erneut 20 Kameraden aus verschiedenen Kommandos zusammengestellt, deren Ausbildung aber dann schon von uns selbst durchgeführt wurde, da wir mittlerweile 2 Löschkraftwagen zur Verfügung hatten. Leider hatten wir gleich zu Beginn der Ausbildung dieser Kameraden einen bedauerlichen Unglücksfall auf dem Appellplatz, bei dem ein Kamerad getötet wurde und 5 Kameraden schwer verletzt. Im Verlaufe des Sommers 1943 ist der Aufbau der Feuerwehr auch im antifaschistischen Sinne vorgenommen worden.

Im steigendem Maße haben wir dann, bis zum Luftangriff auf Buchenwald, bei Fliegeralarm ausrücken müssen. Tag oder Nacht war der größte Teil unserer Kameraden außerhalb des Lagers. Beim Angriff am 24. 8. 44 hatte die Feuerwehr 3 Tote und 10 Schwerverletzte, sowie einen großen Teil von Leichtverletzten zu beklagen. Da durch den Angriff auf Buchenwald die Wasserversorgung unterbrochen wurde, sorgte die Feuerwehr in den folgenden Tagen, daß wenigstens die Küche und der Krankenbau Wasser erhielten.

Bereits im Frühjahr 1944 wurde zusätzlich noch eine sogenannte «Stubendienstfeuerwehr» gebildet, die nach Ausbildung dann im Lager den gleichen Dienst zu tun hatte wie die Lagerfeuerwehr. Nach dem 24. 8. 44 wurden diese mit ins Kommando übernommen, so daß die Stärke 55 Mann betrug.

Heinz Müller, Kapo

105. Antifaschistischer Informationsdienst

Schon vom ersten Tage an, als Antifaschisten im Lager Buchenwald waren, empfanden sie die dringende Notwendigkeit, sich Nachrichten zu beschaffen, die aus ausländischen Sendern kamen, um ein wirkliches Bild über die Lage in Europa zu erhalten. Die SS versuchte durch deutsche Radiopropaganda einen Einfluß auf die Häftlinge zu gewinnen. Da das Radio eine der wichtigsten Nachrichtenquellen und Beeinflussungsmöglichkeiten der SS darstellte, war es umso wichtiger, ein Gegengewicht in der Form ausländischer Nachrichten zu erhalten. Die Organisierung dieses illegalen Nachrichtendienstes der Antifaschisten war natürlich außerordentlich schwierig und gefährlich.

In der ersten Zeit wurden die meisten ausländischen Nachrichten vom Baubüro aus abgehört und weitergegeben. Das Baubüro hatte eines der wenigen Empfangsgeräte für Kurzwellen, außerdem waren damals im Baubüro mehrere gute Antifaschisten, die unter ständiger Lebensgefahr ausländische Stationen abhörten und die Nachrichten an ihre Kameraden im Lager weitergaben. Die Form der Weitergabe spielte sich so ab, daß der betreffende Kamerad, der selbst abhörte, nur an 1 bis 2 Kameraden die Nachrichten weitergab, die sie ihrerseits dann einem größeren Kreis von Kameraden zugänglich machten. Auf diese Weise war eine gewisse Gewähr dafür gegeben, daß die eigentlichen Schwarzhörer niemals der SS bekannt werden konnten.

Tatsächlich ist auch in keinem einzigen Fall ein Kamerad beim Abhören ausländischer Sender geschnappt oder gar bestraft werden.

Als die Verhältnisse sich im Baubüro verschlechtert hatten und ein Abhören kaum mehr möglich war, wurden antifaschistische Kameraden des Elektriker-Kommandos mit dem Abhören ausländischer Sender beauftragt. Diese Kameraden bauten in einer Werkstatt einen Apparat, der äußerlich als normaler Volksempfänger getarnt war, mit dem aber in Wirklichkeit alle ausländische Stationen, insbesondere mit Kurzwellen, empfangen werden konnten. Mit diesem Apparat wurden allen Nachrichten aus dem Ausland empfangen und in der oben geschilderten Weise an das Lager weitergeleitet So war es möglich, daß die Antifaschisten in Buchenwald über alle Vorgänge in der Welt genau und einwandfrei unterrichtet wurden und daß sie dadurch stets die Möglichkeit hatten, der Nazipropaganda entgegenzuwirken.

Ein weiteres Mittel der Information bestand in dem Sammeln von Nachrichten aus den von den Nazis beeinflußten Zeitungen. Wenn auch in den großen deutschen Nazizeitungen keine wichtige Nachrichten standen, so gab es doch eine Reihe von Blättern, die nazifeindliche Nachrichten veröffentlichten. Dazu gehörten vor allem die Zeitungen in den besetzten Gebieten, bei denen die Zensur etwas lockerer gehandhabt wurde. Ebenso war es mit den Zeitungen aus deutschen Grenzländern, in denen oft interessante Nachrichten standen, weil die Grenzbevölkerung ja leicht eine Möglichkeit hatte, sich in ausländischen Blättern zu informieren. Alle diese Zeitungen kamen ins Lager, weil die Lagerführung die Bestellung von sogenannten «Heimblättern» genehmigt hatte. Auch diese Zeitungsnachrichten waren selbstverständlich für die Buchenwalder Antifaschisten eine wichtige Informationsquelle, mit der sie die Lügenhaftigkeit der Nazipropaganda erfolgreich bekämpfen konnten. Die Weitergabe dieser Nachrichten geschah entweder durch Weiterreichung der betreffenden Zeitungen von Block zu Block, oder die fraglichen Artikel wurden abgeschnitten und auf diese Weise verbreitet Auch zur Weitergabe dieser Nachrichten kamen stets kleine Gruppen zusammen, die ihrerseits wieder einen größeren Kreis informierten.

Schließlich sei noch die mündliche Information durch Zivilarbeiter und Neuzugänge erwähnt. Die Nachrichten, die aus diesen Quellen stammten, wurden aber mit größter Vorsicht aufgenommen, da sie sich sehr oft als unwahr erwiesen und deshalb nur als Ausdruck einer gewissen Stimmung draußen im Volke bewertet werden konnten.

Ebenso unsicher waren die Nachrichten, die von illegalen Schwarzhörern im Lager verbreitet wurden. Denn wenn ein Häftling zufällig einmal Gelegenheit hatte, einige Minuten allein in einem Zimmer mit einem Empfangsgerät zu sein, versuchte er selbstverständlich, sofort irgendeinen Auslandssender zu erwischen, daß dabei Irrtümer und ungenaues Abhören an der Tagesordnung waren, liegt auf der Hand. Immerhin waren gerade solche Nachrichten, in der Lagersprache «Bonken» genannt, sehr verbreitet.

Otto Horn, Wien

106. Die Lagerkapelle

Auf Befehl des damaligen Lagerführers Rödl entstand Ende 1938 die Lagerkapelle. Meistens waren es Zigeuner mit Gitarren oder Harmonikas, die eine dürftige Musik zusammenstellten. Nach einige Zeit kam eine Posaune, später eine Trommel und zwei Trompeten hinzu. Alle Instrumente mußten die Häftlinge selbst besorgen. Die Mitglieder der Kapelle mußten tagsüber im Holzhof oder in der Zimmerei arbeiten, so daß zum Üben keine Zeit blieb. Es war grauenhaft anzusehen, wenn die Zigeuner ihre lustigen Märsche spielten, während die abgehetzten Häftlinge ihre toten oder sterbenden Kameraden an ihnen vorbei ins Lager zurücktrugen. Auch kam es oft vor, daß die Kapelle zur sogenannten «Auszahlung» – d. h. zum Auspeitschen von Häftlingen – aufspielen mußte.

Beim Einstudieren der Lagerlieder mußte die Kapelle besonders herhalten. Immer wieder wurden die Lieder geprobt und gesungen. Und wenn der Magen vor Hunger ganz zusammengeschrumpft war, wenn Arme und Beine vor Kälte erstarrt waren, wenn der ganze Körper von der Arbeitsanstrengung schmerzte – es mußte gesungen werden. Nicht nur ein Lied, nein oft stundenlang, und dabei gingen die Blockführer durch die Reihen und paßten auf, daß jeder mitsang. Wer erwischt wurde, daß er Atem holte, der bekam gleich eins mit dem Knüppel über den Kopf, wenn nicht gar eine Strafmeldung. So wurde das Singen, das für den Menschen in der Freiheit eine seelische Erleichterung bedeutete, zu einer furchtbaren Qual.

Im Jahre 1940 ordnete der damalige Lagerführer Florstedt an, daß eine ordentliche Blaskapelle besorgt werden solle. Die Bezahlung werde die Wirtschaftsverwaltung übernehmen. Aber als die bestellten Instrumente ankamen, da fand Florstedt eine für ihn einfachere Lösung: «Die Musik bezahlen die Juden!» Und so geschah es auch. Außerdem beschlagnahmte Florstedt von den angekommenen Instrumenten sofort 12 für den Musikzug der SS, die erst wenige Tage vor unserer Befreiung der Lagerkapelle zurückgegeben wurden.

Jetzt wurden die Kameraden der Kapelle auch von schwerer Arbeit befreit und Übungsstunden angesetzt. Aber das war nur eine Quälerei, denn die Blockführer vertrieben sich jetzt ihre Langeweile in unserem Übungszimmer und ließen sich einen Schlager nach dem andern vorspielen. Kein Wunder, daß sogar bei diesem anscheinend leichten Kommando 6 Kameraden wegen Lungenschwäche und Tbc ausscheiden mußten; ein Kamerad ist an Kehlkopftuberkulose gestorben.

Um einen besseren Eindruck auf Besucher zu machen, wurde die Kapelle 1941 mit gestohlenen Uniformen der jugoslawischen königlichen Garde uniformiert.

Die Kapelle hatte aber eine wichtige Aufgabe – allerdings nicht im Sinne der SS. Sie wirkte bei vielen Veranstaltungen mit, die unter dem Deckmantel eines «Konzerts» gut getarnte antifaschistische Propaganda verbreiteten.

Außerdem hatte ich ein Streichorchester aus 84 Kameraden zusammengesetzt, mit dem ich gute Konzerte in der Kinohalle veranstalten konnte. Durch den Ausbau der Kapelle ist auch manche Arbeitskraft der deutschen Rüstungsproduktion entzogen worden.

Vlastimil Louda, Prag

107. Kunst im KL Buchenwald

Die künstlerischen Bemühungen der Häftlinge des KL Buchenwald sind ebenso alt wie das Lager selbst. Schon 1938 entstanden spontane Sonntagsveranstaltungen mit klar antifaschistischem Charakter. Besonderes Niveau erreichten diese kleinen Kabarettnachmittage, als durch die Judenaktionen des Jahres 1938 eine Reihe prominenter Künstler in das Lager kamen. Auch die Musik kam zu ihrem Recht, trotz allen Schwierigkeiten, die den Ausübenden gerade auf diesem Gebiete im Wege standen; man bedenke nur, was es heißt, nach zehn Stunden harter Arbeit mit klammen Fingern die Feinheiten einer Geigenpartie spielen zu sollen! Welche besonderen Gefahren man aber noch lief, sei an einem Beispiel dargestellt: 1939–40 gab es ein jüdisches Streichquartett. Eines Tages wurden seine Mitglieder ans Tor gerufen und bestraft, weil sie – deutsche Musik gespielt hatten!

1941 wurde das Lagerkino eröffnet, eine gute Spekulation der SS, die wohl errechnete, daß die nach allen Kulturäußerungen hungernden Häftlinge gerne die 10 Pfennig zahlen würden, um einmal etwas anderes als das Lager zu sehen, wenn es auch nur Nazifilme waren. Zugleich begannen wir wieder im kleinen Rahmen. Hervorhebung verdienen besonders die «Literarischen Abende», die ein kleiner Kreis politischer Häftlinge mit immer neuen, stets kämpferisch antifaschistischen Programmen zur Vorführung brachte.

Inzwischen war auch das Lagerorchester wesentlich verbessert worden, und der Brauch entstand, an Tagen, an denen kein Film vorgeführt wurde, Orchesterkonzerte in der Kinohalle zu geben. Man ging dazu über, diese Orchesterkonzerte zu «Bunten Abenden» umzugestalten, in denen Gesangstücke und kleine Szenen vorgetragen wurden. Seit dem Sommer 1943 wurden mindestens alle 6–8 Wochen solche «Bunten Abende» veranstaltet.

Hatte bisher entsprechend der Zusammensetzung des Lagers das deutsche Element bei allen Veranstaltungen überwogen, so waren seit 1942 und 1943 durch Massentransporte ausländischer Häftlinge neue Verhältnisse geschaffen worden. Auch diese Gruppen empfanden den Wunsch nach künstlerischer Betätigung; so kam es zunächst zur Veranstaltung von Konzerten mit Einlagen, d. h. sogenannten «Blockkonzerten». Bald hatten sich die antifaschistischen Elemente ihrer bemächtigt und machten sie zu ihrem Instrument, was umso eher möglich war, als auf den national einheitlichen Blöcken die Gefahr des Verrats verhältnismäßig gering war. Vor allem die Russen, Franzosen und Polen brachten ihr Programm auf beachtliche Höhe.

Im Winter 1943/44 wurde dann auch die Veranstaltung der Konzerte in der Kinohalle neu organisiert. Ein Ausschuß mit Vertretern aller Nationen übernahm die Zusammenstellung der Programme und ihre Aufrichtung nach Grundlinien, deren Propagierung von den antifaschistischen Häftlingen als notwendig erkannt worden war. Man fand immer die richtige Sprache, um den Häftlingen das verständlich zu machen, was gesagt werden mußte, und doch von der SS nicht belangt werden zu können.

Die Arbeit des Ausschusses beschränkte sich nicht auf die Konzerte in der Kinohalle; nebenbei wurden sowohl die illegale, unmittelbar antifaschistische Arbeit auch auf dem Sektor der Kunst weitergeführt als auch zur Tarnung ganz harmlose Veranstaltungen aufgezogen. Die größte Veranstaltung harmloser Art war eine Aufführung von Shakespeares «Was ihr wollt».

Die französische Gruppe verdient hier besondere Hervorhebung für ihre mustergültige Arbeit. Sie hat unter anderem ein Preisausschreiben für literarische Arbeiten veranstaltet, das großen Anklang und Erfolg hatte, oder eine Ausstellung von in Buchenwald entstandenen Werken bildender Kunst.

Nach dem Bombardement vom 24. 8. 44 wurde eine Gedächtnisfeier veranstaltet. Kurz nachher mußte die Tätigkeit des internationalen Ausschusses sich in einer Krise bewähren: als nach der Verhaftung einer Reihe prominenter politischer Häftlinge durch die Gestapo eine akute Gefahr für das Lager entstanden war, mußte buchstäblich von heute auf morgen ein vorbereitetes, stark tendenziöses Programm durch ein harmloses ersetzt werden. Daß es gelang, ist ein Beweis für die Breite, die die Arbeit auf künstlerischem Gebiet bereits angenommen hatte. Die Veranstaltungen in der Kinohalle wurden fortgesetzt, bis das Gebäude für andere, vordringliche Zwecke beschlagnahmt wurde.

Auf den Blöcken ging zugleich die Arbeit weiter, hier verdient die polnische Jugendgruppe besondere Hervorhebung, die in den letzten Tagen vor der Evakuierung mit einem guten und klaren Programm auftrat. Auch kleinen, ausgesprochen erzieherischen Szenen muß gedacht werden, die auf den jüdischen Blöcken gebracht wurden. Bis in die letzten Tage des Lagers wurde auch die Tradition der Kammermusik fortgesetzt. Aus den ersten, dilettantischen Streichquartetten waren zwei künstlerisch hochstehende Quartette hervorgegangen, die auch in der Kinohalle mit großem Erfolg hervorgetreten waren.

Ein Bericht über die künstlerische Betätigung der Häftlinge im KL Buchenwald wäre unvollständig, wenn nicht noch die literarische und musikalische Produktion erwähnt würde, die hier im Lager entstanden ist. Das Lagerorchester hat eine beträchtliche Anzahl von Orchesterstücken zur Uraufführung gebracht, die von seinen Mitgliedern oder anderen Häftlingen komponiert worden sind. Auf dem Gebiet der Literatur sind neben den kurzlebigen Szenen und Gedichten auch solche von dauerndem Wert aus dem Erlebnis des Lagers hervorgegangen. Gedichte, Novellen und Romane wurden ebenso wie volkstümlich wissenschaftliche Werke hier geplant und ganz oder teilweise vollendet. Wenn man all diese Werke einmal gesammelt veröffentlichen könnte, es gäbe kein besseres Denkmal für die Unbeugsamkeit der Antifaschisten des KL Buchenwalds.

Bruno Apitz, Leipzig

108. Die Häftlingsbücherei

Anfang 1938 wurde die Häftlingsbücherei eröffnet Der 3000 Bücher umfassende Bestand wurde zum größten Teil von den Häftlingen selbst angeschafft. Die Häftlinge ließen Bücher von zu Hause schicken oder spendeten die Mittel zur Neuanschaffung. Naziliteratur wurden von der Kommandantur besorgt aus Mitteln der Häftlinge, die ihnen als sogenannte «Spende» von der Lagerleitung abgenommen wurden. Insgesamt wurden von der Kommandantur von den vielen zehntausenden Mark nur 1009 Bücher angeschafft; die Verwaltung selbst besorgte nur 246 Bücher, davon waren je 60 Exemplare von Hitler «Mein Kampf» und Rosenbergs «Mythus». Der Bestand betrug zuletzt an eingereihten Büchern 13811; 2000 ungebundene Werke konnten aus Mangel an Buchbindermaterial nicht eingereiht werden.

Abenteuer- und Kriminalromane wurden zum größten Teil von der SS gelesen, der Adjutant, Hauptsturmführer Schmidt, z. B. hat in einem Monat allein 38 derartige Bücher gelesen. Bezeichnend für die lügnerische Propaganda der SS sind 2 Vorfälle, die besonders erwähnenswert erscheinen: Als die erste Militärkommission das Lager besichtigte, stattete sie auch der Bücherei einen Besuch ab. Bei der Besichtigung fragte ein Major den Lagerführer Florstedt: «Wer hat die Bücherei aufgebaut?» Darauf gab ihm der Lagerführer die Antwort: «Das haben wir den Häftlingen überlassen», worauf der Major erwiderte: «Das müssen doch intelligente Leute sein. Was geschieht mit diesen Menschen? Diese Leute werden doch draußen gebraucht?» Der Lagerführer sagte nun: «Diese Häftlinge werden mit einer Empfehlung von mir in Bälde entlassen werden.»

Kurz vor dem 20. Juli 1944 war eine Kommission von Ritterkreuzträgern unter Führung eines Obersten in der Bücherei, der bei der Besichtigung erklärte: «Solche Werke, wie sie hier in der Bücherei zu finden sind, kriegt man ja draußen nicht mehr. Hier sind ja Bücher von Schlieffen, Clausewitz und Moltke.» Als er die Tabelle der gelesenen Bücher zur Hand nahm, fragte er den Lagerführer Schobert: «Wie kommt es, daß so viele militärische und politische Bücher gelesen werden?» Als der Lagerführer keine Antwort gab, erklärte der Oberst: «Darüber werde ich draußen einen Vortrag halten.»

Nach Kriegsausbruch sollten alle fremdsprachigen Bücher, deren Herkunftsländer mit Deutschland im Krieg standen, vernichtet werden. Auf Grund von Erklärungen eines Häftlings beim Verwaltungsführer, daß es meistens Fachbücher seien, wurde genehmigt, daß sie in die Bücherei stehen bleiben, jedoch nicht ausgeliehen werden durften. Nach wenigen Wochen wurden sie aber doch wieder ausgeliehen.

Außer den eingereihten Büchern hatten wir noch eine Reihe von verbotenen illegalen Büchern, die aus Sicherheitsgründen nur ein kleiner Kreis zum Lesen erhalten konnte.

Anton Gäbler, Duisburg

109. Sport in Buchenwald

Trotzdem in Buchenwald die Bedingungen, Sport zu treiben, nicht rosig waren (lange und schwere Arbeitszeit), regte sich bei einigen Leuten, vor allem den Jüngeren, der Drang, sich sportlich zu betätigen. An Sportanlagen, Geräte usw. war nichts vorhanden. Trotzdem gab es in kurzer Zeit einen Ball, aber auch einen Platz, wenn man so sagen kann. Der Fußball beherrschte das Feld. Bald war der Platz an der Kantine zu klein, also hieß es, einen anderen Sportplatz zu schaffen. Der neue Sportplatz wurde errichtet und zwar dort, wo heute das kleine Lager steht.

Alle Sportarten waren jetzt vertreten, Fußball, Handball, Faustball, Schlagball. So zog der Sport immer weitere Kreise in seinen Bann. Wenn im Anfang viele dagegen waren, daß Sport betrieben wurde, so konnte man jetzt sehen, daß er vielen eine Abwechslung brachte.

Wie in der Freiheit wurden auch in Buchenwald Serienspiele ausgetragen; es bildeten sich mehrere Mannschaften, die daran teilnahmen. Zeitweise spielten 12 Mannschaften, im Anfang auch eine Judenmannschaft, die aber später verboten wurde. Die meisten Mannschaften traten in tadelloser Kluft an, auch die Fußballschuhe waren in Ordnung – man mußte sich einfach wundern – wo kam dieses alles her.

Als das Lager übergefüllt wurde, mußte der Sportplatz dem Bau neuer Baracken weichen. Trotzdem wurde nochmals ein Vorstoß für einen neuen Sportplatz gemacht, der denn auch im Walde an der Gärtnerei entstand. Noch kurze Zeit wurde hier Sport getrieben, dann bezog die Gärtnerei den Platz, besäte ihn, erntete nicht viel – doch den Sportplatz hatte man uns genommen.

Schon in der Zeit des «organisierten» Sportes wurde auch noch nebenbei Sport getrieben, vor allem Ringtennis. Hier beteiligten sich Alt und Jung. Außerdem bestand eine Gruppe von Sportlern, die das Reck- und Barrenturnen pflegten. (Raum Kinohalle). 1943 kam der Boxsport auf, und man muß sagen, daß er auf hoher Stufe stand. Die Boxkämpfe wurden im Walde oder in der Kinohalle abgehalten, bis auch sie verboten wurden. Außerdem wurde der von den Tschechen schon früher geübte Volley-Ball bevorzugt und begeisterte die Massen. Zuletzt tauchte ein Spiel auf, das meistens von Ausländern gespielt wurde, Korbball.

Willi Seifert, Plauen i. V.

110. Von der Gestapo Weimar verhaftet

Am 30. Oktober 1944 machte die Gestapo in Weimar den Versuch, die antifaschistische Einheit in Buchenwald zu liquidieren. 2 Spitzel waren im Lager, Strand und Duda, die der Gestapo gefälschte Berichte lieferten. Auf Grund dieser Spitzelaussagen wurden eine Reihe führender Antifaschisten, darunter der 1. Lagerälteste, Erich Reschke, ins Gestapo-Gefängnis Weimar gebracht. Für die dort geübten Foltermethoden sei nur ein Beispiel angeführt:

Der Kamerad Wegerer wurde mit auf den Rücken gefesselten Händen in eine $1^1/_2$ qm große Zelle gebracht, in der eine Temperatur von etwa 50 Grad Celsius herrschte, in dieser Zelle blieb Wegerer ohne Wasser und Nahrung 5 Tage und wurde dann in das Verhör gebracht. Die Durstqual in dieser Marterzelle war unbeschreiblich. Auch die anderen Kameraden waren in ähnlichen Zellen untergebracht. Der Kamerad Bleichert mußte beim Verhör den Oberkörper nackt ausziehen; dann brannten ihm die Gestapo-Bestien mit glühenden Zigarren Löcher in die Haut. Aber trotz aller Foltermethoden hat keiner der Kameraden eine Aussage gemacht, so daß keinerlei Gefahr für die Antifaschisten im Lager entstand.

Als die Gestapo einsehen mußte, daß sie kein Geständnis erpressen konnte, brachte sie ihre Häftlinge ins Gestapo-Gefängnis Ichtershausen. Am 9. April 1945 wurden die Häftlinge aus diesem Gefängnis wegen des Herannahens der amerikanischen Armee evakuiert. Auf dem Transport gelang es 2 Kameraden zu entfliehen.

Gustav Wegerer, Wien

111. Der Fall Wolff

Eines der berüchtigsten Kapitel in Buchenwald war der Oberleutnant und zeitweilige Lagerältester [Friedrich] Wolff, Sohn eines jüdischen Arztes aus Schlesien. Während des ersten Weltkrieges war er meist in der Etappe, zeitweilig im Stab des Prinzen Eitel Friedrich. Nach dem Krieg ging er zur Reichswehr, aus der er infolge der Rassengesetze ausscheiden mußte. Seine erste Ehe mit einer reichen Frau hielt solange wie das Geld, seine zweite Ehe führte ihn nahe am Zuchthaus vorbei, weil er seine Frau einem reichen Wüstling verkuppelt hatte. Wolff erhielt jedoch nur Gefängnis, kam aber anschließend ins K.L., zuerst nach Dachau und von dort mit den Judentransporten 1938 nach Buchenwald.

Hier wurde er, zusammen mit anderen Juden, am 30. 1. 39 Blockältester. In dieser Eigenschaft machte er zahlreiche Schiebergeschäfte mit dem damaligen Lagerführer Hackmann und erwarb sich dadurch das Vertrauen der Kommandantur.

Als im Jahr 1942 die «Grünen» ihre große Spitzelaktion gegen die politischen Häftlinge starteten, stand Wolff auf Seiten der Roten, da er seine kriminellen «Freunde» mit Recht fürchten mußte. Nach der Aufdeckung der verbrecherischen Denunziationen war das Mißtrauen gegen die antifaschistischen Häftlinge trotzdem nicht geschwunden. In dieser Situation wurde von den Häftlingen Wolff zum Lagerältesten vorgeschlagen, der als ehemaliger Reichswehroffizier politisch unverdächtig erschien. Die SS-Führung akzeptierte diesen Vorschlag auch sofort.

Aber als Lagerältester hat Wolff das in ihn von den Häftlingen gesetzte Vertrauen schwer mißbraucht. Wolff war homosexuell veranlagt und geriet ganz in die Abhängigkeit eines raffinierten polnischen Jungen. Dieser Junge wurde von faschistischen Polen zur Beeinflussung Wolffs benutzt, der dadurch in eine immer gefährlichere Kampfstellung gegen die Antifaschisten hineingeriet, von deren Organisation er manche Einzelheiten wußte. Das ging so weit, das Wolff sogar zum Denunzianten bei der SS wurde. Aber alle derartigen Versuche schlugen fehl. Als z. B. der Kamerad Brand aus Magdeburg entlassen werden sollte, erklärte Wolff, er werde die Entlassung durch eine Meldung wegen politischer Tätigkeit verhindern. Nur durch die Drohung mit einer Meldung gegen ihn wegen seiner homosexuellen Verfehlungen unterließ er diesen Schurkenstreich.

Als sein Treiben immer gefährlicher wurde, mußten die Antifaschisten Wolff im Interesse der ganzen Organisation unschädlich machen. Auf Umwegen erhielt die SS Kenntnis davon, daß Wolff gemeinsam mit Polen gegen Deutsche kämpfe. Das führte zu seiner Ablösung und Verschickung in ein schweres Außenkommando, wo er nach wenigen Wochen starb.

Hans Eiden, Trier

112. SS-Spitzel Stelzmann

Stelzmann, ein politischer Häftling mit langen Zuchthaus- und Konzentrationslagerstrafen, entwickelte sich in Buchenwald zu einem Nazihelfer. Er hat die Portionen der Häftlinge seines Blocks unterschlagen und verschoben, etwa 90–100 Häftlinge wurden von ihm persönlich totgeschlagen. Der ehemalige Lagerälteste Wolff hat ihn zum Blockältesten der K-Kompanie, in der alle sogenannten Kriegsverbrecher unter besonders schweren Bedingungen untergebracht waren, und später zum Blockältesten der Sicherheitsverwahrten gemacht.

Es dauerte lange, bis es der deutschen antifaschistischen Leitung in Zusammenarbeit gelang, Stelzmann zu stürzen und zu liquidieren. Man machte über ihn Meldungen wegen Portionsschiebereien und Schiebungen mit Wertgegenständen der Häftlinge.

Obersturmführer Gust lehnte aber die Ablösung Stelzmanns mit der Begründung ab, er habe sich sehr verdient gemacht. Man versuchte es in anderer Weise; Stelzmann war Klempner. Die DAW suchte Fachkräfte. Der Lagerälteste Reschke schlug ihn für Arbeiten in der DAW vor. Die Lagerführer Schobert und Gust lehnten aber ab. Im Januar 1944 machte Stelzmann eine große Schiebung mit Hilfe von BVern, bei der Wertsachen aus der Desinfektion gestohlen wurden. Es gelang, der SS-Lagerführung klar zu machen, daß er damit auch die SS bestohlen habe, seine Ablösung wurde endlich verfügt. Am Tage darauf fand man Stelzmann im kleinen Lager erschlagen auf.

Franz Eichhorn, Weimar

113. Wie Spitzel erledigt wurden

Der erste große Spitzel Buchenwalds, der viele hundert Menschenleben auf dem Gewissen hat, hieß Knigge; er war ein Asozialer. Bei der geringsten Kleinigkeit machte er Meldung und schnüffelte im ganzen Lager, versehen mit einem Ausweis des Lagerführers Rödl, herum. Als er sich einmal in der Abenddämmerung während des Appells im Block 4 aufhielt, was ich erfuhr, sprang ich hinunter und versetzte ihm eine anständige Tracht Prügel. Eines Tages ließ der Hauptscharführer Köhler, die Torwache, das Radio für das Lager etwas länger wie gestattet spielen. Sofort war Knigge am nächsten Morgen am Tor und machte gegen den SS-Mann eine Meldung. Ich erfuhr dies und sagte gleich beim Rasieren zum Kommandant Koch, es sei schon sehr weit gekommen, daß Häftlinge gegen SS-Leute Meldung machen dürften. Koch war in diesem Punkt sehr kitzlich; als er sich von der Richtigkeit der Meldung überzeugt hatte, befahl er, Knigge fertig zu machen. Da dies der SS nicht gelang, wurde es von den Häftlingen selbst besorgt.

Auf ähnliche Weise stürzte der ebenso gefährliche Zinker Pospisil, ein tschechischer Journalist. Er hatte es besonders auf deutsche Antifaschisten abgesehen und arbeitete eng mit den Grünen zusammen. Als ich Pospisil eines Tages im Wald allein traf, gab ich ihm ein paar Ohrfeigen, worauf er wütend sagte: «Du weißt scheinbar nicht, welche hohe Person [sich] für mich einsetzt!» Als ich diesen Ausspruch zusammen mit dem Vorfall dem Kommandanten Pister erzählte, ließ der den Spitzel sofort fallen. Pospisil lebte nur noch wenige Tage.

Ein besonders gefährliches Subjekt war der russische weißgardistische General Kushni-Kushnarew, der aus politischer Überzeugung zum Mitarbeiter der SS-Mörder wurde. Kushnarew hat besonders die Massenmorde an russischen Kriegsgefangenen im Pferdestall aktiv unterstützt, indem er den vertierten Mördern als Dolmetscher diente und den Kriegsgefangenen die Anweisungen gab, die sie schließlich zum Tode führten. Da er für die SS in jeder Weise unentbehrlich war und da er auch innerhalb, besonders auch bei anderen russischen Gefangenen, als bewußter Agent der Nazis auftrat, war seine Erledigung sehr schwierig. Sie gelang, als er eines Tages an einer fiebrigen Grippe erkrankte, die von den Revierpflegern als Bauchtyphus deklariert wurde. Zwei Tage später ist er im Revier gestorben.

Das sind einige Beispiele, aber sie zeigen, wie sich die Häftlinge in Buchenwald ihrer Feinde entledigten.

Franz Eichhorn, Weimar

114. Ein Verbrecher gerichtet

Hermann Krause war ein alter politischer Häftling mit jahrelanger Zuchthaus- und Konzentrationslagerstrafe. In Buchenwald demoralisierte er und fand schließlich ein unrühmliches Ende. Er verübte Einbrüche in die Desinfektion und die Effektenkammer und stahl Häftlingseigentum, Kleidungsstücke und Wertgegenstände. Einen Diamantring, eine Golduhr, 300 holl. Gulden und etwa 500 Dollars schwindelte er einem französischen Professor ab, indem er dabei den Namen eines Antifaschisten der Effektenkammer mißbrauchte. Das gestohlene Gut verschob er an die SS.

Da er zu einer Gefahr für die Antifaschisten des Lagers geworden war, mußte er sterben. Als er wieder einmal eines Diebstahls überführt wurde, bezog er derartige Schläge, daß er an den Folgen starb.

Walter Bartel, Berlin

Kapitel IX
Verhältnisse während des Krieges

115. Das kleine Lager Buchenwald im Winter 1939/40

Im Oktober 1939 wurde ein Teil des Appellplatzes im Konzentrationslager Buchenwald durch einen doppelten Stacheldrahtzaun vom übrigen Lager isoliert und zur Aufnahme von Häftlingen bestimmt. In diesem sogenannten «Kleinen Lager» wurden etwa 4 große Zelte aufgestellt, welche bloß Holzpritschen in 4 Etagen enthielten. Nach Errichtung einer Holzbaracke und Ausgrabung einer Latrine war das Kleine Lager zur Aufnahme der Häftlinge bereit, die in einer Gesamtzahl von 1700 Mann (hauptsächlich Polen und Österreicher) dort untergebracht wurden.

Sie gingen täglich zur Arbeit in den Steinbruch, von wo sie Steine zu den Wachttürmen rund ums Lager tragen mußten. Der Weg führte dabei durch einen Postenschlauch, in welchem jeder zweite Posten ein Gewehr im Anschlag hielt, während die übrigen mit Knüppeln dastanden und jeden vorübergehenden oder laufenden Häftling schlugen, ohne die geringste Rücksicht zu nehmen, wo er getroffen wurde. Jeden Tag wurden hierbei mehrere Häftlinge, die die Qual des Getrieben- und Geschlagenwerdens nicht mehr ertragen konnten und aus dem Postenschlauch liefen, erschossen, der offiziellen Darstellung nach «auf der Flucht.»

Die «Entlohnung», die man den Häftlingen für ihre Sklavenarbeit gab, sah folgendermaßen aus:

1) Wohnung in den Zelten. Die Holzpritschen hatten weder Strohsäcke noch sonst irgendeine Unterlage. Die Häftlinge lagen auf dem bloßen Holz, jeder hatte nur eine Decke zur Verfügung. Einen Fußboden gab es in den Zelten nicht; wer von den Pritschen herabstieg, mußte fast knietief im Dreck waten.

2) Bekleidung, bestehend aus Häftlingskleidung (Jacke, Hose, Mütze, Schuhe) und Wäsche (Hemd, Unterhose, Strümpfe), die sehr selten gewechselt wurde; keine Mäntel, keine Pullover, keine Handschuhe.

3) Nahrung, bestehend aus anfänglich 200 g, später 165, 140 und sogar 100 g Brot, ohne die Beilagen (Margarine, Sirup, Wurst usw.), die es für das übrige Lager gab; 1 Liter, später 3/4 Liter Lagersuppe, die jedoch ihres gesamten Inhalts an Kartoffeln oder Gemüse beraubt wurde, bevor sie im Kleinen Lager zur Ausgabe gelangte.

4) Hygiene. Die erwähnte Latrine, die auch nicht den geringsten gesundheitlichen Anforderungen entsprach; eine Waschanlage im Freien, die beim ersten Frost «unbenutzbar wurde», Krankenbehandlung in der Ambulanz

des Häftlingsreviers, die nur wenigen Häftlingen des Kleinen Lagers gewährt werden konnte, da die SS-Leitung anordnete, daß nur eine beschränkte Zahl von Häftlingen zwecks Krankenbehandlung von der Arbeit zurückbehalten werden dürfe; in der sogenannten Krankenbaracke stationäre Krankenbehandlung, die aber im wesentliche nur daraus bestand, den erkrankten Häftling ruhig sterben zu lassen, da weder Medikamente noch genügend Nahrung zur Verfügung gestellt wurden.

Die Folgen der beschriebenen Zustände stellten sich bald ein. Die Häftlinge, soweit sie am Leben blieben, wurden rapid schwächer und widerstandsunfähiger, und bereits in der zweiten Hälfte des Monats Oktober brach im Kleinen Lager eine Ruhr-Epidemie aus, die so rasch um sich griff, daß sich die SS-Lagerleitung veranlaßt sah, die Häftlinge des Kleinen Lagers völlig von der Arbeit zurückzuziehen und über das Kleine Lager eine Quarantäne zu verhängen.

Es wäre jedoch ein Irrtum anzunehmen, daß durch das Aufhören der mörderischen Arbeit im Steinbruch das Leben der Häftlinge im Kleinen Lager leichter geworden wäre. Die SS-Leitung, repräsentiert insbesondere durch den Lagerkommandanten Standartenführer Koch, den 2. Lagerführer Hauptsturmführer Hüttig und durch die speziellen Beauftragten für das Kleine Lager Hauptscharführer Blank und Hinkelmann, war unerschöpflich im Ausdenken von Schikanen, um die zwangsweise entstandene Freizeit auszufüllen.

Das ganze Leben des Kleinen Lagers spielte sich auf dem Appellplatz ab. Zum Fassen des Frühkaffees mußte die ganze Belegschaft auf dem Appellplatze stehen und erhielt nach durchschnittlich zweistündigem Warten den inzwischen kalt gewordenen Kaffee. In derselben Form spielte sich die Ausgabe der Mittagssuppe ab, ebenso mußte das Brot nach stundenlangem Anstehen gefaßt werden. Der seltene Wäschetausch fand auf dem Appellplatze statt, wo die Häftlinge auch bei grimmigster Kälte im Freien Hemden, Unterhosen und Strümpfe ausziehen mußten, um die Tauschwäsche in Empfang zu nehmen. Der Appell, der zwei- bis dreimal täglich stattfand, nahm jedes Mal mindestens 2 Stunden in Anspruch.

Aber mit alledem war Hauptscharführer Blank nicht zufrieden und ließ die Häftlinge «Strafweise», ohne daß jemand wußte wofür, darüber hinaus nicht ins Zelt abrücken, sondern auch die übrige Zeit des Tages auf dem Appellplatz stehen. Die mit dem ununterbrochenen Stehen verbundene Qual ist für Menschen, die Ähnliches nicht kennen bzw. kennengelernt haben, kaum vorstellbar.

Hauptsturmführer Hüttig sorgte ab und zu für Volksbelustigungen. Er ließ den «Bock», eine Vorrichtung zur Durchführung von Prügelstrafen, ins Kleine Lager bringen, rückte selbst mit einer Anzahl von Blockführern an und ließ wahllos jedem zehnten Häftling 25 Stockhiebe verabreichen. In einem Falle, als ein Häftling die Schläge für seinen vom Los getroffenen Bruder übernehmen wollte, zeigte Hauptsturmführer Hüttig seine Anerkennung, indem er beide Brüder prügeln ließ.

Ein besonderes Vergnügen bereitete es Hauptscharführer Hinkelmann, einen mit Suppe halb gefüllten Kessel auf dem Appellplatz stehen zu lassen, zu beobachten, wie sich die hungrigen Häftlinge um den Kessel drängten, um etwas Suppe zu bekommen, und dann mit einem Knüppel über die ganze Gruppe herzufallen und die Köpfe blutig zu schlagen.

Die Jahreszeit rückte vor, es wurde immer kälter, an den Verhältnissen im Kleinen Lager änderte sich nichts. Die Wohnverhältnisse blieben dieselben, jeder Häftling behielt seine einzige Decke, obwohl das Lager genügend Decken besaß, um mindestens noch eine Decke pro Mann ausgeben zu können. Selbstverständlich konnten sich die Häftlinge, um es nur einigermaßen warm zu haben, nicht ausziehen, sie schliefen in den Kleidern und wurden demgemäß in immer höherem Maße von Ungeziefer befallen.

Das Essen wurde immer knapper, die Brotration gesenkt, die Suppe geradezu filtriert, um auch kein Stückchen Gemüse ins Kleine Lager zu lassen, die Menge auf weniger als 1 Liter herabgesetzt. Aber auch diese «Verpflegung» erhielten die Häftlinge nicht täglich, denn Standartenführer Koch pflegte das Lager gerne für jede angebliche Verfehlung mit Fasttagen zu bestrafen. Das Kleine Lager durfte nicht nur getreulich alle Fasttage des Gesamtlagers mithalten, sondern bekam darüber hinaus durch Verfügung von Hauptscharführer Blank seine eigenen dazu. Das nahm einen derartigen Umfang an, daß das Kleine Lager beispielsweise im Monat November 1939 volle 12 Fasttage hatte, also nur an 18 Tagen des Monats die oben beschriebene Verpflegung erhielt.

Zu welcher Vertierung der Menschen diese barbarische Methode führte, mag aus der nachstehend beschriebenen, zur allgemeinen Gewohnheit gewordenen Art des Portionenfassens zu ersehen sein: Wenn in der Nacht ein neues Opfer im Zelt starb, wurde dies verheimlicht, der Tote von 2 Kameraden geführt oder von einem auf den Rücken genommen und zum Brotverteiler geschleift. Dieser gab die Brotration für den Toten an den oder die Betreffenden aus, die dadurch doppelt Essen bekamen. Die Toten wurden nach erfolgtem Brotempfang einfach neben der Essenausgabe am Boden liegengelassen.

Die Bekleidung war ebenfalls auf dem Stande des Monats Oktober geblieben, so daß also auch zur Zeit der größten Kälte, in den Monaten Dezember und Januar, dem Kleinen Lager weder Mäntel noch Pullover, weder Schals noch Ohrenschützer oder Handschuhe zur Verfügung gestellt wurden. Die ambulante Behandlung im Häftlingsrevier hatte mit der Verhängung der Ruhrquarantäne aufgehört, und Frostwunden an den Füßen oder sonstige Erkrankungen führten unweigerlich zum Tode des Befallenen.

Zum Morgenappell konnte man täglich im Schnee liegend 15, 20 oder 25 Leichen zählen, die von der Krankenbaracke in der Nacht geliefert wurden. Eine Tagesmeldung über den Stand der Toten des Kleinen Lagers beantwortete Standartenführer Koch mit den Worten: «Das geht mir zu langsam. Könnte man die Leute nicht arbeiten lassen?»

Nein, man konnte sie nicht arbeiten lassen; die Angst vor der Ruhr war doch zu groß. Aber es gab andere Mittel. Anfang Dezember erschien der Lagerleitung die zunehmende Verlausung des Kleinen Lagers (50 Läuse auf einem Mann waren nicht viel) gefahrdrohend, und es wurde die Gesamtdesinfektion des Kleinen Lagers angeordnet Am 8. Dezember wurde die Aktion durchgeführt und den Insassen des Kleinen Lagers ein wohltuendes Bad gewährt; aber die Bekleidung wurde zwecks Desinfektion für 2 Tage zurückbehalten und den Häftlingen andere Kleidung ausgefolgt – Sommerkleidung, dünnes Drillichzeug. Selbstverständlich blieben auch die Decken in der Desinfektion, Ersatzdecken für die Zwischenzeit gab es nicht. Es folgte eine qualvolle Nacht, in der vor Kälte niemand schlafen konnte, und morgens auf dem Wege zum Appell sah man ängstlich nach dem Ergebnis dieser Nacht: Da lagen fein säuberlich 6 Zehnerreihen und 7 Stück, 67 Tote im Schnee, eine Zahl, die Standartenführer Koch wohl befriedigt haben dürfte.[1]

Das Lebensniveau der Insassen des Kleinen Lagers wurde noch unterboten durch eine besondere Gruppe von mehr als 80 polnischen Häftlingen, die innerhalb des Kleinen Lagers in einen Käfig gesperrt waren und allgemein «Heckenschützen» genannt wurden, obwohl niemand wußte, ob es sich wirklich um solche handelte. Diese Häftlinge erhielten als Verpflegung die Hälfte der oben beschriebenen Ration und verhungerten demgemäß der Reihe nach. Als Anfang Januar noch etwa 20 dieser Heckenschützen am Leben waren, kürzte man das Verfahren ab und vergiftete eines Tages den verbliebenen Rest.

Der aus den zitierten Worten von Standartenführer Koch hervorgehende Ausrottungsplan gegen die Häftlinge des Kleinen Lagers gelangte nicht zur völligen Durchführung, da die Lagerleitung aus nicht genau bekannten Erwägungen sich entschloß, Mitte Januar 1940 das Kleine Lager aufzulösen und den verbliebenen Rest ins allgemeine Lager zu überführen. Von den 1700 Mann, die im Oktober das Kleine Lager bezogen hatten, waren im Januar noch 600 am Leben; sie verließen jedoch das Kleine Lager in einem Zustand, der sie zu einem großen Teil als nicht mehr lebensfähig erscheinen ließ. Das Durchschnittsgewicht der Häftlinge lag bei Verlassen des Kleinen Lagers weit unter 40 kg, und die großzügige Gewährung von Schonung durch das Häftlingsrevier konnte den Großteil der derart Geschwächten nicht mehr retten. In ziemlich rascher Folge starben noch mehrere Hundert dieser Häftlinge.

Nachdem das Häftlingsrevier die Schonungsmöglichkeiten für die noch am Leben Verbliebenen bis zur äußersten Grenze erschöpft hatte und diese aus seiner Obhut entlassen mußte, wurden sie zur Arbeit eingesetzt, und zwar wieder ins Kommando der Steineträger, das bereits im Herbst so viele Opfer gefordert hatte.

Was die unmittelbaren Folgen des Kleinen Lagers nicht vollenden konnten, das holte später die Arbeit in den schweren Arbeitskommandos des

Konzentrationslagers Buchenwald nach, und heute dürften von den ursprünglichen 1700 Mann schätzungsweise noch 40 am Leben sein, die nach ihrer lange ersehnten und nun endlich erfolgten Befreiung über die erlebten Greuel Zeugenschaft ablegen können.

Die in dem vorliegenden Bericht enthaltenen Angaben habe ich nach bestem Wissen und Gewissen gemacht und kann ihre Wahrhaftigkeit jederzeit vertreten.

Felix Rausch, Prag

116. Polen im kleinen Lager 1939

Am 15. und 16. Oktober 1939 kamen etwa 4500 Polen nach Buchenwald. Schon beim Ausladen wurden wir mit Kolbenstößen, Fußtritten usw. in der grausamsten Weise bearbeitet Dann begann unser Leidensweg von Weimar nach Buchenwald. Männer, Frauen und Kinder bewarfen uns mit Steinen und schrieen dabei: «Schlag sie tot, die polnischen Schweine, die Heckenschützen!» Ungefähr 200 Meter hinter dem Bahnhof begann der berüchtigte Massenmörder Koch, der mit Rödl und Florstedt zu unserem «Empfang» gekommen war, ein teuflisches Spiel. Er befahl: «Hände hoch und deutsche Lieder singen!» Mit gezogenem Revolver fuhr er mit seinem Auto mitten durch unsere Reihen. Wer zur Seite auswich und nur einen Schritt dabei aus der Reihe kam, wurde sofort erschossen. Hinter unserem Elendszug fuhren mehrere Lastautos, auf die die Ermordeten bzw. diejenigen geworfen wurden, die infolge der unmenschlichen Mißhandlungen nicht mehr weitermarschieren konnten.

Als das Lagertor sich hinter uns geschlossen hatte, mußten wir an einem Tisch unsere Nummer in Empfang nehmen. Beim Herantreten an den Tisch bekam man einen Kolbenschlag ins Kreuz, und ein Fußtritt beförderte den Unglücklichen wieder in die Reihe zurück. Dann gings zum Bad, wo wir splitternackt ausgezogen wurden. Nach dem Bad trieb die SS uns nackt in den tiefen Schlamm vor dem Bad, wo wir an dem kalten und regnerischen Tag warten mußten, bis es endlich Kleidung gab. Dann ging es ins sogenannte kleine Lager.

Hier standen vier Zelte und ein Bretterschuppen, von einem hohen Stacheldraht umzäunt. Ein Teil des umzäunten Raumes diente für uns als Appellplatz, auf einen andern Teil wurden die Toten geworfen. Am südöstlichen Teil befand sich ein besonders eingezäunter Käfig, in dem 123 Polen aus Bromberg untergebracht waren. Sie wurden unter unsäglichen Martern zu Tode gequält. Nicht weit davon war die Latrine: eine Grube, über die zwei Stangen gelegt waren. Nicht selten sprangen unsere Lagerführer, die Massenmörder Blank und Hinkelmann, hin und schmissen die zufällig auf den Stangen sitzenden Kameraden in die Grube, wo sie elend erstickten.

Nach etwa einer Woche wurde der größte Teil unseres Transportes ins große Lager verlegt (meist sogenannte Volksdeutsche); uns, die wir in der Hölle bleiben mußten, erklärte der Kommandant mit höhnischem Grinsen: «Ihr müßt hier alle verrecken.» Wir wurden nun in Hundertschaften eingeteilt und mußten in dieser Formation zum Appell antreten, der oft den ganzen Tag dauerte. Wer sich rührte, wurde erschlagen oder solange mit Knüppeln bearbeitet, bis er ohnmächtig niedersank. 487 Polen verblieben im kleinen Lager.

Fast täglich kam der Lagerführer Rödl mit seinen Trabanten zu uns, wobei er stets den «Bock» mitbrachte. Wahllos wurden Kameraden herausgegriffen, auf den Bock geschnallt und solange gepeitscht, bis das Fleisch in Fetzen abfiel; wenn ein SS-Henker müde war, wurde er von einem anderen abgelöst.

Als Verpflegung erhielten wir zuerst einen eiskalten Kaffee nach mehrstündigem Stehen auf dem Appellplatz. Das Mittagsessen wurde bereits um 9 Uhr morgens ins Lager gebracht, aber erst nachmittags, natürlich vollkommen kalt, ausgegeben. Jeder erhielt nur $^{3}/_{4}$ Liter, Löffel gab es nicht. Abends gab es dann ein Stück trockenes Brot. Dazu kamen jede Woche etwa 2–3 Fasttage. Wenn sich nur einer beim Appell rührte oder vor Schwäche umsank, hieß es gleich: «Heute gibt es nichts zu fressen!» – und unser Essen wanderte in den Schweinestall. Im November gab es für uns insgesamt 17 Hungertage!

Am 14. November wurden 120 Polen aus dem kleinen Lager in den Steinbruch geschleift! Der größte Teil wurde gleich im Steinbruch erschlagen, nur wenige kamen, aus vielen Wunden blutend, abends zurück.

Am 16. Dezember wurden wir entlaust, da Millionen von Läusen unsere ausgemergelten Körper infolge mangelnder Waschgelegenheit peinigten. Bei 18 Grad Kälte mußten wir uns auf dem Appellplatz ausziehen, gingen dann nackt zum Bad und ebenso wieder zurück; allerdings nicht alle kamen zurück, mancher blieb tot im Bad oder starb auf dem Weg. Auf dem Appellplatz bekamen wir leichte Sommerkleidung. Während wir im Bad waren, wurden unsere Schlafkojen «gereinigt»; das geschah dadurch, daß man einfach Wasser über die Bretter goß, das bei der starken Kälte natürlich sofort gefror. Als wir in unsere Zelte zurückgingen, waren alle Schlafstellen mit einer dicken Eiskruste überzogen. Am nächsten Morgen lagen 67 Tote auf dem Appellplatz.

Durch alle diese unsäglichen Quälereien und die Aushungerung begann die Ruhr unter uns zu wüten. Jeder Tag forderte neue Opfer, die morgens in Reih und Glied neben die Zelte gelegt werden mußten. Während zu Beginn des Lagers die vier Zelte überfüllt waren, waren wir bis Ende Dezember so dezimiert, daß alle Insassen des Lagers nur noch ein halbes Zelt füllten.

Ende Dezember kam aus dem großen Lager ein bekannter oberschlesischer Freiheitkämpfer Wawrzyniak, Gärtner aus Nowy-Bytom, zu uns. Der Mörder Blank rief ihn zu sich und sagte ihm, er solle sich aufhängen, da es keinen Ausweg für ihn mehr gebe. Der Kamerad tat es nicht, am nächsten Tag wurde er Blank geholt, der ihn mit einer Spritze ermordete.

Zur gleichen Zeit wurde ein sogenanntes Krankenrevier mit 2 eisernen Pritschen eingerichtet. Wer nicht nach 3 Tagen tot war, wurde auf die Straße geworfen, wo er als Kranker nicht lange mehr am Leben bleiben konnte.

Mitte Januar 1940 begann auf Drängen der Häftlingspfleger im Krankenbau die Räumung des Lagers, die aber von der SS solange hinausgezögert wurde, daß erst Ende Februar die letzten 110 Polen und Juden das Lager verlassen konnten. Wir kamen zu unseren Kameraden im großen Lager, wo uns neue Leiden erwarteten.

Bronislaw Szeja, Kollowitz
Teodor Miklasinski, Praszka

117. Das «Zeltlager»

Im Sommer 1944 waren sämtliche Blöcke des KL Buchenwald überfüllt, und 2000 aus Compiègne eintreffende französische Häftlinge mußten auf einem leeren, von Stacheldraht eingezäunten Platz untergebracht werden. Nach 2 Tagen stellte die SS 5 Zelte mit einem Fassungsraum von je 200 Mann zur Verfügung, damit betrachtete sich die Verwaltung sämtlicher weiteren Pflichten enthoben. In dem sogenannten Zeltlager fehlten Liegestätten, Dekken, Sitzgelegenheiten, jegliches Wasser zum Trinken oder Waschen, Wäsche, die notwendigsten Kleidungsstücke, Latrinen, jegliche Entwässerung, Medikamente, Eßgeschirr, Löffel – kurz, die primitivsten Lebensbedingungen. Vom ersten Tag an stand das Gespenst einer Epidemie über dem Zeltlager. Die Häftlingslagerleitung suchte darum fieberhaft, die Lebensbedingungen im Zeltlager erträglicher zu gestalten. Mit aus den SS-Magazinen gestohlenem Material wurden in illegaler Arbeitsleistung eine Wasserleitung, Latrinen, Kanalisation und ein Brotmagazin gebaut; ebenso wurden Decken, Eßgeschirr, Löffel von überall herangetragen. Ambulanzen begannen zu arbeiten, Abflußgräben wurden gezogen, der Appellplatz im Zeltlager gepflastert, das ganze Gelände immer wieder mit Chlorkalk bestreut.

Bewährte Häftlinge aller Nationen wurden von der Häftlings-Lagerleitung als «Stubendienste» in das Zeltlager geschickt. Ihre Aufgabe war:

1. Die Verteilung der Lebensmittel und die bei hochsommerlicher Hitze ungemein schwierigere des Kaffees und Trinkwassers.

2. Die Organisation der dringendsten hygienischen Einrichtungen, wie Säuberung des Geländes, der Latrinen, Ausnützung der Wasch- und Desinfektionsmöglichkeiten, Läusekontrollen u. a. sowie Organisation der dringendsten Arbeiten an Entwässerung, Pflasterung usw.;

3. Organisation und Durchführung der raschesten Erfassung und Abwicklung des Abtransportes der Häftlinge in die meist noch erträglicheren Bedingungen der Nebenlager;

4. Feststellung und Unterstützung der antifaschistischen Kämpfer, ihre Überführung in das große Lager oder die Zusammenfassung der Besten davon als Häftlingslagerleitungen für die Nebenlager bzw. ihre Weiterempfehlung an die bereits bestehenden antifaschistischen Häftlingslagerleitungen, Feststellung der Nazispitzel, Gestapoagenten und der Häftlinge, die sich in anderen Lagern zu Mordwerkzeugen der SS gemacht hatten.

Durch das Zeltlager gingen einige zehntausend Häftlinge aller Nationalitäten Europas sowie amerikanische, englische und polnische Kriegsgefangene, Soldaten und Offiziere. Der Stand betrug bald nach der Eröffnung 7–8000 Häftlinge; darunter befanden sich zahlreiche Kinder von 3 Jahren aufwärts. Schlecht gekleidet, mangelhaft genährt, die meisten ohne Decken, bei glühender Hitze ohne Wasser zum Trinken oder Waschen (Wasser floß anfangs nach Fertigstellung der Leitung nur Sonntag vormittags, später bis zu einer Stunde täglich), oder bei wochenlang strömendem Regen im aufgeweichten Lehmboden versinkend, viele barfuß in ungenügender, zerrissener Kleidung, so vegetierten die Armen. Viele der Stubendienste brachen nach kurzer Zeit körperlich zusammen.

Wenn Typhus-, Ruhr- und Fleckfieberepidemien eingedämmt werden konnten und nicht auf das Gesamtlager und die umliegenden Dörfer und Städte übergriffen, wenn die Zahl der Toten gering blieb, gemessen an den unbeschreiblichen Verhältnissen, war es das ausschließliche Verdienst der Häftlingslagerleitung und der Tausenden von antifaschistischen Kämpfern, die durch das Zeltlager durchgingen und in vorbildlicher Disziplin mit den Lagerfunktionären zusammenarbeiteten.

Die fünf Zelte wurden Ende August durch eine aus zusammengestohlenen Brettern hergestellte Baracke ergänzt und im Herbst durch die neben den Zelten erbauten Blocks 65, 66 und 67 ersetzt. Die Zelte wurden allmählich abgerissen. Das letzte verschwand anfangs Januar 1945.

Kurt Mellach
Paul Springer, Wien

118. Kinder im Buchenwalder Konzentrationslager

Es ist das beklagenswerte Schicksal der Kinder unserer Tage, daß sie alle die Schrecknisse dieser Zeiten mitmachen müssen. Viele Tausende Kinder samt ihren Eltern wurden in deutsche Konzentrationslager verschleppt, wo sie vieles erlebten, was Kindern anderer Zeitalter unbekannt war.

Aus den Berichten der Kinder ist zu entnehmen, daß ihr schmerzlichtes Grunderlebnis die Trennung von ihrer Mutter war, und das traurigste Ereignis für manche die Ermordung ihrer Väter vor ihren eigenen Augen. Viele wissen darüber zu berichten, daß ihre Mütter und Geschwister in den Gaskammern von Auschwitz ihr Ende fanden, daß sie eltern- und heimatslos geworden sind. Über ihre Erlebnisse erzählen sie sachlich und genau und bemerken dabei, daß das Schlimmste ihnen nicht in Buchenwald passierte. Hier gab es Blöcke (z. B. Bl. 8), wo eine Anzahl von ihnen unter Aufsicht und Leitung der Häftlinge Unterricht genossen. Das Ärgste war, besonders für die jüdischen Kinder, die überwiegende Mehrzahl des Lagers, die letzte Periode unmittelbar vor der Befreiung. Sie erzählen, daß sie aus den evakuierten Lagern unter den ungünstigsten Umständen hier eintrafen und in überfüllten Baracken untergebracht wurden. Als das Lagerkommando die jüdischen Häftlinge des Lagers entfernen wollte, überkam sie ein Panikgefühl. Viele versteckten sich in Kanälen, wo sie tagelang Entbehrungen litten.

Die psychische Reaktion der Kinder auf ihre Lagererlebnisse ist verschieden, je nach ihrer psychischen Konstellation. Das eine sagt: «Ich werde es nie vergessen, und ich werde die Faschisten mein ganzes Leben lang hassen.» Ein anderes sagt: «Während eines Jahres habe ich Böses geträumt, doch wenn mich einmal meine Mutter aufweckt und mir zuruft: Guten Morgen, mein Sohn! dann werde ich mich nicht mehr an das Böse erinnern.»

Aus den zahlreichen Kinderberichten, die uns vorliegen, geht eindeutig hervor, daß sie ihrem Schicksal ohnmächtig und fassungslos gegenüberstanden und das Unheimliche und Grausige dabei erlebten. Viele machen das rührende Gelöbnis für die Zukunft, gegen den Faschismus und die faschistischen Peiniger zu kämpfen. Aber man hört – wenn auch vereinzelt – andere Stimmen, die keine Vergeltung wünschen und verkünden und die betonen: «Wir müssen unter allen Umständen zivilisierte Menschen bleiben, obgleich die Faschisten uns zu Tieren machen wollten.»

Die Anzahl der Kinderinsassen im Buchenwalder Konzentrationslager beziffert sich auf ca. 900. Die Altersstufe zwischen 14 und 18 Jahren macht ca. 85 % der Gesamtzahl der Kinder aus. Das jüngste, ein dreijähriges Kind, ist polnischer Nationalität.[2]

Mit der Befreiung hat sich die Lage der Kinder um vieles gebessert. Jetzt wohnen sie in hellen, bequemen, gut eingerichteten Räumlichkeiten unter Aufsicht von Ärzten und Pädagogen. Ihre Verköstigung ist aufgebessert, sie bekommen Liebesgaben von der amerikanischen Kommandantur. Ihr Gesundheitszustand ist im großen und ganzen zufriedenstellend, obzwar Vereinzelte an Tbc leiden.

Dr. Jonas Silber, Metz

119. Die ersten russischen Kriegsgefangenen im KL Buchenwald

Als Mitte Oktober 1941 bekannt wurde, daß die russischen Kriegsgefangenen ins Lager Buchenwald eingeliefert werden sollten, war das ganze Lager gespannt, was nun die SS machen werde, die eine ständige gemeine Hetze gegen die Russen betrieben hatte. Endlich an einem Sonnabend wurde nachmittags gemeldet: Die Russen kommen! – Fast der gesamte Kommandanturstab mit allen bekannten Henkern und Mördern, voran der berüchtigte Lagerführer Plaul, war am Lagereingang versammelt. Sie überschütteten die ankommenden Kriegsgefangenen mit Schimpfworten und Schmähungen. Die russischen Kriegsgefangenen kamen nach einem monatelangen Marsch von vielen 100 Kilometern, auf dem sie fast nichts zu essen erhielten, völlig erschöpft und zu Skeletten abgemagert, zerlumpt und zerfetzt ins Lager. Wie viele unterwegs auf der Strecke blieben, weiß ich nicht – aber nach Aussage der Ankommenden waren es sehr, sehr viele.

Ein Teil der Kameraden kam tot oder sterbend durchs Tor. Die Absicht der SS war es, uns vorzutäuschen, daß die Russen schlecht ernährt und gekleidet seien. Diesem Zweck diente auch gegenüber der deutschen Bevölkerung der monatelange Marsch quer durch Deutschland. – Aber bei uns Häftlingen trat das Gegenteil des von unseren Henkern gewünschten Erfolges ein. Sofort kam es zu einer spontanen Solidaritätsaktion aller Antifaschisten im Lager, wie sie in diesem Umfange bisher noch nie erlebt worden war. Jeder lief auf seinen Block, um Essen oder Zigaretten zu holen, viele gaben ihr letztes Stückchen Brot her.

Wenn die Lagerführer Florstedt und Plaul auch bei dieser Aktion einen Anlaß fanden, um gegen die von ihnen schwer gehaßten Roten vorzugehen, so nahmen die drei als Opfer ausersehenen antifaschistischen Blockältesten Karl Wabbel, Kurt Leonhardt und Josef Schuhbauer ihre Strafe in dem Bewußtsein entgegen, richtig gehandelt zu haben. Die 3 Blockältesten wurden abgelöst, erhielten von dem berüchtigten Henker Sommer 25 Hiebe mit dem Ochsenziemer und kamen in die Strafkompanie, wo sie im Steinbruch arbeiten mußten. Die Strafe wurde schon am nächsten Morgen, einem Sonntag, vollzogen, wobei der Verbrecher an das ganze Lager eine Ansprache hielt, in der er sagte, «daß die Herren von der roten Kategorie es bei der Ankunft für richtig befunden hätten, ihre Sympathie für die Bolschewiken zum Ausdruck zu bringen.»

Da sich aber fast das ganze Lager an dieser Solidaritätsaktion für die russischen Kriegsgefangenen beteiligt hatte, wurden alle Häftlinge mit einem Tag Essenentzug bestraft. Wenn bei anderen Anlässen die Strafen mit Haß und Verbitterung aufgenommen wurden, dann trug diesmal das ganze Lager die Strafe in dem Bewußtsein, antifaschistisch gehandelt zu haben!

Josef Schuhbauer, Ulm

120. Die illegale Organisation der Russen

Die ersten 3000 russischen Kriegsgefangenen trafen im September 1941 in Buchenwald ein. Erst im März 1942 kamen die ersten gefangenen Sowjetbürger, die mit Gewalt zu Arbeiten nach Deutschland verschleppt worden waren. Sie wurden unter verschiedenen Vorwänden inhaftiert: Der eine wegen Sabotage der Industrie, der andere wegen politischer Arbeit im Kriegsgefangenenlager, der größte Teil jedoch wegen Flucht aus den Kriegsgefangenenlagern, aus Fabriken, landwirtschaftlichen Betrieben usw. Die Fluchtversuche wurden in größeren oder auch kleineren Trupps durchgeführt, zuweilen auch von Bewaffneten.

In den Monaten März, April, Mai, Juni 1942 wurden mehr als 6000 Sowjetbürger eingeliefert. In der Regel brachte man sie als ausgemergelt und halbverhungerte Gestalten, die man monatelang auf den Landstraßen des Ostens herumschleppte, um sie dann dem deutschen Volk als asiatische Horden von unmenschlichem Aussehen zu präsentieren.

Besonders schwierig war die Lage der Kriegsgefangenen; der erste Trupp, 2500 Mann, kam aus dem Lager 310, der nächste von 2000 Mann aus dem Lager 307. Etwas später kamen im völlig erschöpften Zustande 4000 Mann aus der Ukraine. Von ihnen blieben allein auf der Strecke Weimar-Buchenwald 417 Mann tot liegen. Die politischen Häftlinge empfingen die Russen mit der größten Herzlichkeit, beschenkten sie mit Lebensmitteln, Rauchwaren usw., wofür das Lager mit drei Tagen Kostentzug bestraft wurde.

Die Kriegsgefangenen wurden durch einen Drahtzaun vom übrigen Lager isoliert und dieser mit einer Tafel «Kriegsgefangenen-Lager» versehen, um eventuellen Komplikationen wegen ihrer Unterbringung im Konzentrationslager zu begegnen.

Im Februar 1942 wurde ein großer Teil auf Transport nach Sachsenhausen verschickt, wo 4200 Mann zugrunde gingen. Am Ende des Jahres 1942 zählte man in Buchenwald nur noch 1200 Mann Kriegsgefangene, die übrigen waren teils erschlagen, teils an Hunger und Krankheiten gestorben. Ungefähr 100 Mann von ihnen waren in den berüchtigten «Block 46» eingeliefert worden. Sie erlitten durch medizinische Experimente einen qualvollen Tod. Im Krankenbau des Lagers wurden viele Kriegsgefangene durch Einspritzungen des SS-Banditen Eisele ermordet.

Die Karriere jedes Russen begann im Steinbruch, auch in anderen schweren Kommandos mußten sie arbeiten. Ja, es wurden sogar Zahlen für die in den einzelnen Kommandos zu liquidierenden Russen festgesetzt. Die Schwachen wurden auf Tragbahren zur Arbeit geschleppt, dort erschlagen und von der Arbeitstelle direkt ins Krematorium geschafft. Auch ärztliche Hilfe wurde ihnen, unbekümmert um ihre schrecklichen Wunden oder Krankheiten, zeitweise versagt.

In den ersten Russenbaracken gab es weder Tische noch Bänke, noch Betten. Man schlief auf dem nackten Boden, ohne Matratzen und Dekken. Die Russen arbeiteten zuweilen von 4 Uhr morgens bis 8 Uhr abends und dies bei einer Tagesration von 150 Gramm und 3/4 Liter dünner Suppe.

Umbarmherzig schlug man die Russen. Die SS fand dabei in den «Grünen» (Verbrecher) willige Helfer. So hat z. B. der kriminelle Mörder und Sadist Mückenheim – Kapo eines Schachtkommandos – allein 47 Russen auf dem Gewissen. Ein Blockältester erschlug einen Russen, der wegen Durchfall den Gang verunreinigte. Unzählige solcher Fälle könnten noch aufgezählt werden.

Man bekleidete die Russen in Drillichzeug, oft fehlte die Kopfbedeckung. Das Schuhwerk bestand in Holzschuhen, sogenannten «Holländern», die scharfe Kanten hatten, so daß schon nach wenigen Stunden die Knöchel und Fersen blutig gelaufen waren.

Die Situation für politische Arbeit im Lager war selbstverständlich äußerst gefährlich. Für jedes gegen den Faschismus gerichtete Wort stand doch die Todesstrafe. Im Sommer 1942 wurde unsere illegale politische Organisation geboren. Sie formte sich in Tagen, in denen von Politik nur von Ohr zu Ohr geflüstert werden konnte. Nicht jeder konnte sich in jenen gefährlichen Tagen an solch eine gefahrvolle und schwierige Arbeit heranwagen.

Die ersten Schritte taten drei Mann: Wassilij Azarow, Adam Astachow und Wladimir Orlow, das Netz dieses Zentrums wurde dann auf 10 weitere Personen ausgedehnt. In ihrem Entwicklungsprozeß durchschritt die Organisation mehrere Etappen.

In der ersten Zeit waren es Aufgaben der Fürsorge: Hilfe für Kameraden, Kostaufbesserung, Schonung, Empfehlungen an Kommandos zwecks Schonung unserer besten Kameraden und ihre Bewahrung als Kampfeinheit für die Zukunft. Die zweite Arbeit war der Zusammenschluß der Russen, Hebung des Sowjetgeistes und Entladen der bei den russischen Kameraden der gedeihlichen Zusammenarbeit entgegenwirkenden stickigen Atmosphäre, Befestigen der internationalen Freundschaft zu den übrigen Völkern, durch ordentliche persönliche Führung und Haltung das wahre Gesicht des Sowjetmenschen zu zeigen, dem Auslande die Wahrheit über unseren Sowjetstaat zu vermitteln. Zu diesem Zweck wurden Schriften verfaßt und unter Russen und Nichtrussen verbreitet. Auf dem Gebiet der Rüstungssabotage ist Wertvolles geleistet worden.

Im Mai 1943 wurde das politische Zentrum um 2 weitere Mitglieder ergänzt: Wassilij Schuk und Gregor Kradmanen. In dieser Zeit hatte die Organisation eine ganze Reihe neuer Fragen aufgerollt: Herstellung der Beziehung zu den Außenkommandos, kulturelle Massenarbeit und antifaschistische Aktionen gemeinsam mit den übrigen Nationen. Für die Verbindung mit den außerhalb des Lagers arbeitenden Kameraden wurden Verantwortliche bestimmt, die bei allen Transporten ausgesuchte Leute mit speziellen Aufgaben mitschickten. Die Grundlage unserer kulturellen Veranstaltungen bildeten Konzerte rein sowjetischer Prägung. Auch an allgemeinen internationalen Konzerten beteiligten sich russische Kameraden. Auf diesem Gebiete erzielten die Russen große Erfolge, wodurch sich ihr Prestige im Lager wesentlich erhöhte. Mit dem internationalen Zentrum hielten wir über einen tschechischen Kameraden dauernd Kontakt. In dieser Zeit vollzog unsere Organisation den Zusammenschluß großer Teile der Sowjetbürger und Kriegsgefangenen.

Am 12. März 1945 versammelt sich im Block 7 das russische Aktiv. Es stellte einen konkreten Plan für die Arbeit der allernächsten Zeit auf. Während dieser Beratungen suchte die Gestapo fieberhaft die Fäden zur illegalen Organisation im Lager, jedoch vergeblich. In dieser Sitzung wurde ein neues politisches Zentrum gewählt, das mit voller Kraft an die Bewältigung der neuen Aufgaben schritt.

[ohne Unterschrift]

121. Ukrainer und Russen im KL Buchenwald

Nach der Besetzung der Ukraine durch nazistische Truppen wurden viele ukrainische Männer und Frauen nach Deutschland zur Zwangsarbeit verschleppt. Allerdings ging ein Teil von ihnen auch freiwillig, weil eine gewisse nationalistische Propaganda von bürgerlichen Ukrainern, die zusammen mit der Naziarmee in die Ukraine gekommen waren, besonders auf dem flachen Lande eine Wirkung hatte. Manche Ukrainer glaubten mit Hilfe des deutschen Faschismus eine selbständige Ukraine aufrichten zu können.

Als daher in den Kriegsgefangenenlagern von den SS-Banditen Helfershelfer gegen die russischen Truppen gesucht wurden, meldeten sich neben Georgiern und Tartaren vor allem ukrainische Soldaten. Diese wurden in Gruppen zusammengezogen und in verschiedene Konzentrationslager gebracht, wo sie ideologisch und preußisch militärisch gedrillt wurden. Auch in Buchenwald waren etwa 400 «Freiwillige» für den Kampf gegen die Sowjets.

Sehr bald merkten aber die Ukrainer, daß die Nazis gar nicht daran dachten, ihnen zu helfen, sondern daß es dem deutschen Faschismus ausschließlich darauf ankam, die ukrainischen Bodenschätze und Arbeitskräfte im Interesse der deutschen Kriegsführung bis zum äußersten auszubeuten und auszusaugen. Die Flucht ukrainischer Arbeiter aus deutschen Betrieben nahm immer mehr zu. Die wiederergriffenen Flüchtlinge wurden aber nicht in ihre Betriebe, sondern ins Konzentrationslager gebracht.

Bei der Aufnahme dieser Häftlinge zeigte sich nun ein merkwürdiger Vorgang. Wenn die Ukrainer ins Lager kamen, hatten sie natürlich noch keine Ahnung von den Verhältnissen, die in Buchenwald herrschten. Da sie bei den Aufnahmeformalitäten nur von SS-Leuten und deutschen Häftlingen etwas sahen, glaubten sie ihre Lage dadurch zu erleichtern, daß sie sich als nationale Ukrainer ausgaben und jeden Zusammenhang mit der Sowjetunion energisch abstritten. Waren sie dann einige Tage im Lager und merkten, daß die Sympathien aller Häftlinge auf Seiten der Alliierten, d. h. auf der Sowjetunion waren, dann erklärten sie sich als überzeugte Sowjetbürger, Kommunisten oder Komsomolzen. Selbstverständlich stand das ganze Lager ihnen gerade wegen dieser raschen Gesinnungsänderung mit besonderem Mißtrauen gegenüber, umso mehr, weil bei den in ihren Effekten vorgefundenen Papieren sehr häufig eine Spitzeltätigkeit oder andere aktive Hilfe für die Nazis ersichtlich war. In späterer Zeit kamen nicht wenige von ihnen, die sogar deutsche Auszeichnungen für die Ermordung russischer Soldaten erhalten hatten. Es gab eine spezielle Verleihung von Orden für Russen oder Ukrainer, die sie nach der nachgewiesenen Ermordung von je 25 Rotarmisten erhielten. Es gab unter den Ukrainern solche, die diesen Orden dreimal (!) erhalten hatten.

Das Mißtrauen der Häftlinge gegenüber den Ukrainern erwies sich in den meisten Fällen als nur zu berechtigt. Da sie infolge ihrer Vergangenheit keine Unterstützung erhielten, wurden die Ukrainer in außerordentlich vielen Fällen zu Dieben, sei es bei ihren Kameraden im Block oder in der Küche bzw. im Lebensmittelmagazin. Sie organisierten sogar Diebesbanden, die mit verteilten Rollen Raubzüge im Lager durchführten. Am schlimmsten war es in der letzten Zeit, wo sie die Portionsholer der einzelnen Blöcke überfielen, Portionen raubten und damit auch Hunderte von Kameraden um das bißchen Essen brachten.

Ganz im Gegensatz zu diesen Elementen standen die russischen Kameraden des Lagers, insbesondere die Kriegsgefangenen. Die kriegsgefangenen Soldaten, die vor allen Dingen in der ersten Zeit vollkommen verhungert und entkräftet nach Buchenwald kamen, haben trotz ihrer schrecklichen Leiden sich in vorbildlicher Weise diszipliniert und kameradschaftlich benommen. Das ist umso bewundernswerter, weil sie im Anfang furchtbare Leiden auszustehen hatten, von SS-Banditen ständig getreten und geprügelt wurden, von kriminellen Häftlingen, die von der SS als «Russenkapos» eingesetzt [waren,] mit brutalsten Mißhandlungen oft zu Tode gequält wurden, und weil ständig über ihnen das Todesgespenst der Exekution im Pferdestall schwebte. Trotz aller dieser Leiden und Martern haben die russischen Kriegsgefangenen sich vom ersten Tage an kameradschaftlich organisiert und durch ihr einwandfreies Verhalten die Sympathien aller Antifaschisten des Lagers erworben. Kameradschaftsdiebstahl oder gar Raubzüge gab es bei ihnen niemals.

Als dann im Jahre 1943 auch russische Zivilarbeiter, die von ihren Arbeitsplätzen geflüchtet waren, ins Lager eingeliefert wurden, hatten sie sofort einen starken Rückhalt bei den schon länger im Lager befindlichen Kriegsgefangenen. Die russischen Zivilhäftlinge versuchten immer und immer wieder, die ukrainischen Häftlinge ideologisch zu bearbeiten und materiell zu unterstützen, um das schlechte Bild, das jeder Häftling von den Ukrainern haben müßte, zu verbessern. Das ist aber nur in wenigen Fällen gelungen. Die russischen Zivilhäftlinge haben sich – von einer Reihe unsauberer Elemente abgesehen – vorteilhaft von den ukrainischen Häftlingen unterschieden.

Auch nach der Befreiung des Lagers zeigte sich dasselbe Bild: Auf der einen Seite Disziplin und Ordnung, auf der anderen Plünderer und Diebe. Der ideologische Einfluß, der von ausländischen Kameraden zur Verbesserung der Verhältnisse unternommen wurde, war leider nur in wenigen Fällen wirksam.

Walter Bartel, Berlin

122. Greuel gegen russische Häftlinge

Besonders unerträgliche Verhältnisse von seiten der SS wurden für die russischen Häftlinge geschaffen. Der erste Transport russischer Häftlinge von fast 300 Mann kam im Mai 1942 in Buchenwald an. Später kamen weitere Häftlinge in größeren und kleineren Gruppen. Die Ursachen ihrer Verhaftung waren verschiedene: Bolschewistische Propaganda, Sabotage in den Betrieben; die größte Zahl der Häftlinge wurde eingeliefert wegen Flucht aus Kriegsgefangenenlagern, Rüstungsbetrieben, Eisenbahnbetrieben und landwirtschaftlichen Betrieben.

Als im Sommer 1942 russische Häftlinge in sehr großer Anzahl eingeliefert wurden, setzte die SS sie in den schwierigsten Kommandos ein, wie X-Kommando, Steinbruch usw. Die Bekleidungskammer hatte von der SS eine Sonderanweisung erhalten, daß an die russischen Häftlinge keine Winterkleidung ausgegeben werden dürfe. Als Schuhwerk wurden nur holländische Holzschuhe ausgegeben, die bald die Füße blutig rieben und unerträgliche Schmerzen verursachten.

Als im Winter 1943 zum ersten Mal eine große Anzahl russischer Häftlinge im Kommando X eingesetzt wurde, fehlte es an der notwendigen Anzahl von Werkzeugen. Darum ließ die SS viele Häftlinge mit den bloßen Händen Steine aus Wassergräben herausholen und sie auf großen Haufen aufschichten. Wenn mehrere solcher Haufen fertig waren, mußten die Häftlinge Steine auf einen anderen Ort tragen.

Besonders schwer war die Arbeit im Steinbruch. Dort mußten die Häftlinge mit Steinen hoch beladene Loren eine steile Rampe hinauffahren. Vor jede Lore wurden mittels einer langen eisernen Kette und Querbalken eine Anzahl Häftlinge gespannt, die die mehrere Tonnen wiegenden Loren fast im Laufschritt die steile Rampe hinaufziehen mußten. Fiel einer der Häftlinge vor Schwäche um, dann wurde er von den SS-Leuten mit dicken Knüppeln geschlagen.

Wenn die Kommandos X und Steinbruch abends ins Lager zurückkehrten, mußten sie ihre Toten mitbringen und am Eingangstor vor dem Bunker zum Abzählen niederlegen.

Als tägliche Ration bekamen die russischen Häftlinge Mitte 1942 150 Gramm Brot und 3/4 Liter Suppe; alle anderen Zulagen, die den nichtrussischen Häftlingen zustanden, wurden ihnen vorenthalten.

Wurde jemand krank, so mußte er vor der Untersuchung im Revier vor dem Arbeitsdienstführer erscheinen, der willkürlich die Krankheitsgründe anerkannte oder ablehnte.

Während der Arbeit wurden die Häftlinge mit Knüppeln angetrieben. Den Kapos und Vorarbeitern wurde von der SS gesagt: «Die bolschewistischen Schweine dürfen nur arbeiten und sterben.»

Die Sterblichkeitsziffer 1942 unter den russischen Häftlingen betrug 40 bis 50 monatlich.

Diese brutale Behandlung der russischen Häftlinge erweckte bei ihnen Kampfeswillen. Sie schlossen sich illegal zu einer Widerstandsorganisation zusammen, die sie in der Folge so ausbauten, daß sie in der Lage war, am 11.4.45 die russischen Häftlinge zur Durchbrechung des Drahtzaunes und zum Kampf gegen die SS zu führen.

Komitee der russischen Häftlinge
im KL Buchenwald

123. Tätigkeit der Tschechoslowaken in Buchenwald

Wenn die amerikanische Truppen bei ihrem Eintreffen in Buchenwald 5000 sterbende Menschen angetroffen haben, so ist das bei den bekannten Nazimethoden keine Sensation. Bewundernswert ist, daß es gelang, 21389 Menschen den Klauen der SS zu entreißen und vor der Evakuation, d.h. dem wahrscheinlichen Tod zu retten. (Leider ist dies von der alliierten Propaganda bisher nicht erwähnt worden.) Ebenso bewundernswert ist es, daß sofort nach der Flucht die Nationalkomitees gemeinsam das Lager übernahmen, für Ruhe und Disziplin sorgten und bewaffnet nach außen schützten. Dies war kein Zufall, sondern ist das Ergebnis jahrelanger illegaler Arbeit der Nationalkomitees in Buchenwald. Hier soll nur die Tätigkeit des Nationalkomitees der Tschechoslowaken im KL Buchenwald behandelt werden.

Da schon seit 1939 in ständig zunehmenden Maße – zuerst tschechoslowakische Juden, dann Antifaschisten, und schließlich tschechoslowakische Bürger aller Art – der tschechische Sektor im Lager stark vertreten war, bildete sich schon früh eine Zusammenarbeit mit den deutschen Antifaschisten heraus. Wir hatten dabei das Bestreben, in alle Zweige der Häftlingslagerleitung zu kommen, was uns auch mit Hilfe der deutschen Kameraden in jeder Weise gelungen ist. Wir hatten nicht nur tschechoslowakische Antifaschisten einfach in der Schreibstube und Arbeitsstatistik – den beiden entscheidenden Stellen für das Lagersitzen –, sondern der ganze Arbeitseinsatz für das Lager Buchenwald sowie die Transportabteilung standen unter der Leitung tschechischer Kameraden.

Ebenso waren zahlreiche Tschechoslowaken in der Politischen Abteilung tätig, vor allem als Dolmetscher bei der Aufnahme neuzugangener Häftlinge. (Über unsere Arbeit bei den Zugängen berichten wir weiter unten.)

Während es schon tschechoslowakische Kameraden als Stubendienste in sehr vielen Blöcken gab, war es erst in letzter Zeit möglich, gegenüber der SS-Lagerführung tschechische Kameraden als Blockälteste durchzusetzen; es gelang dem Lagerältesten Hans Eiden, die Blöcke 51 und 66 mit tschechischen Blockältesten zu besetzen. Ebenso waren im Lagerschutz und in der Lagerfeuerwehr unsere Landsleute vertreten. Auch in allen Kammern und Lagerwerkstätten saßen tschechische Häftlinge, was besonders für die Unterstützung der Kameraden von großer Bedeutung war.

Ganz besonders wichtig war für uns unsere Zusammenarbeit mit dem Häftlingskrankenbau. Hier haben vor allem die deutschen Antifaschisten Ernst Busse und Otto Kipp auch in schwerster Zeit stets die Linie der internationalen Solidarität eingehalten. Nicht nur daß unseren kranken Kameraden in großzügigster Weise geholfen wurde, viel wichtiger war es noch, gefährdete Kameraden, die von der SS mit dem Tod bedroht waren, dadurch zu retten, daß sie im Krankenbau untertauchten und entweder nicht transportfähig geschrieben wurden oder gar ihren Namen mit einem Gestorbenen umtauschten und somit selbst für die SS gestorben waren. Auch Blockschonung wurde in freigebiger Art gegeben einmal für wirklich Schonungsbedürftige, aber auch für Kameraden, die bestimmte politische Arbeiten zu leisten hatten und darum zeitweise ihrem normalen Arbeitskommando entzogen werden mußten.

Wenn Neuzugänge ins Lager kamen – und in den letzten Monaten waren es oft mehrere Tausend an einem Tag –, dann versuchten wir sofort unsere Landsleute herauszufinden und mit ihnen Verbindung aufzunehmen. Das geschah schon während der Desinfektion, durch die alle Zugänge durchgeschleust wurden. Wir hatten tschechische Kameraden in diesem Kommando, die mit tschechischen Neuzugängen Gespräche anknüpften und sie nach dem Grund ihrer Verhaftung fragten. Das war sehr wichtig. Denn mancher gab sich in der Desinfektion, wo er vom Lager noch nicht viel wissen konnte, noch als Nazifreund aus, während er am Ende der Zugangprozedur, nachdem er schon den Buchenwalder Wind gespürt hatte, bereits als überzeugter Kommunist auftrat. Diese Leute wurden natürlich mit besonderer Vorsicht behandelt.

Nach dem Bad ging es zur Bekleidungskammer, wo ebenfalls tschechische Kameraden die Möglichkeit zu Gesprächen hatten, und schließlich zur Effektenkammer, wo die Dolmetscher der Politischen Abteilung saßen, die jeden Neuzugang mit Personalien aufnahmen. Da diese Dolmetscher fast nur Tschechen waren, konnten sie sich eingehend mit jedem neugekommenen Tschechen befassen und uns wertvolle Aufschlüsse geben. Außerdem erhielt der Vertrauensmann des Nationalkomitees von ihnen eine Zugangsliste aller Tschechen. Da wir in sehr vielen Blöcken, besonders auf den sogenannten Zugangsblöcken tschechische Stubendienste hatten, die sich sofort um ihre Landsleute kümmerten, hatten wir fast stets schon nach kurzer Zeit ein ziemlich genaues Bild der tschechischen Zugänge. Außerdem erhielten wir von den Zugängen oft sehr wertvolle Informationen über die Lage in unserer Heimat, über die Zustände im Protektorat usw., so daß wir ziemlich gut über alles, was uns besonders interessierte, informiert waren.

Das Ergebnis dieser Feststellungen wurde unseren Kameraden der Arbeitsstatistik übermittelt, die dann die Zuteilung in die Kommandos je nach Eignung durchführten. Ein besonderes Augenmerk richteten wir dabei auf die Sabotage der Rüstungsarbeit, weil ja der größte Teil der Häftlinge in der deutschen Kriegsindustrie beschäftigt war. So wurde einmal ein ganzer Transport antifaschistischer Arbeiter der Skodawerke aus Pilsen in die Gustloffwerke geschickt, wo diese Kameraden gute Sabotage-Arbeit leisteten, indem sie z. B. bei bestimmten Produktionszweigen Hartmetall in Weichmetall umtauschten oder ungeschulten Kameraden solche Anweisungen gaben, daß die hergestellten Gegenstände unbrauchbar waren, ohne daß der Fehler sofort entdeckt werden konnte.

Auch die materielle Unterstützung spielte im Lager eine große Rolle. Wir Tschechen bekamen bis zuletzt noch zahlreiche Pakete aus der Heimat – fast als einzige Gruppe in Buchenwald –, mit denen wir nicht nur mittellose und kranke tschechische Kameraden oder die vielen tschechischen Kinder unterstützten, sondern darüber hinaus auch mittellose Kameraden anderer Nationalitäten. Insbesondere wurden die russischen Kriegsgefangenen und die Kinder im Block 8 regelmäßig von uns unterstützt. Auch warme Kleidungsstücke wurden auf diese Weise verteilt, außerdem erhielten die tschechischen Antifaschisten regelmäßig, auch außer der normalen Zuteilung, Zigaretten.

Die Leitung und Durchführung dieser Aufgaben lag in den Händen des tschechoslowakischen Komitees, das sich aus folgenden Kameraden zusammensetzte: Hršel (Vorsitzender), Tymeš, Holeček, Dr. Dufek, Dr. Neumann, Dr. Polansky, Frank[3] und Priester. Neumann, Frank und Priester wurden unsere Vertreter im Lagerkomitee, weil sie schon in der Illegalität die Verbindung mit den anderen Nationalitäten aufrechterhalten hatten.

Das Komitee hatte aber auch politische und in der letzten Zeit militärische Aufgaben. Wir kamen in kleinen Gruppen zusammen, besprachen die politischen und militärischen Tagesereignisse. Daß wir nicht nur auf deutsche Nachrichten angewiesen waren, sondern regelmäßig mit den Nachrichten ausländischer Sender versorgt wurden, verdanken wir in erster Linie unserem Kameraden Jonas. Die Schaffung unserer nationalen Einheit durch den Nationalrat in London [April 3, 1945] gab unserer Arbeit in Buchenwald einen besonderen Impuls und führte eigentlich zur Schaffung des oben genannten Nationalkomitees, das nach Befreiung durch die amerikanische Armee in einer Versammlung aller tschechischen Häftlinge Buchenwalds einstimmig in seinem Amt bestätigt wurde.

Unsere militärische Vorbereitung auf die endgültige Auseinandersetzung mit den Buchenwalder SS-Mördern mußte natürlich streng illegal vor sich gehen. Selbst zuverlässige Antifaschisten, die aber nicht beim Militär gedient hatten und darum für diese Aufgabe nicht geeignet waren, erfuhren nichts davon. Am Befreiungstage, am 11. April 1945, hatten wir 100 Mann der tschechoslowakischen Brigade und 2 Sanitätsgruppen. An Waffen besaßen wir 2 schwere Maschinengewehre, 4 automatische Gewehre, zahlreiche andere Gewehre und einige Handgranaten. Leider war bei dem Bombardement vom 24. 8. 44 ein illegales Lager mit 100 Handgranaten getroffen worden und in die Luft gegangen.

Alle diese Arbeiten, die selbstverständlich nur kurz geschildert werden konnten, waren die Voraussetzung für unseren Erfolg am 11. 4. 45. Selbstverständlich waren manche über das Ergebnis unserer illegalen Arbeit überrascht; hatten sie sich doch jahrelang nicht um antifaschistische Arbeit, sondern nur um ihren eigenen Magen gekümmert. Wir sind der Auffassung, daß diese Leute sich auch weiterhin nur mit ihren Privatinteressen beschäftigen sollen.

Aber wir tschechoslowakischen Antifaschisten, die wir uns jahrelang aus unserer oft gefährlichen und schweren Arbeit im Kampf gegen den gemeinsamen Feind genau kennengelernt haben, sind fest davon überzeugt, daß diese Zusammenarbeit in der Legalität genauso gut und reibungslos vor sich gehen wird, wie es in der Illegalität geschah.

Nationalkomitee der Tschechoslowaken

124. Bericht des Niederländischen Komitees

Die Tatsache, daß beim Anmarsch der amerikanischen Truppen im Lager Buchenwald kein Chaos angetroffen wurde und die Insassen des Lagers zu einer internationalen Organisation der antifaschistischen Kräfte vereinigt waren, ist sicher bemerkenswert. Ebenso, daß man hier noch Leute antraf, die nach bis zu 12jähriger Haft in Nazi-Zuchthäusern und Konzentrationslagern unter den allerschwierigsten Bedingungen noch voller Energie und Lebensmut und Kampfeswillen waren.

Um diese erstaunliche Tatsache zu verstehen, ist es erforderlich, eine kurze Geschichte von der so überaus schweren und gefährlichen illegalen Arbeit und den langwierigen Vorbereitungen zu geben.

An diesen Vorarbeiten beteiligten sich die Aktivisten aller im Lager vertretenen Nationen. Diese Zusammenarbeit wäre jedoch nicht möglich gewesen ohne die nicht genügend zu lobende Pionierarbeit und die motorische Kraft der deutschen, antifaschistischen Kameraden, die sich bis zur letzten Stunde bewährte.

Es waren die Kameraden, welche schon vor 1933 gegen Hitler gekämpft und die nach seiner Machtübernahme auf Grund ihrer politischen Arbeit trotz aller Schrecken und Grausamkeiten des Naziterrors für ihre politische Überzeugung standen.

So wie in allen Lagern in Deutschland benutzte auch hier anfangs die SS die langjährig vorbestraften kriminellen Verbrecher als verlängerten Arm für ihre Schandtaten. Aus dieser Tatsache ergaben sich die unglaublichsten Zustände, wie sie auch jetzt noch in vielen anderen Lagern vorzufinden sind. Diebstähle, Schiebungen, Betrügereien, Erpressungen und Mißhandlungen, die selbst zu Morden führten, waren an der Tagesordnung und wurden von der SS nicht nur geduldet, sondern auch gewollt und gefördert. Die einzigen, die es wagten, unter Einsatz ihres Lebens den Kampf gegen diese Verbrechermethoden und Zustände aufzunehmen, waren die langjährig eingesperrten deutschen politischen Häftlinge, vornehmlich Kommunisten und Sozialisten. Durch die Initiative dieser politischen Häftlinge gelang es nach und nach, die wichtigsten Positionen im Lager an Stelle der kriminellen Verbrecher mit politischen, verantwortungsvollen Kräften zu besetzen. Nur so konnte die Bahn freigemacht werden für eine Solidarität, für gegenseitige Hilfe und für eine konspirative Zusammenarbeit mit den antifaschistischen Kräften aus allen Nationen.

Da die SS die Lagerangelegenheiten von sich aus nicht mehr zu meistern mochte, überließ sie mehr und mehr die Lagerordnung den Funktionskräften; dadurch war es möglich, in Bezug auf Verpflegung, Unterbringung, Krankenpflege und sanitäre Belange vieles für die Häftlinge zu erreichen. Viele Tausende verdanken dieser Taktik nicht nur ihre Gesundheit, sondern auch ihr Leben. Wie viele gefährdete Häftlinge, vornehmlich kriegsgefangene Russen und Engländer, wurden für einen verstorbenen Häftling als verstorben gemeldet und so vor dem Gehängt- oder Erschossenwerden bewahrt.

1941 wurden ca. 150 niederländische Geiseln hier eingeliefert, die jedoch auf Grund ihrer bevorzugten Behandlung wenig vom eigentlichen Lagerleben verspürten und nach kurzer Zeit wieder entlassen wurden.

Die im selben Jahr eingelieferten niederländischen Gauner wurden jedoch ins Häftlingslager gelegt und mußten mit den übrigen Häftlingen an dem harten Lagerleben teilnehmen. Im April 1942 kamen wiederum 300 Niederländer, worunter sich eine größere Anzahl Kommunisten befanden. Von dieser Gruppe kamen nach einigen Tagen 85 Mann nach dem Lager Groß-Rosen. Diese wurden dort restlos liquidiert.

In der ersten Zeit bestanden zwischen den verschiedenen politischen Gruppen der Niederländer gespannte Verhältnisse. Die ständigen Bemühungen der verantwortungsbewußten Kräfte der verschiedenen Gruppen führten nach und nach zu einer wesentlichen Besserung dieses Zustandes.

Die deutschen und österreichischen Häftlinge nahmen die Verbindung mit den Niederländern auf und zogen Seegers, Pieck und Schalker jun. zur Mitarbeit heran. Durch die Mitarbeit der drei Genannten wurde es möglich, eine größere Anzahl Niederländer auf besseren Arbeitsplätzen unterzubringen, wo diese wiederum viel Gutes für die übrigen holländischen Häftlinge zu leisten vermochten.

Unsere Tätigkeit bestand einerseits in einer Verbesserung der Lebensbedingungen im Lager und andererseits in einem ständigen Kampf gegen die chauvinistischen Elemente unter den Häftlingen, die die getroffenen Maßnahmen nicht verstanden und die Verdienste der deutschen Kommunisten zu schmälern versuchten. Es mußte immer wieder hervorgehoben werden, daß die deutschen Kommunisten schon vor ihrer langjährigen Haft gegen Hitler kämpften, lange schon, bevor die meisten Niederländer in Hitler und seinem Nationalsozialismus eine Gefahr erblickten, und daß man diese Deutschen niemals mit den Nationalsozialisten auf eine Stufe stellen dürfe. Die verständliche antideutsche Gesinnung eines großen Teiles der Niederländer umzuwandeln in eine antifaschistische, war eine unserer schwersten Aufgaben. Es gelang, im Juni 1944 durch die Bildung eines niederländischen Komitees unsere Arbeiten auf breiterer Grundlage weiterzuführen.

Das Komitee setzte sich zusammen aus Vertretern der Antirevolutionären Partei, der Freisinnigen Demokraten, der Katholiken, der Sozialdemokraten, der Kommunisten und Parteilosen. Im Lauf der Zeit beteiligten sich an den Arbeiten im Komitee: Kapitan Dr. van Lingen, Leutn. Ramshorst, Mr. Joukes sen. Ing., Joukes jun., Bürgermeister Ritmeester, Treurniet, Staal, Bouwman, Hemmerswaal [?], van Vuuren, Aalders, Pastor Sprenk, Varewijk, Seegers, Bestiansee, Haken und Pieck.

Neben den Bestrebungen auf Verbesserung der Lebenslage der Niederländer im Lager wurden jetzt auch die kommenden Aufgaben in den Niederlanden besprochen, um die hier geschaffene Einheit zum Nutzen unseres Volkes auszuwerten.

Nachdem in fast allen nationalen Gruppen derartige Komitees gebildet waren, fanden im Jahr 1944 die ersten illegalen Besprechungen von Vertretern dieser Nationen statt. Der Beginn dieser konspirativen Tätigkeit muß in der Geschichte Buchenwalds als ein historischer Moment angesehen werden.

Unter der Führung der deutschen Kameraden nahmen Vertreter von Frankreich, Österreich, Tschechoslowakei, Rußland und den Niederlanden an dieser ersten internationalen Besprechung teil. Aus konspirativen Gründen konnten nur wenige Mitglieder der Komitees eingeweiht werden. Nach dem Hinzutreten von Belgien, Spanien, Italien und Jugoslawien waren wir bald gezwungen, in einem West- und Ostsektor zusammenzukommen.

Besprechungen wurden hauptsächlich geführt über die politische und militärische Lage und über die besonderen Verhältnisse im Lager, wobei der illegale Empfang von Sendungen der verbündeten Nationen eine wichtige Rolle spielte. Die sich immer weiter zuspitzende Krisis in Deutschland und die besonderen Verhältnisse im Lager machten bald die Bildung eines militärischen Apparates erforderlich. Mit diesen Aufgaben wurden außerhalb der internationalen Komitees stehende Personen betraut. Für die Niederlande beteiligten sich Haken und van Lingen an diese Arbeiten. Um den illegalen Aufbau dieser militärischen Organisation gegenüber der SS zu tarnen, wurden Lagerschutz, Feuerwehr, Brandwachen, Bergungstrupps, Sanitätstrupps und Trägerkolonnen gebildet. Für die Leitung dieser Organisation im Einsatz wurde ein Unterstand bei Block 32 unter dem Vorwand eines Fliegerschutzes für Brandwachen usw. errichtet.

So war es möglich, stets im richtigen Augenblick die richtigen Maßnahmen zu treffen. Besonders erwähnt sei die Tatsache, daß es durch systematische Verzögerung der durch die SS geplanten Evakuierungsmaßnahmen gelang, Tausende vor der Verschleppung und einem ungewissen Schicksal zu retten, und daß es gelang, 46 politische Kameraden, darunter 5 Niederländer, die dem Henker übergeben werden sollten, im Lager zu verstecken und ihnen so das Leben zu erhalten.

Schließlich wurde der richtige Augenblick zum Losschlagen erkannt, um den anrückenden Amerikanern die ihnen zugedachte Hilfe zuteil werden zu lassen.

Aus all diesen Gründen fanden die amerikanischen Offiziere bei ihrem Eintreffen nicht nur das gesamte Lagerkomitee am Tor zu ihrem Empfang versammelt, sondern im Lager anstatt eines regellosen, desorganisierten Haufens eine wohlgeordnete Organisation und eine große Anzahl entschlossener und zielbewußter Kämpfer gegen Hitler, seine SS und das nationalsozialistische Verbrechertum.

Wir, als Vertreter verschiedener politischer Richtungen, erklären zum Bericht des niederländischen Komitees über die illegalen Vorbereitungen zur internationalen antifaschistischen Zusammenarbeit im Lager Buchenwald, daß dieser Bericht dem wirklichen Tatsachenverhalt entspricht und daß diese Zusammenarbeit aller politischen Richtungen aller Nationalitäten zu dem im Bericht genannten erfreulichen Resultat geführt hat.

gez. für d. Anti-Revolutionäre Partei
gez. Dr. D. van Lingen

f. d. Freisinnig-Demokrat. Partei
gez. G. Ritmeester

f. d. Sozial-Demokr.Arbeit.Part. i. N.
gez. A. Treurniet

f. d. Kommun. Part. i. N.
gez. L. Seegers

125. Jugoslawen im antifaschistischen Kampf

Wir Jugoslawen kamen als letzte Nation erst Ende 1943 und 1944 aus verschiedenen Konzentrationslagern in Italien und Gefängnissen Kroatiens nach Buchenwald. Als aktive antifaschistische Kämpfer waren die meisten von uns in ihrer Heimat festgenommen worden, und als solche hatten wir klare Begriffe von den politischen und organisatorischen Grundsätzen des antifaschistischen Kampfes. So waren wir schon größtenteils innerlich organisiert. Die deutschen Kameraden, als älteste Antifaschisten im Lager, die mit allen wesentlichen Lageraufgaben und Kampfmethoden besonders vertraut waren, haben uns in der internationalen antifaschistischen Front eingeschlossen. Sie waren die Initiatoren und Organisatoren dieses Kampfes.

Selbstverständlich haben aufrichtige und konsequente Antifaschisten aller Nationen sehr rasch diesen Kampf international zu führen verstanden. Sein Erfolg war nur möglich unter der Voraussetzung der Unterdrückung aller chauvinistischen Tendenzen. Die deutschen Kameraden ließen sich nicht von der SS gegen die Ausländer hetzen und die ausländischen Antifaschisten erlaubten keine politische Agitation gegen alle Deutschen, gleich ob sie Faschisten oder Antifaschisten waren. Einigkeit und Solidarität der Antifaschisten aller Nationen waren unsere Losung gegen alle Zersplitterungsversuche. Die chauvinistischen Elemente haben sich immer als bewußte oder unbewußte Helfer der SS-Politik (auch in der Kriegsproduktion) gezeigt.

Über die konkreten Kampfmethoden haben wir nichts zu sagen. Wir kannten schon den Faschismus, hier haben wir ihn noch besser kennengelernt. Es war uns nicht schwer, hier unter neuen Umständen des faschistischen Terrors schon vorhandene Kampfesmethoden anzunehmen und erfolgreich durchzuführen.

Die Erfüllung unserer militärischen Aufgabe (Durchbruch aus dem Lager und Entwaffnung der SS) durch die verschiedenen nationalen Einheiten bestätigt unser Axiom: nur ehrliche konsequente Antifaschisten, gesäubert von allen chauvinistischen nationalistischen Elementen, können die gemeinsame Aufgabe im Kampfe gegen den Faschismus mit vollem Erfolg lösen.

gez. Jugoslawisches Komitee

126. Vernichtung der Jugoslawen in Buchenwald

Die meisten Jugoslawen, die ins Lager Buchenwald kamen, sind durch die Mordmethoden der faschistischen Banditen vernichtet worden. Ich selbst kam am 17. 8. 41 mit 19 Kameraden ins Lager, von denen heute noch 7 leben. 1943 kamen 1600 Jugoslawen aus Italien, die dort als politische Gefangene saßen, nach Buchenwald. Von diesen gingen sofort 600 nach Dora und 320 nach Laura. Bis zum Sommer 1944 war schon über die Hälfte der Kameraden in Dora gestorben, später war eine Kontrolle nicht mehr möglich, weil das Lager vom KL Buchenwald abgetrennt wurde. Von den nach Laura überführten Kameraden lebten im Sommer 1944 nur noch 25, die in vollkommen verhungertem Zustande nach Buchenwald zurückkamen.

Ähnlich lag es bei den kriegsgefangenen Jugoslawen, die gegen jedes Völkerrecht ins Konzentrationslager gebracht wurden. 450 jugoslawische Kriegsgefangene wurden im Frühjahr 1944 mit Ausnahme von 3 Kameraden nach S III (Ohrdruf) überstellt. Als dieses Lager evakuiert und nach Buchenwald zurückgebracht wurde, lebten nur noch 26, von denen wegen Tbc und Unternährung sofort 16 in den Krankenbau aufgenommen werden mußten.

Schließlich kamen im Dezember 1944 250 Jugoslawen ebenfalls nach S III, von denen wir nie wieder etwas gehört haben.

Aber auch die Jugoslawen, die in Buchenwald blieben, hatten viel auszustehen. Wenn trotzdem von ihnen ein größerer Prozentsatz am Leben blieb, so ist das ausschließlich der antifaschistischen Kameradschaft deutscher Häftlinge zu danken, die unsere Landsleute im stärksten Maße geschützt haben. Leider konnten sie nicht verhindern, daß 2 jugoslawische Antifaschisten, die Brüder Lacen aus Vrevalde, gehängt wurden.

Viceslaw Figar, Kocepje

127. Der Kampf belgischer Antifaschisten in Buchenwald

Wir haben uns entschlossen, in diesem Bericht den antifaschistischen Kampf der Häftlinge in Buchenwald zu beschreiben, damit die ganze Welt unsere Tatkraft, Einigkeit, Kameradschaft und internationale Solidarität erkenne.

Auf das Lager Buchenwald drückte ständig der Schatten des Terrors der SS und Gestapo. Regelmäßig kamen die SS-Mörder ins Lager, was niemals ohne Quälereien und Prügeleien abging, ja vielfach zu Morden an Häftlingen führte. Die Gestapo wandte ihre übliche Methode an, indem sie Spitzel und Denunzianten, auch Provokateure ins Lager schickte. Dazu kamen die dauernden Strafen, Prügel, Strafexerzieren, Hungern, Erhängen, Erschießen. In dieser Atmosphäre schrecklichsten Terrors lebten wir und organisierten trotzdem unsere Abwehr. Außerordentliche Vorsichtsmaßnahmen waren notwendig, um nicht der SS in die Hände zu fallen und ein Opfer des Henkers zu werden.

Schon bald nach ihrer Ankunft schlossen sich die belgischen Kameraden zu einer geheimen Organisation zusammen und bildeten ein leitendes Komitee aus den besten Antifaschisten, die bereits im antifaschistischen Kampf in Belgien ihr Können und ihre Tapferkeit bewiesen hatten. Unsere Arbeit wurde uns wesentlich erleichtert, weil die meisten von uns sich bereits in Belgien unter der Devise «Nationaler Kampf gegen den Faschismus» kennengelernt hatten. Später traten wir dem internationalen Komitee aller Antifaschisten bei, in dem die Gruppen aller in Buchenwald befindlichen Nationen auf Initiative deutscher Antifaschisten zusammengefaßt waren.

Unsere Aufgabe unter den belgischen Häftlingen bestand im wesentlichen aus folgendem:

1. Solidarität und materielle Hilfeleistung. Bedürftige Kameraden wurden unterstützt mit Nahrung und Geld für Kantineneinkauf. Es gelang, gute Schuhe und Kleidung für bedürftige Kameraden zu organisieren. Die vom belgischen Roten Kreuz gesandten Pakete wurden gerecht unter alle verteilt, besonders jedoch an Kranke.

2. Krankenhilfe. Wir konnten eine Anzahl belgischer Kameraden als Pfleger im Krankenbau unterbringen. Sie stahlen zusammen mit deutschen Kameraden oft unter Lebensgefahr wertvolle Medikamente bei der SS. Unsere Kameraden entzogen viele gute belgische Antifaschisten der Transportuntersuchung durch den SS-Arzt und verhinderten dadurch ihre Verschickung in ein schlechtes Außenkommando.

3. Kulturelle Arbeit. Das internationale Komitee veranstaltete Sonntagskonzerte und Theatervorführungen, in denen durch entsprechende Darstellungen der antifaschistische Kampfgeist geweckt und gestärkt wurde. Auch sportliche Wettbewerbe wurden durchgeführt. An all diesen Veranstaltungen waren belgische Kameraden stets beteiligt. Weihnachten und Neujahr wurde in besonderen belgischen Feiern würdig begangen.

4. Besetzung von Lagerfunktionen. Im Jahre 1942 wurden die Kriminellen, die bis dahin die Lagerfunktionen innegehabt hatten, in einen heroischen Kampf von den deutschen Kommunisten gestürzt, wobei viele sehr gute Kommunisten sogar den Tod fanden. Die Besetzung der Lagerfunktionen mit deutschen Kommunisten wurde von diesen sofort dazu benutzt, ihre internationale Solidarität zu beweisen und antifaschistische Kameraden anderer Nationen zur engsten Mitarbeit heranzuziehen. Wir Belgier waren in allen Lagerkommandos mit Hilfe deutscher Kommunisten vertreten und hatten dadurch die Möglichkeit, unsere Landsleute viel besser wie bisher in jeder Weise zu unterstützen.

Unter den zahlreichen Beweisen internationaler Solidarität verdient einer besonders hervorgehoben zu werden. Drei belgische Kameraden waren von der SS zum Tode des Erhängens verurteilt worden. Mit Hilfe verantwortlicher deutscher Kameraden wurden sie in letzter Minute im Revier als gestorben gemeldet, erhielten die Namen von gestorbenen Häftlingen und konnten unter falschem Namen ungefährdet in einem Außenkommando verschwinden. Alle drei Kameraden sind [auf Grund] dieser prachtvollen Haltung heute lebende Zeugen unseres antifaschistischen Kampfes!

5. Kampf der Antifaschisten. Wir erhielten regelmäßig die Nachrichten der Auslandsender, die von verantwortlichen Kameraden unter Lebensgefahr abgehört worden waren. Sie wurden an vertrauenswürdige Kameraden weitergegeben. Planmäßig trieben wir Sabotage an der deutsche Rüstungsindustrie. In vielen Fällen verschwanden Teile der zur Produktion notwendigen Materialien. Allerdings zeigten sich bei dieser Arbeit Feiglinge in unseren eigenen Reihen, ja sogar Zuträger für die SS, die selbstverständlich isoliert und aus der Gemeinschaft entfernt werden mußten. Das geschah auch in anderen Fällen mit Gestapo-Agenten und Verrätern, die gelegentlich mit Zugangstransporten ins Lager eingeliefert wurden.

6. Militärische Vorbereitungen. Als die militärischen Ereignisse an der Front sich zuspitzten, bereitete sich unsere Militärorganisation, die schon lange unter internationaler Leitung bestand, auf alle Möglichkeiten vor. Es waren vier militärische Pläne vorbereitet unter folgender Kennzeichnung: Offensive, Defensive, Evakuierung, Übernahme des Lagers mit Hilfe alliierter Truppen. Daß dieser Plan gelang, ist eine Folge unserer langjährigen Vorbereitungsarbeit.

7. Befreiung des Lagers. Als die SS aus dem Lagergelände Reißaus nahm und amerikanische Tanks sich näherten, gingen unsere bewaffneten Trupps zum Sturm auf die Wachtürme über, besetzten sie und entwaffneten die noch vorgefundenen SS-Leute. Gleichzeitig reinigten Häftlings-Patrouillen den Wald in der Umgebung des Lagers und die benachbarten Dörfer und sicherten das Lagergelände bis zum Herannahen der amerikanischen Infanterie.

Die belgischen Stoßtrupps unter Führung des Kameraden Mathieu Bielen spielten dabei eine wichtige Rolle, da sie zumeist aus belgischen Partisanen, die kampfgewohnt waren, gebildet wurden. Eine Gruppe, geführt von den Kameraden Henri Flinker, Lüttich, und Walter Petters, Antwerpen, machte einen besonders glücklichen Fang in der Person eines belgischen SS-Mannes, der großes und wichtiges Adressenmaterial von ausländischen SS-Freiwilligen bei sich trug.

Das ist die Geschichte der Buchenwalder Antifaschisten und speziell unserer belgischen Kameraden. Diese Geschichte wird in der Welt stets als Ruhmesblatt internationaler Solidarität und Kameradschaft weiter leben.

Das belgische Komitee

128. Österreicher in Buchenwald

Im September [1938] kamen die ersten Österreicher nach Buchenwald, und zwar fast gleichzeitig etwa 400 Polizeihäftlinge aus Wien und etwa 1 200 österreichische Juden aus Dachau. Ein großer Teil der Polizeihäftlinge wurde wieder entlassen, nur wenige leben heute noch. Bei Beginn des Krieges wurden viele verdächtige Antifaschisten, vor allem ehemalige Sozialdemokraten und Kommunisten, verhaftet und ab September 1939 laufend in Buchenwald eingeliefert.

Die antifaschistischen Elemente unter den österreichischen Häftlingen erkannten sofort die Notwendigkeit eines engen Zusammenschlusses, einmal untereinander, dann aber auch mit den deutschen Antifaschisten, der leicht hergestellt wurde, weil es keine sprachlichen Schwierigkeiten zu überwinden gab.

Unsere Aufgabe war zweierlei: Sicherung des Lebens im weitesten Umfange und laufende antifaschistische Beeinflussung aller Österreicher.

In der Frage der Sicherung unseres Lebens war der Kampf gegen die SS-Lagerführung und ihre Helfershelfer im Lager die wichtigste Aufgabe. War es anfangs nur ganz vereinzelt möglich gewesen, österreichische Antifaschisten vor der Liquidierung durch SS und Gestapo zu retten, so konnten 1944 und 1945 sehr viele Kameraden, in erster Linie mit Hilfe der antifaschistischen Revierpfleger, am Leben erhalten werden. Es seien nur die Namen Lackner, Kogon, Hagmüller, Uitz, Powatz und viele andere genannt. Auch vor Transporten in schlechte Außenkommandos wurden sehr viele bewahrt.

Zur Erhaltung des Lebens gehörte auch die Unterbringung in entsprechende Arbeitskommandos. Auch hier wurden mit Hilfe der deutschen Kameraden gute Erfolge erzielt, so daß unsere Kameraden nicht nur am Leben blieben, sondern auch in solchen Kommandos arbeiteten, von denen aus sie antifaschistische Arbeit leisten konnten.

Schließlich war der Kampf gegen Spitzel und Denunzianten nicht immer einfach. Trotzdem gelang es fast in allen Fällen, diese verbrecherischen Elemente unschädlich zu machen. In vereinzelten Fällen haben wir sogar vor

Entstehen einer Denunziation den betreffenden Häftling, der zum Verräter werden wollte, durch ideologische Bearbeitung von seinem Verrat abgehalten.

Eine weitere wichtige und schwierige Frage war die genügende Versorgung mit Lebensmitteln und Bekleidung, vor allem in den letzten Notzeiten. Dazu gehörte auch die Unterbringung der Kranken im Revier, das angesichts der Überbelegung des Lagers nur über eine ganz beschränkte Bettenzahl verfügte. Trotz all dieser fast unüberwindlich erscheinenden Schwierigkeiten ist es gelungen, viele, sehr viele österreichische Kameraden am Leben zu erhalten. Besonders erwähnt sei die illegal durchgeführte Impfung gegen Fleckfieber mit Material, das der SS gestohlen war.

Bei der antifaschistischen Arbeit gab es für uns Österreicher eine besondere Schwierigkeit in der Frage unseres zukünftigen Staates. Sehr viele Antifaschisten waren der Auffassung, daß Österreich mit einem wirklich demokratischen Deutschland den Zusammenschluß vollziehen müsse (diese Auffassung wurde von den deutschen Kameraden zumeist vertreten), während die Mehrheit, auch der deutschen Kameraden, sich für die Selbständigkeit Österreichs einsetzte. Nach langen Diskussionen, und besonders nach der Konferenz der alliierten Außenminister 1943 in Moskau, wurde dann die gemeinsame Linie eingehalten. Unter der selbständigen Fahne Österreichs einten sich alle Antifaschisten im gemeinsamen Kampf.

Im selben Jahre wurde auch das internationale Komitee geschaffen, das den antifaschistischen Kampf aller in Buchenwald vertretenen Nationen unter einheitlicher Führung zusammenfaßte. Das Verhältnis der Österreicher zu den andern Nationen war sehr gut, naturgemäß besonders eng zu den Kameraden aus den Ländern des Donauraumes.

Ein besonderes Kapitel unseres antifaschistischen Kampfes war der Aufbau einer militärischen Organisation, um uns gegen die SS aktiv zur Wehr setzen zu können. Von Kameraden, die ihren Militärdienst absolviert hatten, wurden jüngere Kameraden in den wichtigsten militärischen Fragen (Handhabung der Waffen, Geländekunde usw.) unterrichtet Die österreichischen Kameraden haben bei der Waffenbeschaffung und beim Aufbau der Organisation einen wichtigen Anteil gehabt. Besonders soll betont worden, wie richtig die Auswahl der Antifaschisten im Militärapparat war, weil trotz der jahrelangen Vorbereitungsarbeit kein einziger Verratsfall vorgekommen ist. Überhaupt ist die wirkliche internationale Organisation der Antifaschisten niemals der Gestapo oder SS bekannt geworden!

Bei all unseren Arbeiten wurden nie die besonderen Schwierigkeiten unserer jüdischen Kameraden vergessen. Wiederholt wurden sie den Klauen der SS entrissen, versteckt, illegal «arisiert» oder gar mit falschem Namen weiter geführt. Der steigende Einfluß unseres antifaschistischen Kampfes zeigte sich darin, daß alle wichtigen Häftlingsfunktionen mit überzeugten Antifaschisten besetzt waren, und daß die wenigen Funktionäre anderer Richtung (z. B. Kriminelle) niemals mehr gegen diese geschlossene Front aufzutreten wagten. So ist die Befreiung Buchenwalds kein Wunder, sondern nur Ausdruck und Ergebnis des organisierten gemeinsamen Kampfes der Antifaschisten aller Länder.

Das österreichische Komitee

129. Die polnische Geheimorganisation in Buchenwald

Das Los der Polen in Buchenwald war fast so schwer wie das der Juden; zeitweise wurden die Polen sogar noch schlechter behandelt. Aber es bestand die Möglichkeit, wenigstens das Los eines Teiles, wenn auch nicht der ganzen Gruppe, zu erleichtern, weil die Organisation des Lagers auf der Methode beruhte, zur Aufsicht und Organisierung des Lagers Häftlinge heranzuziehen. Alle Büros und Kapos hatten ihre Kapos und Vorarbeiter und alle Blöcke ihre Blockältesten aus den Reihen der Häftlinge. Ihnen übergeordnet waren natürlich die SS-Leute. Die Zuteilung der Häftlinge zu den Kommandos und die Auswahl für die Transporte erfolgte durch die Arbeitsstatistik. Den inneren Ordnungsdienst versah seit Ende 1942 der Lagerschutz. An der Spitze der Häftlingsorganisation standen drei Lagerälteste.

Lange Zeit war diese angeblich autonome Organisation des Lagers von deutschen politischen Häftlingen besetzt, die für einen kurzen, aber schweren Zeitraum von «Grünen», d. h. Kriminellen abgelöst wurden. 1942 riß die stärkste Gruppe der deutschen politischen Häftlinge, die der Kommunisten, nach schwerem Kampf mit den Kriminellen die innere Gewalt im Lager an sich und übernahm ihrerseits die Aufgabe, innere Ordnung und Arbeitsdisziplin aufrechtzuerhalten. Unter diesen Verhältnissen wurde am 5. 10. 43 das polnische geheime Komitee gegründet Es wurde beschlossen, mit Vertretern der deutsche Gruppe in Verbindung zu treten, um mit ihrer Hilfe die Möglichkeit für Interventionen zugunsten polnischer Kameraden zu erhalten.

In diesem Komitee saßen: Dr. Marian Swiderek, Dozent der Universität Warschau, der später durch Bemühungen seiner Frau entlassen wurde, Stefan Szczepaniak, Präsident des Bundes der Polen in Deutschland, Stefan Taberski, Schneidermeister aus Rybnik, Paul Kwoczek, Vorsitzender des Verbandes polnischer Pfadfinder in Deutschland, Dr. Marian Ciepielowski, aus Krakau, und Ignaz Szymala, Beamter, der bereits mit den führenden Kameraden des Krankenbaus, Ernst Busse und Otto Kipp, Verbindung hatte. Gleichzeitig wurde die Fühlung mit dem führenden Mitglied der polnischen Kommunisten, Henryk Mikolajczyk, Pfleger im Krankenbau, aufgenommen. Die kommunistische Gruppe, die getrennt organisiert war, hatte bereits seit längerer Zeit Verbindung mit der deutschen Gruppe, war aber zu klein, als daß sie einen größeren Widerhall in der Gesamtgruppe der Polen gefunden hätte. Der Kamerad Mikolajczyk erklärte sich zur Zusammenarbeit bereit, und das Komitee begann zu funktionieren.

Die erste Aufgabe des Komitees bestand darin, die neu angekommenen Polen in seine Obhut zu nehmen, in der Fürsorge für wertvolle Elemente und in dem Versuch, alle, die noch Lebensenergie und Fähigkeit zum gesellschaftlichen Leben zeigten, vor Verschickung in schwere Außenkommandos zu sichern, in der Intervention bei Revieraufnahmen, in der Schlichtung von Streitigkeiten zwischen Polen und anderen Gruppen, im Schutz vor Denunzianten, die von der SS ins Lager geschickt wurden, und schließlich in der Bekämpfung allzu großen Eifers bei der Arbeit in den Rüstungsbetrieben.

Jedesmal wenn bei den Neuzugängen Polen waren, nahm das Komitee Fühlung mit ihnen, Sammlungen von Brot und Zigaretten wurden auf den polnischen Blocks vorgenommen, außerdem wurden Vorkehrungen getroffen, um für eine möglichst große Zahl der Zugänge leichtere Kommandos zu beschaffen und möglichst viele von ihnen in Buchenwald zurückzuhalten. In der Regel waren die Neuzugänge nämlich für den Weitertransport in schwere Außenkommandos bestimmt. Nach und nach gelang es, Vertreter der polnischen Gruppe in den wichtigsten Lagerkommandos (Schreibstube, Arbeitsstatistik, Lagerschutz usw.) unterzubringen. Bei den Blockältesten war Wladek Nowak Vertreter der polnischen Interessen.

Im Jahre 1944 beschloß das Komitee infolge der inzwischen eingetretenen Entspannung zwischen den Gruppen und infolge der Erweiterung seines Aufgabenkreises wegen der massenweisen Neueinlieferung polnischer Häftlinge, seine Basis zu erweitern und kooptierte Wladek Szczerba (Lehrer), Wladek Oszrowski (Militärfachmann) und Waclaw Czarnecki (Publizist) als neue Mitglieder. Das Komitee nannte sich jetzt «Provisorisches polnisches Verständigungskomitee» und umfaßte alle politischen Gruppen der Polen in Buchenwald. Außerdem trat später noch Teofil Witek ins Komitee ein.

Anfangs 1945 wurde auf allen polnischen Blocks ein sogenanntes Vertrauensmänner-System geschaffen; Vertrauensmänner waren die Stubendienste in den betreffenden Blöcken. Besonders wichtig war die Aufstellung polnischer Stubendienste im sogenannten «Kleinen Lager», weil hier alle Zugänge hinkamen, die sofort wieder als Massentransporte in Außenkommandos gingen, so daß meistens nur ganz kurze Zeit blieb, Verbindung mit den Polen der Zugänge aufzunehmen und die notwendigen organisatorischen Maßnahmen zu treffen. Vertrauensmann für die Stubendienste im Kleinen Lager war Emil Niemirowski. Das durch die wichtigsten Vertrauensmänner erweiterte Komitee wurde durch Henryk Mikolajczyk im internationalen Komitee vertreten.

Außer dieser Organisation entfaltete eine illegale militärische Organisation unter dem Befehl des Oberst Bierowski und einer Gruppe der polnischen Arbeiterpartei unter Führung von Henryk Mikolajczyk ihre Tätigkeit. Die militärische Organisation führte eine Registrierung früherer Offiziere, Unteroffiziere und Mannschaften durch und nahm Kontakt mit ihnen auf, um sich für eine gewaltsame Auseinandersetzung mit der SS vorzubereiten. Diese Vorbereitungen nahmen seit Dezember 1944 einen intensiveren Charakter an. Die Militärorganisation verfügte über ein gewisses Arsenal von Waffen, die teils aus den Magazinen der SS gestohlen, teils sogar von ihr gekauft waren.

Als die amerikanische Armee sich näherte, wurde eine Sonderabteilung von 100 Mann aus allen Nationen gebildet. Diese Häftlinge erhielten Waffen und sollten im Falle einer Evakuation des Lagers im Lager bleiben und die Kranken und übrigen Lagerinsassen, die für einen Transport unfähig waren, gegen jeden Liquidierungsversuch durch die SS verteidigen. Diese Hundertschaft war bereit, bis zum letzten Atemzug zu kämpfen.

Trotz aller Ableugnungsversuche von seiten der SS wurde die Evakuation doch angeordnet. Die innere Lagerleitung sabotierte diese Anordnung und suchte nach Möglichkeit Zeit zu gewinnen. Von den zuerst zur Evakuation bestimmten Juden ging nur etwas über die Hälfte weg, die andern wurden von den Häftlingen ohne Rücksicht auf Nationalität versteckt. Von 5000 nichtjüdischen Häftlingen, die als nächster Transport auf dem DAW-Gelände eingesperrt waren, sind mit Hilfe des Lagerschutzes, der sie bewachen sollte, über 2000 ins große Lager zurückgekommen.

Schließlich marschierten am 10. 4. 45 9200 Häftlinge ab, unter denen sich etwa 5000 Polen befanden; fast alle Mitglieder der polnischen Militärorganisation wurden evakuiert, nur kaum 50 Mitglieder dieser Organisation blieben im Lager. Die polnische Militärorganisation erhielt den Auftrag, unterwegs zu fliehen, eventuell bei günstiger Gelegenheit die SS-Begleitmannschaften anzugreifen und zu entwaffnen. Nach amerikanischen Radiomeldungen scheint dieser Plan geglückt zu sein.

Nach der Befreiung von der SS wurde das polnische Komitee, von dem mehrere Mitglieder abmarschiert waren, rekonstruiert und erweitert. Zu den verbliebenen Mitgliedern kamen hinzu Tadeusz Sulowski, Piotr Kalinowski, Oberst Bierowski, Milanowicz, Jakubowski und drei Vertreter der polnischen Juden, Frenkiel, Landau und Werber. Zum Vorsitzenden wurde Stefan Szczepaniak, zu Delegierten ins internationale Komitee Henryk Mikolajczyk und Tadeusz Sulowski gewählt.

Die erste Aufgabe des Komitees bestand darin, alle Polen des Lagers zu rein polnischen Blöcken zusammenzuziehen und auf diesen Blöcken polnische Blockälteste einzusetzen. Alsdann wurde ein Verzeichnis sämtlicher polnischer Staatsangehöriger im Lager aufgestellt sowie eine Liste aller Polen, die durch das Lager Buchenwald gegangen sind. Auch die Selbsthilfe sowie sanitäre Maßnahmen wurden organisiert. Da sich bald Hunderte von Frauen und Männern, die in der Umgebung Buchenwalds als verschleppte Zwangsarbeiter eingesetzt waren, beim Komitee meldeten, übernahm das Komitee die Organisierung und Obhut für diese polnischen Männer und Frauen. So wurden schon in den ersten Tagen 500 weibliche Kleidungsstükke aus den SS-Magazinen an polnische Frauen ausgegeben.

Das polnische Komitee

130. Arbeitsstatistik und Transportschutz

Der Arbeitseinsatz aller Häftlinge in Buchenwald selbst sowie in den Außenlagern war die Domäne des Arbeitseinsatzführers, Hauptsturmführer [Albert] Schwartz, eine kaltschnäuzige Bestie, der die Häftlinge nur eine Handelsware darstellten. Daß die Verschickung und der Arbeitseinsatz Tausenden das Leben gekostet hat, war ihm gleichgültig. Seine direkten SS-Untergebenen waren die Arbeitsdienstführer Weyer und [Franz] Zinecker, beide gefügige Kreaturen.

Auf der Seite der Häftlinge leitete die Arbeitsstatistik den Arbeitseinsatz inner- und außerhalb des Lagers. Und man kann es heute ruhig sagen, daß der wirkliche Einsatz der Häftlinge niemals von der SS, sondern stets von den Häftlingen bestimmt wurde. Nur einmal machte Schwartz den Versuch, selbst einen Transport von 1 000 Häftlingen zusammenzustellen. Nachdem er fast das ganze Lager einen halben Tag auf dem Appellplatz hatte stehen lassen, um es durchzumustern, hatte er glücklich etwa 600 Häftlinge zusammengebracht. Von da an hat er gutwillig alle Fragen der Arbeitseinteilung den Kameraden der Arbeitsstatistik überlassen, in erster Linie den Kameraden Willi Seifert und Herbert Weidlich. Diese beiden Kameraden haben die antifaschistische Linie gegenüber der SS so geschickt vertreten, daß sie das volle Vertrauen der Arbeitsdienstführer besassen und trotzdem nur die Interessen der Häftlinge durchführten.

Das wichtigste Gebiet war natürlich die Arbeitsvermittlung. Hier waren folgende Gesichtspunkte maßgebend:

1. Kameraden, die für die antifaschistische Arbeit im Lager Buchenwald dringend benötigt werden, dürfen auf keinen Transport gehen und müssen in solchen Kommandos untergebracht werden, daß ihnen genug Zeit für ihre politische Arbeit bleibt. Da es nicht möglich war, dies bei allen Kameraden durchzuführen, wurde oft mit Hilfe der antifaschistischen Kameraden des Reviers einfach «Schonung» gegeben.

2. In die Rüstungsbetriebe werden nur solche Kameraden geschickt, die als Facharbeiter und aufrechte antifaschistische Kämpfer mit konspirativer Praxis die Gewähr für die Durchführung der notwendigen Sabotage der Kriegsindustrie bieten. Andererseits werden angeforderte Facharbeiter entweder gar nicht zur Verfügung gestellt oder die verlangten Kräfte mit ungelernten Arbeitern oder Arbeitern anderer Kategorien besetzt. Hierfür nur ein Beispiel für viele: Die Reichsbahnausbesserungswerkstätte Schwerte forderte für Lokomotiv-Reparaturen dringend Kesselschmiede an. Da zur selben Zeit in einem anderen Außenkommando Dachdekker angefordert waren, wurden alle im Lager vorhandenen Kesselschmiede als Dachdecker verschickt, während Schwerte vergeblich und monatelang die Kesselschmiede reklamierte; es waren eben keine mehr da!

3. In die Außenkommandos, die in den letzten Monaten immer mehr zu-

nahmen und eine immer wichtigere Rolle im Arbeitseinsatz spielten, wurden, soweit es sich um wichtige Rüstungsbetriebe handelte, ebenfalls zuverlässige Antifaschisten geschickt, die in der Lage waren, in den Außenkommandos die Sabotagearbeit zu organisieren. Dann wurden aber in diese Nebenlager vor allem solche Elemente gedrückt, die aus verschiedensten Gründen im Lager den Häftlingen unerwünscht waren. Dazu gehörten in erster Linie solche Leute, die schon in der Freiheit oder auch im Lager der Gestapo oder SS als Zinker und Denunzianten Henkersdienste gegen ihre Volksgenossen oder Kameraden geleistet hatten. Ferner all diejenigen Kräfte, die nicht aus politischen Gründen im Lager waren, sondern wegen krimineller und wirklich asozialer Handlungen und schließlich solche Elemente, die im Lager selbst sich asozial benommen hatten (Brotdiebe, Schieber, Hamsterer usw.).

Die Auswahl all dieser negativen Elemente geschah durch die einzelnen Nationen, die auch die positiven Elemente, die unter keinen Umständen auf Transport gehen sollten, reklamierten. Um diese Arbeit richtig durchführen zu können, wurde eine eigene Abteilung geschaffen, die auf Grund der Vorschläge der Nationen die Vorbereitung für die Zusammensetzung der Transportlisten traf. Denn selbstverständlich war oberster Grundsatz für die Antifaschisten aller Länder, das Lager für die letzten Auseinandersetzungen kampffähig zu machen.

Zu den Transporten in Außenkommandos noch ein paar Worte. Manchmal, vor allem wenn die Firmen Facharbeiter benötigten, kamen Ingenieure der betreffenden Firmen und suchten sich selbst die Häftlinge für ihren Betrieb aus. In solchen Fällen war es fast unmöglich, einen Kameraden von der Transportliste streichen zu lassen. Aber auch das geschah in ganz wichtigen Fällen. Kam dann trotzdem eine Reklamation der Firma, dann war der Häftling eben nicht transportfähig oder gar gestorben.

Zwei Arten von Häftlingen durften auf Befehl der Lagerführung auf keinen Fall in Außenkommandos gehen: die sogenannten DIKAL-Häftlinge (DIKAL ist ein Vermerk der Politischen Abteilung auf der Karteikarte des Häftlings und bedeutet: «Darf in kein anderes Lager») und die sogenannten Fluchtpunktler (Häftlinge, die schon einmal aus einem Lager oder Gefängnis geflohen waren, und einen roten Punkt mit weißem Rand auf dem Rükken und auf der Brust trugen). Trotzdem haben wir auch solche Häftlinge weggeschickt. Als einmal wegen der Verschickung einiger DIKAL-Häftlinge ein Krach entstand, haben wir die stets vorhandenen Gegensätze zwischen Lagerführung und Arbeitseinsatzführer ausgenützt, indem wir uns darauf beriefen, daß der Befehl für die Zusammenstellung neuer Transporte immer so kurzfristig gegeben werde, daß keine Zeit sei, alle Vermerke auf den Karteikarten der verschickten Häftlinge zu kontrollieren. Das Ergebnis der Aussprache war, daß der Lagerführer Schobert zum Arbeitseinsatzführer Schwartz «Arschloch» sagte, womit die Sache sich für uns erledigt hatte.

Schwieriger war es bei Fluchtpunkten. Eines Tages wurden 85 Fluchtpunktler aufgerufen, die alle als Strafe für ihre Flucht 25 Stockhiebe erhalten sollten. Es waren aber nur noch etwa 20 von ihnen im Lager, alle andern hatten wir in Außenkommandos zur Rettung geschickt – wahrscheinlich war ein Teil von ihnen schon wieder geflohen, was ja von einem Außenkommando aus leichter war. Der Sturm, der entstand, ging aber auch vorbei, und wir hatten 60 Kameraden die Prügel erspart.

Daß die Grundsätze, nach denen wir handelten und handeln mußten im Interesse des gesamten Lagers, nicht von allen Häftlingen verstanden wurden, versteht jeder; denn nicht alle konnten in die geheime antifaschistische Arbeit eingeweiht werden. Aber daß wir richtig gehandelt haben, dafür leben 22 000 Buchenwalder Häftlinge als Zeugen!

Jiri Zak, Pilsen

131. SS-Bauinspektion Rußland

Bereits im August 1941 wurde der SS-Rottenführer Crawenbrock für die besetzten Ostgebiete von der Bauleitung Buchenwald zur Zentralbauleitung kommandiert. Wir erhielten im Baubüro sehr bald einen Organisationsplan für die in Rußland vorgesehenen Baudienststellen, die den offiziellen Titel «Bauinspektion der Waffen-SS und Polizei» trugen. Folgende Dienststellen wurden eingerichtet: Moskau (Sitz in Minsk), Leningrad (Sitz in Riga), Tiflis (Sitz in Kiew), Kiew, Riga und Pleskau, Astrachan, Baku, Woroschilowgrad, Rostow, Woronesch usw. Für die Bauinspektion Moskau war bereits der Hauptsturmführer Drosch, für die Zentralbauleitung Astrachan der Obersturmführer Schlachter eingesetzt. Dieser Plan wurde im Oktober 1941 bekanntgegeben, also zu einer Zeit, als der größte Teil der genannten Städte überhaupt noch nicht besetzt war.

Nach der Schlacht bei Stalingrad wurden die Namen der Bauinspektionen geändert. Sie hießen jetzt: «Rußland-Nord in Riga», «Rußland-Mitte in Mogilew», «Rußland-Süd in Kiew» und «Kaukasien in Woroschilowgrad.» Selbst als die deutschen Truppen schon weit über den Dnjepr zurückgetrieben waren, wollten diese Etappenhengste ihre guten Positionen nicht aufgeben und behielten die Büros in weiter nach Deutschland gelegenen Städten bei.

Überhaupt war Korruption und Drückebergerei gerade bei den SS-Leuten des Baubüros besonders ausgeprägt. Charakteristisch dafür war der Obersturmführer Hünefeld (SS-Nr. 7168), der nicht nur bei den Häftlingen, sondern bei den ihm unterstellten SS-Leuten als rücksichtsloser Egoist und Drückeberger verrufen war. Für sein Verhalten sei nur das Beispiel des Bahnbaus Weimar-Buchenwald angeführt. Um den Häftlingen einen «Anreiz» zum Arbeiten zu geben, und um auch die Posten an einer schnelleren Arbeit zu interessieren, wurden 1½ Millionen Zigaretten und Schnaps zur Verfügung gestellt. Hünefeld hat diese Zigaretten nur zu einem kleinen Teil den SS-Angehörigen der Bauleitung gegeben, während er alles andere für sich verbrauchte. Den Schnaps hat er mit seinen Freunden allein versoffen. Sowohl Häftlinge wie Posten wurden um die Zuteilung betrogen.

Eine andere SS-Blüte war der Untersturmführer Walter Frey aus Enningen bei Reutlingen. Ständig drohte er, er wolle jeden Häftling erschießen lassen. Bei der kleinsten Verfehlung versuchte er eine Sabotageaktion einzuleiten. Als die Niederlagen der Nazis immer größer wurden, schlich er ängstlich durch die Räume. Seine Feigheit zeigte sich besonders während des Fliegerangriffs auf Buchenwald. Während die Häftlinge aus den brennenden Trümmern der Bauleitung zu retten versuchten, was irgend möglich war, lag er auf einem Ziegelhaufen in einer Decke eingehüllt, grau und verfallen, und jammerte ununterbrochen. 2 Wochen Urlaub waren zu seiner Erholung notwendig.

Martin May, Frankfurt

132. Bahnbau nach Buchenwald

Daß die Nazis Milliardenwerte öffentlicher Gelder in unverantwortlicher Weise verpulvert haben, ist eine allgemein bekannte Tatsache. Eine besondere Glanzleistung in dieser Hinsicht stellt der Bau einer Bahn von Weimar nach Buchenwald dar. Am 18. 3. 43 gab Himmler den Befehl zum Bau dieser Bahn mit der Auflage, daß die Probefahrt unter allen Umständen am 21. 6. 43 stattfinden müsse. Zur Charakterisierung dieser bahnwichtigen Forderung sei folgendes erwähnt:

Die Länge der Strecke beträgt etwa 13 km. Die Bodenbeschaffenheit besteht aus Ton mit sehr starker Gesteinbeimischung. Der Höhenunterschied zwischen Bahnhof Weimar und Lager Buchenwald beträgt etwa 300 Meter. Auch einem Laien muß klar sein, daß selbst eine behelfsmäßige Bahn in dieser kurzen Zeit nicht gebaut werden konnte. Der eingesetzte Bauleiter, Untersturmführer Bertram, wies auch von vornherein auf die Unmöglichkeit hin, in der festgesetzten kurzen Zeit die Strecke fertigzubringen. Die Antwort von Berlin bestand darin, daß der berüchtigte Antreiber und Leute-Schinder Obersturmführer Alfred Sorge die Oberleitung des Bahnbaus bekam, ein Mann, der schon mehrere Jahre im KL Sachsenhausen durch seine unmenschlichen Antreibermethoden berüchtigt war. Sorge brachte sich außerdem 2 seiner Hauptschläger, die Hauptscharführer Baumann und Sohn, mit.

In 12stündigen Tag- und Nachtschichten unter einem ständigen Prügelregiment angetrieben durch die Bluthunde der Hundestaffel ohne Sonn- und Feiertage setzte eine Mordarbeit in solchem Hetztempo ein, wie sie bis dahin kaum gekannt worden war. Viele hundert Häftlinge kamen durch dieses Hetztempo ums Leben. Die Zahl der täglichen Unfälle betrug mehrere Dutzend. Aber das machte den SS-Banditen kein Kopfzerbrechen, die Hauptsache war und blieb: Am 20. 6. abends war der Bahnbau «fertiggestellt».

Vorschriftsmäßig fand am 21. 6. 43 unter Anwesenheit des Brigadeführers Ing. [Dr. Hans] Kammler und einer großen Zahl Nazibonzen die Probefahrt statt. Es regnete Beförderungen und Orden, die SS-Angehörigen und die beim Bahnbau beschäftigten Zivilarbeiter feierten einen Kameradschaftsabend mit Bier und Schnaps. Außerdem erhielten sie Geldprämien. Die Häftlinge hatten auch «einen guten» Tag, sie konnten endlich einmal wieder baden.

Wie der Bahnkörper nach der Probefahrt aussah, das allerdings wußte der Dr. Kammler nicht. Der größte Teil der Böschungen war zusammengedrückt, aufgeschüttete Dämme eingerutscht. Mit Ausnahme des einen Probezuges, der aus Lokomotive und einem Wagen bestand, kam ein halbes Jahr lang kein Eisenbahnzug nach Buchenwald. Aus Gründen der Sparsamkeit wurde nämlich nicht die ganze Strecke neu gebaut, sondern nur an den einzelnen eingefallenen Stellen. Dadurch hielt der Bahnkörper zwar bis zum Februar 1944, nachdem er etwa 4 bis 6 Wochen in Benutzung gewesen war. Aber als dann die Schneeschmelze einsetzte, gab es erneut Erdrutsche, die wiederum umfangreiche Neuerungsarbeiten notwendig machten. Eigentlich betriebsfertig war die Bahn erst im Spätsommer 1944.

Ein besonderes Kapitel verdienen die Privatunternehmer, selbstverständlich lauter gute Nazis. Die Arbeiten für sie wurden mündlich vergeben; die vorgeschriebene Ausschreibung und die darauf erfolgenden Angebote wurden erst 9 Monate nach Beginn der Arbeit «der Ordnung halber» angefertigt. Selbstverständlich haben alle Nazifirmen riesige Gewinne bei diesem Bahnbau eingesteckt. Die Vergeudung von öffentlichen Geldern war ungeheuerlich; leider können die genauen Zahlen nicht mehr festgestellt werden, weil die Unterlagen bei dem Bombenangriff vom 24. 8. 44 restlos vernichtet wurden. Schließlich sei noch bemerkt, daß die Unterhaltung des Bahndammes, der fachlich falsch gebaut war, unverhältnismäßig große Mittel und Arbeitskräfte verschlang.

Theo Eckert, Köln

133. Morde beim Bau der Gustloff-Werke

Beim Bau des «Werkes Buchenwald», Werk II der Gustloff-Werke, sah ich folgendes:

Zwei SS-Scharführer – die Namen kenne ich nicht – trieben mit Knüppeln einen Häftling im Wald hinter der Wiesehalle auf einen Hügel aus aufgeschüttetem Mutterboden solange hin und her, bis er erschöpft liegen blieb. Die in der Nähe im Wald stehenden SS-Posten winkten den Scharführern, daß sie ihnen den Häftling vor die Gewehre treiben sollten, was diesen auch nicht schwer fiel, da der Häftling selber seiner Qual ein Ende machen wollte und vor die Gewehre der SS-Posten lief. Diese schossen auch ganz kaltblütig die gequälte Kreatur nieder.

Einem zweiten Häftling ging es ebenso, so daß der betreffende SS-Posten an einem Nachmittag 2 Opfer, die er nach dem Erschießen mit den Stiefeln anstieß, bei sich liegen hatte.

Von dem Scharführer Schmidt, der aus Apolda stammt und Sohn eines Gastwirtes ist, beobachte ich noch folgende Fälle:

1. Einen Polen, den er aus irgendeinen Grunde geschlagen hatte und der sich dann nach seiner Schaufel bückte, um weiter zu arbeiten, erschoß er mit seiner Pistole.

2. Ein Russe, der Schmidt in die Quere gelaufen war, mußte sich in einer Mauerecke innerhalb der angefangenen Halle 10, Werk Buchenwald, bükken. Schmidt schlug dem Russen einen dicken Knüppel, den er mit beiden Händen umfassen mußte, mit aller Kraft mehrmals über das Kreuz, daß der Russe liegenblieb.

3. Einen anderen Häftling warf Schmidt in eine Wagenmülle [sic], die mit Wasser gefüllt war, und hielt ihn mit Gewalt solange unter Wasser, bis der Häftling ersoffen war.

4. Schmidt brachte einen jungen Russen im Alter von 14–15 Jahren an, der vor Hunger Baumrinde gegessen hatte. Schmidt hatte einen Strick in der Hand und sollte diesen Russen hängen. Um ihn aber richtig zu quälen, machte er den Strick an dem Baugerüst und an Baumästen immer wieder fest, und der Junge sollte mit dem Kopf in die Schlinge schlüpfen. Der Junge bettelte und flehte ihn an, rief nach seiner Mutter, warf sich auf die Erde und umklammerte in seiner Todesangst die Knie des SS-Scharführers, worauf dieser die Pistole zog und dem Jungen an den Kopf zielte, damit der Junge aufstehen sollte. Schmidt rauchte dabei eine Zigarette und freute sich. Diese bestialische Handlung beobachte ich über $^1/_2$ Stunde.

Max Pabst, Neu Schmiedefeld

134. Fronarbeit in den Gustloff-Werken

Welche erniedrigenden Sklavenbedingungen bei den Arbeiten in den Gustloff-Werken herrschten, zeigen die nachstehend abgedruckten «Richtlinien für die Häftlinge des Gustloff-Werkes». Diese Richtlinien wurden vom Lagerkommandanten Pister herausgegeben, sind jedoch von der Nazidirektion der Gustloff-Werke ausgearbeitet. Sie sind ein beredtes Dokument dafür, daß die nicht der SS angehörenden Nazis dieselben Mordmethoden gegen die Häftlinge angewandt wissen wollten wie die SS-Henker selbst. Das Schanddokument hat folgenden Wortlaut:

1. Ab 29. II. 43 wird für jeden Häftling ein Leistungsblatt geführt, aus dem hervorgeht, zu wieviel % er an die Leistung eines freien Arbeiters heranreicht. Soweit möglich, ist die zu leistende Arbeit in Stückzahlen dargestellt. Erreicht er diese Zahl, bzw.

überschreitet er das Mindestmaß, so erhält er am Wochenschluß eine Leistungsprämie. – Wer seine Arbeit nicht schafft, bzw. viel Ausschuß fertigt, hat dadurch den Nachteil, daß er Strafarbeit in der Freizeit oder Kostentzug erhält.

2. Kein Häftling darf ohne Abmeldung beim Meister, Kapo oder Vorarbeiter seinen Arbeitsplatz verlassen. Unterhaltungen während der Arbeit sind verboten. Sämtliche Wege, die während der Arbeitszeit zu machen sind, sind in schnellen Tempo durchzuführen.

3. Disziplinlosigkeit oder Arbeitsverweigerung ziehen strengste Bestrafung nach sich.

4. Die Kapos und Vorarbeiter werden auf die Hallen, so daß sie einen bestimmten Arbeitsbereich haben, verteilt. Alle Beanstandungen in diesem Bereich fallen dem Aufsichtshabenden zur Last. Auch für den Aufenthalt nicht zum Kommando gehörender Häftlinge ist der Aufsichtshabende in seinem Bereich verantwortlich.

5. Die Arbeitspausen beginnen erst mit Ertönen des Pausenzeichens. Jeder Häftling hat seine Arbeit nicht früher zu beenden, bis das Pausenzeichen ertönt. Nach der Mittagspause wird ein Vorzeichen 3 Minuten vor dem Arbeitsbeginn gegeben; hierauf hat sich jeder Häftling an seinen Arbeitsplatz zu begeben, so daß bei Ertönen des Beginnzeichens die Räder laufen müssen.

6. Sauberkeit am Arbeitsplatz ist Vorbedingung für ordentliche Arbeitsleistung, Kapos und Vorarbeiter sind hierfür verantwortlich.

7. Wer diese Richtlinien nicht befolgt, erhält in seinem Leistungsblatt eine entsprechende Eintragung.

8. Die Leistungsblätter mit guten und schlechten Bemerkungen werden wöchentlich dem Arbeitseinsatzführer zur Auswertung vorgelegt. Das Ergebnis wird dem Lagerkommandanten gemeldet.

9. Haltung und Leistung jedes Häftlings ist mit ausschlaggebend für seine Beurteilung zur Entlassung. Fleiß verkürzt die Haftdauer.

Weimar-Buchenwald, den 26. 11. 1943 Der Lagerkommandant

135. Der Bombenangriff vom 24. 8. 1944

Durch den großen Luftangriff vom 24.8,44 wurde das Gustloff-Werk, das für die Kriegsproduktion Deutschlands von großer Bedeutung war, fast restlos zerstört. Wenn auch bei diesem Angriff leider mehrere hundert Häftlinge getötet wurden, so trägt die einzige Schuld daran die SS, die es bis zu diesem Zeitpunkt verbot, daß die Häftlinge während des Fliegeralarms ins Lager einrücken. Bei Alarm gingen die Häftlinge ins Freie neben das Fabrikgelände, mußten aber innerhalb der Postenkette bleiben. Etwa 20 bis 25 Häftlinge blieben in den Werkhallen, um lebenswichtige Teile (Kesselhaus, Transformatorenstation usw.) zu bedienen. In den SS-Betrieben Bauhof und Divisionennachschub durften die Häftlinge die Räume überhaupt nicht verlassen und hatten deshalb auch die meisten Opfer. Im Bauhof allein gab es weit über 100 Häftlinge tot. Erst nach diesem Fliegerangriff wurde die Neuregelung getroffen, daß bei Fliegeralarm alle Häftlinge sofort ins Lager einrükken.

Der Angriff begann mit dem Abwurf von Sprengbomben auf die Gustloff-Werke, die mit Ausnahme von 2 Hallen vollkommen zerstört wurden. Gleichzeitig wurden Sprengbomben auf den Wald zwischen Gustloff-Werke und Bismarckturm geworfen, weil wahrscheinlich infolge falscher Nachrichtenübermittlung die alliierten Flieger eine illegale Radiofabrik vermuteten. (Diese Tatsache entnehmen wir einer Unterschrift unter eine Luftaufnahme des Gustloff-Werkes nach dem Bombardement, die in einer von englischen Fliegern illegalen [sic] Nummer der «Flugpost» erschien.) Die Radiofabrik befand sich in Wirklichkeit in den Hallen 4 bis 7 und wurde völlig zerstört. Nach den Sprengbomben wurden Brandbomben geworfen, die vor allem auf das Bahnhofsgelände und den danebenliegenden Wald, z. T. auf die Gebäude der Deutschen-Ausrüstungs-Werkstätten fielen. Einige Abteilungen der DAW brannten aus. Da die Häftlinge sich in dem Wald zu retten versuchten, haben sie gerade unter den Brandbomben viel zu leiden gehabt.

Wie erwähnt durften die Häftlinge die Postenkette nicht verlassen. Da die Postenkette möglichst eng um die Fabrik gestellt war, gab es fast kein Ausweichen für die Häftlinge vor den von allen Seiten heruntersausenden Brand- und Sprengbomben. Es war ein unerträglicher Zustand, die verängstigten Menschen liefen aufgeregt hin und her oder schmiegten sich an den Erdboden an, dazwischen das entsetzliche Schreien und Stöhnen der vielen Schwerverwundeten. Um die Verwirrung und den Wahnsinn der Situation noch zu steigern, schossen ukrainische SS-Leute, aus denen die Postenkette zusammengesetzt war, auf die Häftlinge, wenn einer sich aus dem Bereich herunterfallender Brandbomben zu retten versuchte. Mindestens 20 Häftlinge wurden auf diese Weise ermordet. Deutsche SS-Leute, die als Aufsichtspersonal im Gustloff-Werk waren und zwischen den Häftlingen im Wald lagen, wurden ebenfalls beschossen. Diese deutschen SS-Leute schossen auf die ukrainischen SS-Männer zurück, wobei angeblich ein ukrainischer SS-Mann getötet worden sein soll.

Durch den Bombenangriff war die gesamte Produktion des Gustloff-Werkes ausgeschaltet. Stehen blieb die Halle 13 und der Werkzeugbau. In der Halle 13 sollten Teile für V 2 hergestellt werden, die Produktion war jedoch noch nicht im Gang und wurde auch nie aufgenommen, weil die Halle völlig ausgebrannt war. Eine große Zahl Maschinen im Werkzeugbau war zwar intakt geblieben, wurde aber planmäßig bei den Aufräumungsarbeiten unbrauchbar gemacht.

Außer den Produktionsbetrieben Gustloff-Werke, Bauhof und Divisionsnachschub wurden sämtliche Verwaltungsbaracken bis zum Haupteingang des Lagers selbst zerstört. Hierbei ging das ganze Material der politischen Abteilung, der Fotoabteilung, in Flammen auf. Die Zerstörung dieser Baracken, in denen so viele Morde und Martern gegen Häftlinge beschlossen und durchgeführt wurden, erregte bei allen Häftlingen helle Begeisterung.

Die SS-Kasernen wurden bei dem Angriff nur leicht beschädigt, da die hierfür bestimmten Bomben leider in den Steinbruch fielen. Dagegen wurde die sogenannte I-Baracke in Fichtenhain, in der prominente Häftlinge saßen, völlig zerstört, wobei der sozialdemokratische Abgeordnete, Rudolf Breitscheid, seine Frau und die Prinzessin Mafalda von Hessen den Tod fanden. Auch etwa 20 Mitglieder der dort eingesperrten rumänischen Eisernen Garde wurden getötet.

Das Lager selbst wurde von keiner Bombe getroffen, nur eine Bombe fiel unmittelbar beim Krematorium nieder. Die Opfer des Fliegerangriffs betrugen: 316 Häftlinge getötet, 1462 verletzt und 1 vermißt, 80 SS-Angehörige getötet, 238 verletzt und 65 vermißt, 24 Zivilisten getötet. Die von den Nazis verbreitete Nachricht, der Führer der KPD, Ernst Thälmann, sei bei diesem Bombenangriff ums Leben gekommen, ist völlig erlogen. Thälmann war niemals in Buchenwald.

Der Bombenangriff vom 24. 8. 44 hat gezeigt, daß diese Angriffe sich ausschließlich gegen die Kriegsbetriebe der Nazis richteten und daß die alliierten Flieger insbesondere alles taten, um keine Häftlinge zu treffen. Die hohe Zahl der getöteten Häftlinge ist ausschließlich auf das Schuldkonto der Nazimörder zu schreiben.

Robert Leibbrand, Stuttgart

136. Außenkommandos des KL Buchenwald und Art der Produktion in diesen Betrieben[4] (Stand am 25. 3. 1945)

Kommando:	Stärke:	Produktion:
Gustloff-Weimar [Fritz-Sauckel-Werke]	1453	Rohre für 8,8 cm-Geschütze, Kampfwagenkanonen für 3,7 cm Flakgeschütz vollständig, Teilfertigungen u. Montage für 7,5 cm Pak, Fräsen von Waffengehäusen, Bohr- u. Stanzvorrichtungen für Flugzeugsteile.
Gustloff-Billroda	501	Ausbau v. Schächten für unterirdisches Werk in 600 m Tiefe. Teilweise Aufstellung v. Maschinen aus Gustloff-Weimar. Keine Produktion. Hergestellt sollten 3,7 cm Flak werden.
Mittelbau-Weimar	21	Steuerungsgeräte f. V1 u. V2
Erla-Leipzig	1466	Flugzeugbau
Hasag-Leipzig	83	Fertigung v. Granaten und Panzerfaust.
Hasag-Taucha	461	
Hasag-Altenburg	200	
Hasag-Colditz	644	
Hasag-Meuselwitz	328	
Hasag-Schlieben	1468	

Kommando:	Stärke:	Produktion:
Chr. Mannfeld Biber II		
Wansleben	1389	Geschoßfertigung
Rothenburg	76	
Junkerswerke		
Schönebeck	1158	Flugzeugbau
Mühlhausen	569	
Halberstadt	442	
Aschersleben	425	
Niederorschel	527	
Bad Langensalza	1240	
Westeregeln	560	
Leopoldshall	163	
Malachit A.G.		
Halberstadt	853	Flugzeugbau, Flächenfertigung
Nationale Radiatoren		
Schönebeck	400	Elektrotechn. Teile f. V 2
Siebenberg G.m.b.H.		
Hadmersleben	1154	Flugzeugfertigung
Wernig-Werke, Hasserode	502	Armaturenfabrikation
Heinrich Kalb Dorndorf	483	Unterirdischer Hallenbau Einstellen der Maschinen für Bayr. Motoren-Werke, keine Produktion.
Kommando «Laura»		
b. Saalfeld	684	Stollenbau
B.M.W., Abteroda	226	Motorenbau
R. A. W., Jena	909	Waggon-Ausbesserung, Lokomotive Reparatur
Brabag [«Wille»]		
Tröglitz	2246	Hydrierwerke, Braunkohlen-Benzin
Annener Gußstahlwerke		
Annen bei Witten	613	Panzerplattenfertigung
Flössberger Metallwerke		
Flössberg	1185	Fertigung von Panzerfaust
«Leopard» [Leau]		
Plömnitz b. Bernburg	1081	Geschoßfabrikation
Polte, Magdeburg	585	Herstellung von Granaten
G.E. Reinhardt, Sonneberg	460	Zahnräder für Flugzeuge
Reh, Stassfurt	387	Fertigung von Panzerzubehörteilen
G. Wälzer & Co., Stassfurt	235	
Kalag, Stassfurt	47	
Ludwig Renntier Bad Salzungen	720	Vorbereitungsarbeiten für Rüstungsproduktion der Bayrischen Motorenwerke, 300 m tief

Kommando:	Stärke:	Produktion:
Stein, Eschershausen	600	noch nicht angelaufen
Waggonfabrik, Dessau	339	Reparatur von Waggons
Bruns Apparatebau		
Bad Gandersheim	524	Armaturen f. Flugzeuge u. Panzer
Gazelle		
Weferlingen b. Helmstedt	451	O.-T. Einsatz, Straßenbau
Hecht, Eschershausen	495	
D.-E. St., Berlstedt	211	Klinkerwerke, Fertigung von Ziegelsteinen
Bauleitung		
Hadmersleben	270	Stollenbau und Einrichtung von
Wansleben	570	unterirdischen Hallenbau f. Rüstungs-
B II, Halberstadt	4819	produktion
S III, Ohrdruf	9943	
Schwalbe V, Berga/Elster	1781	
Gießen	77	Barackenbau für höhere Polizei und SS
Kassel	151	
Sennelager	34	
Tannenwald	31	Befehlsunterbau für Reichsführung SS
Göttingen	30	Instandsetzungsarbeiten d. dortigen Reitschule
SS-Führerschule Arolsen	126	Wirtschaftsbetrieb in den Kasernen (Abladen von Materialien, Schuster, Schneider, Küchenbetrieb usw.)
[Insgesamt	46405]	

137. Antifaschistische Sabotage-Arbeit in Rüstungsbetrieben

Bis zu dem großen Luftangriff am 24. 8. 44 auf das Werk Buchenwald arbeiteten etwa 9000 Häftlinge in folgenden Rüstungsbetrieben, die unmittelbar zum Lager Buchenwald gehörten: Deutsche Ausrüstungswerkstätten (DAW), Polte-Werke, Optische Werkstätten, Divisions-Nachschub, Mittelwerke, Mi-Bau, Gustloffwerk II. Durch das Bombardement wurden diese Betriebe zum großen Teil zerstört und nur in geringem Umfange wieder in Gang gebracht.

Die Arbeit der antifaschistischen Häftlinge setzte sich zum Ziel, einmal die Arbeitsbedingungen für alle Häftlinge so erträglich wie möglich zu gestalten, zum andern aber durch Sabotage der Rüstungsproduktion zum Sturz des Hitler-Regimes beizutragen. Wie dies geschah, soll nachstehend im einzelnen aufgezeigt werden.

In der Mitteldeutschen Baugemeinschaft (Mibau) betrug z. B. bei der Produktion an der hydraulischen Presse die Normalleistung eines Zivilarbeiters bei der Pressung von Spulen:

in einem 10 stündigen Arbeitstag	720 Stück
Leistung eines Häftlings in 11 Stunden	350 Stück

Bei der Wickelung und Lötung von Spulen war die Normalleistung eines Zivilarbeiters:

in $9^1/_2$ Stunden	20–30 Stück
Leistung eines Häftlings in 11 Stunden	8–16 Stück

Bei der Mischung der Preßmasse für die Spulen wurde der vorgeschriebene Prozentsatz der verschiedenen Bestandteile verändert und zerrieben, Gummi dazwischen gemischt. Die Lötungen an Leitungsverbindungen wurden derart locker gehalten, daß der Apparat zwar die Abnahmeprüfung überstand, daß sich aber bei weiterer Inanspruchnahme die Leitungen lösen mußten.

Pressen, Pumpen, Spulmaschinen wurden derart «repariert», daß sie immer wieder tagelang stillstanden. Einige dieser Fälle brachten die unmittelbar Beteiligten in Gefahr. Es gelang aber stets, die Vorkommnisse mit mangelnder technischer Qualifikation oder Trägheit der Häftlinge zu «entschuldigen». Die Zivilarbeiter unterstützten uns in diesem Kampf, indem sie uns die Nazis und Gestapo-Agenten kenntlich machten. Ja, es wurde sogar in manchen Fällen in Zusammenarbeit zwischen Häftlingen und Zivilangestellten direkte Sabotage von oben geübt.

In den Gustloffwerken II gelang es, die in den Rüstungsbetrieben der Außenlager beliebten Antreibermethoden immer wieder geschickt zu durchkreuzen und so erträgliche Arbeitsbedingungen zu schaffen. SS und ziviles Aufsichtspersonal, beide korrupt und am «Organisieren» interessiert, konnten gegeneinander ausgespielt werden. Prügelnde SS-Leute wurden zu einem Angreifen am falschen Platz provoziert, so daß die Betriebsleitung gegen sie Stellung nehmen mußte. Natürlich mußte dieser Kampf mit einem vorgeblichen Eintreten zur Erhaltung wertvoller Arbeitskräfte im Interesse der Kriegsproduktion getarnt werden.

Noch bedeutungsvoller war natürlich unsere Sabotage-Arbeit. Direkte Sabotage wie Beschädigung von Maschinen oder Waffen war nur in Einzelfällen möglich. Es mußten solche Formen angewandt werden, die nur schwer zu erkennen waren. Die erste Möglichkeit hierzu ergab die Steuerung des Arbeitseinsatzes.

Die auf diesem Gebiet tätigen Funktionskräfte der Häftlinge schoben gute Facharbeiter in Betriebe ab, die nicht unmittelbar der Rüstungsproduktion dienten, während den Rüstungsbetrieben hauptsächlich ungelernte Arbeitskräfte zugewiesen wurden. Zuverlässige antifaschistische Fachleute wurden jedoch in solche Positionen gebracht, in denen sie eine planmäßige Sabotage-Arbeit leisten konnten. Die zur Beaufsichtigung der Häftlinge und Organisierung der Produktion eingesetzten deutschen zivilen Vorarbeiter,

Meister, Ingenieure usw. waren fast ausnahmlos stramme Nazis. Dementsprechend waren ihre technischen und organisatorischen Kenntnisse und Fähigkeiten meist völlig ungenügend, so daß sie bei ihrer Tätigkeit auf die Arbeit der Fachkräfte unter den Häftlingen angewiesen waren. In diesem Punkt wurde eingehakt. Die antifaschistischen Kapos, Vorarbeiter, Ingenieure, Techniker und Facharbeiter haben durch Fehlplanungen und Fehlkonstruktionen, Verzögerung und Fehldispositionen bei der Beschaffung von Maschinen, Werkzeugen und Material, Überspitzung der innerbetrieblichen Kompetenz-Streitigkeiten, der behördlichen Vorschriften und Prüfungsbestimmungen und ähnliche Methoden eine umfassende Sabotage durchgeführt. An Einzelbeispielen seien die Ergebnisse dieser Sabotagetätigkeit dargestellt:

Die im Sommer 1942 begonnene Montage von Karabinern K 98k aus Einzelteilen, die von auswärtigen Firmen geliefert wurden, war für eine Monatsproduktion von 60000 Stück geplant und eingerichtet.* Dazu wurden 1800 Maschinen mit der zugehörigen Vorrichtungen und Lehren bestellt, um schließlich nach 9 Monaten Vorbereitungsarbeit die Undurchführbarkeit des Projektes festzustellen.

«Versehentlich» liefen die Bestellungen für das bereits eingestellte Projekt noch monatelang weiter. Mehrere Millionen Arbeitsstunden waren umsonst geleistet. Die Montage der Einzelteile erreichte nach zweijähriger Laufzeit noch nicht einmal die Hälfte des Monatssolls, wohl aber gelang es, trotz aller Kontrolle von SS, Zivilarbeiter und Wehrmacht, Waffen und Munition für den Endkampf der Häftlinge ins Lager zu schmuggeln.

Die Produktion von Karabinerläufen sollte monatlich 10000 Stück erreichen. Die bestellten und gelieferten Maschinen und Einrichtungen waren für eine Produktion von 15000 Stück ausreichend. Nach 1½ jähriger Laufzeit betrug die Höchstproduktion 8000 Stück. Der Verbrauch an hochwertigen Spezialwerkzeugen betrug das 4–10fache der von den Wehrmachtsstellen vorgeschriebenen Ziffern.

Die Produktion von Karabinerschäften sollte monatlich 55000 Stück erreichen. In 6 Monaten wurden jedoch nur 33000 Stück fabriziert. Die dafür verwendeten Werkzeuge hätten zur Herstellung von 280000 Stück gereicht!

Für die Montage des automatischen Karabiners K 43 war ein Monatssoll von 55000 vorgeschrieben. Von Januar bis Juli 1944 wurden aber nur insgesamt 28000 Stück geliefert. Besonders ab Mai ließ die Produktion rapide nach, so daß zuletzt nur noch 600 Stück im Monat produziert wurden. Mehrere 1000 bereits gelieferter Karabiner wurden von der Wehrmacht wieder zurückgeschickt, da es häufige Versager gab. Werksausschüsse, Ingenieure, Kommissionen der Wehrmacht und des Rüstungsamtes suchten monatelang ergebnislos die Fehlerquellen, die einigen Fachleuten unter den Häftlingen wohlbekannt waren.

---

* Auch alle Einzelteile sollten in Buchenwald hergestellt werden.

Die mit 10000 Stück Monatsproduktion geplante Herstellung von Pistolen 7,65 kam überhaupt nicht ins Laufen. 2 Jahre lang waren rund 100 Häftlinge beschäftigt, wurden Maschinen und Werkzeuge eingesetzt mit dem Resultat, daß nur einige 100 mangelhafte Probestücke zustande kamen.

Der Fahrzeugbau für Infanteriefahrzeuge (IF 14), Nachrichtenfahrzeuge (NF 6) und Artillerieprotzen (AF 18) leistete durchschnittlich 50% seines Liefersolls. In den letzten Monaten ging diese Produktion weiter stark zurück, z. B. betrug im Februar 1945 die Produktion von IF 14 nur noch ein Viertel der angeforderten Menge.

Die wichtigste Hilfe für die Sabotage-Arbeit leistete der Werkzeugbau, der eigentliche «Engpaß» des Betriebes. Hier wurden die Vorrichtungen, Werkzeuge und Lehren nicht nur für das Werk Buchenwald, sondern auch für das Hauptwerk in Weimar hergestellt. Mit 150 Spezialmaschinen und 300 Häftlingen und Zivilarbeitern hätten die angeforderten Mengen bequem hergestellt werden können. Tatsächlich wurden jedoch nur 15–20% der Aufträge erledigt, so daß Ende 1944 über 2000 Aufträge rückständig waren.

Werkzeuge und Vorrichtungen wurden immer noch für solche Produktionszweige hergestellt, die längst aufgegeben waren. Andere Werkzeuge waren infolge Nichtberücksichtigung inzwischen eingetretener Konstruktionsänderungen unbrauchbar. Verwendung falschen Materials, unrichtige oder ungenaue Zeichnungen, von erfahrenen Facharbeitern ausgearbeitet, schwer nachkontrollierbare Fehler gerade an dringend benötigten Werkzeugen – das alles machte den Werkzeugbau zum Hemmschuh des ganzen Betriebes.

Auf die Dauer konnte es auch der hohen Gustloff-Direktion nicht verborgen bleiben, daß im Werk Buchenwald etwas nicht in Ordnung war. Es gab Untersuchungen, Anschuldigungen wegen Sabotage usw. Es gelang stets, die Anklagen zurückzuweisen. Gegenüber der Betriebsleitung wurde bei mangelhafter Arbeitsleistung auf die durch die SS verschuldeten schlechten Ernährungs- und sanitären Verhältnisse hingewiesen. Strafmeldungen der Betriebsleitung gegen Häftlinge bei der SS-Lagerführung wurden durch Aufdeckung der Korruption und Unfähigkeit der Betriebsleitung unwirksam gemacht.

Nach dem Bombardement vom 24. 8. 44 suchte der neue Betriebsleiter Tänzer, ein typischer Konjunkturritter, einen erneuten Kampf gegen die Sabotage zu führen; aber vergeblich. In letzter Minute entsandte dann die Direktion den Oberingenieur Saupe, einen Agenten des SD, mit dem Auftrag, besonders im Werkzeugbau Ordnung zu schaffen und den Machenschaften der Häftlinge auf die Spur zu kommen. Ohne näheren Beweis ließ dieser Nazispitzel am 1. 4. 45 den Kapo des Werkzeugsbaus, den Kameraden Falkenberg, unter der Anklage der Sabotage vom Arbeitsplatz weg verhaften und in den Bunker sperren. Aber nun war es zu einer eigentlichen Untersuchung zu spät. Angesichts der Annäherung der alliierten Truppen fand die Gestapo keine Zeit mehr, dieser Spur nachzugehen, und wenige Tage später wurde Kamerad Falkenberg von antifaschistischen Häftlingen aus dem Bunker befreit, wo er knapp der Ermordung durch die Nazibanditen entgangen war.

Die Sabotage-Arbeit in den Gustloffwerken und im Mibau wird stets ein Ruhmesblatt der antifaschistischen Häftlinge in Buchenwald sein, die damit dem Hitler-Regime großen Schaden zufügten und in jeder Weise die Befreiung des Lagers mit Hilfe der antifaschistischen Häftlinge selbst in jeder Weise vorbereiteten.

Robert Leibbrand, Stuttgart

138. Sabotage in den Buchenwalder Gustloff-Werken

Im März 1943 wurden nach ungefähr einjähriger Bauzeit die Gustloff-Werke in Betrieb genommen. Zum Produktionsbetrieb dieser etwa 3600 Häftlinge beschäftigenden Werke gehörten Gewehre, Pistolen, Fahrzeuge und Geschütze.

Die Buchenwalder Antifaschisten taten nun alles, um die Rüstungsindustrie der Nazis zu schädigen und die Waffenproduktion zu sabotieren. Von Anfang an war es das Bestreben der verantwortlichen Häftlinge, die als Kapos, Vorarbeiter, Ingenieure, Spezialisten eingesetzt worden waren, die Sabotagearbeit systematisch zu steuern, Einzelaktionen, die leicht zur Aufdekkung führen konnten, wurden verworfen.

Einer der wesentlichsten Faktoren bei der Organisierung der Sabotage war die fachliche Minderwertigkeit der zivilen Meister, Ingenieure und des sonstigen Aufsichtspersonals, die gar nicht imstande waren, die Ursachen der Unterproduktion bzw. Fehlproduktion zu ermitteln. Die ganzen Jahre hindurch betrug der Leistungsgrad der meisten Werkstätten des Werkes nie mehr als 40 % der Leistungskapazität.

Als Leiter des Werkes fungierte lange Zeit der Oberingenieur Franz Tänzer. Ursprünglich eifriger Kämpfer für die Weimarer Demokratie, wechselte er seine Gesinnung und wurde typischer Vertreter nationalsozialistischer Großsprecherei und Rücksichtslosigkeit. Beruflich war er eine vollkommene Null. Er beschäftigte eine ganze Reihe von Häftlingen mit Privatarbeiten, ließ sich seinen Privatbedarf an Nutzholz, Kohlen usw. auf Kosten der Firma und deren Fahrzeugen nach Hause bringen, was er als guter Nazi den anderen Zivilisten natürlich verbot.

Tänzers rechte Hand war der «Betriebsingenieur» Siedeck, ehemals Leiter des Prüfwesens der Gustloff-Werke. Seine «fachlichen» Äußerungen haben nicht nur bei den Häftlingsfachleuten jeweils größte Heiterkeit hervorgerufen.

Kurz vor Toresschluß trat dann noch ein «Oberingenieur» Saupe, als Leiter des Werkzeugsbaues, auf. Saupe hatte als Gestapoagent die Aufgabe, die Ursachen der mangelhaften Produktion zu ermitteln. Nach über zwei Jahren war es der hohen Direktion langsam zum Bewußtsein gekommen, vielleicht sogar dem Direktor Kast, daß da etwas nicht stimmt. Saupe ließ zwar den Kapo des Werkzeugbaues wegen Sabotageversuchen verhaften, konnte jedoch seine Untersuchung nicht zu Ende bringen, da die amerikanische Armee inzwischen eintraf.

Bis zur Bombardierung der Buchenwalder Gustloff-Werke fungierte als Betriebsleiter Herr Große, von dem behauptet wird, daß er auch am Nachthemd das Parteiabzeichen trug. Er ließ sich, da er als ehemaliger Nähmaschinenreisender nichts verstand, von Häftlingsfachleuten und Ingenieuren beraten. Seiner «Intelligenz» ist es auch zu verdanken, daß sich die Häftlinge jene Waffen besorgen konnten, mit deren Hilfe sie am 11. April 1945 die Reste der SS entwaffneten und gefangennahmen.

In dieser Galerie nationalsozialistischer Rüstungsexperten verdient noch der SS-Angehörige Bornscheuer erwähnt zu werden, der Häftlinge über den Haufen schießen wollte, wenn die Nazis den Krieg verlieren würden.

Über die Erfolge der organisierten Sabotage werden die nachfolgenden Zeilen Aufschluß geben:

Durch falsche Materialausgabe, Nichtberücksichtigung von Zeichnungsänderungen, Terminfälschungen usw. haben die Häftlinge im Werkzeugbau einen Rückstand von 2000 Aufträgen mit etwa 155 000 Arbeitsstunden erreicht, und niemand konnte den Täter fassen. Es kam dadurch zu schweren Produktionsstörungen in allen Abteilungen. Von dem automatischen Karabiner G 43 sollten monatlich 55 000 Stück geliefert werden. Im März 1944 wurden jedoch nur 3000, im April 6000, im Mai 9000 und im Juni 1944 ganze 600 Stück geliefert. Nach monatelanger systematischer Vorbereitung gelang es Ende Juli, die Produktion praktisch bedeutungslos zu machen.

Durch Ausführung eines ganzen Satzes von Werkzeugen in einem falschen Stoff traten Fehler bei G 43 auf, die die Firmen der Rüstungsindustrie und selbst des Oberkommandos der Wehrmacht nicht abfinden konnten. Das veranlaßte die Heeresabnahmestelle, die ganzen vorher erfolgten Lieferungen von Karabinern dem Werk wieder zur Verfügung zu stellen.

Neben dieser organisierten Sabotage haben sich Hunderte von Gefangenen noch einer anderen Sabotagearbeit befleißigt, und zwar durch illegales Herstellen von Gebrauchsartikeln für ihre Kameraden im Lager, alles mit dem Material der Nazis, ohne Kontingentierungsschein und in den Stunden, wo sie eigentlich hätten Waffen produzieren sollen.

Heinz Groß, Suhl/Thür.

139. Sabotagearbeit in der DAW-Schlosserei

In den Werkstätten waren sehr viele qualifizierte Handwerker beschäftigt; für diese Arbeiter war es nach jahrelanger schwerer Haft oft ein großes Glück, mal wieder am Amboß, Schraubstock oder an der Drehbank zu stehen. In der ersten Zeit wurden nur für das Lager Arbeiten gemacht, an deren Ausführung alle Häftlinge ein Interesse hatten. Wenn die Türen gut funktionierten oder eiserne Abtreterroste vorhanden waren, wenn sich an den Treppen feste Geländer befanden oder die Wasser- und Abflußleitungen gut funktionierten, dann war das für alle Häftlinge gut, und niemand kam in einen Konflikt mit seiner eigenen politischen Vergangenheit, wenn er seine handwerklichen Fähigkeiten voll einsetzte.

Es gab auch kaum Bedenken, wenn in der nachfolgenden Periode eine Unzahl von eisernen Kronleuchtern, kunstgeschmiedeten Kamingeräten, kunstvollen Fenstergittern, Truhenbeschlägen, großen Schreibzeugen, Aschenbechern, Brieföffnern und Briefkästen angefertigt wurden, hier waren dem Tatendrang und Erfindergeist der Häftlinge keine Grenzen gesetzt, obwohl diese Arbeit mitten im Kriege wehrpolitisch der denkbar größte Unsinn war. Denn draußen jammerte man schon nach Fachleuten, deren Begabung hier sinnlos vertan wurde, und behauptete, jedes Kilo Eisen sei wichtig, während man hier zentnerschwere Kronleuchter nach wochenlanger Arbeit in die Ecke stellte, weil der Architekt einer Bonzenvilla beim Anblick des fertigen Werkes erst merkte, daß er sich bei der Bestellung eine falsche Vorstellung gemacht hatte. Dann wurde von den Häftlingen mit grinsendem Behagen ein neuer Kronleuchter begonnen.

Nach Stalingrad wurden die Häftlinge als Arbeitskräfte wichtiger. Die DAW-Betriebe stellten sich auf Kriegsproduktion ein und fingen an, Stanzereien einzurichten, Patronenkisten und Kasernenspinde in großen Serien und die dazu erforderlichen Beschläge herzustellen und PAK-Patronen wieder aufzuarbeiten. Auch andere Arbeiten, wie der Umbau von Lastkraftwagen in Küchenwagen und Dreharbeiten für Flugzeugteile, wurden gemacht.

Durch die Umstellung von der Bauschlosserei zur teilweisen Rüstungsarbeit ergaben sich eine Reihe organisatorischer Maßnahmen; die technische Leitung in ihrer Gesamtheit war unfähig, die Arbeiten zu meistern. Immer wieder waren sie auf die Mitarbeit der Häftlinge angewiesen, die mit vollem Bewußtsein im Sinne des Antifaschismus die technischen Arbeiten verzögerten. Falsche Planzeichnungen und teilweise Aufstellen von Maschinen an den unmöglichsten Plätzen mit elektrischem Anschluß hatte zur Folge, daß die Maschinen wieder umgruppiert werden mußten. Materialbeschaffung, die durch die Kontingentierung schon an und für sich erschwert war, wurde bis auf das Komma nach den Verfügungen und Erlässen des SS-Rohstoffamtes sowie der Gauwirtschaftskammer erledigt.

Z.B. wurde nach Anlauf der Produktion bei den Messerschmidt-Beschlägen nicht nach dem Plane der Wiener Neustadter-Flugzeugwerke gearbeitet, sondern durch scheinbare Aktivität mehr an Blech und Material zugeschnitten, als die Monatslieferung vorsah. Dadurch wurde die Planung durcheinandergeschmissen und bei der Verknappung des Materials unausbleibliche Sabotage als Auswirkung dieser Maßnahme erreicht. Plötzliche Zeichnungsänderungen ließen die zugeschnittenen Teile auf den Schrott wandern.

Ein besonderes Kapitel war die Herstellung von Schnitt- und Schneidwerkzeugen für die Massenartikel für Mupa-Gefäße. Scharnier- und Verschlußwerkzeuge wurden zu hart oder zu weich gehärtet und dadurch wochenlange Stillegung der Exzenterpresse erreicht.

Direkte Arbeiten für die Waffen-SS waren der Umbau von LKW zu Küchen- und Befehlswagen. So wurden u. a. 100 Opelwagen mit [Karosserien] versehen. Man änderte Konstruktionszeichnungen in raffinierter Art, indem man Verstrebungen fallen ließ, was den Aufbau beim Fahren so stark lokkerte, daß schon vor dem Verladen in Weimar 10% der Wagen zurückgeschickt wurden, da sich der Aufbau durch starkes Bremsen hin- und hergeschoben hatte.

Eine nicht zu unterschätzende Arbeit in unserem Betriebe war die Wiederherstellung von 2 cm PAK-Patronenhülsen. Diese wurden millionenweise mit LKWen und Waggons angefahren. Da sie schon aussortiert waren, verlangte man nun fast 100%-ige Wiederherstellung der gelieferten Hülsen, in den meisten Fällen wurden aber nur 25–30% in den Wiederherstellungsprozeß eingereiht, falsche Lagerung, teilweise im Freien, und Benutzung von falschen Bohrern beeinflußt stark die Wiederherstellung.

Durch den Bombenangriff vom 24. 8. 44 wurden sämtliche Maschinen im Wert von Mk. 750000 vernichtet. Der Wiederaufbau geschah mit den stärksten Druckmaßnahmen der SS. Trotzdem wurde bis zum 11. 4. 45 die Produktion nicht mehr aufgenommen.

Die LKWe der DAW wurden so mangelhaft repariert, daß eine regelrechte Anfuhr des Baumaterials nicht möglich war. Auch hier zeigte sich die Tätigkeit der Antifaschisten, die teilweise als Kriegsgefangene im Transportwesen arbeiteten, immer wieder mit kleinen Sabotageakten. Der letzte Versuch, aus der Dreherei und Fräserei noch einen Kriegsbetrieb zu organisieren, brachte gleichfalls keinen Erfolg.

Robert Leibbrand, Stuttgart

140. SS plündert Rote-Kreuz-Pakete

Im September 1943 kam ich in das Kommando Poststelle, dem ich bis zur Befreiung angehörte. Sämtliche Rote-Kreuz-Pakete, die bis zum März 1944 in Buchenwald ankamen, gingen unkontrolliert über das staatliche Zollamt Weimar ins Lager. Im März 1944 übernahm die SS dieses Zollamt unter Führung des Oberscharführers Emil Bretschneider aus Ullersdorf bei Reichenberg (Sudetenland). Mit diesem Tag fing das Ausräubern der Roten-Kreuz-Pakete an. Bretschneider hat an seine Frau in Ullersdorf wöchentlich mindestens 2mal Expreßpakete mit einem Gewicht über je 15 Kilogramm geschickt. Der Inhalt war aus gestohlenen Paketen des Roten Kreuzes und Privatpaketen zusammengesetzt, Kaffee, Schokolade, Kakao, Seife, Konserven und Zigaretten vor allem. Von 11. –22. August 1944 wurden auf Betreiben Bretschneiders sämtliche Pakete für die damaligen Häftlinge beschlagnahmt, alle gestohlenen Sachen wie Eier, Speck, Würste, gute Konserven, Zigaretten wurden bei der SS verteilt. In dieser Zeit sind durch die SS schätzungsweise 5–6000 Rote-Kreuz-Pakete gestohlen worden.

Nach dem Fliegerangriff am 24. 8. 1944 hat Bretschneider seine Dienststelle (SS-Zollamt) nach Weimar, Kohlstraße, verlegt. Von diesem Zeitpunkt an war die Kontrolle der Häftlinge über das Treiben der SS nicht mehr so genau durchführbar wie vorher. Daß es aber in Weimar noch toller getrieben worden ist, beweist die Verhaftung Anfang März 1945 des Rottenführers Visser aus Emmerich oder Kleve, weil er die Beraubung der Pakete so stark durchgeführt hat, daß eine Anzeige aus der Bevölkerung von Weimar erfolgte. Visser war meines Wissens nach ungefähr 8 Tage in Haft. Was weiter aus ihm geworden ist, entzieht sich meiner Kenntnis. Bretschneider hat in Weimar absichtlich Tausende von Rote-Kreuz-Paketen zurückbehalten, um sich eine Existenzberechtigung in Weimar zu beschaffen. Da die SS die Angehörigen von Häftlingen, die durch die Terrormethoden im Buchenwald verstorben oder gemordet waren, nicht hiervon verständigte, kamen immer wieder Rote-Kreuz-Pakete für diese Häftlinge an. Auf diese Weise hat sich Bretschneider seine Zurückstellung vom Frontdienst ermöglicht.

Der zweite Mann in dieser Gesellschaft war der Unterscharführer Gustav Ermert aus Sauerland, der mit Bretschneider alle diese schmutzigen Geschäfte erledigt hat. Mitte Februar 1945 wurde Ermert Leiter der Dienststelle. Auch er hat mit Absicht Rote-Kreuz-Pakete in Weimar festgehalten. Wieviel Rote-Kreuz-Pakete sich in Weimar befanden, ist nicht kontrollierbar, da keine Buchführung gemacht wurde. Anfangs März 1945 wurde vom Internationalen Roten Kreuz ein Rechenschaftsbericht verlangt über erhaltene Rote-Kreuz-Pakete. Durch den Sturmmann Lauten aus Düsseldorf erfuhr ich, daß 7 Waggons mit RK-Paketen fehlten (schätzungsweise 21–23 000 Pakete).

Ab 25. März 1945 durfte kein Häftling mehr nach Weimar. Sämtliche Arbeiten wie Verladen von Paketen usw., das sonst durch Häftlinge geschah, besorgte nun die SS selbst. Am 7. März hat der Unterscharführer Oswin Hörnig, der nicht zur Zollstelle gehörte, auf unser Betreiben hin die im Zollamt lagernden RK-Pakete ins Lager gebracht. Er teilte uns dabei mit, daß er nur noch 20 Kisten (je 20 Pakete) vorgefunden hatte, die anderen wären geplündert worden. Um wieviel Pakete es sich dabei handelt, entzieht sich meiner Kenntnis.

[ohne Unterschrift]

Kapitel X
Die Befreiung des Lagers

141. Massensterben im kleinen Lager

Auf Grund der Ende 1944 in das Lager hineinströmenden Transporte reichten die vorhandenen Baracken nicht aus. Für den Krankenbau war kein Platz geschaffen worden, viele Kranke mußten darum in den Blöcken verbleiben. Die SS-Ärzte standen dieser Entwicklung ohne jede Initiative gegenüber. Um eine Kontrolle über die schlimmsten Kranken im kleinen Lager zu haben, gingen die verantwortlichen Kameraden des Krankenbaus dazu über, in jedem Block einen Blockarzt einzusetzen. Im Herbst 1944 nahm die Dysenteriewelle im kleinen Lager einen bedrohlichen Charakter an, aber alle Vorstellungen beim SS-Standortarzt blieben ohne Erfolg. Die SS-Lagerleitung hatte für die Bedürfnisse des Krankenbaus überhaupt kein Verständnis. Auch in dieser Situation war es die Häftlingsinitiative, die helfend eingriff. Durch Verhandlungen mit der Häftlingslagerleitung wurde erreicht, daß der Block 61 als Krankenbaracke eingerichtet wurde. Eine ideale Lösung war das nicht, aber da nichts anderes geschaffen werden konnte, mußte man zugreifen, um einer Ausbreitung der Seuchen und Epidemien zuvorzukommen. Man konnte hier die Kranken, die zunächst fast ausschließlich aus Dysenteriekranken bestanden, isolieren und so die Gefahr für das Gesamtlager bannen.

Den Höhepunkt der Katastrophe erlebte das Lager im Januar 1945. Tausende von Häftlingen kamen aus Auschwitz, Groß-Rosen, Monowitz usw. Die Transporte waren alle in einem unbeschreiblichen Zustand. Der schlimmste Transporte traf am 25. 1. 45 von Groß-Rosen ein, der in zwei Waggons 398 Tote mit sich führte. Die Häftlinge waren mit denkbar schlechtester Fußbekleidung über 100 km marschiert, dann in offenen Güterwagen verladen worden und drei Wochen in Schnee und Eis ohne Verpflegung unterwegs. Der Zustand dieses Transportes ist nicht zu beschreiben; Hunderte von schweren Kollapsfällen, Hunderte erfroren, verhungert. Der Abtransport vom Bahnhof Buchenwald dauerte die ganze Nacht hindurch. Der Weg vom Bahnhof bis zum Bad war besät mit entkräfteten und sterbenden Menschen. Die Erfrierungen waren so stark, daß Fußzehen und andere Gliedmaßen buchstäblich abfielen.

Zur Unterbringung der Häftlinge war kein Platz. Sie blieben daher 5 Tage im Häftlingsbad, in den 2 davor stehenden Zelten, im Block 12, der weder Türen noch Fenster aufwies und auch nicht heizbar war, sowie in dem Neubau der Küche, ebenfalls ohne Fenster, Türen und Heizung, liegen. Täglich waren aus diesen Räumen 60–80 Tote abzuholen, Tag und Nacht hörte man das Klagen, Jammern und Schreien dieser unglücklichen Menschen.

Um diesen Kameraden zu helfen und ihnen wenigstens ein Dach über den Kopf zu geben, griff die Initiative der Häftlinge wieder ein. Außerhalb des Lagers wurden Tausende Quadratmeter Holz gestohlen, ins Lager gebracht und daraus weitere Boxen in den Blöcken des kleinen Lagers errichtet.

Das war für das Lager die einzige Möglichkeit, diese Menschen überhaupt in einem Raum unterzubringen. Die gesamte SS kümmerte sich nicht um die Unterbringung. Die großen Blöcke im großen Lager, die für 300 Menschen vorgesehen sind, wurden mit 800 Häftlingen belegt. In den Blöcken des kleinen Lagers wurden 1200 bis 1400 Menschen untergebracht.

In den Blöcken selbst waren jetzt die katastrophalsten Zustände. Infolge der Überbelegung erstickten z. B. in einer Nacht 8 Häftlinge im Block 57. Jeder Block im kleinen Lager hatte täglich 25–35 Tote. Stündlich konnte man neue Tote aus den Blöcken holen. Die Menschen lagen in den Kojen und starben dahin. Die eingesetzten Blockärzte konnten nicht helfen. Medikamente gab es wöchentlich einmal, für einen Block mit Hunderten von Kranken 20 oder 30 Tabletten.

Um den Dingen ein wenig abzuhelfen, ließ die Häftlingslagerleitung die Anbauten an Block 51 und 57 errichten, wo man weitere Kranke unterbringen konnte. Die Verhältnisse in den Blöcken verschlechterten sich zusehends, da immer mehr Transporte aus den Außenkommandos zurückkamen, die sich in einem nicht zu beschreibenden Zustand befanden. Viele moribunde Fälle wurden täglich aus den Blöcken herausgeholt und in Block 61 eingeliefert. Die Häftlinge lagen fast unbekleidet, oft ohne Decken. Durch die Lagerstätten tropften die Ausscheidungen der Kranken und verbreiteten in den Blöcken einen entsetzlichen Gestank.

Bis zu diesem Zeitpunkt (Januar 1945) waren infolge des Prozesses Hoven, der unter Mordanklage stand, wobei das Abspritzen von Häftlingen Gegenstand der Verhandlung war, von der SS keine Abspritzungen mehr vorgenommen worden. Da der Gang der Verhandlung für Hoven einen günstigen Ausgang nahm und eine Verurteilung nicht erfolgte, begann die SS im Januar 1945 wieder mit Abspritzen der Häftlinge im Block 61. Eine andere Lösung für die katastrophalen Zustände fand die SS nicht. Schiedlausky beauftragte den Hauptscharführer Wilhelm, täglich vormittags nach Bl. 61 zu gehen. Hier musterte Wilhelm die eingelieferten Kranken und spritzte sie nach seinem Ermessen ab.

Bei diesen Verhältnissen versuchten die Häftlinge zu retten, was Menschen möglich war. Da unter den Transporten auch viele Kinder waren, galt ihnen die besondere Fürsorge der Pfleger. Sobald in den anderen Krankenabteilungen Platz war, wurden die Kinder sowie die jungen Leute schnellstens aus Bl. 61 verlegt. In Block 61 selbst wurden Vorzugsboxen eingerichtet, um den Kranken zu helfen, die noch eine Lebenschance hatten. Andererseits wurden auch Häftlinge im Block 61 aufgenommen, die gehängt oder in anderer Form exekutiert werden sollten, mit den Personalien von Verstorbenen versehen und ihnen dadurch das Leben gerettet.

Im März [1945] traf ein Schreiben der SS-Führung Berlin ein, wonach die Kranken einer besseren Behandlung zugeführt werden sollten. Trotz dieses Schreibens wurden aber keine Mittel zur Verfügung gestellt, um eine bessere Behandlung durchführen zu können.

Das Schreiben enthielt auch das Verbot, Häftlinge abzuspritzen, denn seit diesem Tage wurde keine Abspritzungen vorgenommen. Laut diesem Schreiben sollten auch die Juden einer besseren Behandlung zugeführt und in der Behandlung den russischen Kriegsgefangenen gleichgestellt werden.

Otto Kipp, Dresden

142. So sah es im kleinen Lager aus

Ich bekam am 11. 3. 1944 den Auftrag, den Block 53 im kleinen Lager zu übernehmen, da ein Transport Polen aus Auschwitz angekündigt worden war. Ich möchte erwähnen, daß die Blöcke im kleinen Lager keine Wohnblöcke für Menschen waren, sondern Pferdeställe ohne Fenster. Ein Platz im Block, um die menschliche Notdurft zu verrichten, war nicht da. Die Anfangsbelegschaft betrug 450 Kameraden, die sich später auf 1000, 1400, ja 1800 Kameraden steigerte. Wasserleitung, Entwässerung sowie Bänke und Tische waren nicht vorhanden und wurden erst später in beschränktem Maße zugeteilt. In der Mitte des kleinen Lagers, das eine Ausdehnung von 15 Blöcken hatte, war ein Waschraum und ein Raum, um die Notdurft zu verrichten. Wenn wir bei Tag oder Nacht austreten wollten, mußten wir mitunter 300 m die aufgeweichten Plätze passieren.

Wir machten der SS verschiedene Male den Vorschlag, daß es dringend notwendig sei, Wasserleitung, Entwässerung sowie einen Raum zu schaffen, in dem wir unsere Notdurft verrichten können. Die SS-Lagerführung lehnte aber unser Ersuchen jedesmal ab. Decken für die Kameraden, Handtücher und Seife gab es zu Anfang nur sehr beschränkt, später überhaupt nicht mehr. Wenn wir einmal 50 oder 100 Decken bekamen, so nur unter Mithilfe unserer Kameraden auf der Gerätekammer. Da die SS-Lagerführung es abgelehnt hatte, Wasserleitung, Entwässerung sowie einen Raum zur Verrichtung der Notdurft zu schaffen, traten wir mit unseren Kameraden von der DAW und der Entwässerung in Verbindung. Das Material für oben genannte Einrichtungen wurde bei den Deutschen Ausrüstungswerken gestohlen, was bei Ertapptwerden immer mit Lebensgefahr verbunden war.

Die Bekleidung war derart mangelhaft, daß man bei vielen Kameraden bloße Körperteile sehen konnte. Am Anfang bekamen wir noch jede Woche frische Wäsche, im letzten Jahre nur noch alle 3 bis 4 Wochen, dann nur noch ein schlechtes Hemd. Unterhosen und Strümpfe gab es überhaupt nicht mehr, auch im Winter nicht. Der größte Teil der Kameraden hatte keinen Mantel, schlechte Schuhe, wo das Wasser überall Zutritt hatte, keine Handtücher, keine Seife.

Jeder Mensch kann sich vorstellen, daß unter diesen Umständen Krankheiten aller Art sowie Ungeziefer – Wanzen, Läuse und Flöhe – in großen Mengen auftraten. Das Ungeziefer trat manchmal so stark auf, daß die meisten bei Nacht nicht mehr schlafen konnten und ihre Körper vollständig zerfressen waren. Nur durch die Initiative aller anständigen Kameraden war es möglich, daß die Zustände nicht noch schlechter wurden.

Das kleine Lager hatte keine feste Belegschaft, es war das sogenannte Durchgangslager. Die Kameraden blieben ungefähr 14 Tage bis 3 Wochen auf den Blöcken, wurden untersucht und gingen nach Ablauf der Frist wieder auf Transport in ein Außenkommando. Nur ein kleiner Rest Facharbeiter blieb. Bei jedem Transport waren 10 bis 15 % Arbeitsunfähige. Diese Kameraden wurden auf 3 Blöcke im kleinen Lager zusammengefaßt. Verschiedene Male hat die SS Untersuchungen bei diesen arbeitsunfähigen Kameraden durchgeführt, und ein Teil von ihnen wurde auf Transport zur Vergasung geschickt. Auch hat die SS von den arbeitsunfähigen Kameraden Blut genommen, um es in Lazaretten zu verwenden. Die Blutabnahme war nicht freiwillig.

Jakob Rudniger, Worms

143. Der Block des Todes 61[1]

Das Lager Buchenwald hatte seit dem Sommer 1943 die spezielle Aufgabe, Sammelbecken und Verschickungszentrale gefangener Arbeitssklaven zu sein. Da für die Transporte nach den Arbeitslagern nur gesunde und kräftige Häftlinge ausgesucht wurden, erhöhte sich der Anteil der Schwachen, Kranken und Invaliden in Buchenwald ständig. Die Krankenbaracken, die schon für ein erheblich kleineres Lager völlig unzureichend waren, zeigten sich dem Ansturm der Pflege und Heilung suchenden Häftlinge bei weitem nicht mehr gewachsen. Die SS stand dem Problem, das von den im Häftlingskrankenbau beschäftigten Kameraden immer und immer wieder mahnend und drängend vorgelegt wurde, völlig ablehnend gegenüber.

Die Situation spitzte sich 1945 immer bedrohlicher zu. Als die Todestransporte von Budapest, Ohrdruf, Czenstochau, Auschwitz, Buna, Blechhammer, Groß-Rosen usw. in entsetzlicher Folge eintrafen, als aus jedem geöffneten Waggon Dutzende von Leichen herausgeholt werden mußten, als der Weg vom Bahnhof Buchenwald zum Bad mit Leichen eingesäumt war, als die SS begann, ganze Transporte gleich im Bad oder in dem daneben errichteten Zelt, das kein Häftling bei Nacht betreten durfte, zu liquidieren, da erreichten auf diesem Höhepunkt einer fast ausweglosen Situation die

Kameraden des Krankenbaus als einziges Zugeständnis die Freigabe eines Pferdestalles, des Blocks 61, für Hospitalzwecke.

Mit diesem an sich erbärmlichen Ergebnis glaubten die Kameraden des Krankenbaus wenigstens erreicht zu haben, daß man die kranken und schwachen Häftlinge unter Dach und Fach bringen und ihnen die dringendste Behandlung ihrer Krankheiten und Wunden sichern konnte. Medikamente und Instrumente wurden von der SS nicht bewilligt und mußten daher vom Blockpersonal und andern Kameraden, zumeist aus dem SS-Revier, gestohlen werden. Die Belegung des Blocks mit Kranken stieg schnell auf den unglaublichen Höchststand von 816. Weitere Blöcke für Kranke frei zu bekommen, war nicht möglich, jede dahingehende Forderung wurde von den SS-Mördern kalt abgewiesen.

In dieser Zeit traf vom SS-Führungshauptamt Berlin ein Bescheid für den Lagerarzt ein, daß keine Transporte mehr nach dem berüchtigten, schamlos «Erholungslager» genannten K.L. Bergen-Belsen abgehen könnten und daß das K.L. Buchenwald sein «Überfüllungsproblem selbst lösen» müsse.

Diese «Lösung» sah folgendermaßen aus: Im Januar 1945 traf der Standortarzt und Lagerarzt Buchenwald, SS-Hauptsturmführer Dr. Schiedlausky, die Anordnung, daß alle moribunden Häftlingen aus den ankommenden Massentransporten ausschließlich nach Block 61 zu bringen seien. Dort wurden sie von dem SDG des Lagers Buchenwald, SS-Hauptscharführer Wilhelm, auf der Eingangstreppe «sortiert», der die Schwachen bereits im Vorraum liquidierte, ohne daß sie in den eigentlichen Block gelangten.[2]

Diese neue Bestialität führte zu einer Zusammenkunft verantwortungsvoller Kameraden des Krankenbaus mit dem Blockältesten von 61, in der unter Würdigung aller gegebenen Umstände folgende Beschlüsse gefaßt wurden:

1. Trotz des strikten Verbots geht sofort nach Anmeldung eines neuen Transportes einer der leitenden Kameraden des Krankenbaus zum Bad und versucht, aus der vom SS-Mörder Wilhelm zum Tod bestimmten Zahl von Kranken eine größtmögliche Anzahl illegal ins Revier zu bringen.

2. Der Blockälteste des Blocks 61 hat den Auftrag, von den ankommenden, zur Liquidierung bestimmten Kranken möglichst viele gegen hoffnungslose Fälle aus dem Block auszutauschen.

3. Zu diesem Austausch sollen außerdem besonders ehemalige SS-Freiwillige, Spitzel der SS oder Verräter gelangen, deren Namen von ihren jeweiligen Landsleuten auf Grund der bei den Effekten gefundenen Nazi-Legitimationen bestimmt werden.

4. Alle von der SS mit Erschießen oder Erhängen bedrohten Kameraden werden soweit wie möglich im Block 61 aufgenommen, ihre Identität wird mit den Personalien verstorbener Häftlinge vertauscht und sie werden mit den neuen Namen am nächsten Tag entlassen.

5. Durch Zurückhaltung von Totenmeldungen werden Essenportionen herausgeholt (insgesamt waren es mehrere Tausend), die nach einem festge-

legten Verteilungsschlüssel an die verschiedenen Volksgruppen ausgegeben werden.

Die Beschlüsse dieser Zusammenkunft wurden trotz aller Gefahren konsequent durchgeführt. Außerdem wurden Dutzende von Kameraden, die von einem Todestransport in ein schlechtes Außenlager bedroht waren, in den beiden Vorzugsboxen des Blocks untergebracht und mit Nahrungsmitteln, die der SS weggestohlen waren, versorgt. Besondere Berücksichtigung fanden dabei jugendliche Juden, die oft grauenhaft unterernährt aus den östlichen Lagern nach Buchenwald transportiert worden waren. Weit über 1000 Kameraden konnte in den letzten Wochen auf diese Weise das Leben gerettet werden.

Die «normale» Totenzahl des Blocks betrug in dieser Zeit täglich 15 bis 20; sie stieg durch die Mördertätigkeit der SS auf 50 bis 60. Trotzdem genügte anscheinend diese Zahl den verantwortlichen SS-Mördern noch nicht, weshalb sie beim Blockältesten von 61 «anregten», auch die 60 Tbc-Kranken des Blocks «nach draußen zu schicken». Der drohenden Vernichtung dieser Kameraden wurde durch schleunige Verlegung der Bedrohten ins sogenannte «Kleine Revier» vorgebeugt.

Als im März 1945 das SS-Führungshauptamt eine bessere Behandlung der kranken Häftlinge forderte und die Totenzahl als zu hoch kritisierte – eine genaue Umkehrung des Befehls von Januar 1945! –, stellte die SS ihre Mordtätigkeit im Block 61 ein. Die Kameraden des Reviers konnten alle Morde der SS an den Kranken nicht verhindern, doch haben sie unter Nichtachtung aller Gefahr für das eigene Leben tausendfaches Leben in letzter Minute gerettet.

Louis Gimnich, Blockältester 61

144. Rettung aus Todestransporten

Mit der Auflösung der Lager im Osten strömten fast täglich große Transporte nach Buchenwald, das dadurch eine Überbelegung erhielt, die auf die Dauer zu unerträglichen Zuständen, vor allem in hygienischer Hinsicht, führen mußten. Die SS stand diesem Zustand hilflos und gleichgültig gegenüber und überließ es den Häftlingen, den Versuch zu machen, selbst unter diesen grauenhaften Verhältnissen einigermaßen erträgliche Lebensbedingungen zu schaffen. Für die SS-Mörder gab es nur zwei Lebensmöglichkeiten: offene Liquidierung vor allem der Schwachen und möglichst viele Transporte in die Außenlager mit Rüstungsbetrieben. Diese Transporte waren in den meisten Fällen Todestransporte, weil die Lebensbedingungen in den Außenlagern fast durchweg viel schlechter und schwerer waren als im Stammlager.

Darum setzte sich die Häftlingslagerleitung das Ziel, möglichst alle kampfkräftigen antifaschistischen Kräfte aller Nationen im Lager zu belassen. Daß dies nicht in jedem Fall gelang, liegt an der ungeheuerlichen Überfüllung des kleinen Lagers, in das alle Neuzugänge gestopft wurden. Da es selbstverständlich eine Unmöglichkeit darstellte, daß einige Kameraden alle wertvollen, antifaschistischen Kräfte aus den Massentransporten und Einzelzugängen – auch das waren oft 300 am Tag – herausfinden konnten, hatten die verschiedenen Nationen erfahrene, antifaschistische Kameraden als Stubendienste ins kleine Lager gestellt.

Obwohl der Dienst nicht leicht war, haben die Kameraden ihn aufopfernd geleistet, in dem Bewußtsein, zur Lebensrettung von Tausenden Opfern der faschistischen Diktatur beitragen zu können. Die Stubendienste setzten sich bei jedem neuankommenden Transport mit ihren Landsleuten in Verbindung, meldeten Nummern und Namen der antifaschistischen Kämpfer, die mitgekommen waren, ihren Vertrauensmann, der diese aus allen Blöcken des kleinen Lagers zusammengestellte Liste dann an eine zentrale Vermittlungsstelle bei der Arbeitsstatistik weitergab. Selbstverständlich durfte die SS, die strengen Befehl zum Weitertransport aller Neuzugänge gegeben hatte, davon nichts wissen. Darum wurde diese Auslese mit dem Titel «Aussuchen von Facharbeitern» getarnt, obwohl es sich in vielen Fällen um Wissenschaftler, Künstler, Ärzte usw. handelte.

Auch die SS versuchte auf ihre Art, eine Auslese zu treffen. Bei den Massentransporten kam es immer wieder vor, daß besonders verhaßte Prügelhelden im kleinen Lager von ihren Mithäftlingen beim Eintreffen in Buchenwald tot geschlagen wurden. Als die SS bei einem besonders krassen Fall davon erfuhr, ordnete der Lagerkommandant Pister an, daß alle gefährdeten Funktionäre sofort von den Transporten zu trennen und isoliert unterzubringen seien. Trotzdem ist von den wirklichen Mördern unter den Häftlingen keiner seinem verdienten Schicksal entgangen!

In den beiden letzten Monaten vor der Befreiung konnten auf die oben geschilderte Weise weit über 2000 Kameraden gerettet und in das große Lager verlegt werden.

Stefan Heymann, Mannheim

145. Auf der Flucht erschossen

Am 10. April 1945 erhielt unser Außenkommando S III, das aus 160 Häftlingen bestand, den Befehl, von Ohrdruf nach Buchenwald zurückzumarschieren. Wir gingen unter starker SS-Bewachung und kamen über Sundorf nach Arnstadt. In Sundorf wurde an einem Brunnen Halt gemacht – jeder wollte seinen Durst stillen. Während sich Häftlinge und SS-Leute um den Brunnen drängten, benutzten zwei Gruppen von je 3 jungen Polen die günstige Gelegenheit und rannten in verschiedenen Richtungen davon.

Niemand hatte dies bemerkt, erst der Schrei einer Ortsbewohnerin «Die Hunde laufen über das Feld!» lenkte die Aufmerksamkeit der SS auf die

Flüchtlinge. Sofort eröffneten sie ein heftiges Gewehrfeuer, und einige SS-Leute sprangen ihnen nach. Von der einen Gruppe wurde der Kamerad Jurek lebend zurückgebracht und vor unseren Augen am Brunnen erschossen, die beiden anderen konnten entkommen. Die zweite Gruppe wurde durch zwei bewaffnete Zivilisten und die nachsetzenden SS-Leute gestellt und an Ort und Stelle ermordet. Und wir konnten unseren Kameraden nicht helfen, da die Läufe der Karabiner der andern SS-Leute ständig auf uns gerichtet waren. Aber unsere schwachen Fäuste ballten sich und wir schworen: «Wir werden Euch rächen!»

Jan Jakubowski (Nr. 47716)

146. Schwarzsender in Buchenwald

Meine Tätigkeit in Buchenwald bestand im Bau und in der Instandhaltung von Übertragungsanlagen, Sende-, Fernschreiber- und Signalanlagen. Der Zutritt zu allen Stellen setzte mich in die Lage, von vielen wichtigen Dingen Kenntnis zu erhalten. Als durch die militärische Entwicklung die Situation immer gespannter wurde, und als die Lagerführung durch das Herbeischaffen von Panzerfäusten und Flammenwerfern zum Einsatz gegen die Häftlinge ihren Vernichtungswillen demonstrierte, beschlossen die Häftlinge, die Abwehr zu organisieren, wozu auch die Schaffung einer Verbindung mit der Außenwelt gehörte.

Zu diesem Zweck wurde aus Teilen eines französischen Militärsenders ein Geheimsender gebaut, der im Häftlingskino untergebracht war. Auf Welle 35 wurden Versuche gemacht, die sehr gut klappten. Da kurz darauf im Lager Dora ein Geheimsender entdeckt worden war – 29 Häftlinge wurden dafür in den Bunker geworfen, 8 erschossen, 2 erhängten sich –, und da auch in Buchenwald nach ihrem Sender gesucht wurde, mußten wir schweren Herzens unsere Anlage vernichten.

Anfang April hat dann angeblich ein Sender Waffen für die Buchenwalder Häftlinge angefordert. Wir stellten fest, daß er in 34 Kilometer Entfernung auf Welle 42 sandte. Da die Lage immer kritischer wurde, haben 3 polnische Kameraden in der Nacht zum 8. 4. 45 einen telegrafischen Sender gebaut und in Betrieb gesetzt.

Mit gut getarnten Kurzwellen-Apparaten haben wir umgekehrt regelmäßig alle Nachrichten aus den alliierten Ländern empfangen.

Als am 11. April der Abzug der SS vom Lager aus beobachtet werden konnte, habe ich zuerst alle Führerstellen telefonisch angerufen. Es meldete sich aber niemand mehr. Bei der Besetzung des Torgebäudes war ich dabei, in kurzer Zeit war die zerstörte Befehlsübermittlungs-Anlage wieder im Betrieb, Fernsprech- und Dieselmotor-Zentrale besetzt.

Aus Weimar kamen lange nach der Besetzung noch zwei Anrufe, die zeigten, daß man dort keine Ahnung von den Vorgängen in Buchenwald hatte. Um 6 Uhr abends suchte der Polizeipräsident von Weimar – allerdings vergeblich – den Kommandant zu sprechen, und um 9 Uhr rief eine Telefonistin vom Fernsprechamt an und fragte, ob es wahr sei, daß 5000 Häftlinge ausgebrochen wären. Wir beruhigten sie, worauf sie sagte: «Ich bin ja so froh, daß sie noch da sind!»

Armin Walther[3], *Riesa/Elbe*

147. Liste der 46 Antifaschisten

Heilmann, Paul	Dt.	Gadzinski, Artur	P.
Lewit, Achim	Dt.J.	Kogon, Eugen	Ö.
Siewert, Robert	Dt.	Neumeister, Hans	Dt.
Busse, Ernst	Dt.	Seifert, Willi	Dt.
Kipp, Otto	Dt.	Wolf, Ludwig	Dt.
Sitte, Kurt	T.	Robert, Jan	N.
Hauptmann, Hein	Dt.	Frenzel, [Adolf]	Dt.
Bokowski, Karl	Dt.	Gärtig, Karl	Dt.
Dietzsch, Artur	Dt.	Gründel, Paul	Dt.
Pick, [Pieck] Harry	N.	Schilling, Paul	Dt.
Apitz, Bruno	Dt.	Lingen, [Dirk van]	N.
Löser, [Leeser] Kurt	Dt.	Müller, Alfons	Dt.
Eul, Theo	P.	Mühlenstein, Nuchem	T.
Przybolowski, Marian	Ö.	Tressor [Tresoor] [Bernhard]	H.
Leitner, Franz	Dt.	Jellinek, Wilhelm	T.
Grosskopf, Richard	Dt.	Cohn, August	Dt.J.
Bräuer, Heinrich	T.	Wojkowski, Paul	Dt.
Senkel, [Zenkel] Paul [Peter]	Dt.	Drewnitzki, Viktor	Dt.
Wehle, Willi	Dt.	Behrens, Paul	Dt.
Schulz, Karl	Dt.	Kuntz, Albert	Dt.
Grosse, Otto	Dt.	Scherlinski, Alfred	Dt.
Berndt, Walter	Dt.	Boulanger, [Jakob]	Dt.
Schalker, Jan	N.	Carlebach, Emil	Dt.J.

Die Obengenannten stehen am 6.4.45 um 8 Uhr an Schild III.

148. Vor der SS versteckt

Am 2. April 1945 abends um 9:30 Uhr kam der reichsdeutsche Häftling Otto Kipp zu mir und fragte mich, ob ich bereit wäre, vier Offiziere der englischen Luftwaffe vor dem Zugriff der SS in meinem Block zu verstecken. Ich war sofort bereit und versteckte sie einige Tage, bis die Gefahr vorbei war.

Am folgenden Tag abends wurden sämtliche Juden auf den Appellplatz gerufen. Ich hatte auf meinem Block ungefähr 400 Juden, doch habe ich keinen von ihnen auf den Appellplatz gebracht. In der folgenden Nacht beschlossen die Blockältesten, sämtliche Judenunterlagen zu vernichten, da nämlich die SS angedroht hatte, die Juden am nächsten Morgen selbst aus dem Lager zu holen.

Am nächsten Morgen war von der SS Zählappell angesetzt. Um 6 Uhr kamen zwei SS-Männer zu meinem Block. Sie befahlen den Juden, sich auf den linken Flügel zu begeben. Ich erklärte den beiden SS-Leuten, daß ich keinerlei Unterlagen habe, wer Jude sei oder nicht. Ungefähr 200 von 400 Juden traten nun am linken Flügel an. Während wir den Rest der Blockbelegschaft wieder in den Block brachten, gelang es mir und meinem Stubendienst, ungefähr 100 von den 200 angetretenen Juden wieder auf den Block bringen. Dann trat etwas ein, was ich nicht für möglich gehalten hätte. Ein Jude trat an einen SS-Mann heran und erklärte, daß sich auf dem Block noch mehrere Juden befänden. Die beiden SS-Leute gingen darauf nochmals in den Block und holten ungefähr 20 Juden heraus.

Am gleichen Tage erhielten wir die Mitteilung, daß 46 deutsche und holländische Kameraden am Tor antreten sollen, die SS wollte sie ermorden. Ich habe mich sofort bereit erklärt, neun von diesen 46 Kameraden auf meinem Block zu verstecken. Diese neun Kameraden hielten sich einige Zeit auf dem Block versteckt auf.

Jakob Rudniger, Worms

149. 21 000 Häftlinge befreit

Wir Häftlinge hatten durch Rundfunk und Presse erfahren, daß die amerikanische Armee den Raum von Eisenach erreicht hatte [Sonntag, der 1. April 1945]. Das war unser Ostergeschenk, und wir fieberten, daß die Befreier nun bald in Buchenwald erscheinen möchten.[4]

Am Ostermorgen, den 2. April, traten 17 sogenannte «Sicherheitsverwahrte», Kriminelle mit langen Vorstrafen, zu einer geheimnisvollen Arbeit bei der SS am Tor an. Unter ihnen waren mehrere mit lebenslänglicher Zuchthausstrafe, sodaß wir alle an ein Liquidierungskommando glaubten. Diese Häftlinge mußten an den Pferdestall, wo 8000 russische Kriegsgefangene von den Nazibanditen ermordet worden waren, einen 10–15 Meter langen, mannstiefen Graben ausheben. Drei Tage und drei Nächte, nur jeweils von 4 Stunden Schlaf unterbrochen, mußten sie unter ständigen Prügeln arbeiten. Zweifellos sollten der Pferdestall und mit ihm die 15 Mann in die Luft gesprengt werden. Plötzlich kam am dritten Tag der Befehl, den Graben wieder zuzuschütten. Die Todeskandidaten wurden ins Lager geschickt und ihnen angedroht, kein Wort über ihre Arbeit zu sagen.

Der 3. April brachte eine neue Sensation; der Lagerkommandant Oberführer Pister hielt im Kino eine Ansprache an den sogenannten Bergungstrupp, der ursprünglich aus Reichsdeutschen bestand und bei Aufräumungsarbeiten nach Bombardements eingesetzt worden sollte. Pister erklärte, er habe erfahren, daß von einem Geheimsender Waffen für Buchenwald angefordert würden. Er wisse, daß ausländische Häftlingsgruppen die deutschen Häftlinge vernichten wollten. Aber die SS habe genug Mittel, um die deutschen zu schützen. Im übrigen habe er den «offiziellen Auftrag, das Lager ordnungsgemäß zu übergeben»; das Lager werde nicht evakuiert werden.

Während der Rede des Kommandanten warf ein amerikanischer Flieger ein leichtes Maschinengewehr ab, das bei der Küche herunterfiel. Ein Lastauto des Lebensmittelmagazins, das in Gotha Waren holen sollte, mußte etwa 7 km vor Gotha umkehren, weil in dieser Stadt schon gekämpft wurde. Außerdem wurden in Weimar Flugblätter geworfen, die vor Grausamkeiten gegen die Buchenwalder Häftlinge warnten und Repressalien gegen die Thüringer Bevölkerung androhten.

Die Rede des Kommandanten wurde von allen denkenden Antifaschisten als ein plumper Versuch aufgefaßt, die Häftlinge einzuschläfern, um jeden geplanten Widerstandsversuch von seiten der Häftlinge zu zerschlagen. Daß der Kommandant bewußt gelogen hatte, zeigte sich schon am nächsten Abend. Während des ganzen 4. April herrschte ziemliche Ruhe im Lager, es kamen nur Zugänge aus Außenkommandos – etwa 2700 Häftlinge – herein. Aber um 16 Uhr schallte es durch den Lautsprecher: «Alle Juden auf dem Appellplatz antreten!» Aber kein Jude erschien, und es machte auch kein Blockältester den Versuch, die Juden seines Blockes zum Appellplatz und damit in den Tod zu treiben. Als der Kommandant den Lagerältesten fragte, warum niemand erscheine, sagte dieser, die Juden hätten Angst, erschossen zu werden. Darauf erwiderte der Kommandant, die Juden kämen nach Theresienstadt und würden dort dem Roten Kreuz übergeben werden.

Befehlsgemäß marschierte am Donnerstag, den 5. April, das ganze Lager um 6 Uhr auf dem Appellplatz auf. Dann hieß es «Juden heraustreten!» Die Juden marschierten dann ins DAW-Gelände. Allerdings von den schon lange im Lager sitzenden Juden ging keiner ins DAW-Gelände. Schon bei dieser Gelegenheit stand die Frage brennend vor den verantwortlichen Kameraden: Wie weit können wir mit unserem Widerstand gehen? Und wenn evakuiert werden muß, welche Gruppen gehen zuerst?

Die erste Frage mußte dahin beantwortet werden, daß das Kräfteverhältnis für einen offenen Kampf noch zu ungünstig war. Es befanden sich damals etwa 5–6000 schwerbewaffnete SS-Männer in den Kasernen, denen wir weder der Zahl noch der Bewaffnung nach gewachsen waren. Die Frage der Reihenfolge der Evakuierungen wurde dahin beantwortet, daß zuerst diejenigen evakuiert werden sollen, die für den Endkampf nicht zu verwenden waren, ja uns vielleicht sogar in den Rücken gefallen wären. Darum wurde bei allen Anforderungen von Häftlingen für neue Transporte keiner aus dem sogenannten «großen Lager», in dem die kampfkräftigen Antifaschisten aller Länder saßen, genommen, sondern nur Häftlinge aus dem kleinen Lager.

Während die Häftlinge des Lagers noch auf dem Appellplatz standen, kamen schwerbewaffnete SS-Männer ins Lager, um Juden zu suchen. Wer ihnen verdächtig erschien, wurde ins DAW-Gelände geprügelt. Im Keller des Blocks 49 hatte sich der jüdische Innenarchitekt Kurt Baum versteckt. Als der SS-Mörder ihn mitnehmen wollte, setzte sich Baum zur Wehr und wurde von dem SS-Mörder niedergeschossen. Insgesamt kamen von etwa 6000 Juden, die sich im Lager befanden, nur 1500 ins DAW-Gelände.

Nachmittags kamen in völlig verwahrlostem und ausgehungertem Zustand etwa 9000 Häftlinge aus dem Außenlager S III (Ohrdruf) zurück. Sie wurden gleich auf dem Appellplatz in drei Gruppen sortiert: Reichsdeutsche, ausländische Arier und Juden aller Nationen. Die Juden wurden ins DAW-Gelände zu ihren Leidensgenossen getrieben, die andern kamen ins Lager. Auf dem Weg von Ohrdruf nach Buchenwald waren Hunderte an Entkräftung umgefallen. Sie wurden ohne Erbarmen von den SS-Mördern niedergeknallt. In einem Ort sagte ein Polizist zu den SS-Banditen, die gerade ein Opfer erschossen hatten: «Ihr legt die Leute um und laßt sie liegen. Wenn die Amerikaner kommen, müssen wir das Bad aussaufen.»

Am gleichen Abend erhielt die Schreibstube eine Liste von 46 Antifaschisten, die auf Grund einer Denunziation des Tschechen Duda zustande gekommen war. Die Liste war von der Gestapo in Weimar übergeben worden. Die antifaschistischen Kameraden wurden für den nächsten Morgen zum Tor bestellt.

Da wir in der Nacht mit weiteren Aktionen der SS rechneten, waren alle Antifaschisten des Lagers in höchster Alarmbereitschaft.

Am Freitag, den 6. April, erschien von den aufgerufenen Antifaschisten ein einziger am Tor, der französische Fabrikant Bloch. Da sonst niemand kam, wurde er weggeschickt; dafür holte der Kommandant sich den Lagerältesten Eiden und fragte ihn, warum keiner der bestellten Häftlinge käme. Eiden erklärte, er wisse überhaupt nichts von einer Liste, er werde aber alles tun, um die Fehlenden zu suchen. Da gerade Fliegeralarm war, gab der Kommandant Zeit bis nach Beendigung des Alarms, dann müßten aber alle am Tor sein. Selbstverständlich hatten alle Kameraden sich gut versteckt, sodaß keiner zu finden war. Und alle haben den Tag der Freiheit wiedergesehen.

Nachmittags wurde bekannt gegeben, daß sofort ein Transport für Schanzarbeiten nach Leitmeritz in Böhmen in Stärke von 1 500 Mann zusammengestellt werden müsse. Diese Häftlinge wurden aus dem am Vortage gekommenen Transport von S III ausgesucht. Um 20 Uhr abends wurde mitgeteilt, daß am nächsten Tag mindestens 10 000 Häftlinge das Lager verlassen müßten und daß noch in der Nacht vom Arzt Untersuchungen auf Transportfähigkeiten vorgenommen werden. Tatsächlich wurden mitten in der Nacht rund 2500 Häftlinge des großen Lagers ärztlich untersucht.

Unter diesem Hin und Her war es Sonnabend, 7. April, geworden. Da die heißersehnten Befreier nicht kamen, hatte es den Anschein, als ob den Nazis noch genügend Zeit zur Evakuierung des Lagers bliebe. Zuerst wurden 3105 Juden aus dem DAW-Gelände im Laufschritt nach Weimar getrieben, wobei 47 Kameraden, die nicht mitkamen, von den Mordbestien erschossen wurden. Anschließend gingen die 1500 Häftlinge nach Leitmeritz, die in Weimar in offenen Güterwagen verladen wurden. Die SS wollte aber noch einen weiteren Transport wegschicken, da die Schlacht immer näher rückte und die Artillerieduelle deutlich zu hören waren. Ein großer Teil der Häftlinge, die aus dem Lager ins DAW-Gelände gebracht worden waren, konnte mit Hilfe des zur Absperrung aufgestellten Lagerschutzes wieder ins Lager zurückkommen, so daß die Zahl der noch in der DAW eingesperrten Häftlinge für den dritten Transport nicht ausreichte.

Da auf Anruf keine Häftlinge zum Appellplatz kamen und da die SS eine große Wut über das Verschwinden der 46 antifaschistischen Todeskandidaten hatte, wurden jetzt brutalere Mittel angewandt. 200 mit MG-s bewaffnete SS-Banditen wurden am Vorgebäude mit der Front zum Appellplatz aufgestellt, schwerbewaffnete Blockführer stürmten ins Lager und versuchten die fehlenden Häftlinge mit Prügel und Schüssen auf den Appellplatz zu treiben. Schließlich war die angeforderte Zahl von 4500 Häftlingen, die durchs Tor marschierten, zusammen.

Das Mißtrauen der SS gegen die Lagerfunktionäre war durch die letzten Vorgänge natürlich stark angewachsen. Darum wurde abends durch das Radio bekanntgegeben, daß nachts kein Häftling – auch kein Lagerschutz – auf der Straße sein dürfe; die SS übernehme die Bewachung des Lagers, und jeder Häftling, der außerhalb seines Blockes sei, werde von den SS-Streifen rücksichtslos niedergeschossen. Die SS-Leute waren wieder in besserer Stimmung, weil man ihnen vorgelogen hatte, daß die Amerikaner in einer neuen Verteidigungstellung aufgehalten worden seien. Um die Stimmung noch mehr zu heben, wurden rund 2 Mill. Zigaretten aus der Häftlingskantine beschlagnahmt und an die SS-Banditen verteilt. Während dieser letzten Nächte, feierten die faschistischen Massenmörder im Hause des ersten Lagerführers Schobert Nacht für Nacht wüste Orgien.

Der Sonntag, 8. April, begann mit einem großen Fliegeralarm. Um 11 Uhr wurden die Blockältesten ans Tor gerufen, und der 1. Lagerführer erklärte folgendes: «Meine Herren, wir müssen gehen, um 12 Uhr muß das Lager leer sein!» Aber nun war die antifaschistiche Front schon so fest gefügt, daß die Leitungen den Beschluß fassen konnten: «Wir gehen nicht!» In allen Sprachen Europas wurde diese Parole weitergegeben.

Als nun der Rapportführer durchs Mikrophon brüllte: «Lagerältester, aufmarschieren!», da erschien niemand auf dem Appellplatz. Nach etwa einer Stunde tönte es in wesentlich milderer Tonart: «Wer freiwillig auf Transport gehen will, auf den Appellplatz kommen!» Aber auch jetzt erschien niemand. Das Lager war in offener Meuterei gegen die Nazibanditen.

Um 13 Uhr erklärte der Kommandant dem Lagerältesten, das Lager habe bis 14 Uhr Zeit, um den Transport auf dem Appellplatz aufzustellen. Wenn bis 14 Uhr niemand komme, werde er mit anderen Mitteln einschreiten.

Diese «anderen Mittel» kannten wir schon zur Genüge. Um 14 Uhr kamen denn auch 200 bewaffnetete SS-Männer aus den Kasernen ins Lager und sperrten sofort den Appellplatz ab. 30 Blockführer drangen mit entsicherten Pistolen in die Blöcke ein und trieben die Häftlinge auf den Appellplatz. Dabei beschränkten sich die Blockführer auf die Evakuierung von Blöcken im großen Lager. Die Lagerführung ahnte, daß die widerstandsfähigsten Antifaschisten, die diese Meuterei organisierten und durchführten, sich im großen Lager befanden, während die Häftlinge des kleinen Lagers, fast durchweg Zugänge aus den Außenkommandos, keine so einheitliche, kampfentschlossene Masse darstellten. Von den Häftlingen, die auf die geschilderte Weise auf den Appellplatz getrieben waren, mußten noch 4800 am gleichen Tage nach Weimar zur Abfahrt marschieren.

In der Nacht nach diesem Tag, an dem der offene Widerstand des Lagers sichtbar geworden war, wurden die SS-Streifen im Lager besonders verstärkt. Der 1. Lagerführer Schobert ging selbst in einige Blöcke und drohte den Häftlingen, daß «kein Schwein lebend das Lager verlassen werde», wenn es nicht gelänge, das Lager rechtzeitig zu evakuieren.

Auch der Montag begann mit einem Fliegeralarm, in dessen Verlauf mehrere Bomben in der Nähe des Lagers fielen. Inzwischen war dem Kommandanten nahegelegt worden, solche Häftlinge zu evakuieren, die im Falle eines Durcheinanders doch nur plündern und rauben würden. Damit war der Grund gegeben, bis auf weiteres alle antifaschistischen Kämpfer von der Evakuierung zurückhalten zu können, weil sie eine Garantie für die Aufrechterhaltung der Disziplin darstellten. Um aber auch die anderen Häftlinge möglichst zu schützen, beschloß das internationale Lagerkomitee, die Taktik der Verzögerung und Sabotage fortzusetzen. Um 13 Uhr sollte ein neuer Transport bereit stehen. Aber erst, nachdem um 16 Uhr wiederum eine Anzahl Blockführer im Lager erschienen, war es möglich, diesen Transport von 4800 Häftlingen um 17 Uhr zusammenzubringen. Mit diesem Transport ging die gefürchtete Hundestaffel mit allen Hunden fort.

Die Spannung im Lager wuchs bis zu einem fast unerträglichem Maß. Während des Abtransports dieser 4800 Häftlinge kreisten 6 Jabos über dem Lager und beschossen im Sturzflug militärische Ziele unmittelbar am Ettersberg. Wir wußten, daß in der Nacht von Sonnabend auf Sonntag ein Kurzwellensender, der von Kameraden gebaut worden war, in regelmäßigen Abständen: «SOS, Buchenwald» sandte. Wir brachten das Erscheinen dieser Flieger mit dem Hilferuf in Verbindung und nahmen an, daß das Lager nun unter verstärkter Kontrolle der amerikanischen Luftwaffe gehalten würde.

Am Dienstag, den 10. April, erschienen bereits am frühen Morgen die ersten amerikanischen Aufklärer. Um 11 Uhr warf einer dieser Flieger einen Sack über dem Lager ab, der zwei Brote und einen Benzinkanister mit etwa einem Liter Benzin enthielt.

Um 9 Uhr wurde dem 1. Lagerältesten vom Kommandanten mitgeteilt: «Das Lager wird heute restlos evakuiert! Um 11 Uhr gehen zuerst die russischen Kriegsgefangenen ab, dann alle übrigen in Abständen von je 2 Stunden!» Das Lager sollte nach den ursprünglichen Anweisungen bereits am Dienstag früh leer sein, was uns bekannt war. Wir hatten also schon 12 Stunden geschlagen, und es kam darauf an, weitere Evakuierungen immer mehr hinauszuzögern, um den Plan der Nazibestien zum Scheitern zu bringen.

Leider war es nicht möglich, die russischen Kriegsgefangenen vor dem Abtransport zu retten. Die Kameraden der Roten Armee beschlossen selbst, geschlossen abzumarschieren und an einer geeigneten Stelle die Begleitmannschaften zu überwältigen und zur amerikanischen Armee durchzubrechen. Ein ähnlicher Beschluß wurde von der militärischen Organisation der polnischen und tschechischen Kameraden gefaßt. Diese 3 Gruppen wurden aus den vorhandenen Beständen mit Revolvern und einigen Handgranaten ausgerüstet.

Obwohl für diesen Transport genügend Kameraden mehr oder weniger freiwillig zur Verfügung standen, wurde auch hier der Abmarsch immer wieder herausgezögert. Statt um 11 Uhr marschierten die russischen Kameraden an der Spitze des Zuges in straff geordneten Fünferreihen um 14 Uhr aus dem Lager. Ihnen folgten die polnischen und dann die tschechischen Kameraden. Aus Radioberichten des amerikanischen Senders haben wir dann entnommen, daß dieser ganze Transport von 5000 Kameraden ziemlich geschlossen zur amerikanischen Armee durchgebrochen ist und in den Reihen der Amerikaner gekämpft hat.

Anschließend wurden noch einmal 4480 Häftlinge, diesesmal wiederum aus dem kleinen Lager, evakuiert, so daß an diesem Tage 9280 Häftlinge das Lager verließen.

Während dieser Evakuierung näherte sich der Gefechtslärm aus der Richtung Erfurt immer mehr. Wir ahnten, daß die 3. Amerikanische Armee zum entscheidenden Stoß auf Weimar ansetzte. Während des letzten Transportes erschienen 5 Spitfires [Mustangs] im Tiefflug über dem Lager und schossen wiederum auf militärische Ziele in unserer Nähe.

In der Nacht zum Mittwoch schliefen die meisten Kameraden angekleidet, denn jeder rechnete mit der Möglichkeit, daß es in der Nacht entweder zu der entscheidenden Auseinandersetzung mit der SS, zu einem Massenmord, zu einer Bombardierung durch deutsche Flieger oder zu einem Massenabtransport kommen würde. Wir erfuhren, daß Erfurt gefallen sei, daß also die Entscheidung unmittelbar bevorsteht. Bei der SS war alles schon fluchtbereit, es war ein ständiges Hin- und Herlaufen in den Kasernen, jeder packte seine Beute zusammen und verstaute sie auf die bereitgestellten Lastwagen. In dieser letzten Nacht fielen auch die letzten Opfer der Massenmörder: 16 Mann wurden im Krematorium gehängt und 24 Häftlinge im Waschraum des Bunkers viehisch erschlagen.

Daß unsere Annahme von der Bombardierung des Lagers durch deutsche Flieger nicht falsch war, erfuhren wir später. Der Major im Luftkreiskommando, Staupendahl, im Zivilberuf Großspediteur in Weimar, hatte den Antrag gestellt, das Lager Buchenwald mit Fliegerbomben zu vernichten, aber der Kommandant des Flugplatzes Nohra, an den dieser Antrag ging, lehnte ihn ab.

Der letzte Tag unserer Haft, [Mittwoch] der 11. April 1945, begann mit einer verdächtigen Ruhe. Die Spannung stieg von Stunde zu Stunde. Gegen 9:30 Uhr kamen einige Blockführer ins Lager, was die Unruhe unter den Häftlingen noch vermehrte. Aber diese SS-Banditen besorgten sich nur Zivilkleider bei den Häftlingen, die sie noch im Lager unter ihre Uniform anzogen, um bei der bereits feststehenden Flucht sich sofort in Zivilisten verwandeln zu können. Das Artilleriefeuer kam immer näher, zeitweise war schon MG-Feuer zu hören, kein Zweifel, daß die Panzerspitzen der 3. Armee rasch heranrückten.

Um 10:30 Uhr erklärte der Lagerkommandant dem 1. Lagerältesten: «Ich übergebe ihnen hiermit das Lager. Geben sie mir Ihr Ehrenwort, daß Sie diese Tatsache nicht eher bekanntgeben, als die Amerikaner da sind, um eine Panik im Lager zu verhüten. Von mir aus passiert ihnen nichts.» Diese Erklärung war der letzte niederträchtige Betrugsversuch des Lagerkommandanten, denn kurz vorher hatte er vom Kommandanten des nahegelegenen Flugplatzes Nohra Tiefflieger angefordert, die das Lager in Brand schießen sollten. Außerdem empfahl Pister die Anwendung von Gasbomben und gab eine entsprechende Warnung an die SS.

Allein die Amerikaner kamen so rasch, daß dieser Mordplan mißlang, denn schon kurz nach der erwähnten Erklärung an den Lagerältesten ertönte die neu eingerichtete Alarmsirene für herannahende Feindpanzer.

Um 12:10 Uhr wurde das Mikrophon des Lagers, durch das so viele Befehle zum Prügeln und Morden von Häftlingen gegeben worden waren, zum letzten Mal von der SS benutzt. Der Rapportführer Hofschulte rief mit unsicherer Stimme: «Sämtliche SS-Angehörigen sofort aus dem Lager!» Nun waren die Würfel gefallen.

Motoren brummten, unabläßlich rollten MG-Salven, dazwischen platzten Granaten, immer näher kam der Kampflärm, immer ungeduldiger wurden die Widerstandsgruppen des Lagers, die bewaffnet in Deckung lagen. Die noch verbliebenen SS-Truppen marschierten mit den von Hitler versprochenen neuen Waffen – alten Beutegewehren aus allen europäischen Ländern – schleunigst ab. Die Posten zwischen den Türmen sprangen in großen Schritten in den Wald hinein. Kurz vor 15 Uhr verschwanden dann auch die Posten von den Türmen.

Zur selben Zeit traten die Aktivgruppen der antifaschistischen Häftlinge in Tätigkeit. Kameraden des Lagerschutzes durchschnitten den Drahtzaun und holten die auf den Wachtürmen verbliebenen Waffen (leichte MG und Panzerfäuste) ins Lager. Unter Führung des 1. Lagerältesten wurde das Torhaus, in dem sich noch ein bewaffneter SS-Mann befand, gestürmt, und kurz vor 16 Uhr die weiße Fahne auf dem Zwingturm Nr. 1 gehißt.

Die militärischen Gruppen der Antifaschisten aller Nationen marschierten geschlossen zur Sicherung des Lagers durch die vorbereiteten Zaunlükken und bezogen die bereits vorher festgelegten Abschnitte rund um das Lager. Der Wald und die umliegenden Ortschaften wurden durchgekämmt und von versprengten oder sich versteckt haltenden SS-Banditen gesäubert. 104 Gefangene wurden eingebracht, darunter der berüchtigte Blockführer Heinrich und der verhaßte Kompaniefeldwebel der 1. Kompanie.

Der Jubel der befreiten 21000 Häftlinge war unbeschreiblich. Alles umarmte sich, mit Begeisterung wurden die bewaffneten Militärgruppen der Antifaschisten begrüßt, jubelnd wurde jeder gefangene SS-Bandit in seinen Gefangenenblock gebracht. Das Lagerkomitee, zusammengesetzt aus Vertretern aller in Buchenwald befindlichen Nationen, trat sofort zusammen und übernahm die Verwaltung des Lagers. Als die ersten amerikanischen Offiziere kurz nach 17 Uhr im Lager eintrafen, war bereits eine vorläufige Organisation geschaffen. Die amerikanischen Offiziere waren außerordentlich überrascht über die geleistete antifaschistische Arbeit und versprachen uns jede erdenkliche Hilfe.

21400 antifaschistische Kämpfer, darunter 900 Kinder, waren aus den Klauen der faschistischen Mordbestien befreit. Am Morgen des 12. April fand ein feierlicher Freiheitsappell in Buchenwald statt, zu dem die Kameraden der einzelnen Nationen unter dem Gesang ihrer Nationalhymnen geschlossen aufmarschierten. Nach Ansprachen der Vertreter der großen Nationen begrüßte ein amerikanischer Leutnant die befreiten Kameraden. Der Beginn eines neuen Weges zum Wiederaufbau Europas zum Kampf für eine antifaschistische demokratische Welt war freigemacht.

Stefan Heymann

150. Der erste Befehl nach der Befreiung

Hier spricht der Lagerälteste im Auftrage des aus allen Nationen gebildeten Lagerkomitees.

1. Die SS hat das Lager verlassen.
2. Vertreter aller Nationen haben eine Lagerleitung gebildet. Ihren Anordnungen ist unbedingte Folge zu leisten.
3. Bleibt alle in den Blocks, haltet die Sperren aufrecht.
4. Alle Lebensmittel, alle Bekleidungsgegenstände sind Eigentum der Lagerinsassen. Wer sich daran vergreift, wird als Plünderer bestraft.
5. Alle Lagerorgane bleiben auf ihren Posten, verrichten ihre Arbeit zur Erhaltung der Ordnung und Versorgung des Lagers.

[ohne Unterschrift]

151. Der 11. April 1945

Auf Grund von Aufzeichnungen mehrerer Kameraden und des offiziellen Berichtes vom Lagerkomitee sei hier der letzte Tag des Konzentrationslagers Buchenwald, der 11. April 1945, geschildert.[5]

Der Morgen begann mit einer solchen Ruhe, daß kein Häftling erwartete, der Tag werde mit einer solch gewaltigen Erschütterung enden. Einige Blockführer kamen ins Lager, um sich noch schnell Privatkleider zur Verkleidung zu organisieren. Hunderte von Häftlingen waren im Waldteil am nördlichen Lagerausgang und beobachteten gespannt das Unstruttal. Infanterie- und Maschinengewehrfeuer kam immer näher, das Artilleriefeuer wurde immer deutlicher hörbar, dumpfe Detonationen erfolgten in einer Entfernung von etwa 5 km. Es gab keinen Zweifel mehr, die Panzerspitzen der 3. amerikanischen Armee schoben sich immer mehr heran.[6] Um 10:15 Uhr gab es Fliegeralarm. Eine $^1/_4$ Stunde später wurde der Lagerälteste 1 zum Kommandanten befohlen, der ihm erklärte: «Ich übergebe Ihnen hiermit das Lager. Geben sie mir Ihr Ehrenwort, daß Sie diese Tatsache nicht eher bekanntgeben, als die Amerikaner da sind, um eine Panik im Lager zu verhüten. Von mir aus passiert Ihnen nichts.»

Trotz dieser Erklärung blieben die SS-Posten auf den Türmen und zwischen den Türmen stehen. Die Niederträchtigkeit dieses letzten Nazibetrugs wird erst richtig klar, wenn man weiß, daß Pister kurz vorher deutsche Flieger zur Bombardierung bezw. Beschießung des Lagers angefordert hatte, was jedoch vom Flugplatzkommandanten Nohra abgelehnt wurde.

11:45 Uhr erschienen Jabos über dem Lager, kurz darauf wurde zum ersten und letzten Male die neue Sirene «Feindpanzer im Anmarsch» in Tätigkeit gesetzt. Aufgeregt rannten die SS-Leute herum und suchten noch einige Habseligkeiten zu retten. Pister war schon vorher mit seiner Verbrecherbande in Autos abgehauen, die mit Lebensmitteln voll bepackt waren.

Um 12:10 Uhr ertönte zum letzten Male die widerliche Stimme eines SS-Mannes im Mikrophon. Der Rapportführer Hofschulte gab den historischen Befehl: «Sämtliche SS-Angehörige sofort aus dem Lager!» Die nächsten Minuten verliefen in Hochspannung, denn jeder rechnete damit, daß die SS-Banditen ein blutiges Verbrechen an den Häftlingen ausführen wollten, aber diese feigen Hunde waren alle geflitzt.

Langsam kreisten amerikanische Aufklärer im Raum Niederzimmern, Ottstedt und Ollendorf. Motoren brummten, MG-Salven rollten unabläßlich, dazwischen platzten Granaten. Immer näher kam der Kampflärm. Um 1 Uhr mittags erschienen die beiden ersten amerikanischen Panzer bei Hottelstedt. Die Mühle im Tal bei Ottmannshausen war in Brand geschossen. Kurz vor 2 Uhr marschierte noch eine Kompanie SS-Reserve in die Kampflinie an der nordwestlichen Waldecke. Sie wurde mit starkem Maschinengewehrfeuer der Amerikaner empfangen, und sofort auseinandergejagt.

Gleichzeitig drangen 12 amerikanische Panzer durch den Wald in Richtung Schweinestall vor. Die Posten zwischen den Türmen und auf den Türmen, die bis dahin keinerlei Befehl bekommen hatten, begannen nach und nach die Posten zu verlassen und sprangen mit großen Schritten in den Wald.

Nun war es klar: Die feigen Mörder hatten den Lagerbereich verlassen, und die Häftlinge mußten ihre Sache selbst in die Hand nehmen. Die Vertrauensmänner aller Nationen traten zusammen und beschlossen, eine Lagerleitung aus Vertretern aller Nationen zu bilden. Die militärischen Stoßtrupps der Häftlinge wurden auf die Blöcke 3 und 4 zusammengezogen.[7]

2:10 Uhr rollten 4 amerikanische Panzer am Lager vorbei in östlicher Richtung auf die Kläranlage zu. 2:15 Uhr waren sie bis zum Wald vorgedrungen, von wo heftiges Infanterie- und MG-Feuer zu hören war, dazwischen Detonationen von Panzergranaten. Die Panzer, die zum Schweinestall vorgerückt waren, rollten um 2:30 Uhr bereits gegen das SS-Revier vor.

Als klar erkennbar war, daß damit fast auf allen Seiten bereits amerikanische Panzer den Durchbruch erzwungen hatten, begann die militärische Aktion der Häftlinge zur Unterstützung der heranrückenden amerikanischen Truppen. Die erste Maßnahme war, den Befehlsturm am Tor in Besitz zu nehmen. Unter Führung des Lagerältesten 1 war ein Stoßtrupp zu diesem Turm vorgedrungen, auf dem sich noch ein schwerbewaffneter SS-Mann mit Maschinengewehr befand. Der SS-Mann wurde entwaffnet und gefangen abgeführt, die zerstörten Befehlsübermittlungsanlagen wieder instand gesetzt und die ersten Anweisungen der neuen Lagerleitung bekanntgegeben.

Zur selben Zeit formierten sich Stoßtrupps, um die evtl. auf den Türmen befindlichen Waffen sicherzustellen. Rasch ist der Draht an vielen Stellen durchschnitten, die Türme werden von Kameraden des Lagerschutzes gestürmt. Ziemlich viele Waffen, darunter vor allem Panzerfäuste, fallen den Häftlingen in die Hände, auch einige SS-Leute, die sich in den Türmen versteckt hatten, werden als Gefangene eingebracht.

Eine Viertelstunde nach Besetzung des Befehlsturmes, also um 3:15 Uhr, flattert die weiße Fahne auf dem Turm. Zwanzig Minuten vor 16 Uhr passierten Durchbruchspanzer die Straße beim SS-Revier, durchfuhren den Kommandanturbereich ohne zu stoppen und setzten ihren Vormarsch in Richtung Weimar fort. Die bewaffneten Stoßtrupps der Häftlinge marschieren aus dem Lager und kämmen systematisch an den ihnen angegebenen Abschnitten das Waldgelände um das Lager ab.[8] Gleichzeitig rücken Häftlingstrupps zur Waffenmeisterei und zu den SS-Kasernen, um evtl. vorhandene Waffenbestände zu beschlagnahmen und zu verteilen. Reiche Beute an Waffen fällt ihnen in die Hand, die sofort von den einzelnen Nationen an ihre Aktivgruppen verteilt werden. Patrouillen werden bis in die benachbarten Dörfer geschickt, die teilweise Verbindung mit den jetzt von allen Seiten unabläßlich heranrollenden amerikanischen Panzern aufnehmen und gleichzeitig versprengte oder versteckte SS-Banditen aufstöbern und gefangennehmen. Gleich beim ersten Ansturm wurden 76 Gefangene eingebracht.

Kurz nach 4 Uhr kam ein amerikanischer Panzerspähwagen, der den Durchsbruchspanzern folgte, vor das Lager gefahren. Ein Kamerad, der schon 12 Jahre eingesperrt war, begrüßte die Amerikaner und gab ihnen die gewünschte Auskunft über den Weg. 3 Stunden lang rollten ununterbrochen Panzer, motorisierte Artillerie und motorisierte Infanterie am Lager vorbei nach Osten.

Irgendwelcher Widerstand war den Amerikanern von Himmlers Helden, die jahrelang wehrlose Gefangene abschlachteten, nicht geleistet worden. Das ganze Gelände um die Kasernen und der östliche Waldteil war übersät mit weggeworfenen Gegenständen, von Briefpapier bis zur Panzerfaust. Besonders zahlreich waren die Uniformstücke, die von den Feiglingen ausgezogen wurden und im Wald liegenblieben. Sie hatten sich ja fast alle schon vorher Zivilkleider unter der Uniform angezogen, um notfalls unerkannt ausreisen zu können. 2 SS-Leute lagen tot auf der Straße, alle anderen waren feige geflüchtet. Die Amerikaner hatten bei den Kämpfen um Buchenwald einen einzigen Verwundeten.

4:45 Uhr wurden die bewaffneten Lagerkräfte neu eingeteilt und zur Bewachung des Lagers und Sicherung der Umgebung eingesetzt. Das Lagerkomitee tagte anschließend bis 5 Uhr und setzte einen Lagerrat mit verschiedenen Kommissionen ein. Folgende Kommissionen wurden geschaffen: Sicherheitskommission, Verpflegungskommission, Kommission für Sanitätswesen, Bekleidungswesen, Lagerverwaltung, Informationsdienst.

Um 5:30 Uhr traf ein Auto mit 2 amerikanischen Offizieren im Lager ein, das von den Vertretern aller Nationen im Lagerkomitee begrüßt wurde.[9] Laufend werden immer noch gefangene SS-Leute, auch einige Wehrmachtsangehörige, eingebracht. Aber der Kommandanturbereich und die weitere Umgebung des Lagers ist gesäubert. Die Schlacht um das Konzentrationslager Buchenwald war geschlagen und gewonnen.

21000 Häftlinge waren gerettet: 3000 Franzosen, 2000 Polen, 2000 Tschechen, 5000 Russen, 600 Jugoslawen, 200 Italiener, 200 Spanier, 2200 Deutsche und 6000 andere Antifaschisten haben es der 3. amerikanischen Armee und ihrer eigenen internationalen Zusammenarbeit zu verdanken, daß am 11. April 1945 für sie die faschistische Sklaverei zu Ende ging und ein neues freies Leben seinen Anfang nahm.

[ohne Unterschrift]

Kapitel XI
Der Fall Koch

152. Als Kalfaktor bei Koch

Am 28. 3. 39 kam ich in das KL Buchenwald und wurde sogleich der Strafkompanie zugeteilt. Dort war ich nicht nur den üblichen Mißhandlungen unseres Blockführers Schmidt ausgesetzt, sondern wurde auch oft von dem Stubendienst Hans Dender geschlagen; Dender wurde später von Angehörigen der Strafkompanie für seine Schandtaten erschlagen. Täglich hatten wir Angst, es könne einer von uns in den Bunker kommen, denn ein Angehöriger der Strafkompanie, der in Arrest gesteckt wurde, starb unfehlbar am nächsten Tag an «Kreislaufschwäche». Eines von diesen Opfern ist der österreichische Gendarmerie-Offizier Lexer. Ich arbeitete im Steinbruch, wo ständig Menschen zu Tode gefoltert wurden, so vor meinen Augen der österreichische Hauptmann Stahl. Wäschesendungen waren für Angehörige der Strafkompanie fast gleich bedeutend mit einem Todesurteil. Denn verbrecherische Häftlinge und SS-Mörder beseitigten nicht selten den Empfänger solcher Pakete, um in den Besitz guter Wäsche zu kommen. Es gab eine besondere Art von Häftlingen – sogenannte «Knastkavaliere» –, deren Putzsucht zu verbrecherischen Handlungen verführte.

Am 27. 5. 1940 wurde ich auf Vorschlag des Oberscharführers Michael als Kalfaktor für den Kommandanten Koch bestimmt. Schon das geringste Vergehen wurde von Koch exemplarisch bestraft; ich durfte z. B. nicht seine Toilette benutzen. Die täglichen Quälereien veranlaßten mich, den Versuch zu machen, irgendwie aus meiner Stellung wegzukommen. Ich nahm, zusammen mit dem Kalfaktor Eglinski, der beim Adjutanten Büngeler tätig war, 2 Flaschen Bordeaux aus dem Weinschrank des Kommandanten, der mit Beutewaren aus Frankreich gespickt war, und trank sie aus. Frau [Ilse] Koch, die «gnädige Frau», wie wir sie nennen mußten, überraschte uns dabei und verzinkte uns bei ihrem Mann. Der gab die Meldung dem Lagerführer auf folgende Weise weiter: Lagerführer Florstedt meldete dem Kommandanten: «Lager ohne Vorkommnisse», worauf Koch ergänzte: «Aber zwei Besoffene in meiner Dienstwohnung.»

Als wir zum Tor gerufen wurden, bekamen wir erst einmal von den Lagerführern Florstedt und Schobert Peitschenhiebe ins Gesicht, dann mußten wir über zwei hohe Schotterhaufen kriechen oder laufen und wurden schließlich auf den Bock geschnallt, bekamen einen Knebel in den Mund und 25 Hiebe mit dem Ochsenziemer aufs Gesäß. Anschließend kam ich in den Bunker und mußte dort 100 Kniebeugen machen.

Aber das eigentliche Strafgericht stand noch bevor. Wieder spielte der Ochsenziemer eine Hauptrolle, anschließend mußten wir bei glühender Hitze stundenlang auf dem Schotterhaufen ohne Mütze stillstehen; diese Prozedur wurde für mich nur dadurch unterbrochen, daß Sommer mich im Bunker drei Stunden mit rückwärts hochgebundenen Armen an die Gittertür hing. Die Schmerzen waren unvorstellbar, und noch nach Monaten konnte ich meine Arme nur mit größter Vorsicht gebrauchen. Dann hieß es: «Lebenslänglich Strafkompanie!»

Als Kommando wurden wir der Gärtnerei zugewiesen, wo uns der Mörder Dumböck tagtäglich im Laufschritt Erde oder Steine tragen ließ. Als wir es nicht mehr aushalten konnten, gingen wir ins Revier, um uns mit Heißluft und Massage die wunden Körperteile behandeln zu lassen. Das wurde der SS hinterbracht. Eines Tages wurden wir ins Revier gerufen, wo uns Florstedt und Schobert sowie die Lagerärzte Hoven und Eisele erwarteten. Wir wurden getrennt in verschiedene Räume gebracht und mußten uns ausziehen. Eglinski bekam eine Spritze in den Arm, wurde bewußtlos und hat nach Darstellung von Augenzeugen furchtbar um sich geschlagen. Als ich ihn später traf, war er ganz gelb im Gesicht, hatte noch Spuren von Schaum vor dem Mund und war sehr schwach.

Mir sollte der erste Häftlingspfleger Walter Krämer die Spritze geben. In einem unbewachten Augenblick spritzte er den Inhalt vor meine Füße. Ich mußte natürlich, um Krämer nicht zu gefährden, Zuckungen usw. vortäuschen. Die Ärzte kamen, schauten mich an und sagten: «Es hilft nichts!» Wir waren mit knapper Not dem Tode entronnen.

Viele Wochen später war wieder einmal das Dienstmädchen im Hause Koch ausgerissen, weil es bei dieser Megäre ja niemand aushielt. Ich wurde deshalb erneut zur Dienstleistung in der Wohnung Koch bestimmt. Ich hatte alle Arbeiten im Haus zu verrichten. Zur vorgeschriebenen Zeit mußte ich die Kinder wecken, waschen und anziehen, zur Toilette führen und den Hintern abputzen. Dann mußte der Hund gefüttert und ausgeführt werden, Kaffee gekocht und der «gnädigen Frau» ans Bett gebracht werden, in dem sie oft schamlos aufgedeckt dalag. Am Tag kam häufig der «schöne Waldemar» [Hoven] zu ihr, in der Nacht dagegen der Lagerführer Florstedt.

Schlimm wurde es, als Koch als Kommandant nach Lublin ging. Dr. Hoven war nun fast den ganzen Tag bei der «gnädigen Frau», ich wurde ins Kinderzimmer eingesperrt; trotzdem bekam ich noch Vorwürfe, weil ich meine Arbeiten nicht richtig getan hatte. Wie schon gesagt, durfte ich die Toilette nicht benutzen (mein Vorgänger war deshalb ein Jahr in die Strafkompanie gekommen); das Haus durfte ich auch nicht verlassen, weil es außerhalb der Postenkette lag, und weil jeder Häftling, der allein außerhalb der Postenkette herumlief, sofort erschossen wurde. So mußte ich meine Notdurft heimlich im Keller verrichten und unter den Kohlen verscharren. Die Zustände wurden immer unerträglicher. «Sie gehen sowieso über den Rost» (d. h. ins Krematorium), sagte Frau Koch immer wieder. Wegen Dr.

Hoven konnte ich auch nicht ins Revier gehen, Kommandowechsel war ausgeschlossen; ich war auf alles gefaßt und hatte mit meinem Leben abgeschlossen. Schließlich nützte ich ein paar Stunden Alleinseins – Frau Koch war zur Schneiderin nach Weimar gefahren – aus und betrank mich bis zur Bewußtlosigkeit.

Als ich wieder aufwachte, lag ich in einer Bunkerzelle, an der offenen Tür standen Dr. Hoven und Sommer. Hoven sagte: «Jetzt kannst Du Dich aufhängen», und Sommer warf mir einen Strick zu. Ich weiß heute noch nicht, wie ich dazu kam, damals am Leben zu bleiben. Am nächsten Morgen wurde ich dem neuen Kommandanten Pister vorgeführt, der mir streng verbot, mit jemand über meinen Fall zu sprechen. Lange wurde ich nun in Einzelhaft gehalten, nur Hoven besuchte mich öfter, da er mich als Mitwisser seiner Liebschaft zu Frau Koch gerne beseitigt hätte. Öfters sagte er, er wundere sich darüber, daß ich noch lebe. Diese Verwunderung war mir verständlich, denn durch den damaligen Kalfaktor des Bunkers, Hedelmaier, wußte ich, daß Hoven mir vergiftetes Essen geben ließ. Hedelmaier schüttete aber das Essen regelmäßig ins Klosett und gab mir gewöhnliche Lagerkost.

Nach 7 Wochen Bunker wurde ich untersucht, da ich in ein anderes K.L. kommen sollte. Jedoch erklärte Hoven mich für nicht transportfähig, da ich starkes Herzklopfen habe, und versprach mir ein «Beruhigungsmittel». Das nächste Essen wurde mir durch den Bunkeraufseher [Johann] Jänisch gereicht. Trotz einer Warnung Hedelmayers aß ich einen halben Löffel voll, da ich großen Hunger hatte. Eine halbe Stunde später kam Jänisch zu mir und sagte, ich dürfe mich hinlegen, obwohl das streng verboten war. Mir wurde ziemlich schwindlig, am nächsten Tag bekam ich Sehstörungen und außerdem starken Durchfall. Ein Mittel dagegen bekam ich natürlich nicht. Nach 7 weiteren Tagen wurde ich endlich abtransportiert; gegessen haben ich natürlich in dieser Woche keinen Bissen.

Ich wurde ins K.L. Flossenbürg transportiert, wo mich beim Empfang der Hauptsturmführer Fritsch mit einem Knüppel schlug und sofort in den Steinbruch schickte. Nachdem alle Mordversuche fehlgeschlagen waren, suchte man mich durch schwere Arbeit und ständige Transporte fertigzumachen. Schon nach einem Vierteljahr wurde ich wieder weiter geschoben, diesmal nach Groß-Rosen, wo mich allerdings der dortige Kommandant Rödl, der mich von Buchenwald her kannte, zum Kalfaktor machte. Aber auch hier blieb ich nur kurz, dann ging es am 29. 1. 43 nach Sachsenhausen, wo ich beim Abladen von Maschinen beschäftigt war. Mein Normalgewicht betrug 135 Pfund, jetzt wog ich nur noch 86!

Am 13. September 1943 wurde ich im D-Zug von Berlin nach Buchenwald gebracht. Hier hatte sich inzwischen viel ereignet. Koch, seine Frau und Hoven waren mit ihren schlimmsten Spießgesellen verhaftet worden. Ich wurde als Zeuge von Dr. [Konrad] Morgen, der die Untersuchung leitete, vernommen. Ich habe selbstverständlich alle belastenden Aussagen vermieden, weil ich wußte, daß ich sonst selbst dem Tode verfallen gewesen wäre. Besonders wurde ich gefragt, ob Frau Koch ihre perversen Gelüste (sie schlug mit einem kleinen Stöckchen auf das Glied, das der Häftling ihr vorzeigen mußte) bei mir befriedigt habe, was ich mit gutem Gewissen verneinen konnte. Nach einem halben Jahr war die Verhandlung gegen Koch, in der er zweimal zum Tode verurteilt wurde, seine Frau dagegen freigesprochen. Das Verfahren gegen Hoven und Sommer – es lautete auf Tötung und Tötungsversuche an Häftlingen – wurde abgetrennt, da diese Verbrechen im Kriege nicht mehr bestraft wurden. Hoven wurde dank seiner hohen Gönner freigelassen, aber der amerikanischen Armee als Gefangener übergeben. Koch wurde eine Woche vor Eintreffen der Amerikaner im DAW-Gelände von der SS erschossen und im Krematorium Buchenwald verbrannt!

Kurt Dietz [Titz], Tiefenau über Riesa

153. Streiflichter zum Fall Koch

Man weiß nicht, welche Eigenschaften an dem ersten Kommandanten von Buchenwald, Karl Koch, hervorstehender waren; sein Sadismus, seine Grausamkeit, seine Perversität oder seine Korruptheit.[1] Unzählbar sind die Fälle, mit denen die vorstehenden Eigenschaften belegt werden können. Häftlinge, die in engeren Beziehungen (als Kalfaktoren) zu ihm standen, werden mehr darüber sagen können. Ich will nur berichten, welche Fälle mir als Außenstehendem bekannt geworden sind.

Eines Tages mußte im Keller von Koch eine Reparatur vorgenommen werden. Drei Häftlinge gingen mit einem Posten dorthin, wo ihnen von Frau Koch persönlich die Kellertür aufgeschlossen wurde. Alle paar Minuten kam sie heruntergeschlichen, um zu sehen, ob nichts von ihren Vorräten gestohlen werde. Und sie hatte wahrlich alle Ursache, besorgt zu sein! Denn da lagen mindestens 30 ganze Schinken, an einer Stange hingen etwa 50–60 geräucherte Würste, mehrere hundert Konservengläser mit Gemüse und Obst waren sauber aufgeschichtet und – last, but not least – lagen etwa 5–600 Flaschen feinsten Weines und Champagner in besonderen Schränken. Der Wachposten machte tellergroße Augen, als er das sah, denn gerade die SS-Führer schnüffelten überall nach verbotenen Vorräten herum – es war ja Krieg und alle Lebensmittel für den normalen Deutschen streng rationiert! Bei der Wachtruppe hatte der Bericht des Postens eine ungeheuere Empörung ausgelöst, die Vorräte im Hause Koch haben sicher zur Zersetzung der Truppe mehr beigetragen, als es die beste alliierte Propaganda konnte.

Daß Koch sich aus Menschhaut, die natürlich mit «künstlerischen» Tätowierungen versehen sein mußte, einen Lampenschirm machen ließ, unterscheidet ihn nicht von andern SS-Führern, die sich dieselben «Kunstwerke» für ihre Familienheime herstellen ließen. Immerhin interessanter ist schon, daß Frau Koch sich aus demselben Material ein Damen-Handtäschchen machen ließ, auf das sie ebenso stolz war wie eine Südsee-Insulanerin auf ihre Menschenfresser-Trophäen.

Überhaupt verschmähte Koch die Überreste von Leichen nicht. Das Zahngold, das toten Häftlingen ausgebrochen wurde, sollte eigentlich abgeliefert und für Zahnersatz der SS verwendet werden. Da Koch aber noch keinen goldenen Anhänger an seiner Taschenuhr hatte, beschlagnahmte er einen Teil des Leichengoldes und ließ sich einen schönen Anhänger daraus machen.

Wie viele Gelder in die schier unergründlichen Taschen von Koch geflossen sind, läßt sich heute wohl gar nicht mehr feststellen. Jede Gelegenheit benutzte er zu Sammlungen unter den Häftlingen, die er fast restlos beschlagnahmte, aus der Häftlings-SS-Kantine bezog er laufend Einnahmen aus den Überpreisen, die Gerätekammer mußte ihm einen Tribut bezahlen.

Noch ein Wort über Kochs ältesten Sohn. Im Oktober 1938 marschierte das Kommando SS-Unterkunft mit 400 Häftlingen zur Arbeit, wobei es unglückerlicherweise dem Kommandanten, der mit seinem Sohn spazieren ging, begegnete. Der Junge sagte zu seinem Vater: «Vater, laß die Häftlinge doch mal hinlegen!» Selbstverständlich erfüllte der brave Papa den Wunsch seines Sprößlings und ließ die Häftlinge unter Jubelrufen des Buben 300 Meter weit im Dreck rutschen. Dieser verheißungsvolle Sproß wurde später auf eine Musikschule der SS geschickt und die *Thüringer Gauzeitung* pries ihn einmal als «Kulturträger des neuen Deutschland»! Als durch die [Sparmaßnahmen der] Kriegswirtschaft bedingt schon alle Fahrten mit Autos zu Privatzwecken verboten waren, kam dieser «Kulturträger» einmal auf Urlaub. Koch hatte bis dahin kein Klavier in seiner Wohnung gehabt. Da aber der Knabe Klavier üben wollte, mußte eines beschafft werden. Die in Weimar befindlichen Klaviere genügten den verwöhnten Ansprüchen von Frau Koch nicht, weshalb der Unterscharführer Göbler mit einem Lastauto nach Braunschweig fuhr und von einer dortigen Pianofabrik eines abholte. Aber schon nach wenigen Tagen war auch das nicht mehr gut genug. Göbler fuhr mit dem Lastauto noch einmal nach Braunschweig und holte dort einen nagelneuen Flügel ab.

Stefan Heymann, Mannheim

154. Kochs Silvesterfeier 1938

In der Truppenküche der SS war ein Häftling beschäftigt, ein ehemaliger SA-Unterführer, der später im Arrest starb. Sein Name ist mir leider entfallen. Am 1. Januar 1939 wurde er in besoffenem Zustand erwischt und gefragt, woher er den Schnaps habe. Darauf antwortete er: «Ich weiß nicht, wie er heißt, ich weiß nur, wie er aussieht.»

Während des Abendappells wurde der Häftling, dem schon das Blut in Strömen von den Schlägen der SS am Kopf herunterlief, durch alle Blockreihen geführt. Er sollte seinen Schnapslieferanten herausfinden. Da er es nicht konnte oder wollte, trat nach beendigtem Rundgang der berüchtigte Kommandant Koch ans Mikrofon und verkündete: «Gestern haben einige Häftlinge Silvesterfeier gehalten. Heute werde ich eine Silvesterfeier veranstalten!» Diese «Feier» sah so aus:

Das ganze Kommando Wirtschaftsgebäude, in dem die Truppenküche untergebracht war, mußte am Tor antreten – 200 Häftlinge. Koch ließ jedem zweiten – also 100 Häftlingen – je 10 Stockhiebe auf den Hintern geben. An diesem Tag taten den SS-Sadisten von den 1000 Stockschlägen die Arme weh. Während der Prügelszene mußte das ganze Lager auf dem Appellplatz trotz eisiger Kälte stillstehen!

Als Abschluß dieser «Feier» erhielt das ganze Lager am nächsten Tag kein Essen.

[ohne Unterschrift]

155. Der Prozeß Koch

In den ersten Jahren von Buchenwald haben sich Tausende von Häftlingen gefragt, ob es wohl jemals ein Gericht geben werde, das die unzähligen Schandtaten des Kommandanten Karl Koch und seiner Sauf- und Mordkumpane aufdecken werde. Dieses Gericht ist gekommen, allerdings nicht so, wie es sich damals mancher vorgestellt hat; immerhin hat es Koch zum Tode verurteilt, und die SS-Kumpane haben den Obermörder noch kurz vor Eintreffen der Amerikaner erschossen.

Wie kam es zu dem Prozeß Koch? Dieser Massenmörder besaß das vollste Vertrauen des damaligen Inspekteurs aller Konzentrationslager [SS-Brigadeführer Theodor] Eicke, für den er jede Schmutzarbeit besorgte. Dieses Vertrauen rührte schon aus den ersten Tagen der Machtergreifung her, wo Koch sich durch besonders blutiges Vorgehen im Weserland auszeichnete und zur Belohnung Kommandant des berüchtigten Columbiahauses Berlin wurde. Die in diesem Gestapogefängnis geübten Quälereien und Grausamkeiten, mit denen Geständnisse erpreßt werden sollten, übersteigen jede menschliche Vorstellung.

So wurden z. B. Untersuchungsgefangene der Gestapo in Hundehütten im Hof des Gefängnisses gesperrt. Sie wurden dort wie richtige Hunde mit einer Halskette angefesselt, konnten nur ganz gekrümmt in der Hütte liegen, bekamen ihr Essen in einem Napf vor die Hütte gestellt, das sie nur mit dem Mund herausschlecken durften, und mußten jedesmal bellen, wenn ein SS-Mann vorbeikam. Wer nicht bellte, bekam sofort 25 Stockhiebe.

Besonders kraß wurde der jüdische Gefangene Walter Czollek behandelt. Nicht nur wurde er am ganzen Körper blutig geschlagen – er erlitt einen Kieferbruch –, sondern die Bestien verstopften ihm mit einem glühendem Asphaltpfropfen den After und gaben ihm dann Rizinusöl zu trinken.

Diese und ähnliche Grausamkeiten entsprangen dem sadistischen Gehirn Kochs, der als geeigneter Kommandant für das Lager Buchenwald, das in den ersten Jahren als besonderes Straflager galt, ausgewählt wurde.

Über seine Untaten in Buchenwald ist in anderen Berichten ausführlich gesprochen worden, so daß es sich erübrigt, hier darauf einzugehen. Er trieb sein Unwesen bis zum Februar 1942, wo er nach Lublin versetzt wurde. Welches Vertrauen die oberste SS-Führung in ihn setzte, geht aus einem Telegramm Himmlers hervor, das kurz befahl, alle Juden Europas zur Ausrottung zu «Koch-Lublin» zu schicken. Selbstverständlich trieb er es in Lublin nicht anders wie in Buchenwald. Auf der einen Seite ein Schlemmerleben in luxuriös eingerichteten Zimmern mit Saufgelagen und Orgien aller Art – auf der andern brutalste Grausamkeiten und sadistische Quälereien. Koch fühlte sich so sicher, daß er dieses Unwesen ganz öffentlich trieb.

Aber er hatte viele Feinde, insbesondere solche, die es ihm verübelten, daß die ganzen Überschüsse aus den Häftlingen gestohlenen Geldern und die ganzen Raubzüge aus den Taschen der verhafteten Juden ausschließlich in die Taschen des Herrn Kommandanten wanderten. Schon als Koch noch Kommandant von Buchenwald war, gab es manchen SS-Führer, der sich heimlich Aufzeichnungen über dies schändliche Treiben machte, Aufzeichnungen, die später im Prozeß eine große Rolle spielten.

Diese Leute fühlten ihre Stunde gekommen, als Eicke nicht mehr Inspekteur der Konzentrationslager war, sondern ins Feld gegangen. Mit Hilfe des Obergruppenführers Erbprinz von Waldeck-Pyrmont, der lange Zeit Vorgesetzter von Koch und sein erklärter Feind war, wurde gegen Koch eine Anklage wegen Mordanstiftung erhoben, zu der noch nachher Anklagen wegen Unterschlagungen kamen.

Die Ursache zur Anklage war der Befehl Kochs, die beiden reichsdeutschen antifaschistischen Häftlingspfleger Walter Krämer und Karl Peix zu erschießen; dieser Befehl wurde von dem Massenmörder Blank ausgeführt, der, im Zuge des Prozesses verhaftet, im Arrest Selbstmord verübte.

Der Erbprinz von Waldeck war bei der Durchsicht Buchenwalder Totenlisten zufällig auf den Namen Krämers gestoßen, den er kannte, weil Krämer ihn einmal mit Erfolg in Buchenwald behandelt hatte. Der Obergruppenführer untersuchte den Fall und erfuhr dabei, daß Koch die beiden Häftlinge hatte ermorden lassen, weil sie ihn gegen Syphilis behandelt hatten und er eine Aufdeckung fürchtete. Im Verlaufe der Untersuchungen kamen dann noch weitere Mordbefehle Kochs heraus, sowie seine Unterschlagungen von Wertgegenständen, die den Juden geraubt worden waren und die Koch entgegen den Befehlen Himmlers nicht an die Naziführung ablieferte, sondern für sich selbst verbrauchte.

Außer Koch waren angeklagt: Seine Frau, der Lagerarzt Dr. Hoven, der frühere Lagerführer Hackmann und der Bunkeraufseher Sommer.

Zur Vorbereitung des Prozesses wurden unzählige Zeugen aus den Reihen der SS und der Häftlinge vernommen. Der vernehmende SS-Richter, Dr.

Morgen, war bei allen SS-Führern Buchenwalds außerordentlich gefürchtet und verhaßt. Sie atmeten erleichtert auf, als Morgen seinen Wohnsitz wieder nach Berlin verlegte, denn jeder fürchtete, daß die Untersuchung auch gegen ihn belastendes Material an den Tag bringen konnte. So wie Koch hatten es ja alle getrieben!

Koch wurde wegen Aufforderung zum Doppelmord zweimal zum Tode verurteilt, dagegen wurden die Anklagen wegen Tötung von «arbeitsunfähigen Häftlingen» durch Injektionsspritzen und wegen Unterschlagung und Veruntreuung von Millionenwerten fallen gelassen. Außer Koch wurde nur Hackmann zum Tode verurteilt, alle anderen freigesprochen.

Hackmann wurde Anfang März, Koch 7 Tage vor der Befreiung Buchenwalds von der SS erschossen.[2]

Stefan Heymann, Mannheim

Kapitel XII
Berichte aus andern Lagern

156. Von Buchenwald nach Auschwitz verschleppt

Am 15. Oktober 1942 mußten alle Juden auf dem Appellplatz in Buchenwald antreten. 200 Kameraden, die als Facharbeiter eingetragen waren, wurden ausgesucht und in den Block zurückgeschickt, wir andern wurden marschmäßig in den damaligen Block 11 gelegt, wo wir zwei Tage auf unseren Abtransport warten mußten. Am 17. 10. 42 wurden wir zu je 60 Mann in einen Viehwagen gesperrt und nach Auschwitz transportiert. Wir waren 405 Kameraden, zum Teil schon jahrelang im Lager eingesperrt, und wußten, daß wir in ein Vernichtungslager kommen. Die Fahrt war schauerlich, da wir unterwegs weder Essen noch Trinken erhielten, besonders der Durst plagte uns unerträglich. Trotzdem kamen wir alle lebend in Auschwitz, mitten in der Nacht, an.

Von der berüchtigten Verladerampe aus wurden wir durch SS-Posten ins Lager getrieben. Dort nahm uns die Auschwitzer Verbrecherbande – deutsche Berufsverbrecher, polnische Faschisten und Berufsverbrecher vereint – in Empfang, zog uns splitternackt aus und raubte uns sämtliche mitgebrachten Effekten. Nach den üblichen Zugangs-Zeremonien, Bad, Desinfektion usw., kamen wir in den Block 4A. Der polnische Stubendienst versuchte, seine Betrugsmethoden auch bei uns durchzuführen. Wir bekamen am ersten Tag nur einen halben Liter Essen, Brot und Margarine war willkürlich beschnitten usw.

Darauf ging eine Delegation von uns zum Blockältesten und sagten ihm etwa folgendes: «Wir sind alte Häftlinge und lassen uns solche Betrugsmethoden nicht gefallen. Wir garantieren Dir für Sauberkeit im Saal und für gerechte Essenverteilung, aber wir wollen alles selbst machen. Der polnische Stubendienst darf unseren Saal nicht mehr betreten, sonst nehmen wir ihn und schmeißen ihn zum Fenster raus!» Nach verwundertem Zögern gab der Blockälteste nach und von diesem Tag an hatten wir Ordnung. Zwar versuchten die polnischen Verbrecher nochmals unsere Essenholer zu überfallen, aber sie holten sich eine blutige Abfuhr. Diese Vorgänge machten uns Buchenwaldern in Auschwitz einen guten Namen und waren der Grund dafür, daß im Verhältnis zu andern Judentransporten, die fast restlos vernichtet wurden, von unserem Transport eine größere Zahl Kameraden am Leben blieb.

Zwei Tage nach unserer Ankunft in Auschwitz wurden wir vom Rapportführer und Arbeitsdienstführer «sortiert». Die älteren Kameraden und fast alle Brillenträger wurden herausgezogen und nach Birkenau gebracht, wo sie, wie wir später erfuhren, am nächsten Tag vergast wurden. Wir andern zogen am 6. Tag nach dem Lager Monowitz, das zu einem gewaltigen Bunawerk der I.G.-Farbenwerke gehörte und etwa 8 Kilometer von Auschwitz entfernt lag. In diesem Lager bin ich bis zur Evakuation am 16. 1. 45 geblieben.

Als wir in Monowitz eintrafen, war das Lager erst halb fertig. Lediglich einige Baracken waren notdürftig eingerichtet. Zwischen den Baracken war noch umgegrabenes Feld, der Drahtzaun bestand erst aus Pfählen ohne Draht usw. Wenn man z. B. austreten wollte, mußte man knietief im Dreck waten und den Posten, der das Klosett bewachte, anrufen, sonst wurde man erschossen. Vom ersten Tage an wurden wir im Essen betrogen. Die Küche war ständig von polnischen und deutschen Berufsverbrechern besetzt, die zusammen mit der SS die Lebensmittel der Häftlinge zentnerweise verschoben. Als die Rationierungen 1944 etwas geringer wurden, legten die SS-Leute, insbesondere der Küchenchef Beiersdorfer, margarinefreie Tage für die Häftlinge ein, um die verschobene Margarine wieder herauszuwirtschaften. Etwas besser wurde es erst, als im Juli 1944 ein österreichischer politischer Häftling Fiala die Küche übernahm und wenigstens dafür sorgen konnte, daß die vorgeschriebenen Portionen genau an die Häftlinge verteilt wurden.

Lagerführer war während dieser ganzen Zeit der Hauptsturmführer Schöttl, der sich nie durch irgendwelche Grausamkeiten hervortat, allerdings getreulich jeden Befehl – sei es Prügelstrafe oder Erhängen – ausführte, im übrigen aber hinter seiner Schnapsflasche saß oder schlief. Der Kommandant dagegen, der aber erst im Juli 1944 nach Monowitz zog, war der Hauptsturmführer Schwartz, einer der größten Verbrecher noch aus der Dachauer Anfangszeit. Auch in Monowitz, wo ihm allerdings die Hände etwas gebunden waren, weil die I.G.-Farben nur für arbeitsfähige Häftlinge etwas zahlte, hat er sich durch ständiges Prügeln und willkürlich verhängte Strafen ausgezeichnet.

Neben den in anderen Lagern üblichen Strafen gab es in Monowitz die Strafverschickung in ein Bergwerk, die fast regelmäßig mit dem Tod des betreffenden Häftlings verbunden war. Rapportführer waren die Hauptscharführer Remmele, der schon in Dachau einer der schlimmsten Schläger war und auch in Monowitz sich entsprechend betätigte, Hauptscharführer Göring, Oberscharführer Hövner, der 4 «Bräute» hatte, die er alle mit Lues infizierte und dafür Hausarrest erhielt, und Hauptscharführer Rackers, der korrupteste SS-Mann, den ich je in einem Lager kennengelernt habe. Außerdem bestahl er die Häftlinge bei Spindkontrollen usw.

Die Blöcke waren ganz primitiv eingerichtet, praktisch gab es nur einen großen Schlafraum für etwa 170 Menschen, in den aber meist über 200 Häftlinge zusammengepreßt wurden; der Tagesraum war ganz klein und diente nur einem Häuflein «Prominenter», Kapos, Vorarbeiter usw., als Aufenthaltsraum. Das ganze Leben der Häftlinge spielte sich somit in dem überfüllten Schlafraum ab. Die Waschanlagen waren ganz ungenügend und befanden sich in besonderen Gebäuden neben den Wohnblöcken. Es gab Häftlinge, die sich – freiwillig oder unfreiwillig – wochenlang nicht wuschen; eine Bade-Einrichtung gab es erst von Ende 1943 ab, so daß die Häftlinge sich fast ein Jahr nicht baden konnten! Die Essenausgabe verursachte die größten Schwierigkeiten, weil nicht genügend Eß-Schüsseln da waren. Erst in den allerletzten Monaten hatte ziemlich jeder Häftling ein Eßgeschirr, aber zumeist ein aus Abfällen im Bunawerk selbst hergestelltes. In den ersten Monaten war es auf fast allen Blöcken so, daß bei 200 Häftlingen vielleicht 50 Eßgeschirre vorhanden waren. Die Essenausgabe dauerte daher oft 2–3 Stunden, so daß niemand etwas von der sehr spärlichen Freizeit hatte.

Neben der schlechten Unterkunft und dem noch schlechteren Essen war der dritte Feind der Häftlinge die katastrophale Bekleidungslage. Durch die Verbrechen der polnischen Berufsverbrecher in der Kleiderkammer sind Tausende eines elenden Todes gestorben. Es kamen zwar oft gute Kleider und Schuhe nach Monowitz. Aber die wurden sofort für Gänse, Schinken, Butter und vor allem für Schnaps an die Bevölkerung verschoben. Zeitweise war es so schlimm, daß weit über die Hälfte des Lagers mit wunden Füßen herumlief. Auch hier ist später unter dem Druck politischer deutscher und österreichischer Häftlinge eine Besserung eingetreten.

Die Arbeitszeit betrug mindestens 11 Stunden pro Tag, im Sommer waren es 13 Stunden. Die in andern Lagern üblichen Schikanen und Strafen wie Strafexerzieren, Strafarbeit usw. fielen im Allgemeinen weg, weil die Häftlinge als Arbeitssklaven von der SS an die I.G.-Farbenindustrie verkauft waren und verhältnismäßig gut bezahlt wurden. Es gab einen Unterschied zwischen Facharbeitern und anderen Arbeitern; insgesamt bezahlte die I.G.-Farbenindustrie pro Monat im Durchschnitt etwa 17 500 Mark an das Lager für verkaufte Sklavenarbeit. Zu Beginn der Arbeit gab es nur Schanzarbeiten, wobei viele Häftlinge von der SS gemeinsam mit den deutschen Berufsverbrechern, die damals als Kapos eingesetzt waren, totgeschlagen oder über die Postenkette getrieben wurden. Erst allmählich kamen Häftlinge auch in Fachkommandos und Werkstätten, wobei sie dann meist ein wesentlich besseres Leben hatten und auch nicht so schwer schuften mußten. Sogar als Lohnbuchhalter wurden Häftlinge im Bunawerk beschäftigt.

Die innere Organisation des Lagers war wie in allen Lagern. Wenn auch der Lagerälteste Kozwarra, ein BVer aus Breslau, nach außen hin die Macht hatte, so lag die eigentliche Lagerführung doch in den Händen von Buchenwalder Kameraden, die vom ersten bis zum letzten Tage fest zusammenhielten. Das Lager Monowitz bekam daher auch bei allen Auschwitzer Lagern den Spitznamen «Judenrepublik». So erreichten wir es, daß von etwa 310 Buchenwalder Juden, die zuerst nach Monowitz kamen, am Schluß noch 110 am Leben waren, während z. B. von einem Transport norwegischer Juden von 500 nur 12 am Leben blieben, oder von einem Transport von etwa

1000 deutschen Juden zum Schluß nur noch 47 im Lager waren. Die Kameradschaft und gegenseitige Hilfe hat dies Resultat zuwege gebracht.

Wir hatten die Führung der wichtigsten Lagerpositionen uns mit der Zeit erobert; Rapportschreiber waren zuerst Gustav Herzog aus Wien, später Walter Blaß aus Breslau, den Arbeitsdienst, der den Einsatz der Häftlinge zu regeln hatte, leitete Erwin Schulhof aus Pilsen, die Schreibstube des Krankenbaues führte Stefan Heymann aus Mannheim. Mit Hilfe des Arbeitseinsatzes wurden viele tausend Kameraden aus schlechten Kommandos herausgezogen und in Werkshallen oder als Facharbeiter untergebracht. Besonderer Wert wurde auf die Rettung junger Juden gelegt, da zeitweise weit über 1500 jüdische Jungens unter 18 Jahren im Lager waren. Es wurden besondere Lehrlingskurse oder Schulen eingerichtet, die von der I.G. finanziert wurden, weil wir es mit der Erziehung von qualifizierten Facharbeitern begründet hatten.

Der Häftlingskrankenbau stand zuerst unter der Führung von Ludwig Wörl, einem reichsdeutschen Antifaschisten aus München, der das Hauptgewicht des Kampfes auf die Verhütung von Seuchen, insbesondere Fleckfieber, legte. Dieser Kampf wurde so vorbildlich geführt, daß trotz dreimaliger Einschleppung von Fleckfieber durch Zugänge die Seuche auf die Zugänge beschränkt blieb und kein Häftling von der alten Belegschaft erkrankte. Im Juni 1943 wurde Stefan Budziaszek aus Auschwitz Lagerältester des Krankenbaus, ein polnischer faschistischer Arzt, der in Gemeinschaft mit der SS seinen Antisemitismus dadurch betätigte, daß er möglichst viele Juden zur Vergasung nach Birkenau schickte. Der Gasofen von Birkenau war das ständige Schreckgespenst, das ständig jeden einzelnen bedrohte.

Zu Beginn des Lagers war es so, daß alle Schwererkrankten sofort nach Auschwitz verlegt wurden, wo sie meist ein Opfer der Gaskammer wurden. Später, als diese Methode nicht mehr ausreichte und als neben den Schwerkranken Hunderte von Ausgehungerten durchs Lager wankten, wurden von den SS-Ärzten alle Körperschwachen ausgemustert und in Transporten von oft 3–400 Häftlingen nach Birkenau zur Vergasung geschickt. Der SS-Mörder, der am schlimmsten wütete, ist der Arzt Endres. Aber auch andere, Hauptsturmführer Fischer und König, suchten von Zeit zu Zeit solche Todestransporte aus. Budziaszek begnügte sich aber nicht damit, sondern machte immer wieder Vorschläge für Vernichtungstransporte, so daß die Häftlingsärzte des Krankenbaus schließlich einmütig gegen ihn standen. Um diesen Widerstand zu umgehen, verlangte Budsziaszek eines Tages eine Liste von Körperschwachen, die nach seiner Erklärung Essenzulage erhalten sollten. Die Häftlingsärzte schrieben natürlich möglichst viele Namen auf, um möglichst vielen Kameraden eine Zulage zukommen zu lassen. Diese gesamte Liste wurde zur Vergasung geschickt – 387 Häftlinge als Opfer eines polnischen Antisemiten! Selbstverständlich konnte er diesen Trick nur einmal anwenden. Insgesamt sind während der 26 Monate, die das Lager Monowitz bestand, etwa 23 000 Häftlinge in den Gastod geschickt worden.

Unser Kampf gegen die SS und ihre Mordmethoden war deswegen besonders schwierig, weil wir als antifaschistische Juden sowohl die deutschen BVer als die polnischen Faschisten unter den Häftlingen gegen uns hatten. Wir suchten daher von Anfang an eine internationale Verbindung aller antifaschistischen Kräfte herzustellen, was uns auch in mühseliger Arbeit gelang. Unsere Hauptaufgabe sahen wir darin, alle wertvollen antifaschistischen Kräfte, besonders vom Standpunkt ihrer Kampffähigkeiten zu erhalten und zu schützen. Bis auf ganz wenige Ausnahmen ist uns dies auch gelungen. Oft unter eigener Lebensgefahr retteten wir Kameraden, die schon auf der Todesliste standen, und brachten sie durch Essen-Unterstützung und Kommandowechsel wieder einigermaßen zu Kräften. Ein Namenswechsel mit Gestorbenen war nicht möglich, da jedem Häftling, mit Ausnahme der Reichsdeutschen, die Nummer auf den Arm tätowiert war. Außerdem konnte ich illegal Blockschonung geben, so daß entkräftete Kameraden oft monatelang dem Arbeitsprozeß entzogen wurden. Und schließlich war es mir, da ich auch die Apotheke verwaltete, möglich, erkrankten Kameraden mit guten Medikamenten zu helfen. Durch diese gemeinsame Arbeit war es möglich, das Leben Tausender zu retten.

Unser antifaschistischer Kampf beschränkte sich aber nicht nur auf die Rettung gefährdeter Kameraden, sondern ging darüber hinaus zu dem Versuch, mit Hilfe der polnischen Partisanengruppen, den im Bunawerk beschäftigten Ostarbeitern und englischen Kriegsgefangenen beim Herannahen der russischen Truppen das Lager in die Hand zu nehmen und so unser Leben zu retten. Leider kam es nicht dazu, weil das Lager am 16. 1. 45 evakuiert wurde, als die russischen Truppen noch etwa 80 km von Buna entfernt waren. Wir versuchten Verbindung mit Partisanen aufzunehmen, jedoch war dies resultatlos, weil die unselige Spaltung in Polen jede Aktivität lähmte.

Wir marschierten daher in einer Nacht und einem Tag mit nur kurzer Pause nach Gleiwitz; wer unterwegs liegen blieb, wurde erbarmungslos erschossen. Doch viele polnisch sprechenden Kameraden konnten entfliehen. Von Gleiwitz ging es dann in offenen Kohlenwagen in einer viertägigen Fahrt durch das Protektorat nach Buchenwald. Wenn unsere Transporte auch unterwegs verpflegt wurden, wenn wir auch gelegentlich eine Schüssel Suppe, ein Stück Brot oder einen Schluck Kaffee erhielten, so waren die meisten von uns durch den Transport und die vorhergegangenen Strapazen im Lager und beim Marsch derart entkräftet, daß von 4500 Kameraden, die in Gleiwitz eingeladen wurden, noch 3982 lebend nach Buchenwald kamen. 470 Leichen wurden aus den Waggons ausgeladen, und viele hundert sind in den ersten Wochen in Buchenwald noch an den Folgen des entsetzlichen Evakuierungstransportes gestorben.

Es ist in diesem Rahmen nicht möglich, einen genauen Bericht über die Zustände in Auschwitz und seinen Nebenlagern zu geben. Hier kam es nur darauf an zu zeigen, daß der antifaschistische Kampf, der in Buchenwald das Lager erhalten hat, auch unter viel schwierigeren Bedingungen von alten Buchenwalder Häftlingen geführt wurde, weshalb dieser Bericht sicher in einen Gesamtbericht über das Konzentrationslager Buchenwald gehört.

Stefan Heymann, Mannheim

157. Selektionen in Birkenau

«Selektion» – das Schreckenswort für jeden Juden in Auschwitz, das als Damoklesschwert über jedem Juden hing. Alle Juden, die bei der Arbeit oder einem Bombenangriff verletzt worden waren, die eine Wunde – und wieviel Phlegmonen gab es – oder einen Hautausschlag, die Fieber oder Malaria hatten, die von Typhus befallen waren, dazu die große Zahl der Unterernährten, «Muselmänner» genannt, – alle, alle wurden ermordet.[1]

Die Selektionen erfolgten in unregelmäßigen Abständen, manchmal nach 2–3, dann nach 4–5 Monaten, dann wieder, wie im Januar 1944, zweimal innerhalb von 14 Tagen. Diese letzte Selektion forderte allein im Männerlager B II d in Birkenau bei einer Belegschaft von ca. 4000 Juden je 1200 Opfer, sodaß rund $^{2}/_{3}$ der jüdischen Häftlinge liquidiert wurden. Zu dieser Zeit gab es in Auschwitz und näherer Umgebung ca. 30 Lager für Männer und 2 Frauenlager mit verschiedenen Belegschaftsstärken. Von den Männern wurden im Januar insgesamt ca. 40 %, bei den Frauen 60–70 % ermordet.

Kam der SS-Arzt mit seinem Stab, die Kartei hatte inzwischen schnell gefälscht werden müssen (aus «Nichtariern» waren «Arier» geworden), mußten sich die Juden nackt ausziehen, wurden von vorn und hinten kurz betrachtet und je nach Laune nach rechts gestellt zum Aufschreiben der Häftlingsnummer, die in den Arm eintätowiert war – das bedeutete das Todesurteil – oder er wurde nach links gestellt, d. h. zurück zum Block – das bedeutete Lebensverlängerung.

Die zum Gasmord Ausgewählten wurden nach Abschluß der Aktion im ganzen Lager auf Vergasungsblöcke zusammengelegt und unter besonders scharfe Bewachung gestellt, denn es waren ja «zum Tode Verurteilte». Dort blieben sie oft 2–3 Tage, meist ohne Essen, denn sie galten schon als «abgesetzt». Sie blieben in Todesfoltern, wie sie nur diese verkommenen Nazi-Bestien ausdenken konnten.

Mir sagte einmal ein 17jähriger Junge, der als unterernährt aufgeschrieben worden war: «Hoffentlich geht es schnell und tut nicht wehe, das ist das einzige, wovor ich Angst habe!»; denn auch das wußte jeder, daß bei Gasmangel zu wenig Gas denn eingelassen wurde und daß dann sich die letzten Qualen, der Erstickungstod, 3, 4 und 5 Minuten hinzog, ja, daß manche bei lebendigem Leibe in den Ofen geschoben wurden. Und doch fuhren sie ihren Todesweg, moralisch noch nicht gebrochen, unter Absingen der Internationale, der Hatikwah und mit Flüchen gegen die SS-Banditen: «Heute wir, morgen ihr!»

Auf diese 2 Selektionen im Januar 1944 folgte Ende Februar die Liquidierung des 2. Theresienstädter «privilegierten» Judentransportes mit ca. 4–5000 Männern, Frauen und Kindern.

Im März begannen die Judentransporte aus Ungarn. Bis August wurden rund 400000 Menschen vergast und 40000 in die Vernichtungslager als Arbeitssklaven gebracht. Von diesen leben heute auch nur noch wenige Tausende, denn gerade die ungarischen Juden waren diesen Verbrechern ein willkommenes Menschenreservoir zum Einsatz in neuen Rüstungswerken.

Walter Blaß, Breslau

158. «Abspritzen in Auschwitz»

Die Sterblichkeitsziffer im KL Auschwitz, wo ich seit März 1943 in der Zentralschreibstube des Häftlings-Krankenbaues arbeitete, betrug täglich 400 bis 500. Nur der kleinste Teil starb in den Betten des Krankenbaues, der größere Teil setzte sich zusammen aus auf dem Arbeitskommando vom Kapo Erschlagenen und vor allem aus den «Abgespritzten». Die Abspritzungen gingen in Auschwitz in der Form vor sich, daß der von zwei Leuten festgehaltene Häftling eine Spritze von 10 ccm Phenol direkt ins Herz gespritzt bekam. Die Abgespritzten waren zum Teil Kranke, die sich zum SS-Arzt meldeten, zum Teil arbeitende Häftlinge, die speziell zu diesem Zweck in den Häftlings-Krankenbau bestellt wurden.

Die Kranken kamen abends in die Ambulanz, wo sie von einem Häftlingsarzt in aller Eile untersucht wurden. Wenn ihr Zustand äußerst schlecht war, wurden sie sofort aufgenommen und auf den sogenannten Aufnahmesaal gelegt. Dort lagen alle Kranken des Tages in bunter Reihe durcheinander, gleichgültig ob sie Fleckfieber, Durchfall, Lungenentzündung oder einen Beinbruch hatten. Da in diesen Saal nur die Schwerstkranken kamen, starben dort täglich eine ganze Reihe, bevor sie überhaupt dem SS-Arzt vorgestellt wurden.

Hatte ein Kranker den Aufnahmesaal glücklich überstanden, so kam er als sogenannter Arztvormelder vor den SS-Arzt. Alle Arztvormelder wurden nun – nicht etwa nach Krankheiten – sondern nach Nationalitäten geordnet, nackt ausgezogen in einer Reihe in der Ambulanz des Häftlings-Krankenbaues aufgestellt und mußten auf den SS-Arzt warten. Auf nassen Steinen standen alle Schwerkranken und warteten oft stundenlang, bis der Herr Lagerarzt ausgeschlafen hatte. Als er endlich kam, mußte ihm jeder seine Krankenkarte zeigen und der SS-Arzt sortierte – einen Teil der Karten nach links, einen Teil nach rechts. Der eine Teil wurde in den Krankenbau als normale Kranke aufgenommen, der andere war zum Abspritzen bestimmt. Sofort nach dem Arztvormelder bekam die Schreibstube die Krankenkarten der Betreffenden mit dem Vermerk «abzusetzen».

Meine Aufgabe war es, für alle eine Diagnose und Todesursache zu erfinden. Außerdem mußte für jeden Verstorbenen ein Brief an die Kommandantur des Lagers geschrieben werden. Wir hatten ein Muster, das ungefähr lautete:

Häftl.Nr. …... Name und Vorname …... verstarb am …... 194. im Krankenbau des KL Auschwitz. Er wurde am …... (Datum wenigstens eine Woche zurückliegend) im Krankenbau wegen Fieber und Stechen in der linken Brusthälfte aufgenommen. Eine genaue klinische und röntgenologische Untersuchung ergab eine Pneumonie des linken Unterlappens. Trotz intensivster Therapie gelang es nicht, den Zustand des Kranken zu bessern, eine mit allen Cardiaca behandelte Herzschwäche komplizierte das Krankheitsbild und der Kranke verstarb nach längerer Agonie am …... um …. Uhr …. Min. Todesursache: Herzschwäche bei Lungenentzündung.

Unterschrift d. Lagerarztes

Durch diese Briefe glaubten die SS-Mörder ihre Lumpereien vor einer evtl. Untersuchung decken zu können. Man kann sich leicht unsere Gefühle in der Schreibstube vorstellen, wenn wir alle Totenpapiere – oft für Bekannte und befreundete Kameraden – ausgefertigt hatten und dann die Kameraden, die oft nicht einmal krank, sondern nur verhungert waren, zum Abspritzen führen sahen.

Daß die in den Krankenbau aufgenommenen Häftlinge noch häufigen «Selektionen» für Vergasungen unterworfen wurden, ist eine bekannte Sache, auf die ich nicht näher eingehen möchte. Ich möchte die zweite Kategorie der noch arbeitsfähigen Abgespritzten beschreiben. Es kam oft vor, daß Neuzugänge in völliger Ahnungslosigkeit über die wirkliche Lage in Auschwitz auf Befragen nach ihrem Gesundheitszustand irgend ein «Leiden» angaben, um so leichtere Arbeit zu bekommen. Alle diese wurden nach und nach zum Häftlingskrankenbau bestellt und wurden vergiftet. Die nächste Gruppe wurde aus völlig arbeitsfähigen Häftlingen gesammelt.

Beim Abendappell hieß es einfach: «Alle Hosen hochkramplen» und ein SDG oder auch nur ein Blockführer ging die Reihen durch und suchte, wer geschwollene Beine hatte. Diese mußten vortreten und «rechts um, marsch! zum Krankenbau!» Dort wurden sie direkt in den Leichensaal geführt, bei dessen Eingang der SDG mit der Spritze stand und sein Mordhandwerk tat. Es konnten hundert sein, die so an einem Tage abgespritzt wurden. Neben den SS-Ärzten war es besonders der gefürchtete SDG Klähr, der Tausende auf dem Gewissen hat.

Leo Eitinger[2], Trondheim [Norwegen]

159. Erlebnisse eines 15 jährigen in Birkenau[3]

Am 20. Mai 1944 kam ich als 14 Jähriger aus dem Theresienstädter Lager in Auschwitz-Birkenau an. Die Krematorien begrüßten uns mit den schauerlichen Flammenzungen ihrer Schornsteine. Die Marschfähigen traten den

Weg ins Lager zu Fuß an und mußten die Kranken tragen. Ein großer Teil der Alten wollte sich nicht der SS fügen, die ihnen das letzte Stückchen Nahrung wegnahm; diese wurden an Ort und Stelle niedergemacht. Nach Mitternacht kamen wir im Lager an. Im Lager kamen wir zu Tschechen; die zwei ersten Tage blieben wir ohne Essen. In diesen zwei Tagen erkannten wir, daß sich die früheren guten Menschen in reißende Wölfe verwandelt hatten. Sie achteten nicht darauf, daß wir ihre Landsleute waren, und schlugen uns, um ihr eigenes Leben zu retten.

Im Lager war es bekannt, daß jeder Transport nach 6 Monaten vergast wird. Ich war einen Monat im Lager, als der älteste Transport vergast wurde. Uns nahm man gleich zur Selektion mit, wobei alle starken Männer und Frauen ausgewählt wurden. Der Rest wurde vergast.

Nach langem Kampfe wurden unserem Lagerältesten 100 starke arbeitsfähige Jungen bewilligt; aus 1500 Menschen wählte der Lagerarzt SS-Hauptsturmführer [Josef] Mengele 98 aus. Ich war unter den «Starken». Wir gingen gleich ins Lager, der Rest des Familienlagers wurde vergast. Im Lager wurde ich Läufer in der Küche. Ich besuchte den Block, wo das jüdische Kommando wohnte, das im Krematorium arbeitete. Diese Kameraden erzählten von den Schrecken der Krematorien, wo auch ich später arbeiten sollte. Vom 19. Mai an kamen die ungarischen Transporte, ca. 7000 Personen täglich.

Ich werde jetzt die Krematorien und die Transporte beschreiben. Auf dem Bahnhof stiegen 2000 Personen aus. Sie mußten alles Gepäck wegwerfen. Nachher wurden die Frauen und Männer in zwei Gruppen geteilt, wobei die größeren Jungen zu den Männern gestellt wurden. Dann kam der große Judenfresser Mengele im Auto vorgefahren, der die Starken aus dem Transport aussuchte, es waren ca. 30 von 2000. Die übrigen führte der Oberscharführer Moll, der Leiter der Krematorien, ab. Die Alten ließ er auf Lastautos verladen, welche sie dann bei lebendigem Leibe in die glühende Grube kippten. Die übrigen wurden in die Gaskammern geführt. Inzwischen kamen neue Transporte an.

Vor der Gaskammer war ein Umkleideraum, wo in allen Sprachen geschrieben stand: «Die Schuhe gebt in das Fach und bindet sie zusammen, damit sie euch nicht verloren gehen. Nach dem Baden bekommt ihr heißen Kaffee.» Hier also zogen sich die armen Opfer aus und gingen in die Kammer. Dort waren drei Pfeiler für Ventilatoren, durch welche Gas einströmte. Ein besonderes Kommando trieb die Leute mit Knüppeln in die Kammern und wenn der Raum voll war, wurden noch die kleinen Kinder durch ein Fenster hineingeworfen. Säuglinge packte Moll bei den Beinchen und zerschlug ihnen an der Wand den Schädel. Dann wurde Gas in die Kammern gelassen. Den Opfern wurden dadurch langsam die Lungen zerrissen, und drei Minuten war lautes Wehklagen zu hören. Dann wurden die Kammern geöffnet und diejenigen, die noch ein Lebenszeichen von sich gaben, totgeschlagen.

Die Häftlinge des Sonderkommandos zogen dann die Leichen heraus, nahmen ihnen die Ringe ab und schnitten ihnen Haare ab, die in Säcken gesammelt in die Fabriken verschickt wurden. Dann schichteten sie die Leichen je 10 auf einen Haufen. Nach der Kontrolle von Moll wurden sie dann in die Öfen, oder wenn die Krematorien nicht reichten, in Verbrennungsgruben geworfen. Es geschah, daß eines dieser Opfer aus der glühenden Grube kroch. Dieser wurde dann mit Knüppeln totgeschlagen. Moll stellte einmal eine nackte Frau an die Grube und schoß ihr in die Genitalien. Bei einem Häftling aus dem Sonderkommando fand Moll einen Ring; er ließ ihn mit Naphta begießen und anzünden. Ein anderes Mal stellte er 12 Frauen hintereinander auf in einer Linie, so daß die Köpfe in einer Höhe waren, und schoß sie dann unbarmherzig mit einem Schuß nieder. Einen Mann hängte er an den Händen auf und schoß solange, bis die Arme durchrissen; dann hängte er ihn an den Füßen auf und wiederholte dasselbe.

Ins Krematorium kam einmal eine italienische Tänzerin. Das besoffene Schwein, der Rapportführer [Josef] Schillinger, ließ sie nackt tanzen; sie nützte einen günstigen Moment aus, näherte sich ihm, entriß ihm die Pistole und schoß ihn nieder.[4] Bei der Schießerei, die dann entstand, gewann natürlich die SS. Einmal nahm Moll eine 6köpfige Familie her. Er erschoß zuerst in Anwesenheit aller das Jüngste, dann die Älteren und zum Schluß den Vater und die Mutter. Tausende kahlgeschorene Frauen fragten nach ihren Kindern und Männern, und ich log Tausende Frauen an, daß sie am Leben sind, obzwar ich sehr gut wußte, daß sie alle tot waren.

Janda Weiß, Brünn

160. Vernichtungslager Treblinka

Ich lebte als Kaufmann mit meiner Frau und meinem Jungen in Kattowitz. Bei Kriegsbeginn flüchteten wir nach Kielce zu meinen Schwiegereltern. Völlig ohne Grund wurde ich durch die Gestapo verhaftet und war 4 Monate in Haft. Wiederholte Mißhandlungen waren an der Tagesordnung: Stockhiebe, Stöße, Bisse durch aufgehetzte Wachhunde. Nach Bestechung der Gestapobeamten wurde ich entlassen.

Im Juli 1942 wurde das Ghetto in Kielce ausgesiedelt, die Ghettobewohner nach Treblinka gebracht. Transport in Viehwaggons, 80 bis 100 Personen in dem Wagen zusammengepfercht. Knüppelschläge, Kolbenhiebe, zahllose Erschießungen waren die Begleiterscheinungen. An Gepäck durften wir nur Handgepäck mitnehmen; von meiner Frau wurde ich getrennt und habe sie nicht mehr gesehen. Knapp vor der Aussiedlung wurden alle Kranken sowohl in den Wohnungen als auch im Spital, insgesamt etwa 400 bis 500 Personen, ferner die Einwohner der Altersheime und die Kinder des Waisenhauses getötet, und zwar mittels Injektionen, alle übrigen durch Erschießungen.

Als junger, kräftiger Mensch wurde ich damit beschäftigt, die Leichen zu bergen und in einem großen Garten in der Obrzejgasse, auf dem Grunde des Försterhauses, in einer großen Grube zu begraben. Mit dieser Arbeit waren etwa 50 bis 60 Juden beschäftigt. Die Leichen wurden samt Kleidern in die Grube geworfen, wir mußten aber diese nach Schmuck und Gold durchsuchen und samt dem vorgefundenem Gelde der SS abführen. Wir mußten den Leichen den Mund öffnen, Goldzähne, Brücken wurden entfernt und abgeführt. Die Leichen wurden mit Kali begossen, die Gruben zugeschaufelt. Bei der Arbeit wurden wir geprügelt, mit Knüppeln angetrieben. Nachher wurden wir in die Synagoge getrieben, und der Chef der Gestapo Thomas bestimmte einen Teil von uns zum Abtransport nach Treblinka. Ich war mit unter diesen Juden. Vom Schicksal der in Kielce zurückgebliebenen Juden ist mir nichts bekannt.

Der Transport war entsetzlich. Wir waren dicht gedrängt in Waggons, Kinder weinten, Frauen wurden irrsinnig. Vor der Einwaggonierung wurden wir noch des Geldes und Schmuckes beraubt. Zuerst wurden noch einige erschossen, weil sie sich nicht sofort zur Abgabe meldeten. Auf dem Ghettoplatze standen wir von 4 Uhr früh bis 4 Uhr nachmittags, dann erfolgte der Transport zur Bahn und die Einwaggonierung. Am nächsten Tag, etwa um 3 Uhr nachmittags, kamen wir in Treblinka an. Die Bahnstation trug eine große Tafel mit der Anschrift «Arbeitslager Treblinka». Von dort wurde der Zug auf einem Sondergleis in den Wald gefahren. Die Entfernung schätze ich auf 3–4 km.

An dieser Endstelle bot sich uns ein Bild des Grauens und Entsetzens. Hunderte von Leichen lagen umher, dazwischen Gepäckstücke, Kleider, Koffer, alles wirr durcheinander. Wir wurden aus den Waggons getrieben, SS und ukrainische SS-Leute stiegen auf die Dächer der Waggons und schossen wild und wahllos in die Menge. In Lachen von Blut wälzten sich Männer, Frauen und Kinder. Die Menschen schrieen und weinten. Wer nicht niedergeknallt wurde, wurde durch ein offenes Tor hinweg über den Haufen von Leichen und Verwundeten in einen von Stacheldraht umzäunten Platz getrieben. Zwei Holzblöcke flankierten den freien Raum.

Ich wurde mit einigen Leuten, darunter einem gewissen Gottlieb aus Kielce bestimmt, die Waggons zu säubern. Bei dieser Arbeit konnten wir sehen, wie sich alle Transportteilnehmer auf den Erdboden niederhocken mußten. Auf den Dächern der Blöcke waren SS-Leute und ukrainische SS postiert und mähten mit ihren Machinengewehren alles nieder. In 30–40 Minuten waren Tausende von Menschen teils getötet, teils verwundet. Eine Flucht war unmöglich, nur einzelnen gelang es, in einen offenen Brunnen zu springen, in dessen Tiefe sie, wie ich später selbst sehen konnte, mit gebrochenen Gliedern und gespaltenem Schädel liegen blieben.

Ich mußte mit mehreren Kollegen die Leichen auf dem Platz aufheben, in große Gruben bringen, die durch Bagger ausgehoben waren. Gleich, ob tot oder nur verwundet, alles wurde in die Gruben geworfen. Ein Gnadenschuß für einen Verwundeten war eine Seltenheit. Zeitweilig wurden die Gruben mit Gewehrfeuer bestrichen, so mancher Leichenträger ließ dabei sein Leben.

Schnaps in einer Hand, Knüppel oder Pistole in der anderen, so wurden wir durch die SS in unserer traurigen Arbeit gejagt und angetrieben. Bebend vor Aufregung und Schrecken, durstig, mit schlotternden Beinen, halb irr vor Schmerz und Angst, mußten wir unsere Arbeit verrichten, die grausigsten Bilder vor Augen. Noch jetzt schreckt mich die Erinnerung daran, daß kleine Kinder von SS-Leuten an den Füßen gefaßt und gegen Baumstämme geschleudert und so ermordet würden, dieses oft vor den Augen der Mütter mit wüstem Brüllen und Schreien.

«Willner – Buchhalter der Fa. Orion in Kielce kann nicht mehr weiter, er bittet den SS-Offizier um einen Gnadenschuß» – «Was, bei solchen Zitzen!» – wir arbeiteten mit entblößtem Oberkörper – «Willst Du nicht mehr arbeiten?» Das war die Antwort, überdies Schläge, Prügel, Fußtritte. Er kann nicht mehr weiter, endlich kommt ein Gnadenschuß eines betrunkenen Ukrainers.

Zu essen bekommen wir nichts, trotzdem wir Wochen hindurch als Sonderkommando die gleiche, schwere, aufreibende Arbeit verrichten müssen. 2–3 Transporte an einem Tag. Wir ernähren uns von den Lebensmitteln, die wir im Gepäck der armen Opfer vorfinden. Furchtbar leiden wir an Durst. Wasser dürfen wir bestenfalls aus dem Brunnen trinken, aus dessen Tiefe wir die «Flüchtlinge» herausgeholt haben, Gepäck, Kleider, Geld, Edelsteine, die wir in den Kleidern vorfinden und abführen müssen, werden in den Magazinbaracken aufgestapelt. Es sind Millionenwerte, die so geraubt und durch die SS-Leute gestohlen werden. Ab und zu gelingt es einem Kinde, sich zwischen den Ballen von Kleidern und Bündeln von Gepäck zu verbergen. Die Freiheit dauert nicht lange, denn spätestens am nächsten Tage werden sie zur Strafe lebend zwischen die Leichen in die Grube geworfen.

Mitunter kommen Transporte nur mit Leichen an. Ich vermute, daß diese Menschen im Waggon durch Gase getötet wurden, ich habe keine Wunden bemerkt. Die Körper waren krampfhaft ineinander verschlungen, die Haut blau. Ganz sonderbarer Weise kam es vereinzelt vor, daß kleine Kinder, drei- bis fünfjährig in diesen Transporten am Leben blieben, zwar taub mit verstörten Augen, keines Wortes mächtig. Nicht lange konnten wir sie verbergen, nach kurzer Zeit werden sie von der SS entdeckt und niedergestreckt.

Es kamen auch Transporte ausschließlich mit Kindern oder alten Leuten. Stunden hindurch hocken sie auf dem Platze, um dann durch MG-Feuer niedergemäht zu werden. Über unser eigenes Schicksal waren wir uns klar. Wir sind Todgeweihte. Es gab für uns weder Gnade noch eine Begünstigung. Wir lebten völlig abgesondert in einem kleinen Block, die Leichen fuhren wir mit einem Pferdegespann an die Gruben heran; wehe, wenn sich einer von uns müde auf den Wagen setzte, Prügel, Schläge trieben uns. Erschießung, als Strafe gedacht, ist Befreiung aus unsäglichem Leid. Wir waren nicht nur Leichenträger, wir mußten die Leichen in den Gruben auch noch verbrennen. Holz wurde herangeschafft, mit einer Flüssigkeit begossen und angezündet Die oberste Schicht verglomm. Ich vermute, daß eine Exhumierung noch halb verkohlte Leichen an den Tag bringen würde.

Es kam vor, daß ich verwundete Kameraden ins Grab werfen mußte; ihre Bitten um einen Gnadenschuß blieben ungehört, ich konnte nicht helfen.

Aus dem Arbeitslager Treblinka wurden zeitweise Gruppen von 200 bis 500 Männern nackt durch den Wald herangetrieben. Sich in Reihen an den Händen haltend, als würden sie zu einem Reihentanz antreten, wurden sie an die ausgebaggerten Gräben getrieben und säumten den Wall. SS und Ukrainer trieben Sport, indem sie diese Unglücklichen durch Genickschuß ins Jenseits beförderten. Nach der Erschießung traten sie die Zusammenbrechenden mit den Stiefelabsätzen, und unter Gejohle und Geschrei wurde darüber gestritten, wer den Juden am weitesten gestoßen hatte. Wem es gelang, während dieses Sportes wegzulaufen, der wurde der Gnade eines Genickschusses nicht mehr teilhaftig, er wurde zu Tode gedroschen.

Während der Wochen, die ich in Treblinka arbeitete, wurde abseits im Walde ein kleines Gebäude aus Ziegeln erbaut. Auf dem Wege zu diesem Hause wurde eine Tafel mit der Aufschrift «Zur Badeanstalt» angebracht. Eine weitere Tafel forderte auf, Gold, Geld, Devisen, Schmuck in einem Bündel am Schalter des Bades zu hinterlegen. Von dieser Zeit ab wurden die Ankömmlinge nicht mehr erschossen. Innerhalb der Umzäunung mußten sie sich nackt entkleiden, Frauen, Männer, Kinder. Schuhe mußten gepaart gebunden werden. Unter Prügel, Schlägen und Tritten ging es vorwärts zum «Bad». Wer nicht schnell genug war, der wurde furchtbar zugerichtet. Meist war der Lagerkommandant samt seinem Stabe zugegen, er war es, der Menschen persönlich zu Tode prügelte. Keiner kehrte lebend zurück, sie wurden im «BAD» vergast.

Ein Sonderkommando, gleich dem unserem, sorgte für die Bestattung resp. Verbrennung dieser Leichen. Mit Leuten dieses Kommandos kamen wir zusammen, da auch sie keine Verpflegung bekamen und von uns, die wir im Gepäck stets Nahrungsmittel vorfanden, versorgt wurden. Der Durst, der uns alle plagte, war so entsetzlich, daß einzelne ihren Urin auffingen, um sich wenigstens so die Lippen zu nässen. Die Kraft, diese entsetzliche Arbeit überhaupt zu leisten, gab uns ein Kamerad, der uns stets aufmunterte und unsere Pflicht, den toten Brüdern und Schwestern den letzten Dienst zu erweisen, als höchstes Gebot unseres Glaubens bezeichnete.

Vereinzelt versuchten manche von uns zu fliehen. Ich gehörte zu der kleinen Zahl dieser Glücklichen. Zwischen Decken, Bündeln von Kleidern, Koffern, die wir in den Eisenbahnwaggons verstauen mußten, versteckte ich mich gemeinsam mit einem dreizehnjährigen Jungen und mit meinem Freunde Gottlieb aus Kielce. Schmuck, Gold, Geld, meist amerikanische Dollars, hatten wir reichlich mitgenommen. Die Flucht gelang uns im September des Jahres 1942. Die leider zu kurze Zeit meiner Freiheit habe ich dazu benutzt, Juden über die Greuel von Treblinka zu informieren und ihnen zu raten, sich zu verstecken.

Auch ich habe dies versucht, wurde aber am 5. Januar 1943 zugleich mit meinem Freunde Gottlieb in Krakau als «Partisane» verhaftet. Nach entsetzlichen Peinigungen mußten wir bekennen, Juden zu sein. Gefesselt wurden wir in das Gefängnis des jüdischen Ghettos gebracht und blieben dort bis zum 14. März 1943. Dann wurden wir mit etwa 100 anderen Juden in geschlossenen Autos ins KL Auschwitz gebracht. Von dort nach Birkenau. Die meisten wurden sofort abgesondert und vergast. Frauen wurden durchweg nach links geschickt, das bedeutet Vergasung. Nur eine einzige Frau warf sich dem SS-Offizier zu Füßen und bat ihn, als kräftige arbeitswillige Person im Lager bleiben und arbeiten zu dürfen. Sie erhielt die Erlaubnis, einige kräftige Frauen auszuwählen und brachte einige. Für den Augenblick wenigstens waren diese gerettet und kamen ins Frauenlager.

In Birkenau hatte ich das Glück, in der Bekleidungskammer untergebracht zu werden. Am 26. Oktober wurden die meisten Häftlinge, besonders diejenigen, welche gute Posten und bessere Arbeitsbedingungen hatten, nach Oranienburg gebracht. Dort waren wir bei großem Hunger, elender Kleidung zwei Wochen in Quarantäne in den Heinkel-Werken. Zu Fuß wurden wir sodann ins KL Sachsenhausen getrieben, und von dort nach weiteren 2 Tagen per Bahn nach Ohrdruf (Thüringen) ins berüchtigte Kommando S III gebracht. Zunächst mußten wir das Lager aufbauen. Nahrung und Kleidung waren völlig unzureichend, die hygienischen Verhältnisse entsetzlich. Kein Wunder, daß bei der schweren Arbeit untertags in Stollen mehr als die Hälfte der Häftlinge nach kurzer Zeit ihr Leben verloren haben. Wer schwach, arbeitsunfähig wurde, der wurde bei den in Zeiträumen von etwa 8 Wochen stattfindenden Selektionen ausgesucht, um nach Bergen-Belsen bei Hannover gebracht zu werden.

Die Räumung Ohrdrufs vor den anrückenden Amerikanern gestaltete sich zu einem Martyrium und Todesmarsch. Hunderte von uns, die ermüdet und erschöpft waren, die wenigstens für einen Moment stehenbleiben oder sich setzen wollten, wurden ohne vorherige Aufforderung zum Weitermarsch erschossen. Deren Leichen säumten die Straßen nach Buchenwald. Allein auf der kurzen Strecke von Weimar nach Buchenwald habe ich mehr als 100 Leichen auf Wagen geladen.

Oskar Berger, Kattowitz

161. Massenverbrennungen in Skarzysko Kamienna

Ich lebe seit dem Jahre 1939 in Ghettos und verschiedenen Arbeits- und Konzentrationslagern, Buchenwald ist mein zwölftes Lager. In meinen heutigen Ausführungen beschränke ich mich auf einen Bericht über Skarzysko

Kamienna bei Radom, wo es sogar zur Verbrennung noch lebender Menschen kam.

Am Vorabend des Versöhnungstages [Yom Kippur], Oktober 1943, kam zu uns ins Lager der Wachführer Schuhmann. Er betrat die Baracke Nr. 4 und suchte meinen Kameraden Mendel Rubin, Brunnenbauer aus Krakau. Dem wurde vorgehalten, er hätte einen Brief an einen Polen aus dem Lager geschmuggelt. Bei der Durchsuchung fand man bei Mendel Rubin eine aus Militärtuch angefertigte Mütze, welche einer russischen Militärkappe ähnlich ist. Dieser Fund sollte als Indizienbeweis dafür dienen, daß Rubin mit polnischen Partisanen in Verbindung stand und bestrebt war, sich militärisch zu kleiden. Rubin wurde aus dem Lager geführt; in der Regel bedeutete dies, am Schießstand sein Leben zu verlieren. Bei Rubin war es anders. Wir beobachteten, daß er nicht zum Schießstand, sondern aus dem Lager fortgebracht wurde. Nach einigen Tagen kam Bericht der Gestapo Radom, er sei zu streichen, er käme nicht mehr zurück, sei «entlassen.» Wir glaubten es nicht.

Nicht mehr arbeitsfähige Juden wurden «beseitigt», zum größten Teil fanden sie den Tod am Schießstand, der am Ende des Fabrikterrains lag. Tausende wurden dort begraben. Dieses Massengrab erschien eines Tages der Fabrikleitung unbequem. Eine Militärkommission verfügte, daß die Leichen entfernt werden müssen.

Im April 1944 kamen zwei Autos mit deutschen Gendarmen, requirierten zwei Waggons Stroh, das ursprünglich dazu bestimmt war, auf unseren Schlafpritschen ausgebreitet zu werden. Das Stroh wurde in den Wald gebracht, in die Nähe der Hallen 96–97 des Werkes C. Dort wurden aus dem Stroh Matten geflochten, ein freier Raum abgesteckt und mit einer etwa 2 m hohen Wand aus dem Strohmatten umgeben, so daß es nicht möglich war zu sehen, was im Innern der Mattenumzäunung geschah.

Trotzdem haben wir es erfahren. Mein Freund, Mendel Rubin, von dem ich eingangs sprach, hat mir und meinen Freunden Nachrichten zukommen lassen, deren Inhalt so grausam und entsetzlich war, daß man sie gar nicht fassen konnte. Rubin war einer von denen, die etwa 4 Wochen hindurch in Skarzysko innerhalb der Mattenumzäunung gearbeitet haben. Die Umzäunung war durch deutsche Gendarme stets dicht umstellt. Eines Tages kam einer dieser Gendarme und brachte ein Stückchen Seife. Er übergab es meinem Kameraden Henoch Edelmann aus Krakau, der als Klempner beim deutschen Meister Corosta arbeitete. Die Seife enthielt ein Fläschchen und in diesem ein Zettel mit Nachricht von Mendel Rubin. Er teilt mit, er hätte für uns sehr wichtige Nachrichten, sende diese, sobald er gewiß ist, daß die Verbindung hergestellt sei. Als Empfangbestätigung der ersten Nachricht werde ihm dienen, wenn wir ihm Bilder seiner Frau und seines Kindes schicken, das er zurückließ. Er bekam die Bilder, die Verbindung war hergestellt.

Von Rubin trafen dann Berichte ein, der Gendarm übergab diese den mit uns arbeitenden Mädchen Regina Rabinowicz aus Warschau und Fela aus

Samoscz. Wir bekamen 4–5 Briefe, einen mit Beilage eines polnischen Freundes des Rubin, der die Anschrift trug: «Katyn im Generalgouvernement». Alle diese Berichte haben wir eingegraben, und zwar besorgte dieses Henoch Edelmann. Die Berichte enthielten im wesentlichen Folgendes:

Mendel Rubin war in Radom seit Monaten Mitglied eines Sonderkommandos von 67 Mann, dem die furchtbare Aufgabe gestellt war, Menschen, die durch die Gestapo ermordet wurden, zu verbrennen und die Spuren der Taten zu verwischen. Er berichtete ausdrücklich, daß wiederholt Menschen auf den Scheiterhaufen geworfen wurden, die noch nicht völlig tot waren, und daß sogar Verbrennungen stattgefunden haben von solchen Leuten, die lebend auf den Scheiterhaufen geworfen wurden. Die Menschen wurden zuerst furchtbar mißhandelt, ehe sie erschossen und verbrannt wurden. Knochen- und Schädelbrüche waren an der Tagesordnung. Die Zahl der täglich aus der Welt geschafften Menschen ging in die Hunderte.

Wir erhielten auch ein Verzeichnis prominenter Persönlichkeiten, die so ums Leben gebracht worden sind. Das Sonderkommando bestand durchweg aus Todeskandidaten, Menschen, welche durch die Gestapo zum Tode verurteilt waren, die nur so lange leben durften, solange sie in diesem entsetzlichem Dienst belassen wurden. Schlafen mußten sie in Kleidern, gefesselt an Händen und Füßen. Zu essen hatten sie reichlich. Vom vorgefundenen Gelde und Schmuck lieferten sie nur einen Teil der Gestapo ab, ein weiterer Teil wurden den Gendarmen gegeben, die sich erkenntlich zeigten und den Häftlingen des Sonderkommandos Gegendienste erwiesen, indem sie ihnen Lebensmittel und Getränke besorgten. Die Gendarmen, ausschließlich Deutsche, alle in höherem Range, waren Großkonsumenten alkoholischer Getränke, scheinbar waren sie bemüht, im Rausch das Entsetzliche zu vergessen, das sie stets mitansehen mußten.

Die Verbindung mit Rubin wurde durch den Tod des Gendarmen, der in einem Gefecht mit Partisanen fiel, abgebrochen. Von ihm wissen wir, daß er selbst Jude war, der unter falschen Papieren als Deutscher Gendarmeriedienst ausübte. Aus den durch ihn vermittelten Berichten wissen wir ferner, daß die Leute des Sonderkommandos von Ort zu Ort gebracht wurden, wo sie ihre traurigen Aufgaben zu erfüllen hatten.

Sie haben Berichte angefertigt, in welchen sie die Taten der Gestapo schildern und Namen der Opfer anführen. Einen Teil dieser Nachrichten haben sie im Volksschulgebäude in Brzyn bei Skarzysko Kamienna, Bezirk Radom, versteckt, vermutlich vermauert. Genaue Angaben darüber haben wir nicht. In unserem Werk hatte das Sonderkommando während seines Aufenthaltes die Aufgabe, die Tausenden von Leichen, die am Schießplatz begraben waren, zu exhumieren und zu verbrennen, damit alle Spuren verwischt wurden. Trotzdem die Massengräber zugeschüttet, geebnet und mit Gras bepflanzt wurden, fanden wir später noch deutliche Spuren, Knochenteile, Finger, geschmolzenes Gold.

Rubin schilderte uns in seinen Berichten die entsetzliche Arbeit und den Schmerz, den er empfand, wenn er unter den Ermordeten frühere Arbeitskameraden erkannte. Er konnte uns auch über den Tod einiger Leute berichten, zum Teil Polen, die im Werke spurlos verschwunden waren und die er aus seiner früheren Tätigkeit im Werk noch kannte. Er schrieb uns auch, daß die exhumierten Knochen nicht verbrannt, sondern in einem Auto, indem sich angeblich eine Knochenmühle befand, verladen wurden. In der Regel wurden die Leute des Sonderkommandos nach einigen Wochen erschossen und verbrannt; er selbst war aber schon annähernd 7 Monate im Kommando und der Pole, der uns auch einen Bericht mit dem Namensverzeichnis ermordeter Polen sandte, war schon Jahre darin.

Die Leute wußten, daß sie den Krieg nicht überleben werden, an ihrem Leben lag ihnen nichts mehr, sie haben, wie sie schrieben, den einzigen Wunsch, der ihnen noch Kraft verlieh, sich um die Verlängerung des Lebens zu bemühen, Mittel und Wege ausfindig zu machen, um Berichte hinauszuschaffen, welche die bestialischen Mordtaten der Nazis zur Kenntnis bringen sollten. Dies ist auch der Grund, warum ich vorliegende Zeilen weitergebe und hoffe, daß meine Angaben dazu dienen werden, die Wahrheit zu ermitteln.

Motek Strigler[5], *Zamosc*

162. Das Lemberger Ghetto

Sofort nach dem Eindringen der deutschen Truppen in Lemberg provozierten diese verschiedene antisemitische Vorfälle.[6] Ein jüdischer Gefangener aus einem Gefangenen-Transport der ehemaligen Sowjetsoldaten wurde von einem deutschem Offizier auf der Straße erschossen, aus dem benachbarten Hause wurde alle 5 jüdischen Einwohner herausgeschleppt, um für ihn ein Grab auf der Straße zu graben. Es laufen Leute zusammen, hauptsächlich Ukrainer. Die 5 Juden werden blutig geschlagen, der Offizier droht, sie zu erschießen, wenn das Grab in einer Stunde nicht fertig ist.

Ein anderer Fall: Ein Haufen von 100 Juden wird durch die SS auf Motorrädern durch die Straßen getrieben. Die Juden fallen, werden überfahren, dann mit Peitschenhieben so lange geschlagen, bis sie völlig erschöpft und verwundet auf der Straße liegenbleiben. Juden werden auf der Straße gezwungen, einander zu prügeln oder zu ohrfeigen. Natürlich darf kein Jude den Bürgersteig betreten, sofern ihm nicht verboten ist, die betreffende Straße überhaupt zu benutzen.

Nach wenigen Tagen der Besetzung wird den Ukrainern ein vier Tage dauernder Pogrom bewilligt. Dabei führt die ukrainische Miliz Verhaftungen durch, bei denen alles Wertvolle geraubt wird, die Verhafteten werden in den Gefängnissen in grauenvoller Weise mißhandelt. Jüdische Frauen werden aus ihren Wohnungen in die Kasernen geschleppt, wo sie mit blanken Händen die Klosette der SS scheuern müssen, ferner die Leichen angeblich durch Bolschewiken ermordeter Leute waschen. Alle diese Arbeiten werden natürlich unter den ärgsten Peinigungen und Mißhandlungen durchgeführt. Nach einigen Wochen wurde das Tragen der Judenbinden zum Zwang, jedes Erscheinen auf der Straße wurde lebensgefährlich. Dann wurde der jüdischen Bevölkerung eine Kontribution auferlegt.

Außerdem mußten die Juden Arbeitskommandos stellen, deren Mitglieder den ärgsten Mißhandlungen ausgesetzt waren. Die faktische Arbeitsleistung war von untergeordneter Bedeutung, denn das Wesentliche war, der Wachmannschaft die Gelegenheit zu geben, sich an wehrlosen Juden austoben zu können. Diesen Schikanen der ersten Wochen folgte das Hinauswerfen der Juden aus ihren Wohnungen und die Beschlagnahme des gesamten jüdischen Vermögens. Die Wohnungen wurden entweder Deutschen oder Ukrainern zugeteilt. Die Juden mußten sich in Wohnungen ihrer Bekannten oder auch völlig fremder Juden zusammendrängen. Diese Zwischenmaßnahmen dauerten nur kurze Zeit, dann kam es zur Errichtung des Ghettos.

Zuerst war das Ghetto in einem Stadtteil, der nicht weniger als ein Fünftel der Stadt betrug. (Juden gab es etwa 140000, d.s. etwa 30% der Bevölkerung). Jeder Jude mußte sich die neue Wohnung kaufen, wobei sowohl Polen als auch Ukrainer die Zwangslage der Juden gut auszunutzen verstanden. Für die geräumten Wohnungen und deren Einrichtungen bekamen sie nichts. Mitnehmen durfte man Bettzeug, Kochgeschirr, Arbeitsanzüge. Das Übrige wurde Opfer des Pöbels.

In diesem Ghetto gab es einige Geschäfte mit den einfachsten Sachen, ein Gemeindehaus, zwei allgemeine Spitäler und ein Infektionsspital. Das Leben war sehr elend, alles sehr teuer. Dieses Ghetto dauerte vom Herbst 1941 bis August 1942, wobei man täglich Schikanen der ärgsten Art ausgesetzt war. Eine Selbstverständlichkeit war es, daß wenn die SS oder Wehrmacht etwas brauchte, sei es an Einrichtung, Kleidung oder sonstigen Gebrauchsgegenständen, es einfach bei der Leitung des Ghettos angefordert wurde und unentgeltlich beigeschafft werden mußte.

Im August 1942 begannen die «antijüdischen» Aktionen. Die erste dauerte etwa 14 Tage, und es wurden ca. 50000 Juden, hauptsächlich Alte, Kranke und Kinder nach Belzec verschleppt, wo sie, wie später durchsickerte, vergast wurden, darunter das ganze Infektionsspital samt Ärzten, Pflegern und Schwestern. Diese Aktionen, vom SS-Sonderdienst durchgeführt, wiederholten sich jede paar Wochen. Das Ghetto wurde verlegt und zwar an die Peripherie der Stadt, wo fast keine gemauerten Häuser standen. Für jeden Juden rechnete man 2 qm Fläche. Geschäfte gab es keine, nur geschmuggelte Eßwaren. Die sanitären Verhältnisse spotteten jeder Beschreibung. Etwa 70% der Bevölkerung erkrankte an Fleckfieber. Täglich wurde seitens der SS geraubt und geplündert, in der Nacht gab es «Aktionen» und Morde.

Für die Juden bestand Arbeitszwang, was dem Prügelzwange gleichzusetzen ist. Inzwischen wurde ein Zwangsarbeitslager eingerichtet, in welches junge und gesunde Juden eingeliefert wurden. Die alten und kranken Juden sowie Frauen und Kinder wurden aus dem Ghetto zur Vergasung ins Lager bei Betrec geschickt. Nur wenige Frauentransporte wurden für landwirtschaftliche Arbeit zusammengestellt, wobei den Müttern ihre kleinen Kinder einfach weggenommen und häufig in Gegenwart der Mütter ermordet wurden. Dieser Zustand dauerte bis zum Herbst 1942, wo ich verhaftet wurde.

Es gab damals etwa 15000 Juden im Ghetto, in das auch Juden aus der Umgebung eingeliefert wurden, sowie 12000 Juden im Arbeitslager. Über das weitere Geschick des Ghettos erfahre ich aus zuverlässiger Quelle, daß die Einwohner unter den größten Entbehrungen dahinsiechten, bis das Ghetto schließlich im März 1943 durch eine Liquidierungsaktion seiner Bewohner entledigt und die Gebäude niedergebrannt wurden. Die tierische Brutalität der Aktionen läßt sich schwer beschreiben: Das Jagen auf Menschen mit Hunden, das Herausschleppen schwer Kranker, die häufig nach schwersten Operationen mit offenen Wunden und mit gebrochenen Gliedern aus den Betten gezerrt und die Treppen herabgestoßen wurden, das Herausrenken von Händen und Füßen bei kleinen Kindern, die wie Bündel auf die Transportautos geworfen wurden.

Diese Aktionen unterstanden dem General der Polizei und SS [Fritz] Katzmann. Eine große Anzahl von Ukrainern war an den Aktionen beteiligt, ein früherer Oberst der Petljura-Armee, Bisantz, hat den «bevölkerungspolitischen» Plan ausgearbeitet.

Das Zwangsarbeitslager Lemberg, Weststraße, wurde als Vernichtungslager eingerichtet Im Durchschnitt lebte der Häftling 2 Wochen und erlag dem Hunger, der Krankheit, der Knute oder anderen Torturen, mitunter wurde er erschossen. Kranke wurden regelmäßig «hinter die Drähte gestellt» und ermordet Viele meldeten sich freiwillig dazu. Einige Monate nach der Liquidation des Ghettos wurden eines Tages 15000 Insassen des Lagers mit Maschinengewehren niedergemäht. Da der Zugang aus der Umgebung wegen Erschöpfung der Quellen nur klein sein konnte, endete das Lager somit, obwohl ein ganz kleiner Rest mit etwa 100 Juden, die sonderbarer Weise später gut behandelt wurden, angeblich noch lange existiert hat. Kommandant des Lagers war Obersturmbannführer Willhaus.

Meine Mitteilungen bezüglich des KL Auschwitz, wohin ich selbst gebracht wurde, möchte ich auf folgende Angaben beschränken: Ein beträchtlicher Teil der eingelieferten Juden wurde überhaupt nicht registriert, sondern aus den Waggons direkt in die Gaskammern gebracht und vernichtet. Bei anderen Transporten wurde sofort bei Ankunft eine Selektion durchgeführt, ein Teil der arbeitsfähig erscheinenden Männer und Frauen wurde in das Lager gebracht, tätowiert, was zugleich mit der Registrierung verbunden war. Kinder wurden zum größten Teil sofort in die Gaskammer gebracht.

Bei den im Lager verbliebenen Juden wurden je 3 bis 6 Wochen Selektionen durchgeführt; die Geschwächten, Kranken oder auch solche Häftlinge, die aus ganz nichtigen Gründen der SS auffielen, auf Bl. 20 gebracht, wie es hieß auf «Transport». Es handelte sich durchweg um Beförderungen ins Jenseits, die durch Vergiftungen mit Cyan-Gas ausgeführt wurden. – Im Krankenbau Auschwitz wurden täglich 10–100 Carbol-Intracardial-Injektionen vorgenommen, was natürlich den Tod zur Folge hatte. Bezüglich der Vergasungen möchte ich noch bemerken, daß aus Lage und Stellung der Leichen zu erkennen war, daß die Vergasung mitunter mit zu schwachen Dosen durchgeführt wurde, so daß ein qualvoller Tod eintrat.

Im Block 10 wurden verschiedene Experimente an jüdischen Frauen ausgeführt, insbesondere Kastrierungen durch Röntgenstrahlen oder chemische Mittel. Diese Versuche wurden an ausgesucht schönen jungen Jüdinnen, meist Griechinnen, durch den Inhaber einer Klinik, Prof. [Karl] Clauberg, vorgenommen (fr. Auschwitzer Krankenbau), der öfter nach Auschwitz kam.

Dr. Ludwig Fleck[7], *Lemberg*

163. Massenmorde im Rigaer Ghetto

Nachdem ich gezwungen war, die Schule mit 14 Jahren (Reform-Real-Gymnasium) frühzeitiger zu verlassen, um in einer Barackenbaufirma Verwendung zu finden, und dort für geringes Entgelt schwerste Arbeit leisten mußte, evakuierte man meine Eltern und mich selbst am 7. Dezember 1941 nach Riga. Die Evakuierung wurde drei Wochen vorher durch die Gestapo Köln mitgeteilt. Zugleich erging die Auflage, jeder Verkauf irgendwelcher Gegenstände sei strengstens verboten; dagegen sollte alles außer Möbeln verpackt werden. Zugleich mußte jede von der Evakuierung betroffene Familie eine Waschwanne gefüllt mit Lebensmitteln bereitstellen. Mit 6 Koffern, 3 Rucksäcken, Hand- und Aktentaschen stellten wir uns zum festgesetzten Termin im Messegelände auf. Es war ein sogenannter NN-Transport (Nacht und Nebel), um die Bevölkerung von Köln auf den Abtransport nicht aufmerksam zu machen.

Der Transport umfaßte 1000 Personen. Unser Gepäck wurde auf Wertgegenstände untersucht; Uhren, Trauringe sowie sämtliche Legitimationspapiere wurden den Transportteilnehmern abgenommen. Nach einer neuen Leibesvisitation wurden jedem Mk. 10,– belassen. Man trieb uns dann in den großen Saal der Messehalle, um die ein Stacheldraht gezogen war, und ließ uns 24 Stunden in nassen Hobelspänen liegen.

Am 8. Dezember, morgens 4 Uhr, nachdem nur noch ein Koffer zur Mitnahme verblieben war, trieb man uns unter SS-Bewachung zum Deutzer Bahnhof. Der Transport dauerte 80 Stunden und endete in Riga. Unterwegs bekamen wir keinerlei Verpflegung und ein einziges Mal Wasser zum Trinken.

Auf dem Güterbahnhof in Skirotava wurden wir von lettischer SS mit Eisenstangen und Peitschen aus den Waggons getrieben. An die Mitnahme des Reisegepäcks war überhaupt nicht zu denken. Dann mußten wir bei 24 Grad Kälte einen qualvollen Fußmarsch antreten. Zurückbleibende wurden mit Fußtritten zwei Stunden später in das Rigaer Ghetto gebracht. Dieses Ghetto beherbergte 48 Stunden vor unserem Eintreffen noch 34 500 Menschen. Jetzt sahen wir noch menschliche Glieder und Blutlachen, sowie ungeheure Verwüstungen aller Wohnungen. Mit 17 Menschen zusammen wurden meine Eltern und ich in einen Raum getrieben, welcher etwa 14 Quadratmeter groß war. Hier mußten wir hausen. Abends kamen 4500 lettische Juden, die nach ihren Angehörigen suchten, aber niemanden mehr vorfanden. Das war der Rest der Überlebenden; die 30 000 Juden waren in ein Tal geführt und mit Maschinengewehren erschossen worden. Nach der Massenniedermetzelung wurden die Berge an beiden Seiten gesprengt und die Massen unter dem Schutt begraben.

Von den Lebensmitteln zehrend, die wir in dem Raum vorgefunden hatten, lebten wir 2 Tage. Inzwischen war ein weiterer Transport von 1000 Juden aus Kassel eingetroffen. 2 Tage nach unserer Ankunft wurden 200 Juden im Alter von 18–40 Jahren in das Lager gebracht. Es war Salaspils, 18 km von Riga entfernt. Darunter befand auch ich mich. Auf dem Marsch wurden 5 Kameraden von lettischer SS erschossen, weil sie ihre Stiefel nicht abgeben wollten; darunter befand sich ein Sally Katz aus Kassel. Durchfroren und ausgehungert kamen wir auf einem freien schneebedeckten Feld an, wo nur eine große Holzbaracke ohne Dach stand. Dort lebten bereits 4000 Juden aus Süddeutschland, die uns geradezu wie Wölfe nach Eßwaren und Trinkbarem überfielen. Uns wurden die Haare kurz geschoren. Dann teilte man uns in Kojen ein, die 45 cm hoch waren, 2 m lang und 1,5 cm breit. Jede dieser Kojen beherbergte 3 Lagerinsassen. Man lag auf eisüberkrusteten Brettern bei strenger Kälte. Am dritten Tag nach unserer Ankunft sahen wir das erste Brot und einen Pferdeschlitten voll Kartoffelschalen aus der SS-Küche in Riga.

Ein SS-Oberscharführer Nickel aus Berlin stellte sich uns als Kommandant vor, teilte die Arbeit ein und befahl uns, ohne Mantel und ohne Feuerstellen die Arbeit aufzunehmen. Das Arbeitsprogramm umfaßte 45 Baracken, in denen später Letten und Russen untergebracht wurden. Bis auf 5 Baracken wurde das Bauprogramm erfüllt, außerdem mußten noch Wachtürme gebaut und das ganze Geviert mit Stacheldraht eingezäunt werden. In diesem Vernichtigungslager hungerte ich 7 Monate, war schließlich vollständig verlaust und wog zum Schluß noch 72 Pfd. Eine kleine Gruppe lettischer SS machte eine Schießübung auf willkürlich ausgesuchte 14 Kameraden, deren durchlöcherte Leichen wir später in einen nahen Wald tragen mußten. Der Schießakt vollzog sich zum Gaudium geladener SS-Offiziere, unter denen sich SS-Sturmbannführer Rudolf Lange, Kommandant der Sicherheitspolizei des Sicherheitsdienstes in Lettland, SS-Untersturmführer Meiwald sowie auch Beamte der Gestapo befanden.

Bei einer anderen Gelegenheit mußten wir auf Befehl von Lange 16 Kameraden erhängen, die im Mantel bei 30 Grad Kälte gearbeitet hatten. Abgemagert wie ein Skelett wurde ich für den «Stürmer» fotografiert. So vergingen 7 Monate bei 170 g Brot und Kartoffelschalen. 15 000 Menschen, die nach und nach durch dieses Lager gingen, wurden nahezu vollständig aufgerieben. Lediglich 192 blieben am Leben. Darunter befand auch ich mich, als wir am 2. 8. 1942 ins Ghetto zurückgebracht wurden. Die meisten Kameraden sind an Ruhr, Typhus und schweren Erfrierungen gestorben (oft waren die Glieder bis zu den Knochen sichtbar), andere waren durch Peitschenhiebe, am Galgen oder durch Genickschüsse ermordet worden.

Hinsichtlich Verpflegung und Unterkunft war es im Ghetto von Riga nicht ganz so schlimm. Die Greuel selbst standen den schweren Mißhandlungen und Willkürakten im Lager nichts nach. Es war üblich, den Müttern Babies und kleine Kinder fortzunehmen, sie in der Luft zu wirbeln und vor den Augen der Mütter in der Luft zu erschießen. Teils wurden auch die Mütter erschossen oder man ließ sie ohnmächtig einfach liegen. Diese Frauen begingen meist in den nächsten Stunden Selbstmord. Meiner Mutter, 52 Jahre alt, befahl man, mit dem Gestell eines Kinderwagens, worauf eine mit Koks gefüllte Badewanne befestigt war, 10 km zu marschieren und dieses, obwohl sie nur mit Holzschuhen bekleidet war, was ihr schwere Fußwunden eintrug. Als sie schließlich zusammenbrach, wurde sie zusammengeschlagen und konnte sich später nur mühsam ins Ghetto zurückschleppen.

Man stellte auch Kommandos jüngerer Männer zusammen, die im Bikkernicker Wald Massengräber schaufeln mußten, deren Ausmaße 16 mal 4 mal 2 Meter betrugen. Diese Massengräber waren für Transporte aus Bielefeld, Düsseldorf, Hannover, Berlin, Wien, Dresden, Leipzig, Kassel, Dortmund, Stuttgart, Nürnberg, München, als auch aus der Tschechoslowakei und Österreich bestimmt. Sogleich nach Ankunft der Transporte wurden alle mit Lastwagen zum Bickernicker-Wald transportiert. Die Transporte wurden durch den Wagenpark der Luftwaffe, der SS, des Heeres und des Sicherheitsdienstes durchgeführt. Die Leitung aller Aktionen unterstand Major Arreis von der lettischen SS.

Vor den Gruben wurden jeweils 20 Personen aussortiert. Alsdann wurden laufend von den ankommenden Lastwagentransporten etwa 200 Personen zu den Gruben geführt. Dort wurden alle ohne Unterschied des Geschlechtes und des Alters entkleidet und dann mit Maschinengewehrfeuer niedergemacht. Die bereitgestellten 20 Personen hatten die traurige Aufgabe, die Leichen in die Grube zu befördern. Zum Schluß ereilte diese das gleiche Schicksal. Diese Greueltaten waren allgemein bekannt. Luftwaffen-Angehörige, die Augenzeugen waren, haben uns immer wieder darüber berichtet.

Eine Gruppe von 38 jüdischen Kameraden, unter denen sich auch der Vater des hier einsitzenden Kurt Rosenthal aus Dortmund befand, wurde dazu benutzt, die Gräber nach den Exekutionen mit Sand zuzuwerfen. Diese Gruppe wurde besonders isoliert und im Zentralgefängnis in Riga untergebracht. Auch der Vater des mir bekannten Häftlings Kurt Donnhart, Köln, sowie Ernst Kramer, Köln, Bernard Isaak, Köln-Deutz, gehörten zu dieser Gruppe. Das Zentralgefängnis selbst haben nur 16 Angehörige dieser Gruppe verlassen; sie starben an Wahnsinn und Hunger. In der Zelle, in der sie untergebracht waren, ließ man täglich 2 Stunden lang eine Schallplatte mit dem immer wiederkehrenden Text ablaufen: «Ich darf nichts von dem sagen, was ich gesehen und getan habe, sonst werde ich erschossen.» Es genügte, den Versuch zu unternehmen, eines der von den zu erschießenden Häftlingen fortgeworfenen Fotos an sich zu nehmen, um sogleich selbst erschossen zu werden. Die überlebenden 16 Häftlinge wurden ins Ghetto gebracht.

Ab November 1942 wählte man ein einfacheres Verfahren, um sich der Menschen zu entledigen. Es kamen geschlossene Lastwagen mit Anhängern, in die insgesamt 200 Personen eingezwängt waren. Während der Fahrt wurde eine Gasvorrichtung geöffnet, die Fahrt ging zum Bickernicker-Wald. Nach etwa 1 Stunde kamen die Lastwagen mit der Kleidung zurück. Verscharrt wurden auch diese Menschen durch die genannte 38 Mann starke Gruppe. Später erhielten wir dann ganze Lastwagenkolonnen voll Kleidungsstücken, Koffern, Kinderwagen.

Briefverkehr mit der Außenwelt und der Besitz von Geld wurde mit dem Tode bestraft. Gelegentlich wurde von den hungernden Juden der Versuch gemacht, Kleidungsstücke gegen ein Butterbrot einzutauschen. Ghetto-Insassen, die dabei ertappt wurden, erhielten zunächst 25 Stockschläge und wurden dann erhängt. Darunter befand sich auch der Häftling Kurt Becher, 19 Jahre, aus Hannover. Mit dem wegen gleichen Vergehens bestraften Heidenheim, Prag, wurden zugleich 7 weitere Hausbewohner als Mitschuldige erhängt. Es war nicht selten, daß darüber hinaus zusätzlich einige Menschen oder Zimmergenossen, die man der Unterlassung einer Meldung an die Kommandantur ganz willkürlich bezichtigte, mit zum Tode verurteilte. Häufig wurden bei jungen Mädchen Vergewaltigungen durch die SS vorgenommen. Auch der Kommandant machte hier keine Ausnahme. Er hieß Krause, SS-Obersturmführer aus Leipzig, und war ein ehemaliger Gestapobeamter aus Berlin. Er vergewaltigte u. a. Elle Laumann aus Krefeld und die Frisöse Olly Auler aus Prag. Mit Vorliebe unternahm Krause Schießübungen auf alleinstehende Häftlinge, die dann vielfach nur angeschossen wurden, sie wurden in das Revier gebracht und dort durch Spritzen getötet.

Später wurden im Ghetto durch den Kommandanten alle Personen über 50 Jahren aussortiert; 2200 Männer und Frauen. Meine Eltern konnten sich nur durch Fälschung ihres Geburtstages fernhalten. Auch wurden sämtliche Kinder unter 13 Jahre von dieser Aussortierung betroffen. Mütter, die sich von ihren Kindern nicht trennen wollten, wurden den Aussortierten zugesellt. Als Ziel des Transportes war Dünamünde genannt worden, das war aber eine bewußte Irreführung; das Ziel des Transportes wurde nie erreicht.

Eine Woche später (November 1943) löste man das Ghetto auf, in dem dann russische Flüchtlinge untergebracht wurden. Die noch vorhandenen

1500 Insassen wurden in das Konzentrationslager Kaiserwald bei Riga, Leitung Kommandant SS-Obersturmbannführer Sauer, eingeliefert, darunter auch meine Eltern. Ein Teil ging in besondere Kasernierungen (Heeres-Verpflegungsmagazin, Kraftfahrpark, Armee-Bekleidungsamt etc.); unter den letzteren befand auch ich mich. Auf Befehl von Berlin wurden sämtlichen Frauen und Mädchen die Haare geschoren.

Nach 2 Monaten erhielt ich durch eine günstige Fügung Nachricht von meinen Eltern, die unter quälendem Hunger litten. Mein Kommando erlaubte mir, etwas mehr als sonst üblich von meiner Verpflegung einzusparen, auch fand ich einen Weg, meinen Eltern in bescheidenem Maße Lebensmittel zukommen zu lassen. Meine Eltern arbeiteten an der Düna. Hier mußten sie schwere Baumstämme aus dem Wasser ziehen und zu einem Sägewerk schleppen. Grundsätzlich wurde der Transport nur mit Menschenkraft bewerkstelligt. Der Lagerälteste des KL Kaiserwald war ein zu lebenslänglichem Zuchthaus bestrafter deutscher Schwerverbrecher von der Berliner-Saß-Bande, Xaver Apel, im Lager Mister X genannt. Ihm zur Seite stand ein weiterer Schwerverbrecher, Hannes Dressler aus Hamburg. Beide waren die besten Freunde des SS-Obersturmbannführers Sauer, der alle ihre Handlungen billigte und unterstützte.

Charakteristisch für die innere Ordnung des Lagers war, daß Mister X beispielweise nicht voll leistungsfähige Häftlinge einfach in die Düna warf und jeden Rettungsversuch verhinderte, mit der Diagnose: «Herzschlag» wurden sie vom Bestand abgesetzt. Ein anderer Fall mag noch zur Illustrierung der Verhältnisse dienen: Ein an Ruhr erkrankter Kamerad hatte sein Essen verschenkt. Mister X erhielt Kenntnis davon und warf ihn in einen großen Kessel mit brühendem Wasser, das zur Bereitung des Lagerkaffees dienen sollte. Der Kamerad ist elend verbrüht, trotzdem wurde in der Brühe der übliche Lagerkaffee bereitet. Ein anderer Kamerad namens Gustav Haar aus Dresden, Leiter des sogenannten Lagerschutzes, wurde erstochen und in die Latrine geworfen.

SS-Sturmbannführer Krebsbach, Köln, unternahm laufend Aktionen gegen Kranke und Schwäche. Im Mai wurde auch mein Vater einer geringen Beinwunde wegen von einer solchen Aussortierung betroffen. Es hieß wiederum «Transport Dünamünde». Mein Vater ließ einen Zettel mit den letzten Grüßen an mich gelangen, worin die Mitteilung enthalten war, der Gaswagen stehe in seiner unmittelbaren Nähe, er grüße mich ein letztes Mal und appelliere an mich, nach Kräften meiner Mutter weiter beizustehen. In weniger als einer Stunde hätte er die Qualen überstanden.

Anfang Juli 1944 wurde ich mit 1350 Männern und 1350 Frauen in das Konzentrationslager Stutthof geschafft. Auf dem Transport dorthin starben viele Menschen durch übergroße Hitze an Wassermangel und allgemeiner Schwäche. Hier wurden wiederum Kranke und Schwache aussortiert und in das Stutthofer Krematorium geschafft, nachdem sie vorher vermutlich auf eine mir nicht bekannte Art ums Leben gebracht worden waren. Angeblich ist meine Mutter 2 Monate später gleichfalls in das KL Stutthof eingeliefert worden. Näheres habe ich nie wieder erfahren. Ich selbst wurde mit anderen Kameraden kurz darauf nach Buchenwald transportiert.

Hans Baermann, Köln

164. Der jüdische Heldenkampf in Warschau

Die gesamte jüdische Bevölkerung Warschaus wurde sofort nach der Besetzung durch die Deutschen erfaßt. Wer sich nicht registrieren ließ, dem drohte die Todesstrafe. Durch Umsiedlung wurde in Warschau ein großes Ghetto errichtet, das durch die Chlodnastraße durchschnitten wurde. Eine Verbindung zwischen den beiden Ghettohälften wurde durch Errichtung einer Brücke geschaffen, welche die Chlodnastraße überquerte. Um das Ghetto wurde eine starke, etwa 4 m hohe Mauer errichtet. Sich im arischen Wohnbezirk aufzuhalten, war strengstens verboten. Anfangs waren es etwa eine halbe Million Juden, die im Ghetto lebten. Durch Neuzugänge aus der Umgebung stieg die Zahl der Ghettobewohner auf $3/4$ Million. Zusammengedrängt auf kleiner Fläche, viele Familien in einer Wohnung, ohne Möglichkeiten eines Gewerbes, ohne Kontakt mit der Umwelt, hungerten diese Menschen. Nur wenige wagten es, illegal die Mauern des Ghettos zu verlassen, um etwas Lebensmittel heranzubringen.

Jeder Versuch der jüdischen Führer, Hilfe aus dem Auslande zu beschaffen, wurde sofort unterdrückt, führende Persönlichkeiten wurden verhaftet. Schließlich gelang es doch, Verbindung mit dem Jointdirektor Tropper in Paris herzustellen. Tropper erreichte durch das polnische Rote Kreuz beim Generalgouverneur Frank[8] eine Hilfsaktion für die Warschauer Juden. Für das Ghetto wurde eine Kommission ernannt, die die amerikanischen Unterstützungsgelder empfing und den Juden in Zloty auszahlte. Unter Leitung von Ing. Czerniakow wurde ein Judenrat gebildet Durch Jointhilfe wurden Volksküchen geschaffen, Kinderfürsorge, Gesundheitswesen, orthodoxe Kreise fanden Hilfe durch Rabbi Blumenfeld. Dadurch besserte sich die Lage, es wurden Arbeitsmöglichkeiten geschaffen. Nach Eintritt Amerikas in den Krieg liquidierte der Joint seine Tätigkeit. Das jüdische Hilfskomitee bemühte sich, durch Selbsthilfe die Arbeit fortzusetzen. Die Lage war wesentlich nicht verändert bis zum 22. Juli 1942, dem Tage des Beginns der Judenvernichtung.

Am 20. Juli kamen nach Warschau Kompanien der SS, Reinhard Heydrich (Vernichtungskommando Lublin), unter Leitung des SS-Obersturmführers Tumann. Am 22. Juli 1942 umstellte die ukrainische SS die Mauern des Ghettos. Eine Bekanntmachung wurde plakatiert: «Alle Juden, Männer und Frauen und Kinder, sofern sie nicht in deutschen Betrieben, Rüstungswerken oder in der Ghettoverwaltung beschäftigt sind, müssen das Ghetto verlassen.» Sie sollten nach dem Osten gebracht werden, um am Aufbau der zerstörten Ostgebiete eingesetzt zu werden. An Gepäck durften nur 15 kg pro Person mitgenommen werden, dafür aber der gesamte Schmuck, Wertsachen, Geld und eine Decke. Der Judenrat möge besonders für gutes Schuhwerk sorgen. Das Amt des Zivilkommissars wurde liquidiert, an seine Stelle trat ein SS-Aussiedlungsstab unter der Leitung des SS-Sturmführers Brand, der sich im Ghetto, Eisengruberstraße 103, niederließ. Verantwortlich für den regelmäßigen Gang der Aussiedlung war der Judenrat. Täglich mußten 10000 Personen ausgesiedelt werden.

Ing. Czerniakow erklärte, nicht in der Lage zu sein, dieses durchzuführen. Durch die Verhaftung von Abraham Geppner, Rabbi Schapiro, Redakteur Eckermann, Dr. Milejkowski und zwanzig weiterer Judenratsmitglieder als Geiseln sollte die Durchführung gewährleistet werden. Ing. Czerniakow mit Gattin begingen Selbstmord durch Vergiftung. Ein getaufter Jude, ehemaliger Oberst der polnischen Kriminalpolizei, Jakob Sczerinskij, wurde kommissarischer Leiter des Judenrats und Chef der Ghettopolizei. Die Aussiedlung begann. Täglich wurden Häuserblocks umstellt, Frauen, Männer, Kinder, wer gerade auf der Straße oder in den Häusern erfaßt wurde, mußte mitgehen, wurde auf die Bahnhofsrampe gebracht, in Güterwaggons gepfercht (bis zu 120 Menschen in einem Waggon).

War um 6 Uhr abends die Zahl von 10000 Juden nicht beisammen, griff die SS und ukrainische SS durch, Schüsse fielen, es wurde gemordet, und die Zahl von 10000 wurde erreicht – das Ghetto leerte sich. Hunderte Judenleichen bedeckten die Straße; der Versuch des Vaters, seine Kinder oder Kleider zu holen, wird an Ort und Stelle mit dem Tode bestraft. Untersturmführer Brand ist human, jüdische Leichen dürfen nicht in der Gasse liegen bleiben! Die jüdische Beerdigungsmannschaft erhält mit Stempeln der Gestapo versehene Armbinden und Bescheinigungen, daß sie der Aussiedlung nicht unterliegen und in ihrer Arbeit nicht zu behindern sind. Sogar Pferde werden ihnen zugeteilt, für die armen Opfer wird gesorgt, sie müssen so schnell wie nur möglich auf den Friedhof gebracht werden. Plakate sprechen den Juden Mut zu, sie mögen sich freiwillig zum Abtransport nach dem Osten melden, das Leben sei dort viel leichter als in der Enge des Ghettos. Die Versorgung mit Lebensmitteln im Ghetto wird gedrosselt. Für die Ausreise werden 3 kg Brot und 1/2 kg Marmelade zugeteilt. Um Juden gefügiger zu machen, wird die Wasserzufuhr für das Ghetto eingestellt. Der Erfolg bleibt nicht aus, – Juden melden sich freiwillig.

Der SS-Werterfassung (Leiter Obersturmführer Conrad und Gouverneur des Distriktes Dr. [Ludwig] Fischer) stellt 2000 junge Juden in ihre Dienste und befreit sie vorläufig von der Aussiedlung. Die gesamte zurückgelassene Einrichtung, Wertsachen, Kleidung, Wäsche, alles wird gesammelt, sortiert und in SS-Magazine in der Wildstraße (früher Dr. Zamenhofastraße) Nr. 51 verstaut. SS-Mitglieder der Aussiedlungsaktion werden reich beschenkt, der Rest wird der deutschen N.S.-Fürsorge zugeführt. Bei Tag und bei Nacht werden Juden verfolgt, sie suchen sich zu verbergen, sie ahnen, was sie erwartet, trotzdem aus Maljinka bei Treblinka Karten eintreffen, in denen mitgeteilt wird, daß es den Ausgesiedelten recht gut gehe. Sie fühlen instinktiv, daß diese Postkarten, deren Text durch die Ähnlickeit auffällt, nicht die Wahrheit enthalten und die einzige Möglichkeit darstellen, überhaupt noch ein Lebenszeichen zu geben. Aus dem Ghetto gibt es kein Entkommen, die Aussiedlung wird fortgesetzt.

Am 9. August 1942 wird die Aussiedlung offiziell als beendet erklärt. Wer bisher nicht ausgesiedelt wurde, soll, wie es heißt, im Ghetto bleiben dürfen. Zur Bedingung wird gemacht, daß sich alle Einwohner des Ghettos neu registrieren lassen und zu diesem Zwecke auf dem Platz innerhalb der Straßen Ostrowska, Dr. Zamenhofa, Mila und Nalewki versammeln. Todesstrafe wird denen angedroht, die nicht erscheinen.

Ein neues, leises Hoffen erfüllt und belebt die geplagten, verängstigten Juden. An 200000 Männer, Frauen und Kinder folgen dem Rufe und versammeln sich zur befohlenen Stunde. In Fünferreihen marschieren sie am Untersturmführer Brand und dessen Stab vorbei. 6 Tage dauert diese Besichtigung und Musterung. 50000 neue Opfer werden ausgewählt, sie gehen nach dem Osten ab. Die Verbleibenden erhalten einen Passierschein, sie dürfen in ihre Wohnungen zurückkehren. Die Selektion war eine die Nerven zermürbende Plage. Den Platz zu verlassen, war nicht gestattet, Tag und Nacht hockt man am Boden, es gibt nichts zu essen, nichts zu trinken. Viele hungern nahezu volle sechs Tage, aber das Werk ist vollendet. Untersturmführer Brand mußte die Judenschaft «durchkämmen».

Am 14. August kommt auch unsere Familie an die Reihe. Wir passieren vor dem Herrn über Leben und Tod. Plötzlich fällt der Blick des Untersturmführers auf meinen Vater. Durch einen Wink wird er angewiesen, aus der Reihe zu treten. Ehe er mir noch die Hand reichen und etwas sagen kann, streckt ihn ein SS-Rottenführer durch 2 Schüsse aus seiner Pistole nieder. Wie gelähmt bleibe ich für einen Moment stehen, fange meinen Vater in meinen Armen auf. Es entsteht ein kleiner Tumult, ich schleppe den Sterbenden durch das Tor, begleitet von meiner Mutter und 2 Schwestern. Der Weg nach dem Osten blieb meinem Vater erspart. Die Selektion war beendet, weitere 5000 Juden wurden zur Werterfassung eingesetzt.

Von denen, die uns verlassen haben, kommen keine Nachrichten. Wir ahnen nur Böses. Indessen kommen vereinzelt Flüchtlinge, denen es gelang, aus Treblinka zu entkommen. Unter ihnen ist ein junger jüdischer Journalist, Jakob Rabinowicz, Bruder des Oberrabiners aus Munkacz. Bis zu seiner Aussiedlung hatte er mit uns in der Küche des Joint gearbeitet. In einer geheimen Versammlung jüdischer Jugend berichtet er uns genau, was er als Mitglied des Bergungskommandos in Treblinka gesehen und erlebt hat, über die Massenmorde, Erschießungen und Vergasungen von Hunderttausenden von Juden Warschaus und anderer Orte, er berichtet über den grausamen Tod, den unsere Bekannten erlitten und über seine Flucht im Waggon, in dem er sich zwischen Ballen von Kleidern und Decken von seinen Kameraden hat einschließen lassen.

Er findet keinen Glauben, wir können es nicht fassen, es ist zu grausam und entsetzlich, wir halten es für die Ausgeburt einer krankenhaften Phantasie oder zumindest für arge Übertreibung. Er beschwört uns, ihm zu glauben, bittet, insgeheim Polen nach Kossuv zu schicken, das ca. 15 km von Treblinka entfernt liegt. Die Ortsbevölkerung wisse, was vorgeht, sie spüre den Geruch der verbrennenden Leichen. Sein Rat wird befolgt, ein Fonds aufgebracht, Verbindung mit Leuten der P.P.S. (Polnische-Sozialistische-Partei) aufgenommen. Deren Mitglieder, Ing. Tepicin, Ing. Landau, Nososki und Majcharek fahren nach Kossuv und bestätigen uns, was erzählt wurde. Die Züge der Ausgesiedelten wurden mit polnischem Begleitpersonal nur bis zum Tor herangefahren, in die Umzäunung kommt kein Pole hinein. Man sieht von der Ferne nur den Qualm und riecht den penetranten Brandgeruch.

Geheime Flugblätter, jiddisch geschrieben, berichten den Juden Warschaus über die «Kulturtaten» unserer «Beschützer», dieses erbärmlichen Volkes. Die polnische nationale Partei verbreitet die Kenntnis in polnischen Kreisen. Unter dem Eindrucke dieser entsetzlichen Berichte erwacht ein einziger, einheitlicher Gedanke: Der nächsten Selektion, dem nächsten Abtransport Widerstand zu leisten. Dr. Isak Schipper, Führer der Zionisten Polens, wird die Seele des Widerstandsgedankens. In einer geheimen Versammlung der Jugend sagt er: «Wenn durch das Geschick und durch die Geschichte unsere Ausrottung bestimmt ist, dann sterben wir wenigstens im Kampfe, wir gehen nicht freiwillig nach dem Osten in den Tod!»

Mit Hilfe der polnischen-sozialistischen Partei wurden Gewehre angeschafft, unter Führung des Betars, Leib Leon Rodal aus Kielce, wird eine Widerstandsgruppe ins Leben gerufen. Abraham Geppner, Metallfabrikant, spendet als erster eine Million Zloty für den Kauf von Waffen, es kommen viele Millionen zusammen. 5000 Zloty zahlen wir für eine Pistole, 12000 für ein Maschinengewehr. Wir haben Handgranaten. Wir bauen Bunker in den Kellern. Es gelingt uns, ältere Menschen ins polnische Warschau zu schaffen, vorwiegend Jugend bleibt zurück und solche Frauen und Kinder, die entschlossen sind, Seite an Seite mit ihren Männern und Vätern zu sterben. Meine Mutter und eine Schwester bleiben im Ghetto, die jüngere Schwester Tolla geht ins arische Warschau, sie ist blond, blauäugig und wird dort nicht auffallen. Ich habe sie nicht mehr gesehen. Wir bilden kleine Kampfgruppen. Attentate werden ausgeübt auf Jakob Sczerinskij, auf den Advokaten Leikin, Chef des Gefängnisses, auf Jurek Fürstenberg, den Chef des Kommandos Werterfassung, und auf viele andere Gestapospitzel, die ihr eigenes Leben auf Kosten der Judenschaft retten wollten. 15- bis 16jährige Knaben waren die Täter.

Der 18. Januar 1943 wird zum Markstein in der leidensvollen Geschichte des Ghettos. Die deutsche Polizei muß die Attentate auf die Spitzel rächen.

Wieder wird das Ghetto umstellt, die gesamte Bevölkerung des Ghettos hat sich zu melden. Niemand leistet der Aufforderung Folge. Der Judenrat verbirgt sich. Mündlich wird die Parole ausgegeben, vorläufig keinen Widerstand zu leisten, bloß sich zu verbergen. Die Durchsuchungen dauern 4 Tage. Manche werden mit der Waffe in der Hand angetroffen, sie werden ebenso erschossen wie die aus den Häusern und Schlupfwinkeln Hervorgezogenen. 18000 Männer, Frauen und Kinder, wer gerade ertappt wurde, sind niedergemacht worden. Da wird die Verlautbarung des Untersturmführers Brand bekannt, er hätte die Banditen, die Attentate verübten, niederkämpfen müssen. 18000 «Banditen» wurden umgebracht, die Werterfassung hat ein neues Arbeitsfeld, der Judenrat muß für die Beerdigung der «Banditen» sorgen.

Wir waren noch etwa 40000 Juden, meist Jugend, im Ghetto, organisiert in kleinen Kampfgruppen der jüdischen Jugendorganisationen. Wir wußten, was uns bevorstand. Kampflos wollten wir nicht untergehen, uns schwebte vor, durch Kampf die zu rächen, die ohne Widerstand der Mordgier des nazistischen Terrors zum Opfer fielen. Wir wollten einen Ansporn geben und durch das Beispiel wirken auf diejenigen Juden, von denen wir hofften, daß sie außerhalb Warschaus noch am Leben sind. Unser Kampf sollte die öffentliche Meinung der Welt aufrufen zur Abwehr, zur restlosen Niederkämpfung der nazistischen Machtgier, die davor nicht zurückschreckte, wehrlose Menschen hinzuschlachten und ihr Vermögen zu rauben. Der Führer der Zionisten, Dr. Schipper, blieb mit uns im Ghetto.

Es nahte Pessach, der 19. April 1943. Durch Freunde aus dem polnischen Lager erfuhren wir, daß in Praga, der Vorstadt Warschaus, einige Kompanien der schwarzen SS eingetroffen sind (Einsatz Reinhard Heydrich). Am zweiten Tage des Pessachsfestes wurde um 4 Uhr früh das Ghetto durch SS umstellt. Unsere Jungen eilten von Haus zu Haus, es wurde Kampfbereitschaft angesagt. Alles eilte in die Keller, nahm Waffen und Lebensmittel mit. Gruppen der SS rückten ins Ghetto ein. An der Ecke der Nalewskistraße, beim Hause Nr. 42, Kleiderfabrik Hermann Brauer, tritt ein junger Mann aus dem Tor und hält eine Gruppe von 25 SS-Leuten, die durch einen Unteroffizier geführt werden, an. Er zeigt auf den dritten Hof und sagt, es seien dort 10 Juden versteckt. Die SS-Gruppe folgt ihm. Kaum ist sie im dritten Hof angelangt, zieht der Junge seine Pistole und streckt den Unteroffizier nieder.

Das Signal zum Kampfe ist gegeben. Aus den Fenstern krachen die Schüsse, Handgranaten bersten, es ist Höllenlärm. Der junge Mann, der den ersten Schuß abgab, war Mordechai Nutkowicz aus Ripin. Er selbst brach tot zusammen, aber nicht ein einziger der eingedrungenen SS verläßt lebend den Hof. Das ganze Viertel gerät in Aufruhr. Kampfgetöse an allen Ecken, die SS hat einen solchen Empfang doch nicht erwartet. Sie verlassen schleunigst das Ghetto. Bis zum nächsten Tag herrscht Ruhe.

Am nächsten Tage rücken Panzer ins Ghetto, schießen die Häuser in Brand. Wir versuchen die Brände zu löschen, mit Handgranaten die Panzer zu bekämpfen, wir sind aber machtlos. Wir verkriechen uns in die Bunker, SS-Infanterie rückt ins Ghetto ein. Sie werden durch einen Hagel von Schüssen und Granaten empfangen. Wir werden aus Flugzeugen beschossen, das Ghetto brennt an allen Ecken. Vier Tage dauert der Brand. Die Bunker werden durch Horchgeräte ausgeforscht, durch Minen und Granaten gesprengt und zerstört. Wer mit Waffen angetroffen wird, wird auf der Stelle erschossen. Vierzehn Tage hindurch dauert die Säuberungsaktion. Die Überlebenden wurden ins KL Lublin [Maidanek] gebracht.

Ich selbst mit Mutter und Schwester gehen mit. Der Transport bietet das übliche Bild. 100 bis 120 Menschen in Viehwaggons zusammengepfercht, kein Essen, kein Wasser. Im KL Lublin Auswaggonierung, Frauen und Kinder links, Männer rechts. Ich sehe, wie Mutter und Schwester samt anderen zwischen Feld I und II geführt werden. Ein kleines Häuschen nimmt sie auf, es gibt kein Wiedersehen, sie sterben durch Gas. Dr. Schipper starb nach einem Monat. Ich blieb bis zum 24. Juni im KL Lublin, von dort wurde ich nach Auschwitz gebracht.

Eines neues Bild des Grauens. Tausende französischer, holländischer, griechischer und ungarischer Juden samt Frauen und Kindern wurden in die berüchtigten Gaskammern gebracht. Ich selbst erkrankte an Krätze, eine harmlose Hautkrankheit und – trotzdem wurde ich selektiert, auf Bl. 20 gebracht, um am nächsten Tage vergast zu werden. Meine Rettung verdanke ich Jusek Kenner, der sich einen Brillantring zu verschaffen wußte und ihn dem Lagerältesten schenkte. Der holte mich nachts aus dem Block. Von Auschwitz ging es nach Thüringen ins berüchtigte Lager S. III, Ohrdruf, am 5. April nach Buchenwald. Von hier sollten wir weitergetrieben werden. Ich verbarg mich, harrte aus, bis uns die Amerikaner befreiten.

Wladimir Blumenfeld, Warschau

165. Der Dachauer «Himmelswagen»[9]

Die Reichsführung-SS machte ständig in Dachau Versuche an gesunden Menschen. Eines ihrer Glanzstücke war zweifellos die Versuchsstation der Luftwaffe, die von einem persönlichen Freund Himmlers, Dr. [Sigmund] Rascher, Hauptmann der Luftwaffe, geleitet wurde. Die Versuchsstation wurde auf Block 5 des Häftlingskrankenbaus im KL Dachau eingerichtet, in die Barackenstraße zwischen Block 5 und der nebenliegenden Baracke wurde ein Versuchswagen aufgestellt, die Barackenstraße in der Mitte vom übrigen Krankenbau isoliert, um jeden unbefugten Blick abzuwehren. Der Versuchswagen war ein hoher, abgeschlossener Kasten auf Rädern, mit eingebauten Apparaturen für Druck-, Temperatur- und Höhenmessung. Mit ihrer Hilfe konnte man das Versuchskaninchen in den physischen Zustand einer Höhenfahrt bis über 10000 Meter versetzen und von dort im Sturzflug zur Tiefe sausen lassen.

Am Verhalten des Prüflings bei den Prozeduren wurde die Wirkung des Sturzfluges auf den menschlichen Organismus festgestellt. Anschließend kam der Prüfling, bekleidet mit einem wasserdichten Anzug und umgürtet von einem Rettungsring in ein Schwimmbecken von 1–2 Grad Temperatur. Er mußte sich dort mindestens 2 Stunden lang, in den meisten Fällen bis zur physischen Erschöpfung, also bis zum Tode, aufhalten; wer das seltene Glück hatte, trotzdem mit dem Leben davonzukommen, wurde zwischen Prostituierte ins Bett gelegt, deren Körperwärme den fast völlig erstarrten Körper beleben sollte. Diese Prostituierte wurden eigens für diese Zwecke im KL Dachau, Station RF (Reichsführung), – so wurde die Station offiziell genannt – einquartiert. Die letztgenannte Prozedur wurde erst später eingeführt, nach einer Serie von Todesfällen.

Dr. Rascher begnügte sich nicht mit der Beobachtung des äußeren Verhaltens seiner Opfer bei den Versuchen; sein medizinischer Eifer wollte auch ergründen, was im Gehirn des Opfers unmittelbar nach der Höhenfahrt vor sich ging. Einem Juden wurde bei vollem Bewußtsein nach der Höhenfahrt der Schädel gespalten und sein Gehirn untersucht. Augenzeuge für diese Untat ist der Häftling Willi Oppel aus Karlsruhe.

Die «Himmelfahrt», wie der Wagen genannt wurde, verbreitete Schrekken im ganzen Konzentrationslager. Die ersten Opfer wurden vom Arbeitseinsatzbüro als Sonderkommando mit Zulage angefordert. Ahnunglos meldeten sich Freiwillige. Aber schon nach wenigen Tagen sickerten dunkle Gerüchte ins Lager durch. Keiner meldete sich mehr freiwillig. Die Opfer wurden nun einfach von den Wohnblöcken der Häftlinge weggeholt unter den verschiedensten Vorwänden. Beliebt war es, ahnungslose Neuzugänge dafür zu verwenden. Der Leiter der Station, der «Hauptmann», wie man ihn im Lager mit Schrecken nannte, ging selbst auf die Suche nach Opfern.

Nach ungefähr einem Vierteljahr besuchte Himmler die Station des Hauptmanns. Dort traf er 3 Überlebende der Versuche an: 2 entließ er persönlich aus dem Lager und kommandierte sie zur Luftwaffe nach Berlin. Den Dritten aber ließ er mit der entsprechenden Handbewegung in der Station zurück. Der Himmelfahrtswagen wurde nach einem halben Jahr aus dem Lager weggeführt. Das Lager atmete auf. Zur gleichen Stunde überbrachte ein Häftling, der auf der Station beschäftigt war, dem Arbeitseinsatzbüro die Totenmeldung von 8 Häftlingen, die am Vortage abends zur Beschließung der Versuche in den Himmel geschickt worden waren.

Nach dem Abtransport des Wagens wurden die Wasserversuche allein fortgesetzt. Später wurden die Versuche überhaupt eingestellt.

Hermann Haller, Bohndorf, Wttbg.

166. Die Malaria-Versuche in Dachau

In den deutschen Konzentrationslagern wurde wegen angeblichen wissenschaftlichen Forschungen die Gesundheit von Tausenden zerstört. In einem «Sondereinsatz» sollten diejenigen «Grünen» eingesetzt werden, die im Januar 1942 von SS-Hauptsturmführer Prachtel untersucht wurden. Nur Leute mit einwandfreier Gesundheit im Alter zwischen 20 und 45 Jahren wurden als tauglich befunden. Im März 1942 mußten die ersten 5 Mann im Revier sein. Anschließend kamen jede Woche 20 weitere an die Reihe.

Prof. Dr. Klaus Schilling trug die Verantwortung für alle Versuche; mitbeteiligt war zuerst der vorerwähnte Hauptsturmführer Prachtel. Später trat Hauptsturmführer Plöttner an seine Stelle.

Die Versuche gingen auf folgende Weise vor sich: Mit Malariaträgern verseuchte Anophelesmücken hatten die Krankheit auf die gesunden Menschen zu übertragen. Krankheitsträchtige Fliegen aus den Tropen, aus Madagaskar, der Krim und sonstigen Gegenden wurden beschafft und mußten die Körper der Versuchsobjekte infizieren. Auch das Verhalten der einzelnen menschlichen Blutgruppen zu der Krankheit sollte erforscht werden. Der erste Anfall stellte sich nach der Ansteckung in der Regel nach 3 Wochen ein. Zu diesem Zeitpunkt wurde der Patient erneut in den Krankenbau aufgenommen. Während zu Anfang der Kranke jeden 2. bis 3. Tag vom Fieber geschüttelt wurde, traten in fortgeschrittenem Stadium die Anfälle 2–3 mal am Tage auf. Herzschwächen, Gelbsucht, schwerer Durchfall und manchmal sogar Lungenentzündungen waren «Nebenerscheinungen».

Mit den ersten Fieberanfällen begann die Beobachtung der Krankheit. Die Herztätigkeit und das Verhalten der anderen Körperorgane wurde auf Kurvenblättern festgehalten. Gleichzeitig versuchte der Professor zu heilen, was er vorher verseucht hatte; eine restlose Heilung gelang aber nur in sehr wenigen Fällen. Nach ihrer Entlassung klagten die meisten noch über Herzbeschwerden und Verdauungsstörungen.

Von 200 menschlichen Versuchsobjekten starben 17; später erhöhte sich das Verhältnis zwischen Kranken und Toten noch ganz beträchtlich, als die eingehenden Gesundheitsuntersuchungen und die Altersbeschränkungen wegfielen; besonders hohe Verluste erlitten die polnischen Geistlichen. Eine ungefähre Gesamtzahl von Toten anzugeben, ist mir nicht möglich, doch könnte der Häftlingspfleger August Vieweg genaues statistisches Material liefern. Ende 1943 sagte er mir, daß er rund 1500 Krankheitsbilder in seinem Archiv habe. Doch sei geplant, die Versuche noch weitere 2 Jahre durchzuführen.

SS-Reichsführer Heinrich Himmler besuchte die Versuchsanstalt in Begleitung von Reichsärzteführer Conti und erklärte nach der Besichtigung pathetisch: «Jungens, ihr habt dem Vaterland einen ebenso großen Dienst geleistet wie unsere Soldaten an der Front. Ich werde Euch bei einer demnächstigen Entlassung nicht vergessen!» Anzumerken ist, daß keiner von ihnen entlassen wurde.

Helmut Ableiter, Stuttgart

167. Konzentrationslager Natzweiler

Mit 20 Pflegern wurde ich vom KL Dachau für die Revierarbeit nach Natzweiler gebracht. Dort bestand zu jener Zeit nur eine sogenannte Außenkommandostelle, die mit der Errichtung und dem Ausbau des Lagers beauftragt war. Dieses aus 80 Häftlingen bestehende Kommando wurde für den Straßenbau eingesetzt, was das bedeutete, erhellt daraus, daß von uns 20 Pflegern nur 3 die Strapazen überstanden.

Nach einjährigem Bestehen des Lagers sind unter den unmenschlichen Arbeits- und Lebensbedingungen 4 primitive Baracken und eine Küche entstanden. Von 900 dort im Laufe der Zeit untergebrachten Häftlingen sind nicht weniger als 330 «verstorben», richtiger gesagt: langsamer oder schneller ermordet worden, weitere 300 Lagerinsassen wurden als Invaliden nach Dachau gebracht, da sie für eine weitere Arbeit nicht zu gebrauchen waren.

Der Kommandant des Lagers war der Sturmbannführer Zill aus Plauen, der 1. Lagerführer Hauptsturmführer Kramer aus Augsburg. Die Funktionskräfte stellten sogenannte «Grüne», d.h. kriminelle Häftlinge. Diese asozialen Elemente waren den SS-Banditen hoch willkommen als Werkzeuge gegen die übrigen Häftlinge. Der Lagerarzt, Obersturmführer Eisele, förderte die Grünen mit allen Mitteln. Obersturmführer Blanke waltete nach diesem, allerdings nur kurze Zeit, seines grausigen Amtes.

Bauweise und Einrichtung der Baracken, terrassenförmig am Berghang errichtet, waren so primitiv, daß an eine Hygiene überhaupt nicht zu denken war.

Das gefürchtetste Arbeitskommando war der Steinbruch. Es mußten täglich 200 Mann zur Arbeit ausrücken. Von den 600 Insassen des Lagers waren nur ca. 100 arbeitsfähig, und das war die grüne Lagerprominenz. Von den Verbleibenden konnten höchstens noch 100 als beschränkt arbeitsfähig gelten. Viele waren durch Mißhandlungen, Überanstrengung und Entbehrungen schon so heruntergekommen, daß sie nicht mehr gehen konnten. Da aber das Steinbruchkommando 200 Mann umfassen mußte, wurde alles, was nicht mehr gehen konnte, auf Schubkarren usw. zur Arbeitsstelle gefahren.

Die Ernährung war absolut ungenügend, das Mittagessen völlig ungenießbar. 60% aller Lagerinsassen wogen unter 50 kg. Der Hunger war so groß, daß die schwächsten Häftlinge von entmenschten, mitgefangenen Häftlingen einfach deshalb erschlagen wurden, um sich in den Besitz ihrer kärglichen Lebensmittelration zu setzen. In einer einzigen Nacht sind in das Revier nicht weniger als 30 Erschlagene eingeliefert worden.

Die Behandlungspraxis im Revier spottete jeder Beschreibung. Der Kapo war ein Berufsverbrecher; im Bunde mit dem Lagerältesten Rosch, mit den Kriminellen Käseberg, Hösel, Liese und dem Küchenkapo Pollmann, einem widerlichen Homosexuellen, hat er unzählige Morde auf dem Gewissen.

Am 8. Juli 1942 war ich Zeuge eines furchtbaren Ereignisses, das nie aus meiner Erinnerung schwinden wird. Im Korridor des Reviers standen 6 Särge übereinander. Es waren aus rohen Brettern zusammengemergelte Kisten, aus deren Fugen das Blut sickerte. Im untersten Sarg war plötzlich ein Klopfen zu hören. Eine schwache Stimme wimmerte: «Macht auf! Macht auf! Ich lebe doch!» Die Grünen holten den untersten Sarg hervor und öffneten ihn. Mit zerschlagenen Gliedern und verletztem Kopf starrte uns der mit einem Toten zusammen im Sarge liegende polnische Häftling entgegen. Ich wollte zugreifen, ihn aus seiner fürchterlichen Lage zu befreien, wurde aber von den Berufsverbrechern sofort zur Seite gestoßen. Einige dumpfe Schläge, dann wurde der Sarg schon wieder zugenagelt und ging ins Krematorium ab.

Die Kommandos Steinbruch und Straßenbau bekamen den Auftrag, eine neue Straße anzulegen. Die Arbeitskräfte waren russische Kriegs- und Zivilgefangene. Ohne Schuhe an den Füßen mußten sie auf dem felsigen, scharfkantigen Gestein ihre Zwangsarbeit verrichten. SS und kriminelle Verbrecher suchten sich gegenseitig in Antreiberei und Grausamkeiten zu überbieten. Der berüchtigte Kapo Sametinger, der bei seiner Entlassung zur Wehrmacht vom Kommandanten persönlich aus dem Lager gebracht wurde, spielte dabei eine besondere Rolle. Besonders beliebt war die Methode, Häftlinge durch die Postenkette zu jagen. 50% der im Straßenbau eingesetzten Häftlinge sind so zugrunde gegangen.

Jahrelang hatten die Grünen alle Lagerfunktionen besetzt. Eine geringe Besserung der Verhältnisse trat erst ein, als aus anderen Lagern politische Häftlinge, aber energische, zu allem entschlossene Antifaschisten eintrafen. Durch ihr Auftreten gelang es, die berüchtigtsten Berufsverbrecher zu verdrängen. Ein Teil wurde in der Strafkompanie von ihren eigenen Kumpanen erschlagen, andere wurden nach Dachau abgeschoben.

Im Block der Jugendlichen wurde der ehemalige Wehrmachtsangehörige Hans Müller Blockältester. Er schlug die Jungen mit dem Knüppel zusammen, wenn sie ihm nicht wie Hunde gefügig waren. Ein anderer Verbrecher war der Lagerkapo Christian Knoll aus Nürnberg. In seiner engstirnigen Ruhmredigkeit nannte er sich selbst: «Der Henker von Natzweiler». Auf das Konto dieses Unmenschen kommt u. a. auch der qualvolle Tod eines jungen Russen, der mit einigen anderen Kameraden zu fliehen versuchte. Leider wurde er wieder eingefangen und dann auf dem Appellplatz vor den Augen aller Häftlinge zu Tode geprügelt. Durch Müller und Knoll bekam er nicht weniger als 154 Peitschenschläge auf das nackte Gesäß. Der Gefolterte hatte schon längst das Bewußtsein verloren, als die Bestien noch immer auf ihn einschlugen.

Eines Tages trafen in Natzweiler 120 NN-Häftlinge (Nacht und Nebel) ein. Diese Bezeichnung ist auf eine Anordnung Himmlers zurückzuführen, der eine bestimmte Gruppe von französischen und holländischen Nazi-Gegnern als vogelfrei erklärte. Unter ihnen befand sich eine Anzahl prominenter französischer Persönlichkeiten, hohe Offiziere, Beamte, Ärzte usw. Schon bei der Aufnahme in der Politischen Abteilung erhielten sie Prügel über Prügel. Die Funktionskräfte erhielten strenge Anweisung, daß die NN-Häftlinge nur im Freien mit den schwersten Arbeiten beschäftigt werden dürften. Schon nach den ersten 3 Arbeitsstunden waren von ihnen 80 Personen zusammengebrochen. Innerhalb von 6 Tagen wurden 20 Häftlinge durch die Postenkette getrieben und auf der Flucht erschossen.

Bei der Arbeit an dem steilen Berghang genügte ein kräftiger Stoß durch einen SS-Mann oder grünen Antreiber und der Häftling stürzte über die Postenkette hinaus und wurde niedergeschossen. Die SS-Posten bekamen für jeden Abschuß 3 Tage Urlaub und eine Lebensmittel- und Tabakzulage. Besonders hat sich dabei ein elsässischer SS-Mann, Fuchs, hervorgetan. Der SS-Mann van der Mühlen wurde eigens für das Mißhandeln und Abschießen eingesetzt. Der Lagerarzt, Hauptsturmführer Schiedlausky, verbot den Häftlingspflegern die Behandlung der Schwerverletzten unter Androhung schwerer Strafen. Bei Nacht, unter erschwerenden Umständen, haben die politischen Pfleger im Revier trotzdem ihre NN-Kameraden behandelt.

Die aus der Hölle von Natzweiler entwichenen Kameraden Cichosz, ein polnischer Kapitän und Spanienkämpfer, ein deutscher Offizier namens Haas, ein französischer Offizier namens Civon, ein Tscheche namens Mautner, werden diese Skizzierung der Verhältnisse sicher bestätigen können.

Robert Leibbrand, Stuttgart

168. SS-Sonderlager Hintzert

Das SS-Sonderlager Hintzert bei Trier sollte eigentlich ein Arbeitserziehungslager für Arbeitsscheue mit einer Höchstdauer der Haft von 8 Wochen sein, wurde aber im Sommer 1940 zu einem besonderen Straflager für politische Schutzhäftlinge aus Luxemburg, das Lager faßte nur 600–800 Häftlinge, wodurch es der SS möglich war, alle Vorgänge im Lager genau zu beobachten, auch die geringsten Vergehen gegen die Lagerordnung zu erkennen und streng zu bestrafen. So konnte z. B. das Rauchen einer Zigarette, was streng verboten war, den Tod für den dabei erwischten Häftling bedeuten.

Die Aufnahme der Neuzugänge geschah folgendermaßen: Die neuen Häftlinge mußten nach dem Betreten des Lagers im Laufschritt sogenannte «Ehrenrunden» um den Hof machen, die unter Stockschlägen, Beschimpfungen, Fußtritten und Wassergüssen bis zum Umfallen fortgeführt wurden. Mancher blieb hier schon tot auf den Platz. Alte und Invalide, die nicht laufen konnten, mußten während dieser Zeit schwere Eisenstangen in den

Händen waagerecht vor sich halten. Das nun folgende Entkleiden, Haareschneiden und Rasieren geschah unter ständigem Gebrüll mit Stockschlägen und Fußtritten. Beim Rasieren sämtlicher behaarten Körperteile mit primitivsten Mitteln floß das Blut in Strömen. Die dabei eingesparte Seife [und] Rasierklingen wurden von Kammerverwalter SS-Oberscharführer Schattner gegen Lebensmittel verschoben.

Das Lagerleben begann am frühen Morgen mit dem sogenannten Frühsport, der von den SS-Leuten Tammer und Schaaf erteilt wurde; der sogenannte «Sport» bestand im Dauerlauf, Kriechen, Rollen, Kniebeugen, wobei die Häftlinge ständig mit Tritten und Schlägen mißhandelt wurden. Als einmal ein Häftling beim Frühsport ausspucken mußte, wurde er vom Unterscharführer Schaaf mit Tritten und Schlägen dazu gezwungen, seinen Auswurf aufzulecken.

Nach der Morgenübung ging es ans Waschen, Ankleiden, Bettenbauen und Saubermachen der Stuben; für Verteilung von Kaffee und Brot, sowie für Essen und Trinken blieben meist nur 5 Minuten. Danach stürzte alles zum Frühappell, auf dem die Arbeitseinteilung folgte. Die Arbeitskommandos waren ausnahmslos schwer. Als Beispiel sei das Kommando Pleurig beschrieben:

Die Häftlinge rannten im Laufschritt vom Lager zum Bahnhof Rheinsfeld, der 4 km entfernt war, von da ging es mit der Bahn nach Pleurig, von wo 8 km nach Pellingen, meist steil bergauf und unter ständiger Mißhandlung, marschiert wurde. Dort begann sofort die Arbeit an einer Wasserleitung, schwerste Erdarbeit, bei der die SS genauestens darüber wachte, daß kein Häftling auch nur eine Minute den Rücken gerade richtete. Bei dieser schweren Arbeit mit dem langen Fußmarsch erhielten die Häftlinge am Vormittag ein Stück Brot, am Mittag eine Suppe aus ungemahlenem Korn und Rübenblättern. Ähnlich war es in den Kommandos Thalfang und Nonnweiler. Jeden Abend zogen die Kommandos beim Einrücken einen kleinen Wagen hinter sich, auf dem zusammengebrochene oder zusammengeschlagene Häftlinge leise wimmerten. Vor der Revierbaracke wurde der Wagen von einem Blockführer umgekippt, so daß die Kranken einfach auf den Boden fielen.

Besonders gefürchtet war das Verhör von Neuzugängen; Ochsenziemer und ein Seil zum Aufhängen spielten dabei die Hauptrolle. Die verhörenden Gestapobeamten hießen: Ratke, Rockel, Moritz, Suder, Schmitt, Klöcker, Butzke, Dörstel. Besonders Hartnäckige kamen in die sogenannte Dunkelzelle, wo sie manchmal mehr als 4 Wochen blieben. Diese Zellen blieben den ganzen Tag zugesperrt, so daß die Häftlinge einen Trinkbecher zum urinieren benutzen mußten. Zum Saubermachen des Bechers wurde keine Zeit gegeben.

Die allgemeine Lagerverpflegung war derart schlecht, daß schon nach 4 Wochen Haft viele an Unterernährung zugrunde gingen, dazu kam noch, daß bei jeder Gelegenheit mit Essenentzug bestraft wurde.

Der Revierarzt war SS-Oberscharführer Brendel, von Beruf Maurer. Seine «Behandlung» bestand aus Rutenschlägen oder Hieben mit dem Schürhaken auf den nackten Oberkörper. Er war ein notorischer Säufer. Eines nachts kam Brendel total besoffen in das Krankenzimmer 5, wo er unter Gejohle sämtliche Krankenbetten umstürzte und mit einem Stock alle im Zimmer befindlichen Lampen, Gläser, Flaschen usw. zerschlug. Dann zwang er die am Boden liegenden Kranken, darunter den Pfarrer Keup aus Berdorf, mit nackten Füßen durchs Zimmer zu laufen, um die Scherben und Glassplitter aufzuheben.

Als ab Dezember 1942 Lebensmittelpakete empfangen werden durften, brach für die SS eine herrliche Zeit an. Unter dem Vorwand, die Pakete seien zu schwer, wurden sie regelrecht geplündert oder überhaupt nicht ausgehändigt. Als Paketräuber betätigten sich vor allem die Rapportführer Kleinhenn und Kertel. Der Lagerkommandant Sporenberg wußte über all diese Verbrechen genau Bescheid, tat jedoch nichts, um sie abzustellen, sondern hetzte die SS-Leute immer erneut gegen die Häftlinge auf. Außer den erwähnten Blockführern waren die Scharführer Vieth, Windig, Trinkaus und Klein besonders berüchtigt.

Leider gab es auch einige Häftlinge, die für die SS das Geschäft der Mißhandlung besorgten. Hier ist in erster Linie der Lagerälteste Eugen Wipf aus der Schweiz zu nennen, der viele Häftlinge zu Tode geprügelt oder zu Krüppeln geschlagen hat. Die wenigen Juden, die ins Lager kamen, waren vogelfrei und schon nach kurzer Zeit ermordet. Die Franzosen, die ins Lager kamen, wurden mit großen weißen Buchstaben H.N. (Hunde-Nation) gekennzeichnet.

Dieser Bericht ist nur unvollständig und kann darum auch nur weniges von den entsetzlichen Mißhandlungen und Morden, die in Hintzert an der Tagesordnung waren, bringen.

Albert Beffort, Bech, Luxemburg

Anhang

Letter of Transmission

HEADQUARTERS
THIRD UNITED STATES ARMY
PSYCHOLOGICAL WARFARE BRANCH
APO 403

(G-2) 11. Mai 1945

Betrifft: Bericht über das Konzentrationslager Buchenwald

An: Lt. Col. Louis Huot, Psychological Warfare Officer, Third United States Army

1. Dieses Team, bestehend aus den unterzeichneten Offizieren, T/3 Max M. Kimenthal, T/4 Richard Akselrad und T/5 Ernst Biberfeld, kam am 16. April im Konzentrationslager Buchenwald (bei Weimar in Deutschland) an.

Das Team hatte den Auftrag, die Zustände im Konzentrationslager, seine Organisation und alles, was hier in der Zeit von seiner Einrichtung bis zu seiner Befreiung durch alliierte Truppen am 11. April 1945 geschehen ist, in allen Einzelheiten festzustellen.

2. Bei der Erarbeitung dieses Berichts wurde das Team von einer ganzen Anzahl befreiter Insassen des Konzentrationslagers in großzügiger Weise unterstützt. Besonders die Arbeit von Dr. Eugen Kogon aus Wien hat wesentlich zu der erfolgreichen Erledigung dieser Aufgabe beigetragen.

3. Die besondere Art dieses Auftrags und die Tatsache, daß viele, die an diesem Bericht mitgearbeitet haben, nicht englisch sprechen, machten es erforderlich, daß der Bericht zunächst in deutscher Sprache abgefaßt wurde. Angesichts der Bedeutung dieses Dokuments wird empfohlen, daß die Abteilung für psychologische Kriegführung im amerikanischen Oberkommando es ins Englische übersetzen läßt. Der Unterzeichnete Offizier hat diese Frage mit Mr. Crossman von der Abteilung für psychologische Kriegführung beim alliierten Oberkommando besprochen, und letzterer hat erklärt, daß dies möglich sei.

4. Es wird empfohlen, dieses Dokument allen interessierten Behörden der alliierten Regierungen und auch den Teilnehmern an der gegenwärtig stattfindenden Konferenz in San Francisco zugänglich zu machen.

ALBERT G. ROSENBERG
2nd Lt. Inf.
C. O. Det. B. 4th MRB CO.
PWD, SHAEF

Anmerkungen

Einführung

1 Die wertvollste Darstellung der Befreiung der Konzentrationslager ist Robert H. Abzug: *Inside the Vicious Heart: Americans and the Liberation of Nazi Concentration Camps.* New York 1985. Siehe auch Jon Bridgman: *The End of the Holocaust: The Liberation of the Camps.* Portland 1990.
2 Eugen Kogon: *Der SS-Staat.* München 1974. IX, X.
3 Wenigstens ein weiteres Exemplar hat bis vor kurzem existiert. Bis zum Erscheinen der neu durchgesehenen Auflage im Jahr 1974 befand es sich noch in Kogons Händen. Sein Exemplar wurde jedoch einige Jahre später bei einer Überschwemmung seines Kellers vernichtet.
4 Kogons Buch erschien mit dem Titel *Der SS-Staat* 1946 beim Karl Alber Verlag in München. Die englische Übersetzung (*The Theory and Practice of Hell*) von Heinz Norden aus der 1949 gedruckten deutschen Ausgabe erschien im Jahr 1950.
5 Neben den Anmerkungen zum Buchenwaldbericht siehe Manfred Overesch: Ernst Thapes Buchenwalder Tagebuch von 1945. In: *Vierteljahrshefte für Zeitgeschichte* 29, 4 (1981), 631–672. Siehe auch Christopher Burney: *The Dungeon Democracy.* New York 1946, 117–139.
6 Egon W. Fleck und First Lieutenant Edward A. Tenenbaum, «Buchenwald, a Preliminary Report», Stab Zwölfte Heeresgruppe, Öffentlichkeitsarbeit und psychologische Kriegsführung, 24. April 1945, 12, National Archives (NA), Record Group (RG) 331, SHAEF, G-5, 17. 11, Umschlag 10; «Testimony of Captain Robert Dinolt, Medical Corps», 19. Juni 1945, 5, NA, RG 338, Fall 000-50-9, Box 446.
7 Telegramm Berne an Foreign Office (London), 28. April 1945,Kopie an SHAEF, NA, RG 331, SHAEF, G-1, 254 Gefangenenlager.
8 Fleck und Tenenbaum, «Report», 2.
9 Overesch, «Ernst Thapes Buchenwalder Tagebuch», 651.
10 Fleck und Tenenbaum, «Report», 6.
11 Interview mit Peter de Wetter, 18. Januar 1994.
12 Brigadier General Eric F. Wood, «Report on Inspection of German Concentration Camp at Buchenwald» vom 25. April 1945 von dem Besuch am 16. April, NA, RG 331, SHAEF, G-5, 105.
13 «Testimony of Captain Robert Dinolt», 3.
14 Major General Warren F. Draper, «Report of Visit to Buchenwald Concentration Camp», 30. April 1945, NA, RG 331, SHAEF, G-5, DP 2711, 7, 1.
15 «Testimony of Captain Robert Dinolt», 3.
16 Wood, «Report», 4.
17 Lieutenant Colonel F. van Wyck Mason, «Report on German Concentration Camp for Political Prisoners at Buchenwald», 4. Mai 1945, 1, NA, RG 331, SHAEF, G-5, 60, Umschlag 3.
18 Fleck und Tenenbaum, «Report», 14.
19 Draper, «Report», 3.
20 Wood, «Report», 1.

21 «Testimony of Captain Robert Dinolt», 5.

22 «The Victims Speak: Children of Buchenwald», PWD Weekly Intelligence Summary, 16. Mai 1945, NA, RG 331, SHAEF, G-5, 7. 32 im Zusammenhang mit G-2; Lieutenant C. I. Schottland und M. McDonald, «Report on Field Trip to Buchenwald», 12. Juni 1945, NA, RG 331, SHAEF, G-5, 2711, 7. 21.

23 *Nachrichten* 6, 21. April 1945; 7, 22. April 1945, Archiv Buchenwald, 77 2–62; Ansprache von Herschel Schacter, in: Brewster Chamberlain und Marcia Feldman (Hrsg.): *The Liberation of the Nazi Concentration Camps 1945*. Washington 1987, 35–39.

24 *Nachrichten* 10, 25. April 1945; 17, 3. Mai 1945, Archiv Buchenwald.

25 «Final After Action Report», Zwölfte Heeresgruppe, Bd. 7; «Report on Operations, G-5 Section», 83, NA, RG 331.

26 Alfred D. Chandler jr. und Stephen Ambrose (Hrsg.): *Papers of Dwight David Eisenhower, The War Years*. Baltimore 1976, Bd. 4, 2615–2616 und Bd. 5, 187–188 (Chronologie); Harry C. Butcher: *My Three Years with Eisenhower: The Personal Diary of Harry C. Butcher, USNR, Naval Aide to General Eisenhower*. New York 1946, 803–805; David Eisenhower: *Eisenhower at War*. New York 1986, 765–766.

27 Eisenhower: *Eisenhower at War*, 765–766.

28 Butcher: *My Three Years*, 803–805; Martin Gilbert: *Winston S. Churchill: The Road to Victory*. Bd. 7. Boston 1986, 1305.

29 John Colville: *The Fringes of Power: 10 Downing Street Diaries, 1939–45*. New York 1985, 591. Eintragung vom 19. April 1945.

30 Robert Rhodes James: *Winston S. Churchill: His Complete Speeches, 1897–1963*. Bd. 7. New York 1974, 7145.

31 «Buchenwald Camp, The Report of a Parliamentary Delegation», Cmd. 6625. London 1945. Kopie in NA, RG 338, Box 444.

32 Ebd., 7.

33 Chandler und Ambrose, *Eisenhower Papers*, Bd. 4, 2623.

34 «Atrocities and Other Conditions in the Concentration Camps in Germany; Report of the Committee Requested by Gen. Dwight D. Eisenhower through the Chief of Staff, Gen. George C. Marshall», 79. Cong., 1. Sess., S. Doc. 47, vorgelegt von Mr. Barkley am 15. Mai 1945. Kopie in NA, RG 338, Box 444.

35 Ebd., 16.

36 Butcher, *My Three Years*, 816.

37 Telegramm an AGWAR von SHAEF Main vom 1. Mai 1945, NA, RG 331, SHAEF, AG, 000.5-2, Nr. 11.

38 NA, RG 331, SHAEF, G-5, 17.11, 8929/263.

39 Chandler und Ambrose, *Eisenhower Papers*, Bd. 4, 2679.

40 United Nations War Crimes Commission: «Visit of Delegation to Buchenwald Concentration Camp in Germany, Report», NA, RG 338, Box 444; Richard Thompson: «Report of Special French Mission Trip to Germany», 27. April 1945, NA, RG 331, SHAEF, G-5, 2711, 7.2.

41 Telegramm, Zwölfte Heeresgruppe an ETOUSA, geheim, dringend, 9. Mai 1945, unterzeichnet Bradley, NA, RG 331, SHAEF, G-5, 2711, 7.21.

42 Kommandierender General der Siebenten Armee an Stab der Sechsten Heeresgruppe, Kopie an SHAEF Main, 10. Mai 1945, NA, RG 331, SHAEF, G-1, 254–263; Notiz von SHAEF an Chefs aller Allgemeinen und Sonderdivisionen, 14. Mai 1945, gezeichnet Colonel H. H. Newman, AGD, NA, RG 331, SHAEF, PWD, 353.02.

43 Percy Knauth: *Germany in Defeat*. New York 1946, 2. Kapitel; Margaret Bourke-White: *Deutschland – April 1945*. München 1979, 90–92; Edward R. Murrow, Radiosendung abgedruckt in Louis L. Snyder: *Encyclopedia of the Third Reich*. New York 1976, 44–45.

44 Meyer Levin: *In Search: An Autobiography.* New York 1950, 241–244.

45 Civil Affairs and Military Government Summary Nr. 348, 20. Mai 1945, NA, RG 331, SHAEF, G-5, 17.16, Umschlag 11.

46 Brief an Leonard Ingrams, PID, London, von Duncan Wilson, Assistent des stellvertretenden Chief of Operations (PWD), 21. Mai 1945, NA, RG 331, SHAEF, PWD, 319.1, 15901; *Deutsche Konzentrations- und Gefangenenlager. Was die amerikanischen und britischen Armeen vorfanden, April 1945,* Archiv Buchenwald, 32-0-2; PWD, Weekly Intelligence Summary Nr. 35, 31. Mai 1945, NA, RG 331, SHAEF, PWD, 350.9.

47 «Guilt of the German People: Reaction of Ps/W», PWD, Weekly Intelligence Summary Nr. 35, 31. Mai 1945, NA, RG 331, SHAEF, PWD, 350.9, 1.

48 «How Much Do the Germans Know?» PWD, Weekly Intelligence Summary Nr. 31, 2. Mai 1945, NA, RG 331, SHAEF, PWD, 350.9, 7.

49 «Report of Investigation of Alleged War Crime» an den kommandierenden General der amerikanischen Dritten Armee, 3. Juni 1945, gezeichnet Raymond Givens, NA, RG 338, Fall 000-50-9, Box 446.

50 Es handelt sich hier um unvollständige Zahlen für vierundfünfzig der siebenundsiebzig befreiten Lager. Brief an SHAEF, G-5, DP von Colonel A. H. Moffitt jr., 29. Juni 1945, NA, RG 331, SHAEF, G-5, DP 2711/7.

51 Befehl an Kommandeur P & P. W. Div., Zwölfte Heeresgruppe, Attn. Al Toombs, 29. März 1945, NA, Rg 331, SHAEF, PWD, 201.

52 «Namensliste der bei der PWD beschäftigten Personen», Originaldokument vom April 1945 im Besitz von Albert G. Rosenberg.

53 Kurze biographische Skizzen in: *Der Spiegel* Nr. 1, 4. 1. 1988, 156; Joachim Kaiser: Chronist, Mahner und Helfer, in: *Süddeutsche Zeitung,* 29. 12. 1987, 11; Streitbarer Mahner, in: *Frankfurter Allgemeine Zeitung,* 29. 12. 1987, 23; Peter Glotz: Der streitbare Linkskatholik, in: *Frankfurter Allgemeine Zeitung,* 30. 12. 1987, 19; Anton Andreas Guha: Eugen Kogon gestorben, in: *Frankfurter Rundschau,* 29. 12. 1987, 4; Wer ist Wer? Bd. 12 (Berlin 1955), 623. Siehe auch Lutz Lemhöfer: Eugen Kogon als Faschismus-Forscher, in: *Die Neue Gesellschaft/Frankfurter Hefte* 12 (1988), 1106; Peter Graf Kielmannsegg: Abschied von Eugen Kogon, in: *Merkur* 42, 3 (März 1988), 252.

54 Lemhöfer, «Eugen Kogon», 1106.

55 Zu Othmar Spann siehe Hermann Lebovics: *Social Conservatism and the Middle Classes in Germany, 1914–1933.* Princeton 1969, besonders 4. Kapitel, «Corporatism in Industrial Society».

56 Glotz, «Linkskatholik».

57 Brief an SHAEF, PWD, Intelligence Section, an Colonel Paley von Second Lieutenant Albert G. Rosenberg, 28. Mai 1945. Dieser Brief datiert die Einweisung Kogons in das Lager Buchenwald auf den Herbst 1938, obwohl Kogon im Vorwort zu der neu durchgesehenen Auflage seines Buches *Der SS-Staat,* München 1974 [im folgenden abgekürzt als *SSS*], schreibt, er sei dort erst im September 1939 eingetroffen.

58 Glotz, «Linkskatholik».

59 Beglaubigte eidesstattliche Erklärung von Dr. Eugen Kogon, 24. September 1946, Dokument 281, NA, RG 338, Fall 000-50-9, Box 447.

60 Die handgeschriebenen Randbemerkungen in deutscher Schrift stammen wahrscheinlich von Kogon. Jedenfalls benutzte er die gleichen Ausdrücke bei der Bezeichnung der Parteizugehörigkeiten der fünfzehn deutschen und österreichischen Informanten im Vorwort der 1946 erschienenen Auflage seines Buches (XII–XIII).

61 Kogon, *Der SS-Staat* (1946), XI–XV.

62 Ebd., XIII.

63 «Erinnerungsblätter», *Nachrichten sechs*, 21. April 1945, 2, Archiv Buchenwald.

64 Im Archiv Buchenwald befinden sich zwei solche Sammlungen; die *Einzelberichte*, auch bezeichnet als *Erlebnisberichte*. Das darin enthaltene Material stammt angeblich von Otto Halle; das Material einer weiteren Sammlung stammt angeblich von Stefan Heymann. In beiden Sammlungen finden sich etwa siebzig Prozent des Materials, das in dem hier vorliegenden Bericht verwendet wurde.

65 Halbmonatlicher Arbeitsbericht, PWD MAIN, 7. Juni 1945, NA, RG 331, SHAEF, PW 319.1.

66 «Catalog of Documentary Evidence Relating to Buchenwald Concentration Camp», NA, RG 338, Fall 000-50-9, Box 439.

67 «Einzelbeispiele von Folterungen und Grausamkeiten», NA, RG 338, Fall 000-50-9, *United States v. Prince Josias zu Waldeck et al.*, Box 446. Ein Punkt in den vorgetragenen Beweismitteln, der nicht übersetzt wurde und mit der Nr. B-7 gekennzeichnet ist, wird als Abschnitt 4 eines Vernehmungsprotokolls vom 14. Mai 1945 bezeichnet und stammt wahrscheinlich aus dem Buchenwaldbericht. Givens, «Report», 3.

68 NA, RG 331, SHAEF, PWD, 370.5, Truppenbewegungen, Telegramm vom 11. Juni 1945.

69 Kogon, *Der SS-Staat* (1946), XIV.

70 Interview mit Albert G. Rosenberg vom Mai 1988.

71 *L'Enfer organisè: le systéme des camps de concentration.* Paris 1947; *Sociologia de los campos de concentraciòn.* Madrid 1965.

72 Das letzte Kapitel der Ausgabe von 1974 erschien erstmals unter der Überschrift «Das Gewissen der Deutschen und die Konzentrationslager», in: *Die Neue Rundschau* (Stockholm), No. 4 (Juli 1946).

73 *SSS*, 114.

74 Ebd., 215–216.

75 Ebd., 227–232.

76 Zu Kogons Biographie siehe Anmerkung 53 oben.

77 Siehe Fußnoten 94, 105, 112, 113 und 120 zu Kogon und weitere zu Rousset und Bettelheim in: Hannah Arendt: *Elemente und Ursprünge totaler Herrschaft.* München 1986 [erstmals Frankfurt/M. 1955], 672–695.

78 Konnilyn G. Feig: *Hitler's Death Camps: The Sanity of Madness.* New York 1981. Zu Buchenwald siehe besonders 85–115.

79 Knauth, *Germany*, 67.

80 Elie Wiesel: *Nacht.* In: (ders.) *Die Nacht zu begraben, Elischa.* München/Esslingen 1962, 92–94.

81 Siehe zum Beispiel Eberhard Jäckel: *Hitlers Weltanschauung. Entwurf einer Herrschaft.* Tübingen 1969 [erw. u. überarb. Neuausg.: Stuttgart 1981], 3. Kapitel; Lucy Dawidowicz: *Der Krieg gegen die Juden.* 1933–1945. München 1979; Robert Edwin Herzstein: *The War That Hitler Won.* New York 1978.

82 Christopher R. Browning: *Ordinary Men: Reserve Police Battalion 101 and the Final Solution in Poland.* New York 1992, 160 [dt. Ausgabe (and. Übers.) 209; vgl. Auswahlbibliographie].

83 Ebd., 161 [dt. 211].

84 Brief an Bischof Mandell von J. E. E. Dalberg, Lord Acton, 3. April 1887, in: Alan Palmer und Veronica Palmer: *Quotations in History.* New York 1976, 1.

85 Milan Kundera: *Das Buch vom Lachen und Vergessen.* München 1992, 10.

Erster Teil

1 Eugen Kogon beschäftigt sich in seinem Buch *Der SS-Staat* besonders intensiv mit dem organisierten Terrorsystem.

2 Hinweise auf Einzelberichte im Zweiten Teil in eckigen Klammern. Sie sind gekennzeichnet durch die römische Kapitelnummer und die Nummer des Abschnitts mit Paragraphenzeichen, z. B. [II, § 99].

3 Das bezieht sich wahrscheinlich auf die «Gründerzeit», in der nach der Vereinigung Deutschlands 1871 durch Bismarck viele große Industrieunternehmen entstanden sind.

4 Fast alle Häftlinge in den Konzentrationslagern befanden sich dort in «Schutzhaft». Schon am 28. Februar 1933 wurde der Gestapo mit einer «Notverordnung» erlaubt, Personen, die als staatsgefährdend angesehen wurden, für unbestimmte Zeit in Haft zu nehmen. Diese Häftlinge wurden nicht vor die ordentlichen Gerichte gestellt. Eine im April 1934 erlassene Verordnung enthielt umfassende und detaillierte Bestimmungen über die Erweiterung der Vollmachten der Polizei und ermöglichte so das Entstehen des in diesem Bericht geschilderten Systems der Konzentrationslager. Siehe Hans Buchheim u. a.: *Anatomie des SS-Staates.* München ^{6}1994, 325–349.

5 Das Wort «rot» bezeichnete im Lager alle politischen Gefangenen, obwohl es zunächst meist Angehörige der deutschen Sozialdemokratischen Partei (SPD) und der Kommunistischen Partei Deutschlands (KPD) waren. Während des Krieges wurden praktisch alle Ausländer wie Franzosen und Holländer, aber auch viele konservative Deutsche als «rot» bezeichnet, wenn sie dem Hitler-Regime Widerstand geleistet hatten.

6 «Aktionen» waren Festnahmen bestimmter Kategorien von Personen, die von der Gestapo in die Konzentrationslager eingewiesen wurden. Oft wurden sie mit geheimen Kodenamen bezeichnet. Siehe Glossar in Martin Weinmann (Hrsg.): *Das nationalsozialistische Lagersystem.* Frankfurt 1990.

7 Sachsenburg war eine alte Burg in der sächsischen Stadt Frankenberg bei Chemnitz. Ursprünglich beherbergte sie eine Lehranstalt. Später wurde dort eine «Schulungsburg» für führende nationalsozialistische Frauen eingerichtet.

8 Weimar war und ist berühmt wegen seiner bekanntesten und geachtetsten Bürger, Johann Wolfgang von Goethe, Friedrich Schiller sowie Franz Liszt und Friedrich Nietzsche. Die Bibliothek der Großherzogin Anna Amalia enthält die wichtigsten Werke der klassischen Literatur des 18. Jahrhunderts.

9 Buchenwald liegt auf einer bewaldeten Anhöhe, dem 480 Meter hohen Ettersberg, der sich über Weimar (255 Meter) erhebt. Der Bahnhof, von dem aus die Gefangenen im Laufschritt ins Lager getrieben wurden, liegt am Fuß eines 25 Meter hohen Hanges, auf dem eine Straße von der Stadtmitte nach oben führt.

10 Heinrich Hackmann war eine der 31 Personen, die in dem Gerichtsverfahren gegen das Lagerpersonal in Buchenwald, «Vereinigte Staaten gegen Prinz Josias zu Waldeck u. a.», angeklagt wurden (April bis August 1947). Er wurde zum Tode durch den Strang verurteilt. Die Strafe wurde jedoch in eine lebenslängliche Gefängnisstrafe umgewandelt. National Archives (NA), Record Group (RG) 338, Fall 000-50-9, Box 426, «Review and Recommendations of the Deputy Judge Advocate for War Crimes, 16. November 1947», 54–55, 94–95.

11 Das Wort «Kamerad» wird in diesem Manuskript häufig verwendet und ist wahrscheinlich mehr Ausdruck einer Atmosphäre der Solidarität im Lager als einer linken politischen Gesinnung, obwohl dieser Unterschied in den letzten Kapiteln nicht mehr so deutlich sichtbar wird. Jedenfalls wird im Text das Wort «Kamerad» verwendet, das auch die Soldaten im Grabenkrieg des Ersten Weltkriegs benutzten. Die Ange-

hörigen der gleichen Partei bezeichnete man als «Genossen» oder «Parteigenossen», doch diese Ausdrücke fehlen im Manuskript. Über das Gefühl der Solidarität unter den Gefangenen siehe Terrence Des Pres: *The Survivor: An Anatomy of Life in the Death Camps*. New York 1976, 199–200.

12 Roscher wurde in dem Verfahren gegen das Wachpersonal in Buchenwald zum Tode durch Erhängen verurteilt, die Strafe wurde jedoch in eine lebenslängliche Gefängnisstrafe umgewandelt. Auch Pleißner wurde zum Tode verurteilt. Ob das Urteil vollstreckt wurde, ist nicht bekannt. NA, RG 338, Fall 000-50-9, Box 426, «Review», 77–78, 80–81, 94–95.

13 Schwartz wurde in dem Gerichtsverfahren gegen das Wachpersonal in Buchenwald zum Tode durch den Strang verurteilt. Die Strafe wurde zu lebenslänglichem Gefängnis umgewandelt. NA, RG 338, Fall 000-50-9, Box 426, «Review», 85–86, 94–95.

14 Förschner wurde im Mai 1946 für seine Untaten als Kommandant des Lagers Dora von einem amerikanischen Gericht zum Tode verurteilt und hingerichtet. Konnilyn G. Feig: *Hitler's Death Camps: The Sanity of Madness*. New York 1981, 456.

15 Reimer wurde in dem Verfahren gegen das Wachpersonal in Buchenwald zum Tode durch den Strang verurteilt. Die Strafe wurde jedoch 1947 in eine lebenslängliche Gefängnisstrafe umgewandelt und 1950 außer Vollzug gestellt. NA, RG 338, Fall 000-50-9, Box 426, «Review», 78–80, 94–95, Appellation, Box 460.

16 Das Wort «Lagerältester» wurde schon im Ersten Weltkrieg verwendet und bezeichnete damals die ranghöchsten Gefangenen in den russischen Kriegsgefangenenlagern.

17 Ein Ahnenpaß war ein Dokument zum Nachweis der arischen (nicht-jüdischen) Abstammung. Ein solcher Nachweis war Voraussetzung für die Aufnahme in die SS und die Übernahme einflußreicher politischer Posten im Dritten Reich.

18 Schobert wurde in dem Verfahren gegen das Wachpersonal in Buchenwald zum Tode durch den Strang verurteilt. NA, RG 338, Fall 000-50-9, Box 426, «Review», 83–84, 94–95.

19 Ilse Koch, die sogenannte «Hexe von Buchenwald», wurde in dem Verfahren gegen das Wachpersonal des Lagers vor Gericht gestellt. Ihre Sammlung von Gegenständen aus tätowiertem menschlichen Leder erregte die öffentliche Aufmerksamkeit. Sie wurde zu einer lebenslangen Gefängnisstrafe verurteilt, die jedoch auf vier Jahre herabgesetzt wurde. Das löste allgemeine Empörung aus und führte 1948 zu einer Untersuchung eines amerikanischen Senatsausschusses unter der Leitung von Homer Ferguson aus Michigan. Ilse Koch wurde 1949 aus der Haft entlassen, von den deutschen Behörden erneut verhaftet und zu einer lebenslänglichen Gefängnisstrafe verurteilt. 1967 beging sie in der bayerischen Haftanstalt Aichach Selbstmord. NA, RG 338, Fall 000-50-9, Box 426, «Review», 62–65, 94–95; Frank M. Buscher: *The U.S. War Crimes Trial Program in Germany, 1946–1955*. New York 1989, 54–55; Louis L. Snyder: *Encyclopedia of the Third Reich*. New York 1976, 198.

20 Barnewald wurde im Verfahren gegen das Wachpersonal des Lagers Buchenwald zum Tode durch den Strang verurteilt. Das Urteil wurde in eine lebenslängliche Gefängnisstrafe umgewandelt und 1957 aufgehoben, nachdem er 1954 aus der Haft entlassen worden war. NA, RG 338, Fall 000-50-9, Box 426, «Review», 38–40, 94–95; Revisionen, Box 452.

21 Der «sächsische Gruß», bei dem die Arme hinter dem Kopf gekreuzt und die Hände auf den Nacken gelegt wurden, war augenscheinlich im Konzentrationslager Sachsenburg erfunden worden. *KL Bu*. Weimar 1946, 108. Dieser Gruß wurde im Zweiten Weltkrieg von vielen Nazis praktiziert und ist auf vielen Fotos aus dem Kriege zu sehen.

22 Dem Amerikaner Steven Decatur wird das Motto «My Country, right or wrong» zugeschrieben. Das zweite Motto «Jedem das Seine» ist eine Übersetzung des latei-

nischen «suum cuique», das sich an mehreren Stellen bei Tacitus, Cicero und Justinian findet. So erscheint dieses Motto z. B. im ersten Satz der *Institutionen* des römischen Kaisers Justinian als Teil der Definition des Begriffs der Gerechtigkeit. Das deutsche Motto erscheint auf dem preußischen Schwarzen Adlerorden (1701–1918). Georg Büchmann: *Geflügelte Worte*. Berlin 1910, 466.

23 Dieser Ausdruck wurde häufig im Jargon der Konzentrationslager verwendet. Des Pres schreibt, «Das Wort ‹organisieren› wurde für alle Formen illegaler, lebenerhaltender Aktivitäten verwendet»; *Survivor,* 105.

24 Siehe Dantes Beschreibung der zum Tragen schwerer Steine Verdammten in *Purgatorio,* Canto X.

25 Der Geldwert der Tagesration betrug etwa 55 Pfennig.

26 Florstedt wurde später Kommandant von Maidanek und wurde wegen Korruption von einem SS-Gericht schuldig gesprochen. Er wurde im April 1945 von der SS hingerichtet. Feig, *Death Camps,* 455.

27 Eine von Reinhard Heydrich unterzeichnete Direktive der Gestapo vom 31. Januar 1939 verfügte die Entlassung jüdischer Gefangener aus den Konzentrationslagern, wenn sie Auswanderungspapiere vorweisen konnten. Sie wurden mündlich darüber belehrt, daß sie bei einer Rückkehr nach Deutschland lebenslänglich in Lagerhaft genommen werden würden. John Mendelsohn (Hrsg.): *The Holocaust,* Bd. 6: *Jewish Emigration 1938–40.* New York 1982, 202–203.

28 Liebehenschel war jeweils kurze Zeit Kommandant der Lager Auschwitz und Maidanek. Er wurde im Januar 1958 von einem polnischen Gericht zum Tode verurteilt und hingerichtet. Feig, *Death Camps,* 318, 457–458.

29 Hermann Pister wurde am 21. Januar 1942 Kommandant des Lagers Buchenwald und blieb bis zum Ende auf diesem Posten. Er wurde in dem Verfahren gegen das Wachpersonal des Lagers zum Tode durch den Strang verurteilt. Er starb am 28. September 1948 im Gefängnis Landsberg an einem Herzanfall. NA, RG 338, Fall 000-50-9, Box 426, «Revision», 74–76, 94–95, Box 450, «Status der im Bericht vom 24. April 1945 genannten Personen».

30 «Untertauchen» bezeichnete im Sprachgebrauch der Gefangenen das Verschwinden einzelner durch den Austausch von Namen und persönlichen Kennzeichen. Siehe Des Pres, *Survivor,* 120.

31 Wilhelm wurde im Verfahren gegen das Wachpersonal des Lagers Buchenwald zum Tode durch den Strang verurteilt. NA, RG 338, Fall 000-50-9, Box 426, «Revision», 89–90, 94.

32 Nur wenige Lagerärzte wurden später vor Gericht gestellt. Dr. Ding-Schuler wurde von der amerikanischen Armee gefangengenommen, sagte über seine Tätigkeiten aus, nahm sich aber vor Beginn des Gerichtsverfahrens gegen ihn das Leben. Dr. Waldemar Hoven war einer der Ärzte, die in dem Verfahren gegen das Sanitätspersonal der SS vor Gericht gestellt wurden. *(Vereinigte Staaten gegen Karl Brandt u. a.)* Er wurde schuldig gesprochen und im Juni 1948 durch den Strang hingerichtet. Dr. Hans Eisele wurde in Dachau in dem Verfahren gegen das Wachpersonal im Lager Buchenwald zum Tode durch den Strang verurteilt, das Urteil wurde jedoch in eine zehnjährige Gefängnisstrafe umgewandelt und am 16. Februar 1952 aufgehoben. *Trials of War Criminals Before the Nuernberg Military Tribunal Under Law No. 10 (NT),* grüne Serie. Bd. 2 (Washington, D.C.: U.S. Printing Office, 1949–1953), 300; NA, RG 338, Fall 000-50-9, «Revision», 94; Eisele legt Berufung ein, Box 453.

33 Kogon identifiziert ihn als Pater Josef Thyl. *SSS,* 160.

34 Das Wort «besonders» bedeutete im Nazijargon gewöhnlich Folter und Mord, wenn es hier auch nicht immer diese Bedeutung hat. Der Begriff «Sonderbehandlung» wurde zum Kodewort für Mord, besonders an Juden. Zu diesem und ähnlichen Worten

siehe Joseph Wulf: *Aus dem Lexikon der Mörder: «Sonderbehandlung» und verwandte Worte in nationalsozialistischen Dokumenten.* Gütersloh 1963.

35 «Genickschuß-Anlage», *SSS,* Planskizze im Anhang.

36 Handloser und Mrugowsky wurden in Nürnberg in dem Verfahren gegen das Sanitätspersonal der Konzentrationslager vor Gericht gestellt. Mrugowsky wurde zum Tode verurteilt und am 2. Juni 1948 hingerichtet. Handloser erhielt eine lebenslange Haftstrafe, die später auf zwanzig Jahre herabgesetzt wurde. Offenbar ist er Anfang der 50er Jahre mit anderen nazistischen Kriegsverbrechern aus der Haft entlassen worden. *NT* Bd. 2, 296–297; Alexander Mitscherlich und Fred Mielke: *Wissenschaft ohne Menschlichkeit. Medizinische und eugenische Irrwege unter Diktatur, Bürokratie und Krieg.* Heidelberg 1949, 275–276; Thomas A. Schwartz: «Die Begnadigung deutscher Kriegsverbrecher», *Vierteljahrshefte für Zeitgeschichte* 38 (1990), 406.

37 Das war die Auffassung des französischen Wissenschaftlers Alfred Balachowsky, eines ehemaligen Gefangenen in Buchenwald, der vor dem Nürnberger Gericht über die Experimente in Block 46 und 50 aussagte. *Trial of the Major War Criminals Before the International Military Tribunal, Nuremberg, 14. November 1945–1. October 1946 (IMT),* blaue Serie, Bd. 6. New York 1971 [Neudruck der Auflage von 1947], 301–321.

38 Arthur Dietzsch wurde in dem Verfahren gegen das Wachpersonal in Buchenwald zu einer Gefängnisstrafe von 15 Jahren verurteilt. NA, RG 338, Fall 000-050-9, Box 426, «Revision», 43–45; 94–95.

39 In der neueren Geschichtsschreibung bezeichnet man dieses Ereignis als «Kristallnacht». Das war die Zerstörung der Synagogen in ganz Deutschland und die darauf erfolgte Verhaftung Tausender von Juden. Siehe Anthony Read und David Fisher: *Kristallnacht.* New York 1989, 111–112.

40 Bruno Bettelheim war während dieser Zeit Gefangener in Buchenwald und Dachau. Er veröffentlichte einen der ersten wissenschaftlichen Aufsätze über die Konzentrationslager, «Individuelles und Massenverhalten in Extremsituationen» (1943), in: Bruno Bettelheim: *Erziehung zum Überleben. Zur Psychologie der Extremsituationen.* Stuttgart 1980, 58–95. Siehe auch sein später erschienenes Buch *Aufstand gegen die Masse. Die Chance des Individuums in der modernen Gesellschaft.* München 1980.

41 Evipansodium ist ein Hexobarbiturat und wird als Anästhetikum verwendet. Die tödliche Dosis bei Ratten sind 50 Prozent. *The Merck Index.* Rahway 1976, Abschn. 4577, 616.

42 Eberl wurde später erster Kommandant von Treblinka, wo er für den Betrieb der neu installierten Vergasungseinrichtungen verantwortlich war. Feig, *Death Camps,* 296, 299, 454–455.

43 Poppendick wurde in dem Verfahren gegen das Sanitätspersonal in den Konzentrationslagern von dem Nürnberger Gericht zu zehn Jahren Haft verurteilt, aber schon im Februar 1951 begnadigt. *NT,* Bd. 2, 298 f.; Schwartz, «Begnadigung», 407.

44 Dieser Bericht enthält augenscheinlich einige Irrtümer. Ein unter dem Namen Martin Perkins aufgeführter junger Engländer wurde am 29. März 1945 erhängt («Liste der Exekutionen»). Sein wirklicher Name war jedoch Maurice Pertschuk. Christopher Burney bezeichnet ihn als seinen besten Freund und widmet sein Buch *The Dungeon Democracy* «dem Andenken an Maurice Pertschuk, der am 29. März 1945 im Krematorium von Buchenwald erhängt wurde, nachdem er tapferer als jeder von uns gekämpft hatte und unter noch traurigeren Umständen sterben mußte». *Dungeon Democracy.* New York 1946, 122.

45 Ebd., 127–128.

46 Dieser ganze Abschnitt ist noch einmal abgedruckt in Lutz Niethammer (Hrsg.): *Der «gesäuberte» Antifaschismus. Die SED und die roten Kapos von Buchenwald.* Berlin 1994, 198–206.

47 Der Franzose Jean Michel gibt einen ähnlichen Bericht über seine Verlegung ins Lager Buchenwald im September 1943; Jean Michel und Louis Nucera, *Dora.* Paris 1975, 35–53.

48 Nach dem Krieg erschienene Berichte schildern diesen Luftangriff der RAF. Die befreiten Gefangenen lobten die Präzision des Angriffs, bei dem nur geringe Verluste eingetreten seien. «Buchenwald Camp: The Report of a Parliamentary Delegation», 5; United Nations War Crimes Commission, «Visit of a Delegation to Buchenwald Concentration Camp», NA, RG 338, Box 444, 5.

49 Zu den Verlusten gehörten auch die Frau und die Tochter des Lagerkommandanten Pister. NA, RG 338, Box 444, «Parliamentary Report», 5. Die Schäden im Lager selbst waren gering. Durch den Wind wurden einige Brandbomben ins Lager geweht, die die Wäscherei, die Desinfektionsanstalt, die Schneiderwerkstatt und die Schuhmacherwerkstatt in Brand setzten. Unter den Gefangenen traten keine Verluste ein; *Kl Bu,* 53. Goethes Eiche vor der Wäscherei wurde getroffen und vernichtet; Pierre d'Harcourt: *The Real Enemy.* New York 1967, 157.

50 Aus nach dem Krieg erschienenen Berichten geht hervor, daß Hitler am 14. August die Hinrichtung von Ernst Thälmann befohlen hat; er wurde von Bautzen nach Buchenwald verlegt und am 18. August 1944 vor dem dortigen Krematorium ermordet. Der alliierte Luftangriff vom 24. August gab den Nazis die Möglichkeit, die Wahrheit zu verschleiern. Das offizielle Parteiorgan «Völkischer Beobachter» meldete am 16. September, er sei ebenso wie der Sozialdemokrat Rudolf Breitscheid dem Bombenangriff auf Buchenwald zum Opfer gefallen. Ein neuerer Bericht findet sich in Emil Carlebach: *Buchenwald, ein Konzentrationslager.* Frankfurt 1964, 81–83.

51 Die Nationalsozialistische Volkswohlfahrt war eine Organisation zur sozialen Betreuung schwangerer Frauen und Jugendlicher.

52 d'Harcourt bezeichnet Pierre Bloch als französischen Flugzeugfabrikanten; *The Real Enemy,* 173. Nach dem Krieg konvertierte Bloch zum Katholizismus, nahm den Namen Marcel-Ferdinand Dassault an und gründete das Luftfahrzeugunternehmen, das die Mirage-Kampfflugzeuge baute.

53 Es war Kogon selbst, der aus dem Lager geschmuggelt wurde, obwohl er in seinem Bericht aus Bescheidenheit nicht erwähnt, an diesem Unternehmen beteiligt gewesen zu sein. Siehe *SSS,* 340. Burney, beschreibt diesen Vorfall und benutzt dabei den Decknamen Emil Kalman, das für Kogon in dem ganzen Buch verwendete Pseudonym; *Dungeon Democracy* 132–133. Siehe auch d'Harcourt, *The Real Enemy,* 178.

54 Dieser Brief ist abgedruckt in *SSS,* 339.

55 Der Brief hat offenbar eine gewisse Wirkung gehabt. Eine Kopie fand sich unter den Papieren von Himmlers Adjutanten, SS-Standartenführer Rudolf Brandt. Der Text dieses Abdrucks unterscheidet sich geringfügig von dem hier zitierten. Er bezieht sich auf die Verbrechen von Koch und besagt, daß sich unter Pister vieles gebessert habe. NA, RG 331, SHAEF, G-1, 000.5-12, «War Crimes«, Brief an A. C. von S., G-2 SHAEF von Stab 21. Heeresgruppe, Juni 1945.

56 Es läßt sich nicht mehr feststellen, ob der Befehl gegeben wurde, das Lager zu zerstören. Ein Bericht des alliierten Feindnachrichtendienstes, der von der Schweizer Regierung weitergegeben wurde, erklärt, daß ein Schweizer Professor, der Buchenwald besuchte, gehört habe, «daß kurz vor Eintreffen der alliierten Truppen ein Deutscher mit Namen Schmidt von Weimar aus im Lager angerufen und befohlen habe, alle dort noch lebenden Gefangenen zu erledigen». Telegramm von Bern an das Auswärtige Amt in London vom 28. April 1945; NA, RG 331, SHAEF, G-1, 254, Kriegsgefangenenlager. Siehe auch § 146 zum Bericht über ein Telefongespräch nach dem Abzug der SS.

57 Im Manuskript finden sich handgeschriebene Randbemerkungen über Parteizugehörigkeit – Kogon: «Parteilos»; Römhild und Hackel: «Parteiloser Sozialist»; Baumeister und Thape, «Sozialdemokr.»; Bartel, Busse, Feilen, Heymann, Horn, Kipp, Wolff: «Kommunist.».

Zweiter Teil: Einzelberichte

Kap. I: Statistik und Allgemeines

1 Leni Yahil schätzt die Zahl der Toten in Buchenwald auf 70 000 oder 30 Prozent der Gesamtzahl aller nach Buchenwald eingewiesenen Gefangenen. Nach ihrer Schätzung gehören zu diesen Gefangenen auch alle diejenigen, die in der Woche vor der Befreiung des Lagers im April 1945 evakuiert wurden. Leni Yahil: *The Holocaust: The Fate of European Jewry, 1932–1945*. New York 1990, 536.

2 Ein Gebiet etwa sechzehn Kilometer südwestlich von Weimar.

Kap. II: Schlemmerleben und Korruption der SS

1 Otto wurde in einem Gerichtsverfahren gegen das Wachpersonal des Lagers Buchenwald zu zwanzig Jahren Haft verurteilt, aber 1952 im Rahmen einer Anfang der 50er Jahre erlassenen Amnestie aus der Haft entlassen. Doch 1986 eröffnete ein westdeutsches Gericht in Düsseldorf ein neues Verfahren gegen ihn, bei dem er beschuldigt wurde, an der Hinrichtung von Ernst Thälmann im Krematorium von Buchenwald teilgenommen zu haben. Er wurde freigesprochen. NA, RG 338, Fall 00-50-9, Box 426, «Review and Recommendations», 73–74, 94–95; *Der Spiegel*, 20 (12. Mai 1986) und 36 (5. September 1986).

2 Schmidt wurde in dem Verfahren gegen das Wachpersonal des Lagers Buchenwald zum Tode durch Erhängen verurteilt. Seine Hinrichtung wurde 1949 ausgesetzt, und nach einer Reihe von Berufungsverfahren wurde er augenscheinlich entlassen. NA, RG 338, Fall 00-50-9, Box 426, «Review and Recommendations», 81–83, 94–95.

3 Diese Erklärung findet sich in Benedikt Kautsky: *Teufel und Verdammte*. Zürich 1946, 319–320.

4 Ein Mufflon ist ein auf Korsika und Sardinien lebendes Wildschaf mit großen Hörnern.

5 Siehe XI, § 152.

Kap. III: Allgemeines Lagerleben

1 Eine Version dieser Erklärung mit einem etwas anderen Wortlaut erscheint in *KL Bu*. Weimar 1946. 28–29.

2 Der Text dieses Liedes findet sich in Walter Poller: *Arztschreiber in Buchenwald*. Hamburg [2]1947, 131–132; sowie in *SSS*, 86–87; Erich Fein und Karl Flanner: *Rotweiß-rot in Buchenwald*. Wien 1987, 68–69. Fein sah in dem Lied eine positive Bestätigung des Lebenswillens der Gefangenen, die hier «ja zum Leben» sagen, und er berichtet, daß die zweite Strophe, die mit dem Wort «Frei!» endet, begeistert und mit lauter Stimme gesungen wurde.

3 Tom Segev sagt von Arthur Rödl in seiner kurzen biographischen Skizze in *Die Soldaten des Bösen*. Reinbek bei Hamburg 1992, 164–168, er sei «wahrscheinlich ein Sadist» gewesen.

4 Fritz Löhner-Beda starb am 4. Dezember 1942 in Auschwitz-Monowitz, nachdem er von einem Wachmann fürchterlich zusammengeschlagen worden war. Hermann Leopoldi, geboren als Ferdinand Kohn, wanderte vor Ausbruch des Krieges in die Vereinigten Staaten aus, kehrte nach dem Krieg nach Österreich zurück und starb 1959 in Wien. Fein und Flanner, *Rot-weiß-rot,* 70–73.

5 Diese Erklärung findet sich bei Kautsky, *Teufel,* 322.

6 Bergmeier wurde in dem Verfahren gegen das Wachpersonal von Buchenwald zum Tode durch Erhängen verurteilt, jedoch nach Einstellung der Hinrichtungen im Jahr 1949 verschont. Obwohl ein Gnadengesuch 1950 abgelehnt wurde, ist er höchstwahrscheinlich Anfang der 50er Jahre mit anderen Gefangenen entlassen worden. NA, RG 338, Fall 00-50-9, Box 425, «Review and Recommendations», 41–43, 94–95; Gnadengesuche, Box 452.

7 Krautwurst wurde in dem Verfahren gegen das Wachpersonal in Buchenwald zum Tode durch Erhängen verurteilt. Das Urteil wurde bestätigt, die Hinrichtung ist jedoch offenbar nicht erfolgt. Wahrscheinlich ist er in den 50er Jahren entlassen worden. NA, RG 338, Fall 00-50-9, Box 426, «Review and Recommendations», 67–69, 94–95.

8 Hier geht es wie an einigen anderen Stellen auch um die nazistische Rassentheorie, die sich zu einer komplexen Pseudowissenschaft entwickelt hatte. Wertvolle Aufschlüsse über die nazistischen Ansichten zur Biologie, Genetik und Euthanasie gibt Benno Müller-Hill: *Tödliche Wissenschaft. Die Aussonderung von Juden, Zigeunern und Geisteskranken. 1933–1945.* Reinbek bei Hamburg 1984.

9 Der Text des jüdischen Liedes findet sich auch in Feig, *Death Camps,* 95–96; *SSS,* 288–289.

10 Zu Heilmann siehe auch Poller, *Arztschreiber,* 123–130.

11 Die Brüder Hamber waren angesehene österreichische Filmproduzenten und arbeiteten mit dem Wiener Filmatelier «Ciba» zusammen. Fein und Flanner, *Rot-weiß-rot,* 74.

12 Kogons Buch enthält eine kurze Geschichte der Zeugen Jehovas («Bibelforscher»); siehe *SSS,* 49. Da sie sich weigerten zu schwören oder Militärdienst zu leisten, wurden sie schon sehr bald zu Opfern der nationalsozialistischen Verfolgung.

Kap. IV: Die Arbeitskommandos

1 Der Carachoweg war die durch das Lagertor ins Lager führende Straße. Das aus dem Spanischen stammende Wort «caracho» bedeutete im Gefangenenslang das gleiche wie «im Laufschritt». Poller, *Arztschreiber,* 22–23.

2 Das Wort «gesegnet» ist hier natürlich ironisch gemeint. Es bezieht sich auf die Tatsache, daß es sich hier um ein «Selbstmordkommando» handelte, bei dem der Prozentsatz derjenigen, die dabei ums Leben kamen, besonders hoch war. Mit ihrem für sie so typischen schwarzen Humor nannten es die Gefangenen selbst ein «Himmelfahrtskommando».

3 Fünfzehn bis zwanzig Mann mußten gemeinsam ziehen, um diese schwerbeladenen Karren von der Stelle zu bewegen. Oft wurden sie aufgefordert, dabei zu singen, und deshalb bezeichneten die SS-Wachen sie als «Singende Pferde» (*SSS,* 96).

Kap. V: Lagerstrafen

1 Eine ähnliche Version dieser Erklärung findet sich in *KL Bu,* 113–117.

2 Schneider gehörte der Bekennenden Kirche an. Das waren Protestanten unter der Führung von Martin Niemöller, die sich von der offiziellen protestantischen Kirche gelöst hatten und die nazistische Rassentheorie als unmoralisch und mit der christ-

lichen Lehre nicht vereinbar ablehnten. Zu einem mehr ins einzelne gehenden Bericht über Schneiders Leben in Buchenwald siehe Poller, *Arztschreiber*, 161–167. Zu Schneiders Glaubensvorstellungen und Lebenslauf siehe auch E. H. Robertson: *Paul Schneider, The Pastor of Buchenwald*. London 1956.

3 Eine ähnliche Version ohne Quellenangabe in *KL Bu*, 117–118.

4 Martin Sommer tauchte bis 1950 unter und wurde erst 1957 verhaftet. Er wurde angeklagt, 101 Morde begangen zu haben, und im Juli 1958 von einem westdeutschen Gericht zu einer lebenslänglichen Haftstrafe verurteilt. Walter Bartel (Hrsg.): *Buchenwald: Mahnung und Verpflichtung*. Berlin 1960, 117, Fn. 1.

Kap. VI: Sanitäre Fragen

1 Eine ähnliche Version dieser Aussage, die Herbert Strobel zugeschrieben wird, ist abgedruckt in Niethammer, *Der «gesäuberte» Antifaschismus*, 206–215.

2 Dr. Erich Wagner wurde 1958 festgenommen und nahm sich 1959 das Leben. Niethammer, *Der «gesäuberte» Antifaschismus*, 210, Fn. 87.

3 Die Bezeichnung 14 f 13 war der Geheimschlüssel für die Euthanasie, bei der die Opfer mit Gas umgebracht wurden. Dafür gab es auch die Bezeichnung «Sonderbehandlung» 14 f 13. Siehe Wulf, *Aus dem Lexikon der Mörder*, 17, Fn. 88; siehe auch «Todesarten der KZ-Häftlinge» in Weinmann, *Das nationalsozialistische Lagersystem*, LXXVII.

4 Das gleiche Dokument ist abgedruckt in Kautsky, *Teufel*, 318–319.

5 Eine längere Version dieser Erklärung findet sich in Kautsky, *Teufel*, 308–309.

6 Eine längere Version dieser Erklärung findet sich in Kautsky, *Teufel*, 306–308.

7 Das gleiche Dokument ist abgedruckt in Kautsky, *Teufel*, 317–318; in *KL Bu*, 36–37.

Kap. VII: Sonderaktionen und Sondereinrichtungen

1 Diese Erschießungen waren ein Verstoß gegen die Haager Landkriegsordnung von 1907 und die Genfer Konvention über die Behandlung von Kriegsgefangenen von 1929. In einem Erlaß vom 6. Juni 1941, dem sogenannten «Kommissarbefehl», befahl Hitler, daß gefangene politische Offiziere der Sowjetunion entweder auf der Stelle erschossen oder später liquidiert werden sollten. Siehe Hans-Adolf Jacobsen: Kommissarbefehl und Massenexekutionen sowjetischer Kriegsgefangener. In: Buchheim u. a., *Anatomie des SS-Staates*, 455–467.

2 Eine ähnliche Version erscheint ohne Quellenangabe in *KL Bu*, 14–15.

3 Zu weiteren Berichten über das Schicksal alliierter Geheimagenten siehe die Biographie von Wing Commander F. F. E. Yeo-Thomas von Bruce Marshall: *The White Rabbit*. Boston 1953, 179–210. Die Kanadier McAlister und Pickersgill werden erwähnt bei William Stevenson: *A Man Called Intrepid*. New York 1976, 226–227. Zur Geschichte eines französischen Gemeimagenten in Buchenwald, der überlebt hat, siehe Jacques Barroux: *L' Homme Qui Vola Les Plans de la Luftwaffe*. Paris 1990.

4 Zum Schicksal der in Buchenwald vom 20. August bis zum 19. Oktober 1944 festgehaltenen amerikanischen Flieger siehe Mitchell Bard: *Forgotten Victims. The Abandonment of Americans in Hitler's Camps*. Boulder 1994, 43–56.

5 Einige dieser Persönlichkeiten (Goerdeler, von Hassel, Lindemann und Stauffenberg) waren an den Vorbereitungen zu dem Attentat auf Hitler am 20. Juli 1944 beteiligt. Ihre Familienangehörigen wurden nach der bei den Nationalsozialisten geltenden «Sippenhaft» verhaftet. Siehe Bundeszentrale für Heimatdienst: *20. Juli, Dokumente und Berichte*. Freiburg 1961, 184–189.

Kap. IX: Verhältnisse während des Krieges

1 Die SS bezeichnete ihre Gefangenen gewöhnlich mit dem Wort «Stück», so wie ein Landwirt von soundsoviel Stück Vieh spricht. Beispiele für dieses von der SS im Umgang mit Gefangenen verwendete Vokabular finden sich bei Michel und Nucera, *Dora*, 57, 86, 158.

2 Das Kind Stefan Georg Zweig, ein Sohn des Anwalts Zacharias Zweig aus Krakau, wurde im Rucksack seines Vaters ins Lager geschmuggelt (*KL Bu*, 43–44). Auf diesen Vorfall gründet sich die Handlung des klassischen DDR-Romans zu Buchenwald von Bruno Apitz: *Nackt unter Wölfen*. Halle 1958.

3 Josef Frank war von 1939 bis 1945 in Buchenwald. Nach dem Kriege nahm er in der tschechischen kommunistischen Partei eine einflußreiche Stellung ein und wurde schließlich Parteisekretär. 1952 wurde er ebenso wie Rudolf Slanski aller Ämter enthoben und in einem Verfahren vor Gericht gestellt, in dem deutlich antisemitische Töne angeschlagen wurden. Wie Slanski wurde auch er noch im gleichen Jahr hingerichtet. Siehe Jiri Pelikan (Hrsg.): *The Czechoslovak Political Trials, 1950–1954*. Stanford 1971.

4 Diese Liste ist mit der offiziellen Liste des internationalen Suchdienstes des Komitees des internationalen Roten Kreuzes, *Vorläufiges Verzeichnis der Konzentrationslager und deren Außenkommandos* verglichen worden. Arolsen, Comitè International de la Croix Rouge 1969, 24–56.

Kap. X: Die Befreiung des Lagers

1 Eine ähnliche Version erscheint ohne Quellenangabe in *KL Bu*, 78–80.

2 Wie die Gefangenen in Block 61 durch Injektionen ins Herz getötet wurden, hat der französische Arzt Victor Dupont in einer Aussage vor dem Nürnberger Gericht 1945 beschrieben. Dupont war seinerzeit Gefangener in Buchenwald (*IMT*, Bd. 6, 245).

3 Diese Aussage ist abgedruckt in Kautsky, *Teufel*, 322–323.

4 Das Tagebuch von Ernst Thape, einem führenden Mitglied der SPD und Leiter des deutschen Komitees, behandelt die Zeit vom 1. April bis zum 1. Mai 1945. Sein Bericht entspricht den hier wiedergegebenen Berichten § 149 und § 151. Siehe Manfred Overesch: Ernst Thapes Buchenwalder Tagebuch von 1945. In: *Vierteljahrshefte für Zeitgeschichte*, 29, 4 (1981), 631–672.

5 Zu einem offiziellen Bericht der Amerikanischen Armee über die Befreiung des Lagers siehe Earl F. Ziemke: *The US Army in the Occupation of Germany, 1944–46*. Washington 1975, 236–239. Ein neuerer und umfassenderer Bericht, der sich auf Quellen der Amerikanischen Armee stützt, findet sich bei Robert H. Abzug: *Inside the Vicious Heart; Americans and the Liberation of Nazi Concentration Camps*. New York 1985, 3. Kapitel.

6 Robert Abzug bezeichnet die Einheit als Kampfgruppe 9 des Neunten Panzergrenadierbataillons der Sechsten Panzerdivision (*Inside the Vicious Heart*, 49). Eine weitere Einheit, die am ersten Tage hier eintraf, war die Elfte Aufklärungsabteilung der Sechsten Panzerdivision. Nach der in Ostdeutschland geltenden offiziellen Version haben sich die Gefangenen selbst befreit. Zu einer besonders deutlichen Darstellung dieser Auffassung siehe Günter Kühn und Wolfgang Weber, *Stärker als die Wölfe*. Berlin 1976.

7 Die offizielle Doktrin der DDR lautete, daß sich die Gefangenen selbst befreiten. Eine in diesem Sinne stark gefärbte Darstellung findet sich bei Günther Kühn und Wolfgang Weber: *Stärker als die Wölfe*. Berlin 1976.

8 Zwei der ersten amerikanischen Beobachter, die in das Camp kamen, Edward A. Tenenbaum und Egon W. Fleck, berichteten: «Wir kamen um eine Ecke auf die Hauptstraße und sahen Tausende zerlumpter verhungerter Männer, die in einer disziplinierten Marschkolonne nach Osten marschierten. Die Männer waren bewaffnet, und neben ihnen marschierten ihre Führer. Einige Abteilungen trugen Gewehre, andere hatten Panzerfäuste auf den Schultern» (zitiert in Ziemke, *U.S. Army,* 236).

9 Im ersten Wagen saßen wahrscheinlich die beiden Offiziere von der Abteilung für psychologische Kriegführung, Tenenbaum und Fleck, deren Bericht oben zitiert wird. Sie legten der Abteilung für psychologische Kriegführung am 24. April 1945 einen «vorläufigen Bericht» (auf fünfzehn eng mit der Maschine beschriebenen Seiten) vor, dessen Kopien als vertrauliches Dokument mit einem Anschreiben vom Chef des geheimen Nachrichtendienstes, Al Toombs, weitergereicht wurde (National Archives, SHAEF, G-5, 17.11, Umschlag 10).

Kap. XI: Der Fall Koch

1 Eine Kurzbiographie von Karl Koch findet sich in Segev, *Die Soldaten des Bösen,* 175–185.

2 Hackmann überlebte die Befreiung des Lagers und wurde zusammen mit den Lagerwachen von Buchenwald von der amerikanischen Armee vor Gericht gestellt. Siehe Erster Teil, Fußnote 10.

Kap. XII: Berichte aus anderen Lagern

1 Als «Muselmänner» wurden in den Konzentrationslagern die todkranken Gefangenen bezeichnet, die durch ihre ausdruckslosen Gesichter auffielen. Siehe Des Pres, *Survivor,* 62, 88, 90, 92. Dr. Victor Dupont erwähnt diese Ausdrücke auch in seiner Aussage vor dem Nürnberger Gericht (IMT, Bd. 6, 245).

2 Eine ähnliche Version dieser Aussage von Leo Eitinger wurde veröffentlicht in Kautsky, *Teufel,* 313–315. Nach dem Krieg wurde Eitinger ein angesehener Psychiater in Norwegen und verfaßte Dutzende von Aufsätzen und mehrere Bücher über die medizinischen und psychologischen Probleme der Überlebenden aus den Konzentrationslagern. Siehe Leo Eitinger und Robert Krell: *The Psychological and Medical Effects of Concentration Camps and Related Persecutions on Survivors of the Holocaust: A Research Bibliography.* Vancouver 1985, 37–41; biographische Skizze in *Biographical Directory of the American Psychiatric Association, 1977.* New York 1977, 354.

3 Eine ähnliche Version erscheint ohne Quellenangabe in *KL Bu* 11–13.

4 Dieser Vorfall wird in einer der bekanntesten Darstellungen des Widerstands gegen den Holocaust geschildert. Siehe Martin Gilbert: *The Holocaust.* New York 1985, 620–621. Da es so viele ähnliche Berichte gibt und man nicht genau weiß, aus welchen Quellen er kommt, behandelt ihn Lawrence L. Langer als wahrscheinlich erfunden (und zitiert dabei Kogon und Bettelheim); *Versions of Survival.* Albany 1982, 43. Dieser Bericht wird etwas glaubwürdiger, wenn man weiß, daß er auf der Aussage eines fünfzehnjährigen Kindes beruht, die dieses noch vor Kriegsende und vor der Veröffentlichung anderer Berichte gemacht hat. Siehe *SSS,* 167; Bruno Bettelheim, *Aufstand gegen die Masse,* 285. In den Aussagen einiger Überlebender wird der Name Katarina Horovitzova genannt. Ein literarisches Werk, das sich auf diese Geschichte bezieht, ist Arnost Lustig: *A Prayer for Katarina Horovitzova.* Woodstock 1987. Originalfassung *Modlitba pro Katerina Morovitzovou.* Prag 1973.

5 Meyer Levin, ein amerikanischer Korrespondent, der unmittelbar nach der Befreiung ins Lager kam, berichtet, er habe dort einen Gefangenen mit Namen Mordechai

Striegler kennengelernt. Es handelt sich aber höchstwahrscheinlich um die gleiche Person. Meyer Levin: *In Search: An Autobiography.* New York 1950, 241–244. Nach dem Krieg hat Mordechai Striegler zwei Werke in jiddischer Sprache veröffentlicht: *Verk ‹Tse›.* Buenos Aires 1950. Und: *Maydanek.* Buenos Aires 1947. Später war er Herausgeber der Zeitung *Jewish Forward* in New York.

6 Die deutsche Armee rückte am 30. Juni 1941 in Lemberg (Lwow) ein. Andreas Hillgruber und Gerhard Hümmelchen: *Chronik des Zweiten Weltkrieges.* Frankfurt 1966, 41.

7 Ludwig Fleck hat sich später als Wissenschaftler und Philosoph einen Namen gemacht. Er ist der Verfasser von *Entstehung und Entwicklung einer wissenschaftlichen Tatsache.* Frankfurt/M. 1980 [erstmals Basel 1935]. Ein Überblick über sein Leben und Werk findet sich in Robert S. Cohen und Thomas Schnelle: *Cognition and Fact: Materials on Ludwig Fleck.* Boston 1986.

8 Hans Frank war Generalgouverneur in dem von den Deutschen besetzten Polen (dem sogenannten Generalgouvernement) mit Sitz in Krakau – von 1939 bis 1945. Er wurde als Hauptkriegsverbrecher in Nürnberg angeklagt, schuldig gesprochen und 1946 erhängt.

9 Eine längere Version dieser Aussage findet sich bei Kautsky, *Teufel,* 310–312.

Auswahlbibliographie

Allgemeine Darstellungen:

Abzug, Robert H.: Inside the Vicious Heart, Americans and the Liberation of the Nazi Concentration Camps. New York 1985.
Bauer, Yehuda: A History of the Holocaust. New York 1982.
Bracher, Karl Dietrich/Funke, Manfred/Jacobsen, Hans-Adolf (Hrsg.): Nationalsozialistische Diktatur 1933–1945. Eine Bilanz. Bonn 1983.
Bridgman, Jon: The End of the Holocaust. The Liberation of the Camps. Portland 1990.
Browning, Christopher R.: Ganz normale Männer. Das Reserve-Polizeibataillon 101 und die «Endlösung» in Polen. Reinbek bei Hamburg 1993.
Buchheim, Hans/Broszat, Martin/Jacobsen, Hans-Adolf/Krausnick, Helmut: Anatomie des SS-Staates, München [6]1994.
Buscher, Frank M.: The U.S. War Crimes Trial Program in Germany 1946–1955. New York 1989.
Chamberlain, Brewster/Feldman, Marcia (Hrsg.): The Liberation of the Nazi Concentration Camps 1945. Eyewitness Accounts of the Liberators. Washington 1987.
Cohen, Elie A.: Human Behaviour in the Concentration Camp. London 1988.
Dawidowicz, Lucy: Der Krieg gegen die Juden 1933–1945. München 1979.
Des Pres, Terrence: The Survivor. An Anatomy of Life in the Death Camps. New York 1976.
Feig, Konnilyn G.: Hitler's Death Camps. The Sanity of Madness. New York 1981.
Friedlander, Henry: The Origins of Nazi Genocide. From Euthanasia to the Final Solution. Chapel Hill 1995.
Gilberg, Martin: The Holocaust. A History of the Jews of Europe During the Second World War. New York 1985.
Hilberg, Paul: Perpetrators, Victims Bystandes. The Jewish Catastrophe. New York 1993.
–: Die Vernichtung der europäischen Juden. Berlin 1982.
Jäckel, Eberhard: Hitlers Weltanschauung. Entwurf einer Herrschaft. Tübingen 1969.
Kempowski, Walter: Haben Sie davon gewußt? Deutsche Antworten. (Nachwort von Eugen Kogon). Hamburg 1979.
Klee, Ernst/Dressen, Willi/Riess, Volker: Schöne Zeiten. Frankfurt/M. 1988.
Langbehn, Hermann: ... Nicht wie die Schafe zur Schlachtbank. Widerstand in den nationalsozialistischen Konzentrationslagern. Frankfurt/M. 1980.
Langer, Lawrence L. (Hrsg.): Art from the Ashes. A Holocaust Anthology. New York/Oxford 1995.
–: Holocaust Testimonies. The Ruins of Memory. New Haven 1991.
–: Versions of Survival. Albany 1982.
Lerner, Daniel: Psychological Warfare Against Nazi Germany. Cambridge 1971.
Levi, Primo: Ist das ein Mensch? München 1991.
Lipstadt, Deborah E.: Beyond Belief. The Amercian Press and the Coming of the Holocaust 1933–1945. New York 1986.
Marrus, Michael R.: The Holocaust in History. Hannover (N. H.) 1987.

Müller-Hill, Benno: Tödliche Wissenschaft. Die Aussonderung von Juden, Zigeunern und Geisteskranken 1933–1945. Reinbek bei Hamburg 1984.
Segev, Tom: Die Soldaten des Bösen. Zur Geschichte der KZ-Kommandanten. Reinbek bei Hamburg 1992.
Snyder, Louis L.: Encyclopedia of the Third Reich. New York 1976.
Todorov, Tzvetan: Face à l'extrême. Paris 1991.
Weinmann, Martin (Hrsg.): Das nationalsozialistische Lagersystem. Frankfurt/M. 1990.
Wiesel, Elie: Alle Flüsse fließen ins Meer. Autobiographie. Hamburg ^{2}1995.
Yahil, Leni: The Holocaust. The Fate of Eurpean Jewry 1932–1945. New York 1990.
Ziemke, Earl F.: The U. S. Army in the Occupation of Germany 1944–46. Washington 1975.

Darstellungen zu Buchenwald:

Antelme, Robert: Die Gattung Mensch. Berlin 1949.
Bard, Mitchell G.: Forgotten Victims. The Abandonment of Americans in Hitler's Camps. Boulder 1994.
Bartel, Walter (Hrsg.): Buchenwald. Mahnung und Verpflichtung. Berlin 1960.
Bettelheim, Bruno: Erziehung zum Überleben. Zur Psychologie der Extremsituation. Stuttgart 1980.
Brill, Hermann: Gegen den Strom. Offenbach 1946.
Burney, Christopher: The Dungeon Democracy. New York 1946.
Carlebach, Emil: Buchenwald. Ein Konzentrationslager. Frankfurt/M. 1984.
Dietmar, Udo: Häftling X in Hölle auf Erden. Weimar 1946.
Drobisch, Klaus: Widerstand in Buchenwald. Berlin 1978.
Fein, Erich/Flanner, Karl: Rot-weiß-rot in Buchenwald. Wien 1987.
Harcourt, Pierre d': The Real Enemy. New York 1967.
Heilig, B.: Menschen am Kreuz. Dachau-Buchenwald. Berlin 1948.
Heimler, Eugene: Night of the Mist. London 1962.
Jahn, Rudi (Hrsg.): Das war Buchenwald! Ein Tatsachenbericht. Leipzig 1945.
Julitte, Piere: Block 26. Sabotage at Buchenwald. Garden City 1971.
Kautsky, Benedikt: Teufel und Verdammte. Erfahrungen und Erkenntnisse aus sieben Jahren in deutschen Konzentrationslagern. Zürich 1946. (Nachdruck Wien 1961).
KL Bu: Bericht des internationalen Lagerkomitees Buchenwald. Weimar 1946.
Knauth, Percy: Germany in Defeat. New York 1946.
Kogon, Eugen: Der SS-Staat. Das System der deutschen Konzentrationslager. München 1946.
–: Der SS-Staat. Das System der deutschen Konzentrationslager. Neuaufl. München 1974.
–: The Theory and Practice of Hell. New York 1980.
Konzentrationslager Buchenwald. Geschildert von Häftlingen. Wien 1946.
Kühn, Günter/Weber, Wolfgang: Stärker als die Wölfe. Ein Bericht über die illegale militärische Organisation im ehemaligen Konzentrationslager Buchenwald und den bewaffneten Aufstand. Berlin 1976.
Levin, Meyer: In Search. An Autobiography. New York 1950.
Marshall, Bruce: The White Rabbit. From the story as told by Wing Commander F.F.E. Yeo-Thomas. Boston 1953.
Mermelstein, Mel: By Bread Alone. The Story of A-4685. Los Angeles 1979.
Michel, Jean/Nucera, Louis: Dora. Paris 1975.
Niethammer, Lutz (Hrsg.): Der «gesäuberte» Antifaschismus. Die SED und die roten Kapos von Buchenwald. Dokumente. Berlin 1994.

Poller, Walter: Arztschreiber in Buchenwald. Bericht des Häftlings 996 aus Block 39. Hamburg [2]1947.
Robertson, E. H. (Hrsg.): Paul Schneider, The Pastor of Buchenwald. London 1956.
Rousset, David: The Other Kingdom. New York 1982.
Smith, Arthur Lee: Die «Hexe» von Buchenwald. Der Fall Ilse Koch. Köln 1983.
Steinwender, Leonhard: Christus im Konzentrationslager. Wege der Gnade und des Opfers. Salzburg 1946.
Thape, Ernst: Von Rot zu Schwarz-Rot-Gold. Lebensweg eines Sozialdemokraten. Hannover 1969.
Weinstock, Eugene: Beyond the Last Path. New York 1947.

Literarische Darstellungen:

Apitz, Bruno: Nackt unter Wölfen. Illustriert von Fritz Cremer. Halle 1958.
Remarque, Erich Maria: Der Funke Leben. Köln/Berlin 1952.
Semprun, Jorge: Die große Reise. Hamburg 1964.
–: Was für ein schöner Sonntag! Frankfurt/M. 1984.
Wichert, Ernst: Der Totenwald. Ein Bericht. München 1946.
Wiesel, Elie: Nacht. In: (Ders.) Die Nacht zu begraben. Elischa. München/Esslingen 1962.

Aufsätze:

Bartel, Walter: Der historische Schwur von Buchenwald in der DDR verwirklicht. In: Beiträge zur Geschichte der Arbeiterbewegung 22 (1980). S. 402–408.
Chamberlain, Brewster S.: Todesmühlen. Ein früher Versuch zur Massen-«Umerziehung» im besetzten Deutschland 1945–1946. In: Vierteljahrshefte für Zeitgeschichte 29 (1981). S. 420–436.
Deyda, Ewald: Zur Zusammenarbeit der Nationalen Mahn- und Gedenkstätte Buchenwald mit Studenten und Schülern. In: Zeitschrift für Geschichtswissenschaft 27 (1979). S. 529–534.
Drobisch, Klaus: Zeitgenössische Berichte über Nazikonzentrationslager 1933–1939. In: Jahrbuch für Geschichte 26 (1982). S. 103–133.
Eitinger, Leo: Buchenwald Februar – April 1945. In: Zeitgeschichte 18 (1990). S. 40–46.
Farmer, Sarah: Symbols That Face Two Ways. Commemorating the Victims of Nazism and Stalinism at Buchenwald and Sachsenhausen. In: Representations 49 (Winter 1995). S. 97–119.
Frei, Norbert: Wir waren blind, ungläubig und langsam. Buchenwald, Dachau und die amerikanischen Medien im Frühjahr 1945. In: Vierteljahrshefte für Zeitgeschichte 35 (1987). S. 383–401.
Hackett, David A.: Buchenwald. Symbol and Metaphor for the Changing Political Culture of East Germany. In: Gerber, Margy/Woods, Roger (Hrsg.): Studies in GDR Culture and Society 14/15. Lanham 1996.
Nothnagle, Alan: From Buchenwald to Bismark. Historical Myth-Building in the German Democratic Republic 1945–1989. In: Central European History 26 (1993). S. 91–113.
Oschlies, Wolf: «Lagerszpracha». Zu Theorie und Empirie einer KZ-spezifischen Soziolinguistik. In: Zeitgeschichte 13 61985). S. 1–27.
–: «Lagerszpracha». Soziolinguistische Bemerkungen zu KZ-Sprachkonventionen. In: Muttersprache 96 (1987). S. 98–109.

Overesch, Manfred: Dokumentation: Ernst Thapes Buchenwalder Tagebuch von 1945. In: Vierteljahrshefte für Zeitgeschichte 29 (1981). S 631–672.
Pachaly, Erhard: Herausbildung und Wirken der illegalen Organisation der KPD im KZ Buchenwald bis zum Beginn des Zweiten Weltkriegs. In: Jahrbuch für Geschichte 26 (1982). S. 169–191.
Weingartner, James J.: Comprehending Mass Murder. The Buchenwald Trial of 1947. In: Midwest Quarterly 30 (1989). S. 242–253.
Weinstein, Lewis H.: The Liberation of the Death Camps. In: Midstream 32 (1986). S. 20–24.

Personenregister

(Kursiv gesetzte Zahlen verweisen auf die Verfasser der Einzelberichte bzw. auf Namensnennungen in den Überschriften von Einzelberichten.)